보살계본소
菩薩戒本疏

동국대학교 불교기록문화유산아카이브사업단(ABC)
본서는 문화체육관광부 지원으로 동국대학교 불교학술원에서 간행하였습니다.

한글본 한국불교전서 신라 27
보살계본소

2021년 9월 1일 초판 1쇄 인쇄
2021년 9월 10일 초판 1쇄 발행

지은이 의적
옮긴이 한명숙
발행인 박기련
발행처 동국대학교출판부

출판등록 제2020-000110호(2020.7.9)
주소 04626 서울시 중구 퇴계로36길2 신관1층 105호
전화 02-2264-4714
팩스 02-2268-7851
Homepage http://dgpress.dongguk.edu
E-mail abook@jeongjincorp.com

편집디자인 동국대학교출판부
인쇄처 네오프린텍(주)

ⓒ 2021, 동국대학교(불교학술원)

ISBN 978-89-7801-002-3 93220

값 27,000원

이 책의 무단 전재나 복제 행위는 저작권법 제98조에 따라 처벌받게 됩니다.

한글본 한국불교전서 신라 27

보살계본소
菩薩戒本疏

의적義寂
한명숙 옮김

동국대학교 불교학술원

동국대학교출판부

보살계본소菩薩戒本疏 해제

한 명 숙
동국대학교 불교학술원 조교수

1. 개요

『보살계본소菩薩戒本疏』는 신라 시대 의적義寂이 찬술한, 대승보살계를 설한 『범망경梵網經』에 대한 주석서이다. 기록에 따르면 의적은 계율 관련 저술로 이 책 이외에도 『범망경문기梵網經文記』·『본업영락경소本業瓔珞經疏』 등을 지었지만 현재 전해지지 않는다. 따라서 본서는 의적의 계율관을 확인할 수 있는 유일한 자료라고 할 수 있다.

우리나라·중국·일본 등에 전해지고 있는 『범망경』 주석서는 모두 29부이다. 이 주석서들은 그 형식상 『범망경』 상권과 하권을 모두 주석한 것, 하권의 전부를 주석한 것, 하권의 앞에 나오는 게송 부분부터 주석한 것의 세 가지로 나눌 수 있는데, 『보살계본소』는 이 중 세 번째 형식을 보인다.

『범망경』에 대한 연구는 통일신라 시기에 특히 성행하였다. 이 시기 원효元曉(617~686)는 『범망경보살계본사기梵網經菩薩戒本私記』와 『보살계본지범요기菩薩戒本持犯要記』를, 승장勝莊(7세기 중반~8세기 초)은 『범망경술기梵網

經述記』를, 태현太賢(7세기 말~8세기 중반 혹은 후반)은 『범망경고적기梵網經古迹記』를 지었다. 동시대 학자들의 동일한 경에 대한 주석서가 온전하게 전해지는 것은 드문 일인데 앞의 네 가지 책은 현재 온전한 모습으로 전해지고 있다. 이는 신라 보살계 사상의 연구를 위한 물리적 토대가 견고하다는 것을 의미한다.

대승보살계에는 크게 『유가사지론瑜伽師地論』「보살지菩薩地」에서 설한 유가계瑜伽戒와 『범망경』에서 설한 범망계梵網戒의 두 가지 계열이 있다. 전자는 삼취계三聚戒(섭률의계·섭선법계·섭중생계)를 설하여 소승계를 포용하였고, 그 내용에서는 방편을 허용하는 측면이 강하다는 특성을 가진다. 후자는 오직 보살계인 10중계와 48경계만 설하였는데, 그 내용에서 원리주의적 측면이 강하다는 특성을 가진다. 신라 시대의 학자들은 『범망경』을 해석하면서 유가계를 많이 활용하고 있는데 학자마다 그 형식과 내용이 다르다. 예를 들면 승장은 유가계를 기준으로 범망계를 포섭하려는 의도를 보이는 반면에, 의적은 유가계를 자주 인용하기는 하였지만 범망계를 포섭하려는 의도는 보이지 않는다.[1]

의적은 『보살계본소』의 앞부분에서 『범망경』 본문을 해석하기에 앞서 계를 받는 사람의 자격, 계를 주는 스승의 자격, 수계의 절차와 관련된 다양한 문제, 계를 잃는 조건 등을 자세히 밝혔다. 이것에 의해 본서는 신라 시대의 수계의례受戒儀禮를 파악할 수 있는 거의 유일한 자료라는 지위를 갖는다. 신라 시대 『범망경』 주석서 중 승장의 저술에도 수계의례가 실려 있기는 하지만 승장은 중국에서 활약하였기 때문에 실제로 신라 시대 수계의례의 실상을 확인할 수 있는 것은 바로 본서라고 할 수 있다.[2]

---

1 정병삼, 「7세기 후반 신라불교의 사상적 경향」(불교학연구회, 『불교학연구』 9권, 2004).
2 김영미, 「신라 승려 의적과 보살계 수계의례」(한국사학회, 『사학연구』 126, 2017).

2. 저자

1) 행적

의적은 일반적으로 의상義相(625~702)의 제자로 본래 법상종 소속이었다가 화엄종으로 전환한 것으로 알려져 있다.

이는 『삼국유사』에서 의상의 10대 제자 중 한 명으로 의적을 나열한 기록, 균여均如(923~973)가 『석화엄교분기원통초釋華嚴敎分記圓通鈔』에서 "법상종의 의적이 의상에게 그의 가르침과 법장의 『화엄경탐현기華嚴經探玄記』가 서로 어긋남을 들어 이의를 제기했고, 의상이 법장으로부터 다른 자료를 전해 받아 그의 의심을 풀어 주었다."라고 한 기록에 의거한 것이다. 이 관점에 의거할 때 의적의 활동 시기는 『화엄경탐현기』가 우리나라에 전해진 시기, 곧 690년경으로 볼 수 있다.

그러나 의적은 그보다 조금 더 이전에 활동했고, 두 사람의 만남은 의적과 의상이 대등한 지위에서 이루어진 것이며, 화엄종은 의적이 관심을 가졌던 여러 학문 중 하나일 뿐 그것으로 전향한 것은 아니고 의적은 줄곧 법상종을 중점적으로 연구했다고 하는 견해가 새롭게 제시되었는데, 그 근거는 다음과 같다.

첫째, 현재 전해지는 의적의 저술에서 의상의 사상을 계승한 것으로 생각되는 부분을 찾아보기 어렵고 그 저술 목록으로 볼 때에도 법상종과 관련된 저술이 대부분이다.

둘째, 선주善珠(723~797)는 『유식의등증명기唯識義燈增明記』에서 "원측圓測(613~696)의 제자인 도증道證의 『성유식론요집成唯識論要集』은 여섯 명의 학자, 곧 규기窺基(632~682)·원측·보광普光·혜관慧觀·현범玄範·의적의 글에 의거하였다. 의적의 글은 『성유식론미상결成唯識論未詳訣』이다."라고 하였다. 이것에 의거할 때 다음과 같은 추론이 가능해진다. 의적을 제외한 나머지 다섯 학자가 모두 현장玄奘(600~664)의 제자라는 행적이 뚜렷하므로, 의적 역시 현장의 제자 혹은 꼭 그렇지는 않더라도 동시대의 학자라고 할 수 있다. 또한 의적은 신라의 유식을 대표하는 학자이다. 이러한 가정이 성립된다면 그 활동 연대는 664년 이전으로 올라간다.

셋째, 고려 중기 의천義天의 글을 모은 책인 『대각국사문집大覺國師文集』에서는 "고금산사故金山寺 적공寂公"이라고 하였다. 이것에 의거할 때 다음과 같은 추론이 가능해진다. 의적이 금산사金山寺와 관계가 있음을 보여 주고 있는데 금산사는 법상종 사찰이었다. 그러므로 의적은 화엄종으로 전환하지 않았다는 것을 알 수 있다.

이상의 자료에 의거하여 의적이 의상을 만난 것은 사실이지만 그것은 서로 대등한 관계에서 학문적 논의를 주고받은 것일 뿐이고 실제 그의 학문적 계통은 법상종에 해당한다는 주장이 새롭게 제기되었다.[3]

2) 저술

현재 의적의 저술로 알려진 것은 다음과 같다.

- 『대반야경강요大般若經綱要』, 『대반야경유찬大般若經幽贊』, 『반야이취분경유찬般若理趣分經幽贊』, 『반야이취분술찬般若理趣分述贊』
- 『법화경요간法華經料簡』, 『법화경강목法華經綱目』, 『법화경집험기法華經集驗記』, 『법화경론술기法華經論述記』
- 『열반경강목涅槃經綱目』, 『열반경의기涅槃經義記』, 『열반경소涅槃經疏』, 『열반경운하게涅槃經云何偈』

---

3 최연식, 「義寂의 思想 傾向과 海東法相宗에서의 위상」(불교학연구회, 『불교학연구』 6권, 2003).

- 『무량수경술의기無量壽經述義記』, 『무량수경소無量壽經疏』, 『관무량수경강요觀無量壽經綱要』, 『칭찬정토경소稱讚淨土經疏』, 『미륵상생경요간彌勒上生經料簡』
- 『보살계본소菩薩戒本疏』, 『범망경소梵網經疏』, 『범망경문기梵網經文記』
- 『본업영락경소本業瓔珞經疏』
- 『성유식론미상결成唯識論未詳訣』, 『백법론총술百法論惣述』, 「백법론주百法論註」, 『마명생론소馬鳴生論疏』, 『대승의림장大乘義林章』[4]

이 가운데 『무량수경소』와 『무량수경술의기』, 그리고 『보살계본소』와 『범망경소』는 동일한 문헌일 가능성이 높은 것으로 인정되어 왔다. 그러나 후쿠시 지닌이 "의적에게는 『범망경』에 대해서 2권본 소 이외에도 4권본 소가 있었을 확률이 높다."[5]라고 한 것에 따르면 『보살계본소』와 『범망경소』는 다른 문헌일 가능성이 없는 것은 아니다. 또한 『대승의림장』은 규기의 저술이라는 기록이 있는 것에 의거하여 의적의 저술로 확정할 수 없다는 반론도 제기되고 있다. 혹은 규기의 제자들이 참여하여 만든 책이고 의적은 그중 한 명이라는 주장도 있다. 저술 목록을 통해서 『반야경』・『법화경』・『열반경』 및 정토계 경전과 유식계 논서가 중심이 되고 화엄계의 경향은 희박하다는 것을 확인할 수 있다. 이는 의적의 법상종 학자설을 지지하는 근거로 작용할 수 있다. 의적이 이렇게 여러 경에 두루 관심을 보인 것은 당시 신라불교에서 불교의 여러 분야를 두루 학습하던 경향성과 관련된 것이라는 지적도 있다.[6]

---

4 최연식, 「義寂의 思想 傾向과 海東法相宗에서의 위상」(불교학연구회, 『불교학연구』 6권, 2003).
5 福士慈稔, 「鎌倉末までの日本華厳宗の朝鮮仏教認識について」(『印度學佛教學研究』 59권 1호, 2010).
6 恵谷隆戒, 『浄土教の新研究』(山喜房仏書林, 1976).

3. 『보살계본소』의 구성과 내용

본서는 『범망경』 상권과 하권 중 하권을 모두 다섯 단락으로 나누어서 풀이하였다. 각 단락별로 그 내용을 살펴보면 다음과 같다.

1) 핵심을 가려내어 경의 취지를 간략하게 나타냄

『범망경』을 설한 취지를 "계는 깨달음의 종자를 일으키고 정법을 계승하여 융성하게 하며 열반에 도달하게 하는 것"이라고 하였다. 또한 본경에서 설한 10중계와 48경계는 해와 달처럼 깨달음의 길을 비추고 영락처럼 법신을 장엄한다고 하여 그 중요성을 거듭 강조하였다.

2) 계의 근본 취지를 나타냄

계의 핵심을 수체受體와 수행隨行[7]의 두 가지로 제시하고 두 단락으로 나누어서 자세하게 설명하였다. 수계의 자격, 수계의 의례 등의 중요한 주제를 다루고 있는 부분이다.

(1) 수체를 밝힘

① 수순하는 인연에 의해 계를 받는 것

---

[7] 수체受體와 수행隨行 : '수受'는 수체受體의 준말이고, '수隨'는 수행隨行·수계隨戒 등의 준말이다. 수체란 자신의 마음속에서 계를 받고 계체戒體(계를 받음으로써 갖추어지는 방비지악防非止惡의 공능)를 수지하여 파계하지 않을 것을 결심하는 것이다. 수행이란 이후에 그러한 결심에 상응하여 생활 속에서 실천해 나가는 것이다.

첫째, 수순하는 인연에 의해 계를 받는 것을 네 단락으로 밝혔다.

가. 계를 받는 사람의 자격

첫 번째는 계를 받는 사람의 자격이다. 두 가지 설을 제시하였다. 첫째 설은 보살종성과 보리를 증득하려는 서원을 일으키는 것의 두 가지이고, 둘째 설은 이 두 가지에 '뛰어난 행을 행하려는 마음이 있는 것'을 보탠 것인데, 이치상으로는 둘째 설이 타당하다고 하였다. 이 밖에 계를 장애하는 악으로 번뇌장煩惱障, 업장業障(칠역죄, 십중죄), 보장報障(지옥, 아귀, 축생 등)을 제시하고 그 내용을 자세히 설명하였다.

나. 계를 주는 스승의 자격

두 번째는 계를 주는 스승의 자격이다. 보살일 것, 큰 서원을 일으킬 것, 이치를 이해하는 지혜를 갖출 것, 사람들을 인도할 수 있는 뛰어난 언변을 갖출 것의 네 가지를 제시하였는데, 이는 출처를 밝히지 않았지만 『유가사지론』에 의거한 것이다. 바로 이어서 직접 『유가사지론』에서 "청정한 믿음과 여섯 가지 바라밀을 갖추어야 한다."라고 한 것을 인용하여 설명을 덧붙였다.

다. 수계의 궤범

세 번째는 수계의 궤범이다. 모두 여섯 단락으로 이루어졌다.

첫째는 계를 받으면 성불할 수 있음을 드러내어 수계를 권유하는데 그 근거를 『범망경』, 『본업경(菩薩瓔珞本業經)』에 의해 밝혔다.

둘째는 계를 받는 방법에 따른 계의 우열을 『본업경』을 그대로 인용하여 밝히기를 "부처님과 보살 앞에서 계를 받는 것은 상품의 계이고, 부처님과 보살이 열반에 든 후 먼저 계를 받은 보살을 찾아 그를 법사로 하여 계를 받는 것은 중품의 계이며, 이러한 법사도 찾을 수 없어서 불상佛像과 보살상菩薩像 앞에서 스스로 맹세하여 계를 받는 것은 하품의 계이다."라고 하였다.

셋째는 율의계를 받을 때 섭선법계, 섭중생계와 함께 받는 경우는 일곱 부류의 제자에게 동일한 갈마가 적용되는데 『보살지지경菩薩地持經』에서 설한 수법이 여기에 해당된다고 하였다. 또 율의계만 별도로 받을 경우에는 일곱 부류의 제자에게 수법이 각각 다르다고 하고 그 수법을 자세하게 밝혔다.

넷째는 소승계小乘戒(성문계聲聞戒)를 받고 나중에 대승계大乘戒(보살계)를 받는 경우와 그 반대의 경우에 발생할 수 있는 문제에 대해 의문을 제기하고 그 해결책을 모색하였다. 곧 소승계를 받고 나중에 대승계를 받을 경우, 두 가지 해결책이 있다. 첫째 성문계와 대승계에서 공통으로 제정된 계일 경우에는 성문계의 계체戒體가 그대로 상속되고, 공통적이지 않은 계일 경우는 새롭게 받아 계체가 획득되는 것이라는 주장이다. 둘째 성문계와 대승계에서 공통으로 제정한 계일 경우 성문계의 계체가 버려지는 것은 아니지만 성문계와 대승계의 수계자는 계를 받으려는 마음의 내용에 차이가 있기 때문에 동일한 계목戒目이라고 해도 대승계를 받음으로써 다른 형태의 계체가 획득되는 것이라는 주장이다. 그러나 의적 자신의 입장은 밝히지 않았다. 대승계를 받고 나중에 소승계를 받을 경우에는 대승계에서 물러난 것이면 대승계를 잃지만 그렇지 않고 소승계를 따라서 배우는 것이라면 대승계를 잃는 것은 아니라고 하였다.

다섯째는 계를 받는 방법을 설하였는데 전적으로 『유가사지론』에 의거하여 여덟 단계로 이루어지는 것을 밝혔다.[8] 첫째는 스승이 되어 줄 것을 요청하는 것이고, 둘째는 위력이 있는 분의 가피를 구하는 것이며, 셋째는 계를 주실 것을 요청하는 것이고, 넷째는 청정한 마음을 기르는 것이

---

8 『瑜伽師地論』 권40(T30, 514b).

며, 다섯째는 수계의 조건을 갖추었는지 확인하는 것이며, 여섯째는 바로 계를 받는 것이며, 일곱째는 시방세계의 부처님과 보살에게 말씀드리고 증명해 줄 것을 요청하는 것이고, 여덟째는 예배를 드리고 물러나는 것이다. 의적이 이렇게 『유가사지론』에 의거한 것은 수계의 절차가 『범망경』보다 더 상세하기 때문이었을 것으로 추정된다.

여섯째는 보살계는 착한 마음을 일으키고 악행을 제거하는 데 있어서 가장 뛰어난 공능을 가지며, 따라서 다른 어떤 계보다 뛰어나다는 것을 밝혔다.

라. 문답으로 의심을 쫓음

네 번째는 수계와 관련하여 문제의 소지가 있는 것들에 대해 의문을 제기하고 해답을 모색하였다. 예를 들어 『유가사지론』에서는 계를 주는 스승의 자격으로 네 가지 덕을 갖추어야 한다[9]고 하였고, 『본업경』에서는 부부가 서로 스승이 되는 것을 허락한다[10]고 하여 서로 차이가 있는 것에 대해 의문을 제기하였고, 후자는 재가계에 대해서만 허락되는 것이고 출가오중出家五衆의 경우에는 반드시 전자를 따라야 한다고 설명하였다.

② 어긋나는 인연에 의해 받은 계를 잃는 것

둘째, 어긋나는 인연에 의해 받은 계를 잃는 것을 『유가사지론』에서 "서원을 포기하는 것, 상품上品의 번뇌가 현행하여 타승처법他勝處法(중죄, 바라이죄)을 범하는 것"이라고 한 것과 깊은 책에서 "계를 받을 때와 같지 않은 마음을 일으키는 것, 계를 버리겠다고 말하는 것, 네 가지 타승처법

---

9 『瑜伽師地論』 권40(T30, 514b).
10 『菩薩瓔珞本業經』 권하(T24, 1021b)에서 "부부와 여섯 부류의 친족이 서로 스승이 되어 계를 줄 수 있다.(夫婦六親, 得互爲師授.)"라고 하였다.

을 전부 혹은 일부 범하는 것, 증상품增上品의 번뇌에 의해 네 가지 타승처법에 수순하여 일어나는 죄를 짓는 것"이라고 한 것을 제시하고 양자의 조화를 모색하였다.

(2) 수행을 밝힘

율의계, 섭선법계, 섭중생계를 받고 그것을 실천하는 것에 대해 밝혔다. 율의계는 『대승아비달마잡집론大乘阿毘達磨雜集論』, 섭선법계와 섭중생계는 『유가사지론』에 수록된 내용을 그대로 인용하여 해석을 대신하였다.

3) 계의 본질과 모양을 밝힘

보살계는 표表와 무표無表를 포함한 세 가지 업[11]을 본질로 삼는다고 하여 성문계에서 오직 신업身業과 어업語業에 속하는 일곱 가지(七支)[12]에 대해서만 제정한 것[13]과는 같지 않음을 밝혔다. 다음에 계의 모양, 곧 종류를 밝혔다. 『범망경』에서 10중계를 설하였는데, 『우바새계경優婆塞戒經』에서는 6중계, 곧 이 중 앞의 여섯 가지만 설한 것에 대해서는 재가자에게 죄가 더욱 무겁기 때문이라고 하고, 『유가사지론』에서는 4중계, 곧 뒤의

---

[11] 표表와 무표無表를~가지 업 : 표업은 외부로 표출된 행위이고 무표업은 표출된 행위가 남긴 영향력이다. 신표업身表業과 신무표업身無表業, 어표업語表業(口業)과 어무표업語無表業, 의표업意表業과 의무표업意無表業을 가리킨다. 소승에서는 신업과 어업에 대해서만 표업과 무표업을 인정하고, 대승에서는 신업·어업·의업 등의 세 가지 업을 통틀어서 표업과 무표업을 인정한다. 의업은 탐욕 등의 생각을 일으키는 것인데 이것은 비록 타인에게 나타내 보여지는 것은 아니지만 마음속에서 스스로 나타내 보이는 것이기 때문에 표업이라 한다.
[12] 일곱 가지(七支) : 몸으로 짓는 살생殺生·투도偸盜·사음邪淫의 세 가지 악업과 입으로 짓는 망언妄言·기어綺語·악구惡口·양설兩舌의 네 가지 악업을 가리킨다.
[13] 성문계인 별해탈률의는 일곱 부류의 제자가 몸과 입으로 짓는 일곱 가지 악 및 그것에 의해 일어나는 모든 악을 개별적으로 벗어나기 위해 수지하는 것임을 나타낸 것이다.

네 가지만 설한 것에 대해서는 출가제자에게 죄가 더욱 무겁기 때문이라고 하였다.

4) 제목을 풀이함

먼저 『범망경』의 갖춘 이름인 『범망경노사나불설보살십중사십팔경계梵網經盧舍那佛說菩薩十重四十八輕戒』를 풀이하였다. "노사나불설"을 해석하면서 상권의 심지心地는 노사나불이, 하권의 계본은 석가불이 설하였지만 모두 노사나불설이라고 한 것은 그 공덕을 근본적인 것에 미루었기 때문이라고 풀이하였고, "보살"이라고 한 것은 비구 250계는 삼승에 공통되지만 십중사십팔경계는 오직 보살만을 위한 것이기 때문이라고 풀이하였다. 하권의 보살계를 설한 부분만 별도로 묶은 것을 『대승보살계본』이라고 하고 실제 본서에서 주석 대상으로 삼은 부분이기도 하기 때문에 바로 이어서 이 제목을 풀이하여 "계본"이란 계경이 계행의 근본이고 계행은 보리의 근본임을 나타내는 것이라고 하였다.

5) 문장을 따라 풀이함

『범망경』 본문을 서론을 설한 부분, 본론을 설한 부분, 유통할 것을 설한 부분의 셋으로 나누었다.

(1) 서론을 설한 부분

서론을 크게 두 단락으로 나누었다. 첫째는 믿음을 권하는 내용을 설한 것이고, 둘째는 계를 제정한 것을 설한 서론이다.

믿음을 권하는 내용을 설한 부분에서 교주의 본말을 밝히기를 『범망경』

에서는 연화대에 앉은 본래의 몸인 노사나불과 꽃잎 위에 앉은 응신인 석가불과 보리수 아래에 앉은 화신인 석가불을 설하였는데, 지말적인 것에 의거하여 본질적인 것을 논하면 이렇게 해서 나타난 모든 석가는 모두 노사나이고 본질적인 것에 의거하여 지말적인 것을 논하면 모두 노사나불의 화신이라고 하였다. 가르침의 본말을 밝히기를 천백억 분의 석가가 와서 듣는 것은 본래의 몸이 가르치는 것이고, 천백억 분의 석가가 본래의 도량으로 돌아가 십중계와 사십팔경계를 설하는 것은 지말의 몸이 가르치는 것이라고 하였다.

계를 제정한 것을 설한 서론을 다시 경가經家(경을 편찬한 사람)가 설한 서론과 부처님께서 몸소 설한 서론으로 나누었다. 본문에서 "단지 법사의 말을 알아들을 수만 있으면 모두 계를 받아 지닐 수 있으니"라고 한 것에 대해 재가계는 말을 알아들을 수만 있으면 모두 받을 수 있지만 출가계는 그렇지 않아서 오직 인취人趣(인간계)에 속하는 남자나 여인으로서 출가를 막는 가벼운 장애와 무거운 장애(遮難)가 없어야 비로소 받을 수 있다고 제한하는 해석을 부가하였다.

(2) 본론을 설한 부분

중계를 설한 부분과 경계를 설한 부분의 두 단락으로 나누었다.

① 중계를 설한 부분

열 가지 중계 각각을 다섯 가지 관점에서 해석하였다. 첫째는 제정한 뜻과 명칭을 풀이하였고, 둘째는 위범이 성립되기 위한 조건을 밝혔으며, 셋째는 위범한 것의 경죄와 중죄 여부를 판정하였고, 넷째는 학처學處의 동일성과 차이성을 밝혔으며, 다섯째는 본문을 해석하였다.

두 번째에 해당하는 위범이 성립되기 위한 조건은 공통적 조건과 개별적 조건으로 나누어서 설명하였다. 공통적 조건은 『유가사지론』을 인용하여 보살계를 받은 것, 본성을 잃어 광란하지 않은 것, 무거운 고통에 의해 핍박받는 상태가 아닌 것의 세 가지를 제시하고, 이치상 전생에 보살계를 받았음을 기억할 수 있는 것, 중생을 이롭게 하려는 연緣이 없는 것의 두 가지를 더해야 한다고 하였다. 개별적 조건은 『유가사지론』에서 설한 사상事象(일의 양상), 생각, 욕구, 번뇌, 방편의 성취 등의 다섯 가지 조건을 설정하여 대상이나 상황에 따라서 위범의 정도가 달라지는 것을 밝혔다. 예를 들어 살생계에서 대상은 유정有情이고 그 일의 양상은 상품과 중품과 하품으로 나누어서 해석하였다. 상품인 부처님·성인·아버지·어머니 등을 살생하였으면 역죄와 중죄를 범하고, 중품인 이외의 인간과 하늘을 해쳤으면 중죄이며, 하품인 지옥·축생·아수라를 살생한 것에 대해서는 중죄라는 설과 경죄라는 설을 모두 소개하였다. 단 바로 뒤에서 의적 자신이 하품도 모두 중죄라고 하였으므로 그 자신은 중죄라는 설을 따른 것으로 추정할 수 있다.

네 번째에 해당하는 학처의 동일성과 차이성이란 소승계, 재가계 등과 관련지어 해석한 것이다. 예를 들어 살생계는 대승과 소승, 출가자와 재가자에게 모두 적용된다는 동일성이 있지만, 소승계에서는 오직 사람을 대상으로 했을 경우에만 중죄이고 나머지의 경우는 경죄이나 보살계에서는 상품·중품·하품에 대해 모두 중죄가 성립된다는 차이성이 있음을 밝혔다. 또한 성문계는 예외를 허락하지 않지만(遮) 보살계에서는 중생의 이익을 위해서라면 예외를 허락한다(開)고 하면서 『유가사지론』에서 "청정하게 계율을 지키는 보살이 중생을 이익되게 하기 위해 중생이 처한 상황을 분명히 이해한 것에 의거하여 살생을 행하였다면 위범이 되지 않을 뿐만 아니라 큰 복덕을 짓는 것이다."라고 한 것을 인용하여 그 증거로 삼았다.

② 경계를 설한 부분

앞부분은 『보살영락본업경』에서 "섭률의계는 열 가지 바라이波羅夷(Ⓢpārājika, 타승처법)이고, 섭선법계는 이른바 팔만사천 가지의 법문이며, 섭중생계는 이른바 자慈·비悲·희喜·사捨[14]에 의해 교화가 모든 중생에게 미쳐서 중생이 모두 안락함을 얻게 하는 것이다."[15]라고 한 것에 의거하여, 앞의 열 가지 중계는 섭률의계에 속하는 것이고, 48경계는 섭선법계와 섭중생계에 속하는 것이라고 판정하고, 48경계 중 앞의 30가지 계를 섭선법계에, 뒤의 18가지 계를 섭중생계에 배대하였다. 또 유가계瑜伽戒에서 44가지 경계를 설한 것에 대해서는 앞의 33가지 계를 섭선법계에, 뒤의 11가지 계를 섭중생계에 배대하였다.

48가지 경계는 다시 『범망경』 본문에서 "이와 같은 열 가지 계" 혹은 "이와 같은 아홉 가지 계"라고 한 것에 의거하여, 제1계~제10계, 세11계~세20계, 제21계~제30계, 제31계~제39계, 제40계~제48계의 다섯 단락으로 나누었다.

경계 각각에 대해서도 중계와 마찬가지로 첫째는 제정한 뜻과 명칭을 풀이하였고, 둘째는 위범이 성립되기 위한 조건을 밝혔으며, 셋째는 위범한 것의 경죄와 중죄 여부를 판정하였고, 넷째는 학처學處(Ⓢśikṣāpada : 禁戒,

---

14 자慈·비悲·희喜·사捨 : 부처님과 보살이 한량없는 중생을 두루 제도하여 고통을 여의고 즐거움을 얻게 하기 위해서 갖추어야 할 네 가지의 마음을 가리키는 말. 사무량四無量이라고 한다. 첫째는 자무량慈無量이니 무량한 중생을 대상으로 그들이 즐거움(樂)을 얻도록 하는 법을 사유하며 자등지慈等至로 들어가는 것이다. 둘째는 비무량悲無量이니 무량한 중생을 대상으로 그들이 괴로움을 벗어나도록 하는 법을 사유하며 비등지悲等至로 들어가는 것이다. 셋째는 희무량喜無量이니 무량한 중생이 괴로움을 벗어나 즐거움을 얻고 내심 깊이 희열을 느낀다고 사유하며 희등지喜等至로 들어가는 것이다. 넷째는 사무량捨無量이니 무량한 중생이 모두 평등하고 멀거나 가까운 등의 차별이 없다고 사유하며 사등지捨等至로 들어가는 것이다.
15 『菩薩瓔珞本業經』 권하(T24, 1020c).

계율의 조문)의 동일성과 차이성을 밝혔으며, 다섯째는 본문을 해석하였다.

첫 번째의 열 가지 계 중 제1계는 '웃어른을 공경하고 섬길 것을 가르친 계'라고 명명하고 『유가사지론』에서 "이와 같이 늘 모든 웃어른에게 합장하고 일어나 맞이하며 안부를 묻고 예배하며 공경하는 업을 부지런히 수습하니 바로 부지런히 웃어른을 공경하고 섬기는 일을 수습하는 것이다."[16]라고 한 것과 같은 것이라고 하였다. 이렇게 『범망경』에서 설한 경계에 대해 『유가사지론』의 해당 처를 밝히는 것은 48경계 대부분에 대해 이루어지고 있다. 의적은 "경은 가르침의 근본을 제정한 것이고 논은 뜻을 조목조목 판별한 것이니, 경과 논은 서로 다르지 않다."[17]라고 하였는데, 앞에서 서술한 것과 같은 특성은 이러한 사고방식과 맥락적으로 연결되어 있다. 다섯 가지 해석 가운데, 세 번째에 해당하는 위범한 것에 대해 경죄와 중죄를 판정하는 것에 대해서는 해당 계(제1계)만 아니라 모든 계가 동일하게 고의적인 마음과 염오에 의해 위범했을 경우는 모두 중죄이고 고의가 아니고 염오되지 않았을 경우는 모두 경죄라고 판정하였다. 제1계의 학처의 동일성과 차이성에서는 대승과 소승에서 모두 제정하였지만 성문은 허물을 여의는 문에서 제정하였고 보살은 선을 거두어들이는 문에서 제정하여 차이가 있다고 하였다. 또한 『우바새계경』에서도 제5계에서 이를 금하였으므로 재가자와 출가자가 모두 해당된다는 것을 밝혔다.

두 번째의 열 가지 계는 두 단락으로 나누어서 제11계에서 제14계는 스스로 행하는 선을 설하였고, 제15에서 제20은 다른 사람을 교화하는 선을 설한 것이라고 하였다. 제11계는 사신이 되어 나라의 명령을 전달하는 일을 하지 않는 것인데 두 나라를 화합하게 하기 위한 목직을 가진 것이라면 재기자일 경우는 허용한다고 하였다. 의적은 전반적으로 전쟁

---

[16] 『瑜伽師地論』 권40(T30, 511a).
[17] 『菩薩戒本疏』(H2, 264b).

이나 군대 등의 사회적인 문제, 베나 비단을 파는 것과 같은 상업적 행위에 대해서는 재가자에 한하여 허용하였다.

세 번째의 열 가지 계는 네 단락으로 나누어서 제21계, 제22계, 제23계는 세 가지 업을 함께하는 것을 밝혔고, 제24계는 견해를 함께하는 것을 밝혔으며, 제25계에서 제28계는 이익을 함께하는 것을 밝혔고, 제29계, 제30계는 계를 함께하는 것을 밝혔다고 하였다.

다음에 두 가지의 아홉 가지 계 중 처음의 아홉 가지 계는 제31계에서 제39계까지이다. 제31계는 재물 등의 대가를 지불하고 중생을 거두어들이는 것이고, 제32계~제39계는 법으로 중생을 거두어들이는 것이라고 하였다. 제38계는 신분의 높고 낮음에 따라 차례를 지키는 계인데 의적은 재가자는 성문의 오계이든 보살의 오계이든 먼저 받은 사람이 윗자리에 앉는데, 다만 노예와 주인의 신분일 경우에는 그 지위가 유별하기 때문에 계를 받은 순서에 의거하지 않으며, 다만 노예의 신분에서 빚이니 평민이 되었을 때에는 다시 계를 받은 순서를 따른다고 하였다. 이는 엄격한 신분제도를 유지하고 있던 신라 시대의 사회 상황을 반영한 것으로 평가된다.

나중의 아홉 가지 계는 제40계에서 제48계까지이다. 제40계~제44계는 계법으로 거두는 것이고, 제45계~제48계 중 앞의 두 가지 계, 곧 제45계와 제46계는 슬퍼하는 마음으로 중생을 거두어들이는 것이고, 나중의 두 가지 계, 곧 제47계와 제48계는 공경하는 마음으로 정법을 보호하는 것이라고 해석하였다.

(3) 유통할 것을 설한 부분

이 부분에 대해서는 분과만 행해지고 경의 본문에 대한 의적 자신의 해석은 거의 보이지 않는다. 다만 법을 부촉한 부분과 다른 부처님께서 교화한 것을 밝힌 부분의 두 단락으로 나누고, 전자는 다시 계경을 부촉한 부분과 계법을 부촉한 부분의 두 단락으로 나누는 데 그쳤다.

4. 『보살계본소』의 특성 및 전후前後 주석서의 영향 관계 이해

의적의 범망계관과 관련된 연구에서 주된 논의의 주제가 되어 온 것을 중심으로 『보살계본소』의 특성을 살펴보고 동시에 이러한 특성을 여타 『범망경』 주석가들의 해석에 나타나는 특성과 비교하여 의적 이전, 동시대, 이후의 학자들과의 영향 관계를 살펴보겠다.

1) 『범망경』 주석가의 선후 문제

『범망경』 주석서로 의적 이전의 것은 지의智顗(538~597)의 『보살계의소菩薩戒義疏』가 있다.

다음으로 의적과 거의 동시대 문헌으로 원효의 『범망경보살계본사기』, 승장의 『범망경술기』가 있다. 원효·의적·승장은 각 저술에서 직접적으로 이름을 거론하지 않았고, 의적과 승장은 그 생몰 연대가 아직 확정되지 않았기 때문에 각 저술의 선후 관계를 확인하기 어렵다. 원효→의적→승장으로 보는 것이 일반적이지만 그 근거를 명확히 제시하고 있는 학자는 없다. 다만 요시츠 요시히데(吉津宜英)가 의적→승장 순서로 보아야 하는 몇 가지 근거를 제시하기는 하였지만 그것도 반론이 가능한 내용을 담고 있기 때문에 확정적이라고 할 수는 없다.[18] 따라서 이들에 대해서는

---

18 吉津宜英,「法藏以前の『梵網經』諸注釋書について」(『駒澤大學佛敎學部硏究紀要』 47호, 1989). 요시츠 요시히데는 본 논문의 각주 35에서 의적과 승장의 저술에 동시에 보이는 문장을 중심으로 승장이 의적의 것을 인용한 것이 분명하다고 주장하였는데, 필

선후 영향 관계를 진술할 수 없고 다만 상호 비교가 가능할 뿐이다.

의적 이후 『범망경』에 대한 중요한 주석서로는 법장法藏(643~712)의 『범망경보살계본소梵網經菩薩戒本疏』와 태현太賢(753년 행적 보임)의 『범망경고적기』가 있다.

2) 주제를 중심으로 본 『보살계본소』의 특성 및 전후 영향 관계

첫 번째 주제는 범망계의 원리주의적 측면을 고수하려는 노력을 하고 있는가, 방편적 요소를 도입하여 범망계의 원리주의적 측면을 완화하려는 노력을 하고 있는가라는 문제이다. 이는 범망계의 정신적 고매함을 유지하려고 하는가, 실천적 행위를 위한 장치를 마련하려고 하는가라는 문제와 맥락적으로 일치한다.

앞에서 서술한 것처럼 10중계 중 제1 '살생하는 것을 금한 계'의 해석에서 의적은 대상을 가리지 않고 모두 중죄라고 판정하고 있다. 이는 지의智顗가 상품과 중품의 대상은 중죄이고 하품의 대상은 경죄라고 한 것과 차이가 있다.[19] 또 제9 '분노하면서 참회를 받아들이지 않는 것을 금한 계'의 해석에서 의적은 그 뜻을 더욱 분명하게 하여 "상품·중품·하품의 대상이 문제가 아니고, 어떤 대상이든 그 죄가 중하면 중죄이고 그 죄가 가벼우면 경죄이다."라고 하고, 분노의 대상이 그것을 알아들었는지의 여

자가 이 문장을 확인한 결과 의적이 승장을 인용한 것으로 볼 수 있는 부분도 많기 때문에 선후 확정의 근거가 될 수 없는 것으로 판단하였다. 이 밖에 白土わか는 승장이 의적보다 앞선 것으로 파악하기도 하였지만(『梵網經研究序說』, 『大谷大學研究年報』 22집, 1969) 그 근거를 제시하지 않았기 때문에 신뢰할 수는 없다.

19 소승률에서는 대상에 따라서 죄의 경중을 인정하지만 범망계에서는 이를 허용하지 않는다. 소승계에서는 5전 이상을 훔쳐야 중죄이지만 범망계에서는 바늘 한 개라도 훔치면 중죄가 된다. 지의의 관점은 보살계의 정신석 고매함에 치중하기보다는 현실적인 측면에서 보살계를 적용할 때 일어날 다양한 문제를 고려한 것으로 이해할 수 있다.

부와 무관하게 모두 업이 성립된다고 하였다. 이는 지의가 상품·중품을 대상으로 하면 중죄이고 하품을 대상으로 하면 경죄라고 한 것, 그리고 분노의 대상이 되는 사람이 그것을 알아차렸을 때 업이 성립된다고 한 것 등과는 차이가 있는 것이다. 또 의적은 수계할 때 스승의 자격과 수계를 받는 사람의 자격, 수계의 절차에 있어서 엄격한 면모를 보인다. 예를 들어 승장은 『영락경』에서 설한 자서수계自誓受戒(스승이 없을 때 스스로 맹세하며 계를 받는 것)를 스승에게 받는 것과 동격으로 인정하였지만 의적은 『영락경』에서 자서수계를 하품下品의 계라고 한 것을 그대로 인용하고 별다른 해석을 하지 않았다.

이상 서술한 것과 같은 특성은 의적의 보살계관에 대한 다음과 같은 평가의 증거 자료가 된다.

첫째, 지의의 『보살계의소』의 영향을 받았지만 비판적으로 수용하였음을 보여 준다.

둘째, 의적은 『범망경』 자체의 원리주의적 성격, 곧 범망계가 추구하는 고매한 정신성을 고수하였다. 이에 비해 지의는 구체성 곧 현실적 측면에서 실천적 행위를 위한 완화된 장치를 마련하려고 하였다.[20] 의적의 이러한 입장은 법장法藏·태현太賢에게 계승된 것으로 평가된다.[21]

그러나 의적이 어느 경우에나 『범망경』의 원리주의적 측면을 고수하는 것은 아니라는 것에도 주목해야 한다. 예를 들어 10중계 중 제5 고주계에서는 『사분율』을 준거로 삼아 상품과 중품의 대상에게 주었으면 중죄이고 하품의 대상에게 주었다면 경죄라고 판정하였다. 따라서 "의적은 범망계를 해석하면서 고매한 정신성을 추구했다."라는 평가는 절대적인 관점이

---

20 吉津宜英, 「法藏以前の『梵網經』諸注釋書について」(『駒澤大學佛教學部研究紀要』 47호, 1989).
21 吉津宜英, 「法藏以前の『梵網經』諸注釋書について」(『駒澤大學佛教學部研究紀要』 47호, 1989).

아니라 상대적인 측면에서 그러한 성향이 강하다는 의미에서만 유효하다는 것에 유념해야 한다. 지의가 소승계와 범망계를 융화하려는 데 중점을 두었다면 의적은 소승계와 구별되는 범망계의 독자성에 중심을 둔 것으로 평가받는 것도 같은 맥락으로 이해해야 한다. 의적은 범망계 해석에서 종종 『사분율』 등의 소승률을 인용하고 그 견해를 수용하는 모습도 보이기 때문이다. 의적의 이러한 태도는 원효와 일치하고 승장과는 구별되는 것으로 평가된다.

두 번째 주제는 범망계와 유가계의 관계 설정과 관련된 문제이다. 신라의 『범망경』 주석가들은 모두 『유가사지론』을 광범위하게 인용하여 본경을 해석하고 있다는 공통적인 특성을 가지고 있다. 다만 범망계와 유가계 중 어느 것을 중심축으로 삼는가 하는 관점에서 고찰하면 서로 다른 모습을 보인다. 승장은 유가계를 중심축으로 삼은 것, 곧 범망계를 유가계에 포섭시키려는 시도를 한 것으로 평가된다. 이에 비해 의적은 범망계를 중심축으로 삼은 것, 곧 범망계의 정신적 고매함을 증명하기 위하여, 범망계의 조목에 대한 이해를 돕기 위하여, 유가계를 방편으로 사용하고 있는 것으로 평가된다.[22] 또 이런 측면은 원효와 그 맥락을 같이하는 것으로 이해되기도 한다.[23]

세 번째 주제는 재가자의 위상과 관련된 것이다. 의적은 재가계를 설한 『우바새계경』을 다른 주석가들보다 비중 있게 다루고 있다. 또 구체적인 계율의 조목을 해석하면서 재자가들의 현실적 삶을 다양하게 고려하여 위범 여부를 판정하였고[24] 재가자의 위상을 높이 평가하는 모습을 보이고

---

[22] 최원식, 「신라 보살계사상사 연구」 'Ⅳ. 의적의 범망보살계관'(동국대학교 박사학위논문, 1992).
[23] 吉津宜英, 「法藏以前の『梵網經』諸注釋書について」(『駒澤大學佛敎學部硏究紀要』 47호, 1989).
[24] 경계 제10 '살생하는 도구를 비축하지 마라'에서 의적은 『열반경』(T12, 384b)에서 "재가자가 법을 수호하기 위해 무기를 수지하는 것을 허락한다. 다만 살생하는 상황까지 가

있는데,[25] 이러한 측면은 원효가 중생제도를 강조한 것과 상통하는 것으로 이해된다.

네 번째 주제는 일체중생개유불성설一切衆生皆有佛性說(모든 중생은 불성이 있음)인가, 오성각별설五性各別說[26]인가의 문제이다. 『범망경』 하권의 게송 앞부분에는 "모든 중생은 다 불성이 있다."라는 말이 나온다. 승장은 이 것에 대해서 호법護法·미륵彌勒의 오성각별설 등을 지지하면서, 이 글이 『열반경』에 의거한 것이기는 하지만 본경에서 "모든"이라고 한 것은 일부를 대상으로 하여 모두라고 한 것이지 전부를 대상으로 모두라고 한 것은 아닌 것으로 이해해야 한다고 하였다. 이러한 입장에 의거하여 승장은 『범망경』의 가르침은 다섯 가지 종성, 곧 삼승정성三乘定性[27]과 부정성不定性(삼승부정성)과 무반열반성無般涅槃性(무성유정) 중 삼승정성의 보살정성

서는 안 된다."라고 설한 것에 의거하여, 귀족과 왕족은 외부의 재난을 막기 위해 살생하는 도구를 비축하는 것을 허용하고, 귀족이 아니라도 법을 수호하기 위해 살생하는 도구를 비축하는 것은 허용한다고 하였다. 이는 태현에게도 동일하게 나타나는 해석이다. 다만 당나라에서 활약했던 승장에게서는 보이지 않는다. 따라서 의적의 이러한 해석은 신라 사회의 특수한 상황을 배경으로 이해해야 한다는 견해도 있다. 의적은 이 밖에도 전쟁에서 서로 화합하게 하기 위해 사신이 되는 것, 베와 비단을 파는 것 등을 재가자에 한해서 허용하였다.

25 경계 제25 '대중과 삼보에 속한 물건을 잘 다스려라'에서 의적은 『범망경』 본문의 "설법주說法主"를 해석하면서 강의를 할 수 있는 단월檀越(시주施主)도 설법주가 될 수 있다고 하였다. 이러한 해석은 지의, 승장, 태현 등에는 보이지 않는 것이다.

26 오성각별설五性各別說 : 법상종에서는 중생을 근기에 따라 다섯 가지로 분류하였다. 첫 번째는 보살정성菩薩定性이니 보살도를 닦아 불과를 증득할 것이 결정된 중생이고, 두 번째는 성문정성聲聞定性이니 성문도를 닦아 아라한阿羅漢果를 이룰 것이 결정된 중생이며, 세 번째는 독각정성獨覺定性이니 독각도를 닦아 벽지불과辟支佛果를 이룰 것이 결정된 중생이다. 네 번째는 삼승부정성二乘不定性으로 종성이 결정되지 않은 중생을 가리킨다. 여기에 다시 네 가지가 있다. 첫째는 삼승의 종성을 모두 지닌 중생이고, 둘째는 보살종성과 독각종성을 지닌 중생이며, 셋째는 보살종성과 성문종성을 지닌 중생이고, 넷째는 독각종성과 성문종성을 지닌 중생이다. 다섯 번째는 무성유정無性有情이니 삼승의 무루지無漏智의 종성이 전혀 없어서 궁극적으로 인간과 하늘에 태어나는 것 이상의 과보를 얻을 수 없는 중생이다.

27 보살정성菩薩定性·성문정성聲聞定性·독각정성獨覺定性의 셋을 일컫는 말이다.

과 부정성의 중생을 위한 가르침이라고 하였다. 의적은 이 글 바로 뒤의 게송에서부터 주석을 하였기 때문에 이 글 자체에 대한 견해는 확인할 수 없다. 다만 경계 제16 '전도되게 설법하지 마라'에서 본문의 "삼보를 비방하는 내용"을 해석하면서 "『열반경』에서 '중생이 반드시 불성이 있다고 설하든가 반드시 불성이 없다고 설하면 모두 불·법·승을 비방하는 것이다.'[28]라고 한 것과 같은 것이다."라고 한 것에 의거하여 의적이 오성각별설을 비판하고 모든 중생이 불성을 가지고 있다는 입장을 가진 것으로 파악하는 학자도 있다.[29]

3) 후대의 영향

일본에서는 유식학자 선주善珠(724~797)가 『범망경략초梵網經略抄』라는 저술에서 태현의 『범망경고적기』와 함께 의석의 『보살계본소』를 광범위하게 인용하고 있다.[30] 또 응연凝然(1240~1321)은 『범망계본소일주초梵網戒本疏日珠鈔』에서 의적의 『보살계본소』를 200회 이상 인용하고 의적의 이름을 직접 언급한 것도 80회가 넘는다.[31]

현재 이러한 영향 관계의 구체적인 분석을 시도한 연구는 거의 보이지 않는다. 이 두 책은 『범망경』 본문을 해석하기 위하여 의적의 소를 인용하였고 그 글에 대한 심도 있는 분석은 하지 않았다는 것이 일반적 평가이다. 이들 문헌을 통하여 의적의 『보살계본소』가 이른 시기부터 일본에 중

---

28 40권본 『涅槃經』 권36(T12, 580b).
29 최원식, 「신라 보살계사상사 연구」 'Ⅳ. 의적의 범망보살계관'(동국대학교 박사학위논문, 1992).
30 石田瑞麿, 「『梵網戒經』の注釈について」(『仏教思想論叢』: 佐藤博士古希記念 通号, 1972).
31 福士慈稔, 「鎌倉末までの日本華厳宗の朝鮮仏教認識について」(『印度學佛敎學硏究』 59권 1호, 2010).

요한 영향을 미쳤다는 것을 확인할 수 있다.

5. 참고문헌

김영미, 「신라 승려 의적과 보살계 수계의례」(한국사학회, 『사학연구』 126, 2017).

정병삼, 「7세기 후반 신라불교의 사상적 경향」(불교학연구회, 『불교학연구』 9권, 2004).

최연식, 「義寂의 思想 傾向과 海東法相宗에서의 위상」(불교학연구회, 『불교학연구』 6권, 2003).

최원식, 「신라 보살계사상사 연구」(동국대학교 박사학위논문, 1992).

吉津宜英, 「法藏以前の『梵網經』諸注釋書について」(『駒澤大學佛教學部研究紀要』 47호, 1989).

吉津宜英, 『華嚴一乘思想の研究』(東京: 大同出版社, 1991).

白土わか, 「梵網經研究序說」(『大谷大學研究年報』 22집, 1969).

福士慈稔, 「鎌倉末までの日本華嚴宗の朝鮮仏教認識について」(『印度學佛教學研究』 59권 1호, 2010).

石田瑞麿, 「『梵網戒経』の注釈について」(『仏教思想論叢』: 佐藤博士古希記念通号, 1972).

恵谷隆戒, 『浄土教の新研究』(山喜房仏書林, 1976).

차례

보살계본소菩薩戒本疏 해제 / 5
일러두기 / 42
『보살계본소』를 다시 간행하면서 쓰는 서문 / 43

보살계본소 상권 菩薩戒本疏 卷上

제1편 핵심을 가려내어 경의 취지를 간략하게 나타냄 49

제2편 계의 근본 취지를 나타냄 51
제1장 수체受體를 밝힘 51
제1절 수순하는 인연에 의해 계를 받는 것 52
  1. 지격 여부를 간별함 52
    1) 계를 받을 수 있는 선 52
    2) 계를 장애하는 악 57
      (1) 번뇌장 57
      (2) 업장 58
        ① 일곱 가지 역죄 59
        ② 열 가지 중죄 62
      (3) 보장 64
  2. 스승의 덕을 간별함 68
  3. 수계의 궤범을 밝힘 73
    1) 덕을 드러내어 계를 받을 것을 권함 73
    2) 계를 받는 대상에 따른 우월함과 하열함 77
    3) 일곱 부류의 제자가 세 가지 계를 한꺼번에 받는 경우와 율의계만 별도로 받는 경우 78
      (1) 한꺼번에 받는 경우 79
      (2) 별도로 받는 경우 80
    4) 대승계와 소승계를 먼저 받고 나중에 받는 경우 82

(1) 먼저 소승계를 받고 나중에 대승계를 받는 경우 82
　　(2) 먼저 대승계를 받고 나중에 소승계를 받는 경우 84
　5) 바로 계를 받는 방법을 밝힘 84
　　(1) 스승이 되어 줄 것을 요청함 85
　　(2) 위력이 있는 분의 가피를 구함 86
　　(3) 계를 주실 것을 요청함 86
　　(4) 청정한 마음을 기름 87
　　(5) 수계의 조건을 갖추었는지를 물음 88
　　(6) 바로 계를 받음 88
　　(7) 말씀드리고 증명해 줄 것을 요청함 89
　　(8) 예배드리고 물러남 90
　6) 비교하여 뛰어남을 나타냄 91
　4. 문답으로 의심을 쫓음 92
제2절 어긋나는 인연에 의해 받은 계를 잃는 것 95

제2장 수행隨行을 밝힘 102
제1절 총괄하여 수행隨行을 설함 102
제2절 개별적으로 수행隨行의 내용을 나타냄 103
　1. 율의계 103
　2. 섭선법계 106
　3. 섭중생계 109
제3절 수호함과 수호하지 않음의 모양 112

제3편 계의 본질과 모양을 밝힘 114
제1장 계의 본질 114
제2장 계의 모양 115

제4편 제복을 풀이함 119
제1장 본래의 이름을 풀이함 120
제2장 바꾼 이름을 풀이함 123

제5편 문장을 따라 풀이함 125

제1장 서론을 설한 부분 ········ 131
제1절 믿음을 권한 것을 설한 서론 ········ 131
  1. 교주의 본말 ········ 131
    1) 나타낸 몸의 본말 ········ 131
      (1) 연화대에 앉은 본래의 몸 ········ 131
      (2) 꽃잎 위에 앉은 응신 ········ 133
      (3) 보리수 아래에 앉은 화신 ········ 133
      (4) 다시 본말을 맺음 ········ 136
    2) 가르침을 설한 것의 본말 ········ 138
      (1) 본래의 몸이 가르침을 설함 ········ 138
      (2) 지말의 몸이 가르침을 설함 ········ 138
  2. 계법을 찬탄하고 수지할 것을 권함 ········ 140
    1) 계의 덕을 찬탄함 ········ 140
    2) 믿고 수지할 것을 권함 ········ 140
      (1) 계의 가르침을 외우고 수지할 것을 권함 ········ 140
        ① 수지할 것을 권함 ········ 140
        ② 잘 들을 것을 권함 ········ 141
      (2) 계에 의거한 행위를 거두어 수지할 것을 권함 ········ 141
        ① 믿고 거두어 수지할 것을 권함 ········ 141
        ② 공경하는 마음으로 들을 것을 권함 ········ 142
제2절 계를 제정한 것을 설한 서론 ········ 146
  1. 경가가 설한 서론 ········ 147
    1) 계를 제정한 것을 서술함 ········ 147
    2) 빛을 낸 것을 서술함 ········ 149
    3) 집회에 참석한 대중을 서술함 ········ 150
  2. 부처님께서 몸소 설한 서론 ········ 150
    1) 계법을 외울 것임을 알림 ········ 151
    2) 빛을 낸 인연을 풀이함 ········ 154
    3) 받는 것과 지니는 것 등을 권함 ········ 155

제2장 본론을 설한 부분 ········ 158
제1절 중계를 밝힘 ········ 159

1. 숫자와 이름을 총괄하여 나타내고 받아 지니고 배울 것을 가르침 ……… 160
2. 해당 계의 모양을 개별적으로 서술하고 거두고 보호할 것을 가르침 ……… 160
  1) 살생하는 것을 금한 계 ……… 161
    (1) 제정한 뜻을 밝히고 이름을 풀이함 ……… 163
      ① 제정한 뜻을 밝힘 ……… 163
      ② 이름을 풀이함 ……… 164
    (2) 위범이 성립되기 위해 갖추어져야 할 조건을 밝힘 ……… 164
      ① 위범이 성립되기 위한 공통적 조건 ……… 164
      ② 위범이 성립되기 위한 개별적 조건 ……… 166
        a. 살생에서의 사상 ……… 168
        b. 살생에서의 생각 ……… 170
        c. 살생에서의 욕구 ……… 172
        d. 살생에서의 번뇌 ……… 173
        e. 살생에서의 방편이 성취됨 ……… 174
    (3) 위범한 것에 대해 경죄와 중죄를 판정함 ……… 174
    (4) 학처學處의 동일성과 차이성을 밝힘 ……… 176
    (5) 본문을 해석함 ……… 178
      ① 사람을 나타냄 ……… 179
      ② 위범의 사상을 서술함 ……… 179
        a. 하지 말아야 할 것을 들어서 해서는 안 될 것을 판정함 ……… 179
          a) 위범의 사상事象 ……… 180
          b) 위범이 성립되는 것을 밝힘 ……… 181
          c) 위범의 범위를 설정함 ……… 182
        b. 행해야 할 것을 들어서 항상 하도록 가르침 ……… 182
        c. 다시 하지 말아야 할 것을 들어 위범하는 일이 성립되는 것을 밝힘 ……… 183
      ③ 죄의 이름을 판정함 ……… 183
  2) 도둑질하는 것을 금한 계 ……… 183
    (1) 제정한 뜻을 밝히고 이름을 풀이함 ……… 184
      ① 제정한 뜻을 밝힘 ……… 185
      ② 이름을 풀이함 ……… 185
    (2) 위범이 성립되기 위해 갖추어져야 할 조건 ……… 186

① 도둑질에서의 사상 ……… 186
　　② 도둑질에서의 생각 ……… 186
　　③ 도둑질에서의 욕구 ……… 187
　　④ 도둑질에서의 번뇌 ……… 187
　　⑤ 도둑질에서의 방편이 성취됨 ……… 187
　(3) 위범한 것에 대해 경죄와 중죄를 판정함 ……… 188
　(4) 학처의 동일성과 차이성을 밝힘 ……… 188
　(5) 본문을 해석함 ……… 190
　　① 사람을 나타냄 ……… 190
　　② 위범의 사상을 서술함 ……… 190
　　　a. 하지 말아야 할 것을 밝힘 ……… 190
　　　　a) 위범의 사상 ……… 191
　　　　b) 위범이 성립되는 것을 밝힘 ……… 191
　　　　c) 위범의 범위를 설정함 ……… 192
　　　b. 행해야 한 것을 들어서 항상 짓게 가르침 ……… 192
　　　c. 다시 하지 말아야 할 것을 들어 위범하는 일이 성립되는 것을 밝힘 ……… 192
　　③ 죄의 이름을 판정함 ……… 192
3) 음란한 행위를 하는 것을 금한 계 ……… 193
　(1) 제정한 뜻을 밝히고 이름을 풀이함 ……… 194
　　① 제정한 뜻을 밝힘 ……… 194
　　② 이름을 풀이함 ……… 194
　(2) 위범이 성립되기 위해 갖추어져야 할 조건 ……… 195
　　① 음란한 행위에서의 사상 ……… 195
　　② 음란한 행위에서의 생각 ……… 197
　　③ 음란한 행위에서의 욕구 ……… 197
　　④ 음란한 행위에서의 번뇌 ……… 197
　　⑤ 음란한 행위에서의 방편이 성취됨 ……… 198
　(3) 위범한 것에 대해 경죄와 중죄를 판정함 ……… 198
　(4) 학처의 동일성과 차이성을 밝힘 ……… 198
　(5) 본문을 해석함 ……… 199
4) 거짓말하는 것을 금한 계 ……… 200

(1) 제정한 뜻을 밝히고 이름을 풀이함 201
　① 제정한 뜻을 밝힘 201
　② 이름을 풀이함 201
(2) 위범이 성립되기 위해 갖추어져야 할 조건 202
　① 거짓말에서의 사상 202
　② 거짓말에서의 생각 202
　③ 거짓말에서의 욕구 203
　④ 거짓말에서의 번뇌 203
　⑤ 거짓말에서의 방편이 성취됨 203
(3) 위범한 것에 대해 경죄와 중죄를 판정함 204
(4) 학처의 동일성과 차이성 204
(5) 본문을 해석함 206
5) 술을 파는 것을 금한 계 207
(1) 제정한 뜻을 밝히고 이름을 풀이함 207
　① 제정한 뜻을 밝힘 207
　② 이름을 풀이함 209
(2) 위범이 성립되기 위해 갖추어져야 할 조건 209
　① 술을 파는 것에서의 사상 209
　② 술을 파는 것에서의 생각 210
　③ 술을 파는 것에서의 욕구 210
　④ 술을 파는 것에서의 번뇌 210
　⑤ 술을 파는 것에서의 방편을 성취함 211
(3) 위범한 것에 대해 경죄와 중죄를 판정함 211
(4) 학처의 동일성과 차이성 212
(5) 본문을 해석함 213
6) 다른 사람의 죄와 허물을 말하는 것을 금한 계 213
(1) 제정한 뜻을 밝히고 이름을 풀이함 214
　① 제정한 뜻을 밝힘 214
　② 이름을 풀이함 214
(2) 위범이 성립되기 위해 갖추어져야 할 조건 214
　① 다른 사람의 죄와 허물을 말하는 것에서의 사상 214

② 다른 사람의 죄와 허물을 말하는 것에서의 생각 ········ 215
③ 다른 사람의 죄와 허물을 말하는 것에서의 욕구 ········ 215
④ 다른 사람의 죄와 허물을 말하는 것에서의 번뇌 ········ 216
⑤ 다른 사람의 죄와 허물을 말하는 것에서의 방편이 성취됨 ········ 216
(3) 위범한 것에 대해 경죄와 중죄를 판정함 ········ 216
(4) 학처의 동일성과 차이성을 밝힘 ········ 216
(5) 본문을 해석함 ········ 218
7) 자신을 찬탄하고 다른 사람을 비방하는 것을 금한 계 ········ 218
 (1) 제정한 뜻을 밝히고 이름을 풀이함 ········ 219
  ① 제정한 뜻을 밝힘 ········ 219
  ② 이름을 풀이함 ········ 219
 (2) 위범이 성립되기 위해 갖추어져야 할 조건 ········ 220
  ① 자신을 찬탄하고 다른 사람을 비방하는 것에서의 사상 ········ 220
   a. 비방의 대상인 사람 ········ 220
   b. 비방의 대상이 되는 일 ········ 221
  ② 자신을 찬탄하고 다른 사람을 비방하는 것에서의 생각 ········ 222
  ③ 자신을 찬탄하고 다른 사람을 비방하는 것에서의 욕구 ········ 222
  ④ 자신을 찬탄하고 다른 사람을 비방하는 것에서의 번뇌 ········ 223
  ⑤ 자신을 찬탄하고 다른 사람을 비방하는 것에서의 방편이 성취됨 ········ 223
 (3) 위범한 것에 대해 경죄와 중죄를 판정함 ········ 226
 (4) 학처의 동일성과 차이성을 밝힘 ········ 227
 (5) 본문을 해석함 ········ 227
8) 인색하고 비방하기까지 하는 것을 금한 계 ········ 230
 (1) 제정한 뜻을 밝히고 이름을 풀이함 ········ 231
  ① 제정한 뜻을 밝힘 ········ 231
  ② 이름을 풀이함 ········ 231
 (2) 위범이 성립되기 위해 갖추어져야 할 조건 ········ 232
  ① 인색하고 비방하는 것에서의 사상 ········ 232
  ② 인색하고 비방하는 것에서의 생각 ········ 233
  ③ 인색하고 비방하는 것에서의 욕구 ········ 233
  ④ 인색하고 비방하는 것에서의 번뇌 ········ 234

⑤ 인색하고 비방하는 것에서의 방편이 성취됨 ……… 234
        (3) 위범한 것에 대해 경죄와 중죄를 판정함 ……… 235
        (4) 학처의 동일성과 차이성을 밝힘 ……… 236
        (5) 본문을 해석함 ……… 237
    9) 분노하면서 참회를 받아들이지 않는 것을 금한 계 ……… 239
        (1) 제정한 뜻을 밝히고 이름을 풀이함 ……… 240
            ① 제정한 뜻을 밝힘 ……… 240
            ② 이름을 풀이함 ……… 241
        (2) 위범이 성립되기 위해 갖추어져야 할 조건 ……… 241
            ① 분노하면서 참회를 받아들이지 않는 것에서의 사상 ……… 241
            ② 분노하면서 참회를 받아들이지 않는 것에서의 생각 ……… 242
            ③ 분노하면서 참회를 받아들이지 않는 것에서의 욕구 ……… 242
            ④ 분노하면서 참회를 받아들이지 않는 것에서의 번뇌 ……… 243
            ⑤ 분노하면서 참회를 받아들이지 않는 것에서의 방편이 성취됨 ……… 243
        (3) 위범한 것에 대해 경죄와 중죄를 판정함 ……… 245
        (4) 학처의 동일성과 차이성을 밝힘 ……… 245
        (5) 본문을 해석함 ……… 246
    10) 삼보를 비방하는 것을 금한 계 ……… 249
        (1) 제정한 뜻을 밝히고 이름을 풀이함 ……… 250
            ① 제정한 뜻을 밝힘 ……… 250
            ② 이름을 풀이함 ……… 250
        (2) 위범이 성립되기 위해 갖추어져야 할 조건 ……… 251
            ① 삼보를 비방하는 것을 금한 계에서의 사상 ……… 251
            ② 삼보를 비방하는 것을 금한 계에서의 생각 ……… 252
            ③ 삼보를 비방하는 것을 금한 계에서의 욕구 ……… 252
            ④ 삼보를 비방하는 것을 금한 계에서의 번뇌 ……… 252
            ⑤ 삼보를 비방하는 것을 금한 계에서의 방편이 성취됨 ……… 252
        (3) 위범한 것에 대해 경죄와 중죄를 판정함 ……… 253
        (4) 학처의 동일성과 차이성을 밝힘 ……… 261
        (5) 본문을 해석함 ……… 263
3. 총괄하여 맺음 ……… 264

1) 사람을 마주하여 총괄적으로 맺음 ……… 265
  2) 가르쳐서 범하지 않게 함 ……… 265
    (1) 미미한 것을 지시하여 많은 것을 견주는 것으로 가르침 ……… 265
    (2) 잃을 것을 드러내어 그것을 싫어하게 하는 것으로 가르침 ……… 266
    (3) 과보를 보여 그것을 두려워하게 하는 것으로 가르침 ……… 267
  3) 배울 것을 권하고 자세하게 밝힐 곳을 가리킴 ……… 267

보살계본소 하권의 본 菩薩戒本疏 卷下之本

제2절 경계를 풀이함 ……… 271
  1. 앞을 맺고 뒤를 일으킬 것을 총괄적으로 나타냄 ……… 271
  2. 차례대로 개별적으로 풀이함 ……… 271
    1) 첫 번째 열 가지 계 ……… 281
      (1) 웃어른을 공경하고 섬겨라 : 제1계 ……… 282
        ① 제정한 뜻을 밝힘 ……… 283
        ② 위범이 성립되기 위해 갖추어져야 할 조건 ……… 283
        ③ 위범한 것에 대해 경죄와 중죄를 판정함 ……… 284
        ④ 학처의 동일성과 차이성을 밝힘 ……… 284
        ⑤ 본문을 해석함 ……… 285
          a. 사람을 나타냄 ……… 286
          b. 사상을 서술함 ……… 286
            a) 계를 수지할 것을 권함 ……… 286
            b) 공경해야 함을 밝힘 ……… 287
            c) 위반하여 위범이 성립되는 것을 밝힘 ……… 288
          c. 죄를 판정함 ……… 291
      (2) 술을 마시지 마라 : 제2계 ……… 291
        ① 제정한 뜻을 밝힘 ……… 291
        ② 위범이 성립되기 위해 갖추어져야 할 조건 ……… 292
        ③ 위범한 것에 대해 경죄와 중죄를 판정함 ……… 292
        ④ 학처의 동일성과 차이성을 밝힘 ……… 292

⑤ 본문을 해석함 ……… 292
　　a. 사람을 나타냄 ……… 292
　　b. 사상을 서술함 ……… 292
　　　a) 과실을 나타냄 ……… 293
　　　b) 하지 말아야 할 것을 제정함 ……… 296
　　　c) 위반하여 위범이 성립되는 것을 밝힘 ……… 297
　　c. 죄를 판정함 ……… 297
(3) 고기를 먹지 마라 : 제3계 ……… 297
　① 제정한 뜻을 밝힘 ……… 298
　② 위범이 성립되기 위해 갖추어져야 할 조건 ……… 298
　③ 위범한 것에 대해 경죄와 중죄를 판정함 ……… 298
　④ 학처의 동일성과 차이성을 밝힘 ……… 298
　⑤ 본문을 해석함 ……… 299
　　a. 사람을 나타냄 ……… 299
　　b. 사상事象을 서술함 ……… 299
　　　a) 과실을 나타냄 ……… 300
　　　b) 하지 말아야 할 것을 제정함 ……… 301
　　　c) 위반하여 위범이 성립되는 것을 밝힘 ……… 301
　　c. 죄를 판정함 ……… 302
(4) 매운 채소를 먹지 마라 : 제4계 ……… 302
　① 제정한 뜻을 밝힘 ……… 302
　② 위범이 성립되기 위해 갖추어져야 할 조건 ……… 302
　③ 위범한 것에 대해 경죄와 중죄를 판정함 ……… 303
　④ 학처의 동일성과 차이성을 밝힘 ……… 303
　⑤ 본문을 해석함 ……… 303
(5) 죄를 거론하여 참회하게 하라 : 제5계 ……… 305
　① 제정한 뜻을 밝힘 ……… 307
　② 위범이 성립되기 위해 갖추어져야 할 조건 ……… 308
　③ 위범한 것에 대해 경죄와 중죄를 판정함 ……… 308
　④ 학처의 동일성과 차이성을 밝힘 ……… 308
　⑤ 본문을 해석함 ……… 308

a. 사람을 나타냄 ……… 308
　　　b. 사상事象을 서술함 ……… 308
　　　c. 죄를 판정함 ……… 312
　(6) 법사에게 공양하고 설법해 줄 것을 요청하라 : 제6계 ……… 312
　(7) 설법을 듣고 의견을 묻고 받아들여라 : 제7계 ……… 317
　(8) 대승을 등지지 마라 : 제8계 ……… 319
　(9) 병든 사람을 보살피고 필요한 것을 공급하라 : 제9계 ……… 325
　(10) 살생하는 도구를 비축하지 마라 : 제10계 ……… 329
2) 두 번째 열 가지 계 ……… 332
　(1) 처음의 네 가지 계 : 스스로 행하는 선을 거두어 지님 ……… 332
　　① 사신이 되어 나라의 명령을 전달하는 일을 하지 마라 : 제11계 ……… 332
　　② 나쁜 마음으로 팔지 마라 : 제12계 ……… 335
　　③ 좋은 사람과 착한 사람을 비방하지 마라 : 제13계 ……… 338
　　④ 멋대로 불을 지르지 마라 : 제14계 ……… 343
　(2) 나중의 여섯 가지 계 : 다른 사람을 교화하는 선을 거두어 지님 ……… 345
　　① 앞의 두 가지 계 : 다른 사람의 학처를 바르게 알아 막고 지키는 것 ……… 345
　　　a. 그릇된 것을 가르치지 마라 : 제15계 ……… 345
　　　b. 전도되게 설법하지 마라 : 제16계 ……… 352
　　② 뒤의 네 가지 계 : 자신의 학처를 바르게 행하여 막고 지키는 것 ……… 357
　　　a. 멋대로 줄 것을 요구하지 마라 : 제17계 ……… 357
　　　b. 남을 속이면서 스승이 되지 마라 : 제18계 ……… 359
　　　c. 양쪽에 서로의 허물을 말하여 싸우게 하지 마라 : 제19계 ……… 361
　　　d. 방생하고 구제하여 은혜를 갚아라 : 제20계 ……… 364
3) 세 번째 열 가지 계 ……… 370
　(1) 처음의 세 가지 계 ……… 371
　　① 거스르고 침범하는 것을 참고 받아들여라 : 제21계 ……… 372
　　② 마음을 낮추어 법을 받아들여라 : 제22계 ……… 376
　　③ 좋은 마음으로 가르쳐 주어라 : 제23계 ……… 379
　(2) 다음의 한 가지 계 : 견해를 함께하는 것 ……… 382
　　- 다른 학문에 마음을 기울이지 마라 : 제24계
　(3) 다음의 네 가지 계 : 이익을 함께하는 것 ……… 386

① 대중과 삼보에 속한 물건을 잘 다스려라 : 제25계 386
② 절에 머무는 스님과 절에 찾아온 스님은 이익을 함께하라 : 제26계 390
③ 개별적으로 초청을 받지 마라 : 제27계 397
④ 스님을 개별적으로 초청하지 마라 : 제28계 402
(4) 나중의 두 계 : 계를 함께하는 것 408
① 그릇된 직업을 갖지 마라 : 제29계 408
② 그릇된 업을 짓지 마라 : 제30계 410
4) 두 가지의 아홉 가지 계 416
(1) 처음의 아홉 가지 계 416

보살계본소 하권의 말 菩薩戒本疏 卷下之末

① 처음의 한 가지 계 : 재물로 중생을 거두어들임 419
 - 위험과 고통에 처한 중생을 대가를 지불하고 구제하라 : 제31계
② 나중의 여덟 가지 계 : 법으로 중생을 거두어들임 421
 a. 행법으로 거두어들임 421
  a) 처음의 두 가지 계 : 허물을 여의는 행을 밝힘 421
   (a) 손해의 허물을 여의는 것 421
    - 손해를 끼치는 도구를 비축하지 마라 : 제32계
   (b) 방일의 허물을 여의는 것 424
    - 그릇된 것과 방일한 것을 행하지 마라 : 제33계
  b) 나중의 다섯 가지 계 : 선을 거두어들이는 행을 밝힘 427
   (a) 다른 승乘을 생각하지 마라 : 제34계 427
   (b) 큰 소원을 일으키지 않는 것을 막음 429
    - 소원을 일으키고 희구하라 : 제35계
   (c) 견고한 서원을 일으키지 않는 것을 막음 432
    - 서원을 세워 스스로 약속하라 : 제36계
   (d) 집착을 여의는 행을 닦지 않는 것을 막음 439
    - 때맞추어 두타를 행하라 : 제37계
   (e) 어른과 아이의 차례를 따르지 않는 것을 막음 450

　　　　　－ 신분의 높고 낮음에 따라 차례를 지켜라 : 제38계
　　　b. 교법으로 거두어들임 ········ 458
　　　　　－ 복덕과 지혜에 의해 사람들을 거두어들여라 : 제39계
　(2) 나중의 아홉 가지 계 ········ 462
　　① 처음의 다섯 가지 계 : 계법으로 거두어들임 ········ 462
　　　a. 처음의 세 가지 계 : 계법을 다른 사람에게 주는 것을 밝힘 ········ 463
　　　　a) 자격이 있는 사람이면 선별하지 않고 바로 주는 것 ········ 463
　　　　　－ 계를 받을 수 있는 사람이면 선별하지 마라 : 제40계
　　　　b) 장애가 있는 사람을 가르쳐서 참회하여 제거하게 하는 것을 밝힘 ········ 472
　　　　　－ 덕을 갖추어 스승이 되어라 : 제41계
　　　　c) 아직 계를 받지 않은 사람에게 멋대로 그를 위해서 계를 설해서는 안 되
　　　　　는 것을 밝힘 ········ 487
　　　　　－ 사람을 가려서 계를 설하라 : 제42계
　　　b. 뒤의 두 가지 계 : 계법을 스스로 거두어들이는 것을 밝힘 ········ 492
　　　　a) 계행戒行을 거두어들이는 것을 밝힘 ········ 492
　　　　　－ 고의로 훼손하고 범하지 마라 : 제43계
　　　　b) 계교戒敎를 거두어들이는 것을 밝힘 ········ 494
　　　　　－ 경전을 공양하라 : 제44계
　　② 나중의 네 가지 계 : 슬퍼하는 마음(悲心)으로 교화함 ········ 498
　　　a. 처음의 두 가지 계 : 슬퍼하는 마음으로 중생을 거두어들이는 것을 밝힘
　　　　　········ 498
　　　　a) 가르침을 설하여 인도함으로써 교화하는 것을 밝힘 ········ 498
　　　　　－ 슬퍼하는 마음으로 가르침을 설하여 인도하라 : 제45계
　　　　b) 법을 설하여 교화하는 것을 밝힘 ········ 501
　　　　　－ 공경하는 마음을 지닌 사람에게 법을 설하라 : 제46계
　　　b. 나중의 두 가지 계 : 정법을 공경하고 보호하는 것을 밝힘 ········ 503
　　　　a) 나쁜 통제법을 막는 것 ········ 503
　　　　　－ 나쁜 통제법을 제정하지 마라 : 제47계
　　　　b) 바른 가르침을 보호하는 것 ········ 506
　　　　　－ 바른 법을 좋아하고 보호하라 : 제48계
3. 총괄적으로 경구죄를 맺고 권하여 수지하게 함 ········ 509

제3장 유통할 것을 설한 부분 509
　1. 법을 부촉하여 받아 지니게 함 511
　2. 맺으면서 다른 부처님의 교화도 통틀어서 밝힘 511

발문 / 518

찾아보기 / 521

일러두기

1 '한글본 한국불교전서'는 문화체육관광부의 지원을 받아 동국대학교 불교학술원에서 수행하고 있는 '불교기록문화유산아카이브(ABC)사업'의 결과물을 출간한 것이다.
2 이 책은 『한국불교전서』(동국대학교출판부 간행) 제2책의 『보살계본소』를 저본으로 하였다.
3 번역문에 이어 원문을 병기하고 간단한 표점 부호를 삽입하였다.
4 본문에서 '問'은 문으로 '答'은 답으로 처리하였다.
5 원문의 교감 사항은 번역문의 각주와 별도로 원문 아래 부분에 제시하였다.
　　편은 『한국불교전서』 편찬자가 교감한 내용이다.
　　역은 번역자가 교감한 내용이다.
6 약물은 다음과 같다.
　　『　』: 서명
　　「　」: 품명
　　T : 대정신수대장경
　　X : 만속장경
　　S : 범어

『보살계본소』를 다시 간행하면서 쓰는 서문

『범망경보살계본』이라는 것은 대체로 과거와 현재와 미래의 부처님께서 세상에 출현하여 널리 가르치는 규범이고 일곱 부류의 제자(七衆)[1]를 부처님의 지위에 들어갈 수 있게 하는 중요한 문이다. 따라서 주석을 달고 단락을 나누는 것을 거의 십여 명의 학자가 행했지만 지금 남아 있는 것은 오직 법장法藏[2]과 천태天台[3]와 명광明曠[4]과 태현太賢[5]이 지은 것[6]뿐이고 나머지는 모두 없어졌다. 아, 몹시 애석하구나!

---

[1] 일곱 부류의 제자(七衆) : 불교 교단의 구성원을 통틀어서 일컫는 말. 비구·비구니·식차마나·사미·사미니·우바새·우바이를 가리킨다.

[2] 법장法藏(643~712) : 당나라 때 스님. 화엄종의 제3조. 자는 현수賢首, 호는 국일법사國一法師이다. 화엄교학을 집대성하였다.

[3] 천태天台(538~597) : 수나라 때 스님. 천태종의 개조인 지의智顗를 가리킨다. 지자대사智者大師라고도 한다.

[4] 명광明曠 : 당나라 때 스님. 생몰연대 미상. 천태산天台山 국청사國淸寺에서 형계 담연荊溪湛然의 처소에서 천태학을 배웠다.

[5] 태현太賢 : 신라 때 법상종 스님. 생몰연대 미상. 원측圓測(613~696)의 제자인 도증道證의 제자로 알려져 있다. 호는 청구사문靑丘沙門이고 태현은 휘이다. 도증과 직접적 사승관계를 보여 주는 문헌은 전하지 않지만 도증이 692년 중국에서 신라로 귀국했고 태현이 그 무렵 활동하였으며 후대에 신라 유가종瑜伽宗의 개조로 추앙받았기 때문에 후대 일본 학자들이 태현이 도증의 제자라고 확정했고 이것이 일반적으로 수용되고 있다. 그 휘를 어떤 문헌에서는 대현大賢이라고 했는데 어느 것이 옳은지는 알 수 없다.

[6] 법장法藏과 천태天台와~지은 것 : 법장의 『梵網經菩薩戒本疏』·천태(지의智顗)가 설하고 관정灌頂이 기록한 『菩薩戒義疏』·명광의 『天台菩薩戒疏』·태현의 『梵網經古迹記』를 말한다.

네 학자의 저술은 난초와 국화처럼 뛰어나게 아름다운데 세상에서 계를 배우는 사람들은 대부분 태현 스님의 글에 의지하고 있다. 그런데 그 소에서는 종종 법장과 의적의 소를 인용하여 뜻을 증명하고 문장을 풀이하였다. 두루 돌아다니며 책을 구하여 자세히 살펴보기를 게을리하지 않는 학자로서 일찍이 이것을 보지 않은 이는 거의 없을 것이다. 다만 법장의 소는 비록 존재하지만 의적의 소는 이미 소실된 것이 한스러울 뿐이다.

　나는 일찍이 낙동洛東[7]에 있는 선림사禪林寺[8]의 경장經藏에서 우연히 잃어버린 것으로 알려졌던 책을 찾았다. 대대로 오랫동안 전해 오면서 좀먹어서 없어진 부분이 적지 않고 전해 오면서 수차례 서사書寫한 탓에 빠진 글자도 많았다. 사방에 수소문하여 온전한 책을 찾았으나 그 존재를 알려오는 이가 없었기에 탄식하며 세월을 보냈다. 이 성城의 북쪽에 굉원 법사宏源法師라는 분이 이 소를 오랫동안 전해 오면서 비밀리에 가보家寶로 간직하고 있었다. 단시간에 읽고 내가 소장한 좀먹은 책과 대조하여 유실된 문장을 보충하였다. 이렇게 하여 비로소 온전한 책을 얻을 수 있게 되었다.

　어느 날 기궐씨剞劂氏[9]가 좀먹은 책을 가지고 찾아와 말하였다. "그대가 다행스럽게 이것을 보충했으니 내가 그것을 판목에 새겼으면 한다." 나는 그것을 널리 전할 수 있음을 기뻐하며 마침내 수정하고 보충하였고 밀엄변 율사密嚴辨律師가 좀 더 탐구하여 방훈旁訓[10]을 달고 여러 책을 참조하면서 교정하여 기궐씨에게 주었다.

　책이 완성되자 나에게 서문을 써 줄 것을 요청하였다. 나는 내 일처럼

7　낙동洛東 : 일본 경도시京都市의 동부東部를 통칭하는 말이다.
8　선림사禪林寺 : 일본 경도시京都市에 있는 절의 이름. 정토종 서산선림사파淨土宗西山禪林寺派의 총본산이다.
9　기궐씨剞劂氏 : 판목·돌 등에 글씨를 새기는 사람을 가리키는 말이다.
10　방훈旁訓 : 본문 옆에 써넣은 본문에 대한 주석을 가리키는 말이다.

기뻐한 나머지 식견이 좁은 것을 헤아리지 못하고 문득 이렇게 그 일의 전말을 써서 소의 첫머리에 덧붙이게 되었다. 막힘없이 유통되어 멀리 용화회龍華會[11]가 열리는 날까지 전해지길 바랄 뿐이다.

정향貞享 원년(1684) 용차龍次[12] 갑자년 계하季夏(음력 6월) 포살布薩[13]을 행하는 날[14]에 보살계를 받은 제자 사문 동공洞空이 삼가 적다.

쌍구雙丘[15] 지족암知足庵에서.

重刻菩薩戒本疏序[1)]

梵網經菩薩戒本者。蓋三世出興之鴻規。七衆入位之要門也。以故註疏節分。殆十有餘家。今之存者。唯法藏天台明曠太賢也已。餘皆成廢典。於戲可惜矣。四家之述作。蘭菊擅美。卽世戒子。多附賢師也。然彼疏中。往往引法藏義寂兩疏。證義解文。不倦周覽之學士。不往窺之者。蓋鮮矣。但恨

---

11 용화회龍華會 : 미륵보살이 미래세에 하생하여 용화수龍華樹 아래서 성불한 후 세 차례에 걸쳐 설법하는데 이 법회를 일컫는 말이다.
12 용차龍次 : 간지干支를 따라서 정한 해의 순서를 가리키는 말이다. 세차歲次라고도 한다.
13 포살布薩 : ⓢ poṣadha, upoṣadha의 음역어. 장정長淨·장양長養·증장增長·선숙善宿·정주淨住·재재齋 등으로 의역한다. 현전승가現前僧伽의 구성원인 스님들이 보름마다 곧 매달 14일 혹은 15일 중의 하루와 29일 혹은 30일 중의 하루에 포살당에 모이고, 특정 비구가 바라제목차를 외우고 나머지 비구는 이것을 듣고 자신이 위범한 사실이 있는지의 여부를 살펴서 고백하고 참회함으로써 청정함을 회복하는 의식이다. 한 달이 30일인 경우는 15일과 30일에 행하고, 29일인 경우는 14일과 29일에 행한다. 포살에서 바라제목차를 외우는 것을 설계說戒라고 한다. 이 때문에 포살을 설계라고 의역하기도 한다. 현전승가라는 것은 시간적으로 공간적으로 한정된 형태의 승가, 곧 지금 여기에 성립하고 있는 승가를 가리킨다. 상대어는 사방승가四方僧伽인데 시방승가十方僧伽라고도 하며 이상적 이념으로서의 승가, 곧 승가 진제를 통들어서 일컫는 말이다. 현전승가는 지역적인 경계인 계界에 의해 성립되고 최소 4인 이상으로 구성된다. 승가의 주처·토지·가구·수목 등의 재산은 시방승가의 소유물이기 때문에 현전승가의 결의에 의해서 처분할 수 없다. 현전승가의 비구들은 이것을 이용할 수 있을 뿐이고 그 재산을 보존하고 수리하여 다음 세대에 전해 줄 의무가 있다.
14 포살布薩을 행하는 날 : 포살은 보름마다 행하기 때문에 15일 혹은 30일을 가리킨다.
15 쌍구雙丘 : 일본 경도시京都市 북서부에 위치한 지역의 이름이다.

藏疏雖存。寂疏已亡也。予嘗就洛東禪林經藏。偶拜遺帙。世淹蠹滅不少。傳數寫脫亦夥焉。訪全本於遐邇。無敢報之者。歎息星霜。于此城北。有宏源法師者。久傳此疏。祕爲家寶。一時讀。予之蠹本。爲補遺文。於玆肇得全本矣。他日剞劂氏。袖彼蠹本來曰。子幸補之。我其壽梓。予喜廣厥傳。遂加修補也。密嚴辨律師。尋播旁訓。參訂諸本。以與剞劂氏。書成乞序。予隨喜之餘。忘揣鄙陋。輒爾記其始末。以贅疏首矣。庶幾。流通無壅。遠傳龍華云爾。

峕貞享初元。龍次甲子。季夏布薩之日。菩薩戒弟。沙門洞空。欽識。

雙丘。知足庵。

---

1) ㉑ 저본은 『新修大藏經』 제40권이다. 이 서문은 『續藏經』에는 실려 있지 않다.【뒤에 나오는 교감주를 참조할 것.】

보살계본소 상권
| 菩薩戒本疏* 卷上 |

신라 사문 의적 지음
新羅沙門義寂述

---

* ㉠ 저본은 『新修大藏經』 제40권(정향 원년에 간행된 용곡대학龍谷大學 소장본)이다. 갑본은 저본을 다른 판본과 대조하여 교정한 책이다. 을본은 『續藏經』 제1편 60투套 1책冊이다. 병본은 을본을 다른 판본과 대조하여 교정한 책이다.

제1편 핵심을 가려내어 경의 취지를 간략하게 나타냄

소 무릇 계戒는 덕의 근본이니 도道가 그것에 의해 생겨난다. 깨달음의 종자(覺種)를 일으키고 정법正法을 계승하여 융성하게 하며, 오랫동안 이어져 온 윤회의 삶을 끊고 피안彼岸(열반)[1]에 오르며 함식含識(중생)[2]을 구제하는 것이 모두 이것에 의해 이루어진다. 그러므로 여래께서 처음으로 도수道樹(菩提樹) 아래에서 (깨달음을 이루시고) 가장 먼저 보살의 바라제목차波羅提木叉[3]를 제정하셨으니[4] 이는 번뇌를 가라앉히고 속박에서 벗어

---

1 피안彼岸(열반): ⑤ pāra의 의역어. 저쪽 언덕이라는 뜻으로 상대어는 차안此岸이다. 미혹의 세계를 이쪽 언덕이라고 하고 깨달음의 세계를 저쪽 언덕이라고 하며 업과 번뇌를 그 사이에 흐르는 강물이라 한다. 또 생사의 경계를 차안이라고 하고 열반을 피안이라고 한다.
2 함식含識(중생): ⑤ sattva의 의역어. 심식心識을 머금고 있다는 뜻. 생명이 있는 모든 중생을 가리킨다. 보통 중생衆生·유정有情 등으로 의역한다.
3 바라제목차波羅提木叉: ⑤ prātimokṣa의 음역어. 비구·비구니가 지켜야 할 계율의 조문을 모아 놓은 것. 낱낱의 조문을 학처學處(⑤ śikṣāpada: 禁戒)라고 하고 이 학처를 모은 조문집을 바라제목차라고 한다. 바라제(⑤ prāti)는 별別이라 의역하고 목차木叉(⑤ mokṣa)는 갖추어서 비목차毗木叉(⑤ vimokṣa)라고 하며 해탈解脫이라 의역한다. 단 아비달마불교에서는 식차마나식叉摩那(正學女)의 육법계六法戒·사미와 사미니의 십계·우바새와 우바이의 오계·특별한 경우 재가신자가 받는 팔재계八齋戒를 포함한 여덟 가지 계를 통틀어서 바라제목차라고 하였다. 예컨대 『俱舍論』 권14(T29, 73b)에서 "여덟 부류의 대중이 모두 별해탈률의를 성취하니 비구에서부터 근주近住(정해진 재일에 만 하루 동안 일시적으로 출가하여 절에 머물면서 팔계八戒를 수지하는 재가신자)에 이르는 이들이 그들이다.(八 衆皆成就別解脫律儀. 謂從苾芻乃至近住.)"라고 하였다. 바라제목차는 별해탈別解脫·처처해탈處處解脫 등으로 의역하는데 이는 낱낱의 조문에 따라 따로따로 해탈을 얻는 것, 곧 예컨대 불망어계不妄語戒에 의해 망어妄語에서 벗어나고 불살생계不殺生戒에 의해 살생에서 벗어나는 것을 나타낸다.
4 『梵網經』 권하(T24, 1004a)에서 설한 것을 인용하여 부처님께서 깨달음을 얻고 처음으로 설한 것임을 강조하였다.

나게 하는 토대이고 원인을 닦아 결과를 증득하게 하는 근본이 되는 것이다. 이미 "(계는) 제지制止라고도 한다."⁵라고 하였으니 어떤 악도 끊지 않음이 없고, 또 "효순孝順이라고도 한다."⁶라고 하였으니 어떤 선善도 모으지 않음이 없다. 대강(綱)을 들면 열 가지 중계重戒(十支)가 있어 다함이 없고 세부적인 것(目)을 총괄하면 마흔여덟 가지 경계輕戒가 있어 새어 나갈 틈이 없다. 깨달음의 길(覺道)을 밝게 비추니 해와 달에 비유되고 법신法身을 장엄하니 영락瓔珞⁷에 비유된다.⁸ 성대하게 건립하는 공덕은 나타내기 어렵다. 다만 이 계경戒經은 글과 이치가 매우 은미하여 해석을 해야 한다. 이 경을 설한 이유를 분명하게 알기 어렵기 때문에 먼저 핵심을 가려내어 경의 취지를 간략하게 나타내었다.

夫戒德之本。道之所由生。所以興覺種紹隆正法。絶長流登彼岸。扮濟含識者。罔弗由玆矣。故如來先¹⁾在²⁾道樹。初制菩薩波羅提木又。定乃寂累脫縛之基。修因證果之本。旣名制止。無衆惡而不截。又稱孝順。無諸善而不集。提綱則十支無盡。總目則六八靡漏。照明覺道譬乎日月。莊嚴法身喩之瓔珞。興建之功德難興顯。但此戒經。文義深隱。宜造解釋。由致難了。故先科³⁾簡略標旨歸。

1) ㉠『梵網經』에 따르면 '先'은 '初'인 것 같다. 2) ㉠『梵網經』에 따르면 '在'는 '坐'인 것 같다. 3) ㉠ '科'는 '料'인 것 같다.

---

5 『梵網經』권하(T24, 1004a).
6 『梵網經』권하(T24, 1004a).
7 영락瓔珞 : [S] muktāhāra, keyūra의 의역어. 음역어는 길유라吉由羅이다. 구슬·꽃 등을 꿰거나 엮어서 만든 장식물. 머리·목·가슴 등에 걸 수 있게 만들었다. 인도에서 일반적으로 귀족의 부인이 걸고 다녔다.
8 『梵網經』권하(T24, 1004a)에서 "계는 해와 달처럼 밝고 구슬로 장식한 영락처럼 찬란하네.(戒如明日月。亦如瓔珞珠。)"라고 한 것을 가리킨다.

제2편 계의 근본 취지를 나타냄

계법戒法은 한량없지만 핵심은 오직 수체受體와 수행隨行[9]뿐이다. 수체는 업의 근본이 되는 것으로 처음에 일어나는데 계법戒法을 받아들여 몸에 두는 것이다. 수행은 마음을 지속하는 것으로 그다음에 일어나는데 대상(緣)을 마주하여 악을 막고 선을 보호하는 것이다.

戒法無量 要唯受隨。受則業本初暢納法在身。隨則持心後起顯[1]緣防護。

1) ㉠ 문맥상 '顯'은 '對'인 것 같다.

제1장 수체受體를 밝힘

먼저 수체를 밝히는 것에 두 가지가 있다. 처음에는 수순하는 인연(順緣)에 의해 계를 받는 것을 밝히고 나중에는 어긋나는 인연(違緣)에 의해 받은 계를 잃는 것을 나타내겠다.

先辨受有二。初明順緣得受。後顯違緣失受。

---

9 수체受體와 수행隨行 : '수受'는 수체受體의 준말이고, '수隨'는 수행隨行·수계隨戒 등의 준말이다. 수체란 자신의 마음속에서 계를 받고 계체戒體(계를 받음으로써 갖추어지는 방비지악防非止惡의 공능)를 수지하여 파계하지 않을 것을 결심하는 것이다. 수행이란 이후에 그러한 결심에 상응하여 생활 속에서 실천해 나가는 것이다.

제1절 수순하는 인연에 의해 계를 받는 것

계를 받을 수 있는 조건(得)을 밝히는 것에 네 가지가 있다. 첫째는 자격 여부를 간별하고, 둘째는 스승의 덕을 간별하며, 셋째는 수계의 궤범을 밝히고, 넷째는 문답으로 의심을 쫓는 것이다.

辨得有四。一簡資器。二簡師德。三受之方軌。四問答遣疑。

1. 자격 여부를 간별함

처음에는 자격 여부를 간별한다. 두 가지 조건을 갖추어야 계를 받을 자격이 있는 사람이라고 할 수 있다. 첫째는 계를 받을 수 있는 선이 있는 것이고, 둘째는 계를 상애하는 악이 없는 것이다.

初簡器者。要具二緣。堪爲受戒之器。一有感戒之善。二無障戒之惡。

1) 계를 받을 수 있는 선

계를 받을 수 있는 선에는 두 가지가 있다. 첫째는 보살종성菩薩種姓[10]

---

10 보살종성菩薩種姓 : 보살의 종성. 곧 보살도를 닦아 불과佛果를 얻을 수 있는 성품을 지녔음을 나타내는 말. 법상종에서는 중생을 근기에 따라 다섯 가지로 분류하였다. 첫 번째는 보살정성菩薩定性이니 보살도를 닦아 불과를 증득할 것이 결정된 중생이고, 두 번째는 성문정성聲聞定性이니 성문도를 닦아 아라한과阿羅漢果를 이룰 것이 결정된 중생이며, 세 번째는 독각정성獨覺定性이니 독각도를 닦아 벽지불과辟支佛果를 이룰 것이 결정된 중생이다. 네 번째는 삼승부정성三乘不定性으로 종성이 결정되지 않은 중생을 가리킨다. 여기에 다시 네 가지가 있다. 첫째는 삼승의 종성을 모두 지닌 중생이고, 둘째는 보살종성과 독각종성을 지닌 중생이며, 셋째는 보살종성과 성문종성을 지닌 중생이고, 넷째는 독각종성과 성문종성을 지닌 중생이다. 다섯 번째는 무성유정無

인 것이고, 둘째는 보리菩提를 증득하려는 서원을 일으킨 것이다. (『유가사지론』) 「보살지菩薩地」에서 "무종성無種姓[11]에 머무는 보특가라補特伽羅[12]는 종성이 없기 때문에 비록 보리심을 일으키고 가행加行[13]을 행한다고 해도 결정적으로 원만하고 위없으며 바르고 평등한 보리를 감당할 수 없다. (또 종성에 머무는 보특가라인 경우에도) 보리심을 일으키지 않고 가행을 닦지 않으면 비록 감당할 수는 있더라도 빨리 위없는 보리(無上菩提)[14]를 증득할 수 없다. 이상에서 제시한 조건과 서로 어긋날 경우에만 빨리 증득할 수 있음을 알아야 한다."[15]라고 하였다. 이 글에 의거하면 두 가지 조건을 갖추어야 비로소 계를 받을 수 있다. 그러므로 계를 받을 때 그 두 가지 조건에 대해 질문한다.

感戒之善。凡有二種。一菩薩種姓。二發菩提願。菩薩地云。住無種姓補特伽羅。無種姓故。雖有發心及行加行。定不堪任圓滿無上正等菩提。若不發心。不修加行。雖有堪任。而不速證無上菩提。與此相違。當知速證。由此具二方得感戒。故受法中。問彼二緣。

性有情이니 삼승의 무루지無漏智의 종성이 전혀 없어서 궁극적으로 인간과 하늘에 태어나는 것 이상의 과보를 얻을 수 없는 중생이다. 법상종에 의거할 때 보살종성은 이상 다섯 가지 종성 가운데 첫 번째 한 가지와 네 번째인 삼승부정성의 네 가지 중생 가운데 보살의 종성을 지니고 있는 것, 곧 첫 번째와 두 번째와 세 번째의 세 가지를 합하여 네 가지를 가리킨다고 할 수 있다. 그러나 법상종의 이러한 주장을 인정하지 않는 일성종一性宗의 입장에서 보면 보살종성이란 불성佛性을 가리키는 것으로 볼 수도 있다.
11 무종성無種姓 : 무상보리를 증득할 종성이 없는 것. 예컨대 정성이승定性二乘, 곧 성문정성聲聞定性(아라한과阿羅漢果를 증득할 수 있는 무루종자無漏種子를 갖춘 것)·독각정성獨覺定性(벽지불과辟支佛果를 증득할 수 있는 무루종자를 갖춘 것) 등을 가리킨다.
12 보특가라補特伽羅 : ⓢ pudgala의 음역어. 사람을 가리키는 말. 인人·중생衆生·삭취취數取趣 등으로 의역한다.
13 가행加行 : ⓢ prayoga의 의역어. 한층 더 수행하는 것을 의미한다.
14 위없는 보리(無上菩提) : '무상보리'는 ⓢ anuttara-bodhi의 의역어이다. 이승二乘의 깨달음과 구별되는 것으로 부처님·보살 등이 증득하는 최상의 깨달음을 일컫는 말이다.
15 『瑜伽師地論』권35(T30, 478c).

어떤 사람은 "세 가지 조건을 갖추어야 비로소 계를 받아들일 수 있다. 첫째는 뛰어난 종성을 갖추는 것이고, 둘째는 뛰어난 서원을 일으키며, 셋째는 뛰어난 행을 실천하려는 마음을 일으키는 것이다."라고 하였다.

처음의 두 가지는 앞에서 설한 것과 같고[16] 세 번째인 '뛰어난 행을 실천하는 것'에는 대략 열 가지가 있다. 첫째는 위없는 보리에 대해 깊이 믿음을 일으키고, 둘째는 목숨이 다할 때까지 악지식惡知識을 멀리하고 선지식善知識을 가까이하며, 셋째는 목숨이 다할 때까지 허물을 참회하고 따라서 기뻐하며(隨喜) 설법해 줄 것을 요청하고(勸請) 회향하여 불도佛道를 증장시키고, 넷째는 목숨이 다할 때까지 힘껏 삼보三寶를 공양하며, 다섯째는 목숨이 다할 때까지 대승경전을 독송하고 서사書寫하며 남을 위해 해설하고, 여섯째는 부모가 없는 아이와 자식이 없는 노인이 극심한 고통에 의해 국법國法을 어기는 죄를 범하면 힘껏 구호하거나 잠깐만이라도 슬퍼하는 마음(悲心)을 일으키며, 일곱째는 목숨이 다할 때까지 게으름을 버리고 정진精進하는 마음을 일으켜 부지런히 불도를 구하고, 여덟째는 다섯 가지 경계(五塵)[17] 가운데 번뇌가 생겨날 때 잘 살펴서 제압하고 조복시키며, 아홉째는 위없는 보리에 대해 싫증을 느껴 물러나려는 마음이 일어나고 소승법에 대해 탐착하는 마음이 생겨날 때 살펴서 소멸시키고, 열째는 소유한 모든 것을 버리고 몸과 목숨을 아끼지 않는 것이다.

이 세 가지는 바로 보살의 세 가지 지녀야 할 것(持)이다. 뛰어난 종성은 감임지堪任持[18]이고 뛰어난 서원은 행가행지行加行持[19]이며 뛰어난 행은

---

16 앞에서 설한 두 가지 조건, 곧 차례대로 보살종성·보리를 증득하려는 서원을 일으키는 것 등을 말한다.
17 다섯 가지 경계(五塵) : 다섯 가지 감관, 곧 안근眼根·이근耳根·비근鼻根·설근舌根·신근身根에 의해 감수되는 경계를 가리키는 말로 오경五境이라고도 한다. 차례대로 색경色境·성경聲境·향경香境·미경味境·촉경觸境을 가리킨다.
18 감임지堪任持 : 감임성지堪任性持라고도 한다. 위없는 보리를 감당하기 위해 지녀야 할 것이라는 뜻이다.
19 행가행지行加行持 : 가행을 행하기 위해 지녀야 할 것이라는 뜻이다.

대보리지大菩提持[20]이다. 앞에서 인용한 문장[21]은 곧 이러한 주장을 뒷받침하는 것이다. 그러므로 이 세 가지를 갖추어야 비로소 계를 받을 수 있다. 계를 받으려고 할 때 이치상 이 세 가지 조건을 모두 문난問難(문제가 있는지의 여부를 질문하는 것)해야 한다. 대강을 설한 책(大本)에서는 세 번째 조건에 대해 질문하는 것을 말하지 않았지만 개별적으로 설한 법(別法)에서는 세 가지 조건을 모두 질문하였기 때문이다.

有說。具三方得感戒。一有勝種姓。二有勝期願。三有勝行心。初二如前。第三勝行。略有十種。一於無上菩提。能生深心。二能盡壽。隨[1)]惡知識。近善知識。三能盡壽。悔過離[2)]喜。勸請迴向。增長佛道。四能盡壽。隨其力能。供養三寶。五能盡壽。讀誦書寫方等正典。爲人解說。六能於孤獨窮苦。若犯王罪。隨力救護。乃至一念。生悲心。七能盡壽。捨於懈怠。發起精進。懃求佛道。八於五塵中。生煩惱時。能尋制伏。九若於無上菩提。生厭退心。於小法中。生貪著時。尋除滅。十能捨於一切所有。不惜身命。此三卽是菩薩三持。勝姓爲堪任持。勝願爲行加行持。勝行爲大菩提持。前所引文。卽此證也。故具此三。方得感戒。將欲受時。義須具問難。大本中。無問第三。而別法中。具問三故。

1) ㉡ 저본에 따르면 '隨'는 '離'이다.『韓國佛敎全書』의 오식으로 보인다.   2) ㉡ 저본에 따르면 '離'는 '隨'이다.『한국불교전서』의 오식으로 보인다.

'뛰어난 종성'이라는 것은 보살의 본성本性과 습성習成의 두 가지 종성[22]

---

20 대보리지大菩提持 : 깨달음을 얻기 위해 지녀야 할 것이라는 뜻이다.
21 앞에서 인용한『瑜伽師地論』「菩薩地」를 가리킨다. 해당 처는 각주 15를 참조할 것.
22 본성本性과 습성習成의~가지 종성 : 시작을 알 수 없는 때부터 저절로 있어 온 종성을 본성종성本性種姓(本性住種姓)이라 하고, 후천적으로 닦아서 얻은 종성을 습성종성習成種姓(習所成種姓)이라 한다. 종성이란 보리를 증득할 수 있는 성품을 뜻하는 말이다.

을 갖춘 것이다. 자세한 것은 『유가사지론』에서 설한 것[23]과 같다.

'보리심'이라는 것은 위없는 과果를 반드시 증득하려는 마음을 일으키고 모든 중생을 반드시 구제할 것이라는 서원을 일으키며 이 두 가지 일에 대해 견고한 뜻을 일으켜 다시 다른 인연에 의해 그 뜻을 빼앗기고 변화시키는 일이 없는 것이다. 또 자신에게 내재된 성품(含性)이 부처님과 같지만 내적으로나 외적으로 인연을 만나지 못했기 때문에 시작을 알 수 없는 때부터 생사를 거듭하는 삶을 살면서 현재의 몸에 이른 것을 관찰한다. 아직까지 한순간도 보리를 얻으려는 뛰어난 뜻과 중생을 구제하려는 서원을 일으킨 적이 없어서 인연을 따라 흘러 다니며 하루도 그러한 삶에서 벗어난 적이 없었지만 지금 만약 한 생각이라도 용맹스런 마음을 일으킨다면 삼아승기겁三阿僧祇劫[24]이 길고 멀어도 반드시 보리를 증득할 날이 있을 것임을 관찰한다. 이전의 세월을 슬퍼하고 앞으로 있을 일을 기뻐하며 땀을 흘리듯이 눈물을 흘리면서 몸과 목숨을 돌보지 않고 확고하게 서원을 일으켜 "생사가 끝이 없지만 나는 반드시 끊을 것이다. 중생의 숫자 헤아릴 수 없이 많지만 나는 반드시 구제할 것이다. 서원과 수행이 한량이 없지만 나는 반드시 닦을 것이다. 불과가 다함이 없지만 나는 반드시 증득할 것이다."라고 한다. 이와 같은 것을 보리심을 일으키는 것의 모양이라고 한다.

勝種姓者。謂具菩薩本性習成二種種姓。廣說如論。菩提心者。謂於無上果。起必證得心。於一切有情。起必救濟願。於此二事。發堅固意。更無餘

---

[23] 『瑜伽師地論』 권35(T30, 478c).
[24] 삼아승기겁三阿僧祇劫 : Ⓢ tri-kalpa-asaṃkhyeya. '祇'는 '祇'라고도 한다. '삼'은 의역어이고 '아승기'는 음역어로 무수無數라고 의역한다. 갖춘 의역어는 삼무수겁三無數劫이다. 보살이 보리심을 일으킨 뒤 수행을 완성하여 불과佛果를 성취하기까지 걸리는 시간과 관련된 말이다. 소승의 경우는 여기에 다시 삼십이상三十二相(불·보살이 갖추는 32가지 뛰어난 모습)을 얻을 수 있는데 필요한 복덕을 쌓는 기간으로 백겁百劫을 더하였다.

緣奪之令轉。又察自身含性同佛。而由內外因緣闕故。無始生死。至于今身。未曾一時。發勝志願。隨緣流轉。出離無日。今若一念。發勇猛心。三祇雖長。證必有期。悲前喜後。汗流涙連。不顧身命。作決定誓。生死無邊我必斷。群生無數我必濟。願行無量我必修。佛果無盡我必證。如是名爲發心相也。

2) 계를 장애하는 악

계를 장애하는 악이라는 것은 세 가지 장애를 벗어나지 않는다. 첫째는 번뇌장煩惱障이고, 둘째는 업장業障이며, 셋째는 보장報障이다.

障戒惡者。不出三障。一煩惱障。二業障。三報障。

(1) 번뇌장

번뇌장이라는 것은 다음과 같다.

煩惱障者。

「보살지」에서 "묻 무엇을 종성보살의 백법白法[25]과 서로 어긋나는 네 가지 수번뇌隨煩惱[26]라고 하는가? 답 방일放逸[27]한 사람은 과거세에 번뇌를

---

25 백법白法 : 청정한 신법善法을 가리킨다. 상대어는 흑법黑法으로 삿되고 악한 법을 가리킨다. 본문에서 "보살종성의 백법"이라고 한 것은 육바라밀六波羅密을 가리킨다.
26 수번뇌隨煩惱 : 근본번뇌根本煩惱(모든 번뇌의 근본이 되는 것, 곧 다른 번뇌가 일어나는 바탕이 되는 것)를 따라 일어나는 번뇌를 가리킨다.
27 방일放逸 : 마음으로 하여금 선법을 닦지 않게 하려는 의식 작용을 가리킨다.

되풀이하여 맹렬하고 날카로우며 오랫동안 지속되는 성질을 가진 번뇌가 이루어지니 이것을 첫 번째 수번뇌라고 한다. 또한 어리석은 사람과 똑똑하지 못한 사람은 나쁜 벗에게 의지하니 이것을 두 번째 수번뇌라고 한다. 또 웃어른(尊長)과 남편(夫主)과 왕과 도둑(賊)과 원수 등에 의해 구속되고 핍박받는 사람은 자재하지 못하고 그 마음이 혼미하고 어지러우니 이것을 세 번째 수번뇌라고 한다. 또한 생활 수단이 결핍된 사람은 몸과 목숨에 연연하니 이것을 네 번째 수번뇌라고 한다."[28]라고 하였다. 논에서 이미 이것을 백법을 장애하는 것이라고 하였으니 이치상 또한 계를 받을 수 있는 선을 장애하는 것이라고 해야 한다. 그러나 계를 받을 때 별도로 질문하지 않는 것은 결정적인 역할을 하는 것은 아니기 때문이니 일곱 가지 차죄遮罪[29]를 지었으면 반드시 계를 얻을 수 없는 것과는 같지 않다.

菩薩地云。何等名爲種姓菩薩自[1)]法相違四隨煩惱。謂放逸者。由先串習諸煩惱故。性成猛利長時煩惱。是名第一。又愚癡者。不善巧者。依附惡友。是名第二。又爲尊長夫主王賊及怨敵等所拘逼者。不得自在。其心迷亂。是名第三。又資生有匱乏者。顧變[2)]身命。是名第四。論旣說此爲自[3)]法障。理亦應障受戒善也。然受法中。不別問者。不決定故。非如七遮定不得戒。

1) ㊧『瑜伽師地論』에 따르면 '自'는 '白'이다. 2) ㊧ 저본에 따르면 '變'은 '戀'이다.
3) ㊧ 전후 문맥상 '自'는 '白'이다.

(2) 업장

업장이라는 것은 다음과 같다.

28 『瑜伽師地論』 권35(T30, 480a).
29 일곱 가지 차죄遮罪(七遮) : 일곱 가지 역죄逆罪의 다른 이름. 계를 받는 것을 장애하는 것임을 나타내는 말. 일곱 가지 역죄는 이치에 수순하지 않는 행위임을 나타내는 말이다. 일곱 가지 죄의 구체적인 조목은 바로 뒤에 나오는 의석의 해석을 참조할 것.

業障者。

여기에 두 가지가 있다. 첫째는 일곱 가지 역죄逆罪(七逆)이고 둘째는 열 가지 중죄重罪(十重)이다.

有二種。一七逆。二十重。

① 일곱 가지 역죄

일곱 가지 역죄라는 것은 첫째는 부처님의 몸에 피를 내는 것이고, 둘째는 아버지를 살해하는 것이며, 셋째는 어머니를 살해하는 것이고, 넷째는 화상和上[30]을 살해하는 것이며, 다섯째는 아사리阿闍梨[31]를 살해하는 것이고, 여섯째는 갈마승羯磨僧과 전법륜승轉法輪僧을 파괴하는 것[32]이며, 일곱째는 성인聖人을 살해하는 것이다. 이 일곱 가지의 개별적인 특징은 해당 글이 나올 때 밝힐 것이다. (『범망경』의) 해당 글에서 "일곱 가지 차죄를 행하였다면 그러한 몸으로는 계를 받을 수 없고 그 밖의 사람은 모두 계를 받을 수 있다."[33]라고 하였다.

---

30 화상和上 : Ⓢ upādhyāya의 의역어. 음역어는 오파다야鄔波陀耶이고 친교사親教師라고도 의역한다. 출가자의 스승으로 출가자에게 계를 줄 것을 승단에 요청하고 수계를 마친 뒤에는 5~10년 동안 수계자를 가르치고 인도하는 역할을 한다.
31 아사리阿闍梨 : Ⓢ ācārya의 음역어. 제자를 가르치고 그 자신이 그들의 모범이 되는 스님을 가리키는 말. 갖춘 음역어는 아차리야阿遮梨耶이고 궤범사軌範師이라고 의역한다. 수계 의식을 진행하는 아사리, 수계자 교육을 담당하는 아사리 등으로 세분화된다.
32 갈마승羯磨僧과 전법륜승轉法輪僧을 파괴하는 것 : '갈마승을 파괴하는 것'은 동일한 계界(지역적 경계) 안의 비구들이 따로따로 포살 등의 갈마를 실행하는 것이고, '전법륜승을 파괴하는 것'은 부처님의 교법에 어긋나는 교설을 제창하는 것에 의해 독자적 집단을 형성하는 것이다.
33 『梵網經』 권하(T24, 1008c).

七逆者。一出佛身血。二殺父。三殺母。四殺和上。五殺阿闍梨。六破羯磨轉法輪僧。七殺聖人。此七別相。至文當顯。文云。若具七遮。卽身不得戒。餘一切人得受戒。

어떤 사람은 이렇게 해석하였다.

"일곱 가지 역죄를 짓고 참회하지 않으면 계를 받을 수 없지만 참회하면 또한 계를 받을 수 있다.

그러므로 『집법열경』에서 '차타타遮他陀(부처님의 전신前身)가 다섯 가지 역죄(五逆罪)[34]를 범하였으므로 왕[35]이 체포령을 내렸다. 이때 놀라고 두려워하는 마음이 일어나서 바로 사문이 되었고 다른 나라로 가서 열 가지 선(十善)[36]을 닦고 좌선을 행하며 도를 배웠다. 온종일 쉬지 않고 눈물을 흘리며 간절한 마음으로 37년 동안 행하였지만 다섯 가지 역죄의 장애로 인하여 그 마음을 고요히 가라앉힐 수 없었기 때문에 산속 동굴에서 항상 크게 소리 내어 울며「괴롭구나! 괴로워라! 어떤 마음이어야 이 고통을 떨쳐 버릴 수 있을까?」라고 하였다. 그가 한때 걸식을 하기 위해 슬픈 마음으로 동굴에서 나와 마을로 내려갔을 때 길을 가다가 하나의 큰 발우를 얻었는데 발우 속을 보니 『집법열사고다라니集法悅捨苦陀羅尼』가 들어 있었다. 이 경을 얻고는 바로 걸식하러 가지 않고 기쁨에 차서 동굴로 돌아와 향을 사르고 예배드리고 슬프게 눈물을 흘리며 찬탄하며 우러러보았다. 동굴에서 이 경을 닦아 익히고 독송하여 1년이 지나자 비로소 그 뜻을 얻을 수 있었지만 죄의 업장 때문에 마음속에서까지 깊이 받아들일 수는 없

---

34 다섯 가지 역죄(五逆罪) : 어머니를 죽이는 것, 아버지를 죽이는 것, 아라한을 죽이는 것, 화합된 승가를 무너뜨리는 것, 악한 마음으로 부처님의 몸에 피가 나게 하는 것이다.
35 왕 : 여기에서는 가윤라국加倫羅國의 왕 비사라毘闍羅를 가리킨다.
36 열 가지 선(十善) : 살생殺生·도둑질·올바르지 않은 음행·거짓말·이간질·악구惡口(추악한 말)·기어綺語(쓸데없는 말)·탐욕·분노·그릇된 견해의 열 가지 악을 떠난 것을 가리킨다.

었다. 이때 바로 목욕을 하고 수행하였지만 7일이 지나도 어린 아이가 처음 배울 때 마음이 어수선하고 산란한 것처럼 조금도 편안하지 않았다. 다시 7일 동안 행했어도 이와 같이 마음이 어수선하고 산란하여 차이가 없었다. 마음속으로 걱정하고 괴로워했지만 어떻게 해야 할지 알 수 없었다. 마음속으로 이 다라니의 글자를 더욱더 생각하기를 여러 차례 반복하고 나서야 마음이 갑자기 고요한 상태에 도달하였다. 그때 저절로 기쁨이 넘쳤는데 어떤 사람이 땅에서 백천 근의 금을 얻었지만 그것을 아는 사람이 아무도 없어도 속에서 기쁨이 그치지 않는 것과 같았다. 여러 해 동안 수행하자 걸림이 없이 날아다니며 시방삼세十方三世의 모든 부처님을 뵐 수 있었다.'37라고 하였다.

그러므로 역죄를 지었어도 참회하면 소멸할 수 있다는 것을 알 수 있다."

有云。七逆不懺不得受。若懺亦得受。故集法悅經云。遮他陀。犯五逆罪。爲王所掉。[1] 是時驚怖。卽作沙門。在於他國。修行十善。坐禪學道。晝夜泣淚。經三十[2]年。以五逆罪障故。心不得定。於山窟中。常擧聲哭。苦哉苦哉。當以何心去此苦也。彼於一時。將欲乞食。悲歎下窟。出詣村時。道中得一大鉢。鉢中見有集法悅捨苦陀羅尼。得此經已。卽不乞食。歡欣還窟。燒香禮拜。悲淚歎[3]仰。窟中修習讀誦是經。經一年已始得。滅[4]罪以[5]業障故。不能得入心。[6] 是時卽洗浴修行。經七日。如童子初學。愼[7]不小使。[8] 行[9]於七日。如是愼[10]無異。心中愁惱。不知云何。意故[11]思此陀羅尼字書。經於數反。心中忽定。時自欣悅。如人地得百千斤金。人無知者。內悅不止。修行數年。飛行無礙。覩見十方三世諸佛。故知。逆罪亦得悔滅。

---

37 『集法悅經』의 갖춘 이름은 『集法悅捨苦陀羅尼經』이다. 현재 독립되어 전하지 않고 『觀虛空藏菩薩經』(T13, 679c)·『七佛所說神呪經』 권2(T21, 544b)·『陀羅尼雜集』 권9(T21, 631a) 등에 그 전문이 수록되어 있는데 본 인용문은 이를 취의 요약한 것이다.

1) ㉯『觀虛空藏菩薩經』에 따르면 '掉'는 '捕'이다. 2) ㉯『觀虛空藏菩薩經』에 따르면 '十' 뒤에 '七'이 누락되었다. 3) ㉯『觀虛空藏菩薩經』에 따르면 '歎'은 '讚'이다. 4) ㉯『觀虛空藏菩薩經』에 따르면 '滅'은 연자이다. 5) ㉯『觀虛空藏菩薩經』에 따르면 '罪以'는 '以罪'이다. 6) ㉯『觀虛空藏菩薩經』에 따르면 '心' 뒤에 '懷'가 누락되었다. 7) ㉯『觀虛空藏菩薩經』에 따르면 '愼'은 '憒憒者'이다. 8) ㉯『觀虛空藏菩薩經』에 따르면 '小使'는 '少便'이다. 9) ㉯『觀虛空藏菩薩經』에 따르면 '行' 앞에 '更'이 누락되었다. 10) ㉯『觀虛空藏菩薩經』에 따르면 '愼'은 '憒憒'이다. 11) '故'는『觀虛空藏菩薩經』에 따르면 '中沽'이고,『七佛所說神呪經』에 따르면 '中怗'이며,『陀羅尼雜集』에 따르면 '中'이고 '思' 뒤에 '惟'가 누락되었다. 처음 것을 따랐다.

비록 이러한 말씀이 있지만 아직 진실한 증거로 삼을 수는 없다. 이 경은 단지 경에 의지한 힘으로 죄를 소멸할 수 있다고 말했을 뿐이고 그것에 의해 보살계菩薩戒를 받을 수 있다고 말한 것은 아니다. 그러므로 다시 해당 글을 자세히 살펴보아야 할 것이다.

雖有此說. 未爲誠證. 此經直說經力滅罪. 不說得受菩薩戒. 故應更詳本.

② 열 가지 중죄

열 가지 중죄라는 것은 다음과 같다.

十重者.

어떤 사람은 이렇게 해석하였다.
"열 가지 중죄 가운데 앞의 네 가지[38]는 이미 근본성죄根本性罪[39]이니 사

---
38 앞의 네 가지 : 살생하는 것이고 도둑질하는 것이며 음란한 행위를 하는 것이고 거짓말하는 것이다.
39 근본성죄根本性罪 : 근본적이고 본질적인 죄. 줄여서 근본죄根本罪·성죄性罪라고도 한다. 시대나 환경의 변화와 무관하게 언제나 지성적으로 악에 해당하는 죄를 가리킨

상事象이 일곱 가지 역죄와 같아서 현재의 몸에 이러한 일을 행한 적이 있으면 참회하든 참회하지 않든 모두 장애가 된다. 나머지 여섯 가지 중죄[40]는 참회하면 장애가 되지 않고 참회하지 않으면 장애가 된다. 그런데 경의 글에서 '열 가지 중계를 범한 사람은 참회하여 뛰어난 현상(相)[41]을 감득하면 바로 계를 받을 수 있고 그러한 현상을 감득하지 못하면 계를 받을 수 없다.'[42]라고 한 것은 총괄하여 말하기는 했지만 그 뜻은 뒤의 여섯 가지에 있다."

有云。十中前四。旣是根本性罪。事同七逆。現身有此。悔與不悔。皆悉是障。餘六重者。若悔非障。不悔則障。然經文。犯十重者。懺悔得相。便得受戒。不爾不得者。此是總語。意在後六。

어떤 사람은 이렇게 해석하였다.
"앞의 네 가지는 업이 무거워서 참회하고 뛰어난 현상이 나타나야 바로 계를 받을 수 있고 뛰어난 현상이 나타나지 않으면 계를 얻을 수 없다. 뒤의 여섯 가지는 업이 가벼워서 비록 참회하지 않아도 또한 계를 받을 수 있다. (경에서) '열 가지 중계를 범하였으면 참회해야 한다.'라고 한 것은 총괄하여 말하기는 했지만 그 뜻은 앞의 네 가지에 있다."
어떤 사람은 이렇게 해석하였다.

다. 상대어는 차죄遮罪로 성죄에 수반하여 발생하는 여러 가지 과실 혹은 세속인의 비방을 피하기 위해 부처님께서 제정한 계를 범한 것을 가리킨다.
40 나머지 여섯 가지 중죄 : 술을 파는 것이고 사부대중이 죄과罪過를 말하는 것이며 자신을 징찬하고 남을 비방하는 것이고 아까워하고 비방하는 것이며 화를 내며 남이 참회를 받아들이지 않는 것이고 삼보를 훼방하는 것이다.
41 뛰어난 현상(相) : 『梵網經』 권하(T24, 1008c)에서는 '상'을 '좋은 현상(好相)'이라 하고 부처님께서 오셔서 정수리를 만져 주는 것 혹은 빛을 내거나 꽃이 뿌려지는 것 등의 여러 가지 기이한 현상이 나타나는 것이라고 하였다.
42 『梵網經』 권하(T24, 1008c)에 나오는 내용을 취의 요약한 것이다.

"현재의 몸으로 열 가지 중계를 범한 적이 있는데 참회하지 않으면 모두 장애가 되고 참회하면 모두 계를 받을 수 있다. (경의) 글에서 (앞의 네 가지와 뒤의 여섯 가지를) 간별하지 않았는데 어찌 거짓되게 왜곡된 주장을 첨가하는 것인가."

有云。前四業重。須悔見相便得受。無相不得戒。後六業輕。雖不懺悔亦得受也。十重須悔者。此是總語。意在前四。有云。現犯十重。不悔。悉是障。若悔。皆得受。文無簡別。何假曲尋。

이전의 학자들 견해는 이와 같다. 다시 별도의 뜻이 있지만 해당 글이 나올 때 밝히겠다.

舊說如此。更有別意。至文當顯也。

(3) 보장

보장이란 다음과 같다.

報障者。

지옥·아귀·축생에 속하여 말을 이해하지 못하는 중생은 무거운 고통에 시달리기 때문에 서로 알아듣지 못하기 때문에 이치상 계를 받을 수 없다. 또 인취人趣 가운데 북주北洲[43]와 나머지 주洲[44]의 중생으로서 품성

---

43 북주北洲 : ⓢ Uttara-kuru-dvīpa. 갖추어서 북구로주北俱盧洲라고 한다. '북'은 ⓢ uttara의 의역어이고, '구로'는 ⓢ kuru의 음역어이며, '주'는 ⓢ dvīpa의 의역어이다. 북

이 완고하고 어리석어 인과因果의 도리를 이해하지 못하고 의지가 하열하고 미약하여 굳게 결의하는 마음이 없는 중생이 있는데 이러한 부류의 중생도 계를 받는 것에 장애가 된다. 그러나 수계에 장애가 되는 조건을 지녔는지의 여부를 질문할 때 별도로 이것을 거론하지 않는 것은 지옥 등은 특성이 현저하여 혼동할 일이 없으니 질문을 필요로 하지 않고 품성이 완고하고 어리석은 이 등은 서원을 일으켰는지의 여부를 질문하는 가운데 간별할 수 있기 때문이다.

> 地獄餓鬼及畜生中不解語者。以重苦故。不相領故。理無得受。又人趣中。北洲餘類。稟性頑嚚。不解因果。志意劣弱。無剛決心。如是等類。亦爲受障。而問遮中。不別擧者。地獄等相顯無濫。不須問。頑嚚等者。問願中簡。

또 『본업경』에 따르면 육취六趣(六道)의 중생이 모두 계를 받을 수 있다. 그러므로 그 경에 "육도의 중생은 모두 계를 받을 수 있다. 단지 말을 알아들을 수만 있으면 계를 받아서 잃지 말라."[45]라고 하였다. 지옥에는 경죄를 지은 이도 있고 중죄를 지은 이도 있는데 중죄를 지었으면 계를 받을 수 없고 경죄를 지었으면 계를 받을 수 있다는 것을 알아야 한다. 삼계三界[46]에서 욕계欲界와 색계色界는 말할 것도 없이 (계를 받을 수 있다.) 무

울단월北欝單越이라고도 한다. 수미산을 둘러싼 네 개의 대륙(四大洲) 가운데 북쪽에 위치한 지역을 가리키는 말이다. 이곳의 중생은 수명이 천 세이고 중간에 요절하는 일이 없으며 온갖 즐거움을 누린다. 이 때문에 불법을 수용할 마음을 가질 수 없고 부처님께서도 이곳에 출현하지 않아 부처님을 친견하고 법을 듣는 것이 불가능하다.

44 나머지 주洲 : 수미산을 둘러싼 사주四洲 중 북구로주를 제외한 나머지 세 주, 곧 남섬부주南贍部洲·동승신주東勝身洲·서우화주西牛貨洲를 가리킨다.

45 『菩薩瓔珞本業經』 권하(T24, 1021b).

46 삼계三界 : 중생이 윤회하는 세계를 특정 관점에서 셋으로 나눈 것. 욕계欲界(S kāma-dhātu)·색계色界(S rūpa-dhātu)·무색계無色界(S ārūpya-dhātu)를 가리킨다. 욕계는 식욕·음욕·재물욕·수면욕 등이 탐욕에 의해서 지배되는 중생이 살아가는 세계로 산란한 마음(散心)으로 살아간다. 육도六道 중 지옥·아귀餓鬼·축생畜生·아수라阿修羅·

색계無色界**47**는 드러내어 설한 가르침에서는 그것에 대해 말하지는 않았지만 은밀한 뜻에 따르면 역시 계를 받는 것에 장애가 되지 않는다.

又依本業經。六趣皆得受。故彼經云。六道衆生受得戒。但解語得戒不失。當知地獄。有輕有重。重者不得。輕亦得受。三界中。欲色亡言。無色界者。顯則不說。蜜¹⁾亦無遮。

1) ㉘ '蜜'은 '密'인 것 같다.

또한 이것을 준거로 하여 재가보살在家菩薩이 근사계近事戒**48**를 받을 때

인간人間의 전부와 천계天界 중 육욕천六欲天, 곧 사왕천四王天·도리천忉利天·야마천夜摩天·도솔천兜率天·화락천化樂天·타화자재천他化自在天이 여기에 속한다. 색계는 욕계의 위에 있으며 욕계의 탐욕을 벗어난 중생이 살아가는 세계이다. 청정하고 훌륭한 물질로 이루어진 세계이기 때문에 색계라고 한다. 크게 초선천初禪天·이선천二禪天·삼선천三禪天·사선천四禪天의 넷으로 나뉘며 각각 소속된 하늘을 모두 합하면 십팔천이 있다. 무색계는 색계의 위에 있으며 오직 수온·상온·행온·식온만 있고 물질은 없는 중생이 머무는 세계이다. 어떤 물질도 없고 따라서 신체도 없고 궁전도 없다. 오직 심식心識이 미묘한 선정에 머물기 때문에 무색계라고 한다. 공무변처空無邊處·식무변처識無邊處·무소유처無所有處·비상비비상처非想非非想處의 네 하늘이 있다. 삼계는 업의 과보로서 주어진 세계이기 때문에 그 자체 가치의 우열이 있기는 하지만 모두 윤회의 한 세계에 지나지 않기 때문에 그 어느 곳도 불교에서 추구하는 궁극적 세계라고 할 수는 없다. 이들을 통틀어서 세간이라고 하고 이를 벗어나는 것을 출세간이라고 한다. 불교를 출세간도라고 하는 것은 바로 이 윤회의 세계를 모두 벗어날 것을 추구하기 때문이다.

47 무색계無色界 : 윤회의 세계를 셋으로 나눈 것(三界 : 欲界·色界·無色界) 중 하나. 무색천無色天·무색행천無色行天이라고도 한다. 오온五蘊 중에서는 색온色蘊 이외의 수온·상온·행온·식온의 네 가지 온만으로 구성되는 세계이고, 십팔계 중에서는 의계意界와 의식계意識界와 법계法界의 세 가지 계만으로 구성되는 세계이다. 실제로 색법이 없으므로 공간 또한 없어 상·하 등의 차이는 없지만 과보의 차이에 따라 네 단계로 나누고 공간이 있는 것과 같이 처處라는 이름을 붙인다. 무색계에 속하는 처는 공무변처空無邊處·식무변처識無邊處·무소유처無所有處·비상비비상처非想非非想處이다.

48 근사계近事戒 : 우바새계優婆塞戒라고도 한다. '근사'는 Ⓢ upāsaka의 의역어이고, '우바새'는 음역어로 재가신자를 가리키는 말이다. 우바새계는 우바새가 받는 다섯 가지 계(五戒)를 가리킨다.

에도 다시 출가를 막는 가벼운 장애와 무거운 장애(遮難)⁴⁹가 있으니 문답

---

49 출가를 막는~무거운 장애(遮難) : 여기에서는 문맥상 근사계를 받을 때에도 비구계를 받을 때와 마찬가지로 가벼운 장애와 무거운 장애가 있다는 말로 쓰여서 바로 뒤에 근사계와 관련된 것을 서술하였다. 비구계와 관련될 때 이 말은 소승의 율법에서 비구계를 받아서 승단에 들어오려는 이들을 대상으로 행하는 자격심사회의에서 다루어지는 심사 항목을 가리키는 말이다. 비구계를 줄 때 교수사敎授師는 수계자가 그 자격을 갖추었는지를 확인하기 위해 열 가지 가벼운 장애(十遮)와 열세 가지 무거운 장애(十三難)를 위범했는지를 묻는다. '가벼운 장애(遮)'는 자성으로서의 악은 아니기 때문에 그 일을 행했더라도 출가하여 수행하면서 그 결과를 얻는 것이 가능하기는 하다. 따라서 만약 이들에게 실수로 비구계를 주었을 경우 그 일이 밝혀져도 승단에서 쫓아내지 않는다. '무거운 장애(難)'는 자성으로서의 악이기 때문에 그 일을 행하면 출가하여 수행한다고 해도 그 결과를 얻을 것을 기대할 수 없고 이들을 승단에 가입시키면 혼란을 일으킬 가능성이 있다. 따라서 이들에게 실수로 비구계를 주었을 경우 그 일이 밝혀지면 승단에서 추방한다. '가벼운 장애'에 열 가지가 있고 '무거운 장애'에 열세 가지가 있어서 열세 가지 무거운 장애와 열 가지 가벼운 장애(十三難十遮)라고 한다. '열 가지 가벼운 장애'라는 것은 『四分律刪繁補闕行事鈔』 권상(T40, 28c)에 따르면 "① 수계자 자신의 이름은 무엇인가, ② 화상의 이름은 무엇인가, ③ 비구계를 받을 수 있는 나이인 20세가 되었는가, ④ 의발衣鉢은 갖추었는가, ⑤ 부모님이 허락하였는가, ⑥ 채무가 있는가, ⑦ 노비인가, ⑧ 관직에 있는 사람인가, ⑨ 장부丈夫인가, ⑩ 문둥병(癩)·악창(癰疽)·백라白癩(피부가 하얗게 되는 나병)·건소乾痟(물기가 없어지는 병)·전광顚狂(광란)의 다섯 가지 병이 있는가?"라고 묻는 것이다. 지욱智旭의 『重治毗尼事義集要』 권11(X40, 437a)에 따르면 ⑦의 경우 노비라고 대답하면 주인의 허락을 받았는지의 여부를 물어야 하고, ⑧의 경우 관직에 있는 사람이라고 대답하면 녹봉을 받는지의 여부를 묻고 그렇다고 대답하면 왕의 허락을 받았는지의 여부를 물어야 한다. '열세 가지 무거운 장애'라는 것은 『四分律』 권35(T22, 814c)에 따르면 "① 변죄邊罪(바라이죄)를 범한 적이 있는가[먼저 구족계를 받은 후에 네 가지 중계를 범하여 사계捨戒(계를 받아서 얻었던 계체戒體를 버리는 것)한 적이 있는 것이다. 네 가지 중계는 죄가 너무 무거워 불법의 바다 밖으로 밀려나서 다시 들어올 수 없기 때문에 '변죄'라고 한다.], ② 비구니를 범한 적이 있는가, ③ 도적과 같은 마음으로 출가하려는 것은 아닌가[이양利養을 얻고 생활 방편을 도모하기 위해 혹은 법을 도둑질하기 위해 출가하는 것이다.], ④ 내도와 외도를 모두 파괴한 적이 있는가[이는 외도였는데 불법에 귀의하였다가 비구계를 받고 다시 외도로 돌아갔다가 다시 외도를 버리고 불교에 들어옴으로써 내도와 외도를 모두 파괴한 것을 말한다.], ⑤ 항문黃門(남근男根이 본래의 기능을 하지 못하는 사람)인가, ⑥ 아버지를 살해한 적이 있는가, ⑦ 어머니를 살해한 적이 있는가, ⑧ 아라한을 살해한 적이 있는가, ⑨ 법륜승을 파괴한 적이 있는가, ⑩ 악한 마음으로 부처님의 몸에 피를 낸 적이 있는가, ⑪ 비인非人, 곧 귀신 등이 변화하여 사람의 모습을 한 것은 아닌가, ⑫ 축생이 변화하여 사람의 모습을 한 것은 아닌가, ⑬ 남근과 여근을 모두 지니고 있는가?"라고 묻는 것이다.

을 해야 한다. 그러므로 (『우바새계경』에서) 계를 받는 것을 설한 부분에서 "그때 비구는 (계를 받으려는 이에게) 이렇게 말해야 한다. '그대는 부모와 처자와 노비와 국왕의 허락을 받았는가?' 만약 '허락을 받았습니다.'라고 말하면 다시 묻기를 '그대는 일찍이 불佛·법法·승僧에 속하는 물건과 다른 사람의 물건과 관련하여 부채를 진 적이 없는가?'라고 해야 하고, 만약 '부채를 진 일이 없습니다.'라고 말하면 다시 묻기를 '그대는 지금의 신체에 내적으로든 외적으로든 몸과 마음에 병이 없는가?'라고 해야 하며, 만약 '없습니다.'라고 말하면 다시 묻기를 '그대는 비구·비구니에게 옳지 않은 법(非法)을 저지르지 않았는가?'라고 물어야 한다."[50]라고 하였다. 이와 같은 일들도 계를 받는 것을 장애하기 때문에 질문하여 (이런 일을 저질렀으면) 계를 주지 말아야 한다.

又准在家菩薩。受近事戒。更有遮難。應須問答。故受法云。是時比丘。應作是言。汝父母妻子奴婢國主聽不。若言聽者。復應問言。汝不曾負佛法僧物及他物耶。若言不負。復應問言。汝今身中。將無內外身心病耶。若言無者。復應問言。汝不於比丘比丘尼所作非法耶。如是等事。亦是戒障。故須問除。

2. 스승의 덕을 간별함

스승의 덕을 간별한다는 것은 다음과 같다.

네 가지 덕을 갖추어야 스승이 되어 보살계를 줄 수 있다. 첫째는 동일한 법을 추구하는 보살이어야 하니 이승二乘과 간별하기 위해서이고, 둘째는 이미 큰 서원을 일으켰어야 하니 아직 보리심을 일으키지 않은 이와

---

[50] 『優婆塞戒經』 권3(T24, 1047c).

간별하기 위해서이며, 셋째는 지혜(智)가 있고 능력(力)이 있어야 하니 글과 그것이 드러내는 이치를 잘 이해하고 잘 기억하는 것(持)을 말하고, 넷째는 언어에 의해 나타낸 이치를 잘 전해 주고 잘 깨우치게 할 수 있어야 하니 뛰어난 언변으로 설법하여 다른 사람에게 전해 주고 마음을 열어 이해하게 하는 것을 말한다.[51]

또한 집법사什法師[52]는 "다섯 가지 덕을 갖추어야 (보살계를 주는) 스승이 될 수 있다. 첫째는 청정한 계를 굳게 지켜야 하고, 둘째는 출가한 지 10년이 지나야 하며, 셋째는 율장律藏을 잘 알아야 하고, 넷째는 선사禪思(禪定)을 미묘하게 통달해야 하며, 다섯째는 지혜로워 현묘한 종지를 통달해야 한다."[53]라고 하였다.

簡師德者。要具四德。方堪爲師。授菩薩戒。一同法菩薩。簡異二乘。二已發大願。簡未發心。三有智有力。謂於文義。能解能持。四於語表義。能授能開。謂言語辯了。說法授人。開心令解。又什法師云。具足五德。應當爲

---

51 이상 네 가지 덕은 『瑜伽師地論』 권40(T30, 514b)에서 "만약 보살들이 이와 같은 보살이 배워야 할 세 가지 계장戒藏을 부지런히 닦고 배우고자 한다면 재가자이든 출가자이든 먼저 위없는 바르고 평등한 보리에 대해 큰 서원을 일으키고 나서는, 함께 대승법을 따르는 보살이고 이미 큰 서원을 일으켰으며 계를 잘 아는 지혜가 있고 계를 잘 설하는 능력이 있고 언어에 의해 나타낸 이치를 사람들에게 잘 전해 줄 수 있고 그것을 잘 이해하게 할 수 있는 조건을 갖추고 있는 사람을 살펴서 찾아야 한다.(若諸菩薩。欲於如是菩薩所學三種戒藏。勤修學者。或是在家或是出家。先於無上正等菩提。發弘願已。當審訪求同法菩薩。已發大願。有智有力。於語表義。能授能開。)"라고 한 것에 근거한 것으로 보인다.
52 집법사什法師 : '집'은 구마라집鳩摩羅什([S] Kumārajīva, 344~413 또는 350~409)의 줄인 음역이이다. 동수童壽라고 의역한다. 구자국龜玆國 출신의 스님으로 중국에서 활동한 중국불교 초기의 대표적 역경가이고 뛰어난 사상가이다.
53 지의智顗의 『菩薩戒義疏』 권상(T40, 568a)에 따르면 이것은 『梵網經』의 한역자인 구마라집의 주장이 아니고 현재 전해지지 않고 있는 『大本梵網經』에 실려 있던 내용이다. 또 승장勝莊의 『梵網經述記』 권상(X38, 402c)에 따르면 구마라집이 『梵網經』「律藏品」에 수록된 내용을 전한 말이다.

師。一堅持淨戒。二年滿十臘。三善解律藏。四妙通禪思。五慧藏窮玄。

또 「보살지」에서 말하였다.

又菩薩地云。

또 보살들은 총명하고 지혜롭지 못한 사람에게 보살이 받아야 할 청정한 계를 받아서는 안 된다. 청정한 믿음이 없는 사람에게서는 계를 받지 말아야 한다. 말하자면 이와 같은 사람에게 받은 청정한 계율에 대해서는 애초에 믿음과 이해를 일으킬 수 없으니 깨달음을 얻지도 못하고 좋은 생각도 하지 못한다.

인색하고 탐욕스러운 사람(慳貪)[54]과 인색함과 탐욕스러움에 사로잡힌 사람과 욕심이 많은 사람과 만족할 줄 모르는 사람[55]에게서는 계를 받지 말아야 한다. 청정한 계를 훼손한 사람과 모든 학처(學處)(戒)에 대해 공경하는 마음이 없는 사람과 계율의(戒律儀)[56]에 대해 나태한 마음을 일으키고 게으르게 행하는 사람에게서는 계를 받지 말아야 한다. 분노와 원한을 품은 사람(忿恨)과 매우 참을성이 없는 사람과 다른 사람이 거슬리게 행하는 것을 참아 내지 못하는 사람에게서는 계를 받지 말아야 한다. 나태한 사람

---

54 인색하고 탐욕스러운 사람(慳貪) : '간'은 자신의 소유물을 아끼는 것이고, '탐'은 다른 사람의 소유물을 가지려고 하는 것이다.
55 『瑜伽師地論』 「菩薩地」의 이역본인 『菩薩地持經』 권5(T30, 913a)에서는 '有大欲'을 '多欲'이라 하고 '無喜足'을 '不知足'이라 하였다. 이에 대한 정영사淨影寺 혜원慧遠의 주석서인 『地持論義記』 권3(X39, 196c)에서 "재물을 마주하고 처음에 집착하는 것을 '탐'이라 하고 재물을 지속적으로 구하면서 싫증을 내지 않는 것을 '다욕'이라 하며 취함에 있어서 한도가 없는 것을 '부지족'이라 한다.(對財初著。以爲貪。求財無厭。名爲多欲。取無齊限。名不知足。)"라고 하였다.
56 계율의(戒律儀) : [S] śīla-saṃvara, '계'는 śīla의 의역어로 맹세한 것을 지키는 것이고, '율의'는 saṃvara의 의역어로 맹세에 거스르는 행위를 막는 것이다.

(嬾惰者)과 게으른 사람(懈怠者)[57]과 대부분 밤낮으로 잠자는 것에 탐닉하고 기대고 누워 있는 것을 좋아하며 무리를 짓는 것을 좋아하고 웃고 떠드는 것을 좋아하는 사람에게서는 계를 받지 말아야 한다. 마음이 산란한 사람과 최소한 우유를 짜는데 걸리는 시간만큼이라도 착한 마음을 한 번 반연하고 머물러 수습하는 것이 가능하지 않은 사람에게서는 계를 받지 말아야 한다. 지혜가 없고 몽매한 사람과 어리석은 부류의 사람과 매우 하열한 사람과 보살의 소달람장素怛纜藏[58]과 보살장菩薩藏의 마달리가摩怛履迦[59]를 비방하는 사람에게서는 계를 받지 말아야 한다.[60]

又諸菩薩。不從一切離聽[1]慧者求受菩薩所受淨戒。無淨信者。不應從受。謂於如是所受淨戒。初無信解。不能趣入。不善思惟。有慳貪者。慳貪弊[2]者。有大欲者。無喜足者。不應從受。毀淨戒者。於諸學處無恭敬者。於戒律儀。有慢緩者。不應從受。有忿恨者。多不忍者。於他違犯不堪耐者。不應從受。有嬾惰者。有懈怠者。多分耽着日夜睡樂。倚樂臥樂。好合徒侶。樂喜談者。不應從受。心散亂者。下至不能搆牛乳頃。善心一緣住修習者。不應從受。有闇昧者。愚癡類者。極劣心者。誹謗菩薩素[3]怛纜藏及菩薩藏摩怛履迦者。不應從受。

1) 현『瑜伽師地論』에 따르면 '離聽'은 '唯聽'이다. 단 여러 주석서를 참조할 때 '離'라고 한 판본도 있었음을 추정할 수 있다. 따라서 이 글자는 의적의 선택일 수

---

57 나태한 사람(嬾惰者)과 게으른 사람(懈怠者):『地持論義記』권3(X39, 197a)에서 "한결같이 닦지 않는 것을 '난타'라고 하는데 이것은 정진장精進障이다. 행하기는 하지만 도중에 그만두는 것을 '해태'라고 하는데 이것은 정진구精進垢이다.(一向不修。名爲嬾惰。此精進障。行而中癈。說爲懈怠。此精進垢。)"라고 한 것을 참조할 것.
58 보살의 소달람상素怛纜藏 : 대승의 가르침을 좇는 보살이 근거로 삼아야 할 법을 담은 성선을 가리킨다. '소달람'은 Ⓢ sūtra의 음역어로 경經이라고 의역하고, '장'은 Ⓢ piṭaka의 의역어이다.
59 마달리가摩怛履迦 : Ⓢ mātṛkā의 음역어. 본모本母라고 의역한다. 논장論藏의 다른 이름으로 근본인 지혜를 낳는 어머니라는 뜻이다.
60 『瑜伽師地論』권40(T30, 515a).

기 때문에 오자로 보지 않았다. 2) ㉠『瑜伽師地論』의 미주에서 "여러 판본에서 '弊'를 '蔽'라고 하였다."라고 하였다. 문맥상 후자를 따랐다. 3) ㉠『瑜伽師地論』권 40(T30, 515b6)에 따르면 '索'은 '素'이다.

이 문장이 의미하는 것은 믿음이 없음과 여섯 가지의 청정함을 가리는 나쁜 마음(六蔽)61의 장애를 멀리 여의고 청정한 믿음과 여섯 가지 바라밀(六度)을 갖추어야 비로소 스승이 될 수 있다고 하는 것이다.62

그러한즉 보살계를 받고 보살계를 주는 것에서 수계의 자격을 갖추어서 그 수계자가 되는 것은 쉽지 않고 덕을 갖추어서 스승이 되는 것은 더욱 어렵다. 계를 주는 사람(能)과 계를 받을 사람(所)이 서로 만나서 주고 받음의 두 가지를 모두 법대로 하여 깨달음의 종자를 계승하여 융성하게 하면 보리수가 성대해질 날을 기약할 수 있을 것이다.

此文意者。遠離不信及六弊[1]障。具足淨信及六度者。方堪爲師。然則受授菩薩戒者。具器爲資 不易。備德爲師甚難。若得能所相會。受授兩俱如法。紹隆覺種。扶疏道樹。可得有日期矣。

1) ㉠ '弊'는 '蔽'이다.

---

61 여섯 가지의~나쁜 마음(六蔽) : 중생의 청정한 마음을 덮는 여섯 가지 나쁜 마음. 첫째는 아끼는 마음(慳心)이고, 둘째는 계를 무너뜨리는 마음(破戒心)이며, 셋째는 분노하는 마음(瞋恚心)이고, 넷째는 게으른 마음(懈怠心)이며, 다섯째는 산란한 마음(亂心)이고, 여섯째는 어리석은 마음(癡心)이다. 차례대로 보시·지계·인욕·정진·선정·지혜의 여섯 가지 바라밀을 장애한다.
62 둔륜遁倫은『瑜伽論記』권10(T42, 537c)에서 "처음에 계사를 간택했고 나중에 제자를 간별함을 밝혔다. 앞에 두 가지가 있다. 처음에 계사로서 지혜는 있지만 믿음이 없는 사람에게서는 계를 받지 말아야 함을 밝혔다. 다음은 계사로서 여섯 가지의 청정함을 가리는 나쁜 마음이 있어서 여섯 가지 바라밀을 닦지 않은 사람에게서는 계를 받지 말아야 함을 밝혔다.(初簡擇戒師。後明師簡弟子。前中有二。初明戒師有慧無信不應從受。次明戒師有其六蔽不修六度不應從受。"라고 하여 의적과 같은 입장을 보였다. 다만 이미 서술한 것처럼『瑜伽師地論』본문의 '唯'를 의적은 '離'라고 한 판본을 따랐기 때문에 앞부분에 대한 해석은 차이가 있다. 만약 '離'를 따른다면 둔륜의 '有慧無信'은 '無慧無信'이어야 한다. 곧 앞부분은 지혜도 없고 믿음도 없는 것을 밝힌 것이다.

3. 수계의 궤범을 밝힘

수계의 궤범에는 대략 여섯 가지 문이 있다. 첫째는 덕을 드러내어 계를 받을 것을 권하는 것을 밝히고, 둘째는 계를 받는 조건(對緣)에 따른 우월함과 하열함을 밝히며, 셋째는 일곱 부류의 제자가 [세 가지 계(三聚戒)63를] 한꺼번에 받는 경우와 율의계만 별도로 받는 경우를 밝히고, 넷째는 대승계大乘戒(보살계)와 소승계小乘戒(성문계)를 먼저 받고 나중에 받는 경우를 밝히며, 다섯째는 바로 계를 받는 방법을 밝히고, 여섯째는 비교하여 뛰어남을 나타내겠다.

受戒方軌。略有六門。一顯德勸受。二對緣優劣。三七衆總別。四大小先後。五正明受法。六校量顯勝。

1) 덕을 드러내어 계를 받을 것을 권함

덕을 드러내어 계를 받을 것을 권하는 것은 다음과 같다.
(본경의) 글에서 "중생이 불계佛戒64를 받아 지니면 바로 여러 부처님의

---

63 세 가지 계(三聚戒) : 삼취정계三聚淨戒라고도 한다. 대승보살의 계법으로 모두 세 가지로 구성되었다. 첫째는 율의계律儀戒(섭률의계攝律儀戒라고도 함)이니 일곱 부류의 제자의 별해탈률의別解脫律儀, 곧 비구계·비구니계·정학계正學戒(式叉摩那戒)·사미계·사미니계·우바새계·우바이계이다. 둘째는 섭선법계攝善法戒이니 율의계를 받은 후에 보리를 증득하기 위해 몸과 입과 마음으로 선한 행위를 실천하는 것이다. 셋째는 요익유정계饒益有情戒(이익중생계利益衆生戒·섭중생계攝衆生戒라고도 함)이니 중생을 이익 되게 하는 열한 가지 행을 실천하는 것이다.
64 불계佛戒 : 부처님께서 제정한 계를 가리키는 말. 혹은 모든 부처님께서 성불하기 위해 지녔던 계라는 뜻도 있다. 후자의 의미일 경우 보살계菩薩戒를 소승 비구계比丘戒와 간별하기 위한 명칭으로 볼 수도 있다. 『梵網經』 권하(T24, 1003c)에서 "나의 근본인 노사나불의 심지心地 가운데 처음 보리심을 일으키고 항상 외웠던 광명과 같은 한 가지 계戒를 설한다. 금강보계金剛寶戒는 모든 부처님의 본원이고, 모든 보살의 본원

지위에 들어가 그 지위가 대각大覺과 같아질 것이니 이러한 사람이야말로 진실로 모든 부처님의 제자라고 할 수 있네."[65]라고 하였다.

顯德勸受者。文云。衆生受佛戒。即入諸佛位。位同大覺已。眞是諸佛子。

『본업경』에서 말하였다.

本業經云。

삼보의 바다에 들어가는 것은 믿음을 근본으로 삼고, 불가佛家에 머물러 사는 것은 계를 근본으로 삼는다. 처음 불도를 닦는 보살은 남자나 여인이나 처음 보리심을 일으키고 출가하여 보살의 지위를 계승하고자 한다면 먼저 정법계正法戒[66]를 받아야 한다. 계라는 것은 모든 행을 통해 공덕을 쌓는 것의 근본이고 바로 불과佛果를 얻는 도道를 향해 나아가는 모든 행의 근본이다. 이 계는 일체의 커다란 악인 일곱 가지 견해와 여섯 가지 집착(七見六著)[67]을 제거하는 정법의 밝은 거울이다.[68]

이며 불성佛性의 종자이다. 모든 중생은 다 불성이 있으니, 일체의 의意(제7말나식)와 식識(육식)과 색色(오근)과 마음[心](제8아뢰야식)에 있어서, 이와 같은 정情과 마음은 모두 불성계佛性戒에 들어간다. 미래에 얻을 결과에 대해 항상 원인을 가지고 있기 때문에 미래에 얻을 상주하는 법신을 지닌다."라고 한 것에 의거할 때 본경에서는 후자의 의미로 사용한 것으로 생각된다.

65 『梵網經』 권하(T24, 1004a).
66 정법계正法戒 : 악을 뒤집어서 이치에 수순하도록 하는 계. 이 경우 열 가지 선업을 그 내용으로 한다. 혹은 실상을 증득하여 허물을 여의게 하는 계. 이 경우 도공계道共戒(Ⓢ anāsrava-saṃvara. 번뇌를 끊어서 다하는 무루無漏인 계. 무루율의無漏律儀·무루계無漏戒라고도 한다. 곧 성자가 무루정無漏定에 들어갔을 때 발득하는 방비지악의 공능을 가진 계체를 가리킨다.)를 그 내용으로 한다. 상대어는 세교계世教戒로 세상에서 기혐하는 일을 금지하는 형식으로 이루어진 계, 곧 바라제목차를 가리킨다.
67 일곱 가지~가지 집착(七見六著) : 『菩薩瓔珞本業經』 권상(T24, 1016b)에 따르면 무명無明으로부터 일어나는 열세 가지 번뇌를 가리킨다. 먼저 무명으로부터 사견邪見·아

入三寶海。以信爲本。住在佛家。以戒爲本。始行菩薩。若男若女。初發心出家。欲紹菩薩位者。當先受正法戒。戒者。是一切行功德藏根本。正向佛果道一切行本。是戒能除一切大惡七見六著正法明鏡。

또 말하였다.

又云。

불자여, 열 가지 무진계(十無盡戒, 十重戒)를 받고 나면 그 계를 받은 사람은 네 가지 마구니(四魔)[69]를 지나서 건너고 삼계의 고통을 넘어선다. 세세생생 이 계를 잃어버리지 않고 항상 따르며 실천하는 사람은 끝내 불도를 이룬다. 만약 과거·미래·현재의 일체중생 가운데 이 보살계를 받지 않은 사람이 있다면 정식情識이 있는 이라고 하지 않고 축생과 다름이 없으니 사람이라고 하지 않는다. 항상 삼보의 바다를 여의었으므로 보살이 아니고 남자도 아니고 여인도 아니며 귀신도 아니고 사람도 아니니 축생이라 하고 그릇된 견해를 가진 이라고 하며 외도外道라고 하니 인간의 일반적인 마음에 어긋난다. 그러므로 알라. 보살계는 받는 법은 있지만 버리는 법(捨法)은 없다. 범할 수는 있지만 미래가 다할 때까지 잃어버리는 일은 없다.

견아견我見·상견常見·단견斷見·계도견戒盜見·과도견果盜見·의견疑見의 일곱 가지 견해가 일어나고 이것으로부터 탐貪·애愛·진瞋·치癡·욕欲·만慢의 여섯 가지 집착이 일어난다.

68 『菩薩瓔珞本業經』권하(T24, 1020b). 일부 글자나 문장을 생략하였지만 본문의 변형은 없다.

69 네 가지 마구니(四魔) : 불도의 성취를 장애하는 마구니를 넷으로 분류한 것. 첫째는 오온五蘊 자체(蘊魔)이고, 둘째는 번뇌(煩惱魔)이며, 셋째는 죽음(死魔)이고, 넷째는 천자(天子魔, 욕계 제6천의 마왕이 사람들의 착한 일을 훼손하고 성인의 법을 싫어하고 질투하여 뇌란시켜서 수행자로 하여금 출세의 선근을 성취하지 못하게 함)이다.

또 법사가 모든 국토에서 한 사람을 교화하고 출가시켜 보살계를 받게 하면 이 법사의 복덕은 8만 4천 기의 탑을 조성한 것보다 뛰어날 것인데 하물며 두 사람, 세 사람 내지는 백천 사람을 교화하는 것임에랴! 그 복덕의 과보가 칭량할 수 없을 정도로 크다. 그 스승은 부부夫婦와 여섯 부류의 친족(六親)[70]이 서로 스승이 되어 계를 줄 수 있다.

계를 받은 사람은 모든 부처님 세계의 보살의 숫자에 들어가 삼겁三劫에 걸친 생사의 고통을 넘어선다. 그러므로 계를 받아야 한다. 계를 받아 지니고 범하는 것이 계를 받지 않아서 범하는 일도 없는 것보다 뛰어나다. 범하는 일이 있는 이를 보살이라 하고 범하는 일이 없는 이를 외도라고 한다.[71]

佛子。受十無盡戒已。其受者。過度四魔。越三界苦。從生至生。不失此戒。常隨行人。乃至成佛。若過去未來現在一切衆生。不受是菩薩戒者。不名有情識者。畜生無異。不名爲人。常離三寶海。非菩薩非男非非女非鬼非人。名爲畜生。名爲邪見。名爲外道。不近人情。故知。菩薩戒。有受法而無捨法。有犯不失盡未來際。又復法師。能於一切國土中。敎化一人。出家受菩薩戒者。此法師。其福勝造八萬四千塔。況復二人三人乃至百千。福果不可稱量。其師者。夫婦六親。得互爲師授。其受戒者。入諸佛界菩薩數中。超過三劫生死之苦。是故。應受。有而犯者。勝無不犯。有犯名菩薩。無犯名外道。

---

70 여섯 부류의 친족(六親) : 가장 가까운 친족, 곧 아버지·어머니·큰아버지·작은아버지·손위 형제·손아래 형제를 가리킨다. 또는 친족 관계에 있는 사람을 통틀어서 일컫는 말로 해석하기도 한다. 뒤의 주석에서 의적은 전자로 풀이하였다.
71 『菩薩瓔珞本業經』 권하(T24, 1021b).

2) 계를 받는 대상에 따른 우월함과 하열함

계를 받는 대상에 따른 우월함과 하열함이라는 것은 다음과 같다.

對緣優劣者

경에서 말하였다.

經云。

계를 받는 것에 세 가지가 있다. 첫째는 여러 부처님과 보살이 눈앞에 계신 가운데 계를 받는 것이니 진실한 상품上品의 계를 얻는다. 둘째는 여러 부처님과 보살이 멸도滅度(열반)한 후에 천 리千里 안에 먼저 계를 받은 보살이 있으면 법사가 되어 나에게 계를 가르치고 계를 주실 것을 요청한다. 내가 먼저 머리를 조아려 발에 대어 예배드리고 이렇게 말해야 한다. '대존사大尊者께서 스승이 되어 저에게 계를 주실 것을 요청합니다.' 그 제자가 되어 정법계를 얻으면 이것이 중품中品의 계이다. 셋째는 부처님께서 멸도한 후에 천 리 안에 법사가 없을 때에는 여러 부처님과 보살의 형상 앞에서 무릎을 꿇고 합장하고 스스로 맹세함으로써 계를 받되 이와 같이 말해야 한다. '저 아무개는 시방의 부처님과 대지보살大地菩薩[72] 등에게 아뢰옵니다. 저는 모든 보살계를 배우겠습니다.' 이것이 하품下品의 계이다. 두 번째, 세 번째도 이와 같이 말한다.

불사여, 이렇게 세 가지 형식으로 계를 받는 것은 과거에 부처님께서

---

[72] 대지보살大地菩薩 : '대지大地'는 큰 계위라는 뜻. 십지十地 중 초지初地(환희지) 이후의 보살을 가리킨다. 단 제8지인 부동지不動地 이후의 보살을 가리키는 경우도 있다.

이미 말씀하셨고, 미래의 부처님께서 말씀하실 것이며, 현재의 부처님께서 지금 말씀하시는 것이다. 과거의 모든 보살이 이미 배운 것이고, 미래의 모든 보살이 배울 것이며, 현재의 모든 보살이 지금 배우고 있는 것이다. 이것은 모든 부처님의 정법계이다. 일체의 부처님과 일체의 보살로서 이 정법계의 문에 들어가지 않고 위없는 도과道果인 허공평등지虛空平等地를 증득하는 일은 없다.[73]

受戒有三種。一者諸佛菩薩現在前受得。眞實上品戒。二者諸佛菩薩滅度後。千里內有先受戒菩薩者。請爲法師。敎授我戒。我先禮足。應如是語。請大尊者爲師。授與我戒。其弟子得正法戒。是中品戒。三者佛滅度後。千里內無法師之時。應在諸佛菩薩形像前。胡跪合掌。自誓受戒。應如是言。我某甲白十方佛及大地菩薩等。我學一切菩薩戒者。是下品戒。第二第三。亦如足說。佛了。是三種受戒。過去佛已說。未來佛當說。現在佛今說。過去諸菩薩已學。未來諸菩薩當學。現在諸菩薩今學。是諸佛正法戒。若一切佛一切菩薩。不入此法戒門。得無上道果虛空平等地者。無有是處。

3) 일곱 부류의 제자가 세 가지 계를 한꺼번에 받는 경우와 율의계만 별도로 받는 경우

일곱 부류의 제자가 세 가지 계를 한꺼번에 받는 경우와 율의계만 별도로 받는 경우라는 것은 다음과 같다.

세 가지 계 가운데 섭선계攝善戒[74]와 섭생계攝生戒[75]는 출자가와 재가자

---

73 『菩薩瓔珞本業經』 권하(T24, 1020c).
74 섭선계攝善戒 : 섭선법계攝善法戒라고도 한다. 섭률의계攝律儀戒를 받은 후에 보리를 증득하기 위하여, 몸과 입과 마음으로 선한 행위를 실천하는 것이다.
75 섭생계攝生戒 : 섭중생계攝衆生戒 · 섭리중생계攝利衆生戒 · 요익유정계饒益有情戒 등

가 그 양상이 대부분 동일한데 섭률의계攝律儀戒[76]는 일곱 부류의 제자가 그 궤의가 각각 다르다. 이제 율의계律儀戒에 의거하여 한꺼번에 받는 것과 별도로 받는 것을 밝힌다.

율의계를 받는 것에는 궤범에 두 가지가 있다. 첫째는 나머지 두 가지 계와 함께 한꺼번에 받는 경우이고, 둘째는 나머지 두 가지 계와 무관하게 별도로 받는 경우이다.

七衆總別者。三種戒中。攝善攝生。道俗相多同。攝律儀戒。七衆儀各異。今就律儀 辨其總別。受律儀戒。方軌有二。一與餘二總受。二與餘二別受。

(1) 한꺼번에 받는 경우

한꺼번에 받는 경우의 궤범은 일곱 부류의 제자가 차이가 없으니 세 가지 계를 모두 묶어서 한꺼번에 받기 때문이다. 그러므로 하나의 갈마羯磨[77]가 그 일곱 부류의 제자에게 통용되지만 수행隨行의 내용(隨相)[78]에 있어서 수지하는 계는 각각 다르다. 『보살지지경菩薩地持經』[79]에서 설한 수법

이라고도 한다. 중생을 이익 되게 하는 덕목을 실천하는 것이다.
[76] 섭률의계攝律儀戒 : 줄여서 율의계律儀戒라고도 한다. 부처님께서 제정한 온갖 계율을 빠짐없이 준수하여 선을 쌓고 악을 방지하는 것. 계율이란 구체적으로 일곱 부류의 제자가 수지하는 별해탈률의別解脫律儀로, 비구계·비구니계·식차마나계·사미계·사미니계·우바새계·우바이계 등을 말한다.
[77] 갈마羯磨 : ⓢ karman의 음역어. 업業·판사辨事·작법판사作法辨事 등으로 의역한다. 승가의 중요한 일을 결정하기 위해 행하는 전체 회의를 일컫는 말이다.
[78] 수행隨行의 내용(隨相) : 부처님의 가르침에 수순하여 행하는 것, 곧 구체적인 계율의 조목을 일컫는 말이다. 상대어는 이상離相으로 구체적 행위를 떠난 것을 가리킨다.
[79] 『보살지지경菩薩地持經』 : 담무참曇無讖이 한역하였다. 미륵彌勒 혹은 무착無著 지음. 비록 '경'이라는 이름이 붙여지긴 했지만, 경은 부처님의 말씀이고 논서는 뛰어난 경지에 도달한 보살의 저술이라고 하는 규정을 따를 때 이 책은 '논'이라고 해야 한다. 따라서 『菩薩地持論』이라고도 한다. 『瑜伽師地論』「菩薩地」의 이역본이기 때문에 『菩薩地持經』을 구론舊論이라고 하고 『瑜伽師地論』「菩薩地」를 신론新論이라고 한다.

受法(계를 받는 법)[80]은 바로 이것을 따른 것이다.

> 總受方軌。七衆無別。並牒三戒。而總受故。故一羯磨。通彼七衆。至於隨相。所持各異。地持受法。正就此也。

(2) 별도로 받는 경우

별도로 받는 경우는 일곱 부류의 제자가 행해야 하는 수법이 다르다.

세속의 두 부류의 제자(우바새·우바이)는 다섯 가지 계(五戒)[81]를 받는데 수행隨行의 내용에 이르러 또 여섯 가지 중계(六重)[82]와 스물여덟 가지 경계(二十八輕)[83]를 설하였다. 구체적인 것은 『선생우바새경善生優婆塞經』(『우바새계경』)에서 설한 것[84]과 같다.

출가자 가운데 구족계具足戒[85]를 받는 두 부류 제자(비구·비구니)이 수법에

---

[80] 『菩薩地持經』 권5(T30, 912b)에서 삼취정계를 한꺼번에 받는 법을 설한 것을 가리킨다.
[81] 다섯 가지 계 : 첫째는 살생하는 것이고, 둘째는 도둑질하는 것이며, 셋째는 그릇된 음행을 저지르는 것이고, 넷째는 거짓말하는 것이며, 다섯째는 술을 마시는 것이다.重
[82] 여섯 가지 중계(六重) : 『優婆塞戒經』 권3(T24, 1049a)에서 "여섯 가지 중법重法이 있다. 첫째는 살생하는 것이고, 둘째는 도둑질하는 것이며, 셋째는 거짓말하는 것이고, 넷째는 그릇된 음행을 저지르는 것이며, 다섯째는 사부대중의 허물을 말하는 것이고, 여섯째는 술을 마시는 것이다."라고 하였다.
[83] 스물여덟 가지 경계(二十八輕) : 『優婆塞戒經』 권3(T24, 1049c)에서 "첫째는 부모와 스승을 공양하지 않는 것이고……스물여덟째는 길에서 병자를 만났을 때 아무런 조치도 취하지 않고 가 버리는 것이다."라고 하였다.
[84] 『優婆塞戒經』 권3(T24, 1048a)에서 다섯 가지 계를 설하고, 다음(T24, 1049a)에 여섯 가지 중계를 설하였으며, 그다음(T24, 1049c)에 스물여덟 가지 실의죄失意罪(輕罪)를 설하였다.
[85] 구족계具足戒 : ⓈupasaṃpannaS의 의역어. 계품을 온전히 갖춘다는 뜻을 나타낸다. 열반에 가까이 간다는 뜻에서 근원계近圓戒라고도 한다. 음역어는 오파삼발나鄔波三鉢那이다. 줄여서 구계具戒라고도 하고 대계大戒라고도 한다. 비구계와 비구니계를 가리키는 말이다. 사미계와 사미니계는 계품을 온전히 갖춘 것이 아니기 때문에 구족계라고 하지 않는다.

는 백사갈마白四羯磨[86]에 의해 진행하고 열 명의 스님(十衆)[87]에게 인가를 받아야 하는 것 등의 규정이 있다. 『열반경』에 "수세교계受世教戒[88]는 백사갈마를 행해야만 얻을 수 있다."[89]라고 한 것은 바로 이것을 따른 것이다.

---

86 백사갈마白四羯磨 : ⓢ jñapti-caturtha-karman. 갈마의 진행 방식과 관련된 용어. 한 번의 백白(회의의 안건을 선언하는 것)과 세 번의 갈마설羯磨說(안건에 대한 찬반 여부를 확인하는 것)로 진행하는 것을 말한다. 예를 들어 비구계를 수여할 때 갈마사가 "아무개에게 비구계를 주고자 합니다. 이것이 백입니다."라고 하여 안건을 알리고, 그다음에 갈마사가 세 번에 걸쳐서 "아무개에게 비구계를 주고자 합니다. 찬성하는 스님은 침묵하시고 찬성하지 않는 스님은 말씀해 주십시오"라고 하여 찬반 여부를 묻는 것이다. 백사갈마는 갈마의 형식 중 가장 복잡한 것으로 비구계·비구니계의 수여 등과 같은 가장 중요한 사안을 결정할 때 행한다. 삼갈마三羯磨·백삼갈마白三羯摩·일백삼갈마一白三羯磨 등이라고도 한다. 백사갈마는 세 번의 갈마설을 행할 때도 백을 행하기 때문에 백이 네 번에 걸쳐 이루어짐을 나타내는 말이다. 이 밖에 한 번의 백으로 갈마가 결정되는 것을 단백갈마單白羯磨라고 한다. 통상적으로 단백갈마는 구성원 전체가 이미 알고 있는 내용을 고지하는 경우에 행한다. 예컨대 자자일自恣日에 자자를 행함을 알리는 것과 같은 것이 그것이다. 한 번의 백과 한 번의 갈마설로 갈마가 결정되는 것을 백이갈마白二羯磨라고 한다. 백이 두 번에 걸쳐 이루어짐을 나타낸다. 포살당을 정하는 것과 같은 문제를 결정할 때 행한다.
87 열 명의 스님(十衆) : 비구계와 비구니계의 경우 수계가 성립될 수 있는 승가의 구성원의 조건을 삼사칠증三師七證이라고 하는데 이 열 명의 스님 혹은 열 명으로 이루어진 승가를 가리키는 말이다. '삼사'는 주도적 역할을 하는 세 분의 스님이고, '칠증'은 수계의 사실을 증명해 줄 일곱 분의 스님으로 존증사尊證師라고 부른다. '삼사'는 첫째는 전계화상傳戒和尚(和尚, 親教師)으로 출가자에게 비구계를 줄 것을 승가에 요청하고 이후 일정 기간 동안 수계자의 스승이 되어 지도하는 역할을 한다. 둘째는 갈마사羯磨師(羯磨阿闍梨)로 백사갈마의 수계의식을 진행하는 역할을 한다. 셋째는 교수사教授師로 수계자가 비구 혹은 비구니가 되는데 저촉되는 사항이 있는지 여부를 확인하여 갈마사에게 보고하고 수계자에게 수계의 작법, 수계의식에서 지켜야 할 법칙을 알려주는 역할을 한다.
88 수세교계受世教戒 : 『涅槃經』에서 계를 그 성격에 따라 두 가지 범주로 분류한 것 중 하나. 다른 한 가지는 득정법계得正法戒이다. 수세교계와 득정법계의 의미는 주석자에 따라 다른데, 전자를 사계事戒(사상事相과 관련된 것을 계로 삼는 것), 후자를 이계理戒(이치에 안주하는 것을 계로 삼는 것)로 파악하는 것은 대부분 일치한다. 『大般涅槃經義記』권5(T37, 730b)·『大般涅槃經疏』권34(T38, 123a) 등을 참조할 것. 『大般涅槃經義記』권5(T37, 730b)에서 "세속의 언교를 따라서 지킬 것을 맹세하고 법을 받아들이는 것을 수세계(수세교계)라고 하고, 이치를 증득하여 악을 여의는 것을 득정계라고 한다.(隨世言教。要期納法。名受世戒。證理離惡。名得正戒)"라고 하였다.
89 40권본 『涅槃經』 권11(T12, 432c15).

그 이하 세 부류의 제자(三衆 : 사미沙彌·사미니沙彌尼·식차마나式叉摩那[90])는 각각 자신에게 해당되는 수법을 따르는데 그 법은 성문계聲聞戒(비구계·비구니계)의 수법과 같다.

> 若別受者。七衆法異。若俗二衆。受其五戒。至於隨相。又說六重二十八輕。具如善生優婆塞經。道中具足二衆受法。依白[1]羯磨。從十衆等。涅槃經云。受世敎戒者。白四羯磨。然後乃得。正就此也。下之三衆。各隨其法。法同聲聞。
>
> 1) ㉤ '白' 뒤에 '四'가 누락되었다.

4) 대승계와 소승계를 먼저 받고 나중에 받는 경우

대승계와 소승계를 먼저 받고 나중에 받는 경우라는 것은 다음과 같다. 여기에 두 가지가 있다. 첫째는 먼저 소승계를 받고 나중에 대승계를 받는 경우이고, 둘째는 먼저 대승계를 받고 나중에 소승계를 받는 경우이다.

> 大小先後者。於中有二。一先小後大。二先大後小。

(1) 먼저 소승계를 받고 나중에 대승계를 받는 경우

㉲ 만약 먼저 소승계를 받고 나중에 대승계를 받는다면 이전에 받은 소승계는 버리는 것인가, 그대로 있는 것인가? 또 살생하지 말 것 등은 성

---

90 식차마나式叉摩那 : [S] śikṣamāṇā의 음역어. 의역어는 정학녀正學女이다. 비구니계를 받기 전에 2년 동안 사근본계四根本戒(음행을 하는 것, 살생하는 것, 도둑질하는 것, 큰 거짓말을 하는 것을 금한 것)와 육법계六法戒(물든 마음으로 서로 접촉하는 것, 4전 이상을 도둑질하는 것, 축생의 생명을 끊는 것, 작은 거짓말을 하는 것, 술을 마시는 것, 비시식非時食을 하는 것을 금한 것)를 수학하는 과정에 있는 출가자를 가리킨다.

문계와 동일한데 다시 새롭게 얻는 것인가, 이전에 받은 계가 그대로 계승되는 것인가?[91]

> 若先受小後受大者。前小乘戒 爲捨爲在。又不殺等。與聲聞同。爲更新得。爲卽前戒。

답 첫 번째 설은 다음과 같다. "만약 마음을 회향하면 그때[92] 소승계가 변화하여 대승계가 된다. 그러므로 이전에 받은 소승계는 버리지 않고 그대로 있는 것이기는 하지만 소승계라고 말할 수는 없으니 마음을 회향하였기 때문이다. 성문계와 공통된 계는 다시 새로 증가하는 것은 아니다. 또 성문계와 공통되지 않는 계(不共戒)는 받을 때 새롭게 얻는 것이다."[93]

> 一云。若迴心時。小轉成大。故前小戒。不捨而在。而不可名爲小乘戒。以迴心故。共聲聞戒。更不新增。若不共戒。受時新得。

두 번째 설은 다음과 같다. "마음을 회향하고 새롭게 계를 받을 때 비록 이전에 받은 계를 버리지는 않지만 맹세하는 마음에 차이가 있는 것으로 인해 다시 살생을 여의는 것 등이 증가한다. 예를 들면 구족계를 받을 때 다시 살생을 여의는 것을 얻는 것 등과 같다."[94]

---

91 이것은 계체戒體의 상속 여부를 논의한 것이다.
92 마음을 회향하면 그때 : 여기에서는 소승의 최종 경지인 회신멸지灰身滅智를 추구하려는 마음을 돌이켜서 대승의 대보리大菩提를 얻으려는 마음을 일으키는 것을 말한다.
93 이것은 성문계와 대승계에서 공통으로 제정한 계일 경우에는 성문계의 계체가 그대로 상속되고 공통되지 않는 계일 경우는 새롭게 받아 계체가 획득되는 것이라고 주장하는 것이다.
94 이것은 성문계와 대승계에서 공통으로 제정한 계일 경우 성문계의 계체가 버려지는 것은 아니지만, 성문계와 대승계의 수계자는 계를 받으려는 마음에 차이가 있기 때문에 동일한 계목이라고 해도 대승계를 받음으로써 다른 형태의 계체가 획득되는 것이

二云。迴心新受時。雖不捨前。而由期心異。更增離殺等。如受具足時。更
得離殺等。

(2) 먼저 대승계를 받고 나중에 소승계를 받는 경우

먼저 대승계를 받고 나중에 소승계를 받는 것은 다음과 같다. 만약 대승계에서 물러나 소승계에 들어가면 대승계를 잃는다. 만약 대승계에서 물러나지 않고 소승계를 수반하여 배우는 것이라면 이전의 대승계를 잃지 않으니 비록 성문계를 받았더라도 소승인小乘人이라 하지 않는다.

先大後小者。若退大入小。卽失大戒。若不退大。隨學小者。不失前大。雖
受聲聞戒。不名爲小乘人也。

5) 바로 계를 받는 방법을 밝힘

바로 계를 받는 방법을 밝힌 것은 다음과 같다.

正受方法者。

「보살지」에 따르면 궤범에 여덟 가지가 있다.

依菩薩地。方軌有八。

라고 주장하는 것이다.

(1) 스승이 되어 줄 것을 요청함

첫째, 스승이 되어 줄 것을 요청한다. 본문에서 "만약 보살들이 이와 같은 보살이 배워야 할 세 가지 계장戒藏[95]을 부지런히 닦고 배우고자 한다면 재가자이든 출가자이든 먼저 위없는 바르고 평등한 보리에 대해 큰 서원을 일으키고 나서 함께 대승법을 따르는 보살이고 이미 큰 서원을 일으켰으며 (계를 잘 아는) 지혜가 있고 (계를 잘 설하는) 능력이 있고 언어에 의해 나타낸 이치를 사람들에게 잘 전해 줄 수 있고 그것을 잘 이해하게 할 수 있는 조건을 갖추고 있는 사람을 살펴서 찾아야 한다. 이와 같은 공덕을 갖춘 뛰어난 보살이 있는 곳으로 가서 먼저 두 발에 예배를 드리고 이와 같이 요청한다. '저는 이제 선남자가 있는 곳에서 혹은 장로가 계시는 곳에서 혹은 대덕이 계시는 곳에서 보살의 청정한 계를 받으려고 합니다. 잠시 수고로움을 마다하지 마시고 불쌍히 여기는 마음으로 허락해 주십시오.'"[96]라고 하였다.

> 一請師。文云。若諸菩薩。欲於如是菩薩所學三種戒藏勤修學者。或是在家。或是出家。先於無上正等菩提。發弘願已。當審訪求。同法菩薩。已發大願。有智有力。於語表義。能授能開。於如是等功德具足勝菩薩所。先禮雙足。如是請言。我今欲 於善男子所。或長老所。或大德所。乞受菩薩淨戒。唯願須臾。不辭勞倦。哀愍聽授。

---

[95] 세 가지 계장戒藏 : 삼취정계를 일컫는 말. 본문에 인용된 『瑜伽師地論』 앞부분에서 삼취정계를 계장이라고 정의하였다.
[96] 『瑜伽師地論』 권40(T30, 514b).

(2) 위력이 있는 분의 가피를 구함

둘째, 위력이 있는 분의 가피를 구한다. 본문에서 "이미 이와 같이 하여 전도됨이 없이 바르게 요청하고 나면 오른쪽 어깨를 드러내고 시방에 계시는 삼세의 모든 불·세존과 이미 대지大地에 들어가서 큰 지혜를 얻고 큰 신통력을 얻은 여러 보살들을 공경하고 공양하며, 현재 눈앞에 나타나 계신 분들에 대해 오직 그분들의 온갖 공덕만을 생각한다."[97]라고 하였다.

二求力。文云。旣作如是。無倒請已。偏袒右肩。恭敬供養十方三世諸佛世尊。已入大地。得大智慧。得大神力。諸菩薩[1]衆。現前專念彼諸功德。

1) ㉯ 갑본에 따르면 '薩'은 '謂'이다. ㉱『瑜伽師地論』에 따르면 전자가 옳다.

(3) 계를 주실 것을 요청함

셋째, 계를 주실 것을 요청한다. 본문에서 "그분들이 지닌 공능의 원인이 되는 힘(因力)을 따라 크게 청정한 마음을 내거나 혹은 적게라도 청정한 마음을 내고 (계를 잘 아는) 지혜를 갖추었고 (계를 잘 설할 수 있는) 능력을 갖춘 뛰어난 보살이 계신 곳에서 겸손한 마음으로 자신을 낮추고 공경하는 마음으로 무릎을 꿇어 땅에 붙이거나 혹은 엉덩이를 고이고 무릎을 꿇어앉거나 한 자세로 불상을 마주하여 이와 같이 요청한다. '원하옵건대, 대덕이여, 혹은 장로여, 혹은 선남자여, 불쌍히 여기는 마음으로 저에게 보살의 청정한 계를 주십시오.'"[98]라고 하였다.

---

97 『瑜伽師地論』 권40(T30, 514b).
98 『瑜伽師地論』 권40(T30, 514b).

三乞戒。文云。隨其所有功能因力。生殷淨心。戒小[1]淨心。有智有力勝菩薩所。謙下恭敬。膝輪據地。或蹲跪坐。對佛像前。作如是請。唯願大德。或言長老。或善男子。哀愍授我菩薩淨戒。

1) ㉘『瑜伽師地論』에 따르면 '戒小'는 '或少'이다.

(4) 청정한 마음을 기름

넷째, 청정한 마음을 기른다. 본문에서 "이렇게 요청하고 나서는 오로지 하나의 경계[99]만 생각하면서 청정한 마음[100]을 기른다. '나는 이제 오래지 않아 다함이 없고 한량없으며 위없는 큰 공덕의 곳간[101]을 얻을 것이다.'라고 생각하는 것이니 바로 이와 같은 일과 이치를 따라서 생각하면서 조용히 머문다."[102]라고 하였다.

四長養淨心。文云。如是請已。專念一境。長養淨心。我今不久。當得無盡無量無上功德藏。卽隨思惟如是事已。[1] 默然而住。

1) ㉘『瑜伽師地論』에 따르면 '已'는 '義'이다.

---

99 하나의 경계 : 『菩薩戒羯磨文釋』(X39, 190b)에서 "하나의 경계"라는 것은 현재 수계를 받고 있는 현장에서 일어나는 일(一境。卽現前受戒事境。)이라고 하였다.
100 청정한 마음 : 『菩薩戒羯磨文釋』(X39, 190b)에서 "청정한 마음"이라는 것은 계를 구하는 마음(淨心。卽求戒之心也。)이라고 하였다.
101 다함이 없고~공덕의 곳간 : 『菩薩戒羯磨文釋』(X39, 190b)에서 두 가지 해석을 제시하였다. 첫째, "다함이 없는 큰 공덕의 곳간"은 해탈의 덕을 나타낸 것으로 섭중생계를 가리키고 "한량없는 큰 공덕의 곳간"은 반야의 덕을 나타낸 것으로 섭선법계를 가리키며 "위없는 큰 공덕의 곳간"은 법신의 덕을 나타낸 것으로 섭률의계를 가리킨다. 둘째, 하나의 취가 바로 세 가지 취이기 때문에 "다함이 없는 큰 공덕의 곳간"이라고 하고 세 가지 취가 바로 하나의 취이기 때문에 "한량없는 큰 공덕의 곳간"이라고 하며 가장 존귀하고 불가사의하기 때문에 "위없는 큰 공덕의 곳간"이라고 한다.
102 『瑜伽師地論』 권40(T30, 514b).

(5) 수계의 조건을 갖추었는지를 물음

다섯째, 수계의 조건(緣)을 갖추었는지를 묻는다. 본문에서 "이때 지혜가 있고 능력이 있는 보살은 저 바른 행을 실천할 수 있는 보살에게 산란함이 없는 마음으로 앉거나 서서 이렇게 말한다. '그대 아무개 선남자여, 잘 들어라. 아무개 법제法弟[103]여, 잘 들어라. 그대는 보살인가?' 계를 받고자 하는 이는 '그렇습니다.'라고 대답한다. 또 '보리를 얻고자 하는 서원을 일으켰는가?'라고 하면 '이미 일으켰습니다.'라고 대답한다."[104]라고 하였다.

五問緣。爾[1]時。有智有力菩薩。於彼能行正行菩薩。以無亂心。若坐若立。而作是言。汝如是名善男子聽。或法弟聽。汝是菩薩不。彼應答言是。發菩提願未。應答言已發。

1) ⓗ 전후 문맥상 '爾' 앞에 '文云'이 누락되었다.

(6) 바로 계를 받음

여섯째, 바로 계를 받는다. 본문에서 "이 이후에는 이렇게 말해야 한다. '그대 아무개 선남자여, 아무개 법제여, 내가 있는 곳에서 모든 보살의 온갖 학처學處(계율)를 받고 모든 보살의 청정한 계인 율의계律儀戒·섭선법계攝善法戒·요익유정계饒益有情戒를 받고자 하는가? 이 모든 학처와 이 모든 청정한 계는 과거의 모든 보살이 이미 갖추었고 미래의 모든 보살이 장차 갖출 것이며 시방세계에 현재 존재하는 모든 보살이 지금 갖추고 있다. 이 학처와 이 청정한 계를 과거의 모든 보살이 이미 배웠고 미래의 모든

---

103 법제法弟 : 법의 아우라는 뜻. 자신보다 나중에 출가한 사람을 일컫는 말이다.
104 『瑜伽師地論』권40(T30, 514c).

보살이 장차 배울 것이며 현재 존재하는 모든 보살이 지금 배우고 있다. 그대는 받겠는가?' (계를 받는 보살은) '받겠습니다.'라고 대답한다. 계를 주는 보살은 두 번째, 세 번째에도 이와 같이 말하고 계를 받는 보살은 두 번째, 세 번째에도 이와 같이 대답한다. 계를 주는 보살은 이와 같이 묻되, 세 번째로 묻고 나면 청정한 계를 준다. 계를 받는 보살은 이와 같이 답하여 세 번째에 이르면 청정한 계를 받는 것이 끝난다."[105]라고 하였다.

> 六正受。自[1]此已後。應作是言。汝如是名善男子。戒[2]法弟。欲於我所。受諸菩薩一切學處。受諸菩薩一切淨戒。謂律儀戒。攝善法戒。饒益有情戒。如是學處。如是淨戒。過去一切菩薩已具。未來一切菩薩當具。普於十方現在一切菩薩今具。於是學處。於是淨戒。過去一切菩薩已學。未來一切菩薩當學。現在一切菩薩今學。汝能受不。答言能受。授[3]菩薩。第二第三。亦如是說。能受菩薩。第二第三。亦如是答。能授菩薩。作如是問。乃[4]第三。授淨戒已。能受菩薩。作如是答。乃至第三。受淨戒已。

1) ㉠ 전후 문맥상 '自' 앞에 '文云'이 누락되었다. 2) ㉠ 『瑜伽師地論』에 따르면 '戒'는 '或'이다. 3) 『瑜伽師地論』에 따르면 '授' 앞에 '能'이 누락되었다. 4) ㉠ 『瑜伽師地論』에 따르면 '乃' 뒤에 '至'가 누락되었다.

(7) 말씀드리고 증명해 줄 것을 요청함

일곱째, 말씀드리고 증명해 줄 것을 요청한다. 자세한 것은 그 논의 본문에서 설한 것[106]과 같다.

---

105 『瑜伽師地論』 권40(T30, 514c).
106 그 논의~설한 것: 『瑜伽師地論』 권40(T30, 514c)에서 "계를 받은 보살은 자리에서 일어나지 않고 계를 주는 보살은 불상 앞에서 시방세계에 현재 머물고 계시는 모든 부처님과 모든 보살들께 공경하고 공양하며 두 발에 머리를 숙여 예배드리고 이와 같이 말씀드린다. '아무개 보살이 지금 저 아무개 보살의 처소에서 (정해진 법대로 의식을 거행

七啟白請證。廣如彼文。

(8) 예배드리고 물러남

여덟째, 예배드리고 물러난다. 본문에서 "이와 같이 하여 보살계를 받는 갈마 등과 관련된 일을 마치고 나면 계를 준 보살과 계를 받은 보살은 모두 일어나 시방의 끝없고 가없는 모든 세계에 두루 계시는 부처님과 보살께 공양하고 두 발에 머리를 숙여 예배드리고 공경하는 마음으로 물러난다."[107]라고 하였다.

八禮退。文云。如是已作受菩薩戒羯磨等事。授受菩薩。俱起供養。普於十方無邊際諸世界中諸佛菩薩。頂禮雙足。恭敬而退。

하여) 세 번 말하고 보살계를 받았습니다. 저 아무개 보살은 아무개 보살을 위해 증명합니다. 시방의 끝없고 가없는 모든 세계에 계시는 모든 부처님과 보살 등의 가장 참된 성인으로 현재 앞에 있거나 현재 앞에 있지 않은 모든 시간과 모든 장소의 모든 중생에게 모두 나타나 깨닫게 하는 분이시여, 이 아무개라는 보살계를 받은 보살에 대해 또한 그를 위해 그 사실을 증명해 주소서.' 두 번째에도 세 번째에도 이렇게 말한다. 계를 받는 갈마羯磨가 끝나면 그로부터 어떤 간격도 없이 바로 시방의 끝없고 가없는 여러 세계에 나타나 머물고 계시는 여러 부처님과 이미 대지에 들어간 보살이 계를 받는 보살의 법이法爾(있는 그대로의 이치)의 상相에 대해 기억하는 마음을 일으키고 기억하는 마음에 의해 바른 지혜에 의거한 견해를 굴리고, 바른 지혜에 의거한 견해에 의해, 아무개 세계에 있는 아무개 보살이 아무개 보살의 처소에서 바르게 보살이 받는 청정한 계를 전부 받았음을 진실 그대로 깨달아 아신다. 그리고 이 계를 받은 보살을 자식처럼 아우처럼 여겨 친근히 하고 착하게 여기는 마음을 내고 늘 돌아보고 마음에 담아 두며 불쌍하게 여기고 근심한다. 부처님과 보살이 늘 돌아보고 마음에 담아 두며 불쌍하게 여기고 근심함으로써 이 보살로 하여금 선법을 바라고 구하여 갑절로 늘게 하고 다시 더욱더 불어나게 하며 물러나거나 감소하는 일이 없게 한다. 이것이 보살계를 받고 말씀드리고 증명해 줄 것을 요청하는 것임을 알아야 한다.(能受菩薩。不起于坐。……當知。是名受菩薩戒啟白請證。)"라고 한 것을 말한다.

107 『瑜伽師地論』권40(T30, 515a).

수계授戒의 궤범은 여러 논사의 설이 동일하지 않다. 우선 『보살지지경』에 의해[108] 이와 같은 내용을 간략하게 서술하였다. 여러 설에 같지 않은 부분이 있으니 여러 책을 살펴보아야 한다.

> 授戒方軌。衆師非一。且依地持。略述如是。諸說有不同。當尋諸本。

6) 비교하여 뛰어남을 나타냄

비교하여 뛰어남을 나타낸다는 것은 다음과 같다. 본문에서 "이와 같이 하여 보살이 받은 율의계는 그 밖의 모든 중생이 받는 율의계에 비교하면 가장 뛰어나고 위없으며 한량없고 가없는 공덕의 곳간이 따르는 것이고, 가장 훌륭하고 가장 뛰어난 착한 마음의 의지(意樂)[109]가 일어나는 것이며, 모든 중생이 지닌 모든 종류의 악행을 두루 대치할 수 있는 것이다. 모든 별해탈률의는 이 보살의 율의계에 비교하면 백분의 일에도 미치지 못하고 천분의 일에도 미치지 못하니 어떤 수를 제시하더라도 그것을 나눈 것(數分)의 일에도 미치지 못하고, 어떤 것을 견주더라도 그것을 나눈 것(計分)의 일에도 미치지 못하며, 어떤 형태로 계산하더라도 그것을 나눈 것(算分)의 일에도 미치지 못하고, 어떤 비유를 들더라도 그것을 나눈 것(喩分)의 일에도 미치지 못하며, 오파니살담분鄔波尼殺曇分[110]의 일

---

108 『보살지지경』에 의해 : 의적이 본문에서 인용한 글은 『瑜伽師地論』 「菩薩地」와 일치하는데 『菩薩地持經』을 유유한 것은, 양지가 동본이역이기 때문인 것으로 보인다.
109 의지(意樂) : '의요 意樂'는 ⑤ āśaya의 의역어. 음역어는 아세야阿世耶이다. 어떤 목적을 성취하려는 의지로 사思(마음으로 하여금 선·불선不善·무기無記를 조작하게 하는 의지 작용)와 욕欲(무엇인가를 하려고 하는 심리 작용)을 본질로 한다. 의사意思·의욕·의향 등과 같은 말이다.
110 오파니살담분鄔波尼殺曇分 : '오파니살담'은 ⑤ upaniṣadam의 음역어. 가장 극미한 수량을 일컫는 말로 극極·근소近少 등으로 의역한다.

에도 미치지 못하니, 모든 큰 공덕을 거두어들이기 때문이다."[111]라고 하였다.

校量顯勝者。如[1]是菩薩所受律儀戒。於餘一切所受律儀戒。最勝無上。無量無邊大功德藏之所隨逐。第一最上菩提[2]心意樂之所發起。普能對治於一切有情一切種惡行。一切別解脫律儀。於此菩薩律儀戒。百分不及一。千分不及一。數[3]計[4]算[5]喩[6]鄔波尼殺曇分亦不及一。攝受一切大功德。[7]

1) ㉠ 전후 문맥상 '如' 앞에 '文云'이 누락되었다. 2) ㉠『瑜伽師地論』에 따르면 '菩提'는 '善'이다. 3) ㉠『瑜伽師地論』에 따르면 '數' 뒤에 '分不及一'이 누락되었다. 4) ㉠『瑜伽師地論』에 따르면 '計' 뒤에 '分不及一'이 누락되었다. 5) ㉠『瑜伽師地論』에 따르면 '算' 뒤에 '分不及一'이 누락되었다. 6) ㉠『瑜伽師地論』에 따르면 '喩' 뒤에 '分不及一'이 누락되었다. 7) ㉠『瑜伽師地論』에 따르면 '德' 뒤에 '故'가 누락되었다.

4. 문답으로 의심을 쫓음

문답으로 의심을 쫓는다고 한 것은 다음과 같다.

問答遣疑者。

㊀ 성문계의 수법에서는 종성과 서원에 대해서는 묻지 않는데 무엇 때문에 보살계를 받을 때에는 이 두 가지 일을 묻는 것인가?
㊁ 별해탈계는 삼승三乘이 공통으로 받는다. 수법은 비록 동일하지만 서원에 따라 모두 그에 상응하는 결과를 이룬다. 그러므로 하나의 종성만 질문하지 않아야 하고 또 세 가지 종성(三姓)[112]의 여부도 모두 묻지 않아

111 『瑜伽師地論』 권40(T30, 515a).
112 세 가지 종성(三姓) : 보살종성 · 성문종성聲聞種姓 · 독각종성獨覺種姓 등을 가리킨다.

야 하니, 아직 반드시 어떤 종성을 따를 것인지를 자세히 알지 못하기 때문이다. 이미 종성을 묻지 않으니 서원을 묻는 것도 하지 않는다. 단지 출가를 막는 가벼운 장애와 무거운 장애(遮難)를 질문하여 이러한 이가 없게 하는 것은 삼승이 모두 계를 얻은 후 그것을 수행하여 각각 과를 이룰 수 있을 것인지 여부를 미리 고려하기 때문이다.

> 問。聲聞受法中。不問種姓與願。何故此中。問此二事。答。別解脫戒。三乘通受。受法雖一。隨願通成。由是不應偏問一姓。亦不應總問有三姓不。未必審知隨一姓故。既不問姓。問願亦廢。但使無遮難。通望三乘。得後隨修行。各成果故。

問 세 가지 장애[113]가 모두 계를 장애하는데 어째서 업[114]에 대해서만 묻는 것인가?

答 무릇 장애가 되는 요소를 질문하는 것은 반드시 두 가지 뜻을 겸해야 한다. 첫째는 확실하게 장애가 되는 것이고, 둘째는 상相 가운데 혼동할 소지가 있는 것이다. 업 가운데 일곱 가지 역죄는 이 두 가지 뜻을 갖추고 있다. 첫째는 확실히 장애가 되는 것이니 그 허물이 무겁기 때문이다. 둘째는 상에 혼동할 소지가 있으니 (범했는지 알 수 있는) 별도의 표식이 없기 때문이다. (번뇌장에 해당하는) 네 가지 수번뇌는 확실히 장애가 되는 것은 아니고 (보장에 해당하는) 지옥 등은 혼동할 소지가 없으니 상相으로 분별하여 알 수 있다. 그러므로 혹장惑障(번뇌장)과 보장과 관련된 것은 질문할 필요가 없다.

---

113 세 가지 장애 : '제1절 1. 2) 계를 장애하는 악'에서 설한 것을 참조할 것.
114 업 : '제1절 1. 2) (2) 업장'에서 설한 것을 참조할 것.

問。三障皆障戒。云何偏問業。答。夫問難者。必兼兩義。一決定爲障。二相中有濫。業中七逆。具斯兩義。一定爲障。其過重故。二相有濫。無別標故。四隨煩惱。非定爲障。地獄等無濫。相別可識。故惑報不須問也。

🈟 네 가지나 다섯 가지 덕[115]을 갖추어야 비로소 스승이 될 수 있는데 무엇 때문에 경에서는 부부가 서로 스승이 되는 것[116]을 허락하였는가?

🈭 재가계在家戒(우바새계·우바이계)를 받는 것이라면 어떤 경우에는 경에서 설한 것처럼 해도 된다. 출가 오중出家五衆(비구·비구니·사미·사미니·식차마나)의 계를 받는 것이라면 반드시 덕을 갖춘 사람을 스승으로 삼아야 한다.

問。具四五德。方堪爲師。何故。經許夫婦互師。答。受在家戒。或可如經。出家五衆。必須具德。

🈟 어떤 사람은 "반드시 먼저 성문계를 받고 나중에 보살계를 받아야 한다."라고 하였는데 이것의 의미는 무엇인가?

🈭 반드시 그래야 하는 것은 아니다. 어떻게 보살이 먼저 소승의 마음을 일으킨 이후에 대승으로 들어가야 한다는 것을 받아들일 수 있겠는가? 그러나 경에서 "우바새계·사미계·비구계를 받지 않고 보살계를 받는 일은 없다. 비유컨대 여러 층으로 이루어진 누각에서 첫 번째를 통하지 않고 두 번째 층을 얻는 일은 없는 것과 같다."[117]라고 한 것은 율의계에 의지하는 것에 의해 비로소 뒤의 두 가지 계[118]를 얻기 때문에 이렇게

---

115 '제1절 2. 스승의 덕을 간별함'에서 설한 것을 참조할 것.
116 『本業經』권하(T24, 1021b)에서 "부부와 여섯 부류의 친족이 서로 스승이 되어 계를 줄 수 있다.(夫婦六親。得互爲師授。)"라고 하였다. '제1절 3. 1) 덕을 드러내어 계를 받을 것을 권함'에서 설한 것을 참조할 것.
117 『菩薩善戒經』(T30, 1013c)에 설한 것을 취의 요약한 것이다.
118 뒤의 두 가지 계 : 세 가지 계 중 뒤의 두 가지, 곧 섭선법계와 섭중생계를 가리킨다.

말한 것이다.

問。有人言。必先受聲聞戒後受菩薩戒。是義云何。答。未必然也。何容菩薩必先起小心然後入大乘。然經說云。若言不受優婆塞戒沙彌戒比丘戒得菩薩戒。無有是處。譬如重樓。不由初級。得第二級。無有是處者。要由律儀爲依止故。方得後二。故作是說。

나머지 문제와 관련된 문답은 다시 드러내어 말하지 않는다.

自餘問答。不復更顯。

제2절 어긋나는 인연에 의해 받은 계를 잃는 것

어긋나는 인연에 의해 받은 계를 잃는 것은 다음과 같다. 「보살지」에서 "대략 두 가지 인연에 의해 모든 보살들의 청정한 계율의戒律儀를 버리게 된다. 첫째는 위없고 바르며 평등한 보리를 증득하려는 큰 서원을 포기하는 것이고, 둘째는 상품上品의 번뇌(纏)가 현행現行하여 타승처법他勝處法[119]을 범하는 것이다."[120]라고 하였고, 「결택분決擇分」(「보살지」)에서 "또 계를 버리는 인연에는 대략 네 가지가 있다. 첫째는 확실하게 계를 받을 때와 같지 않은 마음을 일으키는 것이고, 둘째는 판단능력이 있는 대장부 앞에서 의도적으로 계를 버리겠다고 말하는 것이며, 셋째는 네 가지의 타소승법他所勝法을 전부 혹은 개별적으로 훼손하는 것이고, 넷째는 증상품增上

---

119 타승처법他勝處法 : 계율 중 가장 무거운 죄인 바라이波羅夷(S̄ pārājika)의 다른 이름. 이것을 범할 경우 악법惡法이 선법善法을 이기는 결과를 낳기 때문에 이렇게 부른다. 줄여서 타승他勝·타소승법他所勝法 등이라고도 한다.
120 『瑜伽師地論』 권40(T30, 515c).

品의 번뇌(纏)에 의해 전부 혹은 개별적으로 수순사종타소승법隨順四種他所
勝法[121]을 훼범하는 것 등이다. 이러한 인연에 의해 보살의 율의를 버리게
되는 것을 알아야 한다. 만약 다시 청정하게 계를 받으려는 마음을 얻으
면 다시 계를 받을 수 있다."[122]라고 하였다.

違緣失受者。菩薩地云。略由二緣。捨諸菩薩淨戒律儀。一者棄捨無上正等
菩提大願。二者現行上品纏犯他勝處法。決擇分云。又捨因緣。略有四種。
一者決定發起受心不同分心。二者若於有所識別大丈夫前。故意發起。棄捨
語言。三者總別毀犯四種他所勝法。四者若以增上品纏。總別毀犯隨順四種
他所勝法。由此因緣。當知。棄捨菩薩律儀。若有還得清淨受心。復應還受。

문 두 가지 인연과 네 가지 인연은 서로 거두어질 수 있는가?

답 어떤 사람은 이렇게 해석하였다. "서로 거두어질 수 있다. 숫자는
나누거나 합하여 차이가 있는 것일 뿐이고 본질(體)에는 차별이 없기 때
문이다. 네 가지 인연 중 앞의 두 가지는 두 가지 인연 중 처음에 거두어
지고 뒤의 두 가지는 두 가지 인연 중 두 번째에 거두어진다. 그러므로 두
가지 인연과 네 가지 인연은 서로 거두어질 수 있다."[123]

問。二四捨緣。得相攝不。答。一云。得相攝。數有開合。體無別故。四中前

---

[121] 수순사종타소승법隨順四種他所勝法 : 네 가지 타승처법에 수순하여 일어나는 죄를 가리키는 말이다. 따라서 네 가지 타승처법을 근본죄라고도 하고 수순사종타소승법은 수순죄隨順罪라고도 한다.
[122] 『瑜伽師地論』 권75(T30, 711c).
[123] 작자 미상의 돈황본 『梵網經述記』(T85, 730c) 및 승장勝莊의 『梵網經述記』 권상(X38, 404a)에서 제시한 견해이다. 승장과 의적의 생몰 연대가 아직 확정적이지는 않기 때문에 양자의 영향 관계는 확인할 수 없다. 다만 다음 단락에서 승장의 주장을 문제 삼는 부분이 보이기 때문에 의적이 승장의 설을 수용한 것일 가능성이 좀 더 크다고 할 수 있겠다.

二。分¹⁾二中初。後二類。於二中第二。是故。二四得互相攝。

1) 옙 '分'은 '於'인 것 같다.

어떤 사람은 이렇게 해석하였다.
"서로 거두어질 수 없다.

(네 가지 인연 중 첫 번째인) 계를 받을 때와 같지 않은 마음을 일으키는 것은 (두 가지 인연 중) 첫 번째 인연에 거두어질 수 있지만 (네 가지 인연 중 두 번째인) 계를 버리겠다고 말하는 것은 어떻게 (두 가지 인연 중) 첫 번째 인연에 거두어질 수 있겠는가? 사람을 앞에 두고 계를 버리겠다고 말할 때는 아직 반드시 보리를 증득하겠다는 서원에서 물러난 것은 아니기 때문이다. 말하자면 어떤 사람이 먼저 비구계 등의 계를 받아지니다가 다시 인연을 만나 계를 버렸지만 부지런히 수행하는 것 등과 같은 경우이니, 비록 보리를 얻겠다는 큰 서원을 버리지 않았어도 먼저 받은 계를 버릴 수 있기 때문이다. 그런 경우가 아니라면[124] 이미 서원을 버렸을 때 이미 계를 버렸으니 어찌 (다시) 사람을 앞에 두고 계를 버리겠다고 말할 필요가 있겠는가? 만약 서원에서 물러났을 때 바로 계를 버리겠다고 말한 것이라고 한다면 그 두 가지 인연[125]을 구별하여 나누지 말았어야 한다.

또 네 가지 인연 중 네 번째는 두 가지 인연 가운데 뒤의 것에 거두어질 수 있으니 동일하게 증상품의 번뇌(纏)가 (현행하여) 타승(他勝)을 훼범하는 것이라고 설했기 때문이다. 네 가지 인연 가운데 세 번째는 증상(增上)을 얻은 것이 아닌데 어떻게 두 가지 인연 가운데 뒤의 인연에 거두어질 수 있겠는가?

---

124 이하는 네 가지 인연의 두 번째는 큰 서원을 버리지 않고 받은 계를 버리는 경우를 말한 것이라는 전제하에 그렇게 보지 않을 경우에 나타나는 문제점을 지적한 것이다.
125 그 두 가지 인연 : 서원을 버리는 것과 계를 버리겠다고 말하는 것.

또한 어떤 것이 타승他勝이고 어떤 것이 순타승順他勝이기에 (두 가지 인연 가운데) 두 번째 것이 (네 가지 인연 가운데) 뒤의 두 가지를 포섭하는 것이라고 말하는가? 만약 (네 가지 인연 중) 세 번째에서 타승을 범한다고 한 것이 바로「본지분」에서 설한 네 가지 타승[126]을 말하는 것이고, (네 가지 인연 중) 네 번째에서 수순타승을 훼손한다고 한 것이 곧 열 가지 중계(十重戒) 중 앞의 여섯 가지 중계[127]를 말한 것이라면,「본지분」에서 '네 가지 타승은 요컨대 상품上品의 번뇌가 현행하는 것에 의해 범해야 비로소 계를 버리는 것이 성립된다.'[128]라고 하였는데, (네 가지 인연 가운데 세 번째가 두 가지 인연 가운데 두 번째와 같은 것이라면) 어째서 (네 가지 인연 중) 세 번째 인연에서 (타승법을 말하면서 상품의 번뇌가 현행하는 것을 말하지 않고) 오직 '전부 혹은 개별적으로 범하는 것'이라고만 말했겠는가? 그러므로 네 가지 인연 가운데 세 번째는 두 가지 인연에 거두이지지 않는다는 것을 알 수 있다.

그렇다면 무엇이 이것[129]에 해당하는 것인가? 살생 등의 앞의 네 가지 중계[130]를 범했을 때는 상품의 번뇌가 현행하기를 기다리지 않고 범하는 것에 따라서 모두 계를 버리는 일이 성립된다. 만약 뒤의 네 가지 혹은 뒤

---

126 「본지분」에서 설한~가지 타승 :『瑜伽師地論』권40「本地分」「菩薩地」(T30, 515b)에서 "네 가지 타승처법은 첫째는 이양과 공경을 탐하여 자신을 칭찬하고 남을 비방하는 것이고, 둘째는 재물을 베푸는 것에 인색한 것이며, 셋째는 분노하는 마음을 내는 것이고, 넷째는 대승법을 비방하는 것이다.(有其四種他勝處法。何等爲四。……如是。名爲菩薩四種他勝處法。)"라고 한 것을 말한다.
127 열 가지~가지 중계 : 살생을 금하는 것이고, 도둑질을 금하는 것이며, 음란한 행위를 금하는 것이고, 거짓말을 금하는 것이며, 술을 파는 것을 금하는 것이고, 네 부류의 제자의 허물을 말하는 것을 금하는 것이다.
128 『瑜伽師地論』권40「菩薩地」(T30, 515c)에서 "(네 가지 타승처법은) 상품의 번뇌가 현행하여 범하면 곧 버리는 것이라고 한다.(上品纏犯。卽名爲捨。)"라고 하였다.
129 이것 : 네 가지 인연 중 세 번째 인연을 가리키는 말이다.
130 앞의 네 가지 중계 : 살생을 금하는 것이고, 도둑질을 금하는 것이며, 음행을 금하는 것이고, 거짓말을 금하는 것이다.

의 여섯 가지를 범했을 때라면 상품의 번뇌가 현행해야 비로소 계를 버리는 일이 성립된다. 뒤의 네 가지 중계 혹은 여섯 가지 중계는 성죄性罪와 관련된 중계重戒가 아니기 때문에 오직 보살에 대해서만 중계라고 하고 나머지에 대해서는 중계라고 하지 않는다.[131] 앞의 네 가지 중계는 앞에서 설한 것과 반대되는 것[132]이기 때문에 모든 승乘[133]에 대해서 중계라고 한다. 나중의 네 가지 중계 혹은 여섯 가지 중계는 비록 성죄와 관련된 중계는 아니지만 성계와 관련된 중계에 수순하기 때문에 수순타승이라 한다."

有云。不然。不同分心。可得攝初緣。發言棄捨。云何初緣收。對人棄捨時。未必退願故。謂有先受苾芻等戒。復遇因緣捨。作勲策等時。雖不棄捨菩提大願。而得棄捨先所受故。若不爾者。旣捨願時。已得捨戒。何須對人發棄捨言。設便退願時。卽發言棄捨。則不應別分爲二緣。又四中第四。應攝二中後。同說增上纏毀犯他勝故。四中第三。不得增上。云何得攝二中後緣。又何者是他勝。何者順他勝。而言第二攝後二耶。若言第三犯他勝者。卽本地說四種他勝。第四毀犯順他勝者。卽十重中前六重者。本地中云。四種他勝。要上纏犯。方得捨戒。云何第三緣。唯云總別犯。故知。四中三非二緣所收。若爾何者是。謂犯殺等前四重時。不待上纏。隨犯皆捨。若犯後四或後六時。要起上纏。方得捨戒。後四或六。非性重故。唯於菩薩名重非餘。前四反前故。於一切名重。後四或六。雖非性重。順性重故。名隨他勝。

문 만약 앞에서 인용한 것[134]과 같다면, 『본업경』에서는 "보살계는 받는

---

131 열 가지 중계 중 뒤의 여섯 가지는 나머지, 곧 성문승·연각승 등의 이승과 함께하지 않는 것이라는 말이다.
132 앞에서 설한~반대되는 것 : 앞에서 뒤의 여섯 가지 중계를 성죄와 관련된 중계가 아니라고 한 것과 반대된다는 말. 곧 앞의 네 가지는 성죄와 관련된 중죄라는 말이다.
133 모든 승乘 : 성문승·연각승·보살승을 통틀어서 일컫는 말이다.
134 이하는 본서의 앞에서 인용한『本業經』과『瑜伽師地論』의 내용이 서로 어긋남을 지

법은 있지만 버리는 법(捨法)은 없다. 범할 수는 있지만 미래가 다할 때까지 잃어버리는 일은 없다."[135]라고 하였는데 무엇 때문에 『유가사지론』에서는 "두 가지 인연에 의해 버리고 네 가지 인연에 의해 버린다."[136]라고 하였는가? 이 말은 어째서 경에서 말한 것과 통하지 않는 것인가?

답 이치에 의거하면 각각 구별되는 것이 있기 때문에 서로 어긋나지 않는다. 이 이치는 무엇인가? '계를 잃는다.'라고 한 것은 (계를 받으면서) 목숨이 다할 때까지 파계하지 않을 것이라고 서원하는 의식 작용(思)에 의해 훈습된 종자가 점점 늘어나면서 생겨난 방호하고 거두어들이는 공능을 버리는 것을 말한다. 종자의 본질(體)을 논하자면 한번 훈습하면 영원히 남아 있고, 공능을 논하자면 혹시 어긋나는 인연을 만나면 잃을 수도 있다. 본질로서 공능을 좇았기 때문에 『유가사지론』에서는 '계를 버린다.'라고 하였고, 공능으로 본질을 좇았기 때문에 『본업경』에서는 '잃지 않는다.'라고 하였다. 그리므로 그 경에서 "모든 보살의 범부계凡夫戒와 성계聖戒는 마음을 다하는 것을 본질(體)로 삼는다. 그러므로 마음이 다하면 계도 다하지만 마음이 다함이 없기 때문에 계도 다함이 없다."[137]라고 하였다.

問。如上所引。本業經云。菩薩戒。有受法而無捨法。有犯不失。盡未來際。何故。論云。二四緣捨。此說豈不達經言耶。答。約義各別。故不相違。是義云何。言失戒者。捨要期思所熏種上運運增上防攝功能。若論種體。一熏永在。若言功能。或違緣失。以體從功故。論言捨戒。以能從體故。經云不失。故彼經云。一切菩薩凡聖戒。盡心爲體。是故。心盡戒亦盡。心無盡故戒亦無盡。

적한 것이다.
135 『菩薩瓔珞本業經』 권하(T24, 1021b).
136 『瑜伽師地論』 권75(T30, 711c).
137 『菩薩瓔珞本業經』 권하(T24, 1021b).

問 이와 같다면 성문계聲聞戒도 다섯 가지 인연이 있어도 잃지 말아야 할 것인데 (어째서 잃는다고 하는 것인가?)

答 본질(體)에 의거하면 진실로 그러해야 한다. 단지 부처님께서 저 성문을 위한 가르침에서 대체로 공능에 나아가서 "계는 색色이다."라고 설하였고, 그러므로 "영원히 남아 있어서 잃어버리지 않는다."라고는 설하지 않았다.[138]

성문이 받은 계는 다섯 가지 인연에 의해 버리게 된다. 첫째는 목숨이 다함으로써 버리게 되고,[139] 둘째는 이형二形[140]에 의해 버리게 되며,[141] 셋째는 선근善根를 끊는 것에 의해 버리게 되고,[142] 넷째는 작법作法에 의해 버리게 되며,[143] 다섯째는 중죄重罪를 범함으로써 버리게 된다.[144]

보살이 받은 계는 미래의 끝이 다하도록 지킬 것을 약속하기 때문에 목숨이 다한다고 해서 버리는 일은 없다. 이형二形이어도 보살계를 받는 것

---

[138] 계의 본질은 무표색無表色이고, 이러한 계를 받음으로써 계의 무표색이 계체戒體가 되어 소의신所依身에 존재하는데 소의신이 소멸하면 함께 소멸하기 때문이다.

[139] 보통 중동분衆同分을 버리는 것에 의해 버리는 것이라고 정의된다. 중동분이란 소의신所依身을 일컫는 말이다. 이것은 목숨이 다하여 소의신을 버릴 때 계도 역시 버리는 것을 일컫는 말이다.

[140] 이형二形 : 남근과 여근을 모두 갖춘 것을 가리킨다.

[141] 소의신이 변화하여 남근과 여근이 동시에 발생하면 마음도 그것에 따라 변화하기 때문에 버리는 것이다.

[142] 선근은 계의 근거가 되는 것이기 때문에 이것을 끊음으로써 버리는 것이다.

[143] 『瑜伽師地論』권53(T30, 592b)에서는 "혹은 소학처所學處(계율)를 버리는 것으로 말미암기 때문이다.(或由捨所學處故)"라고 하였다. 그런데 여기에서 '작법'이라고 한 것은 계를 받을 때에 작법에 의해서만 수계가 성립되는 것처럼 계를 버릴 때에도 그것과 관련된 작법을 행하는 것에 의해서만 버리는 것이 성립되기 때문인 것으로 생각된다. 그 작법이란 첫째는 계를 버리려는 의지를 일으키는 것이고, 둘째는 자신의 의사를 알아들을 수 있는 사람을 마주하는 것이며, 셋째는 계를 버리겠다는 자신의 의지를 상대방에게 발설하는 것이다.

[144] 성문계를 버리는 다섯 가지 인연을 설한 것은 『瑜伽師地論』권53(T30, 592b)에서 "問. 有幾因緣. 苾芻律儀. 受已還捨. 答. ④ 或由捨所學處故. ⑤ 或由犯根本罪故. ② 或由形沒二形生故. ③ 或由善根斷故. ① 或由棄捨衆同分故."라고 한 것과 문장이나 순서는 다르지만 의미는 동일하다. 번호는 역자가 붙인 것이다.

을 허락하기 때문에 이형이 생겨났다고 해서 버리는 일은 없다. 수계할 때와 같지 않은 마음이 일어나면 바로 계를 잃기 때문에 선근을 끊는 것에 의해 버리게 되는 조건을 필요로 하지 않는다.

> 問。若爾聲聞戒。五緣應不失。答。據體實應然。但佛爲彼聲聞敎中。多就功能。說戒是色。是故。不說永在不失。聲聞所受。五緣捨者。一命終捨。二二形捨。三斷善根捨。四作法捨。五犯重捨。菩薩所受。期盡未來際。是故。無有命終時捨。二形亦許受菩薩戒。是故。無有二形生捨。起不同心便失戒故。不待斷善方捨。

수체를 밝히는 것을 마친다.

> 辨受體訖。

제2장 수행隨行을 밝힘

또 다음에는 수행을 밝힌다.

> 又次明隨行。

제1절 총괄하여 수행隨行을 설함

수행隨行에는 두 가지가 있다. 상품인 사람은 처음 계를 받고 보리를 얻을 때까지 한결같이 오로지 정진하여 훼범하지 않는다. 중품인 사람과 하품인 사람은 인연에 따라 계를 범하지만 본래 계를 받은 것을 기억하여 범하고 나서 다시 청정함을 얻는다. 이 두 가지는 모두 계를 수행隨行하는 것이라고 할 수 있다.

> 隨行有二。若上品人。從初受後。乃至菩提。一向專精。無有毀犯。若中下人。隨緣戒犯。而憶本受。犯已淸[1]淨。此二皆得名隨學[2]戒。
> 1) ㉣ 저본에 따르면 '淸'은 '還'이다. 2) ㉣ '學'은 '行'인 것 같다.

제2절 개별적으로 수행隨行의 내용을 나타냄

총괄적으로 설하면 비록 그렇지만 여기에서 다시 세 가지 계에 대해 개별적으로 수행隨行의 내용을 나타낸다.

> 總說雖然。於中更就三戒。別顯隨相。

1. 율의계

율의계律儀戒에서 수행隨行의 내용이라는 것은 다음과 같다.

> 律儀戒中。隨行相者。

(『대승아비달마잡집론』 권8에서 다음과 같이 말하였다.)

> 경에서 "시라尸羅(계)를 성취하고 별해탈律의를 잘 막아내고 수호하며 궤칙과 행함이 모두 원만하고 미세한 죄를 보아도 크게 두려워하는 마음을 일으키며 모든 학처學處(계율)를 잘 받아 지니고 배운다."[145]라고 한 것과 같다.

'시라를 성취하고'라는 것은 청정한 시라를 보호하고 수지하기 때문이다. 곧 청정한 계를 수지하고 상응하게 행동하여 흠결이 없는 것이다. 그러므로 시라를 성취하는 것이라고 한다. '별해탈률의를 잘 막아내고 수호하며'라는 것은 해탈의 공능을 지닌 시라를 잘 보호하고 수지하기 때문이다. 곧 해탈을 얻기 위해 모든 율의를 각각 막아내고 수호하는 것이다. 그러므로 별해탈률의라고 한다. 이 율의에 의해 생사의 고통에서 속히 벗어날 수 있기 때문이다.

'궤칙과 행함이 모두 원만하고'라는 것은 청정한 시라를 갖추어서 비방하거나 책망할 것을 찾기 어렵기 때문이다. '궤칙이 원만하고'라는 것은 모든 몸가짐(威儀)들이 총명하고 지혜로운 사람의 꾸짖음을 받지 않기 때문이다. '행함이 원만하고'라는 것은 다섯 가지의 모든 비구 대중이 가지 않아야 할 곳을 멀리 여의기 때문이다. 그 다섯 가지란 무엇인가? 창령唱令[146]의 집이고 음란한 여인이 집이며 술을 파는 집이고 왕의 집이며 전다라旃茶羅[147]와 갈치나羯恥那[148]의 집이다.

---

145 문장이 꼭 일치하지는 않지만, 『雜阿含經』 권29(T2, 210a26)에서 "何等爲增上戒學。若比丘。①·② 住於戒波羅提木叉律儀。③·④ 威儀行處具足。⑤ 見微細罪則生怖畏。⑥ 受持學戒。"라고 한 것과 내용이 유사하다.

146 창령창슈 : 『瑜伽師地論』 권16(T30, 368b)에 따르면 창령의 집이란 양羊 등을 죽인 사람의 집이다. 『瑜伽論記』 권5(T42, 418c)에 따르면 인도의 국법에서는 악한 행위를 한 사람은 형벌을 내리기 전에 그 죄인을 끌고 돌아다니면서 그가 지은 죄의 내용을 두루 공표하기 때문에 이러한 이름을 붙였다. 『一切經音義』 권47(T54, 622c)에서는 "창령의 집이라는 것은 음악·무용 등으로 생활을 유지하는 광대의 집이다."라고 하였다.

147 전다라旃茶羅 : [S] caṇḍāla의 음역어. 전다라旃陀羅라고도 음역하고 집악執惡·주살인主殺人 등으로 의역한다. 인도의 계급 제도인 사성제四姓制에서 최하위에 속하는 종성인 수다라 중에서도 가장 하위에 속하는 부류를 가리키는 말. 이들은 고기를 잡는 일, 짐승을 도살하는 일 등을 직업으로 삼는다. 『法華玄贊』 권9(T34, 821a)에서 "전다라는 도자屠者(도살자)이니 율의律儀에 합당하지 않은 일을 하는 사람이다. 바른 음역어는 전다라旃茶羅이고 엄치嚴幟라고 의역한다. 악업으로 스스로를 장엄하고 표식을 지니고 다니니 방울을 울리고 대나무를 지녀서 자신의 표식으로 삼기 때문이다."라고 하였다.

'미세한 죄[149]를 보아도 크게 두려워하는 마음을 일으키며'라는 것은 배워야 할 시라를 용맹한 마음을 내어 공경하기 때문이다. 곧 차죄遮罪를 성죄性罪처럼 여기며 수학하고 보호하며 수지하는 것이다. 이를 미세한 죄를 보아도 크게 두려워하는 마음을 내는 것이라고 한다. '모든 학처를 잘 받아 지니고 배운다.'라는 것은 배워야 할 시라를 원만하게 받아 지니고 배우기 때문이다. 곧 구족하고 원만하게 학처를 받아 지니고 배우는 것이다. 이를 모든 학처를 잘 받아 지니고 배우는 것이라고 한다.[150]

如經中說。成就尸羅。善能防護別解脫律儀。軌則所行。皆悉圓滿。見微細罪。生大怖畏。於諸學處。善能受學。成就尸羅者。能護淨尸羅故。謂受持淨戒。相應無缺。故名成就尸羅。善能防護別解脫律儀者。能善護持出離尸羅故。謂爲求解脫。別別防護所有律儀。故名別解脫律儀。由此律儀。能速出離生死苦故。軌則所行皆悉圓滿者。具淨尸羅。難爲毀責故。軌則圓滿者。諸威儀等。非聰慧人所呵責故。所行圓滿者。遠離五種諸比丘衆所不行處故。何等爲五。謂倡[1)]令家。婬女家。酤酒家。王家。旃茶羅羯恥那家。見微細罪生大怖畏者。勇猛恭敬所學尸羅故。於遮罪中。勇猛恭敬。修學護持。猶如性罪。是名見微細罪生大怖畏。於諸學處善能受學者。圓滿受學所學尸羅故。謂具足圓滿受學學處。是名於諸學所[2)]善能受學。

---

148 갈치나갈恥那 : [S] khaṭṭika의 음역어. 자구인煮狗人·시구인屠狗人·살구인殺狗人 등으로 의역한다. 전다라 출신으로 칼이나 몽둥이 등의 흉악한 도구를 가지고 살생하는 사람, 곧 백정을 가리킨다. 『瑜伽論記』권5(T42, 418c7)를 참조할 것.
149 미세한 죄 : 『瑜伽師地論』권22(T30, 402c)에서 "범하고 나서도 다시 청정해질 수 있는 것을 미세하고 사소한 죄라고 한다.(若有所犯. 可令還淨. 名微小罪.)"라고 하였다.
150 이상은 『大乘阿毘達磨雜集論』권8(T31, 731c)에 나오는 글이다. 이밖에 『大乘阿毘達磨集論』권4(T31, 680c)·『顯揚聖敎論』권7(T31, 512a) 등에도 동일한 글이 나오지만 문장의 일치도는 앞에서 제시한 것이 가장 높다. 『瑜伽師地論』권16(T30, 367a)·『佛地經論』권2(T26, 299a) 등도 참조할 것.

1) 역 『大乘阿毘達磨雜集論』에 따르면 '倡'은 '唱'이다.   2) 역 『大乘阿毘達磨雜集論』에 따르면 '所'는 '處'이다.

2. 섭선법계

섭선법계에서 수행隨行의 내용이라는 것은 다음과 같다.

攝善法戒隨學1)相者。

1) 역 '學'은 '行'인 것 같다.

(『유가사지론』 권75에서 다음과 같이 말하였다.)

> 모든 보살이 섭선법계를 부지런히 수습할 때 대략 여섯 가지 마음을 잘 관찰해야 한다. 여섯 가지란 무엇인가? 첫째는 경멸하는 마음이고, 둘째는 게으름(懈怠, 선법을 부지런히 수습하려고 노력하지 않게 하려는 의식작용)과 함께 작용하는 마음이며, 셋째는 덮고 가리움이 있는 마음이고, 넷째는 지나치게 노력함으로써 지친 마음이며, 다섯째는 병을 따라 작용하는 마음이고, 여섯째는 장애(障)를 따라 작용하는 마음이다.
> 　모든 보살이 선법善法 가운데 가볍게 여기는 마음과 승해勝解[151]가 없는 마음과 능멸陵蔑하는 마음이 있으면 이를 경멸하는 마음이라 한다. 나태함과 교만에 취함(憍醉)과 방일함에 묶인 마음이 있으면 이것을 게으름과 함께 작용하는 마음이라 한다. 만약 탐욕 등과 같은 것[152]

---

151 승해勝解 : ⓢ adhimokṣa의 의역어. 대상 경계를 인가하고 결정하게 하는 마음 작용이다.
152 탐욕 등과 같은 것 : 오개五蓋, 곧 심성心性을 가리워 선법이 일어나지 못하게 하는 다섯 가지 번뇌를 일컫는 말로, 탐욕개貪欲蓋(욕탐개)·진에개瞋恚蓋·혼면개惛眠蓋(혼침과 수면을 함께 일컫는 말)·도회개掉悔蓋[도거掉擧(불안정)와 악작惡作(후회)]을

에서 한 가지 번뇌(蓋)가 있는 것을 따라서 혹은 여러 가지 번뇌와 수번뇌에 묶인 마음이 있으면 이것을 덮고 가리움이 있는 마음이라 한다. 용맹스럽게 뛰어난 정진精進에 머무름으로써 몸이 피곤하고 마음이 지쳐서 그 마음을 가리면 이것을 지나치게 노력함으로써 지친 마음이라 한다. 온갖 병이 있어서 그 마음을 괴롭히고 기력이 없어서 수행을 감당할 수 없으면 이것을 병을 따라 작용하는 마음이라 한다. 담론을 즐기는 것 등의 장애가 있어서 그 마음을 좇아다니면 이것을 장애를 따라 작용하는 마음이라 한다.

보살은 이 여섯 가지의 마음 가운데에서 '나는 이와 같은 여섯 가지 마음 가운데 하나를 따라 현전한 것이 있는가, 있지 않은가?'를 바르게 관찰해야 한다.

앞의 세 가지 마음은 보살이 한결같이 일으키지 말아야 하고 설령 이미 일으켰다고 해도 용인하여 받아들이지 말아야 한다. 만약 용인하여 받아들이고 버리지 않으면 모든 것에 두루 영향을 미쳐서 모두 죄가 있는 것이라고 한다.

지나치게 노력함으로써 지친 마음이 현전할 때 이 마음에 의해 선방편善方便을 버리게 된다. 만약 잠시 몸과 마음의 피로를 쉬게 하여 앞으로 선법을 부지런히 수습하기 위한 것이라면 죄가 없음을 알아야 한다. 만약 모든 것을 끝내 버리고 '내가 무엇을 위해 이와 같은 선법을 부지런히 수습하면서 나로 하여금 현재 이러한 고통에 머물게 하는 것인가?'라고 한다면 이와 같은 경우는 죄가 있음을 알아야 한다.

병을 따라 작용하는 마음이 현전할 때 보살이 이것을 자유자재하게 다스릴 수 없고 의도하는 대로 선의 가행加行을 닦을 수 없다면 비록 다시 용인하여 받아들인다고 해도 죄가 있지 않다.

함께 일컫는 말]·의개疑蓋이다.

장애를 따라 작용하는 마음이 현전할 때 욕구를 따라 그 가운데 떨어진 것이 아니고 혹은 이 가운데 크게 이치에 맞고 이익이 되는 것이 있음을 관찰하였다면 비록 다시 용인하여 받아들인다고 해도 죄가 있지 않다. 만약 욕구를 따라 고의로 그 가운데 들어가거나 혹은 이 가운데 이치에 맞고 이익이 되는 것이 있지 않다는 것이나 혹은 이치에 맞고 이익이 되는 것이 거의 없다는 것을 관찰했지만 고의로 용인하여 받아들이면 죄가 있음을 알아야 한다.

　이와 같은 여섯 가지 마음에서 앞의 세 가지는 일으키고 나서 용인하여 받아들이면 한결같이 죄가 있고, 병을 따라 작용하는 마음은 비록 다시 용인하여 받아들인다고 해도 한결같이 죄가 없으며, 나머지 두 가지 마음은 일으키고 나서 용인하여 받아들이면 경우에 따라서 죄가 있기도 하고 죄가 없기도 하다.[153]

謂諸菩薩。於攝善法戒。勤修習時。略於六心。應善觀察。何等爲六。一輕蔑心。二懈怠俱行心。三有覆弊[1]心。四勤勞倦心。五病隨行心。六障隨行心。若諸菩薩。於善法中。所有輕心。無勝解心。及陵蔑心。名輕蔑心。若有懶惰[2]憍醉放逸所纏繞心。名懈怠俱行心。若貪欲等。隨有一蓋。或諸煩惱及隨煩惱所纏繞。名有覆弊[3]心。若住勇猛增上精進。身疲心倦。映弊[4]其心。名勤勞倦心。若有諸病。損惱其心。無有力能。不堪修行。名病隨行心。若有喜樂談論等障。隨逐其心。名障隨行心。菩薩於此六種心中。應正觀察。我於如是六種心中。爲有隨一現前[5]耶。爲無有耶。於前三心。菩薩一向不應生起。設已生起。不應忍受。若有忍受而不棄捨。遍於一切。皆名有罪。勤勞倦心。現在前時。由此心故。捨善方便。若爲暫息身心疲惱。當於善法多修習者。當知無罪。若於一切畢竟捨離。謂我何用精勤修習如是

---

[153] 『瑜伽師地論』 권75(T30, 711a).

善法。令我現在安住此苦。若如是者。當知有罪。病隨行心。現在前時。於⁶⁾此無有自在。不隨所欲修善加行。雖復忍受。而無有罪。障隨行心。現在前時。若不隨欲墮在其中。或觀此中有大義利。雖復忍受。而無有罪。若隨所欲。故入其中。或觀是中無有義利。或少義利。而故忍受。當知有罪。如是六心。前三。生已而忍受者。一向有罪。病隨行心。雖復忍受。一向無罪。餘之二心。若生起已而忍受者。或是有罪。或是無罪。

1) ㉕『瑜伽師地論』에 따르면 '弊'는 '蔽'이다. 2) ㉕『瑜伽師地論』에 따르면 '情'은 '墮'이다. 3) ㉕『瑜伽師地論』에 따르면 '弊'는 '蔽'이다. 4) ㉕『瑜伽師地論』에 따르면 '弊'는 '蔽'이다. 5) ㉕『瑜伽師地論』에 따르면 '前' 뒤에 '行'이 누락되었다. 6) ㉕『瑜伽師地論』에 따르면 '於' 앞에 '菩薩'이 누락되었다.

3. 섭중생계

섭중생계에서 수행隨行의 내용이라는 것은 다음과 같다.

攝衆生戒隨學¹⁾相者。

1) ㉕ '學'은 '行'인 것 같다.

(『유가사지론』 권75에서 다음과 같이 말하였다.)

> 보살이 작유정이익계作有情利益戒(섭중생계)를 부지런히 수습할 때 여섯 곳(六處)에서 거두어야 할 행(攝行)을 바르게 관찰해야 한다. 말하자면 자신, 타인, 재물이 감소하는 것, 재물이 풍성해지는 것, 법이 쇠락하는 것, 법이 성대해지는 것을 여섯 곳이라 한다.
> '재물이 감소하는 것'이라는 것은 의복·음식 등을 아직 얻지 못한 것은 여전히 얻지 못하고 이미 얻은 것은 없어지는 것이다. 이것과 서로 어긋나는 것이 '재물이 풍성해지는 것'이라는 것을 알아야 한다.

'법이 쇠락하는 것'이라는 것은 배워야 할 것을 지나치는 것이다. 이전에 아직 듣지(聞: 문혜聞慧와 관련된 것. 곧 말에 의지하여 그 뜻을 추구하는 것) 못했던 승의勝義에 거두어지는 여래가 설한 미묘한 법의 구절을 여전히 듣지 못하고, 이전에 아직 듣지 못했던 것을 여전히 듣지 못하는 것처럼 이와 같이 이전에 아직 사유하지(思惟: 사혜思慧와 관련된 것. 곧 말에 의지하거나, 말을 넘어서 의미를 이해하는 것) 못했던 것을 여전히 사유하지 못하며, 듣는 것에 장애가 있고 사유하는 것에 장애가 있어서, 설령 듣고 사유한다고 해도 바로 다시 잊어버리며, 아직 증득하지(修: 수혜修慧와 관련된 것. 곧 말에 의지하지 않고 궁극적 의미를 이해하는 것) 못한 수소성선修所成善[154]을 증득하지 못하고 설령 증득하였다고 해도 다시 물러나는 것이다. 이것과 서로 어긋나는 것이 '법이 성대해지는 것'이라는 것을 알아야 한다. 여기에서 보살이 자신이 의지하는 법을 쇠락하게 하면서 타인이 재문은 풍성해지게 하는 것과 같은 일은 하지 말아야 한다. 타인의 재물을 풍성해지게 하는 것과 같이 타인의 법을 성대해지게 하는 것도 그러하다.[155]

여기에서 나타내려는 뜻은 다음과 같다.

배워야 할 것을 지나치는 것에 포함되는 것과 배워야 할 것을 지나치는 것에 수순하는 것에 포함되는 것 혹은 증득한 법에서 물러나 잃어버리는 것에 포함되는 것은 법이 쇠락하는 것임을 알아야 한다. 또 모든 보살이 자신의 재물을 줄어들게 하여 타인의 재물을 풍성해지게 하는 경우가 있는데 만약 이렇게 재물을 풍성해지게 하는 것이 법

---

154 수소성선修所成善 : 앞에서 듣는 것과 사유하는 것을 설한 것에 이어지는 것이다. 곧 듣는 것은 다른 이가 설하는 것을 직접 듣는 것이고, 사유하는 것은 들은 것을 스스로 깊이 사유하는 것이며, 닦아 익히는 것은 듣고 사유한 것을 직접 닦아 익히는 것이다.
155 자신이 의지하는 법을 쇠락하게 해 가면서 타인의 법을 성대해지게 해서는 안 된다는 말이다.

을 쇠락하게 하지 않는다면 그렇게 해야 하지만 법을 쇠락하게 한다면 그렇게 하지 말아야 한다. 타인의 재물을 성대해지게 하는 경우처럼 타인의 법을 성대해지게 하는 것도 그러하다. 또 모든 보살이 자신의 재물을 풍성해지게 하여 타인의 재물을 풍성해지게 하는 경우가 있는데 이것은 행해야 한다. 재물을 풍성해지게 하는 경우처럼 법을 성대해지게 하는 것도 그러하다. 또 모든 보살이 자신의 법을 성대해지게 하여 타인의 재물을 풍성해지게 하는 경우가 있는데 이것은 행해야 한다. 재물을 풍성하게 하는 경우처럼 법을 성대해지게 하는 것도 그러하다.

이와 같은 일을 닦고 행하지 않으면 죄가 있는 것이라고 하고 바르게 닦고 행하면 죄가 없는 것이라고 한다.[156]

若諸菩薩。於作有情利益戒中。勤修習時。當正觀察六處支[1)]攝行。所謂自他財衰財盛法衰法盛。是名六處。言財衰者。謂衣食等。未得不得。得已斷壞。與此相違。當知財盛。言法衰者。謂越所學。於先未聞勝義所攝如來所說微妙法句。不得聽聞。如不聽聞先所未聞。如是於先所未思惟。不得思惟。有聽聞障。有思惟障。設得聞思。尋復忘失。於所未證修所成善。而未能證。設證還退。與此相違。當知法盛。此中菩薩。作自法衰。令他財盛。此不應爲。如令財盛。法盛亦爾。此中義者。越學所攝及能隨順越學所攝。或於證法退失所攝。當知法衰。又諸菩薩。作自財衰。令他財盛。若此財盛。不引法衰。此則應爲。若引法衰。此不應爲。如令財盛。法盛亦爾。又諸菩薩。作自財盛。令他財盛。此則應爲。如令財盛。法盛亦爾。又諸菩薩。作自法盛。令他財盛。此則應爲。如令財盛。法盛亦爾。於如是事。若不修行。名爲有罪。若正修行。是名無罪。

---

[156] 『瑜伽師地論』 권75(T30, 711b3).

1) ㉠『瑜伽師地論』에 따르면 '支'는 연자이다.

【여기에서 율의계를 설명한 글은 『대법론對法論』[157]에서 발췌한 것이고, 나머지 두 가지 계[158]를 설명한 글은 『유가사지론』 75권에서 발췌한 것이다.】

【此中。律儀文。鈔對法。餘二戒文。鈔瑜伽七十五卷。】

제3절 수호함과 수호하지 않음의 모양

또 (『유가사지론』) 권75에서 "이 세 가지의 수지해야 할 보살계 가운데 하나라도 결여된 것이 있으면 수호하지 않은 것이니 보살률의菩薩律儀(보살계)를 수호하지 않았다고 말해야 하고 수호하였다고 말해서는 안 된다는 것을 알아야 한다. 이 세 가지 계는 율의계를 거두어 지니는 것에 의해 그것들을 화합하게 한다. 만약 이것(율의계)을 부지런히 정진하여 수호할 수 있다면 나머지 두 가지도 부지런히 정진하여 수호할 수 있지만 만약 이것을 수호할 수 없는 일이 생겨나면 나머지 두 가지도 수호할 수 없다. 그러므로 율의계를 훼손하면 모든 보살률의를 훼손하는 것이라고 한다."[159]라고 하였다.

(수호하는 것과 수호하지 않은 것을) 수행隨行과 함께 간략하게 설하였다.

又七十五云。若有於此三種所受菩薩戒中。隨有所闕。當知非護。當言不護菩薩律儀。不當言護。此三種戒。由律儀戒之所攝持。令其和合。若能於此

---

157 『대법론對法論』: 무착無著이 지은 『大乘阿毘達磨集論』과 그에 대한 주석서인 『大乘阿毘達磨雜集論』을 모두 『對法論』이라고 부르지만, 여기에서는 문장의 일치도를 고려할 때 전자에 해당한다.
158 나머지 두 가지 계 : 섭선법계와 섭중생계를 가리킨다.
159 『瑜伽師地論』 권75(T30, 711b).

精勤修¹⁾護。亦能精勤守護餘二。若有於此不能守護。亦於餘二不能守護。
是故。若有毁律儀。名毁一切菩薩律儀。幷隨略說。

1) ㉑ 『瑜伽師地論』에 따르면 '修'는 '守'이다.

계의 근본 취지는 그 뜻이 대략 이러하다.

戒之宗趣。其義粗爾。

제3편 계의 본질과 모양을 밝힘

다음은 계의 본질(體)과 모양(相)을 밝힌다.

次體相者。

제1장 계의 본질

본질(體)이라는 것은 계가 지닌 자체의 성품(自性)을 말한다. 바로 표표와 무표無表를 포함한 세 가지 업[160]을 본질로 삼는다. 성문계에서 오직 (신업身業과 어업語業에 속하는) 일곱 가지(七支)[161]에 대해서만 제정한 것[162]과는 같지 않다. 세 가지 업과 관련된 열 가지 계(十支戒)[163]에는 각각에 표와

---

160 표표와 무표無表를~가지 업 : 신표업身表業과 신무표업身無表業, 어표업語表業(口業)과 어무표업語無表業, 의표업意表業과 의무표업意無表業을 가리킨다. 소승에서는 신업과 어업에 대해서만 표업과 무표업을 인정하고 대승에서는 신업·어업·의업 등의 세 가지 업을 통틀어서 표업과 무표업을 인정한다. 표업은 외부로 표출된 행위이고 무표업은 표출된 행위가 남긴 영향력이다. 의업은 탐욕 등의 생각을 일으키는 것인데 이것은 비록 타인에게 나타내 보여지는 것은 아니지만 마음속에서 스스로 나타내 보이는 것이기 때문에 표업이라 한다.
161 일곱 가지(七支) : 몸으로 짓는 살생殺生·투도偸盜·사음邪淫의 세 가지 악업과 입으로 짓는 망언妄言·기어綺語·악구惡口·양설兩舌의 네 가지 악업을 가리킨다.
162 성문계인 별해탈률의는 일곱 부류의 제자가 몸과 입으로 짓는 일곱 가지 악 및 그것에 의해 일어나는 모든 악을 개별적으로 벗어나기 위해 수지하는 것임을 나타낸 것이다.
163 세 가지~가지 계(十支戒) : '열 가지'는 앞에서 설한 일곱 가지에다 의업意業과 관련된 세 가지 악업, 곧 탐욕·진에瞋恚(분노)·사견邪見(愚癡)을 더한 것이다.

무표가 있다. 업의 모양을 자세히 밝히는 것은 해당 처에서 자세히 논하도록 하겠다.

> 體謂戒之自性。卽表無表三業爲體。不同聲聞唯制七支。三業十支戒。各有表無表。廣辨業相。當詳論。

제2장 계의 모양

모양(相)이라는 것은 계의 종류이다. 곧 열 가지 중계(十重戒)와 마흔여덟 가지 경계(四十八輕戒)이다. 다른 경의 가르침과 비교하면 증감이 있는데[164] 이치대로 생각해야 할 것이다. 허물을 범한 일 중에 무거운 것은 중

---

[164] 『梵網經』과 여타 경론에서 설한 중계의 증감을 도표로 나타내면 다음과 같다.

『梵網經』 십중계	『菩薩瓔珞本業經』 십중계	『菩薩善戒經』 팔중법	『優婆塞戒經』 육중법	『瑜伽師地論』 사타승처법	『四分律』 사바라이(소승·성문)
1. 살생	1. 살생	1. 살생	1. 살생		3. 살생
2. 도둑질	2. 도둑질	2. 도둑질	2. 도둑질		2. 도둑질
3. 음행	3. 음행	3. 음행	4. 그릇된 음행		1. 음행
4. 거짓말	4. 거짓말	4. 거짓말	3. 거짓말		4. 거짓말
5. 술을 파는 것	6. 술을 파는 것		6. 술을 파는 것		
6. 사부대중의 허물을 말하는 것	5. 사부대중의 허물을 말하는 것		5. 사부대중의 허물을 말하는 것		
7. 자신을 찬탄하고 남을 비방함	7. 자찬훼타	5. 이양을 탐하여 자신을 찬탄하는 것		1. 자신을 칭찬하고 타인을 비방하는 것	
8. 인색하고 미빙함	8. 아끼고 탐하는 것	6. 인색한 것		2. 인색한 것	
9. 분노하는 것	9. 분노하는 것	7. 분노하여 다른 사람을 해치는 것		3. 분노하는 것	
10. 삼보를 비방함	10. 삼보를 비방함	8. 대승경을 비방함		4. 대승법을 비방함	

『梵網經』에서는 마흔여덟 가지 경계를 설하였고, 『瑜伽師地論』에서는 마흔세 가지

계重戒로 제정하였고 이것과 반대되는 것은 경계로 제정하였다.

> 相者。戒之種類。謂十重四十八輕。餘敎出沒。如理應尋。過事重者。制爲重戒。反上爲輕。

㉠ 이 경(『범망경』)에서 이미 열 가지 중계를 설하였는데 무엇 때문에 『선생경善生經』(『우바새계경』)에서는 오직 앞의 여섯 가지만 밝혔고[165] 「보살지」에서는 오직 뒤의 네 가지만 설하였는가?[166]

㉡ 이 경에서는 일곱 부류의 제자(재가중과 출가중을 총괄한 것)를 통틀어서 이들이 함께 수지하는 것이기 때문에 열 가지 중계를 갖추어서 설하였다. 『선생경』에서는 별도로 재가제자(우바새와 우바이)가 수지하는 것을 설하였기 때문에 오직 앞의 여섯 가지만을 중계로 제정하였다. 술을 파는 것과 (사부대중의) 허물을 말하는 것은 재가제자일 경우는 죄가 더욱 무겁다 그러므로 성중계性重戒[167]에 (이) 두 가지를 보태어 여섯 가지를 (중계로) 제정하였다. 뒤의 네 가지[168]는 세속인일 경우는 허물이 미미하고 가볍다. 그러므로 재가제자에 대해서는 중계로 제정하지 않았다. 이것(여섯 가지 중계)에 견주어 볼 때 뒤의 네 가지는 출가제자일 경우는 그 허물이 더욱 무겁고 다섯 번째와 여섯 번째는 출가제자일 경우는 그 허물이 도리어 가

경계(주석자에 따라서 마흔네 가지 경계라고 하는 경우도 있음. 의적은 마흔네 가지 경계를 따르는 것으로 추정됨. 자세한 것은 경계를 해석하는 부분을 참조할 것.)를 설하였으며 소승률에서는 246경계를 설하였다.

165 『優婆塞戒經』권3(T24, 1049a)에서 우바새의 육중법六重法을 설한 것을 가리킨다.
166 『瑜伽師地論』권40 「菩薩地」(T30, 515b)에서 네 가지 타승처법을 설한 것을 가리킨다.
167 성중계性重戒 : 성죄性罪와 관련된 중계라는 뜻. 성죄는 시간과 공간을 넘어서 언제나 악행에 포섭되는 죄를 가리킨다. 여기에서는 열 가지 중계 중 앞의 네 가지, 곧 살생·도둑질·음란한 행위·거짓말 등을 금한 것을 말한다.
168 뒤의 네 가지 : 자신을 찬탄하고 남을 헐뜯는 것·인색한 것·분노심으로 타인의 참회를 받아들이지 않는 것·삼보를 비방하는 것을 금한 것을 말한다.

법다. 그러므로『지지경』[169]에서는 뒤의 네 가지만을 (중계라고) 말하였다.

또 열 가지 가운데 앞의 네 가지는 대승과 소승에서 모두 중계로 제정하였고, 다섯 번째와 여섯 번째는 출가제자와 재가제자에 대해서 모두 중계로 제정하였으며, 뒤의 네 가지 일은 오직 보살에 대해서만 중계로 제정하였고 성문에 대해서는 중계로 제정하지 않았으며 오직 출가제자에 대해서만 중계로 제정하고 재가제자에 대해서는 중계라고 설하지 않았다. 두 가지 측면에서 함께하지 않는 뜻이 있기 때문에『지지경』에서 이것(뒤의 네 가지)만 설한 것이다. 또 부처님께서 중생의 근기를 살피고 그에 합당한 가르침을 열어 한 가지 길에 한정하지 않은 것일 수 있으니 근기에 따라서 배워야 하고 반드시 회통하려고 할 필요는 없다.

『대방등다라니경大方等陀羅尼經』에서 설한 스물네 가지 계(二十四戒)[170]는 다시 조사해 보아야 한다.

> 問。此經中。既說十重。何故善生。唯辨前六。菩薩地中。唯說後四。答。此經中。通就七衆。共所持故。具說十重。善生。別約在家二衆故。唯前六判[1]爲重戒。酤酒說過。於在家衆。罪偏重故。故性重上。增二爲六。後四於俗過微輕。故於在家衆。不制爲重。准此後四。於出家衆。其過遍[2]重。五六於道。其過還輕。是故。地持遍[3]說後四。又十中前四。大小俱重。第五第六。道俗俱重。後之四事。唯菩薩重。於聲聞中。不制重。故唯出家重。於在家。或不說重故。有二不共義。故地論[4]遍[5]說。又可佛鑒物機。教非一途。當隨器學。不當須會。方等二十四戒。當更勘之。
>
> 1) ㈜ '判'은 '制'인 것 같다. 2) ㈜ '遍'은 '偏'인 것 같다. 3) ㈜ '遍'은 '偏'인 것 같다
> 4) ㈜ '論'은 '持'인 것 같다. 5) ㈜ '遍'은 '偏'인 것 같다.

---

169 『지지경』:『瑜伽師地論』「本地分」「菩薩地」의 이역본이다. 앞에서 「菩薩地」라고 한 것과 같은 뜻이다.
170 『大方等陀羅尼經』권1(T21, 645c)에서 보살의 스물네 가지 중계를 설한 것을 가리킨다.

계의 본질과 모양은 대략 이러하다.

體相粗爾。

제4편 제목을 풀이함

경 『대승보살계본』

大乘菩薩戒本。

소 다음은 제목을 풀이한 것이다.

次釋題者。

근본 취지를 나타내기 위하여 간략한 명칭을 제목으로 삼았다. 자체의 모양을 나타내기 위하여 본래의 명칭과 다르게 별도의 명칭을 세운 것이다. "대승보살계본"이라고 한 것은 본래의 이름을 갖추어서 말하면 『범망경노사나불설보살십중사십팔경계심지품제십梵網經盧舍那佛說菩薩十重四十八輕戒心地品第十』이라고 해야 하지만 후대의 사람이 오직 계본戒本만 남겨서 유포하기 위하여 이름을 바꾸어서 '대승보살계본'이라고 하였다.

爲顯宗趣。故題略名。爲顯體相。故別廣文。言大乘菩薩戒本者。若具存本名。應云梵網經盧舍那佛說菩薩十重四十八輕戒心地品第十。後人爲單存戒本故。改云大乘菩薩戒本。

제1장 본래의 이름을 풀이함

먼저 본래의 이름을 풀이한다.

先釋本名。

『대본범망경大本梵網經』[171]은 이곳에서는 아직 번역되지 않았다. 만약 번역되었다면 120권 61품이었을 것이다. 오직 제10「보살심지품菩薩心地品」만 구마라집 법사가 암송하고 도융道融[172]이 받아 적었는데[173] 합하여 상·하 2권으로 이루어졌으며, 상권은 보살의 계위를 설하였고, 하권은 보살계와 관련된 법을 밝혔다.

대본大本에서 "범망경"이라고 한 이유는 다음과 같다. "범망"은 범왕梵王[174]의 그물을 말한다. 예를 들면 인다라因陀羅[175]의 그물[176]이라고 하는 것과 그 뜻이 비슷하다. 부처님께서 설한 법문은 근기에 따라 한량이 없지만 그 이치는 하나로 합쳐진다. 예를 들면 범왕의 그물은 그물눈의 숫자가 한량이 없지만 그 그물은 오직 하나일 뿐인 것과 같다. 그러므로 비

---

171 『대본범망경大本梵網經』: 일부만 한역한 현행 『梵網經』의 근거가 된 온전한 『梵網經』을 가리키는 말이다.
172 도융道融: 도생道生·승조僧肇·승예僧叡와 함께 구마라집의 사대제자로 일컬어진다. 소요원에서 이루어진 역경 사업에 참여하여 중요한 역할을 하였다. 『中論』·『法華經』을 강의한 행적이 보인다. 특히 『法華經』을 강의할 때 경을 아홉 단락으로 나누었기 때문에 구철법사九轍法師라고 불리기도 하였다.
173 이상 『大本梵網經』과 관련된 것은 승조僧肇가 「梵網經序」(T24, 997a)에서 서술한 것과 내용이 같다.
174 범왕梵王: 색계의 초선初禪에 속하는 세 하늘 중 가장 위에 있는 하늘. 범왕은 자신이 속한 세계보다 하위에 속하는 모든 세계를 다스린다.
175 인다라因陀羅: [S] Indra의 음역어. 욕계의 여섯 하늘 중 두 번째인 도리천忉利天을 관장하는 주인이다. 제석천帝釋天·천제석天帝釋 등이라고도 한다.
176 인다라因陀羅의 그물: 제석천帝釋天의 궁전을 장엄한 그물을 가리키는 말이다.

유할 만한 일을 좇아 "범망"이라고 하였다. 이것은 이 경 한 부를 통칭하는 이름이다.

> 大本梵網經。此地未翻。若翻。應有一百二十卷六十一品。唯第十菩薩心地品。什法師誦出。融公筆受。凡上下二卷。上卷說菩薩階位。下卷明菩薩戒法。所以大本名梵網經者。梵網謂梵王網。如因陀羅網。其義相似。佛觀[1]法門。隨機無量。其理一統。如梵王網。孔雖無量。其網唯一。故從喻事。名梵網也。此是一部通名。
>
> 1) ㉠ '觀'은 '說'인 것 같다.

또 계본戒本과 관련지어 "범망"을 풀이하면 다음과 같다. 범왕의 그물은 그물눈은 많지만 그물은 하나인 것처럼 법왕法王의 계법戒法도 또한 그렇다는 것을 알아야 한다. 비록 일의 양상에 따라 경계와 중계의 여러 가지 조목이 있지만 청정한 시라尸羅는 끝내 하나의 도道로 돌아간다. 그러므로 비유를 좇아 "범망"이라 하였다. 또 계는 범행梵行(청정한 행)이고 법의 그물이기도 하기 때문에 "범망"이라 하였다. (『노자』에서) "하늘의 그물은 매우 넓어 성긴 듯하지만 새어 나가는 것이 없다."[177]라고 한 것처럼 계법戒法도 그러하여 모든 중생을 거두어들여 생사生死의 세계로 새어 나가지 않게 하기 때문이다. 경에서 "큰 가르침의 그물을 펼쳐 생사의 바다에 드리워서 하늘·사람·용龍을 실어 건너서 열반의 언덕에 놓아둔다."[178]라고 한 것은 이것을 말하는 것으로 생각된다.

---

177 『老子』에 나오는 말이다. 단 '漏'는 '失'로 쓴 경우도 있다.
178 앞의 두 구절은 『華嚴經』 권58(T9, 773c)에 나오는 것이고, 뒤의 두 구절은 『華嚴經』 권43(T9, 670c)에 나오는 것이다. 법장이 『梵網經菩薩戒本疏』 권1(T40, 604c)에서 이 둘을 하나로 묶었는데 현재 의적이 인용한 글은 이것을 그대로 가져온 것으로 보인다.

若就戒本。釋梵網者。如梵王網。孔多網一。法王戒法。當知亦爾。雖復隨事。輕重多條。淸淨尸羅。終歸一道。是故從喩。名曰梵網。又戒爲梵行。亦是法網。故云梵網。如云。天網恢恢。疎而不漏。戒法亦爾。攝諸衆生。不漏生死故。經說云。張大敎網。亘生死流。[1] 漉[2] 人天[3] 龍。置[4] 涅槃岸。蓋斯謂也。

1) 囹『華嚴經』에 따르면 '流'는 '海'이다. 『梵網經菩薩戒本疏』에서도 '海'라고 하였다. 2) 囹『華嚴經』에 따르면 '漉'는 '搏撮'이다. 『梵網經菩薩戒本疏』에 따르면 '渡'이다. 3) 囹『華嚴經』에 따르면 '人天'은 '天人'이다. 『梵網經菩薩戒本疏』에서도 '天人'이라고 하였다. 4) 囹『華嚴經』에 따르면 '置' 앞에 '安'이 누락되었다.

"노사나불설"이라는 것은 교주를 나타낸다. '노사나(Ⓢ Vairocana)'는 정만淨滿이라 의역한다. 장애와 티끌을 청정하게 털어 내지 않음이 없고 온갖 덕을 원만하게 갖추지 않은 것이 없기 때문에 정만이라 하였다. 상권의 내용인 심지心地[179]는 노사나불께서 몸소 설한 것이고 (하권의 내용인) 지금 이 계본戒本은 서가붐釋迦佛께서 설한 것이지만 공덕을 미루어 근본에 두었기 때문에 (모두 포괄하여) 노사나불께서 설한 것이라고 하였다.

盧舍那佛說者。標敎主也。盧舍那。此云淨滿。障垢無不淨。衆德無不滿。故云淨滿也。上卷心地。舍那自說。今此戒本。釋迦所說。推功在本。故云彼說。

"보살십중사십팔경계"라는 것은 다음과 같다.
250계[180]는 삼승三乘에 공통된 것이고, 이 경의 58계는 오직 보살만을

---

179 심지心地 : 『梵網經』권상에서 설한 보살의 40단계 수행계위를 가리키는 말. 곧 십발취十發趣(대승으로 나아가기 위해 내는 열 가지 마음)·십장양十長養(선근을 증장시키는 열 가지 마음)·십금강十金剛·십지十地를 가리킨다. 승장勝莊이『梵網經述記』권상 (X38, 392a)에서 "40위는 관행觀行을 행하는 이의 의지처로, 관행을 행하는 이의 마음을 섭수할 수 있기 때문에 '심지'라 한다.(以四十位。是觀行者所依。能攝觀行之心。故言心地)"라고 한 것을 참조할 것.
180 250계 : 비구계의 조목을 통틀어서 일컫는 말. 단 이것은『四分律』에 의거한 것으로 비구니계는 348계이다. 남전율장에 따르면 비구계는 227계이고 비구니계는 311계이다.

위해 제정한 것이다. 공통된 것을 버리고 구별되는 것을 취하였기 때문에 "보살"을 나타내었다.

열 가지 일은 근본적인 것이어서 범할 경우 계를 잃기 때문에 "중"이라는 명칭을 지었고, 마흔여덟 가지의 조목은 오직 번뇌(垢)와 함께하는 마음작용일 뿐이기 때문에 "경"이라는 명칭을 세웠다. (선법에) 효순孝順하고 (악과 그릇된 것을) 제지制止하기 때문에 "계"라고 한다.

> 菩薩十重四十八輕戒者。二百五十戒。通三乘。此五十八。唯制菩薩。簡通取別。故標菩薩。十事根本。犯失戒。故制重名。六八枝條。唯垢心行。故立輕稱。孝順制止。故稱爲戒。

제2장 바꾼 이름을 풀이함

"대승보살계본"이라고 한 것은 다음과 같다.

지금 여기에서 설하는 열 가지 중계(十重戒)와 마흔여덟 가지 경계(四十八輕戒)는 법과 관련해서는 오직 "대승"에서만 제정하였고 사람과 관련해서는 오직 "보살"만이 수지하는 것이다. "계본"이라는 것은 지금 이 계경戒經이 계행戒行의 근본임을 나타낸 것이다. 또 이 계행은 보리菩提의 근본이다. 경에서 "계는 위없는 보리의 근본이니 한마음으로 청정한 계를 수지해야 하리."[181]라고 한 것과 같다. 또 이렇게 간략한 명칭을 설한

---

181 『華嚴經』권6(T9, 433b)에서 "戒是無上菩提本。應當具足持淨戒。"라고 하였고, 도선道宣의 『四分律刪補隨機羯磨序』(T40, 492a)에서는 '具足'을 '一心'이라 하였다. 도선의 『四分律刪繁補闕行事鈔』권1(T40, 5a)에서도 동일한 문장을 인용하였는데 여기에서는 '具足'이라 하여 변형이 없다. '一心'으로의 변형이 의도적인 것인지 오자인지는 알 수 없다. 도선의 글을 따른 것일 수도 있어서 '一心'을 그대로 따라서 번역하였다.

것은 광본의 취지를 이루기 위한 것이다.

所言大乘菩薩戒本者。今此十重四十八輕。約法則唯大乘所制。就人則唯菩薩所持。戒本者。今此戒經。爲戒行本也。又此戒行。是菩提本。如經云。戒此[1]無上菩提本。應當一心[2]持淨戒。又此略說。爲廣本也。

---

1) ㊂『華嚴經』에 따르면 '此'는 '是'이다.　2) ㊂『華嚴經』에 따르면 '一心'은 '具足'이다. 단 의도적 변형인지 오자인지는 알 수 없다.

제5편 문장을 따라 풀이함

다음은 문장을 따라 풀이한다.

次隨文釋者。

이 경은 이미 밝힌 것처럼 발췌한 것이니 "이와 같이 (내가 들었다)." 등에서 시작하여 모두 세 부분[182]으로 이루어지는 경전의 일반적인 체재를 갖추고 있지는 않다. 그러나 문장을 살펴보면 서분序分 등이 없는 것은 아니다. 처음부터 "(이러한 이들을) 모두 가장 청정한 이라고 한다."[183]까지는 서론을 설한 부분(序說分)이다. "부처님께서 모든 불자佛子에게 말씀하셨다."[184]에서부터 "이 열 가지 중계와 마흔여덟 가지 경계는 삼세의 모든 부처님께서 이미 외우셨고 앞으로 외우실 것이며 현재에도 외우고 계시는 것이다."[185]까지는 본론을 설한 부분(正說分)이다. 이 뒤의 나머지 부분은 유통할 것을 설한 부분(流通分)이다.

---

182 세 부분 : 서분序分(序說, 가르침이 일어난 인연을 설한 부분)·정종분正宗分(正說, 바로 교법을 설한 부분)·유통분流通分(가르침에 의지하여 받들고 행할 것을 설한 부분)을 가리킨다. 특히 서분은 "이와 같이(如是)", "나는 들었다.(我聞)", "어느 때(一時)", "부처님께서(佛)", "어느 곳에서(在某處)", "대중 몇 명과 함께(與衆若干人俱)"의 여섯 가지 요소를 모두 갖추는 것이 일반적인 체재이다. 이는 차례대로 신성취信成就·문성취聞成就·시성취時成就·주성취主成就·처성취處成就·중성취衆成就라고 하며, 이 여섯 가지를 합하여 육성취六成就라고 한다.
183 『梵網經』권하(T24, 1004b).
184 『梵網經』권하(T24, 1004b).
185 『梵網經』권하(T24, 1009b).

此經旣是抄出。無如是等三分。然就文中。不無序等。從初至皆名第一淸淨
者爲序說。佛告諸佛子至是$^{1)}$四十八輕戒三世菩薩$^{2)}$已$^{3)}$當$^{4)}$今誦爲正說。餘
殘爲流通。

1) ㉠『梵網經』에 따르면 '是'는 '此十重'이다. 2) ㉠『梵網經』에 따르면 '菩薩'은 '諸
佛'이다. 3) ㉠『梵網經』에 따르면 '已' 뒤에 '誦'이 누락되었다. 4) ㉠『梵網經』에 따
르면 '當' 뒤에 '誦'이 누락되었다.

처음의 서론을 설한 부분에 두 가지가 있다. 처음의 게송[186]은 믿음을 권한 것을 설한 서론(勸信序)이고, 그 뒤의 나머지 장행長行(산문)의 글은 계를 제정한 것을 설한 서론(結戒序)이다. 두 가지를 서론을 설한 부분으로 삼는 이유는 『본업경』에서 "(처음) 삼보의 바다에 들어가는 것은 믿음을 근본으로 삼고, 불가佛家에 머무는 것은 계戒를 근본으로 삼는다."[187]라고 하여, 믿음과 계를 처음 들어가는 것과 머무는 것의 근본이라고 하였기 때문에, 이것에 의거하여 두 가시를 시론을 설한 부분으로 삼았다. 또 믿음은 수계受戒의 근본이기 때문에 먼저 믿음을 서론을 설한 부분으로 삼았고, 계는 근본을 밝힌 것이기 때문에 이어서 계를 서론을 설한 부분으로 삼았다.

믿음을 권한 것을 설한 서론에는 11행 반의 게송이 있는데 두 가지 뜻으로 단락이 나뉜다. 처음 다섯 행의 게송은 교주教主의 본말本末을 서술하였고 나중 여섯 행 반의 게송은 계법戒法을 찬탄하고 수지할 것을 권하였다. 처음에 다시 두 가지가 있다. 처음 두 행 반의 게송은 나타낸 몸의 본말을 서술하였고 나중 두 행 반의 게송은 설교의 본말을 나타내었다.

나타낸 몸의 본말을 서술한 것 가운데 처음의 두 구절은 연화대에 앉은

---

186 처음의 게송 : 『梵網經』 권하(T24, 1009b)에서 "나는 이제 노사나불이니 바로 연화대에 앉았네.(我今盧舍那。方坐蓮華臺。)……대중들은 모두 공경하고 정성스러운 마음으로 내가 외우는 것을 들어라.(大衆皆恭敬。至心聽我誦。)"라고 한 것을 말한다.
187 『菩薩瓔珞本業經』 권하(T24, 1020b22).

본래의 몸을 나타내었고 다음의 두 구절은 꽃잎 위에 앉은 응신應身을 나타냈으며 다음의 한 게송은 보리수 아래에 앉은 화신을 나타내었고 다음의 반 게송은 다시 본말을 맺었다.

> 初序中有二。初偈頌爲勸信序。餘長行文爲結戒序。所以就二爲序者。本業經云。入三寶海。以信爲本。住在佛家。以戒爲本。信戒爲入住之本故。就之爲序也。又信爲受戒之本故。先序信。戒是宗之所明故。次序戒。勸信序中。有十一行半。分爲二意。初五行頌。序敎主本末。後六行半。讚戒法勸受。初中復二。初二行半。序現身本末。後二行半。顯說敎本末。序現身本末中。初二句顯臺中之本體。次二句顯華上之應身。次一頌顯樹下之化形。次半頌覆結本末。

問 이 세 가지의 거듭해서 서술된 몸(身)[188]은 세 가지 몸(三身)[189]과 어떻게 짝지워지는 것인가?

---

188 이 세~서술된 몸(身) : 연화대에 앉은 노사나의 몸과 천 장의 꽃잎 위에 나타낸 천 분의 석가의 몸과 한 장의 꽃잎마다 백억 개의 국토가 있고 그 국토마다 나타나 보리수 아래 앉은 백억 분의 석가의 몸을 가리킨다.
189 세 가지 몸(三身) : 부처님의 몸을 그 성격에 따라 셋으로 분류한 것. 일률적이지는 않지만 뒤에 나오는 의적의 해석을 참조하면 본서에서는 법신法身·수용신受用身·변화신變化身을 가리키는 것으로 볼 수 있다. 첫째, 법신은 진리 그 자체로서의 불신을 가리킨다. 둘째, 수용신受用身은 모든 공덕을 원만하게 갖추고 순수하고 청정한 국토에서 항상 법락法樂을 향유하는 몸이다. 이는 다시 두 가지로 나뉜다. 첫째는 자수용신自受用身이다. 스스로 법락을 향유하는 몸이라는 뜻으로 부처님께서 한량없는 복혜福慧를 수습하여 가없는 진실한 공덕을 일으켜 항상 스스로 광대한 법락을 수용하는 것을 말한다. 둘째는 타수용신他受用身이다. 타자로 하여금 법락을 향유하도록 하는 몸이라는 뜻으로 부처님께서 평등지平等智에 의해 미묘하고 청정한 공덕을 지닌 몸을 현시하고 순수한 정토에 거주하면서 십지十地에 머무는 보살을 위해 큰 신통력을 나타내어 정법륜正法輪을 굴리는 것이다. 셋째, 변화신은 중생을 교화하기 위해 중생의 근기에 맞추어 변화하여 나타낸 불신을 가리킨다.

問。此三重身。於三身中。當云何配。

[답] 다른 견해가 많이 있다.[190] 이제 한 가지 해석을 서술하겠다.

"노사나"라는 것은 의미상 자수용신自受用身과 타수용신他受用身을 겸한다. 그렇게 판단할 수 있는 근거는 (본경의) 권상에서 '나는 이미 백 아승기겁 동안 심지心地를 수행하여 노사나가 되었다.'[191]라고 하였기 때문에 자수용신에 통하는 것을 알 수 있다. 또 (본경의 권하에서) '천백억 분의 석가불이 이끌고 온 티끌처럼 많은 보살 대중을 위해 심지법心地法을 설하였다.'[192]라고 하였기 때문에 타수용신도 겸하고 이것은 곧 십지十地의 계위에 오른 보살을 대상으로 하여 나타낸 몸이라는 것을 알 수 있다.

"(천 장의) 꽃잎 위에 나타낸 천 분의 석가의 몸"이라는 것은 정토에 나타난 변화신變化身이다. 그렇게 판단할 수 있는 근거는 꽃을 기세간器世間으로 삼는 것은 예도穢土의 모양이 아니기 때문이다. 또 『무성섭론無性攝論』[193]에서 "변화신은 백 구지俱胝[194]의 국토에서 각각 주인이 된다."[195]라고 하였는데 이것이 예토에서 여덟 가지 모양(八相)[196]을 나타낸 화신化身

---

190 예컨대 승장은 『梵網經述記』 권상(X38, 400b)에서 "노사나불은 자수용신이고, 천 장의 꽃잎의 석가는 타수용신이며, 백억 분의 석가는 변화신이다."라고 하였다.
191 『梵網經』 권상(T24, 997c)을 취의 요약한 것이다.
192 『梵網經』 권하(T24, 1004a)에서 "천백억 분의 석가들이 각각 티끌처럼 많은 대중을 거느리고 모두 와서 나의 처소에 이르러 내가 부처님의 계(佛戒)를 외우는 것을 들으니 감로甘露의 문이 바로 열렸네.(千百億釋迦. 各接微塵衆. 俱來至我所. 聽我誦佛戒. 甘露門則開.)"라고 한 것을 취의 요약한 것으로 생각된다.
193 『무성섭론無性攝論』: 무착無著이 지은 『攝大乘論』에 대한 무성無性의 주석서인 『攝大乘論釋』을 달리 부르는 이름. 또 다른 주석서인 세친世親의 『攝大乘論釋』과 구별하기 위해 이렇게 부르는데 후자는 또한 『世親攝論』이라고도 한다.
194 구지俱胝 : [S] koṭi의 음역어. 고대 인도에서 사용되던 수량의 단위. 보통 억億이라고 의역하지만 천만千萬·만억萬億·백천百千 등으로 의역하기도 한다.
195 『攝大乘論釋』 권10(T31, 448b)에서 자성신自性身과 변화신의 관계를 논하는 가운데 시설된 변화신의 의미를 취의 요약한 것으로 보인다.
196 여덟 가지 모양(八相) : 부처님께서 일생에 걸쳐 행한 화의化儀를 여덟 가지 모양으

이고 바로 여기에서 설한 '백억 분의 석가'이다. 그러므로 '(천 장의) 꽃잎 위에 나타낸 (천 분의 석가의) 몸'이란 예토에 나타낸 화신은 아니다. 또 이 경의 게송에서 신학보살新學菩薩[197]을 상대로 하여 "이는 노사나불께서 외우신 것이고 나도 또한 이와 같이 외운다."[198]라고 하였다. 그러므로 십지十地에 오른 보살을 상대로 한 것은 아니라는 것을 알 수 있다. 이것은 삼현三賢의 지위[199]에 있는 보살을 상대로 하여 나타낸 몸이라고 해야 한다.

다음에 "백억 분의 석가"라는 것은 예토에 있는 네 개의 세상(四天下)[200]에서 그곳의 범부·이승二乘과 초발심보살初發心菩薩을 위해 나타낸 몸이다.

答。異說云云。今述一釋。盧舍那者。義兼自他二受用身。所以知然。上卷云。吾[1)]百阿僧祇劫中。修行心地。得成盧舍那。故知。通自受用。爲千釋迦所將微塵菩薩衆。說心地法。故知。亦兼是他受用。此則對登地機所現身也。華上千釋迦者。是淨土中變化身也。所以知然。以華爲器者。非穢土相故。又無性攝論云。變化身百俱胝[2)]國。各[3)]爲主者。此是穢土中八相化身。

로 집약한 것. 첫째는 욕계의 정토인 도솔천에서 내려온 것(兜率相)이고, 둘째는 마야부인의 몸에 잉태된 것(入胎相)이며, 셋째는 룸비니 동산에서 탄생한 것(出生相)이고, 넷째는 성을 나와 출가한 것(出家相)이며, 다섯째는 마구니가 부처님을 유혹했으나 오히려 항복시킨 것(降魔相)이고, 여섯째는 불도佛道를 이룬 것(成道相)이며, 일곱째는 법륜을 굴린 것(轉法輪相)이고, 여덟째는 열반에 드신 것(入涅槃相)이다.

197 신학보살新學菩薩 : 초발의보살初發意菩薩·시학보살始學菩薩 등이라고도 한다. 이제 막 불도를 배우기 시작한 사람임을 나타내는 말이다.
198 『梵網經』권하(T24, 1004a).
199 삼현三賢의 지위 : 보살 수행계위 중 제11~제40위를 가리킨다. 곧 십해十解(十住)·십행十行·십회향十迴向이다. 이보다 상위에 해당하는 제41~제50위의 보살, 곧 십지의 보실은 십성十聖이라 한다.
200 네 개의 세상(四天下) : 수미산須彌山의 사방에 있는 네 개의 큰 대륙을 가리킨다. 사대주四大洲·사주四洲 등이라고도 한다. 동쪽의 승신주勝身洲(비제하주毘提訶洲)·남쪽의 섬부주贍部洲(염부제)·서쪽의 우화주牛貨洲(구다니주瞿陀尼洲)·북쪽의 구로주俱盧洲(울단왈欝單曰·울단월欝單越)를 가리킨다.

卽此所說百億釋迦。故知。華上所現身者。非穢土中所現化身。又此偈中。
對新學云。是盧舍那誦。我亦如是誦。故知。非是對地上穢。[4] 此則應是對
彼三賢菩薩所現身也。次百億釋迦者。卽是穢土四天下中。爲彼凡夫二乘
及初發心菩薩所現身也。

1) ⓔ『梵網經』에 따르면 '吾'는 '我已'이다. 2) ⓔ『攝大乘論釋』에 따르면 '眤'는 '胝'이다. 3) ⓗ 을본에 따르면 '吝'은 '名'이다. ⓔ 전후 문맥상 '吝'이 옳은 것 같다. 4) ⓔ '穢'는 '機'인 것 같다.

어떤 사람은 해석하기를 "『십지경十地經』에서 '제2지의 보살(二地菩薩)[201]
은 한순간에 천 개의 세계에 들어가 천 분의 부처님을 친견한다.'[202]라고
하였다. (그리고) 계는 제2지의 보살의 특별한 실천행이다. 그러므로 저
제2지의 보살을 상대로 하여 천 분의 부처님의 몸을 나타내었지만 제2지
의 보살은 바로 천 분의 부처님의 몸의 근본인 노사나불을 마주한 것이
다. 그 천 분의 석가는 곧 한순간에 나타낸 화신이다."라고 하였다. 이렇
게 해석해도 이치에 어긋나지 않는다.

有人解云。十地經說。二地菩薩。於一念間。入千世界。得見千佛。戒是二
地之別行故。是故。對彼二地菩薩。現千佛身。二地菩薩。正對千身之本盧
舍那佛。其千釋迦。卽一念間所現化身。或當如是。於理無爽。

---

201 제2지의 보살(二地菩薩) : 보살 수행계위 중 제41~제50에 해당하는 십지 중 제2이구
지離垢地의 보살을 일컫는 말. 청정한 시라尸羅(戒)를 구족하여 미세하게 계를 훼손
하고 범하게 하는 번뇌의 티끌을 멀리 여의기 때문에 붙여진 이름이다. 이 계위에서
삼취정계를 원만하게 갖추기 때문에 구계지具戒地라고도 한다.
202 『十地經論』 권4(T26, 152c)의 취의 요약이다.

제1장 서론을 설한 부분

제1절 믿음을 권한 것을 설한 서론

1. 교주의 본말

1) 나타낸 몸의 본말

(1) 연화대에 앉은 본래의 몸

경
나는 지금 노사나이니
바로 연화대에 앉았네.

我今盧舍那。方坐蓮華臺。

소 "나는 지금 노사나이니"라는 것은 다음과 같다. 이것은 누구의 말인가 하면 천 분의 석가 가운데 한 분의 석가가 말한 것이다. 자신의 본래의 몸을 가리켰기 때문에 "나(我)"라고 하였다. 시간은 과거도 아니고 미래도 아니며 바로 "지금"이다. "방좌方坐"라는 것은 '정좌正坐(바로 앉는 것)'와 같다. "연화대"라는 것은 연꽃 속 연밥이 붙어 있는 곳이다. 그 크기를 '주위를 천 개의 삼천계三千界203가 둘러싸고 있다.'204라고 하였는데 이것

---

203 천 개의 삼천계三千界 : 노사나불이 앉은 연화대의 둘레에 천 장의 꽃잎이 있는데 여기에 각각 한 분의 석가가 있기 때문에 각 세계를 삼천계라고 할 수 있다. 본경의 바로 뒤에 나오는 본문에서 "주위를 천 장의 꽃잎이 둘러싸고 있다."라고 한 것을 변화시켜서 표현한 것으로 보인다.

은 앉은 자리(座)의 크기이고 국토의 크기를 말한 것은 아니다. 『화엄경』
에서 설한 연화장세계蓮華藏世界라는 것이 바로 이것이 통괄하는 세계이
다. (그 경에서) "위쪽에 열두 개의 불국토와 일곱 세계성七世界性이 있고,
아래쪽과 동·서·남·북과 북동쪽·남동쪽·북서쪽·남서쪽도 그러하다.[205]
이곳은 노사나불께서 항상 법륜을 굴리는 곳이다."[206]라고 하였다.

我今盧舍那者。此是誰言。旣[1]千釋迦中一釋迦言。指自本身。故云爲我。時
非曾當。正在今也。方坐者猶正坐也。蓮華臺者。卽蓮華中蓮實所附處也。
其量周圍千三千界。此是座量非國土量。華嚴所說蓮華藏世界者。卽是所
統之世界也。上有十二佛國土七世界性。九方亦爾。是盧舍那常轉法輪處。

---

204 『梵網經』 권하(T24, 1004a).
205 60권본 『華嚴經』 권4(T9, 414b)에 따르면 온갖 향수해香水海의 중앙에 낙광명향수해
樂光明香水海가 있고, 그곳에 향기가 가득한 바니노로 찡임힌 연꽃이 있으며, 그 위
쪽에 차례대로 열두 분의 부처님이 머물고 계시는 열두 개의 불국토가 있으며, 다시
그 위에 차례대로 일곱 세계성世界性이 있다. 열두 개의 불국토와 부처님은 ① 청정
보망광명국清淨寶網光明國과 이구정안광입불이離垢淨眼廣入佛, ② 잡향연화승묘장엄
국雜香蓮華勝妙莊嚴國과 사자좌광명승조불師子座光明勝照佛, ③ 보장엄보광명국寶
莊嚴普光明國과 광대광명지승불廣大光明智勝佛, ④ 잡광연화국雜光蓮華國과 금강
광명보정진선기불金剛光明普精進善起佛, ⑤ 무외엄정국無畏嚴淨國과 평등장엄묘음
당왕불平等莊嚴妙音幢王佛, ⑥ 화개정염국華開淨焰國과 애해공덕칭왕불愛海功德稱
王佛, ⑦ 총지국總持國과 정지혜해불淨智慧海佛, ⑧ 해탈성국解脫聲國과 선상당불
善相幢佛, ⑨ 승기국勝起國과 연화장광불蓮華藏光佛, ⑩ 선주금강불가괴국善住金
剛不可破壞國과 나라연불가괴불那羅延不可破壞佛, ⑪ 화림적연화국華林赤蓮華國
과 잡보화만지왕불雜寶華鬘智王佛, ⑫ 정광승전여래장국淨光勝電如來藏國과 능기일
체소원공덕불能起一切所願功德佛 등이다. 일곱 세계성은 ① 정광염기향수해淨光焰
起香水海에 있는 선주세계성善住世界性, ② 금강안광명金剛眼光明향수해에 있는 법
계등기法界等起세계성, ③ 연화평정蓮華平正향수해에 있는 출시방화신出十方化身세
계성, ④ 보지장엄광명寶地莊嚴光明향수해에 있는 보지장엄寶枝莊嚴세계성, ⑤ 화
향염화香焰향수해에 있는 청정화清淨化세계성, ⑥ 보당寶幢향수해에 있는 불호념佛
護念세계성, ⑦ 중생보광衆色普光세계성이다. 단 세계성을 설한 것 가운데 제7은 향
수해의 명칭이 없다.
206 60권본 『華嚴經』 권4(T9, 414b). 국토의 크기를 『華嚴經』에서 설한 연화장세계를 빌
려서 설명한 것이다.

1) ㉡ 저본에 따르면 '旣'는 '卽'이다.

(2) 꽃잎 위에 앉은 응신

경

둘러싼 천 장의 꽃잎 위에
다시 천 분의 석가를 나타내었네.

周匝千華上。復現千釋迦

소 "둘러싼 천 장의 꽃잎 위에 다시 천 분의 석가를 나타내었네."라는 것은 노사나께서 앉은 연화대가 천 장의 꽃잎으로 둘러싸여 있고 그 낱낱의 꽃의 크기는 백억의 국토와 같으며 이 꽃잎 위에 천 분의 석가를 나타낸 것을 말한다.

周匝千華上復現千釋迦者。謂盧舍那所坐蓮華臺。以千葉華周匝圍繞。其一一華量等百億。於玆華上現千釋迦。

(3) 보리수 아래에 앉은 화신

경

한 장의 꽃잎에 백억 개의 국토가 있고
한 개의 국도마다 한 분의 석가가 계시네.
각각 보리수 아래에 앉아
일시에 불도를 이루셨네.

一華百億國。一國一釋迦。
各坐菩提樹。一時成佛道。

🔲 "한 장의 꽃잎에 백억 개의 국토가 있고 한 개의 국토마다 한 분의 석가가 계시네."라는 것은 천 장의 꽃잎 가운데 낱낱의 꽃잎마다 백억 개의 네 개의 대륙(四洲)으로 이루어진 국토가 있는 것을 말한다.

"억"이라는 것은 구지俱胝에 해당하는 수이다. 백구지의 국토를 삼천계라고 한다. 백百의 열 배를 천千이라 하고 천의 열 배를 만萬이라 하며 만의 열 배를 낙차落叉(Ⓢ lakṣa)라고 하고 낙차의 열배를 1도락차度洛叉(Ⓢ atilakṣa)라고 하며 도락차의 열 배를 1구지라고 한다.

삼천대천三千大千[207]을 "백억百億"이라 한 것은 하나의 천千을 소천小千이라 하고, 소천의 천 배를 중천中千이라 하는데 중천은 바로 1도락차에 해당하며, 중천의 천 배를 대천大千이라 하는데 대천은 바로 백구지에 해당한다. 그러나 신역新譯에서는 억을 낙차라고 하였다. 이것에 따르면 10만이 억에 해당하는 수가 된다. 구역舊譯의 논서에서는 억을 구지라고 하였다. 이것에 따르면 1천만이 억에 해당하는 수가 된다.

一華百億國一國一釋迦者。謂千華中。一一華葉。各有百億四洲國土。億者卽是俱胝數也。百俱胝國爲三千界。十百爲千。十千爲萬。十萬爲落叉。十落叉爲一度洛叉。十度洛叉爲一俱胝。三千大千爲百億者。單千爲小千。千小千爲中千。中千卽當一度洛叉。千中千爲大千。大千卽當百俱胝[1]也。然

---

207 삼천대천三千大千 : 부처님의 교화가 미치는 영역과 관련된 용어. 수미세계須彌世界를 1천 개 합친 것을 소천세계小千世界, 소천세계를 1천 개 합친 것을 중천세계中千世界, 중천세계를 1천 개 합친 것을 대천세계大千世界라고 한다. 여기에서 소천세계는 1천 개를 한 번 합쳐서 성립된 것이므로 일천세계一千世界라고도 하고, 중천세계는 1천 개를 두 번 합쳐서 성립된 것이므로 이천세계二千世界라고도 하며, 대천세계는 1천 개를 세 번 합쳐서 성립된 것이므로 삼천세계라고도 한다.

新譯者。億當洛叉。此是十萬爲億數也。舊譯論中。億當俱昵。[2] 此是千萬
爲億數也。

1) ㉝ '昵'는 '胝'인 것 같다.　2) ㉝ '昵'는 '胝'인 것 같다.

　소승의 교설에 따르면 하나의 삼천계에 한 분의 석가가 계신다. 오직 이 네 개의 대륙 중 염부제閻浮提[208]에만 금강좌金剛座[209]가 있어서 진실한 몸(實身)으로 불도를 이룰 뿐이고, 나머지 세 개의 대륙에는 금강좌가 없고 불도를 이루는 곳도 아니어서 오직 화신化身을 파견하여 제도할 만한 이를 제도할 뿐이다.
　지금 대승의 교설에 따르면 삼천계에 백억 개의 국토가 있고 백억 개의 국토에 모두 보리수와 금강좌가 있으며 백억 분의 석가가 각각 교주가 되어 교화한다. 이 국토의 석가불께서 말하기를 "내가 본래의 몸이고 나머지는 모두 나의 화신이다."라고 하고 나머지 국토의 석가도 모두 이렇게 말한다. 그러므로 지말적인 것에서 본질적인 것을 논하면 백억 분이 모두 서로 근본이 되고, 본질적인 것에서 지말적인 것을 논하면 모두가 노사나의 화신이다.

若小乘說。一三千界。有一釋迦。唯此四天下。閻浮提中。有金剛座。實身
成道。餘天下中。無金剛座。非成道處。唯遣化身。度可度耳。今大乘說。
三千界中。有百億國。百億國中。皆有道樹及金剛座。百億釋迦。各爲主化。

---

208 염부제閻浮提 : ⓢ Jambu-dvīpa의 음역어. 섬부제贍部提라고도 한다. '염부'는 나무의 이름이고, '제'는 ⓢ dvīpa의 음역어로 주洲라고 의역한다. 따라서 음역어와 의역어를 합하여 염부주閻浮洲·섬부주贍部洲 등이라고도 한다. 수미산의 사방에 위치한 네 개의 대륙 중 남방에 위치한 것을 가리키는 말이다. 곧 우리가 현재 살고 있는 세계이다. 염부수閻浮樹가 산출되는 곳이라는 뜻에서 붙여진 이름이다. 또한 수미산의 남방에 위치하였다는 뜻에서 남염부제南閻浮提라고도 한다.
209 금강좌金剛座 : ⓢ vajrāsana 중인도 마가다국 붓다가야이 보리수 아래 석존이 성도할 때 앉았던 자리를 가리키는 말이다.

此國釋迦言。我是本身。餘皆我化。餘國釋迦。皆如是言。然則就末論本。
百億皆互爲本。就本論末。皆是舍那化也。

(4) 다시 본말을 맺음

경

이와 같은 천백억 분의 부처님은
노사나불이 본래의 몸이라네.

如是千百億。盧舍那本身。

소 "이와 같은 천백억 분의 부처님은"이라는 것은 천 장의 꽃잎마다 존재하는 백억의 국토를 말하기 때문에 천백억이라 하였고 '천'과 '백억'을 함께 포개어 놓은 것은 아니다.[210] 뒤에 나오는 "천백억"도 모두 이와 같이 해석한다.

"노사나불이 본래의 몸이라네."라는 것은 그 근본이 되는 것을 나타내 보인 것이다. 『범망경』 권상에서 "나는 이미 백아승기겁 동안 심지心地를 수행하였고 이것에 의해 비로소 범부의 경지를 버리고 평등하고 바른 깨달음을 이루어 노사나불이라는 이름을 얻고 연화대장세계해에 머물게 되었다. 그 연화대 주위에는 천 장의 꽃잎이 있고 한 장의 잎은 하나의 세계여서 모두 천 개의 세계를 이루고 있다. 나는 변화하여 천 분의 석가가 되어 천 개의 세계에 머문다. 그렇게 한 뒤 한 장의 꽃잎에 만들어진 한 개의 세계에 나아가면 다시 백억 개의 수미산과 백억 개의 해와 달과 백억 개의 네 개 대륙과 백억 개의 남염부제가 있고 백억 분의 보살인 석가가

---

210 '千百億'이 1,100억이 아니고 100억을 천 배한 것임을 나타낸 것이라는 말이다.

있어서 백억 그루의 보리수 아래에 앉아 각각 그대가 물은 보리살타菩提薩埵[211]의 심지에 대해 설한다. 그 나머지 구백구십구 장의 꽃잎에 계시는 석가가 각각 백억 분의 석가를 나타내는 것도 역시 이와 같다. 천 장의 꽃잎 위에 계시는 부처님은 나의 화신이고 천백억 분의 석가[212]는 천 분의 석가의 화신이다. 나는 근원이 되는 것이니 노사나불이라고 한다."[213]라고 하였다.

如是千百億者。謂千箇百億。故云千百億。非是雙朕[1]千及百億。下千百億。皆如是釋。盧舍那本身者。示其本也。上卷經云。我已百阿僧祇[2]劫。修行心地。以之爲因。初捨凡夫。成等正覺。號爲盧舍那。住蓮華臺藏世界海。其臺周遍有千葉。一葉一世界。爲千世界。我化爲千釋迦。據千世界。復[3]就一葉世界。復有百億須彌山。百億日月。百億四天下。百億南閻浮提。百億菩薩釋迦。坐百億菩提樹下。各說汝所聞[4]菩提薩埵心地。其餘九百九十九釋迦。各各現百億釋迦。亦復如是。千華上佛 是吾化身。千百億釋迦。是千釋迦化身。吾[5]爲本原。名爲盧舍那佛。

1) ㉯ 저본에 따르면 '朕'는 '朕'이다. 1) ㉯ 저본에 따르면 '祇'는 '祇'이다. 3) ㉡『梵網經』에 따르면 '復'는 '後'이다. 4) ㉡『梵網經』에 따르면 '聞'은 '問'이다. 5) ㉡『梵網經』에 따르면 '吾' 뒤에 '已' 혹은 '以'가 누락되었다.

---

211 보리살타菩提薩埵 : ⓢ bodhisattva의 음역어. 줄여서 보살菩薩이라고도 한다. 각유정覺有情·도심중생道心衆生 등으로 한역한다.
212 천백억 분의 석가 : 천 장의 잎 각각에 나타난 백억 분의 석가를 통틀어서 일컫는 말이다.
213 『梵網經』 권상(T24, 997c).

2) 가르침을 설한 것의 본말

(1) 본래의 몸이 가르침을 설함

경

천백억 분의 석가들이
각각 타끌처럼 많은 대중을 거느리고
모두 와서 나의 처소에 이르러
내가 부처님의 계(佛戒)[214]를 외우는 것을 들으니
감로甘露[215]의 문이 바로 열렸네.

千百億釋迦。各接微塵衆。
俱來至我所。聽我誦佛戒。
甘露門則開。

(2) 지말의 몸이 가르침을 설함

이때 천백억 분의 부처님이
본래의 도량으로 돌아가서
각각 보리수 아래에 앉아

---

214 부처님의 계(佛戒) : 보통 두 가지 의미로 해석된다. 첫째는 부처님께서 설한 계라는 뜻이고, 둘째는 부처님의 지위에 도달할 수 있는 계라는 뜻이다. 후자일 경우 보살계 菩薩戒를 가리킨다. 이에 상대하는 것은 비구계比丘戒로 승계僧戒라고 한다.
215 감로甘露 : ⓢ amṛta의 의역어. 불사不死·불사액不死液·천주天酒 등으로도 의역한다. 음역어는 아밀리다阿密哩多이다. 마시면 늙지 않고 죽지 않는 신약神藥이고 하늘이 마시는 달콤한 신령한 술이다. 불법이 중생에게 주는 효능에 의해 종종 불법을 감로에 비유한다.

나의 근본스승(本師)인 계,
열 가지 중계와 마흔여덟 가지 경계를 외웠네.

是時千百億。還至本道場。
各坐菩提樹。誦我本師戒。
十重四十八。

소 가르침을 설한 것의 본말을 설하였다. 여기에서 처음의 다섯 구절은 본래의 몸이 가르침을 설한 것을 나타냈다. 바로 천 분의 석가가 백억 분의 석가가 이끌고 온 대중을 위해 가르침을 설하였다. 다음의 다섯 구절은 지말적인 몸이 가르침을 설한 것을 보였다. 바로 백억 분의 석가가 당시의 대중을 위하여 가르침을 설하였다.

"감로의 문이 바로 열렸네."라는 것은 열반의 법은 한 번 먹으면 영원히 살기 때문에 '감로'라고 하였고, 계에 의해 들어갈 수 있기 때문에 '문'이라고 하였으며, 지금 설하였기 때문에 "바로 열렸네."라고 하였다. "본래의 도량으로 돌아가서"라는 것은 백억 개의 국토는 각각 나누어서 교화하는 경계이기 때문에 '본래의 도량'이라고 하였다. "근본스승인 계"라는 것은 모든 부처님은 계를 근본스승으로 삼기 때문이다.

說敎本末。中初五句。顯本身說。卽千釋迦。爲百億釋迦所將衆說。次五句。示末身說。卽百億釋迦。爲時衆說。甘露門則開者。涅槃之法。一湌永存。故云甘露。由戒能入。故稱爲門。今說故則開也。還至本道場者。百億國土。各是當分化境。故名本道場。本師戒者。諸佛以戒爲本師。

2. 계법을 찬탄하고 수지할 것을 권함

1) 계의 덕을 찬탄함

경

계는 해와 달처럼 밝고
또 구슬로 장엄한 영락瓔珞처럼 찬란하네.
티끌처럼 많은 보살 대중들
이것에 의해 바른 깨달음을 이루었네.

戒如明日月。亦如瓔珞珠。
微塵菩薩衆。由是成正覺。

2) 믿고 수지할 것을 권함

(1) 계의 가르침을 외우고 수지할 것을 권함

① 수지할 것을 권함

이는 노사나불께서 외우신 것이고
나도 이와 같이 외울 것이니,
그대들 신학보살들이여,
계를 머리에 받들어 이고 수지하라.
이 계를 수지하고 나서는
모든 중생에게 전해 주도록 하라.

是盧舍那誦。我亦如是誦。
汝新學菩薩。頂戴受持戒。
受持是戒已。轉授諸菩薩。[1]

---

[1] ㉕『梵網經』에 따르면 '菩薩'은 '衆生'이다.

② 잘 들을 것을 권함

잘 새겨들어라, 내가 바로 외울 것이니,
이는 불법 가운데 계장戒藏인
바라제목차이니라.

諦聽我正誦。佛法中戒藏。
波羅提木叉。

(2) 계에 의거한 행위를 거두어 수지할 것을 권함

① 믿고 거두어 수지할 것을 권함

대중들은 마음에 새기고 믿을지니,
그대들은 장차 성불할 것이고,
나는 이미 성불하였다.
항상 이와 같이 믿을지니,
계품戒品이 이미 원만하게 갖추어졌으니,
마음이 있는 이라면
누구나 부처님의 계를 거두어 지닐 수 있다.
중생이 부처님의 계를 수지하면

바로 여러 부처님의 지위에 들어가
그 지위가 대각大覺과 같아질 것이니
이러한 사람이야말로 진실로 모든 부처님의 제자이다.

大衆心諦信。汝是當成佛。
我是已成佛。常作如是信。
戒品已具足。一切有心者。
皆應攝佛戒。衆生受佛戒。
卽入諸佛位。位同大覺已。
眞是諸佛子。

② 공경하는 마음으로 들을 것을 권함

대중들은 모두 공경하고
정성스러운 마음으로 내가 외우는 것을 들어라.

大衆皆恭敬。至心聽我誦。

소 계법을 찬탄하고 수지할 것을 권한 것 가운데 처음의 한 행은 계의 덕을 찬탄하였고 뒤의 다섯 행 반은 믿고 수지할 것을 권하였다.

讚戒勸受中。初一行讚戒德。後五行半勸信受。

계의 덕을 찬탄한 것 가운데 "해처럼 밝고"라는 것은 율의계를 비유한 것이니 어둠과 악을 깨뜨리는 것이 햇빛과 같기 때문이다. "달처럼 밝고"라는 것은 섭중생계를 비유한 것이니 대비大悲에 의해 중생을 거두어들이는 것이 달빛이 어루만지는 것과 같기 때문이다. "구슬로 장엄한 영락처럼 찬란하네."라는 것은 섭선법계를 비유한 것이니 법신을 장엄함이 보배구슬과 같기 때문이다. "바른 깨달음을 이루었네."라는 것은 세 가지 계에 의해 세 가지 불과佛果를 이룬 것이다. 곧 율의계는 단덕斷德(번뇌의 소멸)을 갖춘 법신을 이루고 섭선법계는 지덕智德(보리)을 갖춘 응신을 이루며 섭중생계는 은덕恩德을 갖춘 화신을 이룬다.

> 讚中如明日者。喻律儀戒。能破闇惡。猶日光故。如明月者。喻攝生戒。大悲攝物。同月愛故。如瓔珞珠者。喻攝善戒。莊嚴法身。如寶珠故。成正覺者。由三種戒。成三佛果。謂律儀戒。成斷德法身。攝善法戒。成智德應身。攝衆生戒。成恩德化身。

믿고 수지할 것을 권한 것 가운데 처음의 두 게송과 한 구절은 계의 가르침을 외우고 수지할 것을 권하였고, 뒤의 세 게송과 한 구절은 계에 의거한 행위를 거두어 수지할 것을 권하였다. 처음에 다시 두 가지가 있다. 처음의 한 게송과 두 구절은 수지할 것을 권하였고, 다음의 세 구절은 잘 들을 것을 권하였다. 다음은 계에 의거한 행위를 설하였는데 여기에 또 두 가지가 있다. 처음의 두 게송과 세 구절은 믿고 거두어 수지할 것을 권하였고, 나중의 두 구절은 공경하는 마음으로 들을 것을 권하였다.

> 勸受中。初二頌一句。就戒敎勸誦持。後三頌一句。就戒行勸攝受。初中復二。初一頌二句。勸受持。次三句。勸諦聽。次戒行中復二。初二頌三句。勸信攝。後二句。勸敬聽。

"항상 이와 같이 믿을지니 계품이 이미 원만하게 갖추어졌으니"라는 것은 마음으로 항상 앞에서 설한 두 가지 일에 대한 믿음[216]에 의해 바로 계를 감당할 수 있고 수계할 만한 자격을 갖추기 때문에 "계품이 이미 원만하게 갖추어졌으니"라고 하였다. "마음이 있는 이라면 누구나 부처님의 계를 거두어 지닐 수 있다."라는 것은 모든 중생이 성불할 것을 믿는 마음이 있으면 누구나 모든 부처님의 계를 거두어 지닐 수 있음을 말한 것이다.

> 常作如是信戒品已具足者。謂心常作如上二信。卽能堪任爲受器。故云戒品已具足也。一切有心者皆應攝佛戒者。謂一切衆生。有成佛信心。皆應攝受諸佛戒也。

"바로 여러 부처님의 지위에 들어가서"라는 것은 『점찰선악업보경』에 따르면 "부처님의 지위를 점차로 이루어 가는 것에 네 가지 단계가 있다. 첫째는 원만한 법을 믿는 것에 의해 성불하는 것이다, 이른바 종성지種姓地[217]에 의지하여 모든 법이 생겨남도 없고 소멸함도 없으며 청정하고 평등하니 소원하여 구할 만한 것이 없음을 굳게 믿기 때문이다. 둘째는 원만한 법을 이해하는 것에 의해 성불하는 것이다. 이른바 해행지解行地[218]에 의지하여 법의 본성을 깊이 이해하고 여래의 업은 조작함도 없고 지음도 없음을 알아 생사와 열반에 대해 둘이라는 생각을 일으키지 않으니 마음에 바라는 것이 없기 때문이다. 셋째는 원만한 법을 증득하여 성불하는 것

---

216 앞에서 설한~대한 믿음 : 수계자 자신이 계에 의해 성불할 것임을 믿는 것과 부처님께서 이미 계에 의해 성불하였음을 믿는 것이다.
217 종성지種姓地 : 보살이 인위因位의 수행에서부터 과위果位를 얻기까지 경유하는 수행 계위를 일곱 가지로 분류한 것 중 첫 번째에 해당한다. 불도佛道의 원인인 종성을 성취하여 무너지지 않는 것이다. 보살 수행 52계위에 배대하면 십신十信·십해十解이다.
218 해행지解行地 : 보살이 인위因位의 수행에서부터 과위果位를 얻기까지 경유하는 수행계위를 일곱 가지로 분류한 것 중 두 번째에 해당한다. 승해행지勝解行地라고도 한다. 방편행을 닦아 출세도出世道에 대해 행해行解를 얻는 것. 보살 수행 51계위에 배대하면 십행十行과 십회향十廻向이다.

이다. 이른바 정심지淨心地²¹⁹에 의지하여 분별이 없는 고요한 법(寂靜法)에 대한 지혜와 생각으로 헤아릴 수 없는 저절로 그러한 업을 얻어서 무엇을 더 구하려는 생각이 없기 때문이다. 넷째는 모든 공덕행을 원만하게 갖추는 것에 의해 성불하는 것이다. 이른바 구경보살지究竟菩薩地²²⁰에 의지하여 모든 장애를 제거하고 무명無明의 꿈이 다하기 때문이다."²²¹라고 하였다.

지금 보살계를 받는 이는 반드시 믿음을 구족해야 하기 때문에 처음의 원만한 법을 믿는 것에 의해 부처님의 지위에 들어간 것을 "부처님의 지위에 들어가서"라고 하였다. 어쩌면 이미 성불한 것을 말한 것일 수도 있다. 그러므로 "그 지위가 대각과 같아질 것이니 이러한 사람이야말로 진실로 모든 부처님의 제자이다."라고 하였다.

> 卽入諸佛位者。依占察經。佛位有四。一者信滿法故作佛。謂依種姓地。決定信諸法不生不滅。淸淨平等。無可願求故。二者解滿法故作佛。所謂依解行地。深解法性。知如來業無造無作。於生死涅槃。不起二想。心無所怖故。三者證滿法故作佛。所謂依淨心地。以得無分別寂靜法智及不思議自然之業。無求想故。四者一切功德行滿足故作佛。所謂依究竟菩薩地。能除一切障。無明夢盡故。今受菩薩戒者。必須具信故。得入初信滿位者。言入佛位。恐謂己¹⁾成佛。故云。位同大覺已。眞是諸佛子。

1) ㉠ 저본에 따르면 '己'는 '已'이다.『韓國佛敎全書』의 오식인 것 같다.

---

219 정심지淨心地 : 보살이 인위因位의 수행에서부터 과위果位를 얻기까지 경유하는 수행계위를 일곱 가지로 분류한 것 중 세 번째에 해당한다. 정승의락지淨勝意樂地·증상의락지增上意樂地라고도 한다. 지극한 환희에 머무는 것. 보살 수행 51계위에 배대하면 십지 중 제1환희지歡喜地이다.

220 구경보살지究竟菩薩地 : 보살이 인위因位의 수행에서부터 과위果位를 얻기까지 경유하는 수행계위를 일곱 가지로 분류한 것 중 마지막에 해당한다. 도구경지到究竟地라고도 한다. 최상의 지위에 도달한 보살과 여래가 머무는 것. 보살 수행 51계위에 배대하면 제10법운지法雲地와 여래지如來地(佛地)이다.

221『占察善惡業報經』권하(T17, 909a).

믿음을 권한 것을 설한 서론을 마친다.

勸信序訖。

제2절 계를 제정한 것을 설한 서론

경 그때 석가모니불께서 비로소 보리수 아래 앉아 위없는 깨달음을 이루고 처음에 보살의 바라제목차를 제정하셨으니 이는 부모님과 스승인 스님(師僧)과 삼보에 효순孝順하는 것이고 지극한 도리를 설한 법에 효순하는 것이다. 효를 계라고 하고 제지制止라고도 한다. 부처님께서 바로 입에서 한량없는 빛을 내었고 그때 백만억 대중, 곧 여러 보살들과 십팔범천十八梵天[222]과 육욕천자六欲天子[223]와 십육대국十六大國[224]의 왕이 합장하고 정성스런 마음으로 부처님께서 모든 부처님의 대승계大乘戒를 외우시는 것을 들었다.

爾時。釋迦牟尼佛。初坐菩提樹下。成無上正覺。初結菩薩波羅提木叉。孝順父母師僧三寶。孝順至道之法。孝名爲戒。亦名制止。佛卽口放無量光明。是時百萬億大衆諸菩薩十八梵六欲天子十六大國王合掌。至心聽佛誦一切諸佛大乘戒。

소 계를 제정한 것을 설한 서론 가운데 두 가지가 있다. 첫째는 경가經家[225]가 설한 서론이고, 둘째는 부처님께서 몸소 설한 서론이다.

---

222 십팔범천十八梵天 : 색계에 속하는 열여덟 하늘을 가리키는 말. 자세한 것은 뒤에 나오는 의적의 해석을 참조할 것.
223 육욕천자六欲天子 : 욕계의 여섯 하늘. 곧 사대왕중천四大王衆天·삼십삼천三十三天·시분천時分天·지족천知足天·낙변화천樂變化天·타화자재천他化自在天이다.
224 십육대국十六大國 : 부처님 재세 시 인도를 대표하던 열여섯 개의 나라를 일컫는 말. 곧 앙가鴦伽·마갈다摩竭陀·가시迦尸 등을 말한다.

結戒序中有二。一經家序。二佛自序

1. 경가가 설한 서론

경가가 설한 서론에 세 가지가 있다. 첫째는 계를 제정한 것을 서술하였고, 둘째는 빛을 낸 것을 서술하였으며, 셋째는 집회에 참석한 대중을 서술하였다.

經家序中有三。一序結戒。二序放光。三序衆集。

1) 계를 제정한 것을 서술함

계를 제정한 것을 서술한 것 가운데 "처음에 보살의 바라제목차를 제정하셨으니"라는 것은 성문계聲聞戒 같은 경우는 열두 해가 지난 후 일에 따라 점차 제정하였지만[226] 보살계는 그렇지 않아서 처음 보리수 아래에 계셨던 그때 세정하였다. 그 이유는 성문은 근기가 하열하여 어떤 일도 발생하지 않는데 미리 제정하면 비방하기 때문에 위범의 연緣을 따라서 비로소 점차 제정하였고, 보살은 근기가 수승하여 들으면 바로 따라서 행하며 비난하지 않으니 위범의 연을 기다리지 않고 바로 즉시 제정한 것이다. 『십지경론』에 의하면 "불도를 이루고 첫 번째 일주일은 스스로 법락法

---

225 경가經家 : 부처님의 가르침을 외워 내고 이것을 결집하여 경전을 민든 제자를 일컫는 말. 여러 주석서에서 제1결집에서 경전 편찬의 주도적 역할을 한 아난阿難을 지목하여 경가라고 하였다.
226 『四分律比丘戒本』(T22, 1022c)에서 "부처님께서 성도하고 나서 12년 동안은 유루有漏인 대중이 없었기 때문에 아직 계를 제정하지 않고 대략 그 근본정신을 설하였을 뿐이고 12년이 지난 후 유루인 대중이 생겨났기 때문에 자세하게 계의 조목을 정하였나."라고 하였다.

樂을 누리거나 인연因緣을 생각했기 때문에[227] 아직 말씀하시지 않았고 두 번째 일주일이 지난 후에 비로소 말씀하셨다."[228]라고 하였다. 지금 "처음에 (바라제목차를) 제정하셨으니"라고 한 것은 두 번째 일주일에 상응하는 것이다.

"(이는)……효순하는 것이고" 이하는 제정하신 계라는 명칭이 갖는 뜻을 간략하게 풀이하였다. 대략 (효순과 제지의) 두 가지 뜻으로 그 계라는 명칭을 풀이하였다.

> 序結戒中初結菩薩婆羅提木叉者。若聲聞戒。十二年後。隨事漸制。菩薩不爾。初在樹下。一時制。所以然者。聲聞根劣。無事預制。則譏謗故。隨犯緣方漸制也。菩薩根勝。聞卽隨行。無有厭譏。不待犯緣卽頓制也。依十地論。成道初七日。或自受法樂。思惟因緣。故未起說。第二七後。方興言說。今言初結者。應是第二七日中也。孝順已下。略釋所結戒之名義。略以二義。釋其戒名。

"바라제목차"라는 것은 별해탈계別解脫戒라 의역한다. 『대법론對法論』에서 "해탈을 얻기 위하여 모든 율의를 따로따로 방호하기 때문에 별해탈률의라고 한다. 율의에 의해 생사의 고통에서 속히 벗어날 수 있기 때문이다."[229]라고 하였다. 이러한즉 따로따로 방호한 계에 의해 해탈의 과果를 얻을 수 있기 때문에 과果에 의해 일컬어서 별해탈이라고 한다. 또 계를

---

[227] 인연因緣을 생각했기 때문에 : 『十地經論』의 본문을 그대로 적으면 '思惟行因緣行'으로, '인연행을 행할 것을 생각한다.'라는 뜻이다. 징관澄觀의 『華嚴經疏』 권31(T35, 737a4)에서 "'인'이란 교설의 주체가 지닌 지혜이고, '연'이란 교화의 대상이 지닌 근기이다. 장차 증득한 법을 가지고 중생의 근기에 맞추어 설하고자 하기 때문에 '인연행을 행할 것을 생각한다.'라고 하였다.(因者能說之智。緣者所化之機。欲將所得妙法。以逗物機。故云思惟行行。)"라고 하였다.
[228] 『十地經論』 권1(T26, 124a)의 취의 요약이다.
[229] 『大乘阿毘達磨雜集論』 권8(T31, 731c).

얻을 때 따로따로 세 가지 업의 속박에서 벗어나기 때문에 별해탈이라고 하였다. 이 별해탈계가 만약 성문이 수지하는 것이라면 오직 제지의 뜻만 있을 뿐이니 그릇된 것을 막을 수 있기 때문이다. 그러나 효순의 뜻은 없으니 선을 거두는 것(섭선법계)과 중생을 이익 되게 하는 것(섭중생계)을 추구하지 않기 때문이다. 만약 대사大士(菩薩)가 수지하는 계라면 두 가지 뜻을 모두 겸한다. 첫째는 효순의 뜻이니 선을 거두는 것 등을 할 수 있기 때문이다. 둘째는 제지의 뜻이니 악법을 떠날 수 있기 때문이다.

"부모님께 효순하는 것이고"라는 것은 세간의 몸을 낳고 길러 주셨기 때문이고 "스승인 스님께 효순하는 것이고"라는 것은 법신法身을 길러 주셨기 때문이며, "삼보에 (효순하는 것이고)"라는 것은 불도에 들어가는 뛰어난 경계이기 때문이고 "지극한 도리를 설한 법에 (효순하는 것이다.)"라는 것은 과果를 얻는 것의 근본이 되는 것이기 때문이다. 대략 네 가지 대상을 제시하여 효순을 밝혔다.

波羅提木叉者。此云別解脫戒。對法論云。爲求解脫 別別防護所有律儀。故名別解脫律儀。由律儀。能速出離生死苦故。此則別防之戒。能得解脫之果。故從果稱。名別解脫。又得戒時。別別解脫三業之縛。故云別解脫。此別解脫戒。若聲聞所受。唯有制止義。能防非故。而無孝順義。不求攝善及益生故。若大士戒。具兼兩義。一孝順義。能攝善等故。二制止義。能離惡法故。孝順父母者。生育世形故。孝順師僧者。長養法身故。三寶者。入道勝境故。至道法者。得果之本故。略舉四處。明孝順也。

2) 빛을 낸 것을 서술함

"(부처님께서) 바로 입에서 내시는" 이하는 빛을 낸 것을 밝혔다. 장차 계법을 설할 것을 상서로운 징조를 나타내어 표시한 것이다.

即口放下。明放光。將說戒法。現表瑞也。

3) 집회에 참석한 대중을 서술함

"그때 백만억 대중" 이하는 집회에 참석한 대중을 밝혔다.

是時百萬億大衆下。明集衆也。

2. 부처님께서 몸소 설한 서론

경 부처님께서 보살들에게 말씀하셨다.

"내가 이제 보름마다 몸소 모든 부처님께서 설한 법인 계를 외울 것이니, 너희들 보리심을 일으킨 모든 보살들도 외우고 십발취十發趣와 십장양十長養과 십금강十金剛과 십지十地의 모든 보살들도 외우도록 하라.

이러한 이유로 계의 빛을 입에서 내었으니 연緣만 있고 인因이 없는 것이 아니기 때문이다. 겹겹의 빛은 푸르지도 않고 노랗지도 않으며 붉지도 않고 희지도 않으며 검지도 않다. 물질(色)도 아니고 마음(心)도 아니며 있는 것도 아니고 없는 것도 아니며 인과법因果法도 아니다. 이는 모든 부처님의 근원이 되는 행위이고 보살도의 근본이며 부처님 제자인 대중의 근본이 되는 것이다.

그러므로 모든 불자인 대중은 받고 지니며 소리 내어 외우고 잘 배워야 한다. 불자여, 잘 들어라. 부처님의 계를 받을 수 있는 이를 말하자면 국왕·왕자·관리들·재상宰相이든 비구·비구니든 십팔법천·육욕천자든 서민·황문黃門·음란한 남자·음란한 여인·노비이든 팔부중八部衆·귀신·금강신金剛神이든 축생이면서 사람으로 변화한 것이든 단지 법사의 말을 알아들을 수만 있으면 모두 계를 받아 지닐 수 있으니 이런 이들을 모두 가장 청정한 이라고 한다."

佛告諸菩薩言。我今半月半月。自誦諸佛法戒。汝等一切發心菩薩亦誦。乃至十發趣十長養十金剛十地諸菩薩亦誦。是故。戒光從口出。有緣非無因故。光光非靑黃赤白黑。非色非心。非有非無。非因果法。是諸佛之本原行。菩薩道之根本。是大衆諸佛子之根本。是故。大衆諸佛子。應受持應讀誦善學。佛子諦聽。若受佛戒者。國王王子百官宰相。比丘比丘尼。十八梵六欲天子。庶民黃門婬男婬女奴婢。八部鬼神金剛神。畜生乃至變化人。但解法師語。盡受得戒。皆名第一清淨者。

소 부처님께서 몸소 설한 서론에 또 세 가지가 있다. 첫째는 계법을 외울 것임을 알렸고 둘째는 빛을 낸 인연을 풀이하였으며 셋째는 받는 것과 지니는 것 등을 권하였다.

佛自序中。亦有三。一告誦戒法。二釋光因緣。三勸受持等。

1) 계법을 외울 것임을 알림

처음에 외울 것임을 알린 것에서 "보름마다 몸소 외울 것이니"라는 것은 비록 과덕果德이 원만하더라도 그 원인인 언어에 의한 가르침을 잊지 않는 것이고 비록 언제나 외우는 것이지만 신학보살을 위하여 '보름마다 외울 것'이라고 하였다.

"보리심을 일으킨 보살들"이라는 것은 십신十信이다.

"십발취"라는 것은 십해十解인데 십주十住라고도 하고 습종성習種姓[230]이

---

[230] 습종성習種姓:『菩薩瓔珞本業經』권상「賢聖學觀品」(T24, 1012b)에서 보살이 인因에서 과果에 이르는 계위를 여섯 종성으로 분류한 것 중 첫 번째에 해당하는 것. '姓'은 '性'과 같다. 여섯 가지는 차례대로 습종성習種性·성종성性種性·도종성道種性·성종성聖種性·등각성等覺性·묘각성妙覺性이다. 첫째인 습종성은 십주(십해)의 계위

라고도 한다. 여기에서 '십'이라는 명칭은 사심捨心(일체를 버리는 것)과 계심戒心과 인심忍心과 진심進心(정진)과 정심定心과 혜심慧心과 원심願心과 호심護心(삼보와 일체의 공덕행을 호지하는 것)과 희심喜心(다른 사람의 기쁨을 따라서 기뻐하는 것)과 정심頂心(앞의 아홉 가지 마음보다 뛰어난 것)이다.[231] 이 열 가지 법은 처음에 (십신의 계위에서) 비로소 보리심을 일으키고 대승을 향해 나아가는 것이기 때문에 '발취'라고 하였다.

"십장양"이라는 것은 바로 십행十行인데 성종성性種姓[232]이라고도 한다. 여기에서 '십'이라는 명칭은 자심慈心(자애로움으로 즐거움을 줌)과 비심悲心(슬퍼하는 마음으로 고통을 제거해 줌)과 희심喜心과 사심捨心과 시심施心과 호어심好語心(성스러운 법어로 설함)과 익심益心(이익을 주는 것)과 동심同心(동사섭同事心, 중생과 일을 함께하는 것)과 정심定心과 혜심慧心이다.[233] 이 열 가지를 수습함으로써 법성을 분별하는 경지를 이루어 성인의 태胎를 기르기 때문에 '장양'이라 하였다.

"십금강"이라는 것은 십회향十廻向인데 도종성道種姓[234]이라고도 한다. 방편을 행하고 따라서 무너뜨릴 수 없기 때문에 '금강'이라 한다. 여기에서 '십'이라는 명칭은 신심信心과 염심念心(집중하여 생각하는 것)과 회향심廻向

로 공관空觀을 수습하고 견혹見惑과 사혹思惑을 무너뜨리는 자리이고, 둘째인 성종성은 십행의 계위로 공에 머물지 않고 중생을 교화하고 일체의 법성法性을 분별하는 자리이며, 셋째인 도종성은 십회향의 계위로 중도中道의 묘관妙觀을 닦고 이것으로 인해 일체의 불법佛法에 통달하는 자리이고, 넷째인 성종성은 십지의 계위로 중도의 묘관에 의거하여 일부의 무명無明을 무너뜨리고 성위聖位를 증득하여 들어가는 자리이며, 다섯째인 등각성은 등각의 계위로 묘각에는 미치지 못할지라도 앞의 40위보다는 뛰어난 자리이고, 여섯째인 묘각성은 묘각의 계위로 불과佛果의 지위에 도달하여 일체의 번뇌를 끊고 지혜가 원만하고 미묘해져서 열반의 이치를 깨닫는 자리이다.

231 『梵網經』 권상(T24, 997c)에서 설한 것이다.
232 성종성性種姓 : 십행의 계위로 공에 머물지 않고 중생을 교화하고 일체의 법성法性을 분별하는 자리이다. 자세한 것은 앞의 각주 230을 참조할 것.
233 『梵網經』 권상(T24, 997c).
234 도종성道種姓 : 중도中道의 묘관妙觀을 닦고 이것으로 인해 일체의 불법에 통달하는 계위이다. 자세한 것은 앞의 각주 230을 참조할 것.

心과 달심達心(걸림이 없는 것)과 직심直心(곧은 것)과 불퇴심不退心과 대승심大乘心과 무상심無相心과 혜심慧心과 불괴심不壞心이다.[235]

"십지"라는 것은 성종성聖種姓[236]이라고도 한다. 여기에서 '십'이라는 명칭은 체성평등지體性平等地와 체성선혜지體性善慧地와 체성광명지體性光明地와 체성이염지體性爾焰地와 체성혜조지體性慧照地와 체성화광지體性華光地와 체성만족지體性滿足地와 체성불후지體性佛吼地와 체성화엄지體性華嚴地와 체성입불경계지體性入佛境界地이다.[237]

자세하게 행상行相을 설한 것은 『범망경』 권상에서 설한 것[238]과 같다.

初告誦中。半月自誦者。雖果德圓滿。而不忘因詮。雖一切時誦爲新學。故言半月誦。發心菩薩者。謂十信也。十發趣者。謂十解。亦名十住。亦名習種姓。其十名者。謂捨戒忍進定慧願護喜頂心也。此十種法。初始發心。趣入大乘。故云發趣。十長養者。卽十行。亦名性種姓。其十名者。謂慈悲喜捨施好語益因[1]定慧心也。此十習已成性。長養聖胎。故云長養。十金剛者。謂十迴向。亦名道種姓。方便行就。不可沮[2]壞。故云金剛。其十名者。謂信念迴向達圓[3]直不退大乘無想[4]慧不壞心也。十地者。亦名聖種姓。十名。謂體性平等地。體性善慧地。體性光明地。體性爾炎[5]地。體性慧照地。體性華光地。體性滿足地。體性佛吼地。體性華嚴地。體性入佛境[6]界地。廣說行相。如上卷經。

1) ⓔ『梵網經』에 따르면 '因'은 '同'이다. 2) ⓔ '沮'는 '汨'인 것 같다. 3) ⓔ『梵網經』에 따르면 '圓'은 연자이다. 4) ⓔ『梵網經』에 따르면 '想'은 '相'이다. 5) ⓔ『梵網經』에 따르면 '炎'은 '焰'이다. 6) ⓔ『梵網經』에 따르면 '境'은 연자이다.

---

235 『梵網經』 권상(T24, 997c).
236 성종성聖種姓 : 중도中道의 묘관妙觀에 의거하여 일부의 무명無明을 무너뜨리고 성위聖位를 증득하여 들어가는 계위이다. 자세한 것은 앞의 각주 230을 참조할 것.
237 『梵網經』 권상(T24, 997c).
238 『梵網經』 권상(T24, 997c).

2) 빛을 낸 인연을 풀이함

"이러한 이유로 계의 빛을" 이하는 빛을 낸 인연을 풀이한 것이다.

"연緣만 있고 인因이 없는 것이 아니기 때문이다."라는 것은 외적으로는 당시의 대중이 법을 감응하는 뛰어난 연緣을 갖추고 내적으로는 여래의 대비大悲라는 근본적인 인因이 있어서 바야흐로 상서로운 징조를 나타내어 앞으로 설할 법을 나타내었기 때문이다. "겹겹의 빛"이라는 것은 쏟아 낸 빛이 여러 층으로 이루어져 있는 것을 말한다. "푸르지도 않고 노랗지도 않으며 붉지도 않고 희지도 않으며 검지도 않다."라는 것은 지말적인 것에 의해 근본적인 것을 드러내기 때문에 다섯 가지 색이 아니라고 하였다.

"물질도 아니고 마음도 아니며"라는 것은 (물질의 특성인) 형체에 의해 장애하는 것(質礙)과 (마음의 특성인) 대상을 취하여 사유하는 것(緣慮)이 없기 때문이다. "있는 것도 아니고 없는 것도 아니며"라는 것은 범부가 생각하는 실체적인 유有도 아니고 이승二乘이 생각하는 실체적인 무無도 아니라는 것이다. "인과법도 아니다."라는 것은 고제苦諦(결과)와 집제集諦(원인)의 법이 아니라는 것이다. "모든 부처님의 근원이 되는 행위이고"라는 것은 과果를 이루는 근본이라는 것이고, "보살도의 근본이며"라는 것은 인因을 이루는 근본이라는 것이며, "부처님의 제자인 대중의 근본이 되는 것이다."라는 것은 별도로 당시의 대중을 제시한 것이다.

是故戒光下。釋光因緣。有緣非無因者。謂外有時衆感法勝緣。內有如來大悲本因。方得現瑞。表所說法故。光光者。所放光明。有多重也。非青黃赤白黑者。以末卽本。故非五色。非色心者。非礙緣故。非有無者。非凡夫有非二乘無。非因果法者。非苦集法也。諸佛之本原行者。成果之本也。菩薩之根本者。成因之本也。大衆諸佛子根本者。別擧時衆也。

3) 받는 것과 지니는 것 등을 권함

다음은 받는 것과 지니는 것 등을 권하였다. "받고"라는 것은 스승으로부터 처음에 받는 것이다. "지니며"라는 것은 받은 뒤에 보호하고 지니는 것이다. "소리 내어 외우고"라는 것은 문구를 외우는 것이다. "잘 배워야 한다."라는 것은 뜻을 배우는 것이다.

"(부처님의 계를) 받을 수 있는 이를 말하자면" 이하는 받는 것의 뜻을 자세히 풀이한 것이다. 나머지 세 가지[239]는 생략하였는데 처음의 것으로 뒤의 것을 겸하기 때문이다. "국왕" 등은 세속의 등급에 따른 귀족이다. "비구·비구니"라는 것은 앞서 성문으로서 구족계를 받은 이를 가리키는데 그 이하의 세 부류의 대중[240]도 겸하여 말한 것이다.

次勸受持等。應受者。從師初受也。應持者。受後護持也。應誦者。誦文句也。善學者。學義意也。若受已下。廣釋受義。餘三存略。以初兼後故。國王等者。俗等貴族也。比丘比丘尼者。先受聲聞具足戒者。亦兼下三衆。

"십팔범천"이라는 것은 색계의 하늘이다. 어떤 것이 열여덟 가지(十八)인가?

어떤 사람은 이렇게 해석하였다. "하위의 제1·제2·제3의 세 가지 정려靜慮에 각각 세 가지 하늘이 있어서 모두 아홉 가지 하늘[241]이 성립되고 제4정려에도 아홉 가지 하늘이 있으니 무운천無雲天 등의 세 가지 하

---

239 나머지 세 가지 : 지니는 것과 소리 내어 외우는 것과 잘 배우는 것을 말한다.
240 그 이하의 세 부류의 대중 : 다섯 부류의 출가제자 중 비구·비구니를 제외한 나머지 대중, 곧 식차마나·사미·사미니를 가리킨다.
241 아홉 가지 하늘 : 제1정려에 범중천梵衆天·범보천梵輔天·대범천大梵天이 있고 제2정려에 소광천小光天·무량광천無量光天·극광천極光天이 있으며 제3정려에 소정천小淨天·무량정천無量淨天·변정천遍淨天이 있다.

늘²⁴²과 무상천無想天과 오정거천五淨居天²⁴³을 말한다. 무상천에서는 이미 처음과 나중에 마음이 있음을 인정하였으니²⁴⁴ 보리심을 일으키고 보살계를 받는 일이 있을 수 있다. 경에서 '정거천이 내려와 성불할 것이라는 수기를 받았다.'²⁴⁵라고 하였다. 그러므로 오정거천도 보리심을 일으켜서 보살계를 받을 수 있다는 것을 알 수 있다."

어떤 사람은 이렇게 해석하였다. "별도로 십팔범천이 있고 무상천과 오정거천은 여기에 포함되지 않는다.『본업경』에서 색계의 천중을 나열하여 '범천梵天·범중천梵衆天·범보천梵輔天·대범천【이 네 가지는 초선천初禪天이다.】 수행천水行天·수미천水微天·수무량천水無量天·수음천水音天【이 네 가지는 2선천二禪天이다.】 약정천約淨天·무상천無想天·변정천遍淨天·정광명천淨光明天【이 네 가지는 3선천三禪天이다.】 수묘천守妙天·미묘천微妙天·극묘천極妙天·복과천福果天·과승천果勝天·대정천大靜天【이 여섯 가지는 4선천四禪天이다.】을 말한다.'²⁴⁶라고 한 것과 같다."

"육욕천자"라는 것은 욕계의 하늘이다. 무색계라는 것은 드러내어 설

---

242 무운천無雲天 등의~가지 하늘 : 무운천을 포함한 세 가지 하늘이라는 뜻. 나머지 두 가지는 복생천福生天과 광과천廣果天이다.
243 오정거천五淨居天 : 색계 제4선에 속한 여덟 가지 하늘 중 상위에 있는 다섯 가지 하늘을 함께 일컫는 말. 곧 무번천無煩天·무열천無熱天·선견천善見天·선현천善現天·색구경천色究竟天이다. 이를 하나로 묶은 것은 성문의 네 가지 과 가운데 세 번째 과인 아나함과阿那含果를 증득한 성자가 태어나는 곳이기 때문이다.
244 무상천은 무상정無想定에 의해 얻어지는 것이고 무상정은 마음의 작용이 끊어진 것을 의미하는데, 그렇다면 마음이 없는데 어떻게 이들이 보리심을 일으키고 계를 받을 수 있기에 이 집회에 참석하였는가라는 의문을 일으키고 스스로 답변한 것이다. 그 내용을 구체화하면 "무상천에서의 수명은 5백 겁인데 그곳에 처음 태어날 때는 마음이 있다. 또한 이곳은 마음의 작용이 일시적으로 상속하지 않는 상태에 있는 것일 뿐이고 완전히 소멸한 상태는 아니기 때문에 그곳에서 죽을 때에 마음이 일어난다. 그러므로 무상천이라고 하여 마음이 전혀 없는 것은 아니다. 그러므로 보리심을 일으키고 계를 받을 수 있다."라는 것이다.
245 『菩薩瓔珞經』권13(T16, 116b)
246 『菩薩瓔珞本業經』권상(T24, 1011a).

한 가르침(顯敎)에 따르면 계를 받는 뜻이 없기 때문에 (여기에서) 언급하지 않았다. "서민"이라는 것은 관직이 없는 사람이고, "황문"이라는 것은 다섯 가지 반택가半擇迦[247]이다. "축생이면서 사람으로 변화한 것"이라는 것은 축생 가운데 변화할 수 있는 것을 말한다.

> 十八梵者。色界天也。何者十八。一云。下三各三九。第四亦有九。謂無雲等三無想五淨居。無想既許初後有心。容有發心受菩薩戒。經說淨居下來受佛記。故知。亦有發心受戒。有云。別有十八梵天。無想五淨。不入其數。如本業經。列色天衆。謂梵天。梵衆天。梵輔天。大梵天【此四是初禪天】水行天。水微天。水無量天。水音天【此四是二禪天】約淨天。無想天。遍淨天。淨光明天【此四是三禪天】守妙天。微妙天。極妙天。福果天。果勝天。大靜天。【此六是四禪天】六天者。欲界天。無色界者。若就顯敎。無受法義。故不說也。庶民者。無官位人。黃門者 五種半擇迦。畜生乃至變化人者。謂畜生中能變化者。

"단지 법사의 말을 알아들을 수만 있으면 모두 계를 받아 지닐 수 있으니"라는 것은 여기에서 열거한 것 가운데 법사의 말을 알아들을 수 있고 또 보리심을 일으킬 수 있다면 모두 계를 받을 수 있다는 말이다.

또 재가계는 앞에서 말한 것처럼 말을 알아들을 수만 있으면 모두 받을 수 있지만 출가계는 그렇지 않다. 오직 인취人趣(인간계)에 속하는 남자나 여인으로서 출가를 막는 가벼운 장애와 무거운 장애(遮難)가 없어야 비로소 받을 수 있다. 뜻은 성문 출가자가 계를 받는 법과 동일하다. 또한 계

---

247 반택가半擇迦 : Ⓢ paṇḍakāḥ의 음역어. 황문·엄인閹人·불남不男 등으로 의역한다. 남근男根의 기능을 온전히 갖추지 못한 사람을 가리키는 말. 다섯 가지 반탁가를 오종불능남五種不能男이라 하는데, 그 다섯 가지란 생불능남生不能男·반월불능남半月不能男·투불능남妬不能男·성불능남精不能男·병불능남病不能男 등이다.

법을 모두 통틀어서 받을 수 있어야 하니 경의 본문에서 간별하지 않았기 때문이다. 단지 저 비구 등의 본성을 근거로 할 때는 막아야 한다. 반택가는 다섯 가지 계(五戒)[248]를 받을 수는 있지만 단지 근사남近事男[249]의 본성을 근거로 할 때는 막아야 하는 것과 같다.[250]

> 但解法師語盡受得戒者。此所列中 若能領解法師語 亦能發菩提心。皆得受戒也。又在家戒。如上所說。解語皆受。若出家戒。則不如是。唯人趣中。若男若女。無遮難者。方許爲受。義同聲聞出家受法。又應戒法。皆得通受。文無簡故。但應遮其比丘等性。如半擇迦。許受五戒。但應遮止近事男性。

서론을 설한 글을 마친다.

> 序文已訖。

제2장 본론을 설한 부분

경 부처님께서 모든 불자에게 말씀하셨다. "열 가지 중계인 바라제목차

---

248 다섯 가지 계(五戒) : 첫째는 살생이고, 둘째는 투도偸盜(불여취不與取)이며, 셋째는 사음邪婬이고, 넷째는 망어妄語이며, 다섯째는 음주飮酒이다.
249 근사남近事男 : ⑤ upāsaka의 의역어. 음역어는 우바새優婆塞이다. 남자 재가신자를 가리키는 말이다. 상대어는 근사녀近事女(⑤ upāsikā, 優婆夷)이다. 선법과 선사善士와 불법을 친근히 하고 받들어서 몸과 말의 허물을 방호하는 것을 나타낸다.
250 이치와 본성의 측면을 나눈 것으로 생각된다. 곧 이치상으로는 모두 받아야 하지만 본성의 측면을 고려할 때에는 사실상 막아야 한다는 것으로 이해된다. 앞의 글에서 『優婆塞戒經』을 인용하여서 "우바새(근사남)가 다섯 가지 계를 받을 때에 '그대는 지금의 신체에 내적으로든 외적으로든 몸과 마음에 병이 없는가?'라고 물어야 한다."라고 하였는데, 이것에 준하면 실제로 반택가는 다섯 가지 계를 받을 수 없기 때문이다.

가 있다. 보살계를 받고 이 계를 외우지 않는다면 보살이 아니고 부처님의 종자도 아니니 나도 이와 같이 외우고 있다. 모든 보살이 이미 배웠고 모든 보살이 미래에도 배울 것이며 모든 보살이 지금 배우고 있는 것이다. 내가 이미 바라제목차의 모양과 모습을 간략하게 설하였으니 배우고 공경하며 마음을 다하여 받들어 지녀야 한다."

佛告諸佛子言。有十重波羅提木¹⁾叉。若受菩薩戒。不誦此戒者。非菩薩。非佛種子。我亦如是誦。一切菩薩已學。一切菩薩當學。一切菩薩今學。我已略說波羅提木叉相貌。應當學敬心奉持。

1) ㉑ 을본에 따르면 '朩'은 '本'이다. ㉓ '木'이 맞다.

소 다음에 본론을 설한 부분은 크게 두 가지로 나뉜다. 첫째는 중계重戒를 밝혔고, 둘째는 경계輕戒를 밝혔다.

次正說中大分爲二。一辨重戒。二明輕戒。

제1절 중계를 밝힘

중계를 밝힌 것에는 세 가지가 있다. 첫째는 숫자와 이름을 총괄하여 나타내고 받아 지니고 배울 것을 가르쳤고, 둘째는 해당 계의 모양을 개별적으로 서술하고 거두고 보호할 것을 가르쳤으며, 셋째는 다시 맺으면서 득실得失을 설하고 공경하는 마음으로 지닐 것을 권하였다.

辨重戒中有三。一總標數名。教令受學。二別敍種相。誡令攝護。三覆結得失。勸其敬持。

1. 숫자와 이름을 총괄하여 나타내고 받아 지니고 배울 것을 가르침

처음에 "십"이라고 한 것은 숫자이고 "(바라제)목차"라고 한 것은 이름이다. "외우지 않는다면 보살이 아니고" 등이라는 것은 이러한 계의 모양에 의해 보살과 부처님의 종자를 이룰 수 있음을 나타낸 것이다. "모든 보살이 이미 배웠고 미래에도 배울 것이며 지금도 배우고 있는 것이다."라는 것은 이 계법戒法이 과거와 현재와 미래에 모두 배우는 것임을 나타낸 것이다. "(바라제)목차의 모양과 모습"이라는 것은 '외우지 않는다면 보살이 아니고'라고 한 것이 계의 모양이고 '과거와 현재와 미래에 모두 배우는 것'이라고 한 것이 계의 모습이다.

初中有十數也。木叉名也。不誦非菩薩等者。顯由此相得成菩薩及佛種子。一切菩薩已當今學者。顯此戒法二世揩定。[1] 木叉相貌者。不誦非菩薩. 卽戒之相也。三世皆學。卽戒之貌也。

1) ㊀ '揩定'은 '皆學'인 것 같다.

2. 해당 계의 모양을 개별적으로 서술하고 거두고 보호할 것을 가르침

해당 계의 모양을 개별적으로 서술하는 가운데 십중계는 바로 열 가지로 이루어졌다. 낱낱의 계에 대해 다섯 구절에 의해 본문의 뜻을 분명하게 해석할 것이다. 첫째는 제정한 뜻을 밝히고 이름을 풀이하며, 둘째는 위범이 성립되기 위해 갖추어져야 할 조건을 밝히며, 셋째는 업에 대해 경죄와 중죄를 판별하고, 넷째는 학처學處의 동일성과 차이성을 밝히며, 다섯째는 본문을 해석할 것이다.

別敍種相中十重戒卽爲十。一一戒中。應以五句。辨釋文義。一制意釋名。

二具緣成犯。三判業輕重。四學處同異。五就文解釋。

1) 살생하는 것을 금한 계

경 부처님께서 말씀하셨다. "불자여, 스스로 죽이거나 다른 사람을 시켜 죽이게 하거나 방편으로 죽이거나[251] 찬탄하는 것에 의해 죽게 하거나,[252] 죽이는 것을 보고 따라서 기뻐함으로써 죽이게 하거나[253] 주문에 의해 죽이는 일에 이르기까지, 살생의 업業과 살생의 법法과 살생의 인因과 살생의 연緣을 성취하여,[254] 모든 생명이 있는 것들을 고의로 죽여서는 안 된다. 보살이라면 자비로운 마음과 효순하는 마음을 일으키고 항상 그러한 마음에 머물러 방편으로 모든 중생을 구호해야 할 것인데 도리어 자신의 마음이 내키는 대로 즐거운 생각으로 살생한다면 이는 보살의 바라이죄波羅夷罪[255]에 해당한다."

佛言。佛子。若自殺敎人殺。方便殺讚歎殺。見作隨喜。乃至呪殺。殺因殺

---

251 약을 먹게 하는 것·죽이려는 대상이 다니는 길가에 덫을 놓는 것 등에 의해 죽이는 것을 말한다.
252 비참하게 사는 것보다 차라리 죽는 것이 낫다고 하는 방식으로 죽음을 찬탄함으로써 상대방이 자살하게 만드는 것이다.
253 죽이는 것을 보고 따라서 기뻐하고, 어떤 사람이 따라서 기뻐하는 나의 마음을 보고서 살생을 하게 하는 것을 말한다.
254 궁본의 본문에 의거하여 풀이한 것이다. 이하 해당 문장은 동일한 원칙에 의거하고, 별도로 밝히지 않는다.
255 바라이죄波羅夷罪: '바라이'는 ⑤ pārājika의 음역어이다. 계율 중에서 가장 무거운 죄. 성문계인 비구의 이백오십계에서는 최초의 네 조목(淫戒·盜戒·殺人戒·大妄語戒)을 가리키고 보살계에서는 십중계를 가리킨다. 이 죄를 지을 경우 머리를 자르면 다시 살아나는 것이 불가능한 것처럼 승가의 구성원으로서 자격을 영원히 박탈당하기 때문에 단두斷頭라고 하고, 번뇌와의 싸움에서 패배하여 정복당하는 것이기 때문에 타승他勝·타승처他勝處 등이라고 하며, 참회에 의해 용서받는 것이 허락되지 않기 때문에 불가회죄不可悔罪라고도 하고, 여의치 않은 곳에 떨어지기 때문에 타불여처墮不如處라고도 하며, 승가의 공동생활을 허락하지 않고 추방당하는 벌을 받기 때문에 불공주不共住라고도 한다.

緣殺法殺業。[1] 乃至一切有命者。不得故殺。是菩薩。應起常住慈悲心孝順心。方便救護一切衆生。而反更自恣心快意殺生者。是菩薩波羅夷罪。

1) ㉑ 의적의 해석에 의거하면 '殺因殺緣殺法殺業'은 그 순서가 '殺業殺法殺因殺緣'이어야 한다. 『大正藏』에 수록된 『梵網經』의 교감주에 따르면 이는 궁본과 일치한다. 궁본은 남송南宋 개원사판開元寺版으로 일본 궁내청宮內廳 서릉부書陵部에 소장된 책으로 12세기 중엽에 성립된 것이다. 『梵網經』 연구의 대표학자인 후나야마 토루(船山徹)는 「梵網經諸本の二系統」(京都大學人文科學研究所, 東方學報, 85권, 2010. 3)에서 『梵網經』의 여러 판본을 대조하여 얻은 연구 결과를 발표하였는데 이 중 현재의 논의와 관련된 내용을 요약하여 정리하면 다음과 같다. "첫째, 『梵網經』의 제본諸本은 α형·β형·두 형의 중간 상태로 구분된다. 둘째, 이 가운데 α형은 먼저 거친 형태로 성립된 것이고, β형은 그 이후에 좀 더 세밀하게 정립된 형태로 성립된 것이다. 셋째, 궁본은 α형에 속하고 본서에서 저본으로 삼은 고려판대장경 재조본인 『梵網經』은 β형에 속한다. 넷째, 의적이 『菩薩戒本疏』를 찬술할 때 저본으로 삼은 것은 α형이다. 다섯째, 그러므로 현행 유포본에서 보이는 것과 같은 형태, 곧 고려판대장경 재조본에 수록된 『梵網經』을 원문으로 설정하고 그에 대한 의적의 해석을 집어넣은 체재는 후대에 새로 구성된 것이다. 여섯째, 『梵網經』에 대한 여러 가지 주석서 가운데 최초로 β형을 저본으로 삼은 것은 법장法藏이다. 신라 출신의 『梵網經』 주석가는 모두 α형을 저본으로 하였다." 단 주의할 것은 현재 『菩薩戒本疏』에 수록된 『梵網經』 원문이 大正藏(고려판내상성 새조본)이나 궁본의 빈드시 일치하기는 않는다는 점이다. 예컨대 '方便殺'이라고 한 것은 아홉 가지 판본의 어디에도 없다. 의적은 이 부분에 대해 별도의 해석을 하지 않았기 때문에 의적이 대본으로 삼은 것이 어떤 것인지 확정할 수 없지만, 천태 지의의 『菩薩戒義疏』 권하(T40, 571c3)에서는 "셋째, 방편살이란 곧 살생 이전의 방편이니 묶는 것·매다는 것 등을 말한다.(三方便殺者。即殺前方便。所謂束縛繫等。)"라고 하여 원문이 '方便殺'임을 분명히 보이고 있기 때문에 '方便殺'이라고 한 저본이 별도로 존재했을 가능성을 부정할 수 없다. 따라서 『梵網經』 본문은 현재 『菩薩戒本疏』에 함께 수록된 원문에 의거하여 풀이하되 의적의 해석과 비교할 때 차이가 두드러지게 나타나는 부분이 있을 때는 그 주석에 의거하여 해당 본문을 새롭게 교감하고 그것에 의거한 해석을 제시하기로 하겠다.

소 첫 번째는 살생하는 것을 금한 계이다.

第一殺戒。

(1) 제정한 뜻을 밝히고 이름을 풀이함

제정한 뜻을 밝히고 이름을 풀이하는 것은 다음과 같다.

制意釋名者。

① 제정한 뜻을 밝힘

생명은 형체를 지닌 것들의 뿌리가 되는 것이니 살아 있는 존재라면 모두 귀하게 여기는 것이고 영혼을 지닌 존재(含靈)[256]라면 모두 보배처럼 귀하게 여기지 않음이 없는 것이다. 그러므로 『열반경』에서 부처님께서 아사세왕阿闍世王[257]을 가르치면서 "비록 사람과 짐승이 귀하고 천함에는 차이가 있지만 목숨을 보배처럼 여기고 죽음을 무겁게 여기는 것에는 차이가 있지 않다."[258]라고 하였다. 그러한즉 대사大士(보살)는 어질고 자애로운 마음을 지니는 것을 앞장서서 해야 한다. 어찌 멋대로 자신이 즐거워하는 마음을 위하여 상대방이 소중히 여기는 것을 빼앗는 것을 용납할 수 있겠는가? 특히 자애로움을 실천하는 것에 어긋나기 때문에 첫 번째로 제정하였다.

또 성문은 속박에서 벗어나는 것을 먼저 해야 할 것으로 여기기 때문에 처음에 음란한 행위를 금지하는 계를 제정하였고,[259] 보살은 자비에 의해

---

[256] 영혼을 지닌 존재(含靈): 곧 중생을 가리키는 말이다. 함식含識이라고도 한다.
[257] 아사세왕阿闍世王: '아사세'는 Ⓢ Ajātaśatru의 음역어. 별명은 선견태자善見太子이다. 불교의 적극적인 외호자였던 마가다국 빈바사라왕頻婆娑羅王(Ⓢ Bimbisāra)과 그 부인 위제희韋提希의 아들로 아버지를 죽이고 왕위에 올랐다.
[258] 40권본『涅槃經』권20(T12, 484b5).
[259] 성문계인 비구의 250계 중 중죄에 해당하는 최초의 네 가지 바라이죄 가운데 가장 처음에 대음계大淫戒를 제정한 것을 말한다.

중생을 구제하는 것을 최상의 일로 삼기 때문에 처음에 살생을 금하는 계를 제정하였다. 또 열 가지 중계는 일곱 부류의 제자가 함께 지니는 것이기 때문에 살생을 금하는 계를 처음에 두었다.

> 命是形根。有生所貴。凡在含靈。莫不寶重。故涅槃經。佛誡闍王。雖復人畜。貴賤有殊。寶命重死。無有異也。然則大士。爲懷仁慈居先。寧容恣己快心奪彼所重。特違慈行。故先制之。又聲聞脫縛爲先。故首制婬。菩薩慈濟爲上。故初禁殺。又此十重。七衆共持。故殺戒在初。

② 이름을 풀이함

이름을 풀이한다는 것은 다음과 같다. 과보로서 받은 형체가 상속하는 것을 임시로 "생生(생명)"이라고 하고 어긋나는 인연에 의해 핍박하는 것을 "살생"이라 한다.

> 釋名者。報形相續。假名爲生。違緣逼害。名之爲殺。

(2) 위범이 성립되기 위해 갖추어져야 할 조건을 밝힘

위범이 성립되기 위해 갖추어져야 할 조건을 밝힌 것은 다음과 같다. 위범이 성립되기 위한 조건은 공통적인 것과 개별적인 것에 각각 다섯 가지가 있다.

> 具緣成犯者。成犯之緣。通別各五。

① 위범이 성립되기 위한 공통적 조건

다섯 가지의 공통적 조건이라는 것은 다음과 같다.

첫째는 보살의 청정한 계를 받는 것이고, 둘째는 자신의 본연의 성품에 머물러 있고 미친 듯이 혼란한 상태(狂亂) 등이 아닌 것이며, 셋째는 무거운 고통에 의해 핍박받는 상태가 아닌 것이다.

만약 이것과 반대되는 상황이라면 위범으로 판정하지 않는다. 그러므로 「보살지」에서 "어떤 경우에든 위범으로 판정하지 않는 경우라는 것은 그 마음이 강렬하게 미친 듯이 혼란한 상태이거나 무거운 고통에 의해 핍박받는 상태이거나 아직 청정한 계율의를 받지 않은 상태에 있을 경우를 말한다."[260]라고 하였다.

이치에 따르면 두 가지 조건을 더해야 한다. 첫째는 기억(憶念)할 수 있는 것이다. 다시 태어날 때 전생에서의 수체受體와 수행隨行을 기억하면서 지었다면 위범이 성립된다. 만약 기억하지 못하였다면 비록 지었더라도 위범이 성립되지 않는다. 둘째는 중생을 이롭게 하기 위한 연緣이 없는 것이다. 만약 중생을 이롭게 하기 위한 것이라면 살생 등을 행하는 것을 허용하기 때문이다.

앞에서 설한 세 가지와 이 두 가지를 다섯 가지의 공통적 조건이라고 한다.

通緣五者。一受菩薩淨戒。二住己自性。非狂亂等。三非重苦所逼。反此無犯。故菩薩地云。一切處無違犯者。謂若彼心增上狂亂。若重苦受之所逼切。若未曾受淨戒律儀。義加二緣。一有憶念。謂轉生時。若憶先受隨作成犯。若不憶念雖作無犯。二無利生緣。若有利生處。許行殺等故。前三及二。爲通緣五。

---

[260] 『瑜伽師地論』권41(T30, 521a).

② 위범이 성립되기 위한 개별적 조건

다섯 가지의 개별적 조건이라는 것은 다음과 같다.

別緣五者。

(『유가사지론』) 권59에서 말하였다.

五十九云。

다시 열 가지 악업도惡業道[261]의 자성自性의 차별을 자세하게 건립하면 또 다섯 가지 모양에 의해 설명할 수 있다. 무엇이 다섯 가지인가? 첫째는 사상事象이고, 둘째는 생각(想)이며, 셋째는 욕구(欲樂)이고, 넷째는 번뇌이며, 다섯째는 방편이 성취되는 것(方便究竟)이다.

"사상"이라는 것은 낱낱의 업도마다 각각 달리 결정되어 있는 소의처所依處의 사상이다. 혹은 유정有情(생명이 있는 것)에 속하는 것이거나 혹은 유정이 아닌 것에 속하는 것이거나 그 상응하는 것에 따라 열 가지 악업도는 이것에 의거하여 변화된다.

"생각"이라는 것은 네 가지가 있다. 첫째는 그것(彼)을 그것이 아니라고 생각하는 것【율에서 "사람을 사람이 아니라고 생각하는 것"[262]이라고 한 것과 같다.】[263] 이고, 둘째는 그것이 아닌 것을 그것이라고 생각하는 것【"사람이 아닌 것을

---

261 열 가지 악업도惡業道 : 살생·도둑질·그릇된 형태의 음란한 행위·거짓말·이간질하는 말·추악한 말(惡口)·꾸미는 말(綺語)·탐욕·분노·그릇된 견해이다.
262 『十誦律』 권58(T23, 435c)에서 살생의 행위에 대한 죄의 경중을 다루면서 네 가지 경우를 설정한 것을 말한다. 이하 동일하다.
263 협주는 『瑜伽師地論』 본문에는 없는 것으로 의적이 별도로 붙인 것이다. 이하 협주도 동일하다.

사람이라고 생각하는 것"이라고 한 것과 같다.)이며, 셋째는 그것을 그것이라고 생각하는 것("사람을 사람이라고 생각하는 것"이라고 한 것과 같다.)이고, 넷째는 그것이 아닌 것을 그것이 아니라고 생각하는 것("사람이 아닌 것을 사람이 아니라고 생각하는 것"이라고 한 것과 같다.)이다.

"욕구"라는 것은 전도顚倒된 생각이나 전도되지 않는 생각으로 즐겁게 지으려는 욕구이다. "번뇌"라는 것은 탐욕이나 분노나 어리석음이나, 탐욕과 분노나 탐욕과 어리석음이나 분노와 어리석음이나, 탐욕과 분노와 어리석음을 모두 갖춘 것을 말한다. "방편이 성취되는 것"이라는 것은 하고자 하는 작업에 따라서 방편을 일으키고 혹은 바로 그때나 혹은 나중에 그것을 성취하는 것이다.

이 다섯 가지 모양에 의해 살생에서부터 그릇된 사견에 이르기까지의 모든 업도를 이루는 가운데 그 상응하는 것에 따라 원만한 자성의 열 가지 차별을 자세히 건립하겠다.[264]

> 若廣建立十惡業道自性差別。復由五相。何等爲五。一事。二想。三欲樂。四煩惱。五方便究竟。事者。一一業道。各別決定。所依處事。或有情數。或非有情數。隨其所應。十惡業道。依之而轉。想者有四。謂一於彼非彼想。{如律所云。人非人想} 二非於彼彼想。{非人人想} 三於彼彼想。{人作人想} 四非於彼非彼想。{非人非人想} 欲樂者。或有倒想。或無倒想。樂所作欲。煩惱者。或貪或瞋或癡。或貪瞋或貪癡或瞋癡。或貪瞋癡一切皆具。方便究竟者。卽於所欲作業。隨起方便。或於爾時。或於後時。而得究竟。由此五相。成於殺生。乃至邪見諸業道中。隨其所應。當廣建立圓滿自性十種差別。

논의 글이 이와 같으니 이제 그 뜻에 의해 여기에서의 위범의 조건을

---

264 『瑜伽師地論』 권59(T30, 630a).

풀이하겠다.

論文如是。今依彼意。釋此犯緣。

a. 살생에서의 사상

살생에서 '사상'이라는 것은 유정에 속하는 중생을 사상으로 삼는다. 여기에 세 가지 품이 있다.

첫째는 상품上品이니 부처님과 성인[265]과 아버지와 어머니와 스승인 스님이다. 이들을 해치면 바로 역죄逆罪와 중죄를 범한다.

(아라한) 이하의 세 가지 과위의 수행자[266]를 해쳤을 경우는 어떠한가? 어떤 사람은 "역죄는 성립되지 않는다. 『열반경』에서 '(세 가지 과위의 수행자는) 중품의 살생(中殺)에 들어가는 것'[267]이라고 하였기 때문이다. (『열반경』에서는) 필정보살畢定菩薩[268]을 (이러한고) 함께 상품의 살생(上殺)의 조목에 속하는 것[269]이라 하였다."[270]라고 하였고, 어떤 사람은 "역죄가 성

---

265 성인 : 뒤에 나오는 의적의 해석을 참조할 때 여기에서 성인은 성문이 수행하여 얻는 네 가지 과과 중 최고의 지위에 도달한 사람을 가리킨다. 성문의 네 가지 과과는 것은 차례대로 수다원須陀洹[S] srota-āpanna) → 사다함斯多含[S] sakṛdāgāmi) → 아나함阿那含[S] anāgāmi) → 아라한阿羅漢[S] arhat)이고, 그 의역어는 차례대로 예류預流 → 일래一來 → 불환不還 → 무학無學이다. 따라서 본문의 성인은 아라한을 가리킨다.
266 (아라한) 이하의~과위의 수행자 : 수다원과 사다함과 아나함을 가리킨다.
267 40권본『涅槃經』권16(T12, 460b)에서 "중품의 살생은 범부에서 아나함에 이르기까지를 '중품'이라고 한다. 이러한 업을 원인으로 하여 지옥도·축생도·아귀도에 떨어져 중품의 고통(中苦)을 받으니 이를 중품의 살생이라고 한다.(中殺者。從凡夫人。至阿那含。是名爲中。以是業因。墮於地獄畜生餓鬼。其受中苦。是名中殺)"라고 하였다.
268 필정보살畢定菩薩 : '필정'은 [S] avinivartanīya의 의역어로 아비발치阿鞞跋致라고 음역한다. 세 가지 악도(지옥·축생·아귀)와 이승지二乘地(성문·연각의 지위)로 물러나지 않는 것, 곧 증득한 보살지菩薩地와 깨달은 법에서 물러나지 않는 것을 말한다.
269 40권본『涅槃經』권16(T12, 460b)에서 "아버지와 어머니 더 나아가서 아라한과 벽지불과 필정보살을 상품이라고 한다.(父母乃至阿羅漢辟支佛畢定菩薩。是名爲上。)"라고 하였다.
270 지의智顗의『菩薩戒本疏』권하(T40, 571c)·승장의『梵網經述記』권상(X38, 406b)·작

립된다. 『범망경』 뒷부분에서 일곱 가지 역죄를 설하면서 오직 '성인을 살해하는 것(殺聖人)'[271]이라고만 했을 뿐이고 (그 성인을) 무학無學(아라한)으로 한정하지는 않았기 때문이다."[272]라고 하였다.

태내에서 길러 준 어머니[273]를 살해했을 경우는 어떠한가? 어떤 사람은 "역죄를 범하는 것이다. 보살계에서는 허물이 더욱 무겁게 적용되기 때문이다."라고 하였고, 어떤 사람은 "오직 중죄만 범할 뿐이다. 생명을 얻는 데 근본적인 역할을 한 것은 아니기 때문이다."라고 하였다.

殺中事者。謂有情數衆生爲事。此有三品。一上品。謂佛聖人父母師僧。害卽犯逆幷重。下三果人。一云非逆。涅槃經中。入中殺故。畢定菩薩。同上殺科。一云。是逆。下七逆中。唯言殺聖人。不云無學故。殺養胎母。一云。犯逆。於菩薩。過重故。一云。唯重非生本故。

둘째는 중품中品이니 인간과 하늘이다. 이들을 해치면 오직 중죄만 범할 뿐이다. 셋째는 하품下品이니 (인간과 하늘) 이하의 네 가지 취(四趣, 지옥·축생·아귀·아수라)이다. 어떤 사람은 "이들을 해치면 단지 경구죄輕垢罪

자 미상의 『梵網經述記』(T85, 744a) 등에서 제시한 것이다.
271 『梵網經』 권하(T24, 1008c).
272 이 주장의 의미는 "성문의 수행계위인 네 가지 향(四向 : 예류향·일래향·불환향·무학향)과 네 가지 과(四果 : 예류과·일래과·불환과·무학과)의 성자를 팔성八聖이라고 한다. 이 기준에 따르면 아라한만이 아니라 나머지 하위의 세 과, 곧 예류과·일래과·불환과의 수행자도 성인이라고 할 수 있다. 『梵網經』 본문에서 단지 '성인'이라고 하고 구체적으로 아라한을 지목하지 않았으므로 하위의 세 과의 수행자를 해쳐도 역죄가 될 수 있다."라고 한 것이다.
273 태내에서 길러 준 어머니 : 『俱舍論』 권18(T29, 94a)에서 "만약 어떤 여인이 갈라람羯剌藍(탁태한 이후 7일 동안의 태아를 가리키는 말)을 낙태하여 다른 여인이 거두어서 (자신의) 자궁(産門)에 두고 길러서 자식을 낳았다면 누구를 죽여야 어머니를 살해하는 역죄가 성립되는 것인가? 그 피의 원인이 된 사람을 살해했을 경우이니 몸이 태어나게 되는 근본적인 역할을 하는 것이기 때문이다.(設有女人。羯剌藍墮。餘女收取。置産門中。生子。殺何成害母逆。因彼血者。身生本故。)"라고 한 것을 참조하여 풀이하였다.

만 범할 뿐이니 불도를 감당할 수 있는 근기(道器)가 아니기 때문이다. (앞의『범망경』) 본문에서 '모든 생명이 있는 것들'이라고 한 것은 가벼운 것을 들어 무거운 것을 나타낸 것일 뿐이다. 성문계에서도 '개미에 이르기까지도 목숨을 빼앗지 말아야 한다.'[274]라고 하였지만 이것이 어찌 바로 중죄가 된다고 한 말이겠는가?"[275]라고 하였고, 어떤 사람은 "중죄이니 본문에서 간별하지 않았기 때문이다. 성문계에서는 처음에는 비록 총괄하여 설하였지만 뒷부분에서는 간별하였다.[276] 여기(『범망경』)에서는 그렇지 않아서 일찍이 간별한 적이 없다. 그러므로 중죄라는 것을 알 수 있다."라고 하였다.

二中品。謂人天。害唯犯重。三下品。謂下四趣。一云。若害。但犯輕垢。非道器故。文云一切有命者。擧輕況重耳。聲聞戒中。亦云。乃至蟻子。不應奪命。豈卽成重。一云。成重。又無簡故。聲聞戒中。初雖總說。下則簡別。此中不爾。曾無簡別。故知是重。

b. 살생에서의 생각

'생각'이라는 것은『유가사지론』에서 "만약 살해하는 사람이 중생이 있는 곳에서 중생이라고 생각하면서 생명을 해치려는 욕구를 일으킨다면 이러한 생각을 바로 그 중생에 대한 전도되지 않은 생각이라고 한다."[277]

---

274 『四分律』권35(T22, 815c)・『十誦律』권21(T23, 157a) 등을 참조할 것.
275 "개미도 안 되는 것인데 하물며 사람임에랴!"라는 뜻으로 이해해야 한다는 말인 것 같다.
276 『十誦律』권2(T23, 8b)에서 앞부분에서는 비구가 사람이나 사람과 비슷한 부류에 대해 고의로 목숨을 빼앗으면 바라이죄를 범한다고 하고, 뒷부분에서는 사람의 목숨을 빼앗는 것이라고 명기한 것(若比丘。若人若人類。故自奪命。……比丘。有三種。奪人命。波羅夷。)을 말하는 것 같다.
277 『瑜伽師地論』권59(T30, 630b).

라고 하였다.

> 想者。論云。若能害者。於衆生所。作衆生想。起害生欲。此想 卽名於彼衆生不顚倒。[1]

1) ㉔ 『瑜伽師地論』에 따르면 '倒' 뒤에 '想'이 누락되었다.

그런데 '생각'에는 세 가지가 있다.
첫째는 전도되지 않은 생각이다. 예를 들어 사람을 사람이라고 생각하는 것 곧 (앞에서 인용한 『유가사지론』 권59에서 밝힌 생각과 관련된 네 구절 중) 세 번째 구절인 '그것을 그것이라고 생각하는 것'과 사람이 아닌 것을 사람이 아니라고 생각하는 것 곧 (네 구절 중) 네 번째 구절인 '그것이 아닌 것을 그것이 아니라고 생각하는 것'과 같은 것을 말한다.
둘째는 전도된 생각이다. 사람을 사람이 아니라고 생각하는 것 곧 (네 구절 중) 첫 번째 구절인 '그것을 그것이 아니라고 생각하는 것'과 사람이 아닌 것을 사람이라고 생각하는 것 곧 (네 구절 중) 두 번째 구절인 '그것이 아닌 것을 그것이라고 생각하는 것'을 말한다.
셋째는 의심스러운 생각이다. 사람을 사람이 아닐 것이라고 의심하는 것과 사람이 아닌 것을 사람일 것이라고 의심하는 것이다.
『유가사지론』에서는 설하지 않았지만 율을 준거로 삼으면 전도되지 않은 생각이 있어야 중죄가 성립된다. (전도되지 않은 생각에 속하는) 두 가지 가운데 사람을 사람이라고 생각하고 행했으면 근본죄根本罪(重罪)를 범하는 것이고, 사람이 아닌 것을 사람이 아니라고 생각하고 행했으면 근본죄를 범하는 것이 아니다. (사람이 아닌 것의 경우 그중에서도) 축생이 아닌 것(非畜, 천신天神·귀신鬼神 등)을 대상으로 한 것이라면 또한 근본죄를 범하는 것이지만 지금 여기에서는 생명이 없는 것(非情)을 대상으로 한 경우에 대해 말했기 때문에 근본죄를 범하는 것이 아니라고 하였다.

전도된 생각 가운데 두 가지는 모두 근본죄를 범하는 것이 아니지만 분별은 해야 한다. 처음에 '사람을 사람이 아니라고 생각하는 것'의 경우 근본적으로 미혹하여 행하였다면(本迷)²⁷⁸ 근본죄를 범하는 것이 아니고, 생각이 바뀌어서 (사람이라고 생각하였는데도) 행하였다면 근본죄를 범하는 것이다. 뒤에 '사람이 아닌 것을 사람이라고 생각하는 것'의 경우 비록 근본죄를 범하는 것은 아닐지라도 한결같이 죄는 있으니 방편죄方便罪²⁷⁹를 범한 것이기 때문이다.

然想有三。一不倒想。謂如人作人想。卽第三句於彼彼想。及非人作非人想。卽第四句非於彼非彼想。二顚倒想。謂人作非人想。卽是第一句於彼非彼想。及於非人作人想。卽第二句非於彼彼想。三疑想。謂人非人疑。非人人疑。論雖不說。准律應有不倒。二中。人人想。犯根本。非人非人想。無犯。若望非畜。亦犯根本。今就罪情。故說無犯。倒想中。二俱不犯本。然應分別。初人作非人想。本迷不犯。轉想亦犯。後非人人想。雖不犯本。一向有罪。犯方便故。

c. 살생에서의 욕구

'욕구'라는 것은 『유가사지론』에서 "이러한 생각에 의지하기 때문에 이와 같은 마음을 내어 '나는 장차 생명을 해칠 것이다.'라고 한다면 이것을

---

278 근본적으로 미혹하여 행하였다면(本迷) : 사람에 대해 사람이 아니라는 생각을 그대로 유지한 상태에서 행하는 것을 말한다.
279 방편죄方便罪 : 위범의 조건을 완전하게 갖추지 않았지만 그 직전의 방편은 모두 실행한 것에 의거한 죄를 가리킨다. 바라이죄에 있어서 방편은 일어난 순서대로 원방편遠方便·차방편次方便·근방편近方便의 세 가지가 있다. 원방편은 마음만 일어났고 입과 몸으로는 아직 행하지 않은 것이고, 차방편은 입과 몸을 움직였지만 아직 위범의 대상에는 이르지 않은 것이며, 근방편은 위범의 대상에 근접한 것이다. 이 상태에서는 아직 위범이 완성된 것은 아니므로 방편죄라고 한다. 위범의 대상에 직접적인 해를 가함으로써 비로소 근본죄가 성립된다.

살생의 욕구라고 한다."²⁸⁰라고 하였다. 그러므로 살해하려고 생각하는 것을 욕구라고 한다.

전도된 생각이라는 것은 왕씨를 죽이려고 했는데 실수로 장씨 등을 죽이는 것 등을 말한다.²⁸¹ '만漫'이라는 것은 만나는 것마다 모두 살해하려는 것이다. 만심漫心²⁸²에 의해 행한 것이라면 마주하는 대상에 따라 모두 근본죄를 이룬다. 극심剋心(특정 대상을 죽이려는 마음)에 의해 행한 것이라면 살해하려는 마음을 먹은 것(心)과 죽인 대상(境)이 서로 일치하면 바로 근본죄를 이루고 서로 일치하지 않을 경우는 본래의 목적을 성취하지 못했기 때문에 경죄이다.

> 欲樂者。論云。依此想故。作如是心。我當害生。如是名爲殺生欲樂。此則殺思。名爲欲。張等。¹⁾ 漫者隨遇悉害。若漫心者。隨所遇境。皆成根本。若剋心者。心境相稱。卽成根本。若不相稱。不遂故輕。
>
> 1) ㉠ '張等'을 전후하여 누락된 문장이 있는 것 같다.

d. 살생에서의 번뇌

'번뇌'라는 것은 『유가사지론』에서 "이 살해하는 이가 탐욕에 의해 가리워졌거나 분노에 의해 가리워졌거나 어리석음에 의해 가리워졌거나 이 가운데 두 가지에 의해 가리워졌거나 세 가지에 의해 가리워졌거나 한 상태

---

280 『瑜伽師地論』 권59(T30, 630b).
281 승장의 『梵網經述記』 권상(X38, 407a)에서 "若顚倒相[想]。謂如欲殺王。誤殺張等。"이라고 한 것을 참조하여 전후의 내용을 집어넣었다.
282 만심漫心 : 여러 대상에 마음을 두는 것. 상대어는 극심剋心으로 하나의 대상에만 마음을 두는 것이다. 『四分律行事鈔資持記』 권중(T40, 348c)에서 "'극'은 마음(情)을 오직 하나의 대상에 집중하는 것이고, '만'은 마음이 여러 가지 연緣과 교섭하는 것이다.(剋謂情專一境。漫謂心涉多緣。)"라고 하였다. 예를 들어 살생의 경우 '극심'이란 왕씨 등과 같은 특정 대상을 죽이려는 마음이고, '만심'이란 대상을 가리지 않고 죽이려는 마음을 가리킨다.

에서 살해하려는 마음을 일으키면 이것을 번뇌라고 한다."[283]라고 하였다.

> 煩惱者。論云。此能害者。或貪所弊。[1] 或瞋所弊。[2] 或癡所弊。[3] 或二所弊。[4] 或三所弊。[5] 而起作心。是名煩惱。
>
> 1) ㉡『瑜伽師地論』에 따르면 '弊'는 '蔽'이다. 2) ㉡『瑜伽師地論』에 따르면 '弊'는 '蔽'이다. 3) ㉡『瑜伽師地論』에 따르면 '弊'는 '蔽'이다. 4) ㉡『瑜伽師地論』에 따르면 '弊'는 '蔽'이다. 5) ㉡『瑜伽師地論』에 따르면 '弊'는 '蔽'이다.

e. 살생에서의 방편이 성취됨

'방편이 성취되는 것'이라는 것은 (『유가사지론』에서) "그가 욕구와 오염된 마음에 의해 스스로 하거나 다른 사람을 시키거나 하여 방편을 일으켜 중생에게 해를 가하되, 만약 해치는 것과 동시에 상대방이 바로 목숨이 끊어졌으면, 바로 이 방편은 그때에 업도를 궁극적인 경지까지 성취한 것이라고 한다. 만약 나중에 상대방이 비로소 목숨이 끊어지면 이 방편에 의해 상대방이 목숨이 끊어졌을 때 비로소 업도를 궁극적인 경지까지 성취한 것이라고 한다."[284]라고 하였다.

> 方便究竟者。彼由欲樂及染污心。或自或他。發起方便。加害衆生。若害無間。彼便命終。卽此方便。當於爾時。說名成就究竟業道。若於後時。彼方命終。由此方便。彼命終時。乃名成就究竟業道。

(3) 위범한 것에 대해 경죄와 중죄를 판정함

위범한 것에 대해 경죄와 중죄를 판정하는 것에 세 가지가 있다.

---

283 『瑜伽師地論』권59(T30, 630b).
284 『瑜伽師地論』권59(T30, 630b).

첫째는 방편方便²⁸⁵과 근본根本²⁸⁶을 상대하여 분별하는 것이다. 방편의 단계에서는 (중죄가 성립되는) 조건이 결여되어 (목적을) 완수하지 못했기 때문에 경죄가 된다. 근본을 행할 때는 (중죄가 성립되는) 조건이 갖추어졌고 업을 이루었기 때문에 중죄가 된다. 둘째는 근본을 행한 것 가운데 대상에 따라 경죄와 중죄를 구별하는 것이다. 세 가지 품에 해당하는 대상(三品境)²⁸⁷에 따라 업의 경·중이 결정되기 때문이다.²⁸⁸ 셋째는 동일한 대상에게 행한 것 가운데 마음에 따라 판정하는 것이다. 일으킨 마음에 따라서 경·중이 있기 때문이다. 업을 이루는 것도 그러하여 염오에 의한 위범과 염오되지 않은 것에 의한 위범이 있으니, (차례대로) 고의에 의한 것과 실수에 의한 것으로 마음에 차이가 있다. 그 뜻은 알 수 있을 것이다.

結犯輕重有三。一方便根本。相對分別。方便關¹⁾緣。不遂故輕。根本緣具。暢業故重。二就本中。隨境輕重。隨三品境。業輕重故。三就一境中。隨心輕重。隨能起心。有輕重故。成業亦爾。染不染犯。故誤心異。其義可知。

1) ⓔ 저본에 따르면 '關'은 '闕'이다.

---

285 방편方便 : 어떤 목적을 성취하기 위한 예비적 행위를 일컫는 말. 가행加行·방편가행方便加行 등이라고도 한다. 예컨대 살생하려고 할 때 죽일 대상을 고르는 것 등을 방편이라 한다.
286 근본根本 : 앞의 방편을 실행한 이후 목적과 직접적으로 관련된 행위를 하는 것. 예컨대 살생하려고 할 때 실제로 죽이는 것을 근본이라 한다. 이 밖에 실제로 죽이고 나서 칼로 베거나 하는 것 등의 부수적 행위를 후기後起 혹은 성이成已라고 한다.
287 세 가지~해당하는 대상(三品境) : 앞의 'a. 살생에서의 사상'에서 서술한 세 가지 품 참조.
288 의적은 세 가지 품에 해당하는 대상에 따른 경죄와 중죄를 구체적으로 판정하지 않았다. 승장은 『梵網經述記』 권상(X38, 406b16)에서 『涅槃經』 권16(T12, 460b)에서 설한 삼품을 "상품에 해당하는 고통을 과보로 받는 살해의 대상(上殺)은 부모에서부터 아라한·벽지불·필정보살畢定菩薩 등에 이르기까지이고, 중품에 해당하는 고통을 과보로 받는 살해의 대상(中殺)은 범부에서부터 아나함阿那含의 지위에 도달한 수행자에 이르기까지이며, 하품에 해당하는 고통을 과보로 받는 살해의 대상(下殺)은 (지옥·축생·아귀餓鬼) 등의 삼취三趣 중생이다."라고 취의 요약하고, 상품은 역죄에 해당하고, 중품은 역죄는 없고 중죄가 성립되며, 하품은 경죄와 중죄의 두 가지 설이 있지만 후자의 견해가 더욱 옳은 것이라고 하였다.

(4) 학처學處의 동일성과 차이성을 밝힘

학처의 동일성과 차이성이라는 것은 다음과 같다.

이 계는 대승과 소승에서 모두 제정하였고 출가자와 재가자에게도 역시 동일하게 적용된다. 그런데 대승과 소승이 완전히 동일하지는 않다.

첫째는 경·중의 차이가 있다. 성문(소승)은 오직 사람일 경우에만 중죄이고 나머지는 모두 경죄이다. 그러나 대사大士(보살, 대승)는 세 가지 품에 해당하는 대상(三境)[289]에 대해 모두 중죄가 된다.

둘째는 예외적으로 허락하는 것(開)과 일관되게 금지하는 것(遮)의 차이가 있다. 성문은 오직 일관되게 금지하는 것만 있을 뿐이고 예외적으로 허락하는 것(開)은 전혀 없다. 대사는 이익이 있으면 바로 예외적으로 허락한다.

> 學處同異者。此戒。大小俱制。道俗亦同。然大小乘。不全同也。一輕重異。聲聞。唯人是重。餘皆爲輕。大士。三境俱重。二開遮異。聲聞。唯遮無開。大士。有益便開。

「보살지」에서 말하였다.

> 菩薩地云。

보살들이 보살의 청정한 계율의에 머물면서 훌륭한 방편으로 다른 사람에게 이익을 주기 위하여 여러 가지 성죄性罪를 일부만 지었다면 이러한 인연에 의해 보살계를 위범하는 일은 없고 많은 공덕을 낳는다. 말하

---

[289] 세 가지~해당하는 대상(三境) : 앞에서 설한 삼품에 속하는 대상을 가리킨다.

자면 예를 들어 보살이 남의 물건을 겁탈하는 도적이 재물을 탐하여 많은 중생을 죽이려고 하거나 큰 덕을 가진 성문과 독각과 보살을 해치려고 하거나 또 여러 가지 무간업無間業[290]을 지으려거나 하는 것을 보고 마음을 일으켜 생각하기를 "내가 저 악한 중생의 생명을 끊어 버리면 내가 지옥에 떨어질 것이고 만약 그의 생명을 끊지 않는다면 그가 무간업을 성취하여 장차 큰 고통을 받을 것이다. 내가 차라리 그를 죽여서 나락가那落迦[291]에 떨어질지언정 끝내 그로 하여금 무간의 고통을 받게 하지는 않겠다."라고 하였다고 하자. 이와 같이 보살이 의도를 가지고 생각하여 저 중생에 대해 선심善心이나 무기심無記心(선도 아니고 불선不善도 아닌 마음)으로 그 일로 인해 생겨날 모든 일들을 잘 알고 그를 미래의 나쁜 과보로부터 구제하기 위하여 매우 부끄러워하는 마음을 품고서도 그를 불쌍하게 여기는 마음에 의해 그의 생명을 끊는다고 하자. (이렇게 할 경우는) 이러한 인연에 의해 보살계를 위범하는 일은 없고 많은 공덕을 낳는다.[292]

若諸菩薩。安住菩薩淨戒律儀。善權方便。爲利他故。於諸性罪。小[1]分現行。由是因緣。於菩薩戒。無所違犯。生多功德。謂如菩薩。見劫盜賊。爲貪財故。欲殺多生。或後[2]欲害大德聲聞獨覺菩薩。或復欲造多無間業。見是事已。發心思惟。我若斷彼惡衆生命。當墮地獄。如其不斷。無間業成。當

---

290 무간업無間業 : 이숙과異熟果가 결정되고 더 이상 다른 법이 개입할 틈이 없는 업, 죽음 이후 조금의 시간적 간격도 없이 바로 지옥에 떨어지도록 하는 업, 조금의 빈틈도 없이 고통을 받는 지옥에 떨어지도록 하는 업 등의 다양한 뜻이 있는데 여기에서는 세 번째 뜻으로 쓰였다. 무간업의 구체적인 내용은 다섯 가지 역죄(五逆罪)이니, 곧 어머니를 죽이는 것·아버지를 죽이는 것·아라한을 죽이는 것·화합된 승가를 무너뜨리는 것·악심惡心으로 부처님의 몸에 피를 내는 것 등이다.
291 나락가那落迦 : [S] naraka의 음역어. 불락不樂·가염可厭·고구苦具·지옥地獄 등으로 의역한다. 윤회의 여섯 길 중 가장 하위에 속하는 것. 온갖 형태의 고통을 받는 곳으로 묘사된다.
292 『瑜伽師地論』 권41(T30, 517b).

受大苦。我寧殺彼。墮那落迦。終不令其。受無間苦。如是菩薩 意樂思惟。於彼衆生。或以善心。或無記心。知此事已。爲當來故。深生慚愧。以憐愍心。而斷彼命。由是因緣。於菩薩戒。無所違犯。生多功德。

1) ⓐ『瑜伽師地論』에 따르면 '小'는 '少'이다.   2) ⓐ『瑜伽師地論』에 따르면 '後'는 '復'이다.

선예왕仙譽王이 5백 명의 바라문을 죽인 것과 같은 것293이 바로 그 일에 해당한다.

如仙譽王。害五百婆羅門。卽其事也。

(셋째는) 마음에 중점을 두어 제정한 것과 색에 중점을 두어 제정한 것도 같지 않은 것이다.294

制心制色。亦不同也。

(5) 본문을 해석함

본문을 해석하는 것에 세 가지가 있다.

就文有三。

---

293 선예왕仙譽王에서 '譽'는 '預'·'豫' 등으로도 쓴다. 40권본『涅槃經』권12(T12, 434c)에서 부처님께서 전생에 선예왕이었을 때 대승경전을 비방하는 바라문을 죽였으나 그 일로 인해 지옥에 떨어진 적은 없었다고 한 것을 가리킨다.
294 대사는 살생하려는 마음까지도 끊는 것을 목적으로 하고, 성문은 오직 살생하는 일을 없애는 것에 그치는 점에서 차이가 있음을 나타낸 말로 보인다.

① 사람을 나타냄

첫째는 사람을 나타내었으니 바로 "불자여"라고 한 것을 말한다. 아직 보살계를 받지 않았으면 여기에서 제정한 것을 지켜야 하는 대상이 되지 않기 때문이다. 예를 들면 성문계에서 "비구여"라고 한 사례와 같다. 둘째는 위범의 사상事象을 서술하였으니 "스스로 죽이거나"라고 한 것이 이것이다. 셋째는 죄의 이름을 판정하였으니 "이는 보살의 바라이죄에 해당한다."라고 한 것을 말한다.

一標人。卽佛子也。未受菩薩戒。非此所制故。如聲聞戒。若比丘例。二敘犯事。若自殺業是。三結罪名。是菩薩波羅夷罪也。

② 위범의 사상을 서술함

위범의 사상을 서술한 것 가운데 또한 세 가지가 있다.

敘犯事中。又三。

a. 하지 말아야 할 것을 들어서 해서는 안 될 것을 판정함

첫째는 하지 말아야 할 것을 들어서 해서는 안 될 것을 판정하였으니 ("스스로 죽이거나……고의로 죽여서는 안 된다."라고 한 것을 말한다.) 둘째로 "보살이라면 (자비로운 마음과)" 이하는 행해야 할 것을 들어서 항상 하노록 가르쳤다. 셋째로 "(도리어) 스스로 마음이 내기는 대로" 이하는 다시 하지 말아야 할 것을 들어 위범하는 일이 성립되는 것을 밝혔다.

처음에 하지 말아야 할 것을 (들어서 해서는 안 될 것을 판정한 것에) 또 세 가지가 있다. 처음의 여섯 구절은 위범의 사상事象을 밝혔고, 다음

의 네 구절은 위범이 성립되는 것을 밝혔으며, 나중의 "모든 생명이 있는 것들"은 예전의 학설에서는 가벼운 것을 들어서 무거운 것에 견준 것이라고 판별하였다.[295] 나의 견해를 제시하면 위범의 범위(分齊)를 판정한 것이라고 할 수 있다.[296]

一擧不應制不得作。二是菩薩下。擧所應敎令常作。三而自恣心下。還擧不應成犯事也。初不應中。又三。初六句明犯事。次四句辨犯成。後乃至一切有命者。古判擧輕況重。今謂結犯分齊也。

a) 위범의 사상事象

위범의 사상을 밝힌 것 가운데 처음의 두 구절은 쉽게 알 수 있다. "방편으로 죽이거나"라는 것은 의발倚撥[297]·약을 주는 것 등에 의해 죽이는 것이다. "찬탄하는 것에 의해 죽게 하거나"라는 것은 내가 찬탄한 것으로 인해 앞에 있는 사람이 죽는 것이다.[298] "죽이는 것을 보고 따라서 기뻐함

---

295 지의智顗가 설하고 관정灌頂이 기록한 『菩薩戒義疏』 권하(T40, 571c)에서 "살생의 대상은 세 가지로 구분된다. 제3 하품에 속하는 대상을 살해했을 경우에는 기존의 학설에 중죄라는 설과 경죄라는 설의 두 가지가 있다. 만약 경죄라면 중죄를 설하는 글에서 왜 일체의 생명이라고 하였는가? 이는 가벼운 것을 들어 무거운 것을 드러낸 것이다. 경죄라는 견해를 지지한다."라고 한 것을 말한다. 이것은 생명이 있는 것은 일체 살해해서는 안 된다고 한 것은 중죄에 해당되는 대상을 살해하는 것이 낳은 죄의 무거움을 강조하기 위한 것이라는 말이다.
296 승장의 『梵網經述記』 권상(X38, 406c)에서 "비록 두 가지 해석(경죄라는 설과 중죄라는 설)이 있지만 나중의 설이 뛰어나다. 그러므로 이 경에서도 (나중의 설과 그 취지를 같이하여 살해해서는 안 되는 대상을 사람에 한정하지 않고) '생명이 있는 모든 것'이라고 하였다.(雖有兩釋。後說爲勝。故此經云一切有命者。)"라고 하여 의적과 동일한 입장을 보이고 있다.
297 의발倚撥: 『四分律』 권2(T22, 577a)에 따르면 상대방이 주로 의지하는 곳을 미리 파악하여 그곳에 특정한 장치를 설치한 후 상대방이 그곳에 왔을 때 장치가 작동하게 하는 것을 말한다.
298 비참하게 사는 것보다 차라리 죽는 것이 낫다고 하는 방식으로 죽음을 찬탄함으로써 상대방이 자살하게 만드는 것이다.

으로써 죽이게 하거나"라는 것은 내가 따라서 기뻐한 것으로 인해 앞에 있는 사람이 죽이는 일을 하는 것이다.[299] "주문에 의해 죽이는 일에 이르기까지"라는 것은 비타라毘陀羅[300] 등의 주문이 있는데 이러한 주문을 외운 것으로 인해 앞에 있는 사람을 죽게 하는 것을 말한다. 살생하는 일은 여러 가지인데 나머지를 생략하고 이것만 취했기 때문에 '이르기까지'라고 하였다. 예를 들어 타태墮胎에 의해 죽이는 것·안복按腹에 의해 죽이는 것[301]·사람을 보내어 죽이는 것(遣使)·거듭해서 사람을 보내어 죽이는 것(重使)[302] 등이 있으니 그 종류가 하나가 아니다.

就犯事中。初二易了。方便殺者。如倚撥與藥等。讚嘆殺者。由我讚嘆。前人死也。見作隨喜者。由我隨喜。前人死也。乃至呪殺者。謂毘陀羅等呪。由誦此呪。前人被死。殺事多種。略餘取此。故云乃至。如墮胎安[1)]腹遣使重使等。其類非一。

1) ㉭ '安'은 '按'인 것 같다.

b) 위범이 성립되는 것을 밝힘

위범이 성립되는 것에서 "살생의 업"이라는 것은 세 가지 업 가운데 한

---

299 누군가 죽인 것을 따라서 기뻐하고, 어떤 사람이 따라서 기뻐하는 나의 마음을 보고서 살생하게 하는 것을 말한다.
300 비타라毘陀羅 : Ⓢ Vetāla의 음역어. 죽은 시체를 일으켜 세워 만든 귀신을 일컫는 말. 이러한 목적을 성취하기 위해 외우는 주문을 비타라주毘陀羅呪라고 한다.
301 『十誦律』 권2(T23, 9c)에 따르면 '타태'란 임신한 여인에게 약을 주는 것·침을 놓는 것과 같은 행위에 의해 태아 혹은 임산부를 죽게 하는 것이고, '안복'이란 임신한 여인에게 무거운 물건을 들게 하는 것·힘든 일을 시기는 것 등에 의해서 태아 혹은 임산부를 죽게 하는 것이다. 『薩婆多毘尼毘婆沙』 권3(T23, 518c)에 따르면 '타태'란 어머니의 배 속에서 온갖 감각기관이 이미 완성된 이후 온갖 인연으로 살해하는 것이고 '안복'이란 어머니의 배 속에서 아직 온갖 감각기관이 완성되지 않았을 때 배를 주물러서 살해하는 것이다.
302 『四分律』 권2(T22, 576c)를 참조할 것.

가지 업에 의해 살생하는 일이 성립된다.[303] "살생의 법"이라는 것은 살생의 방법이니 칼로 베거나 활로 쏘거나 하는 것 등을 말한다.[304] "살생의 인"이라는 것은 인등기심因等起心[305]을 말한다. "살생의 연"이라는 것은 사상·생각·욕구·번뇌·방편 등을 말하니 자세한 내용은 앞에서 설한 것과 같다.

> 就成犯中。殺業者。於三業中。隨由一業。成殺事也。殺法者。謂殺方法。或刀斫。或箭射等。殺因者。謂因等起心。殺緣者。謂事想欲樂煩惱方便。如上所說。

c) 위범의 범위를 설정함[306]

b. 행해야 할 것을 들어서 항상 하도록 가르침

행해야 할 일은 쉽게 이해할 수 있을 것이다.

> 應事易了。

---

303 승장의 『梵網經述記』 권상(X38, 406b)에서는 "몸과 손을 움직이는 것을 일러 살생의 업이라 한다.(謂動身手。名爲殺業。)"라고 하였다.

304 지의의 『菩薩戒義疏』 권하(T40, 571c)에서 "살생의 법이란 칼·구덩이·덫을 말한다.(殺法。謂刀劍坑弶等)"라고 하여 같은 입장을 보인다. 그러나 법장은 『梵網經菩薩戒本疏』 권1(T40, 613a)에서 "셋째, 법으로서 다스림을 이루는 것이니, 가혹한 법을 시행하는 관리 등과 같은 것을 말한다. 법에 의해 살생을 이루기 때문에 살법이라 한다.(三以法成治。如酷法官等。以法成殺。故名殺法)"라고 하였고, 승장은 『梵網經述記』 권상(X38, 406b)에서 "살생의 법은 그릇된 법을 말한다. 이러한 그릇된 법에 의지하여 살생을 행하기 때문에 살생의 법이라 한다. 예를 들면 양羊을 죽여 하늘에 제사를 지내면 죽어서 하늘에 태어난다고 하는 것을 말한다."라고 하여 달리 풀었다.

305 인등기심因等起心: 표업·무표업에 선행하여 그 원인이 되는 마음을 가리킨다. 예를 들면 '나는 장차 상대방을 죽일 것이다.'라는 마음을 일으키는 것을 말한다.

306 앞에서(180쪽) "니중의 '모든 생명이 있는 것들'은……판별하였다."라고 한 것이 여기에 상응한다.

c. 다시 하지 말아야 할 것을 들어 위범하는 일이 성립되는 것을 밝힘

다시 하지 말아야 할 것을 든 것 가운데 "자신의 마음이 내키는 대로"라는 것은 부처님께서 제정하신 것을 돌아보면서 삼가지 않고 자신의 어리석은 마음을 멋대로 내버려 두어 연緣에 따라 행위하는 것이다. "즐거운 생각으로 살생한다면"이라는 것은 내적으로는 미혹과 착오가 없고 외적으로는 핍박받는 일이 없이 분명하게 인식하는 마음으로 살생을 행하는 것이다.

> 還擧不應中。自恣心者。於佛所制。無所顧憚。縱自愚情。隨緣造作。快意殺生者。於內無迷謬。於外無逼切。以了了心。行殺生也。

③ 죄의 이름을 판정함

죄의 이름을 판정한 것 가운데 "바라이"라는 것은 타불여의처墮不如意處라고 의역하고 타승처他勝處라고도 한다. 출가하여 계를 받는 것은 마구니를 제압하는 것을 근본으로 삼는다. 그런데 계를 범하는 것에 의해 여의치 않은 상태(不如之處, 수행의 장애가 되는 것과의 승부에서 지는 것)에 떨어지기 때문에 타불여처墮不如處라고 한다. 상대방이 이기고 내가 패배하기 때문에 타승처라고 한다.

> 結罪名中。波羅夷者。此云墮不如意處。亦云他勝處。出家受戒。本爲制魔。然由犯戒。墮在不如之處。故云墮不如處。彼勝我負。故云他勝處。

2) 도둑질하는 것을 금한 계

경 너희들 불자여, 스스로 도둑질하거나 다른 사람을 시켜 도둑질하게

하거나 방편으로 도둑질하거나 주문에 의해 도둑질하거나 하면서, 도둑질의 업과 도둑질의 법과 도둑질의 인과 도둑질의 연을 성취하여, 귀신을 모신 곳에 있는 주인이 있는 물건과 도둑의 물건에 이르기까지의 모든 재물을 바늘 한 개, 풀 한 포기라도 고의로 도둑질해서는 안 된다. 보살은 불성에 깃든 효순하는 마음과 자비로운 마음을 내어, 항상 모든 사람을 도와 복을 낳고 즐거움을 누리게 해야 하는데 도리어 남의 재물을 도둑질한다면 이는 보살의 바라이죄에 해당한다.

若佛子。自盜敎人盜。方便盜讚嘆盜。見作隨喜。乃至[1] 呪盜。[2] 盜因盜緣盜法盜業。[3] 乃至鬼神有主。劫賊物。一切財物。一針一草。不得故盜。而菩薩。應生佛性孝順心慈悲心。常助一切人。生福生樂。而反更盜人財物。是菩薩波羅夷罪。

1) ㉤ 을본에 따르면 '讚嘆盜見作隨喜乃至'는 연자인 것 같다. ㉣ 의적의 해석에 의거할 때 연자가 맞는 것 같다. 앞서 인용한 船山徹의 논문에서 제시한 아홉 가지 판본에도 동일한 문장을 보이는 것이 없다. 2) ㉣ 궁본에 따르면 '呪盜'는 뒤의 '乃至鬼神有主' 앞에 와야 한다. 그러나 의적은 주석에서 '自盜敎人盜方便盜呪盜'를 네 가지의 위범의 사상이라고 하고 네 번째가 '呪盜'라고 하였다. 따라서 船山徹이 제시한 아홉 가지 판본에 일치하는 부분은 없지만 '呪盜'는 현재의 위치에 그대로 두어야 한다. 3) ㉣ 궁본에 따르면 '盜因盜緣盜法盜業'은 '盜業盜法盜因盜緣'이다.

소 두 번째는 도둑질하는 것을 금한 계이다.

第二盜戒。

(1) 제정한 뜻을 밝히고 이름을 풀이함

제정한 뜻을 밝히고 이름을 풀이하는 것은 다음과 같다.

制意釋名者。

① 제정한 뜻을 밝힘

재물은 외명外命[307]으로 의지가 되고 도움이 되는 것이니 자신을 버려서라도 애호하지 않음이 없다. 대사라면 마음을 중생에게 복덕과 즐거움이 생겨나도록 돕는 것에 두어야 할 것인데 도리어 다른 사람의 재물을 침탈하여 자신을 윤택하는 것에 길이 탐착한다면 행해야 할 것(行處)을 어기는 것이 심한 것이기 때문에 두 번째로 제정하였다.

財爲外命。有待所資。自除己我。莫不愛護。大士爲懷應當助生福樂。而變[1]
侵損他物。潤己長貪。違行處深。故次制也。

1) ㉥ '變'은 '反'인 것 같다.

② 이름을 풀이함

"도둑질(盜)"이라는 것은 주지 않은 것을 취하는 것(不與取)과 같은 말이다. 몰래 취하는 것을 "투偸"라고 하고 드러나게 빼앗는 것을 "겁劫"이라고 하며, "도둑질"은 두 가지에 모두 통한다.

盜猶不與取之名也。竊取名偸。顯奪名劫。盜通二也。

---

307 외명外命 : 홍찬弘贊의 『梵網經菩薩心地品下略疏』 권하(X38, 712a)에서 "앞의 계(살생하는 것을 금한 계)는 그 정보正報(중생의 신체)인 내명內命을 해치는 것이고, 이 계(도둑질하는 것을 금한 계)는 그 의보依報(중생의 물리적 환경을 구성하는 것)인 외명外命을 해치는 것이다. 재물로서 색신色身을 돕고 기르기 때문에 외명에 속한다.(前戒害彼正報內命。此戒害彼依報外命。以財物。能資養色身。故屬外命。)"라고 하였다.

(2) 위범이 성립되기 위해 갖추어져야 할 조건

① 도둑질에서의 사상

위범이 성립되기 위해 갖추어야 할 조건 가운데 주지 않은 것을 취하는 것의 '사상'이라는 것은 다음과 같다. 『유가사지론』에서 "다른 사람이 가지고 있는 물건을 말한다."[308]라고 하였다. 어떤 사람은 "율에 준할 때 오직 사람이 소유한 물건을 취하되 그 가치가 오전五錢 이상일 경우에만 비로소 중죄를 범하는 것이다."[309]라고 하였고, 어떤 사람은 "그렇지 않다. 본문에서 '귀신을 모신 곳에 있는 주인이 있는 물건과 도둑의 물건에 이르기까지의 모든 재물을 바늘 한 개, 풀 한 포기라도 고의로 도둑질해서는 안 된다.'라고 하였다. 그러므로 성문과는 다른 것을 알 수 있다."라고 하였다.

具緣犯中。不與取事者。論云。謂他所攝物。有人。准律。唯取人物五錢已上。方犯重也。一云不爾。文云。乃至鬼神有上[1]物物一針一草不得故盜。故知。異聲聞也。

1) 옝 '上'은 '主'이다.

② 도둑질에서의 생각

'생각'이라는 것은 다른 사람의 물건을 다른 사람의 물건이라고 생각하

---

308 『瑜伽師地論』 권59(T30, 630b).
309 누구의 견해인지는 알 수 없다. 다만 『五分律』 권1(T22, 7a12)에서 "사람이 소유한 물건으로 주지 않은 것을 취하되 그 가치가 오전 이상이면 비구·비구니는 바라이죄에 해당한다.(若人物。不與取。五錢已上。比丘比丘尼。波羅夷。)"라고 한 것과 맥락적으로 동일하다.

는 것이다. 전도된 것과 전도되지 않은 것에 따라 네 구절이 성립되는데 살생의 경우에 준하여 알아야 할 것이다.

> 想者。他物他物想也。倒不倒四句。准殺應知。

③ 도둑질에서의 욕구

'욕구'라는 것은 도둑질하려는 욕구를 일으키는 것이다.

> 欲樂者。謂劫盜欲。

④ 도둑질에서의 번뇌

'번뇌'라는 것은 (탐욕·분노·어리석음의) 세 가지 가운데 하나 혹은 그 이상을 갖춘 것을 말한다.

> 煩惱者。謂三種中。或單或具。

⑤ 도둑질에서의 방편이 성취됨

'방편이 성취되는 것'이라는 것은 방편을 일으켜 본래 있었던 곳을 떠나 옮겨지는 것을 말한다.

> 方便究竟者。謂起方便。移離本處。

(3) 위범한 것에 대해 경죄와 중죄를 판정함

위범한 것에 대해 경죄와 중죄를 판정하는 것은 살생에 준하여 알아야 한다.

結犯輕重。准殺應知。

(4) 학처의 동일성과 차이성을 밝힘

학처의 동일성과 차이성이라는 것도 살생에 준하여 알아야 한다.

學處同異者。亦准殺也。

(『유가사지론』)「보살지」에서 말하였다.

菩薩地云。

또 보살이 강대한 힘을 가진 국왕과 강력한 힘을 가진 관리가 상품上品의 포악한 기질을 지녀서 모든 중생에 대해 자애로움과 연민을 일으키지 않고 오로지 핍박하고 괴롭히기만 하는 것을 본다면, 보살은 보고 나서 그 악에 대해 깊이 생각하여 불쌍히 여기는 마음을 일으키고 이익과 안락함을 주려는 의도를 일으켜 힘이 닿는 대로 강력한 힘을 가진 국왕 등의 지위를 폐하거나 지위가 낮아지도록 하는데, 이러한 인연에 의해 보살계를 위범하는 일은 없고 많은 공덕을 낳는다.

또 보살이 도둑이 다른 사람의 재물이나 승가 소유의 물건이나 솔도파窣堵波[310]에 소장된 물건 등을 빼앗아 온갖 물건을 취하고 나서 그것을 가지고 자신의 소유라고 하면서 제멋대로 사용하는 것을 본다면, 보살은 보고 나서 불쌍히 여기는 마음을 일으키고 그 중생에 대해 이익과 안락함을 주려는 의도를 일으켜 힘이 닿는 대로 핍박하고 빼앗아서 이와 같은 재물을 사용함으로써 오랜 세월 동안 의미도 없고 이익도 없는 그런 과보를 받는 일이 생겨나지 않게 하는데, 이러한 인연에 의해 빼앗은 재보財寶는, 승가의 소유였던 것은 다시 승가에 돌려주고 솔도파에 소장되었던 물건은 다시 솔도파에 돌려놓으며, 중생의 물건이었던 것은 다시 중생에게 돌려준다.

또 중주衆主[311]나 원림주園林主[312]가 승가 소유의 물건과 솔도파에 소장된 물건을 취하고 나서 그것을 가지고 자신의 소유라고 하면서 제멋대로 사용하는 것을 본다면, 보살은 보고 나서 그 악을 깊이 생각하여 불쌍히 여기는 마음을 일으키고 이렇게 그릇된 방법으로 사용한 업으로 인해 오랜 세월 동안 의미도 없고 이익도 없는 그런 과보를 받는 일이 생겨나지 않게 하려고 힘이 닿는 대로 그 주관하는 지위를 빼앗는데, 보살이 이와 같이 하였다면 비록 주지 않은 것을 취했더라도 위범하는 일은 없고 많은 공덕을 낳는다.[313]

又如菩薩。見有增上增上宰官。上品暴惡。於諸有情。無有慈愍。專行逼惱。菩薩見已。思擇彼惡。起憐愍心。發生利益安樂意樂。隨力所能。若廢若黜增上等位。由是因緣。於菩薩戒。無所違犯。生多功德。又如菩薩。見劫盜賊。奪他財物。若僧伽物。窣堵波物。取多物已。執爲己有。縱情受用。菩薩

---

310 솔도파窣堵波 : ⑤ stūpa의 음역어. 부처님의 사리舍利·경전 등을 담아 두기 위해 여러 층으로 쌓아 올린 건축물을 가리킨다. 줄여서 탑파塔婆·탑塔 등이라고도 한다.
311 중주衆主 : ⑤ vaiyāpṛtya-kara. 승가의 물건을 주관하는 사람을 가리킨다.
312 원림주園林主 : ⑤ ārāmika. 솔도파의 물건을 주관하는 사람을 가리킨다.
313 『瑜伽師地論』권41(T30, 517b17).

見已。起憐愍心。於彼有情。發生利益安樂意樂。隨力所能。逼而奪取。勿令受用如是財故當受長夜無義無利。由此因緣。所奪財寶。若僧伽物。還復僧伽。窣堵波物。還窣堵波。若有情物。還復有情。又見衆主。或薗[1]林主。取僧伽物窣堵波物。言是已[2]有。縱情受用。菩薩見已。思擇彼惡。起憐愍心。勿令因此邪受用業當受長夜無義無利。隨力所能。廢其所主。菩薩如是。雖不與取。而無違犯。生多功德。

1) ㉄『瑜伽師地論』에 따르면 '薗'은 '園'이다. 2) ㉄ 저본에 따르면 '已'는 '己'이다. 『韓國佛敎全書』의 오식인 것 같다.

(5) 본문을 해석함

본문을 해석하는 것에 앞에서와 같이 또한 세 가지[314]가 있다.

就文中。如前又三。

① 사람을 나타냄

② 위범의 사상을 서술함

a. 하지 말아야 할 것을 밝힘

위범의 사상을 서술한 것 가운데 먼저 하지 말아야 할 것을 밝혔다.

敘犯事中。先辨不應。

---

314 세 가지 : ① 사람을 나타냄, ② 위범의 사상을 서술함, ③ 죄의 이름을 판정함이다.

a) 위범의 사상

위범의 사상에 네 가지가 있는데 네 번째는 주문에 의해 도둑질하는 것이다.

犯事有四。第四呪盜。

b) 위범이 성립되는 것을 밝힘

위범이 성립되는 것에 네 구절이 있으니 뒤에 바로 열거하였다.

成犯四句。後方列。

"방편으로 도둑질하거나"라는 것은 예를 들어 율에서 "공양을 받으려는 비구가 시주施主에게 '그대의 공양을 받으려는 이는 바로 아라한이다.'라고 하는 것 등이 이것에 해당한다."[315]라고 하였다. 만약 공양을 받았다면 두 가지 일에서 죄를 짓는 것이니 거짓말한 죄(妄語罪)와 도둑질한 죄(盜罪)이다. "주문에 의해 도둑질하거나"라는 것은 주문을 외워서 물건을 저절로 오게 하는 것이다. (여기에서는 앞의 살생하는 것을 금한 계와는 달리) 찬탄하는 것과 따라서 기뻐하는 것이 없는 것은 찬탄함과 기뻐함에 의거하지 않고 자체의 업을 이루기 때문이다.[316]

方便盜者。如律云。受供比丘。語施主云。受汝供養。是阿羅漢等。是也。若得供者。罪兼二事。謂妄語盜。呪盜者。誦呪令物自來也。無讚喜者。不由讚喜。成自業故。

---

315 『四分律』 권2(T22, 577b).
316 "방편으로 도둑질하거나"라는~이루기 때문이다 : 'a) 위범의 사상'에 속하는 것이다.

c) 위범의 범위를 설정함

"귀신을 모신 곳에 있는 주인이 있는 물건"이라는 것은 신묘神廟에 있는 물건으로 혹은 귀신이 바로 '주인'이 되고 혹은 그 나머지의 경우는 수호하는 사람이 '주인'이 된다.

"도둑의 물건"이라는 것은 관청에서 수거한 도둑의 물건을 말한다. 또 도둑의 물건이라고 할 수도 있으니 본래 비록 나의 물건이었더라도 강제로 빼앗아 취하면 바로 도둑의 물건이 되기 때문이다. 물건에는 정해진 소속이 없고 취하는 사람이 그 주인이 되기 때문이다.[317]

> 鬼神有主物者。謂神廟中物。或鬼神卽爲主。或餘爲守護主也。劫賊物者。謂官所收劫賊物也。又可劫賊物者。本雖是我物。若劫奪而取。卽成賊者物也。物無定屬。隨取成其主故。

b. 행해야 할 것을 들어서 항상 짓게 가르침

c. 다시 하지 말아야 할 것을 들어 위범하는 일이 성립되는 것을 밝힘

③ 죄의 이름을 판정함

---

317 『五分律』 권28(T22, 183a)에서 "다시 어떤 비구가 도둑에게 옷을 빼앗겼다가 나중에 쫓아가서 빼앗았다. 의심이 생겨서 부처님께 여쭈었더니 부처님께서 물었다. '너는 옷을 잃어버렸다고 생각하였는가?' 비구가 대답하였다. '아직 잃어버렸다고 생각하지 않았습니다.' 부처님께서 말씀하셨다. '아직 잃어버렸다고 생각하지 않았다면 위범이 아니고 이미 잃어버렸다고 생각했다면 위범이다.'"라고 한 것과 『摩訶僧祇律』 권3(T22, 251a)에서 "비구가 도둑에게 가사와 발우를 빼앗기고 다시 무리를 지어 도둑을 쫓아가서 빼앗긴 물건을 되찾았을 경우, 아직 잃어버렸다고 생각하지 않았다면 무죄이고, 이미 잃어버렸다고 생각했다면 도둑이 되어서 다시 도둑의 물건을 겁탈한 것이니 바라이죄이다."라고 한 것을 참조할 것.

3) 음란한 행위를 하는 것을 금한 계

경 너희들 불자여, 스스로 음란한 행위를 하거나 다른 사람을 시켜 음란한 행위를 하게 하면서 모든 여인에 이르기까지 고의로 음란한 행위를 해서는 안 된다. 음란한 인因과 음란한 연緣과 음란한 법法과 음란한 업業을 성취하여, 축생의 암컷이나 하늘과 귀신의 여인 및 비도非道[318]에 이르기까지 음란한 행위를 해서야 되겠느냐? 보살은 효순하는 마음을 내어 모든 중생을 구제하며 청정한 법을 사람들에게 베풀어 주어야 하는데 도리어 모든 사람에게 음란한 마음을 일으키고 축생에서부터 어머니와 딸과 자매 등의 여섯 부류의 친족에 이르기까지 가리지 않고 음란한 행위를 하면서 자비로운 마음을 갖지 못한다면 이는 보살의 바라이죄에 해당한다.

若佛子。自婬敎人婬。乃至一切女人。不得故婬。婬因婬緣婬法婬業。乃至畜生女。諸天鬼神女。及非道行婬。而菩薩。應生孝順心。救度一切衆生。淨法與人。而反更起一切人婬。不擇畜生。乃至母女姉妹六親行婬。無慈悲心者。是菩薩波羅夷罪。

소 세 번째는 음란한 행위를 하는 것을 금한 계이다.

第三婬戒。

본문을 나눈 것은 앞에서와 같다.

---

318 비도非道 : 생식기 이외의 기관을 가리키는 말. 자세한 것은 뒤에 나오는 의적의 해석을 참조할 것.

分文如前。

(1) 제정한 뜻을 밝히고 이름을 풀이함

제정한 뜻을 밝히고 이름을 풀이하는 것은 다음과 같다.

制意釋名。

① 제정한 뜻을 밝힘

경에서 "음란한 행위를 끊지 못하면 오히려 범천梵天에 태어나는 것에도 장애가 되는데 하물며 보리를 증득하는 것이겠는가!"[319]라고 하였다. 생사의 세계에 잇달이 묶여 벗어날 수 없는 것은 진실로 이것 때문이다. 그러므로 이를 제정하여 끊게 하였다.

經云。若不斷婬尙障梵天。況得菩提。連羇生死。不得離者。寔由茲矣。故制之令斷。

② 이름을 풀이함

색욕에 빠지는 것을 "음란한 행위"라고 하고 비범행非梵行이라고도 한다. 모든 계에서 (금지한 것이) 비록 모두 비범행이지만 이것이 오염과 때가 지나치게 무겁기 때문에 이것에만 비범행이라는 이름을 부여하였다.

---

[319] 『華嚴經』 권14(T9, 489c)에서 "오욕五欲을 오랫동안 익히고 여러 부처님을 멀리 여의면 하늘에 태어나는 것에 장애가 되니 하물며 무상도無上道를 얻는 것이겠는가!(積習五欲。遠離諸佛。能障生天。況無上道。)"라고 한 것을 말한다.

荒色名婬。亦名非梵行。諸戒雖皆非梵。此染垢過重。故偏目也。

(2) 위범이 성립되기 위해 갖추어져야 할 조건

① 음란한 행위에서의 사상

위범이 성립되기 위해 갖추어져야 할 조건 가운데 '사상'이라는 것은 세 가지 품에 해당하는 대상에 대해 모두 중죄가 성립된다. 또 율에서 "오직 여인의 삼도三道(대변보는 곳과 소변보는 곳과 입)와 남자의 이처二處(대변보는 곳과 입)만 중죄에 해당하는 대상이고 다른 곳은 중죄에 해당하는 대상이 아니다."[320]라고 하였다. 본경의 본문에 준하면 "및 비도非道에 이르기까지 음란한 행위를 해서야 되겠느냐?"라고 하였다. 그러므로 보살이 비도非道에 음란한 행위를 하는 것도 중죄에 해당하는 것을 알 수 있다.

具緣中事者 三境皆重。又律中唯女三道男二處。是重境。餘處非重。若准經文。及非道行婬。故知。菩薩於非道亦重。

또 『유가사지론』에서 "애욕에 의한 그릇된 행위(欲邪行, 婬行)의 업도에서 '사상'이라는 것은 음란한 행위를 하지 말아야 할 여인이고 설령 음란한 행위를 할 수 있는 여인일지라도 그릇된 부분(非支)이나 그릇된 장소(非處)이거나 그릇된 시기(非時)이거나 적절한 한도를 지키지 않거나(非量) 하는 것을 말한다. 또 이치에 맞지 않는 모든 남자와 불남不男(남근의 기능을 온전히 갖추지 못한 사람)이다."[321]라고 하였고, 같은 책에서 "또 어머니 등과

---

320 『五分律』 권1(T22, 5a); 『四分律』 권1(T22, 571c).
321 『瑜伽師地論』 권59(T30, 630b).

어머니 등이 보호하는 사람을 '음란한 행위를 하지 말아야 할 여인'이라고 한다. 산문產門(출산하는 곳)을 제외한 다른 부분을 모두 '그릇된 부분(非支)'이라고 한다. 오물이 쏟아질 때나 태아가 원만해졌을 때나 아이에게 젖을 먹일 때나 재계齋戒³²²를 받았을 때나 음란한 행위를 해서는 안 되는 병에 걸렸을 때를 '그릇된 시기(非時)'라고 한다. 또 모든 존중해야 할 분을 모셔 둔 곳이나 영묘靈廟나 대중의 앞이나 굳고 단단한 땅으로 높낮이가 평평하지 않아 편안하지 않게 하는 곳이거나 한 곳을 '그릇된 장소(非處)'라고 한다. 적절한 한도를 넘을 정도로 행하는 것을 '적절한 한도를 지키지 않는 것(非量)'이라 한다. 세속의 예법을 따르지 않기 때문에 '이치에 맞지 않는 것'이라 한다. 스스로 음란한 행위를 하거나 다른 사람의 교합을 중매하거나 이 두 가지를 모두 '애욕에 의한 그릇된 행위'에 포함되는 것이라고 한다."³²³라고 하였다.

又瑜伽論云。欲邪[1]業道。事者。謂女所不應行。設所應行。非支非處。非時非量。若不應理一切男及不男。若於母等。母等所護。名不應行。除産門外。所有餘分。皆名非支。若穢下時。胎圓滿時。飲兒乳時。受齋戒時。或有病

---

322 재계齋戒 : 갖추어서 팔관재계八關齋戒라고 한다. 재가신자가 매달 8일·14일·15일·23일·29일·30일에 만 하루 동안 수지하는 계. 여덟 가지 조목은 다음과 같다. 첫째는 살생하지 않는 것이고, 둘째는 주지 않은 것을 취하지 않는 것이며, 셋째는 청정하지 않은 행위(불범행不梵行, 음란한 행위)를 하지 않는 것이고, 넷째는 거짓말을 하지 않는 것이며, 다섯째는 술을 마시지 않는 것이고, 여섯째는 향을 바르거나 꽃다발로 장식하고 춤을 추고 노래하는 것을 보고 듣지 않는 것이며, 일곱째는 높고 넓으며 화려하게 치장한 평상이나 자리를 만들어 잠자거나 앉지 않는 것이고, 여덟째는 비시非時(음식을 먹는 것이 금지된 시간, 곧 정오를 지난 시간)에 음식을 먹지 않는 것이다. 혹은 특히 여덟 번째만 가리켜서 재계라고 하기도 한다. '재'는 Ⓢ upoṣadha의 의역어로 포살타바布薩陀婆라고 음역하며 줄인 음역어는 포살布薩이다. 원래 고대 인도의 제사법으로 매번 15일 간격으로 집회를 행하여 각자 자신의 죄를 참회하여 신심을 청정하게 하는데 이 날에 제주祭主는 단식斷食을 행한다. 부처님께서 이러한 풍속을 불교에 도입한 것이 포살의 유래이다.
323 『瑜伽師地論』 권59(T30, 631b).

時。謂所有病。匪宜習欲。是名非時。若諸尊重所集會處。或靈廟中。或大
衆前。或堅鞕地。高下不平。令不安穩。如是等處。說名非處。過量而行。名
爲非量。不依世禮。故名非理。若自行欲。若媒合他。此二皆名欲邪行攝。

1) ㉑『瑜伽師地論』에 따르면 '邪' 뒤에 '行'이 누락되었다.

② 음란한 행위에서의 생각

'생각'이라는 것은 그것을 그것이라고 생각하는 것이다. 율의 글에 준하면 도道(생식기관)를 도라고 생각하는 것, 도를 비도非道라고 생각하는 것과 비도일 것이라고 의심하는 것이 모두 중죄를 이룬다.

想者。於彼彼想。若准律文。於道道想。於道非道想及疑。皆成重也。

③ 음란한 행위에서의 욕구

'욕구'라는 것은 즐겨 행하려는 욕망이다.

欲樂者。謂樂行之欲。

④ 음란한 행위에서의 번뇌

'번뇌'라는 것은 탐욕·분노·어리석음의 세 가지 독을 모두 갖추었거나 모두 갖추지는 않거나 하는 것이다.

煩惱者。謂三毒。或具不具。

⑤ 음란한 행위에서의 방편이 성취됨

'방편이 성취되는 것'이라는 것은 둘이 짝지어 교합하는 것을 말한다.

方便究竟者。謂兩兩交會。

(3) 위범한 것에 대해 경죄와 중죄를 판정함

위범한 것에 대해 경죄와 중죄를 판정하는 것은 대상에 따라 다르고 마음가짐에 따라 다르다. 앞에서 설명한 것에 의거하면 알 수 있을 것이다.

結犯輕重者。隨境隨心。准前可知。

(4) 학처의 동일성과 차이성을 밝힘

학처의 동일성과 차이성이라는 것은 대승과 소승에서 모두 제정하였다. 출가자인 다섯 부류의 제자의 경우는 바른 것이든 그릇된 것이든 모두 금지한다. 재가자인 두 부류의 제자는 그릇된 것은 제지하고 바른 것은 허용한다.

學處同異者。大小同制。出家五衆。正邪俱禁。在家二衆。制邪開正。

「보살지」에서 말하였다.

菩薩地云。

또 재가자인 보살이 여인(母邑)³²⁴으로서 현재 누구에게도 소속되어 있지 않은 이가 음욕법을 익히고 보살에게 마음을 두어서 비범행을 요구하는 것을 보면, 보살은 보고 나서 주의를 기울여 생각하기를 '분노하는 마음을 일으켜 복되지 않은 과보를 많이 낳게 하지는 말아야 한다. 만약 그 욕망을 따라 주면 바로 자재함을 얻을 것이다. 방편으로 편안하게 해주고 선근을 심게 하며 또 그로 하여금 불선업不善業을 버리게 해야겠다.'라고 한다. 이렇게 자애롭고 불쌍하게 여기는 마음에 의해 비범행을 행한다면 비록 이와 같은 더럽고 오염된 법을 행하였더라도 위범함이 없고 많은 공덕을 낳는다. 출가자인 보살은 성문승을 위해 성인이 가르친 것을 보호하고 무너지지 않게 하기 위해 어떤 경우에도 비범행을 행해서는 안 된다.³²⁵

又如菩薩。處在居家。見母邑。現無繫屬。習婬欲法。繼心菩薩。求非梵行。菩薩見已。作意思惟。勿令心恚。多生非福。若隨其欲。便得自在。方便安處。令種善根。亦當令其捨不善業。住慈愍心。行非梵行。雖習如是穢染之法。而無所犯。多生功德。出家菩薩。爲護聲聞聖所教誡。令不壞滅。一切不應行非梵行。

(5) 본문을 해석함

본문에서 "스스로 음란한 행위를 하거나, 다른 사람으로 하여금 음란한 행위를 하도록 하면서"라는 것은 성문법에서는 스스로 음란한 행위를

---

324 여인(母邑): 모읍母邑은 ⑤ mātṛgrāma의 의역어로 모촌母村이라고도 한다. 음역어는 마달리가라마摩怛理伽羅摩이다. 마달리의 의역어는 모母이고, 가라마의 의역어는 읍邑·촌村 등이다. 어머니의 부류라는 뜻으로 여인 일체를 총괄하여 일컫는 말이다.
325 『瑜伽師地論』 권41(T30, 517c4).

해야 중죄가 성립되고 다른 사람으로 하여금 음란한 행위를 하도록 하는 것은 중죄가 아니다. 대승법에서는 자신이 행한 것과 다른 사람으로 하여금 행하도록 한 것이 모두 중죄이다.

"및 비도에 이르기까지 음란한 행위를 해서야 되겠느냐?"라고 한 것은 성문법에서는 여인의 세 곳과 남자의 두 곳에 대해 음란한 행위를 하면 곧 중죄를 범한 것이고 비도에 행하는 것은 중죄를 범하는 것이 아니다. 대승법에서는 도道와 비도非道가 모두 중죄를 범하는 것이다. 『유가사지론』의 음업도婬業道를 설한 곳에서도 이와 같이 설하였다.

> 文中自婬敎人婬者。聲聞法中。自婬成重。敎人非重。大乘法中。自他俱重。及非道行婬者。聲聞法中。女三處男二處。行卽犯重。非道行者。不犯重也。大乘法中。道及非道。俱犯重也。瑜伽婬業道。亦如是說也。

나머지 글은 알 수 있을 것이다.

> 餘文可知。

4) 거짓말하는 것을 금한 계

경 너희들 불자여, 스스로 거짓말하고 다른 사람으로 하여금 거짓말하게 하며 방편으로 거짓말을 하면서 거짓말의 인과 거짓말의 연과 거짓말의 법과 거짓말의 업을 성취하여, 보지 않은 것을 보았다고 말하고, 본 것을 보지 않았다고 말하며, 몸과 마음으로 거짓말하는 것까지 해서야 되겠느냐? 보살은 항상 바른 말과 바른 견해를 내고 또 모든 중생으로 하여금 바른 말과 바른 견해를 내게 해야 하는데 도리어 모든 중생으로 하여금 그릇된 말과 그릇된 견해와 그릇된 업을 일으키게 한다면 이는 보살의 바라이죄에 해당한다.

若佛子。自妄語。教人妄語。方便妄語。妄語因妄語緣妄語法妄語業。乃至不見言見。見言不見。身心妄語。而菩薩。常生正語正見。亦生一切衆生正語正見。而反更起一切衆生邪語邪見邪業者。是菩薩波羅夷罪。

소 네 번째는 거짓말하는 것을 금한 계이다.

第四妄語戒。

(1) 제정한 뜻을 밝히고 이름을 풀이함

제정한 뜻을 밝히고 이름을 풀이하는 것은 다음과 같다.

制意釋名者。

① 제정한 뜻을 밝힘

사람들로 하여금 잘못 알게 하여 진실에 어긋남이 심하기 때문에 제정하였다.

令人虛解。違眞之甚。故制之。

② 이름을 풀이함

생각한 것과 어긋나게 말하기 때문에 '거짓말'이라고 한다. 사상이 비록 진실이라고 해도 속마음과 어긋나면 모두 '거짓말'이라고 한다.[326]

違想而說。故名妄語。事設是實。若違內心。皆名妄語。

(2) 위범이 성립되기 위해 갖추어져야 할 조건

① 거짓말에서의 사상

위범이 성립되기 위해 갖추어져야 할 조건 가운데 '사상'이라는 것은 보았거나 들었거나 지각하였거나 알았거나 한 일(見聞覺知)[327]과 보지 못하였거나 듣지 못하였거나 지각하지 못하였거나 알지 못하였거나 한 일을 말한다.

具緣中事。謂見聞覺知。不見不聞不覺不知。

② 거짓말에서의 생각

'생각'이라는 것은 본 것 등에 대해 그것과 반대되는 생각을 하는 것을 말한다. 반대되는 생각에는 두 가지 일이 있다. 첫째는 생각(想)과 사상(事)이 모두 반대되는 것이다. 예컨대 보지 않은 사상을 보지 않았다고 생각하면서도 보았다고 말하는 것이다. 둘째는 생각은 반대되지만 사상은

---

[326] 예컨대 C가 실제로는 A가 도둑인데 B가 도둑인 줄 알고 B를 보호하기 위해 A를 도둑이라고 하였다면 사상에 있어서는 A가 도둑인 것이 진실이지만 C는 B가 도둑인 것으로 알고 있었기 때문에 그를 도둑이 아니라고 한 것은 그 마음에서 거짓말이 이루어진 것이라는 말이다.

[327] 보았거나 들었거나~한 일(見聞覺知) : "보았거나"는 안근眼根으로 본 것을 말하고, "들었거나"는 이근耳根으로 들은 것을 말하며, "지각하였거나"는 비근鼻根·설근舌根·신근身根(촉각기관)으로 지각한 것을 말하고, "알았거나"는 의근意根으로 아는 것을 말한다.

반대되지 않은 것이다. 예컨대 보지 않은 사상을 보았다고 생각하면서도 보지 않았다고 말하는 것이다. 이 두 가지는 모두 거짓말이 성립된다.

> 想者。謂於見等。或翻彼想。翻想有二事。一想事俱翻。如不見事。起不見想。而說言見。二翻想不翻事。如不見事。起見想。而言不見。此二俱成妄語也。

③ 거짓말에서의 욕구

'욕구'라는 것은 가리고 숨기려는 생각에 의거하여 즐겨 말하려는 욕망을 일으키는 것이다.

> 欲樂者。謂覆藏想樂說之欲。

④ 거짓말에서의 번뇌

'번뇌'라는 것은 앞에서 설한 것과 같다.

> 煩惱者。如上。

⑤ 거짓말에서의 방편이 성취됨

'방편이 성취되는 것'이라는 것은 당시 그곳에 있던 대중과 상대하여 논의하는 사람이 (거짓말한 것을) 그대로 알아듣는 것을 말한다.

> 方便究竟者。謂時衆及對論者領解。

(3) 위범한 것에 대해 경죄와 중죄를 판정함

위범한 것에 대해 경죄와 중죄를 판정한다는 것은 다음과 같다. 대상에 따라서 논하면 어떤 사람은 "세 가지 품에 해당하는 대상이 모두 중죄이다."라고 하였고, 어떤 사람은 "오직 상품과 중품의 대상이라야 중죄라고 판정하고 하품의 대상을 상대한 것이라면 오직 경구죄輕垢罪이다."라고 하였다.

마음에 따라서 경죄와 중죄를 판정하는 것은 알 수 있을 것이다. 또 율에 의거하면 오직 상인법上人法[328]을 얻었다고 말하는 것만 중죄를 범한다.[329] 이미 간별함이 없게 하였으니[330] 이치상 통틀어서 제정한 것으로 보아야 한다.[331]

結犯輕重者。若隨境論。一云。三品境俱重。一云。唯上中結重。對下境唯輕垢也。隨心可知。又若准律。唯說上人法。犯重。令旣無簡別。理應通制

(4) 학처의 동일성과 차이성

학처의 동일성과 차이성이라는 것은 대승과 소승이 모두 제정하였다.

---

328 상인법上人法 : 과인법過人法이라고도 한다. 보통 사람을 넘어서는 성자의 법을 일컫는 말이다.
329 『四分律』권2(T22, 577b).
330 본문에서 "거짓말을 하는 것까지 해서야 되겠느냐?"라고 하여 모든 거짓말을 총괄한 것을 가리키는 것 같다.
331 율에 따르면 대망어大妄語(큰 거짓말)만 중죄이고 소망어小妄語는 경죄인데 『梵網經』에서는 그를 구별하지 않았으므로 모두 중죄라고 해야 한다는 말이다. 『發隱』권3(X38, 172a)에서는 "보지 않은 것을 보았다고 말하는 것 등을 소망어라고 하고 성과 聖果를 증득하였다고 거짓말하는 것을 대망어라고 한다.(不見言見等。小妄語也。妄言證聖。名大妄語。)"라고 하였다.

재가자와 출가자에 대해서도 동일하게 제정하였다. 또 대승에서는 이익이 될 경우는 허용하기도 한다.

學處同異者。大小乘俱制。道俗亦同也。又大乘中。有益處開。

「보살지」에서 말하였다.

菩薩地云。

또 보살은 많은 중생을 목숨을 잃는 재난과 꽁꽁 묶여 감옥에 갇히는 재난과 손과 발이 잘리는 재난과 코를 베이고 귀를 잘리며 눈을 도려내는 재난에서 벗어나게 하기 위해 노력한다. 비록 보살들은 자신의 목숨을 잃는 재난에서 벗어나기 위해서는 바른 것이 무엇인지 알면서도 거짓말하는 일은 하지 않지만 그러한 재난에 빠진 중생을 구원하기 위해서는 바른 것이 무엇인지 알면서도 잘 생각하고 고의로 거짓말을 한다. 간략히 말하자면 보살은 오직 중생에게 이치에 맞고 이익이 되는 것만 보고 이치에 맞고 이익이 되는 것이 아닌 것을 보지 않는다. 스스로 염오심이 없이 오직 중생을 이익 되게 하기 위해서 생각을 뒤집어서 바른 것이 무엇인지 알면서도 다른 말을 한다. 이러한 말을 할 때 보살계를 위범하는 일은 없고, 많은 공덕을 낳는다.[332]

又如菩薩。爲多有情。解脫命難。囹圄縛難。刖手足難。劓鼻刵耳剜眼等難。雖諸菩薩。爲自命難。亦不正知說於妄語。然爲救脫彼有情故。知而思擇。故說妄語。以要言之。菩薩。唯觀有情義利。自[1)]非無義利。自無染心。唯爲

---

[332] 『瑜伽師地論』 권41(T30, 517c).

饒益諸有情故。覆想正知。而說異語。說是語時。於菩薩戒。無所違犯。生
多功德。

1) ㉠『瑜伽師地論』에 따르면 '自'는 연자이다.

(5) 본문을 해석함

본문을 해석하는 것에서 다른 일은 쉽게 이해할 수 있다. "몸과 마음으로 거짓말하는 것까지 해서야 되겠느냐?"라는 것은 '몸으로 거짓말하는 것'은 신업身業으로 표시한 것에 의해 다른 사람이 잘못 알게 하는 것이다. 예를 들면 자리에서 일어나는 표시에 의해 성인聖人(阿羅漢)으로 (잘못) 알게 하는 것 등과 같은 것[333]을 말한다. '마음으로 거짓말하는 것'은 설계說戒(포살布薩)를 행할 때 침묵하는 것에 의해 (자신을) 청정한 사람으로 믿게 하는 것을 밀한다.[334] 비록 신업과 의업에 의한 표시에 의해 다른 사람으로 하여금 거짓되게 이해하도록 하였지만 그것에 의해 이루어진 업은 어업語業에 포함되기 때문에 "거짓말"이라고 하였다.

> 釋文中。餘事易解。身心妄語者。身妄語。謂由身業表示。令人妄解。如由
> 起坐表。知是聖等。心妄語者。如說戒時。默表清淨。雖由二表。令他妄解。
> 而所成業。語業所攝。故云妄語。

---

333 예를 들어 어떤 모임에서 주재자가 이 가운데 아라한인 사람은 자리에서 일어날 것을 요청했을 경우, 아라한이 아니면서도 자리에서 일어나면 그것으로 인해 사람들이 그를 아라한이라고 생각하게 되기 때문에, 설령 입으로 거짓말하지는 않았어도 거짓말이 성립된다는 말이다.

334 포살을 행할 때 죄를 지은 사람은 그 죄를 고백해야 하는데 죄를 지었는데도 침묵했을 경우 그것으로 인해 사람들이 그가 어떤 죄도 짓지 않았다고 생각하게 되기 때문에 설령 입으로 거짓말하지는 않았어도 거짓말이 성립된다는 말이다.

5) 술을 파는 것을 금한 계

경 너희들 불자여, 스스로 술을 팔거나 다른 사람으로 하여금 술을 팔게 하면서, 술을 파는 인과 술을 파는 연과 술을 파는 법과 술을 파는 업을 지어서야 되겠느냐? 어떤 술도 팔아서는 안 되니, 이 술은 죄를 짓는 인연이 된다. 보살은 모든 중생으로 하여금 밝게 통달하는 지혜가 생겨나도록 해야 하는데 도리어 다시 중생으로 하여금 전도된 마음을 내게 한다면 이는 보살의 바라이죄에 해당한다.

若佛子。自酤酒。敎人酤酒。酤酒因酤酒緣酤酒法酤酒業。一切酒。不得酤。是酒起罪因緣。而菩薩。應生一切衆生明達之慧。而反更生一切衆生顚倒之心者。是菩薩波羅夷罪。

소 다섯째는 술을 파는 것을 금한 계이다.

第五酤酒戒。

(1) 제정한 뜻을 밝히고 이름을 풀이함

제정한 뜻을 밝히고 이름을 풀이하는 것은 다음과 같다.

制意釋名者。

① 제정한 뜻을 밝힘

술은 방일放逸을 발생시키는 근거가 되는 것으로 온갖 선법을 잃게 한다. 논에서 "(다섯 가지 역죄 중) 화합된 승가를 파괴하는 것[335]은 제외한다. 만약 술에 취하면 나머지 (네 가지) 역법逆法을 모두 지을 수 있다."[336] 라고 하였다. (이밖에도 『대지도론』에서는) 서른다섯 가지 허물[337]을 설하였고, (『사분율』에서는) 열 가지 허물[338]을 설하였으니 율과 논에 모두 보인다. 오직 자신이 마실 뿐이면 과실이 오히려 가볍지만 팔아서 이익을 얻으려고 한다면 훼손함이 매우 크기 때문에 비록 성죄에 해당하는 악은 아니지만 동일하게 제정하여 중죄로 삼았다.

酒是開放逸處。失諸善法。如論云。除破僧事。若醉酒時。餘逆法可造。三十六[1)]失。十種過患。律論俱示。若唯自飮。過失猶輕。若酤而求利。損處甚廣。故雖非性惡。同制爲重。

1) ㉠『大智度論』에 따르면 '六'은 '五'이다.

---

335 화합된 승가를 파괴하는 것 : 구체적인 내용은 두 가지로 나뉜다. 첫째는 원래 소속된 교단을 떠나서 새로운 교단을 만들어 포살·갈마 등을 행하는 것이다. 이를 파갈마승파羯摩僧이라고 한다. 둘째는 다른 스승과 다른 주장을 세우고 별도의 교단을 조직하는 것이니 파법륜승파法輪僧이라고 한다.
336 『薩婆多毘尼毘婆沙』 권9(T23, 560a).
337 서른다섯 가지 허물 : 『大智度論』 권13(T25, 158b)에서 제1 현세의 재물을 헛되이 고갈시키는 것에서부터 제35 사람으로 태어나더라도 항상 어리석은 성품을 지니는 것 등의 서른다섯 가지를 밝혔다. 다른 경전에서 음주 서른여섯 가지 과실을 설한 곳이 없는 것은 아니다. 예를 들면 『分別善惡所起經』(T17, 518b)에서는 서른여섯 가지의 구체적인 내용을 설했고, 『出曜經』 권12(T4, 675b)에서는 구체적인 내용은 설하지 않았지만 음주에 서른여섯 가지 허물이 있다고 하였다. 그러나 의적 자신이 본서 권하에서 음주를 설하면서 "『대지도론』의 서른여섯 가지 과실"이라고 하였기 때문에 술과 관련된 과실은 『大智度論』을 근거로 삼았음을 추정할 수 있다. 그리고 『大智度論』에서 '서른다섯 가지'라고 하였기 때문에 현재의 본문과 뒤에 나오는 본문의 '六'은 '五'의 오류라고 보아야 한다. 또 대부분의 『梵網經』 주석서에서도 『大智度論』을 인용하였다.
338 열 가지 허물 : 『四分律』 권16(T22,672a16)에서 제1 안색이 나빠지는 것에서부터 제10 죽어서 세 가지 악도에 떨어지는 것 등의 열 가지를 설하였다. 자세한 것은 본서 하권에 나오는 의적의 해석을 참조할 것.

② 이름을 풀이함

"파는 것(酤)"이라는 것은 판매하고 서로 바꾸는 것을 지칭하는 것이다. 맛이 짙고 쉽게 빠져드니 비록 달지만 독이 되기 때문에 "술"이라고 한다.

酤者販博之名也。味濃易耽。雖甘而毒。故云酒也。

(2) 위범이 성립되기 위해 갖추어져야 할 조건

① 술을 파는 것에서의 사상

위범이 성립되기 위해 갖추어져야 할 조건 가운데 '사상'이라는 것은 술의 본질이 이루어지는 것을 말한다. 논에서 "솔라야窣羅若(Ⓢ surā)와 미려야迷麗耶(Ⓢ maireya)와 말타末陀(Ⓢ mada)는 방일의 근거이다. 곡식으로 빚은 것을 솔라야라고 하고 여타의 과일로 빚은 것을 미려야라고 하며 아직 숙성되지는 않았지만 이미 삭은 것을 간별하여 말타라고 한다."[339]라고 하였다.

具緣中事者。謂酒體成也。論云。宰[1]羅若。[2] 迷疑[3]邪。[4] 末[5]陀。放逸處。穀所成 宰[6]羅若。餘菓成名迷疑[7]邪。[8] 簡異未成已壞名未[9]陀也。

1) ⑲『俱舍論』에 따르면 '宰'는 '窣'이다.　2) ⑲『俱舍論』에는 '若'이 없지만『瑜伽師地論』에는 '若'이 있다.　3) ⑲『俱舍論』에 따르면 '疑'는 '麗'이고,『瑜伽師地論』에 따르면 '隷'이다.　4) ⑲『俱舍論』에 따르면 '邪'는 '耶'이다.　5) ⑲『俱舍論』에 따르면 '末'는 '末'이나.　6) ⑲『俱舍論』에 따르면 '宰'는 '窣'이다.　7) ⑲『俱舍論』에 따르면 '疑'는 '麗'이고,『瑜伽師地論』에 따르면 '隷'이다.　8) ⑲『俱舍論』에 따르면 '邪'는 '耶'이다.　9) ⑲『俱舍論』에 따르면 '末'는 '末'이다.

339 『俱舍論』권14(T29, 77c);『瑜伽師地論』권43(T30, 531b)에도 동일한 내용이 나온다.

② 술을 파는 것에서의 생각

'생각'이라는 것은 율에서 "술을 술이라고 생각한 것, 술을 술일 수도 있다고 의심한 것, 술을 술이 아니라고 생각한 것은 모두 바로 여기에서 논하는 죄(正罪, 바일제)를 짓는 것으로 판정한다."³⁴⁰라고 했으니, 저 율에서 제정한 것을 준거로 삼으면 여기에서 술을 파는 것도 또한 그러해야 한다. 또 율에서 술을 마시는 것에 의거하여 말하면 세 가지 구절이 모두 위범이고, 술을 파는 것에 의거하여 말하면 마음과 대상이 상응해야만 비로소 중죄라고 판정할 수 있다고 한 것일 수도 있다.

想者律云。酒酒想。酒非¹⁾酒疑。酒非酒想。皆結正罪。准彼制。此酤亦應爾。又可律就飲說。三句皆犯。若就酤說。心境相應。方可結重。

1) ㉝『四分律』에 따르면 '非'는 '언지'이다.

③ 술을 파는 것에서의 욕구

'욕구'라는 것은 술을 사람에게 주어 이익을 얻으려는 마음을 일으키는 것이다.

欲樂者。欲以酒與人求利心也。

④ 술을 파는 것에서의 번뇌

---

340 『四分律』 권2(T22, 672b)에서 비구계 중 90바일제波逸提를 설하는 가운데 제51 조목에서 술을 금하는 것을 구체적으로 설명한 가운데 나온다.

'번뇌'라는 것은 탐욕과 분노와 어리석음 가운데 하나를 따르거나 혹은 두 가지나 세 가지를 갖춘 것이다.

煩惱者。三中隨一。或其二三。

⑤ 술을 파는 것에서의 방편을 성취함

'방편을 성취하는 것'이라는 것은 어떤 사람은 "상대방에게 줄 때 바로 위범이 성립되고 앞에 있는 사람이 마시거나 마시지 않거나 하는 것과는 관련이 없다."라고 하였고, 어떤 사람은 "앞에 있는 사람이 마셔야만 비로소 위범이 성립된다."라고 하였다.

方便究竟者。一云。授與人時便犯。不待前人飮與不飮。一云。待前人飮方犯。

(3) 위범한 것에 대해 경죄와 중죄를 판정함

위범한 것에 대해 경죄와 중죄를 판정하는 것은 다음과 같다.
대상에 의거하여 말하자면 율에서 "친족에게 판매하는 것은 죄가 가벼우니 이익을 희구하는 마음이 가볍기 때문이다."[341]라고 하였다. 이 뜻에 의거하여 술을 파는 것도 그렇게 판정해야 한다. 상품과 중품에 해당하는 사람에게 주었다면 바로 여기에서 제정한 중죄이고, 하품에 해당하는 대

---

341 『四分律』권6(T22, 606c)에서 친족인 비구니에게서 옷을 취하는 것은 위범이 없다고 하였고, 이 밖에도 친족인 비구니일 경우 옷을 세탁하게 하는 것, 베를 짜게 하는 것 등은 모두 위범이 아니라고 하였는데, 이를 일반화하여 술을 판매하는 것에 적용한 것으로 생각된다.

상에게 주었다면 이런 일에 의해 문제가 발생하는 일이 거의 없기 때문에 경죄에 해당하는 것이어야 한다.[342]

> 結犯輕重者。就境言之。律中。與親里販賣罪輕。以希利心輕故。義准沽酒。亦應然。若與上中境人者。是正所制重也。若下品境。事希故應輕也。

(4) 학처의 동일성과 차이성

일곱 부류의 제자가 모두 위범이 성립되고 대승과 소승이 모두 제정하였지만 중죄와 경죄의 차이는 있다. 대사(보살)는 그 과실이 중죄에 해당하지만 성문은 오직 술을 판매하는 것을 금한 계를 위범한 것일 뿐이니 바로 제3편第三篇(바일제)[343]에 해당한다.

> 七衆同犯。大小乘俱制。而重輕異。大士過重。聲聞唯犯販賣戒。卽第三篇也。

---

342 승장은 『梵網經述記』 권상(X38, 410a)에서 "상품上品(부처님·보살·여러 현자와 성자)은 취하는 일이 없기 때문에 이 죄의 적용을 받지 않고 중품中品(사람·하늘)이 바로 이 죄의 적용을 받으며 하품下品(四趣)의 경우는 법기法器가 아니어서 취하여 혼란해지는 일이 큰 의미가 없기 때문에 이 죄의 적용을 받지 않는다.(有情者。有其三品。一者上品。謂佛菩薩及諸賢聖者。二者中品境。謂人天。三者下品。謂四趣也。此三境中。中品有情。正是所制。非上品境。不醉亂故。亦非下境。非法器故。)"라고 하였다.

343 제3편第三篇(바일제) : 비구계를 범했을 때의 죄를 다섯 가지로 분류한 것을 오편五篇이라 한다. 제1편은 바라이죄, 제2편은 승잔죄僧殘罪(僧伽婆尸沙罪), 제3편은 바일제죄波逸提罪, 제4편은 바라제제사니죄波羅提提舍尼罪(向彼悔罪), 제5편은 돌길라죄突吉羅罪(惡作)이다. '바일제'는 ⓢ pāyattika의 음역어로 타隳·영타슭隳·응참회應懺悔 등으로 의역한다. 경죄에 속하는 것으로 위범했을 경우 참회만 하면 죄가 소멸되고 참회하지 않으면 삼악취에 떨어지는 결과를 초래한다. 예컨대 옷이나 와구臥具 등을 부정한 방법으로 얻는 것 등이 여기에 해당한다.

(5) 본문을 해석함

본문에 대한 해석은 알 수 있을 것이다.

釋文可解。

6) 다른 사람의 죄와 허물을 말하는 것을 금한 계

경 너희들 불자여, 스스로 출가보살과 재가보살, 비구와 비구니의 죄와 허물을 말하고 다른 사람으로 하여금 죄와 허물을 말하도록 하면서, 죄와 허물을 말하는 인과 죄와 허물을 말하는 연과 죄와 허물을 말하는 법과 죄와 허물을 말하는 업을 지어서야 되겠느냐? 보살은 외도인 악한 사람과 이승二乘인 악한 사람이 불법을 법도 아니고 율도 아니라고 말하면 항상 자비로운 마음을 내어 이러한 악한 사람들을 교화하여 대승에 대해 착한 믿음을 내도록 해야 하는데, 보살이 도리어 다시 스스로 불법 속에서 살아가는 사람의 죄와 허물을 말한다면 이는 보살의 바라이죄에 해당한다.

若佛子。自說出家在家菩薩比丘比丘尼罪過。教人說罪過。罪過因罪過緣。罪過法罪過業。而菩薩。聞外道惡人及二乘惡人。說佛法中非法非律。常生悲心 敎化是惡人輩。令生大乘善信。而菩薩。反更自說佛法中罪過者。是菩薩波羅夷罪。

소 여섯째는 다른 사람의 죄와 허물을 말하는 것을 금한 계이다.

第六說他罪過戒。

(1) 제정한 뜻을 밝히고 이름을 풀이함

제정한 뜻을 밝히고 이름을 풀이하는 것은 다음과 같다.

制意釋名者。

① 제정한 뜻을 밝힘

동일한 법을 따르는 사람은 서로 보호해야 하니 형제와 같은 의미가 있다. 그런데 도리어 다른 도를 추구하는 사람들을 향해 그의 허물과 단점을 드러낸다면 가깝게는 착한 사람을 함정에 빠뜨리고 멀게는 정법을 훼손하는 것이다. 그 죄가 가볍지 않기 때문에 제정하여 끊게 하였다.

同法相護。義同昆弟。而反向異道。揚彼過短。近則陷沒善人。遠則損壞正法。其過非輕。故制斷也。

② 이름을 풀이함

비방할 만하고 싫어할 만한 것이기 때문에 "죄와 허물"이라고 한다. 다른 사람에게 드러내어 말하기 때문에 "말하는 것"이라 한다.

可毀可厭。故云罪過。向他顯揚。故名說也。

(2) 위범이 성립되기 위해 갖추어져야 할 조건

① 다른 사람의 죄와 허물을 말하는 것에서의 사상

위범이 성립되기 위해 갖추어져야 할 조건 가운데 '사상'이라는 것은 계를 받은 사람이 지은 죄와 허물을 계를 받지 않은 사람에게 말하는 것이다. 일곱 가지 역죄와 열 가지 중계를 범한 것을 말하는 것은 바로 여기에서 제정한 것이고 스스로 나머지 가벼운 허물을 말하는 것도 겸하여 제정하였다.

> 具緣中事者。謂有戒人所有罪過。向無戒人說。七逆十重。是正所制。自餘輕過。亦兼制也。

② 다른 사람의 죄와 허물을 말하는 것에서의 생각

'생각'이라는 것은 죄와 허물을 죄와 허물이라고 생각하는 것이다.

> 想者。於罪過起罪過想也。

③ 다른 사람의 죄와 허물을 말하는 것에서의 욕구

'욕구'라는 것은 죄와 허물을 말하려는 욕망을 일으키는 것이다. 여기에 두 가지가 있다. 첫째는 망하게 하려는 마음이니, 앞에 있는 사람으로 하여금 명예와 이익 등을 잃게 하려는 것이다. 둘째는 벌을 받게 하려는 마음이니, 앞에 있는 사람으로 하여금 구속을 당하는 것 등을 겪게 하려는 것이다. 이 두 가지 마음으로 다른 사람의 죄와 허물을 말하면 모두 중죄를 범하는 것이다.

> 欲樂者。欲說罪過之望樂也。此有二。一陷沒心。欲令前人失名利等。二治罰心。欲令前人被繫縛等。以此二心。說他罪過。皆犯重也。

④ 다른 사람의 죄와 허물을 말하는 것에서의 번뇌

'번뇌'는 알 수 있을 것이다.

煩惱可知。

⑤ 다른 사람의 죄와 허물을 말하는 것에서의 방편이 성취됨

'방편이 성취되는 것'이라는 것은 자신이 말하거나 다른 사람으로 하여금 말하게 하여 앞에 있는 사람이 내용을 알아들었으면 그때 바로 성취되는 것이다.

方便究竟者。若自說。若敎他說。前人領解時。卽成究竟也。

(3) 위범한 것에 대해 경죄와 중죄를 판정함

위범한 것에 대해 경죄와 중죄를 판정하는 것은 앞의 것에 준하면 알 수 있을 것이다.

結犯輕重者。准之可知。

(4) 학처의 동일성과 차이성을 밝힘

학처의 동일성과 차이성이라는 것은 다음과 같다.
성문은 아직 구족계를 받지 않은 사람에게 다른 사람의 중죄를 말하면 제3편(바일제)을 범한다.[344] 만약 승잔죄僧殘罪(제2편)[345] 이하의 죄를 말하면

모두 제5편(돌길라突吉羅)³⁴⁶을 범한다.³⁴⁷

보살은 두루 구제하는 것을 마음에 품었기 때문에 두 가지 모두 중죄이다.

문 이 계의 본문에서는 단지 "죄와 허물을 말하고"라고만 하고 경죄와 중죄를 구별하지 않았지만 뒤의 경계輕戒 제13계에서는 "일곱 가지 역죄와 열 가지 중계를 범하였다고 말하는 것"³⁴⁸이라고 하였다. 그곳(제13계)에서 설한 것을 기준으로 하면 여기에서도 동일하게 경죄라고 해야 하는 것이 아닌가?

답 단지 그곳에서는 같은 법을 배우는 사람에게 말하는 것이기 때문에 경죄이고, 여기에서는 다른 법을 배우는 사람에게 말하는 것이기 때문에 중죄이다. 또 어떤 사람은 해석하기를 "그곳에서는 근거가 없는 것을 말했기 때문에 경죄이니 근거가 없다는 것을 알게 되면 망하게 하거나 벌을

---

344 『五分律』 권6(T22, 41a). 단 여기에서는 "추죄麤罪를 말한다."라고 하고 추죄를 바라이와 승잔의 두 가지라고 하였다.

345 승잔죄僧殘罪(제2편): '승잔'은 ⑤ saṃghāvaśeṣa의 음역어와 의역어를 합친 말로 갖춘 음역어는 승가바시사僧伽婆尸沙이다. 바라이죄 다음으로 무거운 죄이다. 단 바라이죄를 지으면 법명法命을 잃어 승가에서 영원히 추방을 당하는 것과는 달리 승잔죄는 법명은 남아 있기 때문에 참회하고 속죄의 법을 이행하면 출죄出罪할 수 있다. 이 죄를 지었을 경우 승가에서 재판을 행하여 승잔죄임이 확정되면 일주일간 참회하고 근신하는 벌이 부여된다. 이 기간에 비구로서의 여러 가지 자격은 정지된다. 일주일간 여법하게 근신하고 참회하면 출죄갈마出罪羯磨를 행하여 그 비구의 근신을 해제하고 정지했던 자격을 회복시켜 준다. 죄를 부여하는 것도 벗어나게 하는 것도 모두 승가의 권한에 의해 행해지는 것이기 때문에 승잔僧殘이라 한다.

346 제5편(돌길라突吉羅): '돌길라'는 ⑤ duṣkṛta의 음역어로, 악작惡作·소과小過·경구輕垢·실의失意 등으로 이어진다. 중학법衆學法(衆多한 學法)을 어긴 것. 지극히 일상적인 것이어서 오히려 지키기 어려운 미세한 계를 범한 것으로 비구계·비구니계를 어긴 죄를 다섯 가지로 분류한 것 중 가장 가벼운 죄에 속한다.

347 율에서는 전반적으로 제1바라이와 제2승잔을 말하면 바라이이고 제3·제4·제5를 말하면 돌길라라고 하였다. 『五分律』 권6(T22, 41a)·『薩婆多毘尼毘婆沙』 권8(T23, 554c) 등을 참조할 것.

348 『梵網經』 권하(T24, 1006a).

받게 할 수 없기 때문이다. 여기에서는 실제로 그렇게 한 것을 말했기 때문에 중죄를 범한다."라고 하였다.

> 學處同異者。聲聞。向未受具。說他重罪。犯第三篇。若說僧殘已下。皆犯第五篇。菩薩。兼濟爲懷。故制重也。文但云說過。不別輕重。下輕戒第十三戒。說七逆十重。准彼。此亦應爾。但彼向同法說故輕。此向異法故重。又一云。彼說無事故輕。若知無事。不能陷沒。或治罰故。此說有實犯重。

(5) 본문을 해석함

본문에 대한 해석은 알 수 있을 것이다.

> 釋文可知。

7) 자신을 찬탄하고 다른 사람을 비방하는 것을 금한 계

경 너희들 불자여, 스스로 자신을 찬탄하고 다른 사람을 비방하거나, 다른 사람으로 하여금 자신을 찬탄하고 다른 사람을 비방하게 하면서, 다른 사람을 비방하는 인과 다른 사람을 비방하는 연과 다른 사람을 비방하는 법과 다른 사람을 비방하는 업을 지어서야 되겠느냐? 보살은 모든 중생을 대신하여 비방과 모욕을 당하며 나쁜 일은 자신에게 돌리고 좋은 일은 다른 사람에게 넘겨주어야 하는데, 스스로 자신의 덕을 드러내고 다른 사람의 좋은 일을 숨기며 다른 사람으로 하여금 비방을 당하도록 한다면 이는 보살의 바라이죄에 해당한다.

> 若佛子。自讚毁他。亦敎人自讚毁他。毁他因毁他緣。毁他法毁他業。而菩

薩。應代一切衆生。受加毀辱。惡事自向己。好事與他人。若自揚己德。隱他人好事。令他人受毀者。是菩薩波羅夷罪。

소 일곱째는 자신을 찬탄하고 다른 사람을 비방하는 것을 금한 계이다.

第七自讚毀他戒。

(1) 제정한 뜻을 밝히고 이름을 풀이함

제정한 뜻을 밝히고 이름을 풀이하는 것은 다음과 같다.

制意釋名者。

① 제정한 뜻을 밝힘

보살은 바른 것은 다른 사람에게 미루고 잘못된 것은 끌어서 자신을 향하게 해야 하는데,[349] 이제 도리어 자신을 찬양하고 다른 사람을 모욕하니 근본이 되는 마음에 어긋남이 심하기 때문에 계율을 제정하여 끊도록 하였다.

菩薩。應推直於人。引曲向己。而今反揚自辱人。違本心之甚。故制斷之。

② 이름을 풀이함

---

[349] 40권본『涅槃經』권16(T12, 459c)에 나오는 말. 잘못된 것에 대해서는 항상 자신의 잘못을 성찰하고 바른 것에 대해서는 항상 다른 사람의 공덕으로 돌리는 것. 보살의 실천행인 인욕바라밀의 한 가지로 제시하고 이렇게 함으로써 다툼을 없앤다고 하였다.

자신의 덕을 찬양하고 다른 사람의 과실을 비방하고 모욕하는 것은 방지해야 할 허물이다. 방지해야 할 것에 의해 이름을 지었기 때문에 '비방하는 계'라고 하였다.

讚揚己德。毀辱他失。是所防過。從所防爲名。故云讚毀戒。

(2) 위범이 성립되기 위해 갖추어져야 할 조건

① 자신을 찬탄하고 다른 사람을 비방하는 것에서의 사상

위범이 성립되기 위해 갖추어져야 할 조건 가운데 '사상'이라는 것은 여기에 두 가지가 있다. 첫째는 비방의 대상이 되는 사람이고, 둘째는 비방하는 일이다.

具緣成犯中。事者有二。一所毀人。二所毀事。

a. 비방의 대상인 사람

비방의 대상이 되는 사람에 대하여 어떤 사람은 "상품과 중품의 두 대상을 비방하면 중죄를 범하고 하품의 대상을 비방하면 경죄이니 이 계는 겸하여 제지한 것이다."라고 하였고, 어떤 사람은 "상품과 중품에 해당하는 대상으로서 보살계를 받은 사람이라야 비로소 중죄가 성립되니 괴롭히고 방해함이 심하기 때문이다. 만약 (상품과 중품인 대상으로) 보살계를 받지 않은 사람과 하품에 해당하는 대상으로써 보살계를 받은 사람과 받지 않은 사람이라면 모두 경죄에 해당하니 괴롭히고 방해함이 크지 않기 때문이다."라고 하였다.

뒤의 해석은 율부律部를 기준으로 삼은 것이니 율에서 "대비구大比丘를

비방하면 비로소 바일제죄를 짓는 것이다."³⁵⁰라고 하였기 때문에 대승에서도 함께 법을 배우는 보살을 비방해야 비로소 중죄라고 판정한다고 한 것임을 알 수 있다.³⁵¹

나의 견해를 제시하겠다. 앞(제6중계)의 다른 사람의 죄와 허물을 말하는 것을 금한 계에서는 별도로 네 부류의 제자를 나타냈지만³⁵² 여기(제7중계)에서는 총괄하여 "다른 사람을 비방하거나"라고 하고 별도로 특정 대상을 나타내지 않았다. 율에 준하여 간별하는 것은 이치상 타당하지 않은 것 같다.

> 所毀人中。一云。若毀上中二境犯重。毀下境輕。此戒兼制。一云。上中二境。有菩薩戒者。方重。惱妨深故。若無戒及下境有戒無戒。悉輕。惱妨淺故。後釋應准律部。律說。毀大比丘。方結提罪。故知。大乘中。毀同法菩薩。方結重。今謂前說過戒。別標四衆。此毀他戒。總云毀他。不別標擧。准律簡別。理恐不然。

b. 비방의 대상이 되는 일

비방의 대상이 되는 일이란 율에 의거하면 일곱 가지가 있다. 첫째는 "비천한 집안 출신이다."라고 말하는 것이고 둘째는 "행업行業이 천박하다."³⁵³라고 말하는 것이며, 셋째는 "기술의 전문성도 비루하다."³⁵⁴라고

---

350 『四分律』 권11(T22, 634c)에서 90바일제 중 제2 비방하지 말라(毀告戒)에서 비방의 대상을 비구에 한정한 것을 말한다.
351 외적이 앞의 두 가지 해석 중 뒤의 해석을 보충 설명한 것이나. 이서의 글에는 이런 형태로 서술된 글이 꽤 있다. 다만 이러한 보충 설명은 상대방의 뜻을 옹호하기 위한 것이라기보다는 좀 더 신중하게 이해하기 위한 과정일 경우가 많다. 그 뒤에는 바로 이러한 견해에 대한 비판이 나오기 때문이다. "이렇게 보면 그 말도 일리가 있는 것 같지만" 정도의 역할을 하는 것 같다.
352 제6중계에서 "스스로 출가보살과 재가보살, 비구와 비구니의 죄와 허물을 말하고"라고 한 것을 말한다.

말하는 것이고 넷째는 "너는 허물을 범하였다."라고 말하는 것이며, 다섯째는 "(너는) 번뇌가 많다."라고 말하는 것이고 여섯째는 "(너는) 시각장애인이다."라고 말하는 것이며, 일곱째는 "(너는) 대머리이고 애꾸눈이다."라고 말하는 것이다.[355] 이 일곱 가지 가운데 한 가지 일이라도 비방하면 모두 중죄를 범한다.

> 所毀事者。准律有七。謂一姓[1]家生。二行業卑。三伎術工巧亦卑。四汝是犯過。五多結使。六盲人。七禿瞎。於此七中。隨用一事。毀皆犯重。
>
> 1) ㉠『四分律』에 따르면 '姓' 앞에 '卑'가 누락되었다.

② 자신을 찬탄하고 다른 사람을 비방하는 것에서의 생각

'생각'이라는 것은 전도된 것과 전도되지 않은 것과 의심하는 것이 있으니 앞에서 설한 것에 준하여 풀이할 수 있다.

> 想者。倒不倒疑。准前釋之。

③ 자신을 찬탄하고 다른 사람을 비방하는 것에서의 욕구

'욕구'라는 것은 나를 드날리고 다른 사람은 억눌러서 이익과 공경을 얻으려는 욕구이다.

---

353 『四分律』에 따르면 출가 이전에 비천한 직업을 가졌던 것을 비방하는 것으로, 돼지·염소 등을 파는 것, 소를 잡는 것 등과 같은 직업을 말한다.
354 『四分律』에 따르면 대장장이·목수·옹기장이·이발사 등을 가리킨다.
355 이상은 『四分律』 권11(T22, 635b)에 나온다.

欲樂者。揚我抑彼。欲求利敬之意樂也。

④ 자신을 찬탄하고 다른 사람을 비방하는 것에서의 번뇌

'번뇌'라는 것은 탐욕과 분노와 어리석음 가운데 하나이거나 둘이거나 세 가지 모두가 일어나거나 하는 것이다. 그런데 그 일이 성취되기 위해서는 반드시 탐욕스러운 마음이 있어야 한다. 그러므로 「보살지」에서 "이양과 공경을 탐내어 구하려고 자신을 찬탄하고 남을 비방하면 이를 첫 번째 타승처법他勝處法을 범하는 것이라 한다."[356]라고 하였다.

煩惱者。於三毒中。或單或二或具三也。然成究竟。要由貪心。故菩薩地云。爲欲貪求利養恭敬。自讚毀他。是名第一他勝處法。

⑤ 자신을 찬탄하고 다른 사람을 비방하는 것에서의 방편이 성취됨

'방편이 성취되는 것'이라는 것은 스스로 그렇게 하거나 다른 사람으로 하여금 그렇게 하게 하거나 하였고 앞에 있는 사람이 그것을 알아들었으면 자신을 찬탄하고 남을 비방하는 말을 할 때 즉시 위범이라고 판정한다. 율에서 "비방하는 것에 세 가지가 있다. 첫째는 직접적으로 비방하는 것이고, 둘째는 비유의 형식으로 비방하는 것이며, 셋째는 자신과 견주어서 비방하는 것이다. '직접적으로 비방하는 것'이라는 것은 '너는 전다라旃陀羅 집안 출신이다.' 등이라고 하는 것이다. '비유의 형식으로 비방하는 것'이라는 것은 '너는 전다라 종성과 같다.' 등이라고 하는 것이다. '자신과 견주어서 비방하는 것'이라는 것은 '나는 전다라 종성이 아니다.' 등이

---

[356] 『瑜伽師地論』 권40(T30, 515b22).

라고 하는 것이다. 이 세 가지 형태로 비방하였고 앞에 있는 사람이 이를 알아들었으면 모두 바일제이고 알아듣지 못하였으면 돌길라이다."³⁵⁷라고 하였다. 이것을 기준으로 삼으면 보살의 경우도 앞에 있는 사람이 알아들었으면 모두 중죄이고 이해하지 못했으면 모두 경죄이다.

方便究竟者。若自作若敎人。前人領解。讚毀言時。便結犯也。律云。毀呰有三。一面罵。二喩罵。三自比罵。面罵者。言汝是旃陀羅家生等。喩罵者。汝似旃陀羅種等。自比罵者。我非旃陀羅種等。此三種罵。若了了皆提。若不了皆吉。准此菩薩了了皆重。不了皆輕。

또 자신을 찬탄하는 것과 남을 비방하는 것이 모두 발생해야 비로소 중죄라고 판정한다. 만약 비방은 했지만 찬탄은 하지 않았고 찬탄은 했지만 비방은 하지 않았다면 오직 경구죄를 범한 것이다. 먼저 찬탄하고 나중에 비방하였든 먼저 비방하고 나중에 찬탄하였든 찬탄하는 마음과 비방하는 마음을 둘 다 실행한 것이어서 두 가지를 갖추었으니 중죄라고 판정한다.

만약 먼저 찬탄하고 나중에 비방하였으면 찬탄할 때에는 방편方便(예비적 행위)만 이루어졌으니 경죄이고 비방하였을 때는 근본根本(목적과 직접적으로 관련된 행위를 하는 것)을 이루었으니 중죄이다. 먼저 비방하고 나중에 찬탄하는 것도 그러하다. 예를 들어 비구니의 여덟 가지 일(八事)³⁵⁸ 가운데 개별적으로 지었을 때는 방편만 이루어진 것이기 때문에 투란차偸蘭遮³⁵⁹이고 여덟 가지가 모두 이루어졌을 때 비로소 바라이죄가 성립하는

---

357 『四分律』 권11(T22, 635b)의 취의 요약이다.
358 여덟 가지 일(八事) : 비구니의 여덟 가지 바라이 중 하나인 팔사성중계八事成重戒와 관련된 말이다. 여덟 가지 일을 모두 이루어서 바라이죄를 짓지 않게 하는 것으로 그 여덟 가지는 손을 잡는 것, 옷을 잡는 것, 으슥한 곳에 들어가는 것, 함께 서 있는 것, 함께 말하는 것, 함께 가는 것, 몸을 서로 기대는 것, 음행을 행할 곳에서 만날 것을 약속하는 것이다.

것과 같다.³⁶⁰

만약 오직 찬탄만 하려고 하였거나 비방만 하려고 한 것이라면 비록 두 가지 가운데 어느 것을 먼저 하고 나중에 하여 두 가지를 모두 행하였다고 해도 두 가지 행위 각각에 대해 두 가지 경죄를 지은 것으로 판정하고 중죄는 성립되지 않는다. 예를 들어 여러 차례에 걸쳐 마음을 먹고 여러 차례에 걸쳐 4전을 훔쳤다면 중죄가 성립되지 않는 것³⁶¹과 같다.

又要具讚毀。方結重。若毀而不讚。讚而不毀。唯犯輕垢。或先讚後毀。或先毀後讚。俱令運讚毀心。備二結重。若先讚後毀。讚時方便輕。毀時成本重。先毀後讚亦爾。如尼八事。一一作時。方便故蘭。具八事時。方結夷罪。若單欲讚。或單欲毀。雖前後具二。別結兩輕。不成重也。如斷¹⁾心。數取四錢。不成重也。

1) ㉠ '斷' 앞에 '數'가 누락된 것 같다.

---

359 투란차偸蘭遮 : ⓢ sthūlātyaya의 음역어. 의역어는 중죄重罪·대죄大罪 등이다. 바라이나 승잔에 해당하는 죄에 대한 미수죄를 가리킨다. 예를 들어 낙태하려고 했는데 태아가 죽었으면 바라이죄이지만 모친이 죽고 태아는 살았다면 모친을 죽일 의향은 없었기 때문에 투란차죄에 해당한다. 중투란重偸蘭과 경투란輕偸蘭으로 나누기도 하는데 이 경우 앞의 사건은 중투란에 해당한다. 또한 도둑질과 관련해서는 4전 이하의 물건을 훔치려다가 미수에 그쳤을 경우에는 경투란輕偸蘭이다. 바라이죄는 이를 범했을 경우 승가로부터 영원히 추방당하는 벌을 받는 가장 무거운 죄이고, 승잔죄는 바라이죄 다음으로 무거운 죄이지만 일주일 동안 비구로서의 권리를 박탈당한 후에 여법하게 행했음이 승가에 의해 인정되면 출죄出罪할 수 있다.
360 『四分律』 권22(T22, 716b).
361 『薩婆多部毘尼摩得勒伽』 권8(T23, 613a24)에 "㉢ 부처님께서 설하신 대로라면 비구가 5전을 훔치면 바라이죄가 성립되는데 비구가 백천가리선百千迦梨仙을 취하고도 바라이죄를 짓지 않는 경우가 있는가? ㉠ 있다. 4전을 취하고 이를 거듭하여서 (백천가리선을) 취하게 된다면 낱낱이 투란차를 범한다.(問, 如佛所說. 若比丘. 取五錢. 波羅夷. 頗有比丘. 取百千迦梨仙. 不犯耶. 答. 有取四錢. 數數取. 一一偸羅遮.)"라고 한 것을 참조할 것. 1가리선은 40전인데 20전이라고 한 곳도 있다.

(3) 위범한 것에 대해 경죄와 중죄를 판정함

위범한 것에 대해 경죄와 중죄를 판정하는 것은 다음과 같다.

대상에 입각하여 논하면 성인을 비방하는 것과 범부를 비방하는 것, 출가자를 비방하는 것과 재가자를 비난하는 것, 사람을 비방하는 것과 축생을 비방하는 것이 있다. 업은 앞에 있는 대상이 무엇인지에 따라서 중죄로 판정되기도 하고 경죄로 판정되기도 한다.

마음에 입각하여 말하면 여러 차례 현행現行하고도 전혀 부끄러워함이 없으며 깊이 애착하고 즐거워하는 마음을 내고 이것을 공덕이 되는 것이라고 여긴다면 이는 상품의 (번뇌에 의해 훼범한 것이니) 바로 계를 잃는다. 네 가지[362]를 모두 일으키지 않으면 중품과 하품의 (번뇌에 의해 훼범한 것이니) 위범이기는 하지만 계를 잃지는 않는다.[363]

結犯輕重者。若就境論。毀聖毀凡。毀道毀俗。毀人毀畜。業隨前境。不無輕重。若就心言。數數現行。都無慚愧。深生愛樂。見是功德。是上品。卽失戒也。不具足四。是中下品。犯而不失。

---

[362] 여러 차례 현행하는 것과 전혀 부끄러워함이 없는 것과 깊이 애착하고 즐거워하는 마음을 내는 것과 이것을 공덕이 되는 것이라고 여기는 것을 말하는 것 같다.
[363] 『瑜伽師地論』 권40(T30, 515c)에서 "보살이 연품(하품)과 중품의 번뇌에 의해 네 가지 타승처법을 훼범하였다면 보살의 청정한 계율의를 버리지 않는다. 상품의 번뇌에 의해 훼범하였다면 바로 버리는 것이라고 한다. 만약 보살이 네 가지 타승처법을 훼범하되 여러 차례 현행하며 전혀 부끄러워함이 없고 깊이 애착하고 즐거워하는 마음을 내고 이것을 공덕이 되는 것이라고 여긴다면 이를 상품의 번뇌에 의한 위범이라고 하는 것을 알아야 한다.(菩薩。若用軟中品纏。毀犯四種他勝處法。不捨菩薩淨戒律儀。上品纏犯。卽名爲捨。若諸菩薩。毀犯四種他勝處法。數數現行。都無慚愧。深生愛樂。見是功德。當知說名上品纏犯。)"라고 한 것을 참조하여 풀이하였다.

(4) 학처의 동일성과 차이성을 밝힘

학처의 동일성과 차이성은 다음과 같다. 성문은 바일제를 범하고 보살은 바라이를 범한다.『선생경』에 따르면 재가보살에 대해서는 중죄로 판정하지 않는다.[364] 이 경에서는 별도로 간별하지 않았기 때문에 일곱 부류의 제자에 대해 모두 중죄가 성립된다.

學處同異者。聲聞犯提。菩薩犯夷。依善生經。於在家菩薩。不制爲重。若依此經。無別簡故。七衆皆重。

(5) 본문을 해석함

본문에서 "스스로 자신을 찬탄하고 다른 사람을 비방하거나"라는 것은 입으로 스스로 발언하여 자신의 덕을 찬탄하고 다른 사람의 과실을 비방하는 것이다. "다른 사람으로 하여금 자신을 찬탄하고 다른 사람을 비방하게 하면서"라는 것에는 두 가지가 있다. 첫째는 앞에 있는 사람으로 하여금 앞에 있는 사람 자신을 찬탄하고 다른 사람의 과실을 비방하게 하는 것이고, 둘째는 앞에 있는 사람으로 하여금 그 일을 시키는 사람인 나 자신을 찬탄하고 다른 사람의 과실을 비방하게 하는 것이다. 두 가지 모두 위범이 성립된다.

"다른 사람을 비방하는 업"이라는 것은 직접적으로는 (중죄가 되는 것은) 오직 구업口業만 해당하니 본문에서 "찬탄하고 비방한다."라고 했기

---

364 『優婆塞戒經』 권3(T24, 1049a)에서 우바새의 여섯 가지 중법(六重法)을 제시하였는데 이는『梵網經』에서 설한 열 가지 중계 중 앞의 여섯 가지만 해당되고 지금 논의하고 있는 일곱 번째 계는 들어 있지 않은 것을 말한다. 자세한 것은 앞의 각주 164에서『梵網經』과 여타 경론에서 설한 중계의 증감을 도표로 나타낸 것을 참조할 것.

때문이다. 몸으로 나타낸 것과 의업意業을 일으킨 것이라는 조건은 비방함과 찬탄함의 모양이 은밀하기 때문에 중죄가 아니다.

"중생을 대신하여 비방과 모욕을 당하며"라는 것은 보살이 '어떤 티끌도 바다처럼 머금고 어떤 모욕도 대지처럼 감수하겠다.'라고 마음먹는 것이다. 그런데「보살지」에서 "(보살이 다른 사람으로 하여금 자신에 대해) 나쁜 평판(惡聲)을 하게 하고도 그것을 분명하게 해명(淸雪)하지 않으면 죄를 범한다."³⁶⁵라고 한 것은 그 앞에 있는 사람이 그를 비방함으로써 죄를 짓는 것을 피하게 하기 위한 것이고 보살이 자신의 허물을 다른 사람에게 미루는 것을 말한 것은 아니다.

> 文中口自讚毀他者。謂口自發言讚自德毀他失。亦敎人自讚毀他者。此有二。一敎前人讚彼自得毀他人失。二敎前人讚我自得毀他人失。二俱應犯。毀他業者。正唯口業。文云自讚毀故，身表意緣。毀讚相隱。故非重也。常¹⁾ 代衆生受加毀者。菩薩作心。含垢如海。受辱如地。然菩薩地云。不淸雪惡聲犯罪者。避彼前人譏謗得罪。非謂菩薩過推人也。
>
> 1) 옙 『범망경』에 따르면 '常'은 '應'이다.

問 보살이 스스로 나쁜 일을 하지 않았고 앞에 있는 사람은 진실로 좋은 일을 하지 않았는데, 어떻게 나쁜 일은 (자신에게 돌리고) 좋은 일은 (다른 사람에게) 넘겨줄 수 있는 것인가?

> 問。菩薩自無惡事。前人實無好事。何得引惡推好。

答 여기에 두 가지 뜻이 있다.

---

365 『瑜伽師地論』 권41(T30, 518b)을 취의 요약한 것.

첫째는 앞에 있는 사람이 도리에 어긋나게 보살을 비방할 때 보살은 생각한다. '과녁이 있어서 화살이 과녁을 맞히는 것이니 과녁이 없다면 과녁을 맞히는 일도 없을 것이다. 나의 몸이 있기 때문에 중생이 나쁜 일을 일으켰다. 나의 몸이 없었다면 그것에 의해 일어나는 일도 없었을 것이다. 나쁜 일이 일어난 것은 나 자신에 의한 것이니 나쁜 일은 바로 내가 일으킨 것이다.' 이러한즉 "나쁜 일은 자신에게 돌리는 것"이 성립된다. 또 생각한다. '앞에 있는 사람이 나를 비방하는 것에 의해 (나는) 계를 닦아서 (나쁜 일을) 방지할 수 있게 되었다. 앞에 있는 사람이 없었다면 나의 선이 무엇에 의해 생겨날 수 있었겠는가? 선은 그에 의해 일어난 것이니 선한 일은 그가 일으킨 것이다.'라고 한다. 이러한즉 "좋은 일은 다른 사람에게 넘겨주는 것"이 성립된다.

둘째는 (생각한다.) '다른 사람은 나쁘고 나는 착하다고 하는 것은 아견我見에 의한 것일 뿐이다. 실상의 이치를 논하면 다른 사람과 나는 한 몸이다. 보살은 실상의 이치를 좇아야 하고 망견妄見을 일으켜서는 안 된다.' 그러므로 "나쁜 일은 자신에게 돌리고 좋은 일은 넘겨서 다른 사람에게 주는 것"이 성립된다.

答。此有兩義。一前人無道毀菩薩時。菩薩作念。如有的箭中。無則無所中。由有我身故衆生興惡。無我身則無由起。起惡由我。惡在我也。是則惡事自向己也。又作是念。由前人毀我故。我得修戒而防。若無前人。我善何緣而生。生善由彼。善在彼也。是則好事與他人也。二彼惡我善是我見耳。若論實理。彼我同體。菩薩應從實理不隨妄見。故得引惡向己推善與人。

"다른 사람으로 하여금 비방을 당하도록 한다면 이는 보살의 바라이죄에 해당한다."라는 것은 죄의 이름을 판정한 것이다. 「보살지」에서 "보살들이 청정한 계율의에 안수하면서 다른 사람이 누리는 것에 대해 오염된 애착의 마음과 분노하는 마음으로 자신을 찬탄하고 다른 사람을 비방한다면 이것을 범함이 있고 위반함이 있는 것이라 하는데 이는 염오에 의한 위범違犯[366]이다. 위범이 성립되지 않는 경우라는 것은 모든 악한 외도를 꺾어 조복시키기 위해서거나 부처님의 성스러운 가르침이 머물고 유지되도록 하기 위해서거나 방편으로 상대방을 길들이고 상대방을 굴복시키려고 해서 한 것을 말한다. 아직 청정한 믿음을 내지 못한 이로 하여금 청정한 믿음을 내게 하고 이미 청정한 믿음을 낸 이들은 청정한 믿음을 더욱 늘어나게 하기 위해서 한 것을 말한다."[367]라고 하였다.

> 令他受毀辱者是菩薩波羅夷罪者。是結罪名。菩薩地云。若諸菩薩。安住菩薩淨戒律儀。於他人所。有染愛心。有瞋恚心。自讚毀他。是名有犯有所違越。是染違犯。無違犯者。若爲摧伏諸惡外道。若爲住持如來聖敎。若欲方便。調彼伏彼。或欲令其未淨信者。發生淨信。已淨信者。倍復增長。

8) 인색하고 비방하기까지 하는 것을 금한 계

경 너희들 불자여, 스스로 인색하고 다른 사람으로 하여금 인색하게 하여 인색의 인과 인색의 연과 인색의 법과 인색의 업을 지어서야 되겠느냐? 보살은 모든 가난한 사람들이 와서 구걸하는 것을 보면 자신의 앞에 있는 사람이 필요로 하는 모든 것을 공급해 주어야 하는데 보살이 악한 마음과 분노하는 마음으로 돈 한 푼이나 바늘 한 개나 풀 한 포기조차 베풀지 않고, 법을 구하는 이가 있는데도 한 구절이나 한 게송이나 한 톨의 먼지만큼의 법조차 설해 주지 않으며, 도리어 다시 꾸짖고 모욕하면 이는 보살의 바라이죄에 해당한다.

---

366 위범違犯:『瑜伽師地論』「戒品」에서 세 가지 계(三聚淨戒)·네 가지 바라이·마흔세 가지의 위범違犯을 설하였는데, '위범'은 경계輕戒에 해당한다.
367『瑜伽師地論』권41(T30, 519b21).

若佛子。自慳敎人慳。慳因慳緣慳法慳業。而菩薩。見一切貧[1]窮人來乞者。隨前人所須。一切給與。而菩薩。以惡心瞋心。乃至不施一錢一針一草。有求法者。不爲說一句一偈一微塵計法。而反更罵辱者。是菩薩波羅夷罪。

1) ㉑ 을본에 따르면 '貧'은 '貪'이다. 다음에 나오는 것도 동일하다. ㉩ 문맥상 '貧'이 타당하다. 다음에 나오는 것도 동일하다.

소 여덟 번째는 인색하게 굴고 비방하기까지 하는 것을 금한 계이다.

第八慳惜加毀戒。

(1) 제정한 뜻을 밝히고 이름을 풀이함

① 제정한 뜻을 밝힘

대사의 마음을 가진 이라면 구하지 않아도 베풀어야 하는데 구걸하는 사람이 앞에 있는데도 아까워하면서 주지 않고 도리어 비방하고 모욕한다면 교화의 도리를 바로 무너뜨리는 것이다. 그러므로 제정하여 끊게 하였다.

大士之壞。[1] 應不求而施。令乞人現前。悋而不與。反加毀辱。頓乖化道 故制斷也。

1) ㉩ '壞'는 '懷'인 것 같다.

② 이름을 풀이함

「보살지」에서는 단지 '재물과 법을 베풀지 않는 것'[368]만을 말했고 '비방

---

368 『瑜伽師地論』 권40(T30, 515b). 뒤에서 의적이 주석한 부분에 나오는 인용문(주 375)

을 하는 것'은 말하지 않았으니 인색하고 지혜를 베풀지 않는 것을 금한 계(慳不慧施戒)라고 해야 한다. 재물과 법을 아까워하는 것을 '간慳'이라 하고, 앞에 있는 사람을 꾸짖고 모욕하는 것을 '훼毀'라고 한다. 방지해야 할 허물을 좇아 계율의 이름으로 삼았다.

> 菩薩地中。直云不施財法。不言加毀。應名慳不慧施戒。祕[1]恪財法名慳。罵辱前人爲毀。從所防過。爲戒名也。

1) ㊖ '祕'는 '慳'인 것 같다.

(2) 위범이 성립되기 위해 갖추어져야 할 조건

① 인색하고 비방하는 것에서의 사상

위범이 성립되기 위해 갖추어져야 할 조건 중 '사상'이라는 것은 모욕당하는 중생과 아까워하는 재물과 법이다. 상품에 해당하는 대상 가운데 부처님과 보살은 제외하니 본문에서 "가난한 사람들"이라고 하였기 때문이다. 중품에 해당하는 대상 가운데 가난하지 않은 사람이 시험하기 위해서 고의로 와서 구걸하였을 경우는 베풀지 않아도 범하는 것이 아니다.

하품에 해당하는 대상에 대해서 옛날의 학설에서는 중죄가 아니라고 하였다. 지금 나의 해석은 이러하다. 인지능력이 있고 축생이 아닌 것이라면 이치상 경죄라고 할 수는 없다.[369]

을 참조할 것.

[369] 지의는 『菩薩戒義疏』 권하(T40, 574a)에서 "상품과 중품에 해당하는 대상이면 중죄를 범하고 하품에 해당하는 대상이면 경죄이다.(一是衆生者。謂上中二境犯重。下境輕。)"라고 하였고, 승장은 『梵網經述記』 권상(X38, 412a)에서 "하품에 해당하는 대상에게 베풀지 않을 경우 경죄를 범한다. 하품에 해당하는 대상은 모든 축생을 가리킨다.(於下品境。不施。犯輕。下品境者。一切畜生。)"라고 하였다. 의적은 두 사람과 달리 하품의

아까워하는 재물과 법이라는 것은 본문에서 "돈 한 푼이나 바늘 한 개나 풀 한 포기조차 (베풀지 않고 법을 구하는 이가 있는데도) 한 구절이나 한 게송이나 한 톨의 먼지만큼의 법조차 설해 주지 않으며"라고 한 것을 말한다.

> 具緣中事者。謂所辱衆生及所惜財法。上品境中。除佛菩薩。文云貧窮人故。中品境中。若非貧窮人。爲試故來乞不施。亦不犯也。下品境。古說非重。今謂有知解非畜。理亦非輕。所惜財法者。文云。乃至一錢一針一草。不爲說一句一偈一微塵許法。

② 인색하고 비방하는 것에서의 생각

'생각'이라는 것은 앞의 두 가지 대상[370]에 대해서 대상과 일치하게 생각하는 것이다.[371]

> 想者。謂於前二境。稱境而想。

③ 인색하고 비방하는 것에서의 욕구

'욕구'라는 것은 아까워하면서 주지 않으려는 의지를 일으키는 것이다.

> 欲樂者。謂祕[1)]惜不與之意樂也。

대상을 지옥·축생·아귀·아수라의 사취(四趣)라고 보았고 이 가운데 축생을 제외한 나머지는 인지 기능이 있기 때문에 이들에 대해서 베풀지 않는다면 경죄라고 할 수는 없다고 한 것이다.

370 첫째는 모욕을 당하는 중생이고, 둘째는 아까워하는 재물과 법을 말한다.
371 상품과 중품에 대해서 상품과 중품이라고 생각하는 것을 말한다.

1) ㉣ '祕'는 '慳'인 것 같다.

④ 인색하고 비방하는 것에서의 번뇌

'번뇌'라는 것은 이미 "인색한 것"이라고 했으니 곧 탐욕을 주된 것으로 하고 나머지는 모두 부수적인 것이다. 혹은 탐욕과 분노와 어리석음을 모두 갖추거나 세 가지를 모두 갖추지는 않았거나 하는 것이다.

煩惱者。旣云慳惜。卽貧¹⁾爲主。餘皆成助。或具不具。
1) ㉣ '貧'은 '貪'인 것 같다.

⑤ 인색하고 비방하는 것에서의 방편이 성취됨

'방편이 성취되는 것'이라는 것은 예전의 학설에서는 "앞에 있는 사람이 아까워하는 모습을 인지하고 공격적으로 꾸짖는 말을 몸소 느끼면 일에 따르고 입으로 한 말에 따라서 중죄라고 판정한다."[372]라고 하였다. 「보살지」에 준하면[373] 반드시 앞에 있는 사람이 아까워하는 모습을 인지하고 꾸짖는 고통을 느껴야만 비로소 중죄라고 판정하는 것은 아니다. 결연한 의지로 베풀어 주지 않고 아까워한다면 상대방이 이해하였거나 이해하지 않았거나 중죄라고 판정해야 한다. 그러므로 그 본문에서 "보살들이 현재 재물이 있지만 성품이 재물을 아까워하기 때문에 고통을 받고 가난하며 의탁할 곳이 없고 믿을 만한 곳이 없어서 바로 재물을 구하는 이가 와서 앞에 서 있는데도 불쌍해하는 마음을 일으켜 혜사慧捨[374]를 닦

---

372 지의가 『菩薩戒義疏』 권하(T40, 574a)에서 제시한 것이다.
373 바로 뒤에 나오는 『瑜伽師地論』 인용문을 참조할 것.
374 혜사慧捨 : 『菩薩戒羯磨文釋』(X39, 191c)에서 "보리를 위하여 부지런히 보시를 행하

는 일을 하지 않고, 정법을 구하는 이가 와서 앞에 있는데도 법을 아까워하여 비록 현재 법이 있더라도 평등하게 베풀지(捨施) 않으면 이를 두 번째 타승처법이라고 한다."[375]라고 하였다. 그런데 이 경에서 "도리어 꾸짖고 모욕하면"이라고 한 것은 위범의 허물이 심함을 덧붙여서 나타낸 것이다.

> 方便究竟者。古說前人。領解知是慳惜之相。領納打罵之言。隨事隨語。結重。若准菩薩地。未必前人領解知慳惜相。受罵打苦。方結重也。若決意不施。說祕[1]惜言。彼解不解。應結重罪。故彼文云。若諸菩薩。現有資財。性慳財故。有貧有苦。無依無怙。正求財者。來現在前。不起哀憐。而修慧捨。正求法者。來現在前。性慳法故。雖現有法。而不給[2]施。是名第二他勝處法。而此經云。而反更罵辱者。剩顯違過之甚也。

1) ㉠ '祕'는 '慳'인 것 같다. 2) ㉠ 『瑜伽師地論』에 따르면 '給'은 '捨'이다.

(3) 위범한 것에 대해 경죄와 중죄를 판정함

위범한 것에 대해 경죄와 중죄를 판정한다.

대상에 의거하여 말하자면 가난하고 고통을 받는 사람일 경우는 중죄이고 가난하고 고통을 받지 않는 사람일 경우는 경죄이다. 마음에 의거하여 말하자면 앞의 자신을 찬탄하고 다른 사람을 비방하는 것을 금한 계에 준한다. 예전의 학설에서는 "두 가지 일을 갖추어야 중죄라고 판정한다. 아까워하는 것과 비방을 하는 것이다. 곧 아까워하지만 비방하지 않았거나 비방하였지만 아까워하지 않았다면 모두 중죄가 아니다."라고 하였다.

며 모양에 머물지 않는 것을 혜사라고 한다.(爲菩提故。勤行布施。不住於相。名爲慧捨也。)"라고 하였다.
375 『瑜伽師地論』 권40(130, 515b).

結犯輕重者。若對境言。有貪苦者重。非貪苦者應輕。若隨心言。准上讚毀。古說。要具二事。方結重。謂慳加毀。若慳而不毀。毀而不慳。皆非重也。

(4) 학처의 동일성과 차이성을 밝힘

학처의 동일성과 차이성을 밝힌다.

성문은 오직 제자에게 법을 가르쳐 주지 않았을 경우에만 돌길라를 범한 것이고 재물을 주지 않았을 경우는 위범으로 판정하지 않았다. 비구니의 경우에는 제자를 받아들이고 (그 제자가 시봉할 의무가 있는 기간인) 두 해 안에 (제자에게) 재물과 법을 주지 않았으면 바일제를 범하고 두 해가 지나서 법을 주지 않았으면 돌길라를 범한다.[376] "비방하는 것"은 별도로 죄를 판정하였고 묶어서 중죄로 판정하지는 않았다.

보살은 친함과 소원힘을 가리지 않고 구하는 사람에게 주지 않았다면 모두 중죄를 범한다. 본래의 서원이 중생을 모두 구제하는 것에 있기 때문이다.[377]

일곱 부류의 제자가 모두 위범이 성립된다. 『선생경』에 따르면 재가자의 경우는 역시 중죄라고 판정하지 않았다.[378] 또 『결정비니경』에서 "재가보살은 두 가지 보시를 행해야 한다. 첫째는 재물이고, 둘째는 법이다. 출가보살은 네 가지 보시를 행해야 한다. 첫째는 종이이고, 둘째는 먹(墨)

---

[376] 『十誦律』권45(T23, 327c)에서 "비구니가 제자를 두고 두 해 동안 여섯 가지 법을 배우게 하지 않고 그를 거두어서 대중으로 삼는다면 바일제이다.(若比丘尼弟子。不二歲學六法。畜爲衆者。波逸提。)"라고 하였다.

[377] 성문은 오직~있기 때문이다 : 지의가 『菩薩戒義疏』권하(T40, 574a)에서 제시한 것과 내용이 동일하다. 단 문장에 있어서 전후가 바뀌어 있다.

[378] 『善生經』에서는 열 가지 중계 중 앞의 여섯 가지만 중계로 제정하였다. 자세한 것은 앞의 각주 164에서 『梵網經』과 여타 경론에서 설한 중계의 증감을 도표로 나타낸 것을 참조할 것.

이며, 셋째는 붓이고, 넷째는 법이다. 무생인無生忍[379]을 얻은 보살은 세 가지 보시를 행해야 한다. 첫째는 왕위王位를 보시하고, 둘째는 아내와 자식을 보시하며, 셋째는 머리와 눈과 피부와 뼈를 보시한다."[380]라고 하였다. 여기에서 '무생인을 얻은 (보살)'이라는 것은 십해 이상의 지위에 오른 보살을 가리킨다.

學處同異者。聲聞。唯弟子不教法犯吉。不與財不制犯。尼二歲內。不與財法犯提。二歲外。不與法犯吉。加毀別結。不合爲重。菩薩。不簡親疎。求者不與。皆犯重罪。本誓兼物故。七衆同犯。依善生經。於俗亦不制爲重也。又決定毘尼經云。在家菩薩。應行二施。一財二法。出家菩薩。應行四施。一紙二墨三筆四法。得忍菩薩。行三施。一王位二妻子三頭目皮骨。得忍。應是十解已上。

(5) 본문을 해석함

본문에서 "다른 사람으로 하여금 인색하게 하여"라는 것에도 두 가지가 있어야 한다.[381] 첫째는 앞에 있는 사람으로 하여금 (그 일을 시키는

---

[379] 무생인無生忍 : 무생법인無生法忍이라고도 한다. 일체법이 공하여 실체가 없고 생멸변화를 넘어서 있음을 깨달아 그 진리에 편안하게 머물며 마음이 흔들리지 않는 것을 말한다. 무생법인은 그 내용에 따라 네 가지 단계로 분류한다. 첫째는 가르침을 인연으로 하여 무생법인을 얻는 것이다. 일체의 범부와 십신이 여기에 해당한다. 대승경론을 읽고 무생해無生解를 얻는 것이다. 문혜聞慧에 해당한다. 둘째는 관찰을 인연으로 하여 무생인을 얻는 것이다. 십해·십행·십회향이 여기에 해당한다. 세 가지 무생관無生觀을 지어서 보는 법이 무생無生임을 깨닫는 것이다. 사혜思慧에 해당한다. 셋째는 이치를 증득하여 무생법인을 얻는 것이다. 초지 이상이 여기에 해당한다. 이공진여二空眞如를 깨닫는 것이다. 수혜修慧에 해당한다. 넷째는 계위에 나아가 무생법인을 얻는 것이다. 제8지 이상이 여기에 해당한다. 진속쌍행眞俗雙行을 얻고 무공용지無功用智를 성취한다. 수혜修慧에 해당한다.
[380] 『決定毘尼經』(T12, 38b)을 취의 요약한 것이다.

사람인 나의) 재물과 법을 아까워하게 하는 것이고, 둘째는 앞에 있는 사람으로 하여금 그 자신의 재물과 법을 아끼게 하는 것이다. "인색의 업"이라는 것은 의업意業이 주가 된다. 모양을 드러내고 입으로 말하면 몸과 입도 보조적인 역할을 이룬다. "인색의 법"이라는 것은 (묻는 것만) 따라서 설하여 아끼는 방법이다. 혹은 다른 일에 가탁하여 쫓아 버리거나 혹은 위의를 나타내어 꾸짖고 모욕함으로써 가버리게 하는 것이다. "인색의 연"이라는 것은 앞에서 (위범이 성립되기 위해) 갖추어져야 할 다섯 가지 조건을 설한 것과 같다.

> 文中教人慳者。亦應有二。一教前人慳財法。二遣前人惜自財法。慳業者。意業爲主。若現相口說。亦身口助成也。慳法者。隨說祕[1]惜之方法也。或假託餘事而遣。或現威罵辱而去。慳緣。如上具五緣也。
>
> 1) ㉠ 祕는 '慳'인 것 같다.

재물 가운데 "풀 한 포기"와 법 가운데 "한 톨의 먼지만큼"이라는 것은 대체로 지극한 형세를 말한 것이다. 네 글자로 이루어진 것을 구절이라고 하고 네 구절을 합한 것을 게송이라고 한다. 게송의 구절이 갖추어지지 않은 것을 "한톨의 먼지만큼의 법"이라고 한다. 무상無常이라는 말을 듣고자 하였으나 설해 주지 않는 것과 같은 것을 말한다. 여기에서 '무상'이라는 말은 구절을 이루지 않는다.

「보살지」에서 "보살들이 보살의 청정한 계율의에 안주하면서 음식 등의 생활을 영위하기 위한 온갖 도구를 지니고 있으면서도 그것을 구하는 이

---

381 앞에서 의적이 일곱 번째 중계를 해석하면서 《다른 사람으로 하여금 자신을 찬탄하고 다른 사람을 비방하게 하면서》라는 것에는 두 가지가 있다. 첫째는 앞에 있는 사람으로 하여금 앞에 있는 사람 자신을 찬탄하고 다른 사람의 과실을 비방하게 하는 것이고, 둘째는 앞에 있는 사람으로 하여금 그 일을 시키는 사람인 나 자신을 찬탄하고 다른 사람의 과실을 비방하게 하는 것이다.》(227쪽)라고 한 것을 참조할 것.

가 찾아와 바로 음식 등을 바라고 요구하는 일이 생길 경우 싫어하는 마음을 품고 분노하는 마음을 품으며 베풀어 주지 않는다면, 이것을 범함이 있고 위반함이 있는 것이라고 하는데 이는 염오에 의한 위범이다. 나태함과 게으름과 방일放逸에 의해 줄 수 없었다면 염오에 의한 위범은 아니다. 위범이 성립되지 않는 것은 현재 베풀어 줄 만한 재물이 없거나 상대방이 법에 맞지 않은 물건과 올바르지 않은 물건을 요구할 경우와 방편으로 상대방을 길들이고 상대방을 굴복시키려는 마음을 가진 경우와 와서 요구하는 사람이 왕과 사이가 좋지 않아서 왕을 보호하려는 뜻이 있는 경우와 승단의 제도를 보호하기 위한 경우라면 이를 베풀지 않아도 모두 위범이 성립되지 않는다."[382]라고 하였다.

財中一草。法中一塵。蓋是極勢之言也。四言爲句。四句爲偈。偈句不滿爲微法。如欲聞無常言而不爲說。此無常言不成句也。菩薩地云。若諸菩薩。安住菩薩淨戒律儀。有飮食等資生衆具。見有求者。來正悕求飮食等事。懷嫌恨心。懷恚惱心。而不給施。是名有犯有所違越。是染違犯。若由獺[1]惰懈怠放逸。不能施與。非染違犯。無違犯者。若現無有可施財物。若彼悕[2]求。不如法物。所不宜物。若欲方便。調彼伏彼。若來求者。王所匪宜。將護王意。若護僧制。而不惠施。皆無違犯。

1) 㖿『瑜伽師地論』에 따르면 '獺'은 '懶'이다. 2) ㉮ 을본에 따르면 '悕'는 '怖'이다. ㉯ 전자가 맞다.

9) 분노하면서 참회를 받아들이지 않는 것을 금한 계

경 너희들 불자여, 스스로 분노하고 다른 사람으로 하여금 분노하게 하

---

382 『瑜伽師地論』 권41(T30, 520b6).

며, 분노의 인과 분노의 연과 분노의 법과 분노의 업을 지어서야 되겠느냐? 보살은 모든 중생의 마음속에 깃들어 있는 선근인 다툼이 없는 일을 일으키고 항상 자비로운 마음과 효순하는 마음을 내어야 하는데 도리어 다시 모든 중생이나 혹은 중생이 아닌 이[383]에 대해 추악한 말로 모욕하고 손으로 때리고 칼과 지팡이를 휘두르면서도 분노하는 마음이 여전히 그치지 않고, 앞에 있는 사람이 참회를 받아들여 줄 것을 요청하면서 좋은 말로 참회하고 사죄하여도 여전히 분노하면서 그 마음을 풀지 않으면 이는 보살의 바라이죄에 해당한다.

> 若佛子。自瞋敎人瞋。瞋因瞋緣瞋法瞋業。而菩薩。應生一切衆生善根無諍之事。常生慈悲心孝順心。而反更於一切衆生中。乃至於非衆生中。以惡口罵辱。加以手打。及以刀杖。意猶不息。前人求悔。善言懺謝。猶瞋不解者。是菩薩波羅夷罪。

소 아홉 번째는 분노하면서 참회를 받아들이지 않는 것을 금한 계이다.

> 第九瞋不受悔戒

(1) 제정한 뜻을 밝히고 이름을 풀이함

① 제정한 뜻을 밝힘

---

[383] 중생이 아닌 이 : 다른 주석에서는 "非衆生"을 중생이 아닌 것, 곧 나무·돌 등을 가리키는 것으로 파악하는 경우가 많고 이럴 경우 "중생이 아닌 것"이라고 풀이할 수 있다. 그런데 의적의 경우 독특하게 성인을 가리키는 것으로 파악하였기 때문에 이렇게 풀이하였다.

보살은 항상 어진 마음이 모든 것에 미치게 해야 하는데 도리어 손해를 입히고 참회하면서 사죄를 해도 받아들이지 않으면 일의 현상이 교화의 도리에 어긋남이 심하기 때문에 제정하여 끊게 하였다.

菩薩。常應仁被一切。而反侵損。不受悔謝。事乖誨化之甚。故制斷也。

② 이름을 풀이함

독기를 품고 남을 해치는 것을 "분노"라고 하고, 한을 품어서 버리지 않는 것을 "사죄를 받아들이지 않는 것(不受謝)"[384]이라고 한다. 또한 방지해야 할 것에 따라 계율의 명칭으로 삼았다.

含毒損人。謂之瞋。結恨不捨。名不受謝。亦從所防。爲戒名也。

(2) 위범이 성립되기 위해 갖추어져야 할 조건

① 분노하면서 참회를 받아들이지 않는 것에서의 사상

위범이 성립되기 위해 갖추어져야 할 조건 중 '사상'이라는 것은 중생을 말한다. 옛날의 학설에서는 상품과 중품의 대상일 경우 중죄이고 하품의 대상일 경우 경죄라고 하였다.[385] 지금 나의 해석은 이러하다. 본문에서 "모든 중생이나 혹은 중생이 아닌 이에 대해"라고 했으니 모두 중죄로 설정한 것을 알 수 있다.

---

384 앞의 계명과 일치하려면 '불수회不受悔'라고 해야 한다.
385 지의가 『菩薩戒義疏』 권하(T40, 574a)에서 제시한 것이다.

具緣中事。謂衆生。古說。上中境重。下境犯輕。今謂文云於一切衆生中乃至於非衆生中。故知通結。

㉄ 그렇다면 나무와 돌 등을 대상으로 분노해도 중죄라고 판정해야 하는 것인가?

㉅ 그렇지 않다. 뒤에서 "앞에 있는 사람이 참회를 받아들여 줄 것을 요청하면서 좋은 말로 참회하고 사죄하여도"라고 하였다. 그러므로 나무와 돌 등에는 통하지 않는 것을 알 수 있다.

㉄ 그렇다면 무엇 때문에 "중생이 아닌 이에 대해"라고 한 것인가?

㉅ 지금 나의 생각은 이러하다. 성인을 "중생이 아닌 이"라고 한 것이다. 곳곳에 생명을 받아 태어나는 일이 없기 때문에 "중생이 아닌 이"라고 하였다. 분노하지 말아야 할 것에 대해서 분노하는 것으로 범인에 대해 분노하는 것과는 같지 않기 때문에 별도로 "혹은"이라고 하였다.

若如是者。於木石等中瞋。亦應結重。答不也。下云前人求悔善言懺謝。故知。不通木石。若爾何故云於非衆生。今謂聖人名非衆生。非處處受生。故云非衆生。於不應瞋而瞋。非如凡人故。別云乃至。

② 분노하면서 참회를 받아들이지 않는 것에서의 생각

'생각'이라는 것은 분노의 대상이 되는 중생을 대상과 일치한다고 생각하는 것이다.

想者。謂於所瞋衆生。稱境而想。

③ 분노하면서 참회를 받아들이지 않는 것에서의 욕구

'욕구'라는 것은 원망하는 마음을 품고 버리지 않으려는 의지를 일으키는 것이다.

欲樂者。謂欲結怨不捨之意樂也。

④ 분노하면서 참회를 받아들이지 않는 것에서의 번뇌

'번뇌'라는 것은 분노를 주된 것으로 삼고 나머지는 모두 보조적인 것이다.

煩惱者。以瞋爲主。餘皆助成。

⑤ 분노하면서 참회를 받아들이지 않는 것에서의 방편이 성취됨

'방편이 성취되는 것'이라는 것은 다음과 같다.
예전의 학설에서는 "앞에 있는 사람이 인지해야 한다. 상대방이 참회를 받아들이지 않은 것과 몸과 입으로 꾸짖고 때리는 고통을 당한 것을 알면 신업과 구업의 정도에 따라 중죄라고 판정한다."[386]라고 하였다.
지금 나의 해석은 이러하다. 앞에 있는 사람이 인지했거나 인지하지 못한 것과 무관하게 확고한 의지로 원망하는 마음을 품어 참회하면서 사과하는 것을 받아들이지 않으면 바로 중죄라고 판정한다. 그 근거는 "분노하는 것"은 분노의 업도이고 "꾸짖는 것"은 추악한 말(麁惡語, 남이 싫어할 만한 말)의 업도인데 이 두 가지 업도는 (상대방이) 인지하는 것과 관련이 없기 때문이다. (『유가사지론』) 「섭결택분攝決擇分」에서 "추악한 말이 성취되는 것은 상대방을 꾸짖는 것을 말한다."[387]라고 하였고 "분노의 업도가

---

386 지의의 『菩薩戒義疏』 권하(T40, 574b2)에서 제시한 것이다.

성취되는 것은 손해를 입히는 것 등을 할 것을 기약하고 결심하는 것이다."388라고 하였다. 그러므로 앞에 있는 사람이 인지하는 것과는 관련이 없다. 또「보살지」에서 "보살들이 이와 같은 종류의 분노라는 번뇌(纏)389를 길러 이 인연으로 오직 추언麤言만 일으키고 바로 그치는 것이 아니라, 분노에 덮여서 손과 발, 흙덩이·돌·칼·지팡이 등으로 중생을 때리고 해치며 괴롭히면서 속으로 맹렬하고 날카로운 분노의 의지를 품어 위범한 일이 있는 상대방이 찾아와서 간언하면서 사죄하는데도 받아들이지 않고 참지 않으며 원망이라는 번뇌(結)390를 버리지 않는다면, 이것을 세 번째 타승처법이라 한다."391라고 하였다.

方便究竟者。古云。前人領解。知彼不受。被¹⁾身口罵打結重。²⁾隨身業口業多小³⁾結。⁴⁾ 今謂不論前人領不領。若決意結怨。不受悔謝。便結重也。所以知然。瞋卽瞋恚業道。罵卽麁惡⁵⁾業道。此二業道。不以領解爲究竟故。決擇云。麁惡語究竟者。謂呵罵彼。瞋恚業究竟者。謂損害等期心決定。故知。不待前人領解。又菩薩地云。若諸菩薩。長養如是種類忿纏。由是因緣。不唯發起麁言便息。由忿弊⁶⁾故。加以手足。塊石刀杖。捶打傷害。損惱有情。內懷猛利忿恨意樂。有所違犯他來諫謝。不受不忍。不捨怨結。是名第三他勝處法。

1) ㉠『菩薩戒義疏』에 따르면 '被'는 연자이다. 2) ㉠『菩薩戒義疏』에 따르면 '罵打

---

387 『瑜伽師地論』권59(T30, 630c)에서 "麁惡語業道。……方便究竟者。謂呵罵彼。"라고 한 것을 참조할 것.
388 『瑜伽師地論』권59(T30, 630c)에서 "瞋恚業道。……方便究竟者。謂損害等期心決定。"이라고 한 것을 참조할 것.
389 번뇌(纏): '전纏'은 얽힘이라는 뜻으로 번뇌를 그 성격에 따라 여러 가지로 달리 부르는 이름 중 하나이다.
390 번뇌(結): '결結'은 맺는다는 뜻으로 번뇌를 그 성격에 따라 여러 가지로 달리 부르는 이름 중 하나이다. 생生을 결박시키는 것, 괴로움과 결합하게 하는 것 등의 의미이다.
391 『瑜伽師地論』권40(T30, 515b).

結重'은 '加逼之苦'이다. 3) ㉭『菩薩戒義疏』에 따르면 '小'는 '少'이다. 4) ㉭『菩薩戒義疏』에 따르면 '結' 뒤에 '重'이 누락되었다. 5) ㉭ '惡' 뒤에 '語'가 누락된 것 같다. 6) ㉭『瑜伽師地論』에 따르면 '弊'는 '蔽'이다.

(3) 위범한 것에 대해 경죄와 중죄를 판정함

위범한 것에 대해 경죄와 중죄를 판정하는 것은 다음과 같다.

분노하면서 참회를 받아들이지 않는 것에 두 가지가 있다. 첫째는 앞에 있는 사람이 와서 분노를 촉발시키고 그가 다시 참회하고 사과하는데도 분노하여 그의 사과를 받아들이지 않는 것이다. 이것은 오직 경구죄를 범할 뿐이다. 어떤 사람은 "역시 중죄이다. 상대방이 굴복의 뜻을 갖고 왔는데 지금 분노하면서 밀쳐 내면 자애로운 마음에 어긋나기 때문이다."라고 하였다. 둘째는 보살이 상대방에게 분노를 촉발시키고 상대방이 도리어 후회하고 사과하는데도 원망하는 마음을 품고 받아들이지 않는다면 바로 중죄를 범하는 것이다.

結犯輕重者。瞋不受悔有二。一者前人來觸。彼還悔謝。而瞋不受彼謝。此唯犯輕垢。一云。亦重彼屈意來。而今瞋隔。乖慈心故。二者菩薩觸彼。彼反悔謝。而怨結不受。正犯重也。

(4) 학처의 동일성과 차이성을 밝힘

학처의 동일성과 차이성은 다음과 같다.

보살의 본래 서원은 중생을 이끌고 거두어들이는 것에 있기 때문에 분노하고 밀쳐 내려고 하면 중죄를 범한다. 성문은 그러한 것을 기약하지 않았으니 자신을 보호하기 위하여 참회하면서 사과하는 것을 받아들이지 않아도 오직 돌길라죄를 범할 뿐이다. 『선생경』에 의거하면 세속의 보살에 대해서는 중죄라고 판정하지 않았지만[392] 이 경에서는 출가자와 재가자에 대해 모두 제정하였다.

> 學處同異者。菩薩本誓引攝故。瞋隔犯重。聲聞無期。自保不受悔謝。唯犯吉也。依善生經。於俗菩薩。不制爲重。此經通制道俗。

(5) 본문을 해석함

본문에서 "중생이 아닌 이에 대해"라고 한 것은 정情을 담지하지 않았다면 '중생이 아닌 이'라고 하니 이는 방호의 대상을 심화한 말이다. 성인은 온갖 종류의 생사를 겪지 않기 때문에 '중생이 아닌 이'라고 한다. 바로 함께 방호하여 제정하였다. "추악한 말로 모욕하고"라는 것은 구업에 의해 해치는 것이다. "손으로 때리고 칼과 시팽이를 휘두르면서도"라는 것은 신업에 의해 해치는 것이다. "분노하는 마음이 여전히 그치지 않고"라는 것은 마음에서 분노가 그치지 않는 것이다. "앞에 있는 사람이 참회를 받아들여 줄 것을 요청하면서 좋은 말로 참회하고 사죄하여도"라는 것은 침해를 당한 사람이 도리어 참회하면서 사과하는 것을 말한다. "여전히 분노하면서 그 마음을 풀지 않으면"이라는 것은 받아들이지 않고 참지 않으며 원망이라는 번뇌를 버리지 않는 것이다.

> 文中乃至於非衆生者。若非情。名非衆生。是深防語。若聖人。非衆多生死。故名非衆生。卽齊防制也。以惡口罵辱者。口業損惱。加以手打及以刀杖者。以身業損惱。意猶不息者。意忿不息。前人求悔善言懺謝者。謂被侵損

---

[392] 『善生經』에서는 열 가지 중계 중 앞의 여섯 가지만 중계로 제정하였다. 앞의 각주 164를 참조할 것.

人。反求悔謝。猶瞋不解者。不受不忍。不捨怨結。

「보살지」에서 다음과 같이 말하였다.

菩薩地云。

보살들이 보살의 청정한 계율의에 안주하여 다른 중생에 대해 침범한 것이 있거나 혹은 스스로 그렇게 한 것은 아니지만 상대방이 침범하였다고 의심하는데, 그를 싫어하는 마음으로 인해 교만함에 사로잡혀서 이치에 맞게 사과하지 않고 경시하면서 내버려 두면 이것을 범함이 있고 위반함이 있는 것이라고 하는데 이는 염오에 의한 위범이다. 만약 나태함과 게으름과 방일 등에 의해 사과하지 않고 경시하면서 내버려 둔다면 이것을 범함이 있고 위반함이 있는 것이라고 하는데 이는 염오에 의한 위범이다. 위범이 성립되지 않는 경우는 방편으로 상대방을 길들이고 상대방을 굴복시켜 불선처不善處에서 벗어나 선처善處에 안립安立하게 하려는 경우이거나, 외도를 대상으로 하였을 경우이다. 상대방이 법에 맞지 않고 죄가 되는 일을 행한 것으로 인하여 바야흐로 (자신이) 보살의 참회와 사과를 받는 것을 희망하는 것이거나, 그 중생이 투쟁을 좋아하는 성격이어서 참회하고 사과했을 때 분노가 더욱 늘어날 것이 예상되는 경우이거나, 상대방이 잘 참아 내는 성품을 지녔고 본질적으로 혐오하는 마음이 없음을 알았을 경우이거나, 상대방이 (보살이) 침범한 것을 사과하는 것으로 인해 깊이 수치스러운 마음을 낼 것임을 반드시 알고 있을 경우라면 참회하고 사과하지 않아도 모두 위범이 성립되지 않는다.

보살들이 보살의 청정한 계율의에 안주하여 다른 사람의 침범을 받았을 때 상대방이 다시 법대로 평등하게 참회하고 사과하는데도 싫어하는 마음을 품고 그를 해치고자 하여 그의 사과를 받아들이지 않는다면 이것을 범함이 있고 위반함이 있는 것이라고 한다. 비록 다시 상대방에 대해 싫어하는 마음이 없고 해치려는 마음도 없지만 본래의 성품이 참아 낼 수 없기 때문에 사과를 받아들이지 않았다고 해도 범함이 있고 위반함이 있는 것이라고 하는데 이는 염오에 의한 위범이다. 위범이 성립되지 않는 경우는 방편으로 상대방을 길들이고 상대방을 굴복시키려고 해서이거나, 법에 맞게 평등하게 사과하지 않았거나 하여 그의 사과를 받아들이지 않았다면 또한 위범이 성립되지 않는다.

보살들이 보살의 청정한 계율의에 안주하여 다른 사람에 대해 분노하는 마음을 품고 그 상태를 지속적으로 견지하여 생겨나고 나서 버리지 않으면 이것을 범함이 있고 위반함이 있는 것이라고 하는데 이는 염오에 의한 위범이다.

위범이 성립되지 않는 경우는 그것을 끊기 위해 욕구를 일으켰는데도 (분노가 일어나는 짓이니) 자세한 것은 앞에서 설한 것[393]과 같다.[394]

若諸菩薩。安住菩薩淨戒律儀。於他有情。有所侵犯。或自不爲。彼疑侵犯。由嫌嫉心。由慢所執。不如理謝。而生輕捨。是名有犯有所違越。是染違犯。若由懶惰[1]懈怠放逸。不謝輕捨。是名有犯有所違越。非染違犯。無違犯者。若欲方便調伏彼。出不善處。安立善處。若是外道。若彼希[2]望。要因現行非法有罪。方受悔謝。若彼有情。性好鬪諍。因悔謝時。倍增憤怒。若復知彼爲性堪忍。體無嫌恨。若必了他因謝侵犯。深生羞恥。而不悔謝。皆無違犯。若諸菩薩。安住菩薩淨戒律儀。他所侵犯。彼還如法平等悔謝。懷嫌恨

---

[393] 『瑜伽師地論』 권41(T30, p.516a)에서 "위범이 성립되지 않는 것은 그것을 끊기 위해 욕구를 일으키고 부지런히 정진하여 그것을 거두어 대치하였고 비록 부지런히 막았지만 맹렬하고 날카로운 성질의 미혹에 덮여서 자주 현행하는 것이다.(無違犯者。謂爲斷彼。生起樂欲。發勤精進。攝彼對治。雖勤遮遏。而爲猛利性惑所蔽。數起現行。)"라고 한 것을 참조할 것.
[394] 『瑜伽師地論』 권41(T30, 518b).

心。欲損惱彼。不受其謝。是名有犯有所違越。雖復於彼。無嫌恨心。不欲損惱。然由稟性不能忍故不受謝。亦名有犯有所違越。是染違犯。無違犯者。若欲方便。調彼伏彼。若不如法不平等謝。不受彼謝。亦無違犯。若諸菩薩。安住菩薩淨戒律儀。於他懷忿。相續堅持。生已不捨。是名有犯有所違越。是染違犯。無違犯者。爲斷彼故。生起樂欲。廣說如前。

1) ㉑ 을본에 따르면 '惰'는 '隋'이다. ㉓ 『瑜伽師地論』에 따르면 전자가 맞다. 2) ㉓ 『瑜伽師地論』에 따르면 '希'는 '悕'이다.

10) 삼보를 비방하는 것을 금한 계

경 너희들 불자여, 스스로 삼보를 비방하거나 다른 사람으로 하여금 삼보를 비방하게 하면서, 비방의 인과 비방의 연과 비방의 법으로 비방하는 행위를 해서야 되겠느냐? 보살은 외도와 악한 사람이 한마디라도 부처님을 비방하는 소리를 하는 것을 보면 3백 개의 창으로 심장을 찔린 것처럼 여겨야 하는데 하물며 입으로 스스로 비방하면서 믿는 마음과 효순하는 마음을 내지 않는 것이겠는가! 도리어 다시 악한 사람과 그릇된 견해를 지닌 사람을 도와 비방하게 한다면 이는 보살의 바라이죄에 해당한다.

若佛子。自謗三寶。敎人謗三寶。謗因謗緣謗法謗業。而菩薩。見外道及以惡人。一言謗佛音聲。如三百鉾刺心。況口自謗。不生信心孝順心。而反更助惡人邪見人謗者。是菩薩波羅夷罪。

소 열 번째는 삼보를 비방하는 것을 금한 계이다.

第十毀謗三寶戒。

(1) 제정한 뜻을 밝히고 이름을 풀이함

① 제정한 뜻을 밝힘

『유가사지론』에서는 오직 "보살장菩薩藏을 비방하는 것"[395]이라고만 하였다. 이는 세 가지 보배 가운데 법보法寶를 비방하는 것이 허물이 특히 무겁기 때문이다. 불보·법보·승보는 처음에 믿음을 일으킬 때의 뛰어난 대상이고 끝내 돌아가야 할 궁극적인 지점이다. 이치대로 이어서 받들고 수순해야 할 것인데 도리어 비방한다면 그 허물이 가볍지 않기 때문에 제정하여 끊게 하였다.

> 地論。唯云謗菩薩藏。三中謗法過偏重故。佛法僧寶。初信之勝境。歸終之極地。理應承而奉順。反生誹毀。其過非輕。故制斷也。

② 이름을 풀이함

마음과 말에 의해 삼보를 어기는 것이기 때문에 "비방"이라고 하였다. 역시 방지해야 할 것을 좇아 계율의 이름으로 삼았다.

> 心言乖寶。故名爲謗。亦從所防。爲戒名也。

---

[395] 『瑜伽師地論』 권40(T30, 515c3)에서 사타승처법 중 제4를 설한 것을 가리킨다.(若諸菩薩。謗菩薩藏。愛樂宣說。開示建立。像似正法。於像似法。或自信解。或隨他轉。是名第四他勝處法。)

(2) 위범이 성립되기 위해 갖추어져야 할 조건

① 삼보를 비방하는 것을 금한 계에서의 사상

위범이 성립되기 위해 갖추어져야 할 조건 가운데 '사상'이라는 것은 두 가지가 있다.

첫째는 마주하는 대상[396]과 관련된 사상이다. 곧 상품과 중품에 해당하는 대상이다. 하품의 대상을 마주하고 비방한 것에 대해 죄를 판정하면 경죄이다. 지금 나의 해석은 이러하다. 인지능력이 있는 이를 마주하고 비방한 것이면 죄를 중죄로 판정해야 한다는 것이다. 둘째는 비방하는 대상[397]과 관련된 일이니 곧 삼보를 말한다. (『유가사지론』「결택분」의 열 가지) 업도를 밝힌 문에서 (사견업邪見業의 '사'를 설명하면서) 통틀어서 진실로 존재하는 대상(實有義)이라고 하였는데[398] 지금은 뛰어난 것을 가려서 취하였으므로 오직 "삼보"라고만 하였다.

> 具緣成犯中事者有二。一所對境事。謂上中二境。若向下境結罪則輕。今謂若對有知解者。罪亦應重。二所謗境事。謂卽三寶。業道門中。通云實[1]有義。今簡取勝。故唯云三寶。
>
> 1) ㉠『瑜伽師地論』에 따르면 '寶'는 '實'이다.

---

396 마주하는 대상 : 비방하는 말을 듣는 대상을 가리킨다. 예를 들어 A가 B를 향하여 붓보를 비방할 때 그 비방하는 말을 듣고 있는 B를 가리킨다.
397 비방하는 대상 : 비방을 당하는 대상을 가리킨다. 바로 앞의 각주의 예에서 '불보'를 가리킨다.
398 『瑜伽師地論』권59(T30, 630c)에서 "사견의 업도에서 '사상'이라는 것은 진실로 존재하는 대상이다.(邪見業道事者。謂實有義)"라고 하였다. 곧 허위의 존재가 아닌 진실로 존재하는 대상을 진실로 존재하는 것이 아니라고 생각하고 비방하는 것을 그릇된 견해의 업도라고 하였다.

② 삼보를 비방하는 것을 금한 계에서의 생각

'생각'이라는 것은 『유가사지론』에서 "진실로 존재하는 것을 진실로 존재하는 것이 아니라고 생각하는 것"[399]이라고 하였다. 여기에서는 비방하는 대상에 대해 그러한 생각을 분명하게 하는 것이다.

想者論云。於有非有想。此就所謗境。辨其想也。

③ 삼보를 비방하는 것을 금한 계에서의 욕구

'욕구'라는 것은 (『유가사지론』에서) "곧 이와 같은 애욕에 따르는 것이다."[400]라고 하였으니 삼보를 비방하려는 욕구이다.

欲樂者。謂卽如是愛欲。欲謗三寶之意樂也。

④ 삼보를 비방하는 것을 금한 계에서의 번뇌

'번뇌'라는 것은 어리석음을 주된 것으로 삼는다. 모두 갖추었거나 한 가지만 갖추었거나 모두 성립된다.

煩惱者。以癡爲主。或具或單。

⑤ 삼보를 비방하는 것을 금한 계에서의 방편이 성취됨

---

399 『瑜伽師地論』 권59(T30, 630c).
400 『瑜伽師地論』 권59(T30, 630c).

'방편이 성취되는 것'이라는 것은 예전의 학설에서 "앞에 있는 사람이 그릇된 말을 이해하고 받아들이면 말한 것에 따라서 중죄라고 판정한다."[401]라고 하였다. (『유가사지론』) 「결택분」에서 (사견의) 업도를 설하면서 "(방편이) 성취되는 것이라는 것은 비방하는 일이 확실히 매듭지어지는 것이다."[402]라고 하였다. 또 「보살지」에서 "보살들이 보살장을 비방하고 정법과 유사할 뿐인 올바르지 않은 법을 좋아하여 베풀어 설하며 널리 열어 보이며 건립하며, 정법과 유사할 뿐인 올바르지 않은 법을 스스로 믿고 이해하거나 다른 사람이 말한 것을 따라서 전하[403]면 이것을 제4타승처법이라 한다."[404]라고 하였다.

方便究竟者。古說。前人領納邪言。隨語結重。決擇業道中云。究竟者。謂誹謗決定。又菩薩地云。若諸菩薩。謗菩薩藏。愛樂宣說開示建立像似正法。於像似法。或自信解。或隨他轉。是名第四他勝處法。

(3) 위범한 것에 대해 경죄와 중죄를 판정함

위범한 것에 대해 경죄와 중죄를 판정하는 것은 다음과 같다.

그릇된 견해를 설하는 것에 두 가지가 있다. 첫째는 손감損滅(덜어냄)을 내용으로 하는 그릇된 견해이니 실제로 있는 사상(實有事)을 폐기하는 것이다. 둘째는 증익增益(보탬)을 내용으로 하는 그릇된 견해이니 실제로 없

---

401 지의가 『菩薩戒義疏』 권하(T40, 574h)에서 제시한 것이다.
402 『瑜伽師地論』 권59(T30, 630c).
403 『菩薩戒羯磨文釋』(X39, 191c)에서 "'베풀어 설하며'는 유통하고 거듭해서 제시하는 것이고, '널리 열어 보이며'는 그릇된 법을 확충하는 것이며, '스스로 건립하며'는 자신이 새로운 견해를 만들어 내는 것이고, '스스로 믿고 이해하거나'는 그릇된 스승을 말하고, '다른 사람이 말한 것을 따라서 전하면'은 그릇된 제자를 말한다."라고 하였다.
404 『瑜伽師地論』 권40(T30, 515c3).

는 사상(實無事)을 설립하는 것이다. 손감에는 두 가지가 있다. 첫째는 전체를 손감하는 것이니 모든 인과법因果法을 모두 없다고 하는 것이다. 둘째는 일부분을 손감하는 것이니 외도에 집착하여 내법內法을 비방하거나 소승에 집착하여 대승을 비방하거나 하는 것으로 모든 것을 폐기하여 전혀 존재하지 않는 것이라고 하지는 않는 것이다.

結犯輕重者。凡說邪見。有其一[1)]種。一損減邪見。撥實有事。二增益邪見。立實無事。損減有二。一全分。總撥一切因果法。二一分。或執外謗內。或執小謗大。非撥一切都無有也。

1) ㉮ 저본에 따르면 '一'은 '二'이다.

전체를 손감하는 것을 내용으로 하는 그릇된 견해를 일으키면 계를 잃으니 인과因果를 모두 없다고 하면 바로 보리에서 물러나기 때문이다. (이렇게 하고 나서) 비방하는 말을 한다면 오직 성죄性罪[405]를 얻을 뿐이니, (이미 계를 잃어서) 범하였다고 할 만한 계가 없으니 계를 범하였다고 하지 않는다. 이때 비록 계를 잃지만 아직 선근善根이 끊어진 것은 아니니 아직 증상품增上品(강력한 성질을 가진 것)에 (의거한 그릇된 견해에는) 이르지 않았기 때문에[406] 오직 보리에서 물러남으로 인해 계를 버린 것이라고 할 수 있을 뿐이다.

全分邪見。若起卽失戒。總撥因果。卽退菩提故。若發言謗。唯得性罪。無戒可犯。不名犯戒。此時雖失戒。而未斷善根。未至增上品故。唯可名爲退

405 성죄性罪 : 시간·공간 등과 무관하게 언제나 악행에 포섭되는 죄를 가리킨다.

406 『俱舍論』 권17(T29, 88c)에서 "악업도 중 오직 상품의 원만한 그릇된 견해가 있어야만 선근을 끊을 수 있다.(惡業道中。唯有上品圓滿邪見。能斷善根。)"라고 한 것을 참조하여 풀었다.

菩提捨。

일부를 손감하는 것을 내용으로 하는 그릇된 견해 가운데 외도에 집착하여 내법內法을 비방할 때 보리심에서 물러나면 바로 계와 선근을 잃는다. 아직 보리심에서 물러나지 않았으면 비방을 금하는 중죄를 범한다. 이 비방하는 마음이 증상품의 번뇌에 의거한 것이면 설령 보리심에서 물러나지 않았더라도 역시 계와 선근을 잃으니, 바로 증상품의 번뇌에 의해 중죄를 범함으로써 계를 버리는 것이다. 소승에 집착하여 대승을 비방할 때 보리심에서 물러났으면 역시 바로 계를 버리는 것이다. (대승의 보리심을 얻으려는 큰 서원에서) 물러나지 않았다면 바로 경계 가운데 여덟 번째 계[407]를 범한다. 그곳에서 "마음으로 대승의 상주하는 경과 율을 등지고 부처님의 교설이 아니라고 하면서 이승성문二乘聲聞[408]의 계와 경을 수지하는 것"[409]이라고 하였기 때문이다.

> 一分邪見中。若由執外。謗內法時。退菩提心。卽失戒善。若未退心。卽犯謗重。若此謗心。至增上品。設不退心。亦失戒善。卽是增上纏犯重捨也。若由執小。謗大乘時。退菩提心。亦卽捨戒。若不退大。卽犯輕中第八戒也。彼云。心背大乘常住經律。言非佛說。而受持二乘聲聞戒經故。

증익을 내용으로 하는 그릇된 견해에서 실제로 없는 사상을 설립하는 것은 곧 『유가사지론』에서 "정법과 유사할 뿐인 올바르지 않은 법을 좋아하여 베풀어 설하며 열어 보이며 건립하는 것"[410]이라고 한 것을 말한다.

---

407 경계 가운데~번째 계 : 의적은 이 계의 이름을 "대승을 등지지 않게 한 계(不背大乘戒)"라고 하였다.
408 뒤에 나오는 의적의 해석에 따르면 성문승과 연각승을 함께 일컫는 말이다.
409 『梵網經』 권하(T24, 1005c).
410 『瑜伽師地論』 권40(T30, 515c).

'정법과 유사할 뿐인 올바르지 않은 법'이라는 것은 법 등의 다섯 가지 모양이 정법과 유사하지만 정법이 아니기 때문이다.[411] 정법을 비방하고 정법과 유사할 뿐인 올바르지 않은 법을 좋아하면 바로 중죄를 범한다. 정법을 비방하지 않고 정법과 유사할 뿐인 올바르지 않은 법을 좋아하면 경계 가운데 스물네 번째 계[412]를 범한다. 그곳에서 "부처님께서 설한 경과 율인 대승법이 있는데도 부지런히 배우고 닦아 익히지 않고 도리어 그릇된 견해를 담은 이승과 외도에 속한 세속의 전적 등을 배우는 것"[413]이라고 했기 때문이다.

> 又增益邪見。立實無事者。卽地論云。愛樂宣說。開示建立。像似正法。像似正法者。謂五法等相。狀似正法。而非正法故。若謗正法。而愛似法。卽犯重罪。若不謗正。而愛似法。卽犯輕中第二十四。彼云。有佛經律大乘法。而不能勤學修習。文[1)]學邪見二乘外道俗典等故。
>
> 1) 㓁 『梵網經』에 따르면 '文'은 '反'이다.

예전의 주석에서 그릇된 견해를 풀이하면서 뜻에 네 가지가 있다고 설하였다. 첫째는 상품의 그릇된 견해이고, 둘째는 중품의 그릇된 견해이며, 셋째는 하품의 그릇된 견해이고, 넷째는 잡품雜品의 그릇된 견해이다.

---

411 『瑜伽師地論』 권99(T30, 872c)에서 정법과 유사할 뿐인 올바르지 않은 법(像似正法)이 무엇인지를 자세히 설명하였다. 첫째는 법을 왜곡한 등의 다섯 가지를 제시하였고, 둘째는 감각기관의 수호와 관련된 부처님의 말씀을 왜곡한 것 등을 제시하였으며, 셋째는 그릇된 사상事象(후회하지 않아야 할 것)을 대상으로 악작惡作(후회하는 마음작용)을 일으키는 것 등을 제시하였고, 넷째는 포악하고 계율을 범한 사람에게 불이익을 주려는 마음을 갖는 것 등을 제시하였다. 의적이 이 가운데 앞의 다섯 가지만 제시한 것인지 뒤의 것을 모두 포괄하였는지는 현재의 문장으로는 확정하기 어렵다.

412 경계 가운데~번째 계 : 의적은 이 계의 이름을 "이학에 전념하지 않게 한 계(不專異學戒)"라고 하였다.

413 『梵網經』 권하(T24, 1006c).

古疏邪見。義說有四。一上邪見。二中。三下。四雜邪見。

상품의 그릇된 견해라는 것은 일체의 인과因果를 폐기하여 모두 없다고 하는 것이다. 바로 앞에서 설한 전체를 손감하는 것을 내용으로 하는 그릇된 견해와 같은 것이다.

여기에 두 가지가 있다.

첫째는 자신의 견해가 진리라는 생각(法想)에 의거한 것이니 마음속에 확실하게 인과因果가 없다는 생각을 일으키는 것이다. 이 경우는 계와 선근을 바로 잃는다. 앞의 그릇된 견해에서 "(그릇된 견해를 일으키면 바로 계를 잃고) 상품의 번뇌에 의한 것이면 선근이 바로 끊어진다. (그러므로) 나중에 말을 내어 비방을 하면 범하였다고 할 만한 어떤 계도 없으니 (계를 범하였다고 하지 않고) 오직 성죄만 얻을 뿐이다."[414]라고 한 것과 같다.

둘째는 자신의 견해가 진리가 아니라는 생각(非法想)에 의거한 것이니 마음속으로는 인과가 있다고 생각하면서 오직 입으로만 없다고 말하는 것이다. 이러한 경우는 (바로) 계를 잃지는 않기 때문에 입으로 말한 것에 의해 중죄를 범한다. 범한 후에 계를 잃는 것과 관련된 일의 양상은 앞에서 설한 것과 같다.

나의 견해를 제시하겠다. 만약 마음속으로 인과가 있다고 생각하였다면 이것은 바른 견해를 파괴하지 않은 것이니 어찌 그릇된 견해라고 할 수 있겠는가? 또 자신의 견해가 진리가 아니라고 생각하면서 비방하였다면 "화합승가를 파괴하는 것은 바로 허광어虛誑語(거짓말)이다."[415]라고 한

---

414 앞에서 "전체를 손감하는 것을 내용으로 하는 그릇된 견해를 일으키면 계를 잃으니 인과因果를 모두 없다고 하면 바로 보리에서 물러나기 때문이다.……오직 보리에서 물러남으로 인해 계를 버린 것이라고 할 수 있을 뿐이다."라고 한 부분을 취의 요약한 것으로 보인다.

415 『俱舍論』권18(T29, 93a)에서 "다섯 가지 무간업(어머니를 죽이는 것, 아버지를 죽이는 것, 아라한을 죽이는 것, 부처님의 몸에서 피가 나게 하는 것, 화합승가를 파괴하는 것) 가

것과 같아야 한다.[416] (제10중계의 조문에서) 이미 "그릇된 견해에 의해 비방하는 것"이라고 했기 때문에 거짓말은 (그릇된 견해에) 해당하지 않는다는 것을 알 수 있다.

> 上邪見者。謂撥一切因果皆無。卽與上說全邪見同。自有兩種。一法想。謂心中決定起無因果想。戒善卽失。如下[1]邪見。成上品。善便斷。後發言謗。無戒可犯。唯得性罪。二非法想。謂內心中起有因果想。唯口中說無。戒不失故。隨說犯重。犯後失戒。事如前說。今謂若心中起有因果想。此則見不壞。豈名邪見邪。又若起非法想謗者。應如破僧是虛誑語。旣名邪見謗。故知。非妄語。

1) ㉠ '下'는 '上'인 것 같다.

중품의 그릇된 견해라는 것은 전혀 인과가 없다고 말하지 않고 다지 삼보가 외도보다 못하다고 말하는 것이다. 이것은 곧 앞에서 일부를 손감하

운데 네 가지(앞의 괄호에서 서술한 것 중 앞의 네 가지)는 신업이고 한 가지는 어업(앞에서 서술한 것 중 마지막 한 가지)이다. 세 가지(앞의 세 가지)는 살생의 근본업도이고 한 가지(마지막 한 가지, 곧 화합승가를 파괴하는 것)는 허광어의 근본업도이며 한 가지(부처님의 몸에서 피가 나게 하는 것)는 살생업도의 가행이니 여래의 몸은 해치는 것이 가능하지 않기 때문이다. 화합승가를 파괴하는 무간업은 허광어이다. 이미 (화합승가를 파괴하는 무간업의 본질이) 허광어라면 무슨 이유로 화합승가를 파괴하는 것이라는 이름을 다시 붙이는 것인가? 이것은 원인(허광어)이 결과(화합승가의 파괴)의 이름을 부여받은 것이다. 혹은 (허광어가) 승가의 화합을 파괴할 수 있기 때문일 수도 있다.(五無間中。四是身業。一是語業。三是殺生。一虛誑語根本業道。一是殺生業道加行。以如來身不可害故。破僧無間。是虛誑語。旣是虛誑語。何緣名破僧。因受果名。或能破故。)"라고 한 것을 참조할 것.

416 『瑜伽師地論』은 원인 그 자체가 결과와 꼭 동일한 것은 아니지만 그것이 결과적으로 그러한 문제를 발생시켰기 때문에 그 원인을 결과와 연계하여 설명한 것일 뿐이라는 말이고, 이것을 빌려서 의적은 거짓된 마음이 그릇된 견해를 말하게 하였으니 서로 연계하여 설명할 수는 있지만 거짓된 마음이 곧 그릇된 견해는 아니기 때문에, 앞의 두 가지 견해 중 두 번째 견해는 거짓말이라고 해야 하지 그릇된 견해라고 할 수는 없다는 견해를 제시한 것으로 생각된다.

는 것을 내용으로 하는 그릇된 견해 가운데 외도에 집착하여 내법을 비방하는 것과 같은 것이다. 여기에도 또한 두 가지가 있다. 자신의 견해가 진리라는 생각을 일으켰으면 바로 계와 선근을 잃고, 자신의 견해가 진리가 아니라는 생각을 일으키고 말한 것이면 입으로 말하는 것에 따라 중죄를 범한다.

이러한 해석에서 나타나는 문제점에 대한 이의제기(妨難)는 앞에서 설한 것[417]과 같다.

中邪見者。不言都無因果。但說三寶不及外道。此卽同上一分邪見中執外謗內者。是亦有二。若起法想。卽失戒善。非法想說。隨說犯重。妨難如前。

하품의 그릇된 견해라는 것은 삼보가 외도보다 못하다고 말하지 않고 단지 소승에 집착하여 대승을 비방하는 것이다. 예를 들면 소승의 여러 부파에서 대승이 부처님의 교설이 아니라고 비방하는 것이다.

여기에도 두 가지가 있다.

(첫째는) 자신의 견해가 진리라는 생각을 일으키는 것이다. 계획이 아직 이루어지지 않았으면 경계 가운데 여덟 번째 계를 범한다. 계획이 이루어졌으면 계와 선근을 잃는다. 소승이 대승보다 뛰어나다고 생각하는 즉시 보리에서 물러나기 때문이다. 나의 견해를 제시하겠다. 소승이 대승보다 뛰어나다고 계탁한다고 해서 반드시 대승에서 물러나는 것은 아니다. 어떤 사람이 소승에서 보리수 아래서 성불하였다고 한 것은 믿고 대승에서 오래전에 정각을 이루었다고 한 것[418]은 믿지 않지만 이승二乘이

---

417 "나의 견해를 제시하겠다.……거짓말은 (그릇된 견해에) 해당하지 않는다는 것을 알 수 있다."라고 한 부분을 가리킨다.
418 대승에서 오래전에~한 것 : 부처님께서는 아득한 옛날에 이미 성불하였고 보리수 아래에서 성불한 부처님은 이미 오래 전에 성불한 부처님께서 중생을 교화하기 위하여 화신化身으로 나타난 것이라는 『法華經』의 가르침을 말한다.

네 가지 과(四果)를 취하고자 하지 않는다면 어찌 보리에서 물러난 것이라고 할 수 있겠는가?

둘째는 자신의 견해가 진리가 아니라는 생각을 일으키고 설하는 것이니 설하는 것에 따라 중죄를 범한다. 나의 견해를 제시하겠다. 이미 대승이 소승보다 뛰어나다는 것을 알면서 오직 입으로만 하열하다고 말하는 것이니 어찌 그릇된 견해에 의해 비방하는 것이라고 할 수 있겠는가?

> 下邪見者。不說三寶不及外道。但執小乘。謗毀大乘。如諸部小乘。謗大非佛說。此亦有二。若起法想。計畫未成。卽犯輕中第八戒也。計畫若成。卽失戒善。計小勝大時。卽退菩提故。今謂計小勝大。未必便退大。謂若有人。信小乘中樹下成佛。不信大乘文¹⁾成正覺。而不欲取二乘四果。豈可名爲退菩提耶。二非法想說。隨說犯重。今謂旣知大乘勝於小乘。而唯口言劣。豈名邪見謗。

1) ㉘ '文'은 '久'인 것 같다.

잡품의 그릇된 견해라는 것은 여기에 또 네 가지가 있다. 첫째는 한쪽에만 집착하는 것이니 대승에 집착하여 소승을 비방하거나 한 부파에 편향되게 집착하는 것이다. 둘째는 잡다하게 믿는 것이니 비록 불가佛家의 정법을 등지지는 않더라도 외도가 설한 것도 도리가 있다고 말하고 귀신도 위력이 있다고 말하는 것이며 유가儒家·도가道家·불가의 세 가지 종지는 모두 일치한다고 말하는 것과 같은 것이다. 셋째는 잠시 소승을 생각하는 것이니, 먼저 소승에 의지하여 미혹을 끊고 나서 다시 대승행大乘行을 닦으려는 것이다. 넷째는 생각이 편벽되고 잘못된 것이니, 소리를 따라 뜻을 취하여 다섯 가지의 과실을 일으키는 것[419] 등을 말한다. 이 네

---

419 『十地經論』 권2(T26, 133c)에서 "소리를 따라 뜻을 취하는 것에는 다섯 가지 허물이

가지 잡품의 그릇된 견해는 아직 그 자체로서 반드시 중죄를 범하는 것은 아니고 그 상응하는 것에 따라 뒤에서 설할 경구죄를 범하는 것이다.[420]

雜邪見者。此復有四。一者偏執。謂執大謗小。或偏執一部。二者雜信。謂雖不背佛家正法。而言外道所說亦有道理。又言鬼神亦有威力。如說儒道佛家三宗齊致。三暫念小乘。謂欲且依小道斷惑。然後更修大乘行也。四思義僻謬。謂隨聲取義。起五過等。此四雜見。未必犯重。隨其所應。犯下輕垢。

경죄와 중죄를 분별하는 것을 설하였다.

辨輕重說。

(4) 학처의 동일성과 차이성을 밝힘

학처의 동일성과 차이성은 다음과 같다.
소승에서는 법을 비방하는 것은 중죄라고 판정하지 않았다. 예를 들면

있다. 첫째는 바르지 않은 것을 믿는 것이고, 둘째는 용맹에서 물러나는 것이며, 셋째는 다른 사람을 속이는 것이고, 넷째는 부처님을 비방하는 것이며, 다섯째는 법을 가벼이 여기는 것이다.(隨聲取義。有五種過。一不正信。二退勇猛。三誑他。四謗佛。五輕法。)"라고 하였다. 소리에 의거하여 뜻을 취하면 깊은 뜻을 깨닫지 못하니 바른 이해를 하지 못하고 따라서 바르지 않은 것을 믿는 결과를 낳는다. 바르지 않은 것을 믿음으로써 뛰어난 이해를 일으키지 못하기 때문에 정진하려는 마음도 일어나지 않는다. 바르게 이해하지 못하였기 때문에 다른 사람에게 그것을 바르게 전달하지 못하니 결국 속이는 길까를 낳는다. 이는 또한 부처님의 가르침을 바르게 알리지 못한 것이니 부처님을 비방하는 것이다. 또 법을 듣고 깊이 생각하지 않으며 잘못 이해하고 그것을 그대로 믿으며 전파하기 때문에 법을 경시하는 것이다.

420 이상에서 서술한 네 가지 형태의 그릇된 견해는 지의가 『菩薩戒義疏』 권하(T40, 574b)에서 제시한 것과 큰 틀은 동일하다. 다만 문장과 내용이 꼭 일치하는 것은 아니다. 의적 자신이 내용을 보충하고 그 해석의 문제점을 지적하는 형식으로 인용하였기 때문이다.

욕망은 불도를 장애하지 않는 것이라는 나쁘고 그릇된 견해를 설하면 그러한 그릇된 견해를 일으켰을 때는 오직 돌길라죄이고 세 번 충고하였는데도 어겼을 때는 비로소 바일제죄가 성립된다고 한 것[421]과 같고, 화합승가를 파괴하는 다섯 가지 잘못된 법[422] 등에 대해서 그것이 진리라는 생각을 일으켰다면 오직 투란차이고 역죄는 아니며 그것이 진리가 아니라는 생각을 일으켰다면 역죄와 투란차죄를 범한 것이라고 한 것과 같다. 지금 대승에서는 삼보와 보살장을 비방하면 거스르는 것이 매우 심하기 때문에 모두 중죄로 제정하였다. 『선생경』에 따르면 재가보살에 대해서는 역시 중죄라고 판정하지 않았지만[423] 지금 이 경에서는 통틀어서 일곱 부류의 제자에 대해 모두 제정하였다.

學處同異者。小乘謗法。不制爲重。如說欲不障惡邪見者。若起見時唯吉。

---

[421] 『四分律』 권17(T22, 682a)에서 90바일제 중 제68 악견위간계惡見違諫戒(나쁜 견해에 물들어 충고하는 말을 거스르는 것을 금한 계)를 설하기를 "아리타라는 비구가 음욕을 범해도 불도에 장애가 되지 않는다고 하였다. 도반들이 그의 잘못된 견해를 고쳐 주려고 노력하였으나 그가 받아들이지 않았다. 부처님께서 아리타를 불러 꾸짖고 이와 관련된 계를 제정하였다."라고 하였다.

[422] 제바달다가 부처님의 가르침과 다른 다섯 가지 법을 제시하여 화합승가를 파괴하려고 하였는데 그 다섯 가지 법은 다음과 같다. 첫째는 죽을 때까지 오직 걸식으로만 살아가는 것이고, 둘째는 죽을 때까지 오직 분소의糞掃衣만 입고 살아가는 것이며, 셋째는 죽을 때까지 오직 지붕이 없는 곳에만 머무는 것이고, 넷째는 죽을 때까지 연유(酥)와 소금을 먹지 않고 살아가는 것이며, 다섯째는 죽을 때까지 생선과 고기를 먹지 않고 살아가는 것이다. 예를 들면 부처님께서는 요청에 의해 그 집에 가서 공양을 받는 것을 허락하였고 다만 그 과정에서 발생할 수 있는 다양한 문제를 방지하기 위하여 공양을 받는 순서 등의 원칙을 제정하여서 상황을 배제하고 하나의 원칙에만 얽매이는 형식으로 계율을 운용하지 않았는데, 제바달다는 이것에 반하여 원칙주의적이고 원론적인 계율을 정하고 이를 일관되게 준수할 것을 주장하였다. 『四分律』 권5(T22, 594c)에서 13승잔법 중 제10 화합승가를 파괴하는 마음을 굳게 지니고 충고하여도 받아들이지 않는 것을 금한 계를 설한 것을 참조할 것.

[423] 『善生經』에서는 열 가지 중계 중 앞의 여섯 가지만 중계로 제정했음. 앞의 각주 164를 참조할 것.

違三諫時方提。如破僧五邪等。若起法想。唯蘭非逆。若非法想。犯逆幷蘭。今大乘中。若謗三寶及菩薩藏。乖違過深。故竝制重。依善生經。於俗菩薩。亦不制重。今此經中。通制七衆。

(5) 본문을 해석함

본문에서 "외도"라는 것은 불법 이외의 다른 도를 행하는 사람이다. "악한 사람"이라는 것은 불법 속에서 나쁜 견해를 일으키는 사람을 말한다. 그가 공연히 악한 마음을 일으켜 끝없는 광란의 구덩이에 떨어져 이 바른 법을 손상시키고 수행인의 마음속에 해를 입히는 것을 불쌍히 여기어서 한마디라도 (부처님을) 비방하는 소리를 하는 것을 보면 3백 개의 창으로 찔린 것처럼 아파한다. "보면"이라는 것은 듣고 보는 것이다. 나머지 글은 쉽게 이해할 수 있는 것이다. 이 법을 비방한 계는 다시 예외를 인정할 수 있는 조건(開緣)이 없다.

文中外道者。謂佛法外行異道者。惡人者。謂佛法中起惡見者。愍彼無事起惡。墜於無底狂坑。傷此正法。被損藪於行人心中。故見一言謗聲。痛如三百鉾刺。見者聞見。餘文易了。此謗法戒。更無開緣。

이상으로 개별적으로 열 가지 중계를 해석하는 것을 마친다.

上來別釋十重訖也。

3. 총괄하여 맺음[424]

경 잘 배우는 사람들이여, 이것이 보살의 열 가지 바라제목차이다. 응당 배워야 하고 그 가운데 낱낱이 작은 먼지만큼이라도 범하는 일이 없어야 하는데 하물며 열 가지 계를 온전히 범해서야 되겠느냐? 범하는 사람이 있다면 현재의 몸으로는 보리심을 일으키지 못할 것이고 국왕의 지위와 전륜왕의 지위도 잃을 것이며, 비구와 비구니의 지위도 잃을 것이고 십발취와 십장양과 십금강과 십지와 불성佛性 가운데 상주하는 묘과妙果를 얻은 지위도 없을 것이며, 이러한 모든 지위를 잃고 세 가지 악도에 떨어져 두 겁이나 세 겁 동안 부모와 삼보라는 이름조차 듣지 못하게 될 것이다. 그러므로 낱낱이 범하지 말아야 한다.

善學諸人者。是菩薩丨波羅提木叉。應當學。於中不應一一犯如微塵許。何況具足犯十戒。若有犯者。不得現身發菩提心。亦失國王位轉輪王位。亦失比丘比丘尼位。亦失十發趣十長養十金剛十地佛性常住妙果。一切皆失。墮三惡道中。二劫三劫。不聞父母三寶名字。以是不應一一犯。

소 다음에 총괄하여 맺은 것 가운데 다시 세 가지가 있다. 첫째는 사람을 마주하여 총괄적으로 맺었다. 둘째는 가르쳐서 범하지 않게 하였으니 "응당 배워야 하고 그 가운데" 이하가 그것이다. 셋째는 배울 것을 권하고 자세하게 밝힐 곳을 가리켰다.

次總結中復三。一對人總結。二誡令不犯。應當於中下是。三勸學指廣。

---

[424] 앞의 분과에서는 "3. 다시 맺으면서 득실을 설하고 공경하는 마음으로 지닐 것을 권함"이라고 하였다.

1) 사람을 마주하여 총괄적으로 맺음

2) 가르쳐서 범하지 않게 함

가르쳐서 (범하지 않게 한 것) 가운데 다시 세 가지가 있다. 첫째는 미미한 것을 제시하여 많은 것을 견주는 것으로 가르쳤다. 둘째는 잃을 것을 드러내어 그것을 싫어하게 하는 것으로 가르쳤다. 셋째는 과보를 보여 그것을 두려워하게 하는 것으로 가르쳤다.

誡中復三。一擧微況多誡。二顯失令厭誡。三示報令怖誡。

(1) 미미한 것을 지시하여 많은 것을 견주는 것으로 가르침

미미한 것을 제시하여 많은 것을 견주는 것으로 가르친 것 가운데 "낱낱이 작은 먼지만큼이라도 범하는 일이 없어야 하는데"라고 한 것은 낱낱의 계 가운데 작은 먼지만큼이라도 범하는 일이 없어야 한다는 것이다. 조금이라도 범하려는 마음을 일으켰지만 그것을 몸과 입으로 행하지는 않았으면 이 허물은 가볍고 사소한 것이기 때문에 "작은 먼지"에 비유하였다. 이 허물이 비록 미미하지만 쌓이면 큰 악을 이루기 때문에 가벼이 여길 수 없으니, 경에서 게송으로 말하기를 "작은 악을 가볍게 여겨 재앙과 무관하다고 생각하지 말라. 물방울이 비록 작지만 점점 큰 그릇을 채운다네."[425]라고 한 것과 같다. "하물며 열 가지 계를 온전히 범해서야 되겠느냐?"라는 것은 미미한 허물도 오히려 범하지 말아야 하는데 중죄는 그 이치가 말할 필요조차 없다는 것이다. 다섯 가지 조건을 온전히 갖추

---

[425] 『法句經』 권상(T4, 565a); 40권본 『涅槃經』 권14(T12, 693c).

어서 열 가지 근본죄를 이루기 때문에 '열 가지 계를 온전히 범해서야 되겠느냐?'라고 하였다.

> 擧微況中。不一一犯如是微塵許者。於一一戒中。不應犯如微塵許。纔起犯心。不至身口。此過輕小。故喩微塵。此過雖微。積成大惡。故不可輕。如經偈云。莫輕小惡。以爲無殃。水渧雖微。漸盈大器。何況具足犯十戒者。微過尙不應犯。重罪理在絶言。具足五緣。成十根本。故云。具足犯十戒也。

(2) 잃을 것을 드러내어 그것을 싫어하게 하는 것으로 가르침

잃을 것을 드러내어 그것을 싫어하게 하는 것으로 가르친 것 가운데 "현재의 몸으로는 보리심을 일으키지 못할 것이고"라는 것은 불도를 성취하는 근본이 되는 보리심을 일으키는 행을 잃는 것을 말한다. 근본중죄根本重罪[426]를 범한 것으로 인하여 장애에 얽매이니 현재의 몸으로는 다시 참된 보리심을 일으킬 수 없다. "국왕의 지위와……잃을 것이며" 등은 부수적으로 증상增上의 생生[427]을 초래할 기회를 잃는 것이다. 이미 뛰어난 원인에서 물러났으니 미묘한 과보도 잃는다. "비구와……잃을 것이고" 등은 뛰어난 부류에 소속된 신분을 잃는 것이다. 다시 두 부류의 제자(비구·비구니)의 숫자에 들어가지 않기 때문이다. 그 이하의 세 부류의 제자(사미·사미니·식차마나)는 부류에 따라 포함될 수도 있다. "십발취와……잃을 것이며" 등은 뛰어난 법을 잃는 것이니 원인과 결과의 뛰어난 법[428]을 모두 잃어버리는 것이다.

---

426 근본중죄根本重罪 : 계 가운데 가장 무거운 것인 바라이죄를 가리킨다.
427 증상增上의 생生 : 뛰어난 형태의 중생을 가리키는 말. 곧 인취·천취를 가리킨다.
428 원인과 결과의 뛰어난 법 : 십발취에서 십지까지는 일체의 인위因位이고 불성에 상주하는 묘과는 과위果位이다.

顯失厭中。不得現身發菩提心者。謂失根本發心行也。由犯根本重。障所纏。於現身中。不復堪發眞菩提心。亦失國王位等者。謂失傍招增上生也。旣退勝因。妙報亦失。亦失比丘等者。失勝類也。不復堪入二衆數故。下三衆。亦隨類攝。失十發趣等者。失勝法也。因果勝法。皆退失也。

(3) 과보를 보여 그것을 두려워하게 하는 것으로 가르침

과보를 보여 그것을 두려워하게 하는 것으로 가르친 것 가운데 "이러한 모든 지위를 잃고 세 가지 악도에 떨어져"라는 것은 열 가지 중계를 범하면 모든 지위를 잃고 세 가지 악도에 떨어지는 과보를 초래한다는 것이다. "두 겁이나 세 겁 동안 부모와 삼보라는 이름조차 듣지 못하게 될 것이다."라는 것은 한번 사람의 몸을 잃으면 오랜 겁 동안 되돌리기 어려우니 자애로운 이름과 뛰어난 이름을 무엇에 의해 들을 수 있겠는가? 소승에서는 다섯 가지 역죄를 지어도 한 겁을 넘어서는 과보를 받지 않는다고 설하였지만 대승에서는 열 가지 중계도 역시 여러 겁의 과보를 초래한다고 말한다. 방편과 진실로 이치가 갈라진 것일 뿐이니 삼가지 않을 수 있겠는가?

示報怖中。一切皆失墮三惡道者。犯十重戒。一切皆[1] 招三惡果報。二劫三劫不聞名字者。一失人身。長劫難復。慈名勝字。何由得聞。小說五逆不過一劫之果。大言十重亦招多劫之報。權實理殊。可不愼乎。

1) ㉠ '皆' 뒤에 '失'이 누락된 것 같다.

3) 배울 것을 권하고 자세하게 밝힐 곳을 가리킴

경 너희들은 모든 보살들이 지금 배우고 있고 앞으로 배울 것이며 이미 배워 왔던 이와 같은 열 가지 계를 배우고 공경하는 마음으로 받들어 지녀야 한다.「팔만위의품八萬威儀品」[429]에서 자세하게 밝힐 것이다.

汝等一切諸菩薩。今學當學已學。如是十戒。應當學。敬心奉持。八萬威儀品。當廣明。佛告諸菩薩言已說十波羅提木叉竟四十八輕今當說。[1)]

1) ㉠ 의적의 분과에 따르면 '佛告諸菩薩言……今當說'은 본서 권하의 앞에 두어야 한다.

소 "너희들은" 이하는 (배우고) 수지할 것을 권하고 자세하게 밝힐 곳을 가리킨 것이다. 내용은 본문에서 서술한 것과 같다.

汝等下勸持指廣。如文也。

『보살계본소』권상을 마친다.

菩薩戒本疏 卷上終。[1)]

1) ㉯ 을본에 따르면 '終'이 없다. ㉠ 있어도 무방하다.

---

429 팔만위의품八萬威儀品 : 본서의 대본인 구마라집이 한역한 『범망경梵網經』에 대한 승조僧肇의 서문序文(T24, 997a)에 따르면 본경은 본래 120권 61품으로 이루어졌는데 구마라집이 이 중 제10품인 심지품心地品만 한역하였다고 한다. 본경에 대한 여러 주석서에서 이 온전한 품을 모두 갖춘 것을 광본廣本 혹은 대본大本이라 부른다. 팔만위의품이란 광본의 61품 중 제10품 이후에 나오는 것으로 추정되는 품의 이름이다. 열 가지 중계의 모양을 보다 상세하게 해석한 것을 그 내용으로 한다는 것을 추정할 수 있을 뿐이다.

보살계본소 하권의 본
| 菩薩戒本疏 卷下之本 |

신라 사문 의적 지음
新羅沙門義寂述

제2절 경계를 풀이함[1]

1. 앞을 맺고 뒤를 일으킬 것을 총괄적으로 나타냄

경 부처님께서 여러 보살에게 말씀하셨다. "이미 10바라제목차를 설하였고 마흔여덟 가지 경계를 이제 설할 것이다."

佛告諸菩薩言。已說十波羅提木叉竟。四十八輕。今當說。[1)]

1) ㉠ '佛告諸菩薩言……今當說'은 『韓國佛教全書』에서 앞에 있었던 것을 의적의 분과에 의거하여 역자가 이곳으로 옮겼다.

소 경계를 풀이한 것 가운데 크게 나누면 또 세 가지가 있다. 첫째는 앞을 맺고 뒤를 일으킬 것을 총괄적으로 나타내었다. 둘째는 차례대로 개별적으로 풀이하였다. 셋째는 설하는 것을 마치고 총괄적으로 맺었다.

釋輕戒中。大分亦三。一結起總標。二次第別釋。三說竟總結。

2. 차례대로 개별적으로 풀이함

개별적으로 풀이한 것 가운데 마흔여덟 가지 경계는 문장이 매듭지어진 것에 따르면 모두 다섯 단락이 된다. 각 단락의 말미에 모두 그에 상응하는 자세한 설명이 있는 다른 곳의 문장을 가리켰다.

이 다섯 단락에 대해 문장을 따라 궁극적 의미를 취하면 모두 세 가지 계(삼취三聚, 삼취정계三聚淨戒)에 통하니 낱낱의 단락마다 모두 악을 여의고[2]

---

1 앞의 분과에서는 '경계를 밝힘(明輕戒)'이라고 하였다.
2 삼취정계 중 섭률의계攝律儀戒를 가리키는 말. '율의'는 악을 방지하는 것을 특성으로

선을 거두며[3] 중생을 이익 되게 하는 뜻[4]을 설하였기 때문이다.

就別釋中。四十八輕。隨文所結。凡爲五段。段末皆指餘文應有廣說。此五段中。隨文剋取。皆通三聚。段段皆說離惡攝善益生義故。

종지에 따라서 대체적으로 논하면 앞의 열 가지 중계는 율의律儀(섭률의계攝律儀戒)로 판별할 수 있고 뒤의 마흔여덟 가지 경계는 나누어서 나머지 두 가지(섭선법계攝善法戒와 섭중생계攝衆生戒)가 된다. 경에서 "섭률의계는 열 가지 바라이이고, 섭선법계는 이른바 팔만사천 가지의 법문이며, 섭중생계는 이른바 자慈·비悲·희喜·사捨[5]에 의해 교화가 모든 중생에게 미쳐서 중생이 모두 안락함을 얻게 하는 것이다."[6]라고 하였다.

또 마흔여덟 가지 경계 가운데 앞의 서른 가지 계는 대체로 섭선법계이고 뒤의 열여덟 가지 계는 대체로 이생계利生戒(섭중생계·요익유정계)이다. 『보살지지경』에서 설한 마흔네 가지 경계[7]에서 앞의 서른세 가지는

하기 때문이다.
3 삼취정계 중 섭선법계를 가리키는 말. 선법을 거두는 것을 특성으로 하기 때문이다.
4 삼취정계 중 섭중생계를 가리키는 말. 모든 중생을 이익 되게 하는 것을 특성으로 하기 때문이다.
5 자慈·비悲·희喜·사捨 : 부처님과 보살이 한량없는 중생을 두루 제도하여 고통을 여의고 즐거움을 얻게 하기 위해서 갖추어야 할 네 가지의 마음을 가리키는 말. 사무량四無量이라고 한다. 첫째는 자무량慈無量이니 무량한 중생을 대상으로 그들이 즐거움(樂)을 얻도록 하는 법을 사유하며 자등지慈等至로 들어가는 것이다. 둘째는 비무량悲無量이니 무량한 중생을 대상으로 그들이 괴로움을 벗어나도록 하는 법을 사유하며 비등지悲等至로 들어가는 것이다. 셋째는 희무량喜無量이니 무량한 중생이 괴로움을 벗어나 즐거움을 얻고 내심 깊이 희열을 느낀다고 사유하며 희등지喜等至로 들어가는 것이다. 넷째는 사무량捨無量이니 무량한 중생이 모두 평등하고 멀거나 가까운 등의 차별이 없다고 사유하며 사등지捨等至로 들어가는 것이다.
6 『菩薩瓔珞本業經』 권하(T24, 1020c).
7 마흔네 가지 경계 : 『菩薩地持經』은 『瑜伽師地論』 「菩薩地」의 이역본이다. 두 책에 수록된 경계의 숫자에 대해서는 이론이 있다. 둔륜遁倫은 『瑜伽論記』 권10(T42, 538b)에서 이를 총괄적으로 정리하여 "구론舊論(『菩薩地持經』)에 의거하면 마흔두 가지 경계

가 있고 『신론新論』(『瑜伽師地論』「菩薩地」)에 의거하면 마흔세 가지 경계가 있다. 두 책을 교감해 보면『구론』에는『신론』의 아홉 번째 계에서 설한 살생·도둑질 등의 칠지七支의 성죄性罪[몸으로 짓는 세 가지 성죄, 곧 살생·도둑질·그릇된 음행(邪淫)과 입으로 짓는 네 가지 성죄, 곧 거짓말, 꾸미는 말(綺語), 추악한 말(惡口), 이간질하는 말(兩舌)을 합하여 일컫는 말]가 없다. 이 가운데 어느 것도 없어서 한결같이 함께하지 않기 때문에 숫자가 마흔두 가지가 된다.『신론』에는 이것이 있기 때문에 마흔세 가지를 갖추었다.『신론』가운데 또 여덟 번째 계에서 차죄遮罪를 설하였는데 여기에 성문과 함께하는 것과 함께하지 않는 것이 있어서 이것을 별도로 열면 두 가지가 된다. 따라서 숫자는 마흔네 가지가 있다고 해야 한다. 또『신론』의 제29계에서 '보살장菩薩藏을 듣고 모든 부처님의 신통력을 믿고 이해하는 마음을 일으키지 않고 비방하며'라고 한 것에도 두 가지 내용(믿고 이해하는 마음을 일으키지 않는 것과 비방하는 것)이 있으니 별도로 열면 두 가지 계가 되어서 숫자는 마흔다섯 가지가 되어야 한다. 그런데 지금은 둘로 나눌 수 있는 두 곳을 모두 합하였기 때문에 숫자를 마흔세 가지라고 하였다."라고 하였다. 이를 도표로 나타내면 다음과 같다.

	『瑜伽師地論』권41(T30, 516a) 43경계		
1	若諸菩薩安住菩薩淨戒律儀。於日日中。……以勝供具承事供養。		
2	若諸菩薩安住菩薩淨戒律儀。有其大欲。……數起現行。		
3	若諸菩薩安住菩薩淨戒律儀。見諸耆長。……皆無違犯。		
4	若諸菩薩安住菩薩淨戒律儀。他來延請。……皆無違犯。		
5	若諸菩薩安住菩薩淨戒律儀。他持種種色可染……皆無違犯。		
6	若諸菩薩安住菩薩淨戒律儀。他來求法。……皆無違犯。		
7	若諸菩薩安住菩薩淨戒律儀。於諸暴惡犯戒有情。……皆無違犯。		
8	若諸菩薩安住菩薩淨戒律儀。如薄伽梵。……非染違犯。	1) 성문과 함께 배워야 하는 차죄 若諸菩薩安住菩薩淨戒律儀。如薄伽梵。……利他爲勝。	『瑜伽師地論』「戒品」에서 열어서 나누는 것이 가능한 곳 제1
		2) 성문과 함께 배우지 말아야 하는 차죄 若諸菩薩安住菩薩淨戒律儀。如薄伽梵。……非染違犯。	
9	若諸菩薩安住菩薩淨戒律儀。善權方便。… 生多功德。	1) 살생 : 謂如菩薩。見劫盜賊。……生多功德。	『菩薩地持經』권5「戒品」(T30, 913c)에는 없는 부분
		2) 도둑질 : 又如菩薩。見劫盜賊。奪他財物。……生多功德。	
		3) 그릇된 음행 : 又如菩薩。處在居家。……非梵行。	
		4) 거짓말 : 又如菩薩。爲多·有情解脫危難。……生多功德。	
		5) 이간질하는 말 : 又如菩薩。見諸有情。……生多功德。	
		6) 추악한 말 : 又如菩薩。見諸有情。……生多功德。	
		7) 꾸미는 말 : 又如菩薩。見諸有情。……生多功德。	

10	若諸菩薩安住菩薩淨戒律儀。生起詭詐。⋯⋯時時現起。	
11	若諸菩薩安住菩薩淨戒律儀。爲掉所動。⋯⋯皆無違犯。	
12	若諸菩薩安住菩薩淨戒律儀。起如是見。⋯⋯無雜染法。	
13	諸菩薩安住菩薩淨戒律儀。於自能發不信重言。⋯⋯皆無違犯。	
14	若諸菩薩安住菩薩淨戒律儀。見諸有情。⋯⋯多生憂惱。	
15	若諸菩薩安住菩薩淨戒律儀。他罵報罵。⋯⋯是染違犯。	
16	若諸菩薩安住菩薩淨戒律儀。於他有情。⋯⋯皆無違犯。	
17	若諸菩薩安住菩薩淨戒律儀。他所侵犯。⋯⋯是染違犯。	
18	諸菩薩安住菩薩淨戒律儀。於他懷忿。⋯⋯廣說如前。	
19	若諸菩薩安住菩薩淨戒律儀。貪著供事增上力故。⋯⋯無愛染心管御徒衆。	
20	若諸菩薩安住菩薩淨戒律儀。嬾惰懈怠。⋯⋯如前應知。	
21	若諸菩薩安住菩薩淨戒律儀。懷愛染心。⋯⋯是染違犯。	
22	若諸菩薩安住菩薩淨戒律儀。爲令心住。⋯⋯無所違犯。	
23	若諸菩薩安住菩薩淨戒律儀。起貪欲蓋。⋯⋯當知亦爾。	
24	若諸菩薩安住菩薩淨戒律儀。貪味靜慮。⋯⋯是染違犯。	
25	若諸菩薩安住菩薩淨戒律儀。起如是見。⋯⋯作如是說。	
26	若諸菩薩安住菩薩淨戒律儀。於菩薩藏。未精研究。⋯⋯非染違犯。	
27	若諸菩薩安住菩薩淨戒律儀。現有佛教。⋯⋯則無違犯。	
28	若諸菩薩安住菩薩淨戒律儀。越菩薩法。⋯⋯是染違犯。	
29	若諸菩薩安住菩薩淨戒律儀。聞菩薩藏⋯⋯然不誹謗。	若諸菩薩安住菩薩淨戒律儀。聞菩薩藏。⋯⋯作是說。	『瑜伽師地論』「戒品」에서 열어서 나누는 것이 가능한 곳 제2
		若諸菩薩安住菩薩淨戒律儀。若聞甚深最甚深處心不信解。⋯⋯然不誹謗。	
30	若諸菩薩安住菩薩淨戒律儀。於他人所有染愛心。⋯⋯倍復增長。	
31	若諸菩薩安住菩薩淨戒律儀。聞說正法論議決擇。⋯⋯皆無違犯。	
32	若諸菩薩安住菩薩淨戒律儀。於說法師。⋯⋯是染違犯。	
33	若諸菩薩安住菩薩淨戒律儀。於諸有情所應作事。⋯⋯皆無違犯。	
34	若諸菩薩安住菩薩淨戒律儀。見諸有情遭重疾病。⋯⋯當知亦爾。	
35	若諸菩薩安住菩薩淨戒律儀。見諸有情爲求現法。⋯⋯皆無違犯。	
36	若諸菩薩安住菩薩淨戒律儀。於先有恩諸有情所。⋯⋯皆無違犯。	
37	若諸菩薩安住菩薩淨戒律儀。見諸有情。⋯⋯不爲助伴。	
38	若諸菩薩安住菩薩淨戒律儀。有飲食等資生衆具。⋯⋯皆無違犯。	
39	若諸菩薩安住菩薩淨戒律儀。攝受徒衆。⋯⋯皆無違犯。	
40	若諸菩薩安住菩薩淨戒律儀。懷嫌恨心。⋯⋯皆無違犯。	

또한 섭선법계이고 뒤의 열한 가지 계는 이생계이다. 저것과 이것이 계의 모양에는 비록 출몰이 있지만 종지를 들어 모양을 판별하면 서로 유사한 측면이 있다. 또 경은 가르침의 근본이 되는 것을 제정한 것이고 논은 뜻을 조목조목 판별하는 것이다. 그러므로 경과 논은 서로 다르지 않다.

從宗多論。前十重戒。判爲律儀。後四十八。分爲餘二。經說。攝律儀戒。所謂十波羅夷。攝善法戒。所謂八萬四千法門。攝衆生戒。所謂慈悲喜捨。化及一切衆生。衆生皆得安樂。又四十八中。前三十戒 多爲攝善。後十八戒。多爲利生也。地持四十四輕戒中。前三十三。亦爲攝善。後十一戒。爲利生故。彼此戒相。雖有出沒。擧宗判相。亦相似故。又經制敎本。論判義條。故經與論。不得相異。

논(『유가사지론』)에서 계도戒度(계바라밀)의 아홉 가지 모양을 밝히면서 다음과 같이 설하였다.

論辨戒度九種相中。

두 번째인 일체계一切戒는 재가자가 수지하는 계와 출가자가 수지하는 계를 말하니 이것을 일체계라고 한다.[8] 또 바로 이 두 가지의 청정한 계에

41	若諸菩薩安住菩薩淨戒律儀。懷嫌恨心。……皆無違犯。	
42	若諸菩薩安住菩薩淨戒律儀。見諸有情應可訶責。……皆無違犯。	
43	若諸菩薩安住菩薩淨戒律儀。具足成就種種神通變現威力。……無有違犯。	

8 『瑜伽師地論』 권40(T30, 510c)에서 "아홉 가지 모양의 계를 보살계바라밀다라고 한다. 첫째는 자성계이고, 둘째는 일체계이며, 셋째는 난행계이고, 넷째는 일체문계이며, 다섯째는 선사계이고, 여섯째는 일체종계이며, 일곱째는 수구계이고, 여덟째는 차세타세락계이며, 아홉째는 청정계이나.……무엇을 보살의 일체계라고 하는가? 보살계를 말하

의거하여 대략 세 가지를 설한다. 첫째는 율의계이고, 둘째는 섭선법계이며, 셋째는 요익유정계이다.

> 第二一切戒。謂在家分戒及出家分戒。是名一切戒。又卽依此二分淨戒。略
> 說三種。一律儀戒。二攝善法戒。三饒益有情戒。

율의계라는 것은 모든 보살이 수지해야 하는 일곱 부류의 제자가 받는 별해탈률의別解脫律儀이니 바로 필추계苾芻戒(比丘戒)에서부터 근사녀계近事女戒에 이르는 (일곱 가지의 계[9]이다.) 이와 같은 일곱 가지는 재가자가 수지하는 계와 출가자가 수지하는 계의 두 가지에 의거한 것이니 상응하는 대로 알아야 한다.[10] 이것을 보살의 율의계라고 한다.

> 律儀戒者。謂諸菩薩所受七衆別解脫律儀。卽是苾芻戒。至近事女戒。如是
> 七種。依止在家出家二分。如應當知。是名菩薩律儀戒。

섭선법계라는 것은 모든 보살이 율의계를 받은 후에 모든 것을 대보리大菩提를 얻는 것에 바쳐서 몸과 말과 뜻으로 온갖 선을 쌓는 것을 통틀어서 섭선법계라고 한다. 이것은 또 무엇을 말하는 것인가? 모든 보살이 계

니 대략 두 가지가 있다. 첫째는 재가분계이고, 둘째는 출가분계이다. 이것을 일체계라고 한다.(謂九種相戒名爲菩薩戒波羅蜜多。一自性戒。二一切戒。三難行戒。四一切門戒。五善士戒。六一切種戒。七遂求戒。八此世他世樂戒。九淸淨戒……云何菩薩一切戒。謂菩薩戒。略有二種。一在家分戒。二出家分戒。是名一切戒)"라고 하였다. 이 이하는 모두『瑜伽師地論』과 문장이 동일하고 이 부분도 내용은 동일하기 때문에 약간의 문장의 차이는 있지만 이 부분도 직접인용문으로 처리하였다.

9 『瑜伽師地論』에 따르면 중간에 필추니계苾芻尼戒·정학계正學戒·근책남계勤策男戒·근책녀계勤策女戒·근사남계近事男戒의 다섯 가지를 생략하였다.
10 앞의 다섯 가지, 곧 필추계·필추니계·정학계·근책남계·근책녀계는 출가자의 계이고 근사남계·근사녀계는 재가자의 계라는 것을 말한다.

에 의지하고 계에 머물러서 문聞(불법을 익히는 것)과 사思(불법을 사유하는 것) 와 지관止觀11을 닦는 것을 홀로 즐겨 머무는 곳에서 부지런히 수학한다. 이와 같이 늘 모든 웃어른(尊長)에게 합장하고 일어나 맞이하며(起迎) 안부를 묻고(問訊) 예배하며 공경하는 업을 부지런히 수습하니 바로 부지런히 웃어른을 공경하고 섬기는 일을 수습하는 것이며, 질병에 걸린 사람에 대해 슬퍼하고 불쌍히 여기는 마음을 내어 은근하고 정중하게 관심을 기울이고 돌보면서 필요로 하는 것을 공급하며, 모든 미묘한 설에 대해 "훌륭하다!"라고 칭찬하고 공덕이 있는 보특가라를 진실되고 정성스럽게 찬미하며, 모든 세계에 있는 모든 중생의 모든 복업福業에 대해 뛰어난 의지로 청정한 신심을 일으키고 말에 의해 칭찬하고 따라서 기뻐하며, 다른 사람이 지은 모든 위범을 잘 관찰하여(思擇) 동요되지 않으며(安忍), 몸과 말과 뜻에 의해 이미 지었거나 아직 짓지 않은 모든 선근을 무상정등보리無上正等菩提로 회향하며,12 늘 여러 가지 바른 서원을 일으키며, 모든 종류의 뛰어나고 미묘한 공양구를 불보와 법보와 승보에 공양하며, 모든 선품善品을 항상 용맹스럽게 정진하여 수습하며, 몸과 마음과 뜻에 있어서 방일하지 않은 상태에 머물며, 모든 학처學處(계율)를 집중하여 생각하고(正念) 바르게 알며(正知) 바르게 행하여(正行) 감각하고 인지하는 기관(根門)을 막고 지키고 은밀히 보호하며, 음식에 있어서 적절한 분량을 알며, 초저녁(初夜)과 새벽(後夜)13에 항상 수행하며 깨어 있으며, 선사善士를 친근히 하고 선우善友에 의지하며, 자신의 허물과 위범을 자세히 관찰하여 분명히

---

11 지관止觀 : 문사수聞思修의 삼혜三慧 중 수혜修慧를 달리 표현한 말이다. 선정을 가리키는 말이다.
12 자신이 지은 모든 선근의 공덕으로 무상보리를 얻기를 서원하는 것을 회향이라고 한다.
13 초저녁(初夜)과 새벽(後夜) : 하루 낮과 밤을 각각 세 때로 나눈 것을 삼시三時라고 한다. 낮의 세 때는 아침(晨朝, 오전 8시)과 한낮(日中, 정오)과 해 질 녘(日沒, 오후 4시)으로 주삼시晝三時라고 하고, 밤의 세 때는 초저녁(初夜, 오후 8시)과 한밤중(中夜, 자정)과 새벽(後夜, 오전 4시)으로 야삼시夜三時라고 한다.

알고 과실을 깊이 바라보며 이미 자세하게 알고 과실을 깊이 바라보고 나서는 아직 범하지 않은 것은 보호하는 것에 전념하고 이미 범한 것은 부처님·보살·동법자同法者(함께 범행을 닦는 사람)의 처소에서 지극한 마음으로 고백하면서 법대로 참회하여 제거한다. 이와 같은 부류의 모든 선법을 끌어서 거두고 보호하고 지키며 늘어나게 하는 계를 보살의 섭선법계라고 한다.

> 攝善法戒者。謂諸菩薩。受律儀戒後。所有一切。爲大菩提。由身語意積集諸善。總說名爲攝善法戒。此復云何。謂諸菩薩依戒住戒。於聞。於思。於修止觀。於樂獨處。精勤修學。如是時時。於諸尊長。精勤修習。合掌起迎。問訊禮拜。恭敬之業。卽於尊長。勤修敬事。於疾病者。悲愍慇重。瞻侍供給。於諸妙說。施以善哉。於有功德補特伽羅。眞誠讚美。於十方界一切有情一切福業。以勝意樂起淨信心發言隨喜。於他所作 切違犯思釋[1)]安忍。以身語意已作未作一切善根。迴向無上正等菩提。時時發起種種正願。以一切種上妙供具。供佛法僧。於諸善品。恒常勇猛。精進修習。於身語意。住不放逸。於諸學處。正念正知正行。防守密護根門。於食知量。初夜後夜常修覺寤。[2)] 親近善士依止善友。於自悠[3)]犯。審諦了知。深見過失。旣審了知。深見過已。其未犯者。專意護持。其已犯者。於佛菩薩同法者所。至心發露。如法悔除。如是等類所有引攝護持增長諸善法戒。是名菩薩攝善法戒。

1) ㉾ '釋'은 '擇'인 것 같다. ㉠『瑜伽師地論』에 따르면 '擇'이 맞다.   2) ㉠『瑜伽師地論』에 따르면 '寤'는 '悟'이다. 단 【宋】【元】【明】【宮】【聖】 등에서는 '覺悟'를 '悋寤'라고 하였다.   3) ㉾ 을본에 따르면 '悠'은 '擇'인 것 같다. ㉠『瑜伽師地論』에 따르면 '悠'이 맞다.

무엇을 보살의 요익유정계라고 하는가? 이 계에는 열한 가지의 모양이 있다. 무엇이 열한 가지[14]인가?

(첫째,) 보살들은 모든 중생에 대해서 이치에 맞고 이익이 되는 것(義利)

을 이끌어 내고 여러 가지 사업事業을 함께하며 의지가 되어 준다. (둘째,) 보살들은 중생에게 발생하는 질병 등의 고통에 따라서 병을 돌보고 간호하는 것 등을 하면서 역시 의지가 되어 준다. (셋째,) 또 보살들은 세간과 출세간의 온갖 이치에 맞고 이익이 되는 것에 의지하여 중생을 위해 모든 법요法要를 설하되, 방편설方便說을 먼저 하거나 여리설如理說을 먼저 하거나 하여, 나중에는 여러 가지 이치에 맞고 이익이 되는 것을 획득하게 한다. (넷째,) 또 보살들은 앞서 은혜를 입은 적이 있는 중생이 있는 경우 그 마음에 잘 지녀서 은혜를 알며, 그가 필요로 하는 것을 현재 눈앞에서 보답한다. (다섯째,) 또 보살들은 사자師子와 범(虎), 귀신과 도깨비, 왕과 도적, 물과 불 등에 의해 두려움에 빠진 중생들을 모두 구호하여 이와 같은 온갖 두려움이 있는 곳을 여의게 하고 또 모든 보살은 모든 재화와 보물과 친족을 잃은 모든 중생의 무리를 잘 이끌어서 슬픔과 근심을 여의게 한다. (여섯째,) 또 모든 보살은 온갖 생활을 위한 물품이 부족한 모든 중생의 부류에게 온갖 생활을 위한 물품을 베풀어 준다.

(일곱째,) 또 모든 보살은 도리에 수순하여 바르게 의지의 대상이 되어 주며 법대로 중생을 이끈다. (여덟째,) 또 모든 보살은 세간의 사무와 언설에 수순하여 그들의 부름에 따라 오가고 담론하며 경사로운 일은 축하하고 슬픈 일은 위로하며 필요한 때마다 가서 그들의 요청에 따라 공양을

---

14 열한 가지 : 뒤에 서술된 글은 '첫째, 둘째' 등으로 나뉘어 있지 않기 때문에 열한 가지 모양에 해당하는 단락을 어떻게 끊을 것인지는 주석자에 따라 차이가 있다. 현재 이하의 번역문에서 '첫째, 둘째' 등이라고 하여 구분한 것은 필자가 『發隱』에서 이익중생계에 속한 열한 가지 일을 집약하여 "言十一事者。一衆生饒益事悉與同事。二看病。三說法。四報恩。五救苦難。開解憂惱。六給貧。七以德奮衆。八安慰衆生。九稱有德。十折伏過惡令改。十一神通示現過惡。令人畏避也。"라고 한 것을 참조한 것이다. 제1과 제2를 합하여 제1로 보고 제5를 둘로 나누는 경우도 있지만 『發隱』에서는 제1과 제2를 나누었고, 제5를 둘로 나누지 않았다. 뒤에 나오는 의적의 해석을 참조할 때 『發隱』이 타당한 것 같다. 왜냐하면 의적은 "모든 중생에게 발생하는 질병 등의 고통을 따라서"를 '이생계利生戒(요익유정계) 중 제2계'라고 하였기 때문이다. 단 『瑜伽論記』 권10(T42, 535b)에서는 달리 끊었다.

받는 것 등의 일을 행한다. 요점을 말하자면 일체의 이치에 맞지 않는 것을 이끌어 내는 것과 다른 사람의 뜻에 어긋나는 것의 현행을 멀리 여의고 나머지의 일에 대해서도 마음이 모두 중생의 요청에 따라 움직이는 것이다.

(아홉째,) 또 모든 보살은 대중이 보지 않는 곳에 있거나 보는 곳에 있거나 모든 진실한 공덕을 현시하여 모든 중생으로 하여금 즐거운 마음으로 부지런히 배우게 한다. (열째,) 또 모든 보살은 허물이 있는 사람에 대해서 속으로는 친밀한 마음을 가지고 이익을 주고 안락하게 해 주려는 강력한 의지를 일으켜서, 조복시키거나 꾸짖거나 벌을 주어 다스리거나 쫓아내거나 하면서, 그로 하여금 불선처不善處에서 벗어나 선처善處에 안립하게 하려고 한다. (열한째,) 또 모든 보살은 신통력에 의해 방편으로 나락가那落迦 등의 여러 세계(趣)의 모습을 나타내어 모든 중생으로 하여금 불선不善을 싫어하여 여의도록 하고, 방편으로 이끌어 부처님의 성스러운 가르침에 들어가서 기쁜 마음으로 믿고 좋아하며 희유한 것이라는 마음을 내어 부지런히 바른 행을 닦게 한다.[15]

> 云何菩薩饒益有情戒。當知。此或[1]略有十一相。何等十一。謂諸菩薩。於諸有情。能引義利。彼彼事業。與作助伴。於諸有情。隨所生起。疾病等苦。瞻侍病等。亦作助伴。又諸菩薩。依世出世種種義利。能爲有情。說諸要法。[2] 先方便說。先如理說。後令護得彼義利。又諸菩薩。於先有恩諸有情所。善守知恩。隨其所應。現前酬報。又諸菩薩。於墮種種師子虎狼鬼魅王賊水火等畏諸有情類。皆能救護。令離如是諸怖畏處。又諸菩薩。於諸喪失財寶親屬諸有情類。善爲開解。令離愁憂。又諸菩薩。於有匱乏資生衆具諸有情類。施與一切資生衆具。又諸菩薩。隨順道理。正與依止。如法御衆。又諸

---

15 『瑜伽師地論』 권40(T30, 511a).

菩薩。隨順世間事務言說。呼召去來。談論慶慰。隨時往起。[3] 從他受取飲食等事。以要言之。遠離一切能引無義違意現行。於所餘事。心皆隨轉。又諸菩薩。若隱若露。顯示所有眞實功德。令諸有情。歡喜進學。又諸菩薩。於有過者。內懷親昵。利益安樂增上意樂。調伏訶責。治罰驅擯。爲欲令其出不善處安立[4]善處。又諸菩薩。以神通力。方便示現那落迦等諸趣等相。令諸有情。厭離不善。方便引令入佛聖敎。歡喜信樂。生希有心。勤修正行。

1) ㉠『瑜伽師地論』에 따르면 '或'은 '戒'이다. 2) ㉠『瑜伽師地論』에 따르면 '要法'은 '法要'이다. 3) ㉠『瑜伽師地論』에 따르면 '起'는 '赴'이다. 4) ㉠『瑜伽師地論』에 따르면 '立'은 '置'이다.

지금 상고해 보건대 마흔여덟 가지 경계는 『유가사지론』에서 설한 글과 서로 있는 것과 없는 것(出沒) 나눈 것과 합한 것(開合)이 같지 않고, 전후의 차례도 같지 않은 것이 있다. 경은 가르침의 근본이 되는 것을 제정한 것이니 일에 따라서 개별적으로 세웠으며, 논은 뜻을 조목조목 판별하는 것이니 부류를 좇아 총괄적으로 설하였다. 나눈 것과 합한 것을 세운 뜻은 이치를 따져 보아야 한다.

今案四十八輕戒中。與論所說文。互出沒開合不同。次第前後。亦有不同。經制敎本。隨事別立。論辨義條。從類總說。開合立意。義須斟酌。

1) 첫 번째 열 가지 계

첫 번째 열 가지 계는 다음과 같다.[16]

---

16 전후 문맥에 의해 '初'를 제1계가 아니라 "첫 번째 열 가지 계"의 의미로 풀이하였다.

初戒中。

(1) 웃어른을 공경하고 섬겨라 : 제1계

첫째는 웃어른을 공경하고 섬길 것을 가르친 계이다.

第一敬事尊長戒。

경 부처님께서 말씀하셨다. "불자여, 국왕의 지위를 받으려고 할 때나 전륜왕의 지위를 받으려고 할 때나 관리가 되어 일정한 직위를 받으려고 할 때에는 먼저 보살계를 받아야 모든 귀신이 왕의 몸과 관리의 몸을 보호하고 모든 부처님께서도 기뻐하신다. 이미 계를 받고 나서는 효순하는 마음과 공경하는 마음으로 상좌上座와 화상和上과 아사리阿闍梨와 동일한 것을 배우고 동일한 견해를 지니며 동일한 것을 수행하는 이 중 나이가 자신보다 많은 이[17]를 보면 일어나서 맞이하고 예배하면서 안부를 물어야 하는데, 보살로서 도리어 교만한 마음(憍心)과 업신여기는 마음(慢心)[18]과 어리석은 마음과 분노하는 마음을 내어, 일어나 반갑게 맞이하고 예배하면서 안부를 묻지 않고 낱낱이 법대로 공양하지 않아서야 되겠느냐? 스스로 몸과 나라와 성城, 아들과 딸, 일곱 가지 보배와 온갖 소중한 물건을 팔아서 공급해야 할 것이니 이와 같이 하지 않는다면 경구죄를 범하는 것이다."

---

17 본문의 '大'를 뒤에 나오는 의적의 해석 중 첫 번째 해석에 의거하여 이렇게 풀이하였다.
18 교만한 마음(憍心)과 업신여기는 마음(慢心) : '교憍'와 '만慢'은 모두 번뇌의 일종인데, 전자는 자신의 장점에 대해 스스로 마음이 거만해지는 것이고, 후자는 다른 사람과 비교하여 스스로를 높이는 심리작용이다. 전자는 뽐내는 마음이, 후자는 남을 업신여기는 마음이 내재되어 있다.

佛言。佛子。欲受國王位時。受轉輪王位時。百官受位時。應先受菩薩戒。
一切鬼神。救護王身百官之身。諸佛歡喜。既得戒已。應生孝順心。恭敬心。
見上座和上阿闍梨大同學同見同行者。應起承迎禮拜問訊。而菩薩。反生
憍心慢心癡心瞋心。不起承迎禮拜問訊。一一不如法供養。以自賣身國城
男女七寶百物而供給之。若不爾者。犯輕垢罪。

소 바로 『유가사지론』에서 설하기를 "이와 같이 늘 모든 웃어른에게 합장하고 일어나 맞이하며 안부를 묻고 예배하며 공경하는 업을 부지런히 수습하니 바로 부지런히 웃어른을 공경하고 섬기는 일을 수습하는 것이다."[19]라고 한 것이다.

卽論所說。如是時時。於諸尊長。精勤修習。合掌起迎。問訊體拜。恭敬之
業。卽於尊長。勤修敬事。

① 제정한 뜻을 밝힘

선을 거두어들이려면 반드시 뛰어난 연緣에 의지해야 한다. 만약 존경해야 할 대상을 업신여기면 바로 부지런히 선을 행하는 것에 방해가 되기 때문에 제정하여 공경하고 섬기게 하였다.

夫欲攝善。必憑勝緣。若傲於所尊。卽妨於進善故。制令敬事。

② 위범이 성립되기 위해 갖추어져야 할 조건

---

19 『瑜伽師地論』 권40(T30, 511a).

위범이 성립되기 위해 갖추어져야 할 조건은 이치적으로 논에서 갖추어서 설한 것[20]에 상응한다. 그런데 이미 성죄가 아니니 반드시 다섯 가지 조건을 모두 갖추어야 하는 것은 아니다. 그러므로 경구죄에서 위범의 조건은 그대로 있는 것과 없는 것이 있다. 그런데 다섯 가지 조건 중 사상事象과 생각과 욕구와 방편이 성취되는 것은 비록 성죄의 업도가 아니어도 반드시 갖추어져야 한다. 네 번째인 번뇌는 염오에 의한 위범일 경우는 역시 갖추어져야 하고 염오되지 않은 것에 의한 위범일 경우는 반드시 갖추어져야 하는 것은 아니다.

具緣成犯。理應備論 然旣非性罪。未必皆具五緣。故輕垢中。犯緣存略。然五緣中。事想欲樂方便究竟。雖非性罪業道。必應具有。第四煩惱。若染犯亦有。不染犯中。不必有也。

③ 위범한 것에 대해 경죄와 중죄를 판정함

위범한 것에 대해 경죄와 중죄를 판정하는 것은 고의적인 마음과 염오에 의한 위범은 모두 중죄이고 고의가 아니고 염오되지 않았을 경우는 모두 경죄이다. 모든 계가 다 그러하니 다시 논하지 않는다.

結犯輕重者。故心染犯皆重。不故不染皆輕。諸戒皆爾。不復更論。

④ 학처의 동일성과 차이성을 밝힘

---

20 『瑜伽師地論』에서 중죄가 성립되기 위한 다섯 가지 조건을 설한 것을 가리킨다. 본서의 권상에서 중죄를 해석한 부분을 참조할 것.

학처의 동일성과 차이성은 다음과 같다. 대승과 소승에서 모두 제정하였다. 그런데 성문은 허물을 여의는 문에서 제정하였고, 보살은 선을 거두어들이는 문에서 제정하였다. 일곱 부류의 제자가 모두 위범이 성립된다. (『우바새계경』에서 설한 재가자의) 스물여덟 가지 경계 가운데 제5계에서 "만약 우바새가 계를 수지하고 나서 비구와 비구니의 장로長老(덕망이 높은 스님)와 선숙先宿(먼저 계를 받은 사람) 여러 우바새 등을 보고 일어나서 맞이하고 예배하며 안부를 묻지 않으면 이 우바새는 실의죄失意罪[21]를 얻으니, 참회하는 마음을 일으키지 않으면 세 가지 악도에 떨어지며(不起墮落)[22] 청정하지 않고 작업作業이 있는 것(不淨有作)[23]이다."[24]라고 하였다.

學處同異者。大小俱制。然聲聞離過門中制。菩薩攝善門中制。七衆同犯。在家二十八輕戒中。第五戒云。若優婆塞受持戒已。若見比丘比丘尼長老先宿諸優婆塞等。不起承迎禮拜問訊。是優婆塞。得失意罪。不起墮落。不淨有作。

⑤ 본문을 해석함

본문의 여러 계는 모두 세 가지로 이루어졌다. 사람을 나타내고 사상事象을 서술하였으며 죄를 판정하였다.

---

21 실의죄失意罪 : ⓢ duṣkṛta의 의역어. 악작惡作·경구輕垢 등으로도 의역하고 음역어는 돌길라突吉羅이다. '실의'는 망념에 의해 지은 것으로 본래의 뜻에 어긋나는 것임을 나타낸다.
22 참회하는 마음을~악도에 떨어지며(不起墮落) : 실의죄를 그 뜻에 의해 달리 부르는 이름이다.
23 청정하지 않고~있는 것(不淨有作) : 실의죄를 그 뜻에 의해 달리 부르는 이름이다.
24 『優婆塞戒經』 권3(T24, 1049c).

文中諸戒皆三。謂標人序事結罪。

a. 사람을 나타냄

b. 사상을 서술함

사상을 서술한 것은 여러 가지 계에 차이가 있다. 이 계는 세 단락으로 이루어졌다. 첫째는 계를 수지할 것을 권하고, 둘째는 공경해야 함을 밝혔으며, 셋째는 위반하여 위범이 성립되는 것을 밝혔다.

就序事中。諸戒差降。此戒有三。一勸受戒。二明應敬。三明違之成犯。

a) 계를 수지할 것을 권함

처음에 계를 수지할 것을 권한 것에서 세 가지 지위를 제시하였는데 처음의 두 가지(국왕·전륜왕)는 오직 속인에게만 해당하는 것이고 세 번째(관리)는 도인(출가자)과 속인에게 모두 통하는 것이다. 출가보살도 승통僧統[25] 등이 되는 것을 허용하기 때문에 승통 등의 관직을 세운다. 비록 경에서 막았지만 부득이하게 일에 따라 허용할 수 있기 때문이다. 높은 지위에 있으면 제멋대로 그릇된 일을 행할 수 있기 때문에 계를 수지하는 법을 제정하여 교만하지 않게 하려고 한 것 같다. 수지하고 수순하여 행할 수 있다면 귀신과 부처님이 기쁘게 수호하니 가깝게는 자신의 몸을 편안하게 할 수 있고 멀게는 법을 융성하게 할 수 있기 때문에 권하여 계를 수지

---

25 승통僧統 : 스님의 관직 중 하나. 전국 사찰에 소속된 스님의 사무를 총괄적으로 감독하는 직위. 북위北魏 452년 문성제文成帝가 사현師賢 스님에게 최초로 승통의 관직을 부여하였다. 북위 황시 연간皇始年間(396~397)에 도무제道武帝가 법과法果 스님을 사문통沙門統에 임명했느데, 명칭은 다르지만 실질적으로는 승통과 같은 직위이다. 시기에 따라 사문통沙門統·도인통道人統·도통都統·소현통昭玄統 등으로 달리 불렸다.

하게 하였다. 비록 이전에 계를 받았더라도 새로운 일에 임하여 다시 계를 수지해야 하니 공경하고 섬기게 하려고 하기 때문이다.

> 初勸受中。凡擧三位。初二唯爲俗。第三通道俗。出家菩薩。亦有容作僧統等。故立僧統等。雖經所遮。必不獲已。事容有故。恐在高位。縱誕行非。故制受法。令不憍奢。若能受而順行。則神佛喜護。近有安身。遠能隆法。故勸令受戒。雖先受臨事。應更受之。爲欲敬事故。

b) 공경해야 함을 밝힘

"이미 계를 받고 나서는" 이하는 공경해야 함을 밝혔다.

> 既得已下。明應敬也。

"효순하는 마음"이라는 것은 그 가르침을 좇아서 감히 어기지 않는 것이고, "공경하는 마음"이라는 것은 그 덕행을 숭상하여 감히 교만하지 않는 것이다. "상좌"라는 것은 그보다 위에 있는 사람이 없는 것을 상좌라고 한다. "화상"이라는 것은 범음이 와전된 것[26]으로 바르게 음역하려면 오파댜야鄔波陀耶(S upādhyāya)라고 해야 하며 의역하여 친교親敎라고도 한다. 좇아서 계를 받아야 할 대상이 되는 사람이다. "아사리"라는 것은 바르게 음역하려면 아차리야阿遮梨耶(S ācārya)라고 해야 하며 의역어는 궤범軌範이다. 여기에 다섯 가지가 있다. 첫째는 삭발剃髮아사리이고, 둘째는 출가出家아사리이며, 셋째는 교수教授아사리이고, 넷째는 갈마羯磨아사리이며, 다섯째는 의지依止아사리이다.[27]

---

[26] 범음이 와전된 것 : 앞의 상권 각주 30에서 화상和上을 설명한 것을 참조할 것.
[27] 다섯 가지 아사리를 『四分律』 권39(T22, 848a)에서는 출가아사리出家阿闍梨(의지하여 출가하는 아사리)·수계아사리受戒阿闍梨(수계할 때 갈마를 짓는 아사리)·교수아사리教

> 孝順心者。於彼教訓。從而不敢違也。恭敬心者。於彼德行崇而不敢慢也。上座者。於上無人爲上座。和尙此音訛也。若正應云鄔波陀耶。此又云親教。卽所從受戒者也。阿闍梨者。若正應云阿遮梨耶。此云軌範。此有五種。一剃髮。二出家。三教授。四羯磨。五依止。

"동일한 것을 배우고 동일한 견해를 지니며 동일한 것을 수행하는 이 중 나이가 자신보다 많은 이"라는 것은 동일한 것을 배우는 이 등 가운데 나이가 자신보다 많은 이를 말한다. 또 대승법을 함께 배우고 대승의 견해를 함께 익히며 대승행을 함께 닦는 사람이다.

> 大同學同見同行者。謂同學等中年歲先者也。又同學大法同習大見同修大行者也。

c) 위반하여 위범이 성립되는 것을 밝힘

위반하여 위범이 성립되는 것을 밝힌 것 가운데 "도리어 교만한 마음(憍心)과 업신여기는 마음(慢心)과 어리석은 마음을 내어"라는 것은 효순하지 않기 때문에 "교만한"이라고 하고 공경하지 않기 때문에 "업신여기는"이라고 하며 공경해야 할 대상을 알지 못하는 것을 바로 "어리석은 마음"이라 한다. "스스로 몸과……팔아서" 이하는 비교할 만한 상황을 끌어서 거듭하여 경계한 것이다. 오히려 몸도 버려야 하는데 하물며 예배하고 공

授阿闍梨(위의威儀를 교수하는 아사리)·수경아사리受經阿闍梨(경전을 주고 읽는 법과 의미를 가르쳐 주는 아사리)·의지아사리依止阿闍梨(하루 동안 함께 잠자면서 배움을 주는 아사리)라고 하였고, 『五分律』권16(T22, 113a)에서도 동일하게 설하였으며, 『十誦律』권49(T23, 359c)에서는 수경아사리를 수법아사리受法阿闍梨라고 한 것만 차이가 있다. 의적이 설한 다섯 가지 아사리는 수경아사리가 빠지고 삭발아사리가 들어가 있어서 차이가 있는데 율장에는 삭발아사리가 나오지 않는다. 삭발아사리는 다섯 가지 아사리에 속하지 않고 화상을 가리키는 것이라는 견해도 있다.

경하지 않아서야 되겠는가?

違之成犯中。反生憍心慢心癡心者。不孝順故憍。不恭敬故慢。不知應敬之處。卽是癡心也。以自賣身下。引況重誡。尚應捨身。況復不禮敬耶。

(『유가사지론』「보살지」「계품」에서 설한) 마흔네 가지 경계 중 세 번째 계에 다음과 같이 말하였다.

四十四中。第三戒云。

보살들이 보살의 청정한 계율의에 안주하여 모든 나이든 스님과 덕이 있는 스님과 동일한 법을 배우는 이로서 공경할 만한 이가 온 것을 보고도 교만한 마음에 제압당하여 싫어하는 마음을 품고 분노하는 마음을 품어서 일어나 반갑게 맞이하지 않고 좋은 자리를 내어 주지 않으며, 또 다른 사람이 와서 말을 걸고 담론하며 축하나 위로의 말을 건네거나 청문하거나 할 때, 교만한 마음에 제압당하여 싫어하는 마음을 품고 분노하는 마음을 품어서 바른 이치에 맞게 대답해 주지 않으면 이것을 범함이 있고 위반함이 있는 것이라고 하는데, 이는 염오에 의한 위범이다. 교만한 마음에 제압당하지 않고 싫어하는 마음도 없으며 분노하는 마음도 없는데 단지 나태함과 게으름과 망념忘念[28]과 무기無記 등의 마음에 의해 그렇게 한 것이라면 이것을 범함이 있고 위반함이 있는 것이라고 하는데, 이는 염오에 의한 위범은 아니다.

위범하지 않은 경우라고 하는 것은 중병을 앓고 있거나 마음이 미친 듯이 혼

---

[28] 망념忘念 : 실념失念이라고도 한다. 심소心所(마음작용)의 하나. 대상경계와 여러 선법을 명백하게 기억하지 못하는 정신작용을 가리킨다.

란한 상태이거나 자신은 잠자고 있는데 다른 사람이 깨어 있는 줄 알고 있을 때 등과 같은 경우에 다가와서 친근하게 말을 걸고 담론하며 축하나 위로의 말을 건네거나 청문하거나 하는 것이다. 혹은 자신이 다른 사람을 위해 여러 법을 설하고 논의하며 도리를 분명히 가려내고 있을 때, 혹은 다른 사람과 함께 담론하거나 축하나 위로의 말을 건네고 있을 때, 혹은 다른 사람이 법을 설하고 논의하며 도리를 분명히 가려내고 있는 것을 귀 기울여서 듣고 있을 때, 혹은 정법에 어긋나는 것을 설하려는 사람이 있어서 장차 설법하는 사람을 보호하려는 마음 때문에, 혹은 방편으로 상대방을 조복시키고 불선처에서 벗어나 선처에 안립하게 하기 위하여, 혹은 승단의 제도를 보호하기 위하여, 혹은 여러 중생의 마음을 보호하기 위하여 대답해 주지 않았을 경우가 이에 해당하니 모두 위범이 성립되지 않는다.[29]

若諸菩薩。安住菩薩淨戒律儀。見諸耆長有德可敬同法者來。憍慢所制。懷嫌恨心。懷恚惱心。不起承迎。不推勝座。若有他來語言談論慶慰請問。憍慢所制。懷嫌恨心。懷恚惱心。不稱正理發言酬對。是名有犯有所違越。是染違犯。非憍慢制。無嫌恨心。無恚惱心。但由懶惰懈怠妄[1]念無記之心。是名有犯有所違越。非染違犯。無違犯者。謂遭重病。或心狂亂。或自睡眠。他生覺想。而來親附語言談論慶慰請問。或自爲他宣說說[2]法論義決擇。或復與餘談論慶慰。或他說法論義決擇屬耳而聽。或有違犯說正法者。爲欲將護[3]法者心。或欲方便調彼伏彼出不善處安立善處。或護僧制。或爲將護多有情心。而不酬對。皆無違犯。

1) ㉠『瑜伽師地論』에 따르면 '妄'은 '忘'이다. 2) ㉠『瑜伽師地論』에 따르면 '說'은 '諸'이다. 3) ㉠『瑜伽師地論』에 따르면 '護' 뒤에 '說'이 누락되었다.

---

29 『瑜伽師地論』 권41(T30, 516a).

c. 죄를 판정함

(2) 술을 마시지 마라 : 제2계

둘째는 술을 마시는 것을 금한 계이다.

第二不飮酒戒。

경 너희들 불자여, 고의로 술을 마시고 술에 의해 한량없는 과실을 일으켜서야 되겠느냐? 자신의 손으로 술잔을 건네어 다른 사람에게 주어 술을 마시게 하여도 5백 년 동안 손이 없는 중생으로 태어날 것인데 하물며 스스로 술을 마시는 것이야 말할 것이 있겠는가! 모든 사람에게 술을 마시게 해서도 안 되고 모든 중생에게 술을 주어 마시게 하는 것도 안 되는데 하물며 스스로 술을 마시는 일을 해서야 되겠느냐? 만약 고의로 스스로 술을 마시고 다른 사람으로 하여금 마시게 한다면 경구죄를 범하는 것이다.

若佛子。故飮酒而[1]酒過失無量。若自身手過酒器與人飮酒者。五百世無手。何況自飮。不得教一切人飮及一切衆生飮酒。況自飮酒。一切酒不得飮。[2] 若故自飮教人飮者。犯輕垢罪。

1) ㉘『梵網經』권하(T24, 1005b)에 따르면 '而' 뒤에 '生'이 누락되었다.　2) ㉘『梵網經』권하(T24, 1005b)에 따르면 '一切酒不得飮'은 연자이다. 단 그 미주에 따르면 【宋】【元】【明】의 세 판본에는 이 문장이 들어 있다.

① 제정한 뜻을 밝힘

소 술은 방일이 생겨나는 근본이 되는 것이다. 온갖 허물을 짓고 여러 선법을 위반하게 할 수 있기 때문에 제정하였다.

酒是放逸處。能造諸過。違諸善法故。制也。

② 위범이 성립되기 위해 갖추어져야 할 조건

③ 위범한 것에 대해 경죄와 중죄를 판정함

④ 학처의 동일성과 차이성을 밝힘

대승과 소승이 동일하게 제정하였고 일곱 부류의 제자에 대해 모두 제정하였다. (『우바새계경』의) 스물여덟 가지 경계 중 제2계에서 "우바새가 계를 수지하고서 술을 마시는 것을 정신없이 좋아하면 실의죄이다."[30]라고 하였다.

大小乘同。七衆俱制。二十八中。第二戒云。若優婆塞。受持戒已。耽樂飮酒。得失意罪。

⑤ 본문을 해석함

a. 사람을 나타냄

b. 사상을 서술함

사상을 서술한 것 가운데 세 가지가 있다. 첫째는 과실을 나타내었고, 둘째로 "모든 사람에게 술을 마시게 해서도 안 되고" 이하는 마시지 말아야 할 것을 제정하였으며, 셋째로 "고의로 스스로 술을 마시고" 이하는

---

30 『優婆塞戒經』 권3(T24, 1049c).

위반하여 위범이 성립되는 것을 밝혔다.

序事中三。一顯失。二不得敎下制不應飮。三若故自飮下違之成犯。

a) 과실을 나타냄

처음의 과실을 나타낸 것에서 "고의로 술을 마시고"라는 것은 실수에 의해 마시는 것을 허용한 것(開)³¹처럼 보이지만 율에서 "술을 술이 아니라고 생각하고 마셨어도 범하는 것"³²이라고 하였다. 줄곧 술을 마시려는 마음이 없고 실수로 잘못 안 것이어서 단지 물을 마셨을 뿐이라고 생각하였다면 이치상 허용해야 한다. 그런데 본래 술을 마시려는 마음이 있었으면 비록 마실 때 술이 아니라고 생각했더라도 범하는 것이라고 해야 한다.

"술에 의해 한량없는 과실을 일으켜서야 되겠느냐?"라는 것은 비록 자성 자체가 악인 것(性惡)은 아니지만 자성 자체가 악인 것을 저지르는 근거가 될 수 있기 때문에³³ "한량없는 과실"이라고 하였다.

논에서 "술에 취하면 (다섯 가지 역죄 중) 화합된 승가를 파괴하는 것(破僧事)을 제외한 나머지 일체의 악을 짓지 않음이 없다."³⁴라고 하였고,

---

31 허용한 것(開): '개開'의 상대어는 '차遮'이다. 개는 허가의 뜻이고, 차는 금지의 뜻이다. 개차는 개제開制라고도 한다. 계율 중에서 때에 따라서 허용하는 것을 '개', 때에 따라서 금지하는 것을 '차'라고 한다. 소승계율은 비교적 엄격하여 '개'를 허용하지 않지만 대승계법은 자비라는 본래의 서원에 충실하여 때로 '개'를 허용한다. 예컨대 극악무도한 도적이 살인을 하려고 할 경우 그가 무간업을 지어 사후에 큰 고통을 받는 것을 연민하여 그의 목숨을 끊으면 불살생계를 위반한 것이 아니라고 한다.

32 『四分律』 권16(T22, 672b)에서 90단제법單提法(바일제) 중 제51 음주계를 설하는 가운데 "술을 술이라고 생각하고 마셔도 바일제이고, 술일 수도 있나고 생각히면서 마셔노 바일세이며, 술올 술이 아니라고 생각하고 마셔도 바일제이다.(酒酒想波逸提. 酒疑波逸提. 酒無酒想波逸提.)"라고 하였다.

33 바로 뒤의 각주를 참조할 것.

34 『薩婆多毘尼毘婆沙』 권9(T23, 560a)에서 "이보다 더한 죄를 짓게 하는 것이니 이 술은 매우 무거운 죄와 관련된다. 술을 마시는 이는 (다섯 가지 역죄 가운데) 네 가시 악을 지을 수 있다. 화합승가를 파괴하는 역죄는 제외하니 화합승가를 파괴하는 것의 요체는

또 『대지도론』에서 그것의 서른다섯 가지 허물[35]을 설하였으며, 『사분율』에서는 열 가지 과실을 설하기를 "부처님께서 아난에게 말씀하셨다. '술을 마시는 것은 열 가지 허물이 있다. 첫째는 안색이 나빠지고 둘째는 기력이 떨어지며, 셋째는 눈이 잘 보이지 않고 넷째는 분노의 모습을 보이며, 다섯째는 직업과 생활수단을 파괴하고 여섯째는 질병이 늘어나며, 일곱째는 쟁송爭訟이 늘어나고 여덟째는 명예롭던 칭호는 사라지고 악명이 널리 퍼지며, 아홉째는 지혜가 줄어들고 열째는 몸이 무너지고 목숨이 다하여 끝내 악도에 떨어진다. 이것을 열 가지 허물이라 한다. 지금부터 나를 스승이라고 여기는 이라면 풀과 나무의 끝을 술에 담갔다가 입에 넣는 일조차도 해서는 안 된다.'"[36]라고 한 것과 같다.

初顯失中。故飮酒者。似開誤飮。而律中酒非酒想亦犯。若始終無飮酒心。誤迷唯謂飮水。理應開之。若本有飮酒心。雖飮時謂非酒。亦應犯也。而生酒過失無量罪[1]者。雖非性惡而能開性惡。故云過失無量。如論中云。若醉酒時。除破僧事。餘一切惡。無不造也。又智度論中具顯三十六[2]失。四分律中十種過失。佛告阿難。凡飮酒者。有十過失。一者顏色惡。二者劣力。三者眼視不明。四者現瞋恚相。五者壞田業資生法。六者增致疾病。七者益鬪訟。八者無名稱惡名流布。九者智慧減小。十者身壞命終墮惡道。是謂十失。自今已去。我師者乃至不得以草木頭內著酒中而入口。

---

1) ㉠『梵網經』 권하에 따르면 '罪'는 연자이다. 의적의 해석에 의거할 때도 역시 연

스스로 부처님이라고 칭하는 것에 있기 때문이다. 또 일체의 계를 파괴하고 나머지 온갖 악업을 지을 수 있다.(若過是罪者。此酒極重。飮之者。能作四逆。除破僧逆。以破僧要。當自稱爲佛故。亦能破一切戒。及餘衆惡也。"라고 하였다.

35 서른다섯 가지 허물 : 『大智度論』 권13(T25, 158b)에서 제1 현세의 재물을 헛되이 고갈시키는 것에서부터 제35 사람으로 태어나더라도 항상 어리석은 성품을 지니는 것의 서른다섯 가지를 밝혔다. 자세한 것은 본서 권상의 각주 337에서 서술한 '서른다섯 가지 허물'에 대한 설명을 참조할 것.

36 『四分律』 권16(T22, 672a).

자로 보아야 할 것 같다. 2) ㉢ 『大智度論』에 따르면 '六'은 '五'이다.

"술잔을 건네어"라는 것은 술잔을 넘겨주는 것이다. 어떤 사람은 "술이 담겨 있는 잔을 건네어 마시게 하는 것이다."라고 하였고, 어떤 사람은 "다만 빈 잔을 건네어 마시게 하는 것이다."라고 하였다. 앞의 것은 상대방에게 술을 주어서 마시게 하는 것을 말한 것이고, 뒤의 것은 다른 사람으로 하여금 따라 마시게 한 것이니 의미상 두 가지 모두 어긋남이 없다.

"5백 년 동안 손이 없는 중생으로 태어날 것인데"라는 것은 손으로 술잔을 잡아서 주었기 때문에 손이 없는 과보를 받는 것을 말한 것이다. 예를 들어 지렁이 등의 부류로 태어나거나 사람으로 태어나더라도 손이 없는 것이다. 어떤 사람은 "다섯 차례의 오백 년이 있다. 첫 번째 오백 년은 술지게미로 가득 찬 지옥(醻糟地獄)에 떨어지고 두 번째 오백 년은 끓는 똥물로 가득 찬 지옥(沸尿地獄)에 떨어지며, 세 번째 오백 년은 구더기로 태어나고 네 번째 오백 년은 파리·모기로 태어나며, 다섯 번째 오백 년은 몽롱하게 잠에 취하여 의식이 없는 벌레로 태어나는 것이다. 지금 여기에서 '오백 년'이라고 한 것은 어쩌면 마지막 것만을 말하는 것일 수도 있다."[37]라고 하였다.

> 過酒器者。然度酒器也。一云。過有酒器。與之令飲。一云。唯過空器 與彼令斟。前說遣他飲。後說教他飲。義皆無爽。五百世無手者。謂手執酒器與故。得無手之報也。如蚓虫等類。或生人中得無手也。有云。有五五百歲。一五百在醻糟地獄。二五百在沸尿[1]中。[2] 三五百作[3]曲蛆虫。四五百作蠅蚋[4]等。[5] 五五百作[6]人[7]癡鈍[8]無知。[9] 今言[10]五百或是最後也。

1) ㉢ 『菩薩戒義疏』에 따르면 '尿'는 '屎'이다.   2) ㉢ 『菩薩戒義疏』에 따르면 '中'은

---

37 지의가 『菩薩戒義疏』 권하(T40, 575a)에서 제시한 것이다.

연자이다. 3) ㉠『菩薩戒義疏』에 따르면 '作'은 '在'이다. 4) ㉠『菩薩戒義疏』에 따르면 '蜎'은 '蚋'이다. 5) ㉠『菩薩戒義疏』에 따르면 '等'은 연자이다. 6) ㉠『菩薩戒義疏』에 따르면 '作'은 '在'이다. 7) ㉠『菩薩戒義疏』에 따르면 '人'은 연자이다. 8) ㉠『菩薩戒義疏』에 따르면 '鈍'은 '熟'이다. 9) ㉠『菩薩戒義疏』에 따르면 '知' 뒤에 '蟲'이 누락되었다. 10) ㉠『菩薩戒義疏』에 따르면 '言'은 '之'이다.

b) 하지 말아야 할 것을 제정함

하지 말아야 할 것을 제정한 것 가운데 "모든 사람에게 술을 마시게 해서도 안 되고"라는 것은 다른 사람으로 하여금 스스로 술을 마시게 하는 일을 하지 않는 것을 말한다. "모든 중생에게 술을 주어 마시게 하는 것도 안 되는데"라는 것은 상대방에게 술을 주어 마시게 하는 일을 하지 않는 것이다.[38] "하물며 스스로 술을 마시는 일을 해서야 되겠느냐?"라는 것은 자신이 짓는 방일의 허물을 막고자 하여 다른 사람의 사례를 들어서 자신에게 견준 것이다.

율에서 "술이라는 것은 목주木酒(나무뿌리·잎·열매 등으로 빚은 술)와 갱미주粳米酒(멥쌀로 빚은 술)와 그 밖의 다른 쌀로 빚은 술과 대맥주大麥酒(보리로 빚은 술)이고 또 다른 형태의 술 빚는 법으로 빚은 술이다. 술이면서 술의 색깔과 술의 향기와 술의 맛이 있으면 마시지 말아야 한다. 술인데 술의 색깔은 없지만 술의 향기와 술의 맛이 있는 술도 마시지 말아야 한다. 술인데 술의 색깔도 없고 술의 향기도 없지만 술의 맛은 있는 술도 마시지 말아야 한다. 술인데 색깔도 없고 술의 향기도 없으며 술의 맛도 없는 술

---

[38] 지의는 『菩薩戒義疏』 권하(T40, 575a)에서 "'하게 하는 일을 하지 말아야 하며'라고 하였는데 이것은 두 번째로 하지 말아야 할 것을 제정한 것이다. 사람과 사람 아닌 것으로 하여금 마시게 하는 일과 아울러 스스로 마시는 일에 대해서 모두 제정한 것이다.(不得教此。第二制不應。教人及非人幷自飲皆制」"라고 하였다. 곧 '教他令飲'은 사람과 관련된 것이고, '一切衆生飲酒'는 사람 아닌 것과 관련된 것이라고 해석하였다. 또 그 주석서인 『發隱』 권4(X38, 180c)에서는 "'사람이 아닌 것'은 모든 중생을 가리킨다. 사람이라고 하면 범위가 좁고 중생이라고 하면 범위가 넓다.(非人指一切衆生。人狹而衆生廣也。)"라고 하였다.

도 마시지 말아야 한다. 술이 아닌데 술의 색깔과 술의 향기와 술의 맛을 모두 갖추었다면 마셔도 된다."[39]라고 하였다. 자세한 것은 그곳에서 설한 것과 같다. (율에서) "위범이 되지 않는 경우라는 것은 다른 약으로는 치유할 수 없는 병에 걸렸을 경우 술을 약으로 사용하는 것과 술을 종기에 바르는 것으로 이는 모두 위범이 되지 않는다."[40]라고 하였다.

制不應中。不得教一切人飲者。謂不得教他令飲。及一切衆生飲酒者。謂不得遣與他飲。況自飲酒者。爲欲遮自放逸過故。舉他況自。律云。酒者。木酒粳米酒餘米酒大麥酒。若有餘酒法作酒者是。雜[1] 酒者。酒色酒香酒味不應飲。或有酒非酒色酒香酒味不應飲。或有酒非酒色非酒香酒味不應飲。或有酒非酒色非酒香非酒味不應飲。非酒酒色酒香酒味[2]應飲。廣說如彼。不犯者。若有如是病。餘藥治不差。以酒爲藥。若以酒塗瘡。一切無犯。

1) ㉠『四分律』에 따르면 '雜'은 생략된 부분에 속하는 글자이므로 연자로 보아야 한다.
2) ㉯ 율에 따르면 '味' 뒤에는 '不'이 있다. ㉠『四分律』에 따르면 '不'은 없다.

c) 위반하여 위범이 성립되는 것을 밝힘

c. 죄를 판정함

(3) 고기를 먹지 마라 : 제3계

셋째는 고기를 먹는 것을 금한 계이다.

第三不食肉戒。

---

39 『四分律』 권16(T22, 672a)의 취의 요약이다.
40 『四分律』 권16(T22, 672b).

경 너희들 불자여, 고의로 고기를 먹어서야 되겠느냐. 어떤 고기라도 먹어서는 안 된다. 고기를 먹으면 대자비大慈悲라는 불성佛性의 종자가 끊어지고 모든 중생이 그를 보면 버리고 떠나간다. 그러므로 모든 보살은 어떤 중생의 고기라도 먹어서는 안 되니 고기를 먹으면 한량없는 죄를 짓는 것이다. 만약 고의로 먹는다면 경구죄를 범하는 것이다.

> 若佛子。故食肉。一切肉。不得食。夫食肉者。斷大慈悲佛性種子。一切衆生。見而捨去。是故。一切菩薩。不得食一切衆生肉。食肉得無量罪。若故食者。犯輕垢罪。

① 제정한 뜻을 밝힘

소 대자비의 종자가 끊어지기 때문에 제정하였다.

> 斷大慈種故制。

② 위범이 성립되기 위해 갖추어져야 할 조건

③ 위범한 것에 대해 경죄와 중죄를 판정함

④ 학처의 동일성과 차이성을 밝힘

성문은 『열반경』을 설하기 이전에는 세 가지 청정한 조건을 갖춘 고기를 먹는 것을 허락하고 나머지 고기는 먹는 것을 허락하지 않았으며,[41]

---

41 『四分律』 권42(T22, 872b)에서 "지금부터 고의로 나를 위해 죽인 고기는 먹지 말아야

『열반경』을 설한 이후에는 어떤 고기라도 먹는 것을 허락하지 않았다.[42] 보살은 『열반경』을 설하기 이전이든 이후이든 어떤 고기라도 먹는 것을 허락하지 않았다. 일곱 부류의 제자에 대해 동일하게 제정하였다.

> 聲聞。涅槃已前。聽三種淨。自餘不聽。涅槃以後。一切不聽。菩薩前後。一切不聽。七衆同制。

⑤ 본문을 해석함

a. 사람을 나타냄

b. 사상事象을 서술함

본문에서 사상을 서술한 것에서도 먼저 과실을 나타냈고 다음에는 먹지 말아야 할 것을 제정하였으며 뒤에서는 위반하여 위범이 성립되는 것을 밝혔다.

> 文序事中 亦先顯失。次制不應食。後違之成犯。

한다. 고의로 나를 위해 죽인 고기라는 것은 고의로 나를 위해 죽이는 것을 보았거나, 고의로 나를 위해 죽였다는 말을 들었거나, 고의로 나를 위해 죽였다고 의심되는 것이니 이렇게 세 가지 조건을 지녔으면 청정하지 않은 고기이니 먹지 말아야 한다. 나를 위해 죽이는 것을 보지 못하였거나, 나를 위해 죽였다는 말을 듣지 못하였거나, 나를 위해 죽였다고 의심되지 않는 것, 이 세 가지 조건을 지녔으면 청정한 고기이니 먹어도 좋다."라고 하였다.

42 『涅槃經』권4(T12, 386a)에서 "선남자여, 오늘부터 성문 제자가 고기를 먹는 것을 허락하지 않는다. 단월의 보시를 받으면 이 음식을 보면서 아들의 살과 같은 것이라는 생각을 내야 한다.(善男子。從今日始。不聽聲聞弟子食肉。若受檀越信施之時。應觀是食如子肉想。)"라고 하였다.

a) 과실을 나타냄

"어떤 고기라도 먹어서는 안 된다."라는 것은 청정한 것이든 청정하지 않은 것이든 모두 먹어서는 안 된다는 것이다. "대자비라는 불성의 종자가 끊어지고"라는 것은 경에서 "고기를 먹는 사람이 있기 때문에 살생이 이루어진다."[43]라고 한 것과 같다. 이와 같이 고기를 먹기 때문에 자비의 종자가 끊어지는 것을 알 수 있다.

"모든 중생이 그를 보면 버리고 떠나간다."라는 것은 새가 신자身子[44]의 그림자에 들어가서도 오히려 두려움을 느낀 것과 같다.[45] 습기만 남겨진

---

43 경에서 정확하게 일치하는 글은 찾지 못하였다. 단『入楞伽經』권8(T16, 561a)에서 "고기를 먹고 서로 번갈아가며 살해하는 것에 의해 탐욕과 분노가 늘어나서 윤회에서 벗어나지 못하고 극심한 고통에 빠집니다. 세존이시여, 고기를 먹는 사람은 대자비의 종자가 끊어지니 성스러운 도를 닦는 이는 먹지 말아야 합니다.(由食肉更相殺害. 增長貪瞋. 不得出離. 甚爲大苦. 世尊. 食肉之人. 斷大慈種. 修聖道者. 不應得食.)"라고 한 것이 그 취지가 유사한 것으로 생각된다.

44 신자身子 : Ⓢ Śāriputra의 의역어. 추로자鶖鷺子라고도 하고 음역어는 사리불舍利弗이다. 부처님의 십대 제자 중 한 명으로 지혜제일智慧第一로 일컬어진다. 다만 신자는 śāri(舍利鳥)를 śarīra(身體)로 잘못 이해하여 만들어진 의역어이다.

45 사리불이 오랜 옛날부터 분노라는 마음작용을 강렬하게 일으켰기 때문에 아라한과阿羅漢果를 얻어 탐욕·분노·어리석음의 세 가지 독을 모두 제거하였어도 여전히 잔존하는 분노의 습기에 의해 장애를 받았음을 보여 주는 고사 중 하나이다.『大智度論』권25(T25, 138c)에서 "부처님께서 사리불과 경행하고 계실 때 부처님의 그림자가 매에 쫓기던 비둘기를 덮으니 비둘기는 두려움이 제거되어 편안히 머물렀는데, 사리불의 그림자가 비둘기를 덮으니 다시 두려움에 떨었다. 사리불이 자신도 세 가지 독을 제거하였는데 이런 상황이 벌어진 이유가 무엇인지를 물었다. 부처님께서 세 가지 독의 습기가 아직 제거되지 않았기 때문이라고 대답하셨다."라고 하였다. 아라한과 부처님의 차별에 대한 보다 구체적인 논의는『大智度論』권1(大正藏 25, p.70c)에서 問 아라한이나 벽지불도 또한 음욕과 분노와 어리석음을 무너뜨렸는데 부처님과 어떻게 다른가? 答 아라한과 벽지불은 비록 세 가지 독을 무너뜨렸어도 습기의 남은 부분이 다하지 않았다. 비유컨대 향을 담은 그릇은 향을 꺼낸 후에도 남은 향기가 그대로 있는 것과 같고, 초목이 불에 타고 연기에 그을려도 재까지 다 없어지지는 않으니, 불의 힘이 약하기 때문인 것과 같다. 부처님은 세 가지 독을 영원히 다하여 남은 것이 없으니, 비유컨대 겁이 다하여 불이 수미산을 태우고 모든 대지가 다 사라져서 연기도 없고 재도 없는 것과 같다. 예를 들어 사리불은 분노의 습기가 잔존하고 난타는 음욕의 습기가 잔존하며 필릉가바차는 교만의 습기가 잔존하였으니, 비유컨대 이는 마치 어떤 사

것에 의해서도 오히려 이와 같은 일이 생겨나니 하물며 세 가지 독(三毒 : 탐욕·분노·어리석음)을 전부 끊지 못한 사람은 말할 것도 없다.

一切肉不得食者。若淨不淨。皆不得食也。斷大慈悲佛性種子者。如經云。由有食人故殺。知如此而食故。斷慈悲種也。一切衆生見而捨去者。如鳥入身子影中。尙有戰懼。有習氣者。猶如是。況全不斷三毒者也。

b) 하지 말아야 할 것을 제정함

c) 위반하여 위범이 성립되는 것을 밝힘

"고기를 먹으면 한량없는 죄를 짓는 것이다."라는 것은 먹는 것에 의해 그 대상을 살해하는 결과를 발생시키기 때문에 한량없는 죄를 짓는 것이다.

람이 쇠사슬에 묶여 있다가 처음 풀려났을 때 걸음걸이가 편하지 않은 것과 같다."라고 하였다. 사리불에게 남은 분노의 습기의 유래는 다음과 같다.『十誦律』권61(大正藏 23, p.463c)에서 "부처님께서 사바세계에 계실 때 어떤 거사가 부처님과 스님께 공양을 올렸다. 부처님은 정사에서 받으시고 스님들은 거사의 집으로 가서 공양을 받았다. 거사는 자신의 집에 온 스님들 중 상좌上座와 중좌中座에게는 좋은 음식을 올리고 하좌下座에게는 덜 여문 쌀밥과 깻묵을 야채와 섞어서 볶은 좋지 않은 음식을 주었다. 부처님의 아들인 라후라가 수척하였으므로 부처님께서 이유를 물었다. 라후라가 일의 자초지종을 말씀드렸더니, 상좌가 누구였던가를 묻고 사리불이라고 대답하자, '사리불은 청정하지 않은 방식으로 음식을 먹었다.'라고 하셨다. 사리불이 이 말을 듣고 먹었던 음식을 토해 내고 죽을 때까지 공양을 받지 않고 걸식으로 살아갈 것을 맹세하고 실제로 그렇게 하였다. 여러 거사들이 사리불에게 공양하여 복덕을 얻고자 하였으나 사리불이 번번이 거절하여 여의치 않게 되자 부처님을 찾아가 사리불로 하여금 다시 공양을 받도록 해 달라고 말씀드렸다. 부처님께서 사리불은 받는다고 했으면 반드시 빋고 버리나 했으면 반드시 버리는 성품이어서 절대로 그의 결심을 바꿀 수 없을 것이라고 하시면서 그러한 성품이 형성된 인연을 말씀하시기를 '과거세 어떤 국왕이 독사毒蛇에게 물렸다. 독을 다스리는 사람이 불을 피워 놓고 주술로 독사를 불러내어 독기를 다시 빨아내거나 불구덩이 속으로 뛰어들 것을 요구하였다. 독사는 한 번 뱉은 독을 목숨을 부지하려고 다시 빨아들일 수는 없다고 하고 불구덩이 속으로 뛰어들어 갔다. 이때 독사가 바로 사리불이다.'라고 하고 여러 가지 인연으로 사리불을 꾸짖으셨다."라고 하였다.

食肉得無量罪者。由食至殺害故。得無量罪。

c. 죄를 판정함

(4) 매운 채소를 먹지 마라 : 제4계

네 번째는 매운 채소를 먹는 것을 금한 계이다.

第四不食辛戒。

경 너희들 불자여, 다섯 가지 매운 채소를 먹어서는 안 된다. 대산大蒜(마늘)과 혁총革葱(염교)과 구총韮葱과 난총蘭葱과 흥거興渠(유채)가 그 다섯 가지 매운 채소이다. 어떤 음식에도 이것을 넣어 먹어서는 안 된다. 만약 고의로 먹는다면 경구죄를 범하는 것이다.

若佛子。不得食五辛。大蒜革葱韮葱蘭葱興渠。是五種。一切食中。不得食。
若故食者。犯輕垢罪

① 제정한 뜻을 밝힘

소 향기와 냄새가 정법淨法을 방해하기 때문에 제정하였다.

薰臭妨淨法故制。

② 위범이 성립되기 위해 갖추어져야 할 조건

③ 위범한 것에 대해 경죄와 중죄를 판정함

④ 학처의 동일성과 차이성을 밝힘

대승과 소승이 모두 제정하였고, 일곱 부류의 제자에 대해서도 동일하게 제정하였다. 율에 따르면 여인이 좀 더 죄가 무거우니[46] 화색華色을 일으키는 것이기 때문이다.[47]

大小俱制。七衆亦同。准律。女應小重。以發華色故。

⑤ 본문을 해석함

"혁총과 구총과 난총"이라는 것은 이 가운데[48] 해薤(염교)[49]와 구韭(부추)를 없애고 단지 총葱(파)을 열어서 세 가지로 만들었는데[50] 이 세 가지의

---

46 『四分律』 권25(T22, 737b)에서 "비구니가 마늘을 먹으면 바일제죄를 범한 것이다."라고 하였다. 바일제죄는 계를 범했을 때의 죄를 무거운 것에서 가벼운 것으로 다섯 가지로 분류한 것 중 세 번째에 해당한다. 『十誦律』 권38(T23, 275b)에서 "비구가 마늘을 먹으면 돌길라죄를 범한 것이다."라고 하였는데, 돌길라죄는 다섯 가지 중 마지막에 해당한다.

47 『菩薩戒義疏』 권하(T40, 575a)에서 "보살이 좀 더 무겁게 여겼으니 색욕을 일으키게 하기 때문이다.(菩薩小重發色故也)"라고 하였고, 『發隱』 권4(X38, 182a)에서 "매운 기운은 색신의 온갖 욕망을 일으킬 수 있다. 성문은 지혜가 천박하여 단지 욕망을 제어하는 것만 알지만 보살은 지혜가 깊어서 욕망이 일어나는 원인이 되는 것도 제어하기 때문에 좀 더 무겁게 여긴다. '소소'란 '약간(少)'과 같다.(葷辛之氣, 能發色身諸欲。聲聞智淺。但知制欲, 菩薩智深。應制所以發欲者。故小重也。小猶少也。)"라고 하였다.

48 지의의 『菩薩戒義疏』 권하(T40, 575a)에서 "예전이 글에서 말하기를 '다섯 가시 매운 채소라는 것은 산蒜과 총葱과 흥거興蕖와 구韭와 해薤이다.'라고 하였다."라고 한 것을 참조할 것.

49 해薤: 염교를 가리킨다. 백합과의 여러해살이풀로 쪽파와 비슷하지만 뿌리 부분이 쪽파보다 크고 편평하다.

50 『梵網經』에서는 이전에 일반적으로 전해져 오던 다섯 가지 매운 채소 중 해와 구를 빼

차별상은 알기 어렵다.

　어떤 사람은 "'혁총'은 염교이다. 잎이 부추와 비슷하면서도 두텁다. '난총'은 전해 오는 말에 따르면 영남嶺南에서 난총이 산출된다고 한다. 잎은 대산大蒜과 같으면서도 넓으며 냄새는 산蒜과 같다. '흥거'는 바라문이 말하기를 '운대芸薹(유채)를 궁거로兢渠盧라고도 부르는데 서역의 모든 절에서는 먹는 것을 허락하지 않는다'라고 하였다."[51]라고 하였고, 또 말하기를 "영남에서 흥거가 산출된다. 모양은 왜구倭韭(일본 부추)와 같고 냄새와 맛은 산蒜과 같다."[52]라고 하였다.

　병에 걸렸는데 다른 약으로 치료가 되지 않으면 어떤 경우에는 이를 허용해야 하니 율에서 신자身子에게 행한 법[53]과 같다. 보살에 대해서도 이것을 허용해야 한다. 별도로 『오신경五辛經』1권[54]이 있는데 다섯 가지 매운 채소는 각각 다섯 가지이니 합하여 스물다섯 가지가 된다고 하였다. 또 말하기를 "매운 채소를 먹기 때문에 동방 아비지옥에 들어간다 상류에서 매운 채소를 씻거나 하류에서 옷을 씻어서도 안 된다.【운운】"라고 하였다.

고 총을 세 가지로 나누었다는 말이다.
51　승장이 『梵網經述記』 권하(X38, 417a)에서 제시한 것과 내용이 같다.
52　승장이 『梵網經述記』 권하(X38, 417a)에서 제시한 것과 내용이 같다.
53　『毘尼母經』 권5(T24, 826c)에서 "부처님께서 아난에게 말씀하셨다. '지금부터 병든 경우를 제외하고는 모두 산蒜을 먹을 수 없다.' 어느 때 사리불이 풍병이 들어 의사가 처방을 내려 산蒜을 복용하게 하였다. 바로 부처님을 찾아가서 말씀드렸더니 부처님께서 '병든 경우는 복용하는 것을 허락한다.'라고 하셨다.(佛告阿難。自今已去除病。皆不得食蒜。有一時中。舍利弗。得風病。醫分處服蒜。卽往白佛。佛言。病者聽服。)"라고 하였고, 『十誦律』 권38(T23, 275b)에서는 풍병에 걸린 사리불에게 우유에 산蒜을 넣어서 끓인 음식을 먹는 것을 허용하되 다른 사람들을 가까이하지 말고 공공의 장소에 가지 말며 사방이 가려진 방에 머물러야 한다는 제한을 두었다.
54　『오신경五辛經』1권 : 『四分律刪繁補闕行事鈔』 권상(T40, 3c)·『衆經目錄』 권4(T55, 173c) 등에서 위경이라고 하였다. 현존 여부는 확인할 수 없다.

革葱土¹⁾葱蘭葱者。此中無薤韭。但開葱爲三。此三別相難知。或云。革葱是薤。葉似韭而厚。蘭葱者。傳說嶺南生蘭葱。葉似大蒜而闊臭氣同蒜。興渠者。婆羅門語。喚藝²⁾臺³⁾爲殑渠慮。⁴⁾ 西域諸寺。不聽食也。又云。嶺南生興渠。形似倭韭。氣味似蒜。若有病餘藥不治。或應開之。如律身子行法。菩薩亦應開之。別有五辛經一卷。五辛各五。合二十五。又云。噉辛故。入東方阿鼻。上流洗辛。下流洗衣。亦不得。【云云】。

1) ㉓ '土'는 '韭'인 것 같다. 2) ㉑ 저본인 『大正藏』에 따르면 '藝'는 '芸'이다. 3) ㉑ 『梵網經述記』에 따르면 '臺'는 '薹'이다. 4) ㉑ 『梵網經述記』에 따르면 '慮'는 '盧'이다.

이상의 세 가지 계(제2계와 제3계와 제4계)는 (『유가사지론』) 섭선법계 가운데 별도의 모양을 설한 것은 없지만 의미에 의해 살펴보면 여기에 포함된다. (『유가사지론』)에서 "몸과 말과 뜻에 있어서 방일하지 않음에 머문다."[55]라고 하였는데 이 가운데에도 동일한 의미가 내포되어 있다.

此三戒。攝善中無別相。以義攝之。於身語意。住不放逸。中亦蘊在也。

(5) 죄를 거론하여 참회하게 하라 : 제5계

다섯 번째는 죄를 거론하여 참회하게 하는 계이다.

第五擧罪敎懺戒。

㉓ 너희들 불지여, 어떤 중생이든 여덟 가지 계(八戒)[56]를 범하거나, 다섯

---

55 『瑜伽師地論』 권40(T30, 511b)에서 섭선법계를 설명하는 가운데 나오는 구절이다.
56 여덟 가지 계(八戒) : 재가신자가 정해진 재일齋日에 만 하루 동안 일시적으로 출가하여 절에 머물면서 수지하는 계. 팔재계八齋戒라고도 한다. 이러한 사람을 근주近住(삼

가지 계(五戒)⁵⁷를 범하거나, 열 가지 계(十戒)⁵⁸를 범하거나, 나쁜 일을 금지하기 위해 제정한 계(禁戒)를 훼손하거나, 일곱 가지 역죄를 짓거나, 여덟 가지 무거운 장애(八難)⁵⁹를 짓거나 하면서, 온갖 계를 범하여 죄를 짓는 것을 보면 참회하도록 가르쳐야 한다. 보살이 참회하도록 가르치지 않고 동일한 계내界內⁶⁰에 머물고 동일하게 승중僧衆의 이양을 나누며 함께 포살布薩을 행하며 동일한 계내의 중승衆僧과 함께 머물면서 계를 설하는 일(說戒, 곧 포살)에 참여하게 해서야 되겠느냐? 그 죄를 거론하지 않고 참회하도록 가르치지 않으면 경구죄를 범하는 것이다.

若佛子。見一切衆生。犯八戒五戒十戒毀禁七逆八難。一切犯戒罪。應敎懺悔。而菩薩。不敎懺悔。同住。同僧利養。而共布薩。一衆說戒。而不擧其罪。

<blockquote>
뜻三寶에 가까이 머무다는 뜻)라고 하고 이것에 의해 여덟 가지 계를 근주율의近住律儀라고도 한다. 첫째는 살생하지 않는 것이고, 둘째는 도둑질하지 않는 것이며, 셋째는 음란한 행위를 하지 않는 것이고, 넷째는 거짓말하지 않는 것이며, 다섯째는 술을 마시지 않는 것이고, 여섯째는 화만華鬘(장신구)으로 몸을 장식하지 않는 것이며, 일곱째는 높고 넓으며 화려한 침상이나 의자에 앉거나 눕지 않는 것이고, 여덟째는 음식을 먹는 것이 허락되지 않은 때, 곧 정오 이후에 음식을 먹지 않는 것이다.

57 다섯 가지 계(五戒): 재가신자가 수지해야 하는 계. 첫째는 살생하지 않는 것이고, 둘째는 도둑질하지 않는 것이며, 셋째는 그릇된 형태의 음란한 행위를 하지 않는 것이고, 넷째는 거짓말하지 않는 것이며, 다섯째는 술을 마시지 않는 것이다.

58 열 가지 계(十戒): 사미沙彌(비구계를 받기 이전의 출가자. 곧 출가하였지만 아직 비구계를 받을 수 있는 나이인 20세가 되지 않은 수행자)가 수지해야 하는 계. 첫째는 살생하지 않는 것이고, 둘째는 도둑질하지 않는 것이며, 셋째는 음란한 행위를 하지 않는 것이고, 넷째는 거짓말하지 않는 것이며, 다섯째는 술을 마시지 않는 것이고, 여섯째는 춤추고 노래하면서 즐기거나 그런 것을 가서 보거나 듣지도 않는 것이며, 일곱째는 꽃과 향으로 몸을 치장하지 않는 것이고, 여덟째는 높고 넓은 평상에 앉지 않는 것이며, 아홉째는 금은보화를 받거나 축적하지 않는 것이고, 열째는 음식을 먹는 것이 허락되지 않는 때, 곧 정오가 지난 후에는 먹지 않는 것이다.

59 여덟 가지 무거운 장애(八難): 뒤에 나오는 의적의 해석에 따르면 출가를 불가능하게 하는 열세 가지 무거운 장애 중 여덟 가지를 가리킨다. 자세한 것은 뒤에 나오는 주석을 참조할 것.

60 동일한 계내界內: 현전승가는 지역적 경계에 의해 계가 성립되기 때문에 계내라고 하였다. 따라서 이 말은 현전승가의 구성원으로 인정한다는 말이다.
</blockquote>

不教悔過者。犯輕垢罪。

① 제정한 뜻을 밝힘

소 계를 범한 것을 보고도 참회하도록 가르치지 않으면 서로 이익 되게 하는 뜻에 위배된다.

성문은 자신을 구호하는 것만 추구하는데도 오히려 이를 허락하지 않는데 하물며 대사(보살)는 말할 것도 없다. 현시적 가르침에 의거하면 이와 같다.

(『유가사지론』) 이생계利生戒에서 "허물이 있는 사람에 대해 친근한 마음을 품고 이익과 안락을 주려는 강한 의지를 일으켜 조복시키거나 꾸짖거나 치벌하거나 구빈驅擯[61]하거나 하는 방식으로 그로 하여금 불선처不善處에서 벗어나 선처善處에 안치하게 하려고 한다."[62]라고 하였다. 그런데 보살이 중생을 교화하는 것은 바로 자신이 불도를 이루는 법이기도 하다. 그러므로 섭선법계 가운데 또한 이 계를 제정한 것이다. 곧 (『유가사지론』에서) "자신의 허물과 위범을 자세히 관찰하여 분명히 알고 과실을 깊이 바라본다."[63]라고 하였는데 이 가운데에도 동일한 의미가 내포되어 있다.

見犯不教懺。則違相益義。聲聞護自。尚所不許。況大士也。據顯似是。利

---

61 구빈驅擯 : ⓢ pravrājana의 의역어. 승단에서 추방하는 것. 계율을 어긴 승단의 구성원을 처벌하는 방법 중 가장 강력한 것. 멸빈滅擯·빈치구견擯治驅遣·빈출擯出 등이라고도 한다. 여기에 두 가지가 있다. 첫째는 바라이죄는 아니지만 재가신도의 신앙심을 떨어뜨리다든가 세속 사회에 추문을 일으킬 우려가 있는 죄를 지은 비구에게 내리는 벌로 현전승가의 경계 밖으로 추방하여 대중과 함께 머물지 못하도록 하는 것이고, 둘째는 바라이죄를 범한 비구에게 내리는 벌로 승적을 박탈하여 승단에서 완전히 추방하는 것이다.
62 『瑜伽師地論』 권40(T30, 511c)에서 이생계를 설명하는 가운데 나오는 구절이다.
63 『瑜伽師地論』 권40(T30, 511b)에서 섭선법계를 설명하는 가운데 나오는 내용이다.

生戒中。於有過者。內懷親昵利益安樂增上意樂。調伏訶責治罰驅擯。爲欲
令其出不善處安置善處。然菩薩敎化衆生。卽是自成佛法。故攝善戒中。亦
制此戒也。卽於自恣犯。審諦了知。深見過失。中亦蘊在也。

② 위범이 성립되기 위해 갖추어져야 할 조건

③ 위범한 것에 대해 경죄와 중죄를 판정함

④ 학처의 동일성과 차이성을 밝힘

(성문과 보살은 그 목적이) 자신을 구호하는 것과 다른 사람을 구호하는 것에 있어서 비록 차이가 있지만 허물을 보면 참회하고 제거해야 하는 것은 같기 때문에 대승과 소승이 모두 제정하였다. 출가지인 두 부류의 제자(비구와 비구니)의 경우는 전적으로 위범이고 출가자인 세 부류의 제자(사미·사미니·식차마나)와 재가신자도 이치에 있어서는 이것과 통한다.

自他雖殊。見過悔除同。故大小俱制。出家二衆。全犯。餘三衆及在家。理
亦通之。

⑤ 본문을 해석함

a. 사람을 나타냄

b. 사상事象을 서술함
"여덟 가지 계"와 "다섯 가지 계"는 재가신자가 수지해야 하는 계이고, "열 가지 계"라는 것은 사미가 수지해야 하는 열 가지 계이며, "나쁜 일을 금지하기 위해 제정한 계(禁戒)"라는 것은 곧 비구계와 비구니계이다. 또는 "열 가지 계"는 열 가지 중계이고, "나쁜 일을 금지하기 위해 제정한 계"라는 것은 마흔여덟 가지 경계라고 해석하기도 한다. "일곱 가지 역죄"라는 것은 뒤에서 설한 것과 같다.

"여덟 가지 무거운 장애"라는 것은 어떤 사람은 "여덟 가지 중계[64]이다.[65]라고 하였고, 또 어떤 사람은 "세 가지 악도에 태어나는 것 등의 여덟 가지 재난(八難)[66]이다. 위범하는 것으로 인해 여덟 가지 재난을 초래

---

[64] 여덟 가지 중계: 『菩薩善戒經』(T30, 1015a)에서 "보살계라는 것은 여덟 가지 중법重法이다. 앞의 네 가지는 네 가지 중계, 곧 살생과 도둑질과 음란한 행위와 거짓말을 금한 것이다. 나머지 네 가지는 다음과 같다. 다섯째는 이양을 탐하여 자신을 찬탄하는 것을 금한 것이고, 여섯째는 가난한 사람과 병자가 와서 구걸하는데 인색하여 베풀지 않는 것과 법을 구하는 사람에게 법을 알려 주지 않는 것을 금한 것이며, 일곱째는 분노하여 타인을 해치는 것과 다른 사람이 참회하는데 받아들이지 않는 것 등을 금한 것이고, 여덟째는 대승경을 비방하고 상사비법相似非法(대승법과 유사한 모습을 지닌 그릇된 법)을 배우는 이와 함께 머무는 것을 금한 것이다.(菩薩戒者. 有八重法. 四重如先. 菩薩. 若爲貪利養故. 自讚其身. 得菩薩戒. 住菩薩地. 是名菩薩第五重法. ……受學頂戴相似非法者. 不應共住. 若定知已. 不得向人. 讚歎其德. 是名菩薩第八重法.)"라고 하였다.

[65] 승장은 『梵網經述記』 권하(X38, 418b)에서 "'팔난八難'은 바로 '팔중八重'인데 착오로 '난難'이라는 글자를 쓴 것이다.(八難卽是八重. 錯作難字.)"라고 하였다. 승장과 의적의 선후관계에 대해 白土わか는 특별한 근거를 제시하지 않고 승장이 의적보다 앞선 것으로 보았고(「梵網經研究序說」, 『大谷大學研究年報』 22집, 1969, pp.119~121), 吉津宜英은 승장이 의적의 해석을 참조한 흔적이 있음을 근거로 삼아 의적이 앞선 것으로 보았다(「法藏以前の『梵網經』諸注釋書について」, 『駒澤大學佛教學部研究紀要』 47호, 1989, pp.100~101). 그런데 "팔난"에 대한 이러한 해석은 지의智顗·법장法藏·태현太賢의 『梵網經』 주석서에도 나오지 않고 오직 승장에게서만 보인다. 따라서 이 문장은 의적이 승장의 글을 인용한 사례가 될 수도 있다.

[66] 여덟 가지 재난(八難): 불도를 이루는 것을 장애하는 여덟 가지 상황을 가리키는 말. 첫째는 지옥에 태어나는 것이고, 둘째는 아귀로 태어나는 것이며, 셋째는 축생으로 태어나는 것이고, 넷째는 맹인·귀머거리·벙어리 등으로 태어나는 것이며(비록 부처님이 계시는 곳에 태어난다고 해도 감각기관이 온전하지 않아 부처님을 친견하거나 불법을 들을 수 없기 때문임), 다섯째는 세속적인 것에 대한 지혜가 밝고 총명한 것이며(오직 외도의 경전을 배울 뿐 출세간出世間의 정법正法인 불법은 믿지 않기 때문임), 여섯째는 부처님이 세상에 출현하기 이전이나 부처님께서 열반에 드신 이후의 세상에 태어나서 부처님을 친견할 수 없는 것이며, 일곱째는 북구로주北俱盧洲에 태어나서 부처님을 친견할 수 없는 것이며, 여덟째는 무상천無想天에 태어나서 부처님을 친견할 수 없는 것이다.

하기 때문에 원인 속에서 결과를 설한 것이다."⁶⁷라고 하였다. 나의 견해를 제시하겠다. 열세 가지 무거운 장애(十三難)⁶⁸ 가운데 남근과 여근을 모두 지닌 것과 황문인 것과 축생이 변화하여 사람의 모습을 한 것과 귀신이 변화하여 사람의 모습을 한 것과 내도와 외도를 오가면서 모두 파괴한 적이 있는 것을 제외하고 그 나머지를 "여덟 가지 무거운 장애"라고 한 것이다. 남근과 여근을 모두 지닌 것 등의 네 가지는 이미 보장報障⁶⁹이니 참회하여 제거할 수 있는 뜻이 없다. 내도와 외도를 오가면서 모두 파괴한 적이 있는 사람은 다른 도를 따르는 사람들 속에 있다가 다시 불법에 들어왔기 때문에 함께 머물고 함께 이양을 나누어야 하는 뜻이 없다. 그러므로 이 다섯 가지는 참회하도록 가르치는 것과 관련된 사항에 들어가지 않는다.

---

67 태현이 『梵網經古迹記』 권하(T40, 709c)에서 제시한 것이다.
68 열세 가지 무거운 장애(十三難) : 소승의 율법에서 비구계를 받아서 승단에 들어오려는 이들에게 행하는 자격심사회의에서 다루어지는 심사 항목 중 하나이다. 다른 하나는 열 가지 가벼운 장애(十遮)이다. 열세 가지 무거운 장애란 다음과 같다. 첫째는 먼저 구족계를 받은 후에 네 가지 중계를 범하여 사계捨戒한 적이 있는 것이다. 둘째는 재가자일 때 계를 청정하게 지키는 비구니를 범한 적이 있는 것이다. 셋째는 이양利養을 얻고 생활방편을 도모하기 위해 혹은 법을 도둑질하기 위해 출가하는 것이다. 넷째는 원래 외도였다가 불법에 귀의하여 구족계를 받은 후 다시 외도로 돌아갔다가 다시 외도를 버리고 내도에 들어오려는 것이다. 다섯째는 황문黃門(남성으로서의 기능을 하지 못하는 사람)인 것이다. 여섯째는 아버지를 살해한 일이 있는 것이고, 일곱째는 어머니를 살해한 일이 있는 것이며, 여덟째는 아라한을 살해한 일이 있는 것이고, 아홉째는 화합승가와 법륜法輪을 파괴한 일이 있는 것이며, 열째는 부처님의 몸에 피를 낸 일이 있는 것이고, 열한째는 하늘·귀신 등이 사람의 모습으로 변화한 것이며, 열두째는 용·여우 등이 사람의 모습으로 변화한 것이고, 열셋째는 남근男根과 여근女根을 모두 지니고 있는 것이다.
69 보장報障 : 전생에 지은 업으로 인해 받은 과보가 현생에서 가행加行의 선근善根을 심는데 장애로 작용하는 것. 과보장果報障·이숙장異熟障 등이라고도 한다. 상대어는 업장業障으로 일곱 가지 역죄·열 가지 중죄 등을 가리킨다. 신·구·의 등의 세 가지 업으로 조작하는 선하지 않은 업이다.

八戒五戒。是在家戒也。十戒者。是沙彌十戒。毀禁者。卽比丘比丘尼戒。
又十戒謂十重。毀禁謂四十八輕垢。七逆如下說。八難者。或云是八重。又
云。三塗等八難。由犯招八難故。因中說果也。今謂十三難中。除二形黃門
畜生非人及破二道。餘名八難。二形等四。旣是報障。無懺除義。破二道者。
以在異道。還入佛法故。無同住同利養義。是故。此五不入敎懺數中。

(『유가사지론』「보살지」「계품」에서 설한) 마흔네 가지 경계 중 일곱 번째 계에서 말하였다.

四十四中。第七戒云。

보살들이 포악하여 계를 범한 모든 중생에 대해 혐오하는 마음을 품고 분노하는 마음을 품으며, 그가 포악하여 계를 범한 것을 이유(緣)로 삼아서 방편으로 버리고 이익이 되는 일을 하지 않으면 이것을 범함이 있고 위반함이 있는 것이라고 하는데, 이는 염오에 의한 위범이다. 만약 나태함과 게으름에 의해 버리고 잘못된 생각에 의해 이익이 되는 일을 하지 않는다면, 이것을 범함이 있고 위반함이 있는 것이라고 하는데, 이는 염오에 의한 위범은 아니다. 왜냐하면 모든 보살은 청정하게 계를 수지하고 신업·어업·의업이 적정寂靜하게 현행하는 모든 중생의 상황에 대해서만 연민하는 마음을 일으켜 이익을 지어 주려고 하는 것이 아니라, 포악하여 계를 범한 중생이 모든 고통의 과보의 원인이 되는 행위를 현재 행하고 있는 것에 대해서도 동일하게 행해야 하기 때문이다. 위범이 성립되지 않는 경우라는 것은 마음이 미친 듯이 혼란하거나, 혹은 방편으로 그를 길들이고 그를 굴복시키기 위한 목적이 있는 것과 같은 경우이니 자세한 것은 앞에서 설한 것과 같다. 혹은 장차 많은 중생의 마음을 보호하기 위해서나, 혹은 승단의 제도를 보호하기 위해서 방편으로 중생을 버리고 이익

이 되는 행위를 하지 않는다면 모두 위범이 아니다.[70]

若諸菩薩. 於諸暴惡犯戒有情. 懷嫌恨心懷恚惱心. 由彼暴惡犯戒爲緣. 方便棄捨. 不作饒益. 是名有犯有所違越. 是染違犯. 若由嬾惰懈怠. 棄捨. 由忘念故. 不作饒益. 是名有犯有所違越. 非染違犯. 何以故. 非諸菩薩. 於淨持戒. 身語意業. 寂靜現行. 諸有情所. 起憐愍心. 欲作饒益. 如於暴惡犯戒有情. 於諸苦因. 而現轉者. 無違犯者. 謂心狂亂. 或欲方便調彼伏彼. 廣說如前. 或爲將護多有情心. 或護僧制. 方便棄捨. 不作饒益. 皆無違犯.

c. 죄를 판정함

(6) 법사에게 공양하고 설법해 줄 것을 요청하라 : 제6계

여섯 번째는 법사에게 공양하고 설법해 줄 것을 요청하는 계이다.

第六供師請法戒.

경 너희들 불자여, 대승의 법사로서 대승의 가르침 속에서 동일한 것을 배우고 동일한 견해를 지녔으며 동일한 것을 행하는 사람[71]이 와서 승방僧坊이나 사택舍宅이나 성읍城邑[72]으로 들어오는 것을 보면 백 리 길을 온 사람이든 천 리 길을 온 사람이든 바로 일어나서 오는 사람을 맞이하고 가는 사람을

---

70 『瑜伽師地論』 권41(T30, 516c).
71 법장이 『梵網經菩薩戒本疏』 권5(T40, 637c)에서 "대승법사는 총괄적인 것이고 이하의 세 가지는 개별적으로 밝힌 것이다."라고 한 것을 참조하여 풀이하였다.
72 승방僧坊이나 사택舍宅이나 성읍城邑 : 법장은 『梵網經菩薩戒本疏』 권5(T40, 637c)에서 "승방은 출가보살의 처소이고, 사택은 재가자의 처소이며, 성읍은 왕 등의 처소이다."라고 해석하였다.

배웅하며 예배하고 공양해야 한다. 날마다 세 때에 공양하되 하루에 금 세 냥의 값어치를 가진 온갖 맛난 음식을 만들어 공양하고 평상과 의약품을 법사에게 공양하며 이 밖에도 필요로 하는 모든 것을 다 공급해 주어야 한다. 항상 법사에게 하루 세 때에 설법해 줄 것을 요청하고 날마다 세 때에 예배드리면서 분노하는 마음이나 근심하고 피로워하는 마음을 내지 말아야 하니, 법을 위해서는 몸을 버려 죽는 일이 있더라도 설법해 줄 것을 요청하기를 게을리하지 말아야 하기 때문이다. 이와 같이 하지 않는다면 경구죄를 범하는 것이다.

> 若佛子。見大乘法師。大乘同學同見同行來。入僧坊舍宅城邑。若百里千里來者。卽起迎來送去。禮拜供養。日日三時供養。日食三兩金百味飮食。床座醫藥供事法師。一切所須盡給與之。常請法師三時說法。日日三時禮拜。不生瞋心患惱之心。爲法滅身。請法不懈。若不爾者。犯輕垢罪。

소 뛰어난 사람에게 설법을 요청하지 않으면 정신적으로 감화를 받는 이익을 잃기 때문에 제정하였다.

> 過人不請法。失染神之益故制也。

성문계에서는 정식 포살법과 약식 포살법을 아는 사람이 있으면 공양해야 하고 출가한 지 다섯 해가 지나지 않은 사람과 아직 다섯 가지 법(五法)[73]을 알지 못하는 사람은 법대로 설법해 줄 것을 요청해야 하며, 이와

---

73 다섯 가지 법(五法) : 『十誦律』 권21(T23, 151a)에서 "지금부터 비구가 다섯 가지 법을 성취하고 출가한 지 다섯 해가 되었으면 스승에게 의지하지 않는 것을 허락한다. 다섯 가지 법이란 무엇인가? 첫째는 위범이 무엇인지 아는 것이고, 둘째는 위범이 성립되지 않는 것이 무엇인지 아는 것이며, 셋째는 경죄를 아는 것이고, 넷째는 중죄를 아는 것

같이 하지 않으면 제7취[74]를 범하는 것이라고 하였다. 이 이외의 경우에 대해서는 제정하지 않았으니 스스로 제도하여 쉽게 원만해질 수 있기 때문이다. 보살은 포살법을 아는 사람을 보면 항상 공양하고 설법을 요청해야 하니 선을 실현하려는 의지를 일으켜 싫증을 내는 일이 없기 때문이다. 일곱 부류의 제자에 대해 모두 위범으로 제정하였다.

> 聲聞。有知廣略布薩法者。制應供給。五歲內及未解五法。法應啟請。不者。犯第七聚。此外不制。以自度易滿故。菩薩見有知者常應給請。以欲善無厭故。七衆同犯。

본문을 해석한 것에서 사상을 서술한 것 가운데 두 가지가 있다. 첫째는 법사에게 공양하는 것이고, 둘째는 설법해 줄 것을 요청하는 것이다. 법사에게 공양하는 것에 두 가지가 있다. 첫째는 그 주위를 돌며 예배를 드려서 공양하는 것이고, 둘째는 음식으로 공양하는 것이다.

> 文序事中有二。一供師二請法。供師有二。一匝遶供養。二飲食供養。

"날마다 세 때에 공양하되"라는 것은 음식을 먹는 것이 허용된 때(時,

이며, 다섯째는 바라제목차를 암송하면서 배워서 남에게 이익을 주기 위해 자세하게 설하는 것이다. 비록 계를 받은 지 여러 해가 지났어도 다섯 가지 법을 알지 못하면 목숨이 다할 때까지 다른 사람에게 의지하여 머물러야 한다.(從今聽。比丘。有五法成就。滿五歲。不受依止。何等五。一知犯。二知不犯。三知輕。四知重。五誦波羅提木叉學利廣說。雖復受戒歲多。不知五法。應盡壽依止他住。)"라고 하였다.

[74] 제7취 : 비구계를 범했을 때의 죄를 일곱 가지로 분류한 것(七聚) 중 일곱 번째에 해당하는 것. 곧 돌길라突吉羅(S) duṣkṛta)를 가리킨다. 악작惡作・소과小過 등으로 의역한다. 가장 가벼운 죄의 총칭이다. 제1취는 바라이죄이고, 제2취는 승잔죄이며, 제3취는 투란차죄이고, 제4취는 사타죄이며, 제5취는 바일제죄이고, 제6취는 바라제제사니죄이며, 제7취는 돌길라죄이다.

정오 이전) 안에서의 세 때이다. 혹시 음식을 먹는 것이 허용되지 않은 때(非時, 정오 이후)에는 또한 비시장非時漿[75] 등을 공양하는 것일 수도 있다.[76] "하루에 금 세 냥의 값어치를 가진 음식을"이라는 것은 감당할 수 있는 사람의 경우를 설한 것이다. 혹은 법을 중시하게 하기 위해서 이렇게 설한 것일 수도 있다. 예를 들면 설산대사雪山大士[77]가 한 구절의 게송을 얻기 위해서 스스로 몸을 버려 죽음을 선택한 것[78] 등과 같은 것을 말하니 하물며 외적 재물(外財)[79]은 말할 것도 없다. 셋째[80]는 공급하고 시중을 들

---

75 비시장非時漿 : 병을 치료하기 위해 음식을 섭취하는 것이 금지된 때에도 복용하는 것을 허락한 음료를 일컫는 말. 콩·곡식 등을 끓여서 만든 미음이나 소유蘇油·꿀·과일즙 등이 여기에 해당한다.

76 법장이 『梵網經菩薩戒本疏』 권5(T40, 638a)에서 "'날마다 세 때에'라는 것은 시간에 의해 나눈 것이다. 진시辰時의 아침(辰旦)에 소식小食을 공양하고 재시齋時에 정식正食을 공양하며 나머지 시간에는 비시탕약非時湯藥 등을 공양하는 것이다. 그러므로 '세 때'라고 하였다."라고 한 것을 참조할 것.

77 설산대사雪山大士 : 부처님께서 과거세에 바라문으로 태어났을 때의 행적으로 인해 붙여진 이름이다. 설산에서 고행한 것에서 유래한 이름이다. 설산바라문雪山婆羅門·설산동자雪山童子라고도 한다. '대사'는 보살마하살菩薩摩訶薩(S) Bodhisattva-mahāsattva)에서 '마하살'을 의역한 것이다. 보살과 같은 의미로 쓰인다.

78 36권본 『涅槃經』 권13(T12, 691b3)에서 "부처님께서 과거세에 바라문 집안에 태어나 설산에서 수행할 때, 제석천이 그를 시험하려고 나찰로 변화하여 그 앞에 나타나 과거세에 부처님께서 설한 게송의 절반을 암송하기를, '모든 현상(行)은 항상된 것이 없으니 생겨났다가는 없어지는 법이다(諸行無常, 是生滅法).'라고 하였다. 이 게송을 들은 바라문이 나머지 절반의 게송을 말해 줄 것을 요청하자, 나찰은 그의 목숨을 줄 것을 요구했고 바라문은 이 제안을 받아들여 암송하기를, '생겨났다가 소멸하는 법이 없어지고 나면 고요하여 즐거우리라(生滅滅已, 寂滅爲樂).'라고 하였다. 바라문은 이 게송을 듣고 나서 약속대로 나찰에게 공양하기 위해 자신의 몸을 던졌다. 나찰이 본래의 모습인 제석천으로 돌아가서 그를 구하였다."라고 하였다.

79 외적 재물(外財) : 금·은 등의 보배와 밭과 논 등의 토지와 집 등의 재산, 나라와 왕위, 친족, 음식물 등을 가리킨다. 상대어는 내적 재물(內財)로 자신의 신체와 관련된 것 일체를 가리킨다.

80 셋째 : 의적은 앞에서 법사에게 공양하는 것을 예배를 드리며 공양하는 것과 음식으로 공양하는 것으로 나누었다. 그리고 이어서 음식으로 공양하는 부분을 해석하였는데 특별히 단락을 나누어서 제시하지 않았다. 그런데 여기에서 "셋째"라고 한 것에 의해 세 단락을 추정하면 다음과 같다. "① 날마다 세 때에 공양하되, ② 하루에 금 세 냥의 값어치를 가진 온갖 맛난 음식을 만들어 공양하고 평상과 의약품을 법사에게 공양하

면서 공양하는 것이니 이 밖에도 필요로 하는 모든 것을 공급해 주는 것을 말한다.

> 日日三時供養者。謂時內三時。或非時中。亦得非時漿等爲供養也。日食三兩金者。是就能堪辨[1]者說。或令重法。故作是說。如雪山士。爲一偈故。自殞身等。況復外財。三給侍供養。謂餘所須一切給與。

1) ㉘ 을본에 따르면 '辨'은 '辦'이다.

설법해 줄 것을 요청하는 것에서 "세 때에 설법해 줄 것을 요청하고"라는 것은 아침과 정오와 저녁을 말한다. "분노하는 마음이나 근심하고 괴로워하는 마음을 내지 말아야 하니"라는 것은 법사가 비록 어떤 때에는 자신의 뜻에 어긋나더라도 끝내 분노하는 마음을 내지 않고, 자신이 비록 필요한 물품을 공급하는 일이 힘들더라도 근심하고 괴로워하는 마음을 내지 않는 것이다. "법을 위해서는 몸을 버려 죽는 일이 있더라도 설법해 줄 것을 요청해야 하기 때문이다."라는 것은 분노하는 마음과 괴로워하는 마음을 내지 말아야 하는 이유를 설명한 것이다.

> 請法中三時請法者。謂朝中暮也。不生瞋心患惱之心者。法師雖或違心。終不生瞋心也。自身雖供給勞疲。亦不生患惱心也。爲法滅身請法故[1]者。釋不生瞋惱所由也。

1) ㉘ 『梵網經』 본문에 의거하면 '故'는 연자이다. 그러나 내용상 의적이 의도적으로 첨가했을 가능성이 크다.

며, ③ 이 밖에도 필요로 하는 모든 것을 다 공급해 주어야 한다." "셋째"라는 것은 바로 ③에 해당하는 단락을 가리킨다.

질병의 장애와 어려움이 있거나 법사에게 장애가 있거나 상대방이 하열하고 자신이 뛰어난 것을 알았거나 하여 요청하지 않았다면 이와 같은 경우에는 위범이 성립되지 않는다.

若有疾病障難。或法師有礙。若知彼劣我勝。如此不請不犯。

(7) 설법을 듣고 의견을 묻고 받아들여라 : 제7계

일곱 번째는 설법을 듣고 의견을 묻고 받아들이는 계이다.

第七聽法諮受戒。

경 너희들 불자여, 어느 곳이든 법과 비니毘尼[81]를 담은 경전과 율전을 강의하는 곳이 있거나, 세속의 큰 집 가운데 법을 강의하는 곳이 있는 것을 보면, 신학보살은 경전과 율전을 가지고 법사의 처소에 가서 듣고 받아들이며 의견을 물어야 한다. 숲속 나무 밑이든 승지僧地(절)의 방이든 모든 설법처에 모두 가서 듣고 받아들여야 한다. 만약 그곳에 가서 듣고 받아들이며 의견을 묻지 않는다면 경구죄를 범하는 것이다.

若佛子。見一切處。有講法毘尼經律。大宅舍中。有講法處。是新學菩薩。應持經律卷。至法師所。聽受諮問。若山林樹下。僧地坊中。一切說法處。悉至聽受。若不至彼聽受諮問者。犯輕垢罪。

---

81 비니毘尼 : ⓢ vinaya의 줄인 음역어. 갖춘 음역어는 비나야毘那耶이다. 몸과 마음과 입에서 일어나는 번뇌를 조화시켜 악행을 굴복시키도록 하기 때문에 조복調伏, 악의 불꽃을 불어 끄기 때문에 멸滅, 세간의 법률과 같이 죄를 판결하여 벌을 주는 역할을 하기 때문에 율律이라고도 의역한다.

소 강의하는 곳이 있으나 듣지 않으면 선으로 나아가게 하는 도를 손상시키기 때문에 제정하였다. 학처의 동일성과 차이성은 앞에서 설명한 것과 같다. (『우바새계경』에서 설한 재가자의) 28경계 가운데 제8계에서 "우바새가 40리 안에 법을 강의하는 곳이 있는데 가서 듣지 않으면 실의 죄를 짓는다."[82]라고 하였다.

본문에서 "법과 비니를 담은 경전과 율전을 강의하는 곳"이라는 것은 법을 언어로 나타낸 것을 "경전"이라 하고 비니를 언어로 나타낸 것을 "율전"이라 한다. 다른 글은 쉽게 알 수 있을 것이다.

有講不聽。喪進善之道故制也。學處同異如前。二十八輕中。第八戒云。若優婆塞。四十里中。有講法處。不能往聽。得失意罪。文中講法毘尼經律者。詮法名經。詮毘尼名律。餘文易知。

(『유가사지론』「보살지」「계품」에서 설한) 마흔네 가지 경계 중 서른두 번째 계에서 말하였다.

四十四中。第三十二戒云。

보살들이 정법을 설하고 그것을 논의하여 결택決擇[83]하는 것을 듣고도, 교만한 마음에 제압당하여 싫어하는 마음을 품고 분노하는 마음을 품어서 듣지 않는다면, 이것을 범함이 있고 위반함이 있는 것이라고 하는데 이는 염오에 의한 위범이다. 나태함과 게으름에 의해 가리워져서 가서 듣지 않았다면 염오에 의한 위범은 아니다. 위범이 성립되지 않는 경우는

---

82 『優婆塞戒經』 권3(T24, 1049c).
83 결택決擇 : Ⓢ viniścaya. 갖추어서 결단간택決斷簡擇이라고 한다. 무루의 지혜로 모든 의심을 끊고 도리를 간택하는 것이다.

상황을 알아차리지 못했거나, 병이 들었거나, 기력이 없거나, 전도된 가르침을 설한다는 것을 알고 있었거나, 그 설법자의 마음을 보호하기 위해서이거나, 그가 설하는 이치는 여러 차례 들은 것이고 지녀 왔던 것이며 잘 알고 있었던 것임을 확연히 알고 있거나, 이미 여러 차례 들어서 듣고 지니는 것을 온전히 갖추었고 그렇게 들은 것이 쌓이고 모였거나, 끊어지는 일이 없이 대상경계에 마음을 머물게 하려고 해서이거나, 부지런히 힘써서 보살의 뛰어난 선정을 일으키려고 해서이거나, 스스로 상품의 우둔한 근기여서 그 지혜가 둔탁鈍濁하여 들은 법을 받아들이기 어렵고 지니기도 어려우며 대상으로 삼은 경계에 마음을 거두어서 집중하게 하는 것이 어렵다는 것을 잘 알고 있거나 하여, 가서 듣지 않았다면 모두 위범하는 것이 아니다.[84]

> 若諸菩薩。聞說正法。論議決擇。憍慢所制。懷嫌恨心。懷恚惱心。而不往聽。是名有犯有所違越。是染違犯。若爲嬾惰懈怠所弊而不往聽。非染違犯。無違犯者。若不覺知。若有疾病。若無氣力。若知倒說。若爲護彼說法者心。若正了知彼所說義。是數所聞所持所了。若已多聞。具足聞持。其聞積集。若欲無聞。[1]) 於境住心。若勤引發菩薩勝定。若自了知上品愚鈍。其慧鈍濁。於所聞法。難受難持。難於所緣攝心令定。不往聽者。皆無違犯。
>
> 1) ㉘『瑜伽師地論』권41(T30, 519c)에 따르면 '聞'은 '間'이다.

(8) 대승을 등지지 마라 : 제8계

여덟 번째는 대승을 등지지 말아야 하는 계이다.

---

84 『瑜伽師地論』권41(T30, 519b27).

第八不背大乘戒。

경 너희들 불자여, 마음으로 대승의 영원함을 설하는 경과 율을 등지고 부처님의 교설이 아니라고 말하면서 이승성문二乘聲聞이 일으킨 외도外道[85]의 나쁜 견해(惡見)[86]에 의해 성립된 모든 금계禁戒와 그릇된 견해를 담은 경과 율을 수지하면 경구죄를 범하는 것이다.

若佛子。心背大乘常住經律。言非佛說。而受持二乘[1]外道惡見一切禁戒邪見經律者。犯輕垢罪。

1) ㉥『大正藏』『梵網經』에 따르면 '乘' 뒤에 '聲聞'이 누락되었다. 또 의적의 해석에 따르면 '聲聞'이 들어가는 것이 맞다.

소 본질적인 것을 버리고 지말적인 것을 좇아 배운 것을 거스르는 것이기 때문에 제정하였다. 성문은 제정하지 않았으니 배우는 것이 각각 다르기 때문이다. 일곱 부류의 제자에게 모두 적용된다.

棄本逐末。乖所習故制。聲聞不制。以所習各異故。七衆共也。

본문에서 "마음으로 대승의 영원함을 설하는 경과 율을 등지고 부처님의 교설이 아니라고 말하면서"라는 것은 예전의 학자가 말하기를 "바로 머뭇거리면서 아직 결단하지 못한 상태에 있는 사람에 대해 제정한 것이니 하품의 그릇된 견해[87]를 지닌 사람을 가르치기 위한 방편이다. 만약

---

85 외도外道 : 불교 전체를 중심으로 할 때에는 불교 이외의 모든 것이 외도이고 불교 내부에서 대승을 중심으로 할 때에는 소승이 외도가 된다. 여기에서는 소승의 성문을 가리킨다.
86 이승성문二乘聲聞이 일으킨~나쁜 견해(惡見) : 의적의 두 가지 해석 중 첫 번째 해석을 따른 풀이이다.

결단코 대승은 하열하고 소승은 뛰어난 것이라고 하고 그것에 입각한 계획이 이루어지면 계를 잃는다. 만약 마음속으로 등지고자 하여 참된 말씀이 아니라고 말하고, 이승이라는 외도의 경과 율을 수지하고자 하였지만 계획이 아직 이루어지지 않았으면 이 경구죄를 범한 것이다. 그런데 상품과 중품의 그릇된 견해를 지닌 사람도 계획이 아직 이루어지지 않았으면 또한 경구죄를 범하는 것이니 이 계에서 제정한 것과 동일하다. 지금 대승을 등지고 소승을 향하는 것을 들어서 말한 것은 범부인 보살(凡夫菩薩)[88]은 이러한 일을 많이 행하기 때문이다. 밖으로 드러내어 말하는 것은 두 가지가 있다. 자신의 견해가 진리라고 생각하면서 말하였다면 (그런 견해에 빠짐으로써 바로) 계와 선근이 이미 사라졌으니 (더 이상 잃을 계가 없고) 자신의 견해가 진리가 아니라고 생각하면서 말하였다면 열 번째 중계를 범하는 것이다."[89]라고 하였다.

> 文中心背大乘常住經律言非佛說者。舊云。直制猶豫未決。是下邪見之方便。若決謂大劣小勝。計成失戒。若心中欲背。言非眞說。欲受二乘外道經律。計畫未成。犯此輕垢。然上中邪見。計畫未成。亦犯輕垢。同此戒制。今擧背大向小爲語。以凡夫菩薩。多行此事故。若彰言說。卽有兩種。若法想

---

87 하품의 그릇된 견해 : 본서 앞부분(259쪽)에서 "하품의 그릇된 견해라는 것은 삼보가 외도보다 못하다고 말하지 않고 단지 소승에 집착하여 대승을 비방하는 것이다. 예를 들면 소승의 여러 부파에서 대승이 부처님의 교설이 아니라고 비방하는 것이다."라고 한 것을 참조할 것.
88 범부인 보살(凡夫菩薩) : 범부의 지위에 있는 보살을 가리키는 말. 그 지위에 대해서는 초발심부터 십신十信 이하의 보살이라는 설, 십주十住·십행十行·십회향十回向의 보살이라는 설 등이 있다.
89 지의가 『菩薩戒義疏』권하(T40, 575c)에서 제시한 것인데 의적이 글자를 변형하거나 첨가한 내용이 있다. 따라서 그 전문을 밝히면 다음과 같다. "第八背大向小戒。直制猶預未決。是下邪見之方便。若決謂大劣小勝。計成失戒。若心邪畫未成。犯輕垢。同此戒制。今擧背大向小爲語。以凡夫菩薩。多行此事故。若彰言說。則有兩種。若法想說戒善已謝。正犯性罪。若非法想說犯第十重。"

說。戒善已謝。若非法想。說犯第十重。

나의 견해를 제시하겠다. 마음으로 대승을 등지고 이승을 수지하는 사람은 설령 자신의 견해가 진리라고 생각했다고 해도 그것만으로 반드시 계를 잃는 것은 아니다. 예를 들어 어떤 사람이 비록 대승을 배우려는 마음을 일으키고 보살계를 수지했지만 아직 대승의 심오한 경전을 배우지 않고 오직 소승에서 삼아승기겁三阿僧祇劫[90] 동안 수행하고 보리수 아래에서 과果를 얻는다고 한 것만 듣다가 갑자기 대승의 심오한 이치를 들었을 때 믿는 마음을 일으키지 못하여 부처님의 교설이 아니라고 말한다면 대승을 배우려는 마음에서 물러난 것은 아니기 때문에 계를 잃는 것은 아니다. 자신의 견해가 진리라고 생각하였기 때문에 중계를 범하는 것도 아니다.

今謂心背大乘受持二乘者。設起法想。未必失戒。謂如有人。雖發人心。受菩薩戒。而未曾學大乘深經。唯聞小乘三劫修行得樹下果。忽聞大乘甚深義時。心不生信。言非佛說。不退大心。故不失戒。生法想故。不犯重也。

그러므로 『유가사지론』「보살지」의 마흔네 가지 경계 중 스물아홉 번째 계에서 말하였다.

故菩薩地。四十四中。第二十九戒云。

보살들이 보살의 청정한 계율의에 안주하여 보살장菩薩藏을 듣고 매우 깊은 경에서 설한 가장 뛰어나고 매우 깊으며 진실한 법의 이치와 모든

---

[90] 삼아승기겁三阿僧祇劫 : ⓈS tri-kalpa-asaṃkhyeya. 보살이 발심한 뒤 수행을 완성하여 불과佛果를 얻을 때까지 걸리는 시간을 일컫는 말. '아승기'란 ⓈS asaṃkhya의 음역어로, 무량수無量數·무수無數 등으로 의역한다.

부처님과 보살이 도달한 헤아리기 어려운 신통력에 대해 믿음과 이해를 내지 않고 미워하고 등지며 헐뜯고 비방하여 "이치를 이끌어 낼 수 없고 법을 이끌어 낼 수 없으며 여래의 교설이 아니고 중생에게 이익을 주고 안락하게 해 줄 수 없다."라고 한다면 이것을 범함이 있고 위반함이 있는 것이라고 하는데 이는 염오에 의한 위범이다. 이와 같이 헐뜯고 비방하는 것은 혹은 자신의 내부에서 일어난 비리작의非理作意[오염된 작의(대상에 주의를 기울이는 마음)]에 의한 것이거나 혹은 다른 사람의 견해에 수순하거나 하여 이렇게 설하는 것이다. 만약 매우 깊고 가장 깊은 것을 듣고도 마음에 믿음과 이해가 생겨나지 않는다면 보살은 그때 억지로라도 믿고 받아들여야 하고 왜곡하지 말아야 하며 이와 같이 배워야 한다. "나는 선하지 않고 시각장애인처럼 지혜의 눈이 없어서 여래의 눈으로 대상을 따라서 설한 것에 대해 모든 여래께서 은밀하게 말씀하신 것에 대해 비방하였다." 보살은 이와 같이 자신을 아는 것이 없는 사람이라고 여기고 여래를 우러르며 추앙한다. 모든 불법을 나타내 보인 것 그대로 알지 않는 것이 없고 평등하게 따라서 관찰하고 본다. 이와 같이 바르게 행하면 위범하는 것이 없다. 비록 믿음과 이해를 일으키지 않는다고 해도 비방하는 것은 아니다.[91]

若諸菩薩藏[1] 於甚深處。最勝甚深眞實法義。諸佛菩薩難思神力。不生信解。憎背毀謗。不能引義。不能引法。非如來說。不能利益安樂有情。是名有犯有所違越。是染違犯。如是毀謗。或由自內非理作意。或隨順他而作是說。若聞甚深最甚深處。心不信解。菩薩爾時。應强信受。應無諂曲。應如是學。我爲非善。盲無慧目。於如來眼隨[2]所宣說。於諸如來密意語言。而生誹謗。菩薩如是自處無知。仰推如來。於諸佛法。無不現知。等隨觀見。

---

91 『瑜伽師地論』 권41(T30, 519b).

如是正行。無所違犯。雖無信解。然不誹謗。

1) ㉕『瑜伽師地論』에 따르면 '藏' 앞에 '安住菩薩淨戒律儀聞菩薩'이 누락되었다.
2) ㉯ 을본에 따르면 '隋'는 '障'이다. ㉕ 본문은 '隋'가 아니고 '隨'이다. 『韓國佛敎全書』의 오식이다. 또 『瑜伽師地論』에 따르면 '隨'가 맞다.

본문에서 "이승성문이 일으킨 외도의 나쁜 견해"라고 한 것은 성문승과 연각승을 "이승성문"이라고 하였다. 곧 이 성문은 대승에서 벗어난 것이니 보살도菩薩道에 어긋나기 때문에 "외도의 나쁜 견해"라고 하였다. 또 여섯 부류의 외도(六師)[92] 등의 주장을 "외도의 나쁜 견해"라고 한 것일 수도 있다.

(『유가사지론』)「보살지」에서 "보살들이 보살법에서 벗어난 다른 도리를 설하는 논서와 여러 외도의 논서를 정밀하게 연구하고 마음속 깊이 보배처럼 여기면서 다루고 좋아하고 즐거워하는 마음으로 맛을 들여 집착하면서 매운 약(辛藥)을 복용하는 것처럼 하지 않고[93] 이것을 익히며 가까이 한다면 이것을 범함이 있고 위반함이 있는 것이라고 하는데 이는 염오에 의한 위범이다."[94]【제28에 해당한다.】라고 하였다.

---

92 여섯 부류의 외도(六師) : 부처님 재세 시 불교 이외에 정통 바라문교의 사상에 반대한 자유사상가를 통틀어서 일컫는 말. 첫째, 산자야 벨라티풋다는 불가지론적 회의설을 주장하였다. 둘째, 아지타 케사캄발라는 인과론을 부정하고 유물론과 쾌락론을 주장하였다. 셋째, 마칼리 고살라는 보통 사명외도邪命外道라고 일컬어진다. 어떤 행위를 한다고 해도 이미 정해진 고통과 즐거움의 분량은 변화하지 않는다고 하는 결정론적 윤회설을 주장하였다. 넷째, 푸라나 깟사파는 업보를 부정하고 선악 자체를 인정하지 않는 도덕부정론을 주장하였다. 다섯째, 파쿠다 캇차야나는 선악과 업보를 부정하고 오직 지·수·화·풍·낙·고·영혼의 일곱 가지 요소만 영원히 존재한다고 주장하였다. 여섯째, 니칸타 나타풋타는 자이나교의 창시자이다. 고통과 즐거움, 죄와 복은 모두 전생에 지은 것의 결과이고 현생에서 어떤 경우에도 이를 끊어 낼 수 없다고 주장하였다.
93 『瑜伽論記』권10(T42, 539c)에 따르면 병을 제거하기 위해 매운 약을 복용하는 것처럼 외도의 그릇된 종지를 알기 위해 이를 잠시 배우는 것을 말한다.(景云. 如爲除病。服辛味藥。卽著辛味。爲識邪宗。暫之須披談卽愛邪論。又味藥有除病用。外道邪論無生智用。)
94 『瑜伽師地論』권41(T30, 519b).

文言二乘聲聞外道惡見者。緣覺聲聞。名二乘聲聞。卽此聲聞是大乘外。違
菩薩道。故云外道惡見。又所六師等。名外道惡見。菩薩地云。若諸菩薩。
越菩薩法。於異道論及諸外論。硏求善巧。深心寶翫。愛樂味著。非如辛藥。
而習近之。是名有犯有所違越。是染違犯。【第二十八也。】

예외로 인정되는 조건(開緣)에 대해서는 스물네 번째 계에서 나타내 보
일 것이다.

開緣。至二十四。當顯示也。

이상의 세 가지 계(제6·제7·제8)는 『유가사지론』에서 설한 섭선법계 가
운데 "문(불법을 익히는 것)과 사(불법을 사유하는 것)를 부지런히 수학한
다."[95]라고 한 것에 해당한다.

此上三戒。卽論所說攝善戒中。於聞於思。懃[1]修學也。

1) ㉠ 『瑜伽師地論』에 따르면 '懃'은 '勤'이다.

(9) 병든 사람을 보살피고 필요한 것을 공급하라 : 제9계

아홉 번째는 병든 사람을 보살피고 필요한 것을 공급하는 계이다.

第九瞻給病人戒。

---

95 『瑜伽師地論』 권40(T30, 511a)에서 "보살들이 계에 의지하고 계에 머물며 문에 대해,
사에 대해, 지관을 닦는 것에 대해, 홀로 있는 것을 좋아하는 것에 대해 부지런히 수학
한다.(諸菩薩。依戒住戒。於聞於思。於修止觀。於樂獨處。精勤修學。)"라고 한 것에서 해
당 계와 관련이 있는 부분만 발췌한 것으로 보인다.

경 너희들 불자여, 모든 병든 사람을 보면 언제나 부처님과 다름이 없이 공양해야 한다. 여덟 가지 복전福田[96] 중 병든 사람을 간호하는 복전이 가장 훌륭한 복전이다. 부모님과 스승인 스님과 제자가 병이 들어 여러 감각기관이 온전하지 못하고 여러 가지 병으로 고통을 받으면 모두 공양하여 낫게 해 주어야 한다. 보살이 분노하고 원망하는 마음으로 간호하지 않으며 더 나아가서 절이나 성읍이나 들판이나 산과 숲이나 거리에서 병든 이를 보고도 구제하지 않으면 경구죄를 범하는 것이다.

> 若佛子。見一切疾病人。常應供養。如佛無異。八福田中。看病福田。是第一福田。若父母師僧弟子病。諸根不具。百種病苦惱。皆供養令差。而菩薩。以瞋恨心。不看。乃至僧坊城邑曠野山林道路中。見病不救濟者。犯輕垢罪。

소 고통을 받는 것을 보고도 구제하지 않으면 자애로운 행을 닦는 것에 어긋나기 때문에 제정하였다.

성문은 오직 스승과 벗과 동일한 법을 배우는 이와 (그들이 없을 경우는) 스님 가운데 차례대로 차출된 사람이 돌보게 하는 것에 그치고[97] 이 이외의 대상에 대해서는 제정하지 않았으니 본래 중생을 함께 구제하는 것에 뜻을 두지 않기 때문이다. 대사는 모든 것을 구제해야 하니 본래 함께 거둘 것을 기약했기 때문이다. 일곱 부류의 제자에 대해 모두 제정하였다.[98] 곧 『유가사지론』에서 설하기를 "병에 걸린 사람을 슬퍼하고 불쌍

---

96 여덟 가지 복전福田: 첫째는 부처님이고, 둘째는 성인이며, 셋째는 화상和上이고, 넷째는 아사리阿闍梨이며, 다섯째는 스님이고, 여섯째는 아버지이며, 일곱째는 어머니이고, 여덟째는 병든 사람이다.
97 『四分律』권41(T22, 861c).
98 이상은 지의가 『菩薩戒義疏』권하(T40, 575c9)에서 제시한 것(第九不看病戒。乖慈故制。七衆同犯。大小乘不全共。大士一切應看。聲聞止在師友同法共房及僧差。此外不制。以其本不策物故。)과 내용이 거의 동일하다.

히 여기어 은근하고 정중하게 보살피고 도와주면서 필요한 것을 공급한다."⁹⁹라고 하였다.

> 見苦不救。違修慈行故制。聲聞在法¹⁾師友同法及被僧差。此外不制。本不兼物故。大士一切應救。本期兼攝故。七衆同制。卽論所說。於疾病者。悲愍愍重。瞻侍供制²⁾也。
>
> 1) ㉮ 갑본에는 '法'이라는 글자가 없다. ㉯ 『菩薩戒義疏』에 따르면 '在法'은 '止在'이다. 2) ㉯ 『瑜伽師地論』에 따르면 '制'는 '給'이다.

본문에서 "모든 병든 사람을 보면 언제나 부처님과 다름이 없이 공양해야 한다."라고 한 것에서 "부처님"이라는 것은 공경해야 할 대상의 정점에 있는 분이고, "병든 사람"이라는 것은 슬퍼해야 할 대상의 정점에 있는 사람이다. 공경과 슬픔은 비록 다르지만 복전이라는 뜻은 도리어 같기 때문에 "다름이 없이"라고 하였다. "여덟 가지 복전 중 병든 사람을 간호하는 복전이 가장 훌륭한 복전이다."라는 것은 숭배하고 공경하는 뜻을 뒤로 하고 구제하고 슬퍼하는 마음을 처음으로 여기기 때문에 복전에 비록 여덟 가지가 있으나 병든 사람을 간호하는 것을 가장 뛰어난 것으로 삼는다. "부모님과 스승인 스님과……모두 공양하여 낫게 해 주어야 한다."라는 것은 앞에서 비록 총괄적으로 제시하여 모든 사람을 다 구호해야 한다고 하였지만 가까운 사람에서부터 거리가 있는 사람에 이르기까지 선후가 없는 것은 아니기 때문에 특히 가까운 권속을 제시하였다.

> 文言一切疾病人供養如佛無異者。佛是應敬之極。病是應悲之至。敬悲雖殊。田義還同。¹⁾故無異也。八福田中看病福田第一福田者。崇敬義後。救悲心初故。田雖有八。看病爲上。若父母師至皆養²⁾令差者。上雖總擧。一切

---

99 『瑜伽師地論』 권40(T30, 511a).

皆救。從親至疏。不無先後故。偏擧親眷也。

1) ㉯ 을본에 따르면 '還同'은 '同還'이다. ㉱ 문맥상 '還同'이 맞는 것 같다.   2) ㉰ 『梵網經』본문에 의거하면 '養' 앞에 '供'이 누락되었다.

『유가사지론』에서 이생계의 열한 가지 일 가운데 두 번째[100]와 관련된 계[101]에서 말하였다.

地論。利生十一事中。第二戒云。

보살들이 중생이 중병에 걸린 것을 보고도 미워하고 원망하는 마음을 품고 분노하는 마음을 품어서 가서 필요한 것을 공급하는 일을 하지 않는다면 이것을 범함이 있고 위반함이 있는 것이라고 하는데 이는 염오에 의한 위범이다. 만약 나태함과 게으름에 의해 가려져 가서 필요한 것을 공급해 주는 일을 하지 않았다면 염오에 의한 위범은 아니다. 위범이 아닌 것은 자신이 병에 걸렸거나 기력이 없거나, 기력이 있는 다른 사람에게 대신 가 줄 것을 요청하고 그가 그 요청을 받아들여 가서 필요한 것을 공급해 주는 일을 하게 하였거나, 병자가 의지할 곳이 있고 믿을 만한 곳이 있음을 알거나, 병자가 스스로 기력이 있어서 스스로 필요한 것을 공급할 수 있음을 알거나, 그가 오랫동안 병을 앓아서 스스로 견딜 수 있음을 알거나, 광대하고 위없으며 뛰어난 선품을 부지런히 닦기 위해서거나, 부지런히 닦아 온 선품을 보호하고 지녀 잠시도 결여하는 일이 없게 하기 위

---

100 본서 앞의 글(278쪽)에서 "무엇을 보살의 요익유정계라고 하는가? 이 계에는 열한 가지의 모양이 있다.⋯⋯(둘째,) 보살들은 중생에게 발생하는 질병 등의 고통에 따라서 병을 돌보고 간호하는 것 등을 하면서 역시 의지가 되어 준다."라고 한 것을 참조할 것.
101 의적이 바로 뒤에서 인용한 글은 앞(318쪽)에서 『瑜伽師地論』에서 "보살들이 정법을 설하고 그것을 논의하여 결택決擇하는 것을 듣고도⋯⋯"라고 한 것을 서른두 번째 계라고 한 것에 준하면 서른다섯 번째 계라고 할 수 있다.

해서거나, 스스로 상품의 우둔한 근기를 지녔고 그 지혜가 둔탁하여 들은 법을 받아들이기 어렵고 지니기 어려우며 소연所緣(대상)에 마음을 거두어 고요하게 머물게 하는 것이 어렵다는 것을 잘 알아서이거나, 앞서 다른 사람이 그에게 필요로 하는 것을 공급해 줄 것을 약속했거나 했을 경우이다. 병자에게 하는 것과 같이 고통을 받고 있는 사람에게 의지가 되어 주어 그 고통을 제거하려고 하는 것도 그러함을 알아야 한다.[102]

若諸菩薩。見諸有情。遭重疾病。懷嫌恨心。懷恚惱心。不往供事。是名有犯有所違越。是染違犯。若爲嬾惰懈怠所弊。不往供事。非染違犯。無違犯者。若自有病。若無氣力。若轉請他有力隨順令往供事。若知病者有依有怙。若知病者自有勢力能自供事。若了知彼長病所觸堪自支持。若爲勤修廣大無上殊勝善品。若欲護持所修善品令無間缺。若自了知上品愚鈍。其慧鈍濁。於所聞法。難受難持。難於所緣。攝心令定。若先許餘爲作供養。[1] 如於病者。於有苦者。爲作助伴。欲除其苦。當知亦爾。

1) ㉥ 『瑜伽師地論』에 따르면 '養'은 '事'이다.

(10) 살생하는 도구를 비축하지 마라 : 제10계

열 번째는 살생하는 도구를 비축하지 않는 계이다.

第十不畜殺具戒。

경 너희들 불자여, 모든 칼이나 몽둥이, 활이나 화살, 창이나 도끼, 싸

---
102 『瑜伽師地論』 권41(T30, 519c).

움에 쓰는 도구나 나쁜 용도로 사용하는 그물[103]이나 올무, 살생의 도구[104]를 비축하지 말아야 한다. 이것들 가운데 어느 것이든 비축하지 말아야 한다. 보살은 부모를 살해한 사람일지라도 오히려 보복을 가해서는 안 되는 것인데 하물며 어떤 중생이든 죽여서야 되겠느냐? 고의로 칼과 몽둥이를 비축한다면 경구죄를 범하는 것이다.

若佛子。不得畜一切刀杖弓箭鉾斧鬪戰之具及惡網羅羂殺生之器。一切不得畜。而菩薩。乃至殺父母。尚不加報。況殺一切衆生。若故畜刀杖者。犯輕垢罪。

소 도구를 보거나 생각하는 일이 거듭되면 점차 익히지 않음이 없으니 심방深防[105]을 위해서 제정하였다. 바로 여러 학처를 바르게 행하고 방지하고 수호하는 것이다. 악을 여의는 일을 제시하여 선을 거두는 일을 이루는 것이다. 대승과 소승이 모두 제정하였고 출가자와 재가자에 대해 함께 금지하였다.

見思其事。不無漸習。爲深防故制。卽是於諸學處。正行防守。擧離惡事。成攝善也。大小俱制。道俗共禁。

---

103 나쁜 용도로 사용하는 그물 : 『梵網經菩薩戒本疏』 권5(T40, 639b)에서 "여덟째는 나쁜 용도로 사용하는 그물이니 고기를 잡고 새를 잡는 것이다.(八惡網。是捕魚捕鳥。)"라고 하였다.
104 살생의 도구 : 『梵網經菩薩戒本疏』 권5(T40, 639b)에서 "아홉 번째는 살생의 도구이니, 구덩이·함정 등을 통틀어서 제시한 것이다.(九殺生之器。通擧坑穽等。)"라고 하였다.
105 심방深防 : 남산율종南山律宗의 용어. 신업과 어업에 의해 짓는 살생·도둑질·음행·거짓말을 제지하기 위해 네 가지 중계를 설하였는데 이것을 근본방根本防이라고 한다. 다시 네 가지 중계를 범하는 것을 막기 위해 다른 계율을 제정하였는데 이것을 심방深防이라고 한다. 단지 의업에 의해 짓는 사악하고 바르지 않은 의식을 제지하기 위해 다른 계율을 제정하였는데 이것을 한분限分이라고 한다. 『四分律行事鈔資持記』 권상(T40, 167b)을 참조할 것.

틀림없이 귀족과 왕과 왕자 등은 외부로부터의 재난을 막기 위하여 활과 화살 등을 비축하려고 할 것인데 이러한 경우는 이치상 허용해야 한다. 다만 상처를 주고 해치는 상황까지 가서는 안 된다. 또 비록 귀족이 아니더라도 법을 수호하고자 하여 무기를 비축하여 막으려고 하는 것이며 해치려는 마음이 없다면 또한 허용해야 한다. 『열반경』에서 "재가인이 법을 수호하고자 하여 무기를 수지하는 것을 허락한다. 단지 살생하는 상황까지 가서는 안 된다."[106]라고 하였다. 본문에 대한 해석은 쉽게 알 수 있을 것이다.

必是貴人王王子等。欲防外難。備弓箭等。理應開之。但[1]不得至傷害也。又雖非貴人。若欲護法。備器杖防。無害心者。亦應開之。涅槃經中。在家人。爲欲護法。故聽持器杖。但不得至殺。釋文易了。

---

1) ㉠ 을본에 따르면 '但'은 '佀'이다. 다음의 경우도 동일하다. ㉡ 문맥상 '但'이 맞는 것 같다.

경 이와 같은 열 가지 계를 배우고 공경하는 마음으로 받들어 지녀야 한다. 뒤의 여섯 가지 품(六品)에서 자세히 밝힐 것이다.

如是十戒。應當學。敬心奉持。下六品中當廣明。

소 "이와 같은" 이하는 총괄하여 맺으면서 수지할 것을 권한 것이다. "뒤의 여섯 가지 품"이라는 것은 광본廣本을 가리킨다. 혹은 어떤 경에서는 "육육품六六品"이라고 하였으니 별도로 「육육품六六品」이 있는 것일 수도 있다.[107]

---

106 40권본『涅槃經』권3(T12, 384b).
107 『天台菩薩戒疏』권중(T40, 591c)에서 "'육품'이라는 것은 『범망경梵網經』 대본에 「육

如是已下。總結勸持。下六品者。指廣本也。或經云六六品。應別有六六品也。

2) 두 번째 열 가지 계

소 두 번째 열 가지 계 가운데 처음의 네 가지 계는 스스로 행하는 선(自行善)을 거두어 지니는 것이고, 뒤의 여섯 가지는 다른 사람을 교화하는 선(他化善)을 거두어 지니는 것이다.

第二十戒中。初四戒攝自行善。後六攝化他善。

(1) 처음의 네 가지 계 : 스스로 행하는 선을 거두어 지님

① 사신이 되어 나라의 명령을 전달하는 일을 하지 마라 : 제11계

처음의 네 가지 계 가운데 첫 번째는 사신이 되어 나라의 명령을 전달하는 일을 하지 않는 계이다.

初四中。第一不通國使戒。

경 부처님께서 말씀하셨다.
"불자여, 이양을 위해서거나 나쁜 마음 때문에 사신이 되어 나라의 명령을

육품六六品」이 있는데 이 품의 이름인 것 같다. 그 품에서 육근六根 등의 여섯 가지 육법六法을 밝혔기 때문에 '육육품'이라고 하였다. 그곳에서 더 자세하게 해석하였기 때문에 이것을 지목하였다.(指廣言六品者。梵網大本。有六六品。恐是品名。以彼品中。明六根等六六法故。名六六品。彼猶廣釋。是故指之)"라고 하고, 『雜阿含經』 권13(T2, 86c)에서 "'여섯 가지 육법'은 육내입처六內入處(六根) · 육외입처六外入處(六境) · 육식신六識身 · 육촉신六觸身 · 육수신六受身 · 육애신六愛身이다."라고 한 것을 참조할 것.

전달하는 일을 하여 군대가 행렬을 지어 한곳에서 만나게 하고 대중을 선동하여 서로 공격하면서 한량없는 중생을 죽이게 해서는 안 된다. 보살은 군대가 있는 곳에 들어가 오고 가서도 안 되는데 하물며 고의로 나라를 망치는 역적이 되어서야 되겠느냐? 고의로 이러한 일을 하면 경구죄를 범하는 것이다."

佛言。佛子。不得爲利養惡心故。通國使命。軍陣合會。興師相伐。殺無量衆生。而菩薩。尙不得入軍中往來。況故作國賊。若故作者。犯輕垢罪。

소 나라를 위해 명령을 전달하는 일을 하고 반드시 마음속으로 승패勝敗를 이룰 것을 기약하면서 속이고 책략을 써서 서로 전투하게 하는 것은 내적으로는 평등하고 자애롭게 대하는 것에 어긋나고 외적으로는 중생의 목숨을 해치는 것이기 때문에 계율을 제정하여 끊게 하였다. 대승과 소승이 모두 제정하였고 일곱 부류의 제자에 대해 동일하게 금지하였다.

夫爲國通命。必情期勝負。矯詐籌策。邀令戰鬪。內乖等慈。外損物命。故制斷也。大小乘俱制。七衆同禁。

『유가사지론』에서 섭선법계를 설한 것 가운데 "몸과 말과 뜻에 있어서 방일하지 않는 상태에 머문다."[108]라고 하였는데 여기에도 이 계와 같은 의미가 내포되어 있다. '이양과 나쁜 마음'이라고 한 것은 뜻이 방일한 것이고, '사신이 되어 명령을 전달하는 것'은 말이 방일한 것이며, '군대가 있는 곳에 들어가 오고 가는 것'은 몸이 방일한 것이다. 본문에서 "이양을 위해서거나 나쁜 마음 때문에"라고 한 것은 마음으로 자신을 윤택해지게 할 것을 꾀하기 때문에 '이양을 위해서거나'라고 하였고, 뜻으로는 상대방

---

108 『瑜伽師地論』 권40(T30, 511b).

을 해치는 것을 바라기 때문에 '나쁜 마음 때문에'라고 하였다. 서로 화합하게 하기 위한 것이라면 재가자일 경우는 이치상 금하지 않는다.

> 論。攝善中。於身語意。住不放逸者。亦蘊攝此戒。爲利惡心卽意放逸。言通使命卽語放逸。軍中往來卽身放逸。文言爲利養惡心故者。心規潤已[1]故爲利。意望損彼故惡心。若爲彼此交和。在家。理所不禁。
>
> 1) ⓔ 저본에 따르면 '已'는 '己'이다.

"사신이 되어 나라의 명령을 전달하는 일을 하여"라는 것은 사신이 되어 나라의 명령을 전달하는 것이다. "군대가 행렬을 지어 한곳에서 만나게 하고"라는 것은 두 나라가 병사를 이끌고 마주하는 것이다. "대중을 선동하여 서로 공격하면서 한량없는 중생을 죽이게 해서는"이라는 것은 내가 사신이 되어서 넝넝을 전딜한 깃으로 인해 이렇게 중대한 일을 불러일으키는 것이다. "대중을 선동하여(興師)"라는 것에서 '흥興'은 분발하게 하는 것이고 '사師'는 대중이다. 만약 살생하게 하는 것에 뜻을 두었다면 앞에서 목숨을 끊는 것과 관련된 계에 따라 별도로 중죄로 판정한다. 지금 여기에서는 오직 사신이 되어 명령을 전달하는 것을 금한 것이기 때문에 경구죄로 판정하였다.

"군대가 있는 곳에 들어가 오고 가서도 안 되는데"라는 것은 전쟁터는 시끄럽고 혼잡하니 불도를 따르는 사람이 갈 만한 곳이 아니다. 반드시 중대한 인연이 없다면 출가자와 재가자에 대해 모두 금지하였다. 만약 재가보살이 무관武官의 반열에 오르고 용맹과 위엄으로 이름을 날리려는 마음으로 그렇게 하였다면 반드시 죄를 면할 수 없다. 나라의 안일을 위해서 그렇게 한 것이라면 몸이 들어가는 것은 허용되지만 단지 사람을 해쳐서는 안 된다. 석가종족(釋種)이 유리琉璃[109]와 전쟁을 했을 때와 같은 경우가 이러한 사례에 해당한다. 만약 출가보살이 소환 명령을 받았을 경우라면 율에 의거하여 이삼일 동안 묵는 것[110]을 허용해야 한다.

通國使命者。謂作使通兩國命也。軍陣合會者。謂二國交兵。興師相[1]殺無量衆生者。由我通使。致此重事。興師者。興起也。師衆也。若意欲使殺。隨前命斷。別結重罪。今唯禁通使。故結輕垢。不得入軍中往來者。戰場罵[2]雜。非道人所踐。必無重緣。道俗俱禁。若在家菩薩。身列武官。名振勇威。必不得免。爲安國故。許身往入。但不得害。如釋種與疏[3]璃戰時也。若出家菩薩。有喚招因緣。准律。應許二三宿也。

1) ㉠ '相' 뒤에 '伐'이 누락되었다. 2) ㉠ '罵'은 '喧'인 것 같다. 3) ㉠ 저본에 따르면 '疏'는 '琉'이다.

② 나쁜 마음으로 팔지 마라 : 제12계

---

109 유리琉璃 : [S] Virūḍaka의 줄인 음역어. 부처님 재세 시 교살라국 파사익왕波斯匿王의 아들. 갖춘 음역어는 비유리毘流離이고 의역어는 증장增長·악생惡生 등이다. 왕위를 물려받은 후 과거 석가종족이 그 종족의 천민 출신이었던 어머니를 빌미로 삼아 자신을 모욕했던 일을 보복하기 위해 석가종족을 몰살시켰다.

110 『五分律』권8(T22, 56b)에서 "비구가 인연이 있어 군대에 갔으면 이삼일만 머물러야 하고 그 기간을 넘으면 바일제를 범하는 것이다.(若比丘。有因緣。到軍中。乃至二三宿。若過波逸提。)"라고 하였다. 본 계율은 비구들이 군대에 소환되어 그 소임을 마쳤는데도 공양을 받으면서 돌아가지 않자 속인들의 불만이 심화되었기 때문에 제정하였다. '이삼일'의 의미가 분명하지 않은데 『四分律』권15(T22, 670a)에서도 앞의 『五分律』에서 설한 것과 동일한 내용을 설하였고 그 뒤(T22, 670a)에서 "비구가 인연이 있어서 군대에 들어가려고 하면 이틀 동안만 머물 수 있고 세 번째 날까지 머물렀을 때에는 동이 트기 전에 보거나 들을 수 있는 곳을 떠나야 한다. 그 비구가 군대 안에서 이틀을 머물고 세 번째 날까지 머물면서 동이 트지 않았을 때 보거나 들을 수 있는 곳을 떠나지 않았는데 동이 트면 바일제에 해당된다.(若比丘。有因緣。欲至軍中。得二宿住。至第二宿。明相未出時。應離見聞處。彼比丘。軍中二宿已。至第三宿。明相未出。不離見聞處。明相出。波逸提。)"라고 하여 원칙적으로 이틀을 머물 수 있되 세 번째 날까지 머물게 될 경우에는 동이 트기 전에 군대의 사정을 알 수 있는 지역에서 벗어나야 한다고 하였다. 『有部律』(T23, 832b6)에서는 "비구가 군대에 이르러 이틀 밤을 넘도록 머물면 모두 바일지가(바일제)에 해당한다.(若諸苾芻。至軍中。過二夜而止宿者。皆得波逸底迦。)"라고 하여 이틀로 한정하였다.

두 번째는 나쁜 마음으로 팔아서는 안 된다는 계이다.

第二不惡販賣戒。

경 너희들 불자여, 고의로 일반인(良人)[111]과 노비奴婢와 여섯 가지 가축(六畜)[112]을 팔고 시장에서 관을 만드는 재료인 널빤지와 주검을 담는 도구[113]를 사고팔아서야 되겠느냐? 오히려 스스로 그렇게 해서도 안 되는데 하물며 다른 사람으로 하여금 그렇게 하게 해서야 되겠느냐? 만약 고의로 스스로 그렇게 하거나 다른 사람으로 하여금 그렇게 하게 한다면 경구죄를 범하는 것이다.

若佛子。故販賣良人奴婢六畜。市易棺材板木盛死之具。尚不應自作。況敎人作。若故自作。敎人作者。犯輕垢罪。

소 대상에게 손해를 일으키며 이익을 얻기를 바라니 침범하여 괴롭힘이 심각하기 때문에 제정하여 끊게 하였다. 대승과 소승이 동일하게 제정하였고 일곱 부류의 제자가 함께하지는 않는다. 대상에게 손해를 일으키며 파는 것, 예를 들면 생구生口(가축)를 파는 것 등과 같은 경우는 출가자와 재가자에 대해 모두 금하였다. 이익을 얻기 위해 파는 것, 예를 들면 베와 비단 등을 서로 바꾸는 것 등과 같은 경우는 출가자에 대해서 제지하였지만 재가자는 허용하였다. 그러므로『우바새계경』에서 "재가자가 재

---

111 뒤에 나오는 의적의 해석에 따르면 노예가 아닌 일반인을 통칭하는 말이다.
112 여섯 가지 가축(六畜) : 집에서 기르는 동물을 통칭하는 말. 여섯 가지는 그 대표적인 것으로 소·말·돼지·양·닭·개를 가리킨다.
113 『梵網經菩薩戒略疏』 권4(X38, 726c11)에 "완성된 것을 '관재'라고 하고, 아직 완성되지 않은 것을 '판목'이라 하며, 상자(函)·사기그릇(瓷)·질그릇(瓦)·항아리(缸) 등과 같이 시신·유골을 담는 그릇을 모두 '주검을 담는 도구'라고 한다.(作成者。名棺材。未成者。名板木。乃至函瓷瓦缸等。載屍骨器。皆曰盛死之具。"라고 한 것을 참조할 것.

물을 얻으면 네 등분 하여 한 부분은 부모와 처자를 공양하고 두 부분은 법대로 팔며 나머지 한 부분은 저장해 둔다."[114]라고 하였다.

지금 이 계는 또한 몸과 말의 방일을 금지한 것이다.

> 損境希利。侵惱處深。故制斷也。大小同制。七衆不共。若損境販賣。如賣生口等。道俗俱禁。若求利販賣。如布帛互易等。制道開俗。故優婆塞經云。在家人得財。應作四分。一分供養父母妻子。二分如法販賣。餘一分藏積攝。今此戒亦禁身語放逸。

본문에서 "고의로 일반인을 팔고"라고 한 것은 자신에게 종속된 사람이 아닌 것을 알면서도 강제로 속여서 파는 것이다. "노비와 여섯 가지 가축을 팔고"라는 것은 비록 자신에게 종속된 것일지라도 권속이 헤어지고 침해를 당할 수 있기 때문에 죄이다. "시장에서 관을 만드는 재료인 널빤지와 주검을 담는 도구를 사고팔아서야 되겠느냐?"라는 것은 관을 만드는 재료가 곧 널빤지이다. 혹은 널빤지라는 것은 관 외부의 곽槨(관을 담는 궤) 등을 만드는 데 사용되는 나무일 수도 있다. "오히려 스스로 그렇게 해서도 안 되는데 하물며 다른 사람으로 하여금 그렇게 하게 해서야 되겠느냐?"라는 것은 이 가운데 자신을 들어서 다른 사람을 견준 것이다.

앞에서 설한, 술을 마시는 것과 관련된 계는 자신의 방일을 금지하는 것이기 때문에 다른 사람의 사례를 들어서 자신에게 견주었고, 이 파는 것과 관련된 계는 다른 대상을 해치는 것을 제지하는 것이기 때문에 자신의 사례를 들어서 다른 사람에게 견주었다. 자신과 다른 사람을 상황에 따라 바꾸어 가며 견준 것은 뜻이 여기에 있다.

---

114 『優婆塞戒經』 권3(T24, 1048c).

文言故販賣良人者。知非屬已[1]人。而强詐販賣。販賣奴婢六畜者。雖是屬已。[2] 容有分張侵損。故得罪也。市易棺材板木盛死之具者。棺材卽是板木。或板木者棺外槨等木也。尙不故[3]作況敎人作者。此中擧自況他者。前飮酒戒。禁自放逸故。擧他況自。此販賣戒。制損他境故。擧自況他。自他互況。意在斯也。

1) ㉯ 저본에 따르면 '巳'는 '己'이다. 2) ㉯ 저본에 따르면 '巳'는 '己'이다. 3) ㉯ '故'는 '自'인 것 같다.

③ 좋은 사람과 착한 사람을 비방하지 마라 : 제13계

세 번째는 좋은 사람과 착한 사람을 비방하지 않는 계이다.

第三不毁良善戒。

경 너희들 불자여, 나쁜 마음 때문에 그런 일을 한 적이 없는데도 다른 좋은 사람과 착한 사람과 법사와 스승인 스님과 국왕과 귀족을 비방하여, 일곱 가지 역죄와 열 가지 중계를 법하였다고 말해서야 되겠느냐? 부모와 형제 등의 여섯 부류의 친족에 대해서는 효순하는 마음과 자비로운 마음을 내어야 하는데 도리어 다시 거스르고 해치는 일을 더하여 여의치 않은 상황(不如意處)에 떨어지게 한다면 이는 경구죄를 범하는 것이다.

若佛子。以惡心故。無事謗他良人善人法師師僧國王貴人。言犯七逆十重。於父母兄弟六親中。應生孝順心慈悲心。而反更加於逆害。墮不如意處者。犯輕垢罪。

소 그런 일을 한 적이 없는데도 (그런 일을 했다고) 비방하는 것은 착한 사람을 함정에 빠뜨리는 것이기 때문에 제정하여 끊게 하였다. 대승과 소승이 모두 제정하였고 일곱 부류의 제자에 대해서도 동일하게 금지하였다. 이 계는 말의 방일을 제지하는 것에 치중하였다.

無事毀謗。容陷善人。故制斷也。大小乘俱制。七衆同禁。此戒偏制語放逸也。

문 이 계는 이미 다른 사람을 비방하는 것을 중죄라고 제정하였는데[115] 사상事象에 있어서 여섯 번째 중계와 어떤 차별이 있는가?

답 예전의 학자는 두 가지 계의 모양을 구별하고자 하여 근거[116]가 있는 것과 근거가 없는 것에 대해서 각각 네 가지 구절을 지었다.

근거가 있는 것에서 네 가지 구절이라는 것은 다음과 같다. 첫째는 계를 받은 사람에게 계를 받은 사람의 중죄와 경죄를 말하는 것이니 모두 경구죄를 범한다. 이 계에서 직접적으로 제지하는 것이다. 둘째는 계를 받지 않은 사람에게 계를 받지 않은 사람의 중죄와 경죄를 말하는 것이니 또한 경구죄를 범한다. 앞의 계에서 부수적으로 제지하는 것이다. 셋째는 계를 받은 사람에게 계를 받지 않은 사람의 중죄와 경죄를 말하는 것이니 또한 경구죄를 범한다. 이 계에서 부수적으로 제지하는 것이다. 넷째는 계를 받지 않은 사람에게 계를 받은 사람의 허물을 말하는 것이다. 중죄를 말하였다면 중죄를 범하는 것이니 앞의 계에서 직접적으로 제지한 것이다. 경죄의 허물을 말하였다면 경죄를 범하는 것이니 앞의 계에서 부수적으로 제지한 것이다.

---

115 열 가지 중계 가운데 여섯 번째 계에서 다른 사람의 죄와 허물을 말하는 것을 금한 계를 설한 것을 가리킨다.
116 근거 : 『四分律』 권4(T22, 588b)에서 "'근거'라는 것은 세 가지 근거가 있다. 실제로 본 것에 근거한 것이고 실제로 들은 것에 근거한 것이며, (보거나 듣기는 했지만 정확하지는 않고 정황상) 의심스러운 것에 근거한 것이다.(根者。有三根。見根。聞根。疑根。)"라고 하였다.

근거가 없는 것에서 네 가지 구절이라는 것은 다음과 같다. 첫째는 계를 받은 사람에게 계를 받은 사람의 중죄와 경죄를 말하는 것이니 모두 경구죄를 범한다. 이 계에서는 본문에서 직접적으로는 중죄를 말하는 것을 제지하였고 부수적으로는 경죄를 말하는 것을 제지하였다. 나중의 세 구절은 그 형식이 앞에서 설한 것과 같다. 단지 근거가 없는 것과 관련된 내용을 다루었다는 점에서 차이가 있을 뿐이다.

또 어떤 사람은 "여섯 번째 중계는 실제로 행한 허물을 말하는 것을 제지한 것이니 그곳에서 '출가보살과 재가보살, 비구와 비구니의 죄와 허물을 말하고'라고 했기 때문이다. 지금 이 계에서는 근거도 없이 비방하는 것을 금지한 것이니 본문에서 '그런 일을 한 적이 없는데도 다른 좋은 사람과 착한 사람을……비방하여'라고 했기 때문이다."라고 하였다.

앞에서 설한 계(여섯 번째 중계)와 뒤에서 설한 계(열세 번째 경계)는 향하는 사람과 말하는 사람이 계를 받았거나 계를 받지 않은 것을 간별하지 않았다. 이미 간별하지 않았으니 이치상 모두 통해야 한다.

問。此戒既制謗他重。事與第六重。有何差別。答。舊人。欲別二戒相故。有根無根。各作四句。有根四句者。一向有戒人。說有戒人重罪輕罪。悉犯輕垢。此戒正制。二向無戒人。說無戒人重罪輕罪。亦犯輕垢。前戒兼制。三向有戒人。說無戒人重罪輕罪。亦犯輕垢。此戒兼制。四向無戒人。說有戒人過。若說重罪犯重。前戒正制。若說輕過犯輕。前戒兼制。無根四句者。一向有戒人。說有戒人重罪輕罪。悉犯輕垢。此戒在文。正制說重。兼制說輕。後之三句。作法同前。但就無根爲異。復有人說。第六重中。制說實過。彼云說四衆罪過故。今此戒中。遮無事謗。文言謗[1]他良善人故。前後二戒。仍不簡別所向說人有戒無戒。既無簡別。理應通俱。

---

1) ㉯ 문맥상 '謗' 앞에 '無事'가 들어가야 한다.

문 성문법에서는 근거도 없이 비방하면 죄가 무겁고 실제 위범한 것을 말하면 죄가 가볍다.[117] 무엇 때문에 보살법에서는 이것과 반대가 되는 것인가?

답 성문법에서는 자신의 허물을 방호하기 위해 제정하였다. 근거 없이 다른 사람을 비방하면 마음(情)의 허물이 무겁고 근거가 있는 것에 대해 허물을 말하면 마음의 허물이 가볍기 때문에 경죄와 중죄를 제정함에 있어서 같지 않은 것이 있다. 보살법에서는 다른 사람을 해치는 것을 보호하기 위해 제정하였다. 다른 사람이 실제로 위범한 것을 말하면 오랫동안 손상을 입히는 결과를 낳고 앞에 있는 사람을 몰락하게 만든다. 실제로 하지 않은 일에 대해서 비방하면 그러한 일은 이미 진실이 아니기 때문에 오랫동안 손상을 입히는 결과를 낳지 않는다. 계율을 제정함에 있어서 중죄와 경죄가 있는 것은 뜻이 여기에 있다.

問。聲聞法中。無根謗重。說實犯輕。何故。菩薩反之。答。聲聞法中。制護自過。無根謗他。情過是重。有根說過。情過容[1]輕。故制輕重。有不同也。菩薩法中。制護損他。說他實犯。容有永損。退沒前人。無實毀謗事旣不實。

---

117 『四分律』권4(T22, 589c)에서 "어떤 비구가 바라이죄를 범하지 않았는데, (그가) 바라이죄를 범하는 것을 보았다고 말하여, (실제와) 다른 부분인 근거가 없는 법으로 비방하면 승가바시사이다.(若比丘。不犯彼羅夷。言見犯波羅夷。以異分無根法謗。僧伽婆尸沙。)"라고 하였는데 이는 본 율장에서 설한 13승가바시사(승잔) 중 여덟 번째에 해당한다. 또『四分律』권18(T22, 689a)에서 "비구가 분노 때문에 근거 없이 승가바시사를 범하였다고 비방하면 바일제이다 (若比丘。瞋恚故。以無根。僧伽婆尸沙謗者。波逸提。)"라고 하였다. 이는 본 율장에서 설한 90바일제 중 제80에 해당한다. 또『四分律』권57(T22, 990b)에서 어떤 비구가 다른 비구의 허리띠를 가져가서 허리띠를 잃어버린 비구가 상대 비구가 허리띠를 훔쳤다고 말하였다. 허리띠를 가져간 비구가 훔친 것이 아니고 친한 사이라고 여겨 가져간 것이라고 하였다. 부처님께서 허리띠를 잃어버리고 훔쳐 갔다고 말한 비구에게 진실을 말하기 위해서이고 비방하려는 목적이 있는 것이 아니라면 위범이 아니라고 하였다.(時有比丘。取比丘腰帶。……爲實語故。不以毀謗。無犯。)

無容永損。制有重輕。義在斯也。

1) ㉘ '容'은 '是'인 것 같다.

본문에서 "나쁜 마음 때문에 그런 일을 한 적이 없는데도……비방하여"라고 한 것은 오직 다른 사람을 비방하려고 하고 이익을 주려는 마음은 없기 때문에 '나쁜 마음'이라고 하였고 본 것과 들은 것과 의심스러운 것에 비추어 볼 때 그것을 하였다고 할 만한 단서가 없기 때문에 '그런 일을 한 적이 없는데도'라고 하였다. "좋은 사람과 착한 사람"이라는 것은 비방의 대상이 되는 사람이니 진실로 잘못을 범한 적이 없기 때문에 '좋은 사람과 착한 사람'이라고 한다. 생각이 청정하기 때문에 '좋은(良)'이라 하였고 실제로 청정하기 때문에 '착한(善)'이라 하였다. 앞의 계[118]에서 노예가 아닌 사람을 "일반인(良)"이라고 한 것과 같지 않다.

"법사와 스승인 스님과 국왕과 귀족"이라는 것은 특히 비방의 대상이 되는 것 가운데 무거운 대상을 제시한 것이다. "일곱 가지 역죄와 열 가지 중계를 범하였다고 말하는 것"이라는 것은 특히 비방하는 일 가운데 무거운 것을 제시한 것이다. "부모와 형제 등의 여섯 부류의 친족"이라는 것은 삼세에 걸쳐 서로 융섭하니 친족이 아닌 사람이 없기 때문이다. "도리어 다시 거스르고 해치는 일을 더하여"라는 것은 그런 일을 한 적이 없는데 중죄를 지었다고 비방하기 때문에 '거스르는 일을 더하여'라고 하였다. "여의치 않은 상황에 떨어지게 한다면"이라는 것은 내가 비방한 것으로 인해 뜻에 어긋나는 상황에 떨어지기 때문이다.

文言惡心無事謗者。唯欲毀他。無利益心。故云惡心。三根無端。故云無事。良人善人所謗之人實無犯過故云良善。想淨故名良。實淨故名善。非如前

---

118 앞의 불악판매계(제12계)를 말한다.

戒。非奴名良。法師師僧國王貴人者。偏擧所謗中重境也。言犯七逆十重者。偏擧謗事中重者也。父母兄弟六親中者。三世相融無非親故。而反更加逆害者。無事重謗故云加逆。墮不如意處者。由我謗故。墮在違意處也。

④ 멋대로 불을 지르지 마라 : 제14계

네 번째는 멋대로 불을 지르지 않는 계이다.

第四不輒放火戒。

경 너희들 불자여, 나쁜 마음으로 큰 불을 질러 산림과 들판을 태우되 4월에서 9월 사이에 불을 지르며 또 다른 사람의 집과 성읍과 승방, 밭의 나무, 그리고 귀신의 소유물과 나라의 재산을 태워서야 되겠느냐? 일체의 주인이 있는 물건을 고의로 태워서는 안 된다. 만약 고의로 태운다면 경구죄를 범하는 것이다.

若佛子。以惡心故放大火。燒山林曠野。四月乃至九月放火。若燒他人家屋宅。城邑僧坊。田木。及鬼神官物。一切有主物。不得故燒。若故燒者。犯輕垢罪。

소 때와 장소를 가리지 않고 멋대로 불을 지르면 손상되는 것이 진실로 많기 때문에 세정하여 끊게 하였다. 대승과 소승이 모두 재정히였다. 일곱 부류의 제자 가운데 출가자인 다섯 부류의 제자는 시기에 있어서는 어느 시기이든 모두 끊어야 하고 장소에 있어서는 노출된 곳에서는 제지하고 가리워진 곳에서는 허용한다. 재가자인 두 부류의 제자는 시기에 있어서는 하절기는 제지하고 동절기는 허용하니 산업과 관련된 일이 있기 때문이다. 장소에 있어서는 노출된 곳이든 가리워진 곳이든 모두 허용된다. 다만 불이 사방으로 뻗어 나가서 손상시키는 일이 생겨나게 해서는 안 된다. 뜻에 의해 이 계를 확장해 보면 두 가지 중계를 방호하고자 하는 것이다. 첫째는 살생을 방호하는 것이고, 둘째는 도둑질에 의한 손상을 방호하는 것이다. 본문에서 설한 것에 준하면 이치상 그래야 한다. 이 계는 몸의 방일을 금지하는 것에 치중하였다.

> 不擇時處輒放。所傷損事實多。故制斷也。大小乘俱制。七衆中。出家五衆。就時。一切皆斷。就處。制露許覆。在家二衆。就時。禁暑許寒。以有産業事故。就處。露覆俱許。但不得令莚蔓傷損。義推此戒。欲防二重。一防殺生。二防盜損。准文所說。理應然也。此戒偏禁身放逸也。

본문에서 "나쁜 마음으로 큰 불을 질러"라는 것은 다른 생명과 사물을 손상시키는 것을 생각하지 않고 멋대로 불을 질러서 사방으로 뻗어 나가게 하기 때문에 '나쁜 마음으로'라고 하였다. "산림과 들판을 태우되 4월에서 9월 사이에 불을 지르며"라는 것은 특히 생명을 손상시키는 것과 관련된 것이기 때문에 하절기에 제지한 것이다. "또 다른 사람의 집과……태워서야 되겠느냐?" 이하는 특히 사물을 손상시키는 것과 관련된 것이기 때문에 모든 시기에 제지하였다. 불을 지르는 것으로 인해 생명을 해치고 사물을 손상시켰다면 별도로 (중죄인) 살생을 한 죄와 도둑질한 죄로 판정하지만 지금 여기에서는 오직 불을 지르는 것을 금지하였기 때문에 경구죄라고 판정하였다.

"일체의 주인이 있는 물건을 고의로 태워서는 안 된다."라는 것은 옛날의 학자가 지은 소疏에서 "주인이 있는 물건(有主物)"을 "생명이 있는 물건(有生物)"으로 고쳤는데[119] 옳지 않으니 본문에 대해 단락을 나누는 것을 알지 못했기 때문이다. 이것으로 인해서 문제를 제기하기를 "만약 '주인이 있는 물건'이라고 한다면 (경의 본문에서) 어째서 4월에서 9월까지로 시기를 간별하였겠는가?"[120]라고 하였다. 이것은 앞에서 분과한 것처럼 오직 생명을 손상하는 것과 관련된 것은 4월에서 9월까지만 불을 지르는 것을 제지하였지만 물건을 손상하는 것과 관련된 것은 특정 달과 관련된 때를 한정하지 않은 것이다. 어찌 함부로 취하여 멋대로 경의 본문을 고칠 수 있겠는가?

文中以惡心故放大火者。不圖損他命物輒放。令至延蔓。故云惡心。焚燒山林曠野。四月乃至九月者。偏爲損命。故制暑時。若燒他人家屋宅下。偏爲損物。故一切時制。若因放火。害命損物。別結殺盜。今唯禁放。故結輕垢。一切有主物不得故燒者。古疏。改作有生物。非也。不解科文故。仍作妨云。若言有主物。何簡四月至九月也。此如上科。唯損命中。制四至九。若損物中。不限[1])月時。何得濫取輒改經文。

1) ㉮ 을본에 따르면 '限'은 '眼'이다. ㉯ 문맥상 '限'이 맞는 것 같다.

(2) 나중의 여섯 가지 계 : 다른 사람을 교화하는 선을 거두어 지님

① 앞의 두 가지 계 : 다른 사람의 학처를 바르게 알아 막고 지키는 것

a. 그릇된 것을 가르치지 마라 : 제15계
다섯 번째 계는 그릇된 것을 가르치지 않는 계이다.

第五不僻敎授戒。

---

119 지의가 『菩薩戒義疏』 권하(T40, 576a)에서 제시한 것이다.
120 지의가 『菩薩戒義疏』 권하(T40, 576a)에서 제시한 것이다.

경 너희들 불자여, 부처님의 제자에서부터 외도인 악한 사람과 여섯 부류의 친족과 모든 선지식에 이르기까지 낱낱이 대승의 경전과 율전을 수지하도록 가르치고 의미(義理)를 이해하도록 가르치며 보리심을 일으키고 금강金剛[121]과 같은 마음인 열 가지 마음을 일으키며 낱낱이 그 차례와 법의 작용을 알게 해야 한다. 보살이 나쁜 마음과 분노하는 마음으로 멋대로 이승성문의 경전과 율전과 외도의 그릇된 견해를 담은 논서 등을 가르치면 경구죄를 범하는 것이다.

若佛子。自佛弟子及外道惡人六親一切善知識。應一一教受持大乘經律。應教解義理。使發菩提心。於[1]三十心中。[2] 一一解其次第法用。而菩薩。以惡心瞋心。橫教二乘聲聞經律外道邪見論等。犯輕垢罪。

1) ㉠『梵網經』에 따르면 '於' 앞에 '十發趣十長養心十金剛心'이 누락되었다. 의적의 주서에 따르면 이 문장이 성립될 수 없기 때문에 반영하지 않았다. 2) ㉠ 뒤에 나오는 의적의 해석에 해당하는 글에 따르면 '於三十心中'은 "發十心金剛心'이다.

소 이하의 여섯 가지 계는 다른 사람을 이롭게 하는 선을 거두어 지니는 것이다. 『유가사지론』에서 섭선법계를 설하면서 "여러 학처를 바르게 생각하고 바르게 알며 바르게 행하고 (감각기관을) 바르게 막고 지킨다."[122]라고 한 것과 같다. 여섯 가지 계 가운데 앞의 두 가지 계는 다른 사람의 학처를 바르게 알아 막고 지키는 것을 밝혔고, 뒤의 네 가지 계는 자신의 학처를 바르게 행하여 막고 지키는 것을 밝혔다. '생각하고(念)'라는 것은 통달하는 것이다.

다른 사람의 학처를 바르게 알아 막는 것 가운데 첫 번째인 그릇된 것

---

121 금강金剛 : ⓈⓋ vajra의 의역어. 매우 견고하여 다른 것에 의해 파괴되지 않는 것 혹은 그러한 물건을 가리키는 말. 다이아몬드를 금강석金剛石이라고 하고 제석천이 지닌 무기를 금강저金剛杵라고 한다.
122 『瑜伽師地論』권40(T30, 511b).

을 가르치지 않는 계라는 것은 그릇된 것을 가르치면 사람들로 하여금 정도正道를 잃게 하기 때문에 제정하였다. 대승과 소승이 함께하지 않으니 배우는 것이 다르기 때문이다. 일곱 부류의 제자에 대해 동일하게 제정하였다.

> 自下六戒攝利他善。論攝善中云。於諸學處。正念正知。正行正防守。於六戒中。前二戒。辨於他學處正知防守。後四戒。辨於自學處正行防守。念則通也。於他學處。正知防中。初不僻教授者。若僻教授。使人失正道。故制。大小不共。所學異故。七衆同制也。

본문에서 "부처님의 제자에서부터……모든 선지식에 이르기까지"라는 것은 가르쳐야 할 사람을 제시한 것이다. "낱낱이 대승의 경전과 율전을 수지하도록 가르치고"라는 것은 그들로 하여금 언어에 의해 나타낸 글을 수지하도록 가르치는 것이다. "의미를 이해하도록 가르치며"라는 것은 그들로 하여금 언어가 나타내려는 의미를 알도록 가르치는 것이다. "보리심을 일으키고"라는 것은 이미 글의 의미를 알았으면 보리심을 일으키게 해야 하니 앎을 추구하는 것은 행위를 하기 위해서이고 행위의 근본은 보리심을 일으키는 것이다. 그러므로 앎을 얻었으면 다음에는 보리심을 일으키도록 가르쳐야 한다.

> 文中自佛弟子至一切善知識者。擧所教授人也。應一一教受持大乘經律中者。教其受持能詮文句。教解義理者。教其解知所詮義理。使發菩提心者。旣知文義應使發心。求解爲行。行之元者。發菩提心。故得解之。次應教發心。

여기에서 먼저 대략 보리심을 일으키는 궤범을 밝혀야 한다.

此中先應略辨發心方軌。

『발보리심경』에 말하였다.

發菩提心經云。

보살은 어떻게 보리심을 일으키고 어떤 것을 인연으로 하여 보리를 닦고 쌓는 것인가?

보살은 선지식을 친근히 하고 여러 부처님께 공양하며 선근을 닦고 쌓으며 뛰어난 법을 구하는 것에 뜻을 두며 마음을 항상 부드럽고 조화롭게 하고 고난에 처해서도 잘 견디며 자비를 두터이 하고 깊은 마음으로 평등하게 대하며[123] 대승을 믿고 좋아하고 부처님의 지혜를 구하다 만약 어떤 사람이 이와 같은 열 가지 법을 갖추면 아뇩다라삼먁삼보리阿耨多羅三藐三菩提[124]를 일으킬 수 있다.

다시 네 가지 인연이 있어서 보리심을 일으키고 나서 위없는 보리를 닦고 쌓으니 무엇을 네 가지라고 하는가? 첫째는 여러 부처님을 생각하여 보리심을 일으키는 것이고, 둘째는 몸이 허물과 근심이 되는 것임을 관찰하여 보리심을 일으키는 것이며, 셋째는 중생을 불쌍하게 여기어 보리심을 일으키는 것이고, 넷째는 가장 뛰어난 과를 구하여 보리심을 일으키는

---

123 일곱 번째와 여덟 번째의 좀 더 분명한 의미는 규기의『金剛般若經贊述』권상(T33, 130b24)에 "일곱 번째 자비순후는 일체를 구제하여 고통을 뿌리 뽑는 것이다. 여덟째 심심평등은 원수와 친한 이를 차별하지 않고 좋아하는 이나 미워하는 이나 평등하게 대하는 것이다.(七慈悲淳厚。謂濟拔一切。八深心平等。謂怨親無二。好惡齊故。)"라고 한 것을 참조할 것.

124 아뇩다라삼먁삼보리阿耨多羅三藐三菩提 : Ⓢ anuttara-samyak-saṃbodhi의 음역어. '아뇩나라'는 무상無上이라 의역하고, '삼먁삼보리'는 정등각正等覺이라 의역한다. 곧 부처님께서 깨달은 지혜를 일컫는 말이다.

것이다.

  여러 부처님을 생각하여 보리심을 일으킨다는 것은 다음과 같다. '시방에 계시는 삼세의 모든 부처님께서도 처음에 보리심을 일으켰을 때는 번뇌의 성품을 갖추어서 또한 지금의 나와 같았지만 끝내 정각을 성취하여 위없는 존귀한 분이 되셨다.'라고 생각하고 이것을 인연으로 하여 보리심을 일으키는 것이다. 또다시 '삼세의 모든 부처님께서는 뛰어난 용맹함을 일으켜 각각 무상보리를 얻을 수 있었다. 만약 이러한 보리가 얻을 수 있는 법이라면 나도 얻을 수 있어야 할 것이다.'라고 생각하고 이러한 일을 인연으로 하여 보리심을 일으키는 것이다. 또다시 '삼세의 여러 부처님께서는 뛰어난 밝은 지혜(大明慧)를 일으켜 무명無明의 껍질 속에서 뛰어난 마음을 건립하고 고행을 쌓아서 모두 스스로 고통을 뿌리 뽑고 삼계를 벗어났다. 나도 이와 같아서 스스로 고통을 뿌리 뽑고 열반의 세계로 건너갈 수 있을 것이다.'라고 생각하고 이러한 일을 인연으로 하여 보리심을 일으키는 것이다. 또다시 '일체의 모든 부처님께서는 사람 가운데 영웅이시니 모두 생사윤회하는 번뇌에 가득 찬 큰 바다를 건너셨다. 나도 장부丈夫이니 역시 건널 수 있을 것이다.'라고 생각하고 이러한 일을 인연으로 하여 보리심을 일으키는 것이다. 또다시 '일체의 모든 부처님께서는 큰 정진을 일으켜서 몸과 목숨과 재물을 버려 가면서 일체지一切智를 구하셨다. 나도 지금 여러 부처님을 따라 배울 것이다.'라고 생각하고 이러한 일을 인연으로 하여 보리심을 일으키는 것이다.[125]

> 菩薩。云何發菩提心。以何因緣。修集菩提。若菩薩。親近善知識。供養諸佛。修集善根。志求勝法。心常柔和。遭苦能忍。慈悲淳厚。深心平等。信樂大乘。求佛智慧。若人能具如是十法。乃能發阿耨多羅三藐三菩提心。復有

---

[125] 『發菩提心經論』 권상(T32, 509b).

四緣。發心修集無上菩提。何謂爲四。一者思惟諸佛。發菩提心。二者觀身過患。發菩提心。三者慈愍衆生。發菩提心。四者求最勝果。發菩提心。思惟諸佛[1]發菩提心者。思惟十方三世諸佛。初發始[2]心。具煩惱性。亦如我今。終成正覺。爲無上尊。以此緣故。發菩提心。又復思惟三世諸佛。發大勇猛。各各能得無上菩提。若此菩提。是可得法。我亦應得。緣此事故。發菩提心。又復思惟三世諸佛。發大明慧。於無明穀[3]建立勝心。積集苦行。皆能自超拔[4]出三界。我亦如是。當自拔濟。緣此事故。發菩提心。又復思惟一切諸佛。爲人中雄。皆度生死煩惱大海。我亦丈夫。亦當能度。緣此事故。發菩提心。又復思惟。一切諸佛。發大精進。捨身命財。求一切智。我今亦當隨學諸佛。緣此事故。發菩提心。

---

1) ㉠ 이 이하의 글에는 몇 글자의 첨삭이 보이기는 하지만 뜻은 동일하기 때문에 그대로 두었다. 2) ㉠『發菩提心經論』에 따르면 '發始'는 '始發'이다. 3) ㉠『發菩提心經論』에 따르면 '穀'은 '穀-㲉'이다. 『般若心經幽贊』 권상(T33, 524b)에서는 해당 글을 인용하면서 '殼'이라고 하였는데 이것이 타당한 것 같다. 4) ㉠『發菩提心經論』에 따르면 '超拔'은 '拔超'이다.

그 밖의 세 가지 인연[126]은 그곳에서 자세히 설한 것[127]과 같다. 간략한 내용을 알게 하기 위해 잠깐 일부 문장을 서술하였다. 그 밖의 자세한 뜻은 여러 가르침에서 갖추어서 논하였다. 보리심을 일으키려고 한다면 이것에 의거하여 생각해야 할 것이다.

餘三因緣。廣說如彼。爲知略相。且述一文。自餘廣義。諸教備論。若欲發心。當依尋之。

---

126 그 밖의~가지 인연 : "둘째는 몸이 허물과 근심이 되는 것임을 관찰하여 보리심을 일으키는 것이며, 셋째는 중생을 불쌍하게 여기어 보리심을 일으키는 것이고, 넷째는 가장 뛰어난 과를 구하여 보리심을 일으키는 것이다."라고 한 것의 구체적인 내용을 서술한 것을 가리킨다.
127 『發菩提心經論』 권상(T32, 509c).

"열 가지 마음을 일으키며"라는 것은 『본업경』에서 "아무것도 알지 못하는 최초의 지점인 범부의 지위에서 부처님과 보살이 가르친 법을 만나 한 생각에 믿음을 일으켜 바로 보리심을 일으킨다. 이 사람은 그때 십주十住(十解) 이전의 지위[128]에 오르니 신상보살信想菩薩[129]이라고 하고 가명보살假名菩薩[130]이라고도 하며 명자보살名字菩薩[131]이라고도 한다. 대략 열 가지 마음을 행하니 이른바 신심信心·진심進心·염심念心·혜심慧心·정심定心·계심戒心·회향심迴向心·호법심護法心·사심捨心·원심願心이다."[132]라고 하였다. 이 열 가지 마음은 보리심을 일으킨 보살이 닦아야 할 중요한 행이기 때문에 반드시 일으키도록 가르쳐야 한다. "금강과 같은 마음인"이라는 것은 일으키는 열 가지 마음이 견고하여 무너뜨리기 어렵기 때문에 '금강과 같은 마음인'이라고 하였다. "낱낱이 그 차례와 법의 작용을 알게 해야 한다."라는 것은 바로 보리심을 일으키고 나서 그로 하여금 수행의 차례와 먼저 하는 것과 나중에 하는 것의 법의 작용을 알게 하는 것이다. "보살이" 이하는 어김으로써 위범을 이루는 것이다. 근기에 어긋나게 전도된 가르침을 설하기 때문에 "멋대로……가르치면"이라고 하였다.

發十心者。本業經云。從不識始凡夫地。值佛菩薩教法中。起一念信。便發菩提心。是人爾時住前。名信想菩薩。亦名假名菩薩。亦名名字菩薩。略行

---

128 십주十住(十解) 이전의 지위 : 보살 수행 52계위 중 제1에서 제10에 해당하는 십신十信의 지위를 가리키는 말이다.
129 신상보살信想菩薩 : 십신의 지위에 있는 보살을 달리 일컫는 말. 열 가지 신심信心을 닦는 지위임을 나타내는 말이다.
130 가명보살假名菩薩 : 십신의 지위에 있는 보살을 달리 일컫는 말. 보살이라는 이름은 부여되었지만 아직 그 이름에 상응하는 실질적 내용은 갖추지 못하였음을 나타내는 말이다.
131 명자보살名字菩薩 : 십신의 지위에 있는 보살을 달리 일컫는 말. 보살이라는 이름은 부여되었지만 아직 그 이름에 상응하는 실질적 내용은 갖추지 못하였음을 나타내는 말이다.
132 『菩薩瓔珞本業經』권하(T24, 1017a).

十心。所謂信心進心念心慧心定心戒心迴向心護法心捨心願心。此十心者。發心菩薩所修要行故。須教發起。金剛心者。所發十心。堅固難壞。故名金剛心。一一解其次第法用者。便發心已。教彼令解修行次第先後法用也。而菩薩下。違之成犯。違機倒說。故云橫教也。

b. 전도되게 설법하지 마라 : 제16계

여섯 번째는 전도되게 설법하지 않는 계이다.

第六無倒說法戒。

경 너희들 불자여, 좋은 마음으로 먼저 대승의 위의威儀를 담은 경률을 배워 뜻을 자세히 알아야 한다. 그다음에 신학 보살이 백 리 길이든 천 리 길이든 와서 대승의 경률을 구하는 것을 보거든 법대로 그를 위해 "몸을 태우고 팔을 태우며 손가락을 태워야 하니, 몸과 팔과 손가락을 태워 여러 부처님께 공양하지 않는다면 출가보살이 아니다. 굶주린 범과 이리, 사자와 모든 아귀에 이르기까지 모두 몸과 살과 손과 발을 버려서 이들을 공양해야 한다."라고 하며 모든 고행법을 설해 주어야 한다. 그렇게 한 후에 낱낱이 차례대로 그들을 위해 정법을 설해 주어 마음이 열리고 뜻을 이해하게 한다. 보살이 이양을 위하여 대답해 주어야 할 것을 대답해 주지 않고 경률을 전도되게 설하며 문자에 있어서 앞의 것을 없애거나 뒤의 것을 없애며 삼보三寶를 비방하는 내용을 설한다면 경구죄를 범하는 것이다.

若佛子。應以好心。先學大乘威儀經律。廣開解義味。見後新學菩薩。有從百里千里來。求大乘經律。應如法。爲說一切苦行。若燒身燒臂燒指。若不燒身臂指。供養諸佛。非出家菩薩。乃至餓虎狼師子一切餓鬼。悉應捨身肉手足。而供養之。然後。一一次第。爲說正法。使心開意解。而菩薩。爲利養故。應答不答。倒說經律。文字無前無後。謗三寶說者。犯輕垢罪。

소 전도되게 설법하는 것은 가르침의 도리에 어긋나기 때문에 제정하여 전도되지 않게 하였다. 앞의 계[133]에서는 대승을 감추고 소승을 가르치는 것을 제지하였고 지금 이 계에서는 비록 대승을 설하더라도 이치를 감추고 앞과 뒤를 전도하여 설하는 것을 제지하였다. 성문법에서도 다른 사람을 가르치면서 이익을 위해 감추어서 이치를 분명하게 알지 못하게 한다면 역시 죄를 범한다. 일곱 부류의 제자에 대해 동일하게 제정하였다.[134]

顚倒說法。乖敎訓之道。故制之不倒。前戒制。隱大敎小。此戒制。雖說大乘。而隱沒義理。前後倒說。聲聞法。若敎訓他人。爲利隱沒。使義理不了。亦犯罪也。七衆同制。

본문에서 "좋은 마음으로 먼저 대승의 위의를 담은 경률을 배워 뜻을 자세히 알아야 한다."라고 한 것은 전도되지 않게 다른 사람을 가르치기 위해서 먼저 스스로 바르게 배워야 하는 것이다. 이 경과 『보살선계경』・『결정비니경決定毘尼經』・『보살지지경菩薩地持經』 등과 같은 것이 바로 대승의 위의를 담은 경률이다.

"그다음에 신학보살이" 이하는 다른 사람을 위해서 전도되지 않게 설법하는 것을 밝힌 것이다. 여기에 두 가지가 있다. 처음에는 고통스러운 일을 설하여 그 마음을 시험하고 그다음에는 정법을 설하여 그 도리를 알게 하는 것이다. 그로 하여금 큰 의지를 알게 하려고 고통스러운 일을 설하여 마음을 시험하고 그로 하여금 큰 행을 일으키게 하려고 정법을 설하

---

133 앞의 계 : 열다섯 번째 경계에서 '그릇된 것을 가르치지 마라'라고 한 것을 가리킨다.
134 이상은 지의가 『菩薩戒義疏』 권2(T40, 576b)에서 제시한 것과 내용이 동일하다.

여 도리를 알게 하는 것이다.

고통스러운 일을 설하는 것 가운데 두 가지 일로 시험한다. 첫째는 몸을 태워 여러 부처님께 공양하는 것이고, 둘째는 몸을 버려서 굶주림의 고통에 처한 중생을 구하는 것이다. 정법을 설하는 것에도 두 가지가 있다. 첫째는 차례대로 설법하는 것이고, 둘째는 앎을 열게 하는 것이다. 차례대로 설법하는 것은 내용이 거칠고 얕아서 쉽게 이해할 만한 것을 먼저 설하고 심오하고 은밀하여 이해하기 어려운 것을 나중에 설하는 것이다. 또 삼학三學(계·정·혜)을 행하는 것에 대해서 차례대로 설하는 것이다.

> 文中應以好心先學大乘威儀經律廣開解義味者。爲無倒敎他。先當自正學。如此經及善戒經決定毘尼菩薩地持等。卽是大乘威儀經律也。見後新學菩薩下。正辨爲他無倒說法。於中有二。初說苦事。以試其心。後說正法。以開其解。爲欲知其大志故。說苦事以試心。爲欲發其大行故。說正法以開解。說苦事中。以二事試之。一燒身以供諸佛。二捨形以救餓苦。說法中亦二。一次第說法。二令開神解。次第爲說者。麁淺易悟者先說。深隱難解者後說。又三學行中次第說也。

"보살이" 이하는 위범이 성립되는 것을 밝힌 것이다. "대답해 주어야 할 것을 대답해 주지 않고"라는 것은 감추어서 다 설하지 않는 것이다. "경률을 전도되게 설하며"라는 것은 바른 법에 어긋나게 설하는 것이다. "문자에 있어서 앞의 것을 없애거나 뒤의 것을 없애며"라는 것은 앞의 것을 뽑아서 뒤에 두거나 뒤의 것을 뽑아서 앞에 두는 것 등을 말한다. "삼보를 비방하는 내용을 설한다면"이라는 것은 음성을 따라 뜻을 취하여 다섯 가지 허물을 이루는 것[135] 등을 말한다. 『열반경』에서 "중생이 반드시

---

[135] 『十地經論』 권2(T26, 133c)에서 "음성을 따라 뜻을 취하는 것에 다섯 가지 허물이 있

불성이 있다고 설하든가 반드시 불성이 없다고 설하면 모두 불·법·승을 비방하는 것이다."[136]라고 한 것과 같다. 이것은 통상적으로 설법에 의해 비방하는 결과를 낳는 것이기 때문에 중죄를 범하는 것은 아니다.[137]

而菩薩下。違之成犯。應答不答者。祕不盡說也。倒說經律者。違正說也。文字無前後者。抄前置後抄後置前等。謗三寶說者。隨聲取義。成五過等。如涅槃說也。若說眾生定有佛性定無佛性。皆謗佛法僧也。此通說謗。故不犯重。

『유가사지론』「보살지」에서 (설한 마흔네 가지 중) 여섯 번째 계에 다음과 같이 말하였다.

菩薩地中。第六戒云。

보살들이 다른 사람이 와서 법을 구하는데 싫어하는 마음을 품고 분노하는 마음을 품으며 그가 더 뛰어나게 될 것을 질투하여 그 법을 베풀지 않는다면 이것을 범함이 있고 위반함이 있는 것이라고 하는데 이는 염오

다. 첫째는 바르게 믿는 것이 아니고, 둘째는 용맹에서 물러나며, 셋째는 다른 사람을 속이는 것이고, 넷째는 부처님을 비방하는 것이며, 다섯째는 법을 경시하는 것이다.(隨聲取義。有五種過。一不正信。二退勇猛。三誑他。四謗佛。五輕法。)"라고 하였다.
136　40권본『涅槃經』권36(T12, 580b).
137　삼보를 직접적으로 비방하는 말을 한 것은 중죄이지만 법을 잘못 이해하여 삼보를 비방하는 결과를 낳은 것은 중죄가 아니라는 뜻이다.『發隱』권4(X38, 189c)에서 "問 삼보를 비방하는 내용을 설하는 것인데 어째서 열 가지 중계에 들어가지 않는 것인가? 答 열 가지 중계는 직접적으로 비방하는 말을 하는 것이니 이는 삼보를 없애는 것이기 때문에 중죄이다. 이것(제16 경계)은 잘못 이해하여 제멋대로 논하는 것을 '비방하는 설'이라고 한 것이니 삼보를 없애는 것은 아니기 때문에 경죄이다.(問。謗三寶說。云何不入十重。答。十重專言謗者。是撥無三寶故重。此則謬解妄論。名爲謗說。非撥無也故輕。)"라고 한 것을 참조할 것.

에 의한 위범이다. 나태함과 게으름과 망념忘念과 무기無記인 마음에 의해 그 법을 베풀지 않았다면 이것을 범함이 있고 위반함이 있는 것이라고 하는데 이는 염오에 의한 위범이 아니다. 위범이 없는 경우는 외도들이 허물이나 단점을 찾아내려고 엿보거나 중병이 있거나 마음이 미친 듯이 혼란한 상태이거나 방편으로 상대방을 길들이고 상대방을 굴복시켜서 착하지 않은 곳에서 착한 곳에 안립하게 하기 위해서거나 혹은 이 법에 대해 아직 잘 통달하지 못해서거나 혹은 다시 상대방이 공경하는 마음이 없고 부끄러워하는 마음도 없이 나쁜 위의로서 와서 청하는 것임을 알았거나 혹은 상대방이 둔한 근기를 가져서 넓은 법의 가르침에 대해 법의 구경을 얻으면 깊이 두려워하는 마음을 내어 장차 그릇된 견해를 내고 그릇된 집착을 늘리며 쇠약해지고 손상되며 괴로워질 것임을 알았거나 혹은 그 법이 그의 손으로 전해지면 비인非人에게 유포될 것임을 알았거나 하여 베풀어 주지 않았다면 모두 위범하는 것이 아니다.[138]

若諸菩薩。他來求法。懷嫌恨心。懷恚惱心。嫉妬反[1]異。不施其法。是名有犯有所違越。是染違犯。若由嬾惰懈怠妄[2]念無記之心。不施其法。是名有犯有所違越。非染違犯。無違犯者。謂諸外道。伺求過短。或有重病。或心狂亂。或欲方便調彼伏彼。出不善處。安立善處。或於是法。未善通利。或復見[3]不生恭敬。無有羞愧。以惡威儀。而來聽受。或復知。彼是鈍根性。於廣法教。得法究竟。深生怖畏。當生邪見。增長邪執。衰損惱懷。或復知。彼法至其手。轉布非人。而不施與。皆無違犯。

1) 옙『瑜伽師地論』에 따르면 反은 變이다.　2) 옙『瑜伽師地論』에 따르면 '妄'은 '忘'이다.　3) 옙『瑜伽師地論』에 따르면 '見' 뒤에 '彼'가 누락되었다.

---

138 『瑜伽師地論』 권41(T30, 516c).

② 뒤의 네 가지 계 : 자신의 학처를 바르게 행하여 막고 지키는 것

a. 멋대로 줄 것을 요구하지 마라 : 제17계
일곱 번째는 멋대로 줄 것을 요구하지 않는 계이다.

第七不橫乞求戒。

경 너희들 불자여, 스스로 음식, 돈과 재물, 이양과 명예를 얻기 위해 국왕과 왕자, 대신과 관리들과 친근하게 지내며 그들을 믿고 드러내 놓고 명령하거나 은근히 위세를 부리면서 줄 것을 요구하며 때리고 끌어당기면서 멋대로 금전과 재물을 취해서야 되겠느냐? 이와 같이 이익을 추구하는 모든 행위를 악구惡求라고 하고 다구多求라고 한다. 또 다른 사람으로 하여금 이러한 방식으로 요구하게 해서야 되겠느냐? 자비로운 마음이 전혀 없고 효순하는 마음도 없는 것이니 경구죄를 범하는 것이다.

若佛子。自爲飮食錢財利養名譽故。親近國王王子大臣百官。恃作形勢。乞索打拍牽挽。橫取錢物。一切求利。名爲惡求多求。敎他人求。都無慈心。無孝順心。犯輕垢罪。

소 이 이하의 네 가지 계는 자신의 학처를 바르게 행하여 막고 지키는 것이다. 첫 번째 계는 권력 있는 이에게 의탁하여 위세를 부리면서 줄 것을 요구하는 것을 막고, 두 번째 계는 아는 것도 없으면서 스승이 되는 것을 막으며, 세 번째 계는 착한 것을 질투하여 허물을 말하여 다투게 하는 것을 막고, 네 번째 계는 고통에 처한 중생을 보고도 구제하지 않는 것을 막는다.
처음에 멋대로 줄 것을 요구하지 않는 계라는 것은 욕망을 줄이는 행을

훼손하고 다른 사람을 해치는 허물을 짓기에 이르기 때문에 제정하였다. 대승과 소승이 모두 제정하였고 일곱 부류의 제자에 대해 동일하게 금지하였다.

> 自下四戒。於自學處。正行防守。初戒遮恃勢乞求。第二遮無解詐師。第三遮嫉善鬪過。第四遮見苦不濟。初不橫乞求者。虧損小欲之行。容致惱他之過。故制之。大小乘俱制。七衆同禁。

본문에서 "그들을 믿고 의탁하여 드러내 놓고 명령하거나 은근히 위세를 부리면서"라는 것은 그들의 명령을 드러내 놓고 빌리는 것을 "드러내 놓고 명령하거나(形)"라고 하고 그들의 힘을 은밀하게 의지하는 것을 "위세를 부리면서(勢)"라고 한다. "줄 것을 요구하며 때리고 끌어당기면서"라는 것은 처음에는 줄 것을 요구하다가 주지 않으면 때려서 협박하고 끌어당겨서 빼앗는 것이다. "멋대로 금전과 재물을 취해서야 되겠느냐?"라는 것은 이치에 어긋나는 방법으로 빼앗아 가지는 것이다. 만약 취하여 물건을 얻었으면 별도로 (중죄에 해당하는) 도둑질하여 손해를 입힌 죄를 범하는 것이다. 지금은 그들을 믿고 위세를 부리며 줄 것을 요구하는 것의 측면에서 경구죄라고 판정하였다. "이와 같이 이익을 추구하는 모든 행위를 악구라고 하고 다구라고 한다."라는 것은 이치에 어긋나게 구하기 때문에 '악구'라고 하고 구하는 것에 싫증을 느끼지 않기 때문에 '다구'라고 한다. "다른 사람으로 하여금 이러한 방식으로 요구하게 해서야 되겠느냐?"라는 것은 오직 자신만 행하는 것이 아니고 다른 사람도 그렇게 하게 하는 것이다. "자비로운 마음이 전혀 없고 효순하는 마음도 없는 것이니"라는 것은 다른 사람을 고통스럽게 하기 때문에 자비로운 마음이 없는 것이고 부처님께서 제정한 것을 어기는 것이기 때문에 효순하는 마음이 없는 것이다.

文中恃作形勢者。顯藉彼令謂之形。密憑彼力謂之勢。乞索打拍牽挽者。初用乞索。不與則打拍以威之。牽挽以奪之。橫取錢物者。非理奪取也。若取而得物。別犯盜損。今恃勢乞求邊。結輕垢也。一切求利名爲惡求多求者。非理求故。名爲惡求。無厭求故。名爲多求。敎他人求者。非唯自行。亦敎他人。都無慈心無孝順心者。損惱他人故無慈心。違佛所制故無孝順。

b. 남을 속이면서 스승이 되지 마라 : 제18계

여덟 번째는 남을 속이면서 스승이 되지 않는 계이다.

第八不詐作師戒。

경 너희들 불자여, 계를 배워서 독송하는 이는 날마다 여섯 때(六時)[139]에 보살계를 수지하고 그 의미를 이해하며 그 계가 불성佛性의 본질이라는 것을 이해해야 한다. 보살이 한 구절이나 한 비송 그리고 계율이 제정된 인연을 알지 못하면서 거짓으로 안다고 말하면 바로 스스로를 속이는 것이고 다른 사람도 속이는 것이다. 낱낱이 알지 못하고 모든 법을 알지 못하면서 다른 사람의 스승이 되어 계를 준다면 경구죄를 범하는 것이다.

若佛子。學誦戒者。日日六時。持菩薩戒。解其義理。佛性之性。而菩薩。不解一句一偈及戒律因緣。詐言能解者。卽爲自欺誑。亦欺誑他人。一一不解。一切法不知。而爲他人作師授戒者。犯輕垢罪。

---

139 여섯 때(六時) : 하루를 여섯 때로 나눈 것. 낮의 세 때는 아침(晨朝, 오전 8시)과 한낮(日中, 정오)과 해 질 녘(日沒, 오후 4시)으로 주삼시晝三時라고 하고, 밤의 세 때는 초저녁(初夜, 오후 8시)과 한밤중(中夜, 사정)과 새벽(後夜, 오전 4시)으로 야삼시夜三時라고 한다.

소 덕을 갖추지 못하였으면서도 속여서 계를 주면 남을 잘못된 길로 이끄는 과실이 있기 때문에 제정하였다. 대승과 소승이 동일하게 제정하였고 출가자와 재가자에 대해 모두 금지하였다. 경에서 "부부가 서로 스승이 되어 계를 주는 것"[140]을 허용하였다. 그러므로 세속의 대중에 대해서도 두루 제정하였음을 알 수 있다.

> 無德詐授。有誤人之失。故制之。二乘同制。道俗俱禁。經許夫婦互作師授。故知。通制俗衆。

본문에 "계를 배워 독송하는 이는 날마다……그 의미를 이해하며 그 계가 불성의 본질이라는 것을 이해해야 한다."라는 것은 스승이 될 사람은 먼저 자신의 이해를 추구해야 하는 것을 밝혔다. 낮과 밤에 각각 세 때가 있어서 "여섯 때"가 된다. 신학보살이 가르침을 담은 글을 잊어버리고 의식을 행함에 결함이 있을 것을 염려하여 제정하였다. "날마다 여섯 때에 보살계를 수지하고"라는 것은 그 글을 수지하는 것이다. "그 의미를 이해하며"라는 것은 보살계에 있어서 상황에 따라 허용하는 것과 일관되게 금지하는 것(開遮)[141]과 경죄와 중죄의 뜻을 이해하는 것이다. "불성의 본질"이라는 것은 그것이 앞으로 나타날 원인이고 결과인 불성(因果佛性)임을 이해하는 것이다. 알아야 할 것 가운데 중요한 것이기 때문에 가려서 제

---

140 『本業經』 권하(T24, 1021b)에서 "부부와 여섯 부류의 친족이 서로 스승이 되어 계를 줄 수 있다.(夫婦六親。得互爲師授。)"라고 하였다.

141 상황에 따라~금지하는 것(開遮) : '개開'는 허락하는 것 '차遮'는 금지하는 것이다. 개제開制·차개遮開 등이라고도 한다. 특정 계율을 제정하였지만 상황에 따라서 그것을 어기는 것을 허락하는 것을 '개'라고 하고, 일관되게 그것을 어기는 것을 금지하는 것을 '차'라고 한다. 소승률은 비교적 엄격하게 적용되어서 '개'와 관련된 논의가 없지만 대승률은 자비의 정신을 실현하기 위하여 행했을 경우 계율의 조목에 어긋나더라도 그러한 행위를 허용하는 경우가 종종 있어서 '개'와 관련된 논의가 많다.

시하였다.

"보살이" 이하는 위범을 이루는 것이다. 말이 자신의 마음과 어긋나기 때문에 "스스로를 속이는 것이고"라고 하였고, 다른 사람으로 하여금 잘못 이해하게 하기 때문에 "다른 사람도 속이는 것이다."라고 하였다. "낱낱이 알지 못하고"라는 것은 낱낱의 법문을 이해하지 못하는 것이고, "모든 법을 알지 못하면서"라는 것은 모든 법을 통틀어서 알지 못하는 것이다. 이해하지도 못하고 알지도 못하면서 속여서 계를 준다면 사람의 숫자에 따라 죄를 판정해야 한다.

文中學誦戒曰乃至解其義理佛性之性者。明作師之人。應先求自解。晝夜各¹⁾爲六時。恐新學人。廢忘敎詮。於行有缺。故制也。每日六時誦²⁾持菩薩戒者。受持其文也。解其義理者。解其開遮輕重義也。佛性之性者。解其當現因果佛性。所知中要故偏擧也。而菩薩下。違之成犯。言乖自心。故云自欺。令他謬解。故亦欺他。一一不解者。一一法門中不解也。一切法不知者。於一切法總不知也。若不解知詐授者。應隨人多小結罪。

1) ㉠ '各' 뒤에 '三'이 누락된 것 같다.　2) ㉠ '誦'은 연자인 것 같다.

c. 양쪽에 서로의 허물을 말하여 싸우게 하지 마라 : 제19계
아홉 번째는 양쪽에 서로의 허물을 말하여 싸우게 하지 않는 계이다.

第九不鬪兩頭戒。

경 너희들 불자여, 나쁜 마음으로 계를 수지한 비구가 손에 향로를 들고 보살행을 행하는 것을 보고 양쪽에 서로의 허물을 말하여 싸우게 해서야 되겠느냐? 어진 사람을 비방하고 속여서 어떤 악도 짓지 않음이 없으면 경구죄를 범하는 것이다.

若佛子。以惡心故。見持戒比丘。手捉香鑪。行菩薩行。而鬪過兩頭。謗欺賢人。無惡不造者。犯輕垢罪。

소 착한 것을 질투하여 서로의 허물을 말하여 싸우게 하면 화합의 가르침에 어긋나는 행위이기 때문에 제정하여 끊게 하였다. 대승과 소승이 모두 제정하였고 일곱 부류의 제자에 대해 동일하게 금지하였다.

嫉善鬪過。乖和敎行。故制斷也。二乘俱制。七衆同禁。

본문에서 "나쁜 마음으로"라는 것은 화합을 어그러뜨리고 청정한 행을 손상시키기 때문에 나쁜 마음이라고 하였다. "계를 수지한 비구가 손에 향로를 들고 보살행을 행하는 것을 보고"라는 것은 싸우게 만드는 사람을 제시한 것이다. "양쪽에 서로의 허물을 말하여 싸우게 해서야 되겠느냐?"라는 것은 이쪽과 저쪽의 허물을 듣고 저쪽과 이쪽을 향하여 말하기 때문에 서로의 허물을 말하여 서로 싸우게 한다고 하였다. 어떤 경에서는 "허물(過)"을 "만나는 것(遘)"이라고 하였다. 이 경우 저쪽과 이쪽에 말하여 싸우면서 서로 만나게 하는 것을 말한다. 어떤 경에서는 "만나는 것(遘)"이라고 하였는데 뜻은 또한 동일하다. 글자를 따라 뜻을 새기면 의미는 모두 무방하지만 멋대로 고쳐서는 안 된다.

文中以惡心者。爲乖和合。損淨行。故云惡心。見持戒比丘。乃至行菩薩行者。擧所鬪之人也。鬪過兩頭者。聞此彼過。向彼此說。故云鬪過。或經作遘字。謂彼此言。鬪而相遘。或經作過。[1] 義亦同也。隨字訓釋。義皆無妨。不應輒改作也。

---

1) ㉮ 갑본에 따르면 '過'는 '愚'이다. ㉯ 저본인 『大正藏』『梵網經』에 따르면 '愚'는 '遇'이다. 전후 문맥상 '遇'가 맞다.

⑫ "어진 사람을 비방하고 속여 어떤 악도 짓지 않음이 없으면"이라는 것은 허물을 말하여 싸우게 하여 어진 사람을 비방하고 속이기에 이르고 또 어떤 악도 짓지 않음이 없기에 이르는 것인데, 이것은 열세 번째 계(좋은 사람과 착한 사람을 비방하지 마라)와 어떤 차이가 있는 것인가?

⑬ 예전의 학설에서는 "마음을 운용하는 것에 차이가 있기 때문이다. 열세 번째 계는 망하게 하려는 마음으로 말하는 것이고, 이것은 양쪽을 멀어지게 하려는 마음으로 말하는 것이다."라고 하였다. 나의 견해를 제시하겠다. "어진 사람을 비방하고 속여 어떤 악도 짓지 않음이 없으면"이라고 했는데, 이것은 허물이 점점 많아진 것을 나타낸 것일 뿐이고 이 계에서 직접적으로 제지하는 것은 아니다. 오직 양쪽에 서로의 허물을 말하여 싸우게 하는 것이 직접적으로 이 계에서 방지하는 것이다. 마치 불을 지르는 것과 관련된 계(열네 번째 계) 가운데 살생하고 도둑질했으면 그것을 거론하고 그것으로 인하여 위범이 성립되지만 이 계에서 직접적으로 방지하는 것은 아닌 것과 같다.

> 謗欺賢人無惡不造者。由鬪過故。致謗欺賢人。及無惡不造。與第十三有何異者。古說。由運心有異。彼作陷沒心說。此作離間心說。今謂謗欺賢人無惡不造。此顯過失轉多耳。非是此戒正所制也。唯鬪過兩頭。正是此戒所防也。如放火中。殺盜擧其仍犯。非是正所防也。

만약 착한 마음으로 이간질하는 말(離間語)을 설하였다면 또한 위범이 성립되지 않는다. (『유가사지론』) 「보살지」에서 "또 보살이 중생들이 나쁜 벗에 의해 포섭되고 친애하여 버리지 않는 것을 본다면 보살은 보고 나서 불쌍히 여기는 마음을 일으켜, 이익과 안락을 주려는 의지를 일으켜 능력이 되는 대로 힘이 닿는 대로 이간질하는 말을 설하여 악한 벗을 떠나 서로 친애하는 마음을 버리게 하고, 중생으로 하여금 악한 벗을 가까이하여 장차 오랜 세월 동안 이치에 맞지 않고 이익도 없는 일을 하면서 보내게 하지 말아야 한다. 보살이 이와 같이 이익을 주려는 마음으로 이간질하는 말을 설하여 상대방에 대한 애착을 끊게 한다면 이는 위범하는 일이 없고 많은 공덕을 낸다."[142]라고 하였다.

> 若以善心。說離間語。亦無所犯。菩薩地云。又如菩薩。見諸有情。爲惡朋友之所攝受。親愛不捨。菩薩見已。起憐愍心。發生利益安樂意樂。隨能隨力。說離間語。令離惡友。捨相親愛。勿令有情。由近惡友。當受長夜無義無利。菩薩。如是。以饒益心。說離間語。乖離他愛。無所違犯。生多功德。

d. 방생하고 구제하여 은혜를 갚아라 : 제20계
열 번째는 방생하고 구제하여 은혜를 갚는 계이다.

> 第十放救報恩戒。

경 너희들 불자여, 자애로운 마음으로 방생하는 일을 행하면서 이렇게 생각해야 한다. 모든 남자는 나의 아버지이고 모든 여인은 나의 어머니이다. 나는 태어날 때마다 그들에게 의지하여 태어나지 않은 적이 없다. 그러므로 여섯 가지 세계(六道)의 중생이 모두 나의 아버지이고 어머니이니 죽이고 먹는 것은 바로 나의 아버지와 어머니를 죽이는 것이다. 또한 나의 옛 몸을 죽이는 것이기도 하니 모든 지대地大와 수대水大는 나의 이전 생에서의 몸이었고, 모든 화대火大와 풍대風大는 나의 본래의 몸이었다.[143] 그러므로 항상 방생을 행해

---

142 『瑜伽師地論』 권41(T30, 517c18).
143 만물은 네 가지 요소(四大)에 의해 만들어진 것이니, 현재 나를 둘러싼 만물은 과거에 나를 구성했던 네 가지 요소로 이루어진 것이고, 현재 나의 몸은 과거에 나를 둘러싼 만물을 구성했던 네 가지 요소로 이루어진 것이라고 할 수 있고, 이런 관점에서 일체

야 한다. 거듭해서 태어나며 생명을 받을 때마다 그렇게 해야 한다. 이는 영원히 바뀌지 않는 법이니 사람들로 하여금 방생하게 해야 한다. 세상 사람들이 축생을 죽이는 것을 보았을 때에는 방편으로 구제하여 그 고난에서 벗어나게 하고 항상 교화하고 보살계를 강설하여 중생을 구제해야 한다. 부모와 형제가 죽은 날에는 법사를 청하여 보살계경을 강설하게 하여 죽은 이가 그 복덕을 자량으로 삼아 여러 부처님을 친견하거나 인간세상과 하늘에 태어날 수 있게 해야 한다.[144] 이와 같이 하지 않으면 경구죄를 범하는 것이다.

若佛子。以慈心故。行放生業。應作是念。一切男子是我父。一切女人是我母。我生生。無不從之受生。故六道衆生。皆是我父母。而殺而食者。即殺我父母。亦殺我故身。一切地水。是我先身。一切火風。是我本體。故常行放生。生生受生。常住之法。教人放生。若見世人。殺畜生時。應方便救護。解其苦難。常敎化。講說菩薩戒。救度衆生。若父母兄弟死亡之日。應請法

의 네 가지 요소를 나의 이전 생에서의 몸이고 나의 본래의 몸이라고 하였다. 네 가지 요소는 물질을 구성하는 근본 요소를 네 가지로 총괄한 것이다. 지대는 견고한 성질(堅固性)을 본질로 하여 물체를 보존하고 지탱하며 저항하게 하는 작용을 한다. 어떤 물체에 있어서 무거움·가벼움·부드러움·딱딱함이라는 판단을 낳게 하는 대상이 되는 것이다. 예를 들어 풀이나 바다에도 견고한 성질이 있다. 다만 부드러운 형태의 견고한 성질이라는 차이가 있을 뿐이다. 수대는 젖는 성질(濕性)을 본질로 하여 물체를 포섭하여 흩어지지 않게 하는 작용을 한다. 물질의 미립자가 응집하여 흩어지지 않는 것은 수대의 공능이다. 화대는 온난한 성질(暖性)을 본질로 하여 성숙시키는 작용을 한다. 사물에서 느껴지는 온기와 생명력 등은 모두 화대의 소산이다. 풍대는 움직이는 성질(動性)을 본질로 하여 생장시키는 작용을 한다. 이상 네 가지 요소가 쌓여 물질을 생성하기 때문에 이를 물질을 만드는 주체라는 뜻에서 능조能造의 색色·능조의 대종大種 등이라고도 한다. 또 네 가지 요소가 쌓여서 생성된 여러 물질(色法)을 네 가지 요소에 의해 만들어지는 것이라는 뜻에서 사대소조四大所造라고 한다.

144 『梵網經記』 권하(X38, 262a)에서 "이미 인간세상과 하늘에 있는 이는 정토에 태어나게 하기 때문에 '여러 부처님을 친견하거나'라고 하였고, 세 가지 악도에 있으면 모두 정토에 태어날 수 없기 때문에 '인간세상과 하늘에 태어날 수 있게 해야 한다'라고 하였다.(已在人天者。即令生於淨土。故云得見諸佛。若在三塗者。不得同生淨土。故令且上人天。)"라고 하였다.

師。講菩薩戒經。福資亡者。得見諸佛。生人天上。若不爾者。犯輕垢罪。

소 장례를 정중히 지내고 조상을 추모하는 제사를 정성을 다해 지내면 (백성의 덕이) 두터워진다.[145] 그러므로 방생하여 죽음의 고난에서 구제하고 재강齋講(불법을 강설하는 집회)을 베풀어 죽은 이의 영혼을 돕는다. 이것은 바로 자애로움을 행하고 은혜를 갚는 착한 행이기 때문에 제정하여 짓게 하였다.

대승과 소승이 함께하지 않는다. 대사大士는 모든 중생을 제도해야 하니 평등한 자애로움에 머물러 두루 구제해야 하기 때문이다. 성문은 바로 권속만을 보살피고 이 밖의 대상에 대해서는 제정하지 않았으니 자신을 제도하는 것을 목적으로 하기 때문이다. 일곱 부류의 제자에 대해 동일하게 위범이 성립된다.

愼終追遠歸厚。莫[1]故殺[2]生。以救死難。齋講以資亡靈。是則行慈報恩之善行。故制令作。大小不共。大士一切應度。以等慈普故。聲聞正在眷屬。此外不制。以自度故。七衆同犯也。

1) ㉠ '莫'은 '是'인 것 같다.　2) ㉠ '殺'은 '放'인 것 같다.

본문에 두 가지가 있다. 첫째는 방생하여 죽음의 고난에서 구제하는 것이고, 둘째는 재강을 베풀어 죽은 이의 영혼을 돕는 것이다. 앞에는 또 두 가지가 있다. 처음은 자애로운 마음으로 방생을 행하는 것이고, 나중은 방편으로 고난에서 벗어나게 하는 것이다.

처음에 "자애로운 마음으로 방생하는 일을 행하면서"라는 것은 죽음

---

145 『論語』에서 "장례를 정중히 지내고 조상을 추모하는 제사를 정성을 다해 지내면 백성의 덕이 두터워진다.(愼終追遠。民德歸厚矣。)"라고 하였다.

의 위기에 처한 것을 보면 깊이 자애로운 마음을 내어 이를 놓아주어 살려 주는 것이다. "모든 남자는 나의 아버지이고" 이하는 구제해야 할 생명 가운데 자애로운 마음을 닦아야 하는 이유를 밝혔다. 여기에 두 가지가 있다. 첫째는 모든 생명에 대해 평등하게 두루 어버이라는 관찰을 일으키는 것이고, 둘째는 모든 사물에 대해 동일한 몸이라는 관찰을 일으키는 것이다.

앞에서 "남자와 여인, 아버지와 어머니"라고 한 것은 모양에 의해 짝을 지은 것이다. 실질적인 것에 의거하면 세대를 달리하는 남자와 여인이 모두 아버지이고 어머니이다. 여섯 가지 세계의 중생은 이미 모두 어버이이니 그가 위험과 고난에 처한 것을 보면 구제하지 않을 수 없다. "죽이고 먹는 것은 바로 나의 아버지와 어머니를 죽이는 것이다."라는 것은 두루 어버이가 됨을 제시하여 죽이고 먹는 것을 함께 막았다.

> 文中有二。一放生以救死難。二齋講以資亡靈。前中復二。初以慈心行放生。後以方便解苦難。初中以慈心故。行放生業者。見臨死之厄。深生慈心。放之令生。一切男子是我父下。明所救生中。修慈心之由。此中有二。一於一切生。起等普親觀。二於一切物。起一體觀。前中男女父母者。就相且配。約實。隔世男女。通是父母。六途衆生。旣皆是親。見其厄苦。不得不救。而殺而食者卽殺父母者。擧其普親。兼遮殺食。

"또한 나의 옛 몸을 죽이는 것이기도 하니" 이하는 한 몸이라고 관찰하는 것을 밝혔다. 여기에서 일의 형세를 헤아려 먼저 죽이고 먹는 것을 금지하고 그다음에 바로 한 몸이라고 관찰하는 것을 밝혔다. "모든 지대와 수대는 나의 이전 생에서의 몸이었고, 모든 화대와 풍대는 나의 본래의 몸이었다."라는 것은 중생의 몸은 네 가지 요소를 취하여 몸을 이루니 태어날 때는 뭉치고 모여서 몸이 되고 죽을 때는 갈라지고 흩어져서 사물

(物)이 된다. 비록 연緣을 좇아 모이고 흩어지지만 그 본질은 다르지 않으니 거시적으로 이것을 관찰하면 나의 몸이 아닌 것이 없다. 그러므로 성인은 중생을 자기의 몸으로 여기고 만물을 자신의 몸으로 여기는 것이니 이치가 저절로 그러하지 않다면 어찌 그럴 수 있겠는가? 그러므로 항상 방생을 행하여 구제한다.

"거듭해서 태어나며 생명을 받을 때마다" 이하는 방편으로 고난에서 벗어나게 할 것을 밝혔다. "거듭해서 태어나며 생명을 받을 때마다"라는 것은 비록 다시 태어나고 죽음을 겪더라도 슬퍼하는 마음으로 관찰하는 행위는 더욱 깊어지는 것이다. "세상 사람들이……보았을 때는" 이하는 바로 방편으로 구제하는 것을 밝혔다. 죽임을 당하는 생명이 지금 이 시간에 고통을 당하면 죽이는 사람은 미래에 고통을 받는다. 그러므로 죽이는 사람과 죽임을 당하는 생명에 대해 두루 슬퍼하는 마음을 일으켜 구제한다. "방편으로 구제하여 그 고난에서 벗어나게 하고"라는 것은 죽임을 당하는 생명을 구제하여 지금 이 시간에 받는 그 고통에서 벗어나게 하는 것이다. "항상 교화하고 보살계를 강설하여 중생을 구제해야 한다."라는 것은 죽이는 사람을 구제하여 그가 미래에 받을 고통을 막는 것이다.

亦殺我故身下。明一體觀。於中乘勢。先止殺食。後正明一體觀。一切地水。是我先身。一切火風。是我本體者。衆生之身。攬四大而成體。生時聚集爲身。死時離散爲物。雖集散縱[1]緣。而其性不殊。大而觀之。無非我體。故聖人。以群生爲已[2]身。以萬物爲已[3]體者。理自不然。豈能爾乎。故常行放生。以救濟也。生生受生下。明方便解苦難。生生受生者。雖更生歷死。而悲觀愈深。若見世人下。正明方便救度。所殺之生。被現在之苦。能殺之人。受當來之苦。故於能所殺者。普生悲而救度。應方便救護解其苦難者。救所殺生。解其苦。常敎化。講說菩薩戒。救度衆生者。救能殺生。遮其當苦。

---
1) '縱'은 '從'인 듯하다. 2) ㉲ 저본에 따르면 '已'는 '己'이다. 3) ㉲ 저본에 따르면

'已'는 '己'이다.

"부모" 이하는 재강을 베풀어 죽은 이의 영혼을 돕는 것이다. 법의 힘은 생각으로 헤아리기 어려우니 죽은 이를 위해 자량을 보태는 것이 헛된 일은 아니다. 그러므로 죽은 이의 신령이 어느 취趣(세계)에 있든지 저 두 가지 정定[146]을 제외하고는 반드시 이익을 얻는다.

若父母下。齋講以資亡靈。法力難思。冥資不空。故亡過神靈。隨在何趣。除彼二定。必得蒙益。

㉄ 업의 상속相續은 원래 개별적인 것이다. 어떻게 이 사람이 복의 원인을 닦았는데 저 사람이 즐거움의 과보를 얻을 수 있는 것인가? 자신이 지었는데 다른 사람이 그것의 결과를 받는 것은 인과의 도리에 어긋난다.
㉅ 인과의 도리에 따르면 진실로 내가 지었는데 다른 사람이 그것의 결과를 받는 일은 없다. 그러나 상대방과 내가 서로 인연을 맺어 서로 도움이 되는 경우가 없는 것은 아니다. 그러므로 목련目連[147]이 복덕을 돕는 재회(福會)[148]를 베풂으로써 어머니의 영혼이 굶주림의 고통에서 벗어났고[149]

---

146 두 가지 정定 : 전후 문맥상 무상정無想定과 멸진정滅盡定을 가리키는 것으로 보인다. 이 두 선정에 들면 모든 심왕心王과 심소心所가 멸하므로 이와 같이 부른다. 첫째, 무상정은 외도가 무상천無想天의 과를 얻고자 하여 모든 심상心想을 소멸시키는 선정을 닦는 것이다. 둘째, 멸진정은 불환과不還果 이상의 성자가 육식六識의 심심·심소를 소멸시켜 일어나지 않게 하는 선정이다. 또한 멸수상정滅受想定이라고도 한다.
147 목련目連 : Ⓢ Mahamaudgalyayana의 줄인 음역어. 갖춘 음역어는 미히목긴련摩訶目犍連으로, 줄여서 목건련目犍連이라고도 한다. 부처님의 십대 제자 중 한 명으로 신통제일神通第一로 일컬어졌다.
148 복덕을 돕는 재회(福會) : 목련과 관련해서는 우란분재盂蘭盆齋를 가리킨다. 우란분재는 악도에 떨어져 고통을 받는 죽은 이를 구제하기 위해 행하는 재회로 매년 7월 15일 행한다.
149 『盂蘭盆經』(T16, 779a).

나사장자那舍長者가 선업을 닦음으로써 아버지의 영혼이 극심한 고난에서 벗어났다.[150] 이것이 곧 서로 감응하는 뜻이니 이치의 흐름이 반드시 그러한 것이다.

> 問。相續旣別。云何此修福因彼得樂果。自作他受違因果故。答。因果道理實無我作他受。然彼此相緣非無互資。故目連設福。母靈脫於餓苦。那舍修善。父神免於劇難。是則相感之義。理數必然。

경 이와 같은 열 가지 계를 배우고 공경하는 마음으로 받들어 지녀야 할 것이다. 「멸죄품滅罪品」[151]에서 낱낱의 계의 모양을 자세히 밝힐 것이다.

> 如是十戒。應當學。敬心奉持。如滅罪品中。廣明一一戒相

소 "이와 같은 열 가지 계" 이하는 총괄적으로 맺으면서 수지할 것을 권하고 나머지 자세하게 설한 글을 가리킨 것이다.

> 如是十下。總結勸持。指餘廣文。

3) 세 번째 열 가지 계

이하의 세 번째 열 가지 계는 화합하고 공경하는 선을 거두어 지니는 것을 밝혔다. 화합하고 공경하는 것에 여섯 가지가 있다. 신업과 구업과 의업을 함께하는 것이고, 계戒와 견해(見)와 이익(利)을 함께하는 것이

---

[150] 『灌頂經』 권11(T21, 530b).
[151] 「멸죄품滅罪品」: 현행 『梵網經』에는 없고 『大本梵網經』에 속한 것으로 추정되는 품의 이름이다.

다.[152] 열 가지 계 가운데 처음의 세 가지 계는 세 가지 업을 함께하는 것을 밝혔고, 다음의 한 가지 계는 견해를 함께하는 것을 밝혔으며, 다음의 네 가지 계는 이익을 함께하는 것을 밝혔고, 나중의 두 가지 계는 계를 함께하는 것을 밝혔다. 곧 『유가사지론』에서 설한 섭선법계에서 "모든 웃어른(尊長)에게 공경하는 일을 부지런히 닦는 것이다."라고 하였다.[153]

> 自下第三十戒。明攝和敬之善。和敬有六。謂三業同及戒見利同。於十戒中。初三戒明三業同。次一明見同。次四明利同。後二明戒同。卽論所說。攝善戒中。於諸尊長。勤修敬事。

(1) 처음의 세 가지 계

처음의 세 가지 계 가운데 처음은 분노하여 참고 받아들이지 못하는 것을 막았고, 다음은 교만하여 자문하지 않는 것을 막았으며, 그다음은 교만하여 가르치고 타이르지 않는 것을 막았다. (세 가지 계가) 낱낱이 세 가지 업에 의해 화합하지 못하는 것을 막은 것이다. 혹은 (세 가지 계가) 차례대로 신업에 의해 화합하지 못하는 것과 구업에 의해 화합하지 못하는 것과 의업에 의해 화합하지 못하는 것을 막은 것일 수도 있다.

---

152 이상에 설한 것을 통틀어서 육화경六和敬·육화六和 등이라고 한다. 승가僧伽([S] saṃgha)를 화합중和合衆이라고 의역하는데 이때 화합의 의미는 크게 두 가지가 있다. 첫째는 이화리화로 모두 적멸인 열반의 이치를 증득하는 것을 목적으로 한다는 뜻이고, 둘째는 사화사화로 일상사에 있어서 같은 것을 행한다는 뜻이다. 사화에 여섯 가지가 있는데 이를 육화경이라 한다. 첫째는 신화경身和敬(같은 곳에 머물면서 예배 등을 함께하는 것)이고, 둘째는 구화경口和敬(찬영찬영讚詠 등을 함께하는 것. 화합하는 언어를 사용하여 다툼이 없는 것)이며, 셋째는 의화경意和敬(신심信心 등을 함께하는 것. 함께 기뻐하는 것)이고, 넷째는 계화경戒和敬(계법戒法을 함께 닦는 것)이며, 다섯째는 견화경見和敬(앎을 함께하는 것)이고, 여섯째는 이화경利和敬(옷·음식 등의 이익을 함께하는 것)이다.
153 『瑜伽師地論』 권40(T30, 511a25).

初三戒中。初遮瞋不忍受。次遮憍不諮問。次遮慢不敎訓。一一通遮三業不
和。或可如次遮身口意。

① 거스르고 침범하는 것을 참고 받아들여라 : 제21계

첫째는 거스르고 침범하는 것을 참고 받아들이는 계이다.

第一忍受違犯戒。

경 부처님께서 말씀하셨다. "불자여, 분노로 분노를 갚고 때리는 것으로 때린 것을 갚아서는 안 된다. 부모와 형제 등의 여섯 부류의 친족을 죽였다고 해도 보복해서는 안 되고 왕이 다른 사람을 위해 죽였다고 해도[154] 보복을 가해서는 안 된다. 생명을 죽인 것을 생명으로 갚는 것은 효도에 수순하는 것이 아니다.[155] 오히려 노비를 두고 때리고 욕하면서 날마다 신업과 구업과 의업을 일으켜 한량없는 죄를 짓는 일도 하지 말아야 하는데 하물며 고의로 일곱 가지 역죄를 지어서야 되겠느냐? 출가한 보살이 자애로운 마음이 없이 원수에게 보복하면서 여섯 부류의 친족에 이르기까지 고의로 보복한다면 경구죄를 범하는 것이다."

佛言。佛子。不得以瞋報瞋。以打報打。若殺父母兄弟六親。不得加報。若
國主爲他人殺者。亦不得加報。殺生報生。不順孝道。尚不畜奴婢。打拍罵

---

154 이 글에 대해 의적은 두 가지 해석을 제시하였는데 그중 첫 번째 해석에 의거하여 풀이하였다.

155 법장의 『梵網經菩薩戒本疏』권5(T40, 644a)에 따르면 효도에 수순하는 것이 아닌 이유는 다음과 같다. 첫째는 그 생명은 윤회의 큰 테두리에서 볼 때 과거세에 나의 부모였을 수도 있기 때문이고, 둘째는 부모의 원수를 갚음으로써 부모에게 더 큰 죄업을 짓게 하는 결과를 낳기 때문이다.

辱。日日起三業。得罪無量。況故作七逆之罪。而出家菩薩。無慈報讎。乃至六親中故報[1])者。犯輕垢罪。

1) ㉘ 의적의 해석에 따르면 '報'는 '作'이다.

소 이미 두루 어버이이고 한 몸인 도리를 믿으면서도 분노하고 때리면서 서로 보복한다면 효순하는 것이 아니고 또한 자애로움과 인욕을 손상시키는 것이기 때문에 제정하여 끊게 하였다. 곧 『유가사지론』에서 "다른 사람이 어긋나고 침범하는 것에 대해 잘 생각하여 도리를 가려내고 흔들림 없이 편안하게 머물면서 견디어 낸다."[156]라고 하였다. 대승과 소승이 모두 제정하였고 일곱 부류의 제자에 대해 동일하게 금지하였다.

旣信普親一體之道。而瞋打相報。則非孝順。亦喪慈忍。故制斷也。卽論中云。於他違犯。思擇安忍。二乘俱制。七衆同禁。

본문에서 "부모와 형제 등의 여섯 부류의 친족을 죽였다고 해도 보복해서는 안 되고"라는 것은 외도는 한 생애만 논하여 원수와 친족이 반드시 갈라진다. 그러므로 "부모의 원수와는 같은 하늘 아래에서 살지 않으며 형제의 원수와는 같은 나라에서 살지 않으며 사촌 형제의 원수에 대해서는 자신이 앞장서서 원수를 갚지는 않는다."[157]라고 하였다. 내도는 과거와 현재와 미래의 생애를 융섭하여 원수와 친족이 하나로 관철되니 어찌 저 하나의 친족을 위해서 이 하나의 친족을 죽일 수 있겠는가? 그러므로 비록 부모와 형제를 죽였다고 해도 보복해서는 안 된다. 또 나의 친족은

---

156 『瑜伽師地論』 권40(T30, 511b).
157 『禮記』 「檀弓」에 나오는 말을 축약한 것이다. 사촌의 경우는 사촌의 아들이 복수할 경우 그를 돕는 것은 가능하지만 자신이 주체가 되어 복수를 하는 것은 하지 말아야 한다고 하였다.

이미 죽어서 다시 살아날 수 없으니 설령 저 친족을 살해한들 나에게 무슨 이익이 있겠는가? 그러므로 『장수왕경』에서 "원망으로 원망을 갚으면 원망은 끝내 없어지지 않고 덕으로 원망을 갚으면 원망이 이로 인해 소멸할 뿐이다."[158]라고 하였다.

> 文中若殺父母兄弟六親不得加報者。外論一世。怨親定異。故云。父母之仇。弗與共天下。兄弟之仇。弗與共國。從昆弟之仇。不爲魁。內融三世。怨親一貫。豈容爲彼一親。而殺此一親耶。故雖殺父兄。不得加報。又我親旣死。不可還活。設害彼親。於我何益。故長壽王經云。以怨報怨。怨終不滅。以德報怨。怨乃滅耳。

"왕이 다른 사람을 위해 죽였다고 해도 보복을 가해서는 안 된다."라는 것은 왕이 다른 사람을 위해서 나의 친족을 죽였을 경우에도 왕에게 보복을 가해서는 안 되는 것을 말하니, 왕도 친족이기 때문이다. 또 나의 왕이 상대방 적국에 의해 살해당했을 경우에도 상대방 나라에 보복을 가해서는 안 되는 것을 말한 것일 수도 있으니 그도 친족이기 때문이다.[159] 장생태자가 칼을 내려놓은 것이 바로 그 일이다.[160] "생명을 죽인 것을 생명으

---

158 『長壽王經』(T3, 386a)에서 "부처님께서 전생에 장수왕이었을 때 태자의 이름은 장생長生이었다. 평화롭고 풍요롭게 나라를 다스렸는데 이웃나라 왕이 그 나라를 탐내어 침략하자 두 나라의 백성들이 해를 당할 것을 염려하여 아들과 함께 숨어 살았다. 어느 날 바라문이 찾아왔는데 보시할 것이 없었으므로 자신의 목을 가져다가 현상금을 받을 것을 권하였다. 바라문이 거듭 사양하였지만 끝내 그 뜻을 꺾지 않았으므로 그를 왕에게 데려갔다. 장수왕이 사거리에서 사형당할 때 아들 장생이 이를 보고 있었다. 장수왕은 아들이 보복할 것을 염려하여 아버지의 마음을 받들어 절대 원수를 갚는 행위를 하지 말 것을 당부하였다. 그러나 아들 장생은 끝내 원한을 버리지 못하고 원수를 갚기 위해 아버지의 원수인 왕의 신하가 되었다. 마침내 그를 죽일 수 있는 기회를 맞았지만 아버지가 당부한 말을 떠올리고 복수를 포기하고 왕에게 자초지종을 말해 주었다. 왕은 장수왕의 나라를 돌려주고 자신의 나라로 돌아갔다."라고 하였다.
159 승장이 『梵網經述記』 권하(X38, 426b8)에서 제시한 것과 같다.

로 갚는 것은 효도에 수순하는 것이 아니다."라는 것은 원수는 다시 친족일 수도 있으니 또한 나를 낳아 준 은혜가 있다. 그 생명을 죽여서 나를 낳은 은혜에 보답하는 것은 효순의 도가 아니다. 이것도 죽였을 때는 별도로 중죄로 판정한다. 지금 여기에서는 원수에게 보복하는 것의 측면에서 경구죄로 판정하였다.

> 若國主爲他人殺者。亦不得加報者。謂國主爲他人故。殺我親者。亦不得於國主加報。以國主亦是親故。又可若我國主。爲他敵國殺者。亦不得於他國加報。以彼亦是親故。長生安劍。卽其事也。殺生報生不順孝道者。謂怨復是親故。亦有生我之恩。殺彼生命。報我生恩。不孝順道也。此亦殺時。別結重罪。今於報怨之邊。結輕垢也。

"오히려……두고" 이하는 경죄를 제시한 것이다. "하물며 고의로 일곱 가지 역죄를 지어서야 되겠느냐?"라는 것은 모든 사람이 다 친족임을 알면서 보복하기 위해 살생을 행하기 때문에 '역죄를 지어서야 되겠느냐?'라고 한 것일 뿐이다. "출가한 보살이 자애로운 마음이 없이 원수에게 보복하면서" 이하는 위반하여 범함이 성립되는 것이다. 특히 출가한 보살만 제시한 것은 어긋남이 심하기 때문이고 이치상 재가자에게도 적용된다. "여섯 부류의 친족에 이르기까지 고의로 보복한다면"이라는 것은 아버지와 어머니, 큰아버지와 작은아버지, 손위 형제와 손아래 형제를 '여섯 부류의 친족'이라고 한다. 여섯 부류 친족의 원수도 오히려 보복하지 말아야 하는데 하물며 다른 사람일 경우는 말할 것이 있겠는가?

『유가사지론』「보살지」(마흔여덟 가지 경계 중) 얼여섯 번째 계에서 "보살들이 다른 사람의 꾸짖음을 꾸짖음으로 갚고 다른 사람의 분노를 분노

---

160 앞의 각주 158에서 『長壽王經』을 취의 요약한 것을 참조할 것.

로 갚으며 다른 사람의 매질을 매질로 갚고 다른 사람의 희롱을 희롱으로 갚는다면 이것을 범함이 있고 위반함이 있는 것이라고 하는데 이는 염오에 의한 위범이다."¹⁶¹라고 하였다.

이 계는 예외적으로 허용할 수 있는 조건(開緣)이 없으니 제정한 뜻을 알 수 있을 것이다.

尙不畜下擧輕。況故作七逆之罪者。知一切是親。而行報殺。故名作逆耳。而出家菩薩無慈報酬¹⁾下。違而成犯。偏擧出家者。違之甚故。理通在家。乃至六親故作者。父母伯叔兄弟爲六親。六親之仇。尙不應報。況餘人也。菩薩地第十六戒云。若諸菩薩。他罵報罵。他瞋報瞋。他打報打。他弄報弄。是名有犯有所違越。是染違犯。此戒無開緣。制意可見。

1) ㉠『梵網經』본문에 따르면 '酬'는 '讎'이다.

② 마음을 낮추어 법을 받아들여라 : 제22계

두 번째는 마음을 낮추어 법을 받아들이는 계이다.

第二下心受法戒。

경 너희들 불자여, 처음 출가하여 아직 이해하지 못하면서 스스로 총명하고 지혜가 있음을 믿거나 고귀한 신분이고 나이가 많은 것을 믿거나, 훌륭한 족성과 명망 있는 가문이라는 것을 믿거나 재주가 많고 복덕이 많은 것을 믿거나, 재물과 일곱 가지 보배가 매우 넉넉한 것을 믿거나 하여, 이것으로 인해 교만한 마음을 품고 먼저 배운 법사에게 경과 율에 대해 묻고 받아들이지

---

161 『瑜伽師地論』 권41(T30, 518b18).

않아서야 되겠느냐? 그 법사가 보잘것없는 족성이거나 나이가 어리거나 사회적 지위가 낮은 집안 출신이라거나 가난하거나, 여러 가지 감각기관을 온전하게 갖추지 못했더라도 진실로 덕이 있고 모든 경과 율을 다 이해하고 있으면 신학보살은 법사의 종성을 보지 말아야 할 것이니 법사를 찾아가 제일의제第一義諦를 묻고 받아들이지 않는다면 경구죄를 범하는 것이다.

若佛子。初始出家。未有所解。而自恃聰明有智。或恃高貴年宿。或恃大姓高門。大解大福。大富饒財七寶。以此憍慢。而不諮受先學法師經律。其法師者。或小姓年少。卑門貧窮。諸根不具。而實有德。一切經律盡解。而新學菩薩。不得觀法師種姓。而不來諮受法師第一義諦者。犯輕垢罪。

소 형세를 보고 자문하지 않으면 법을 받아들이는 이익을 잃어버리기 때문에 제정하였다. 대승과 소승이 모두 제정하였고, 일곱 부류의 제자에 대해 동일하게 방지하였다.

見形不諮。失納法之利。故制之。大小俱制。七衆同防。

본문에서 "처음 출가하여 아직 이해하지 못하면서"라는 것은 불도에 들어온 지 얼마 되지 않아서 불법 중에 아직 이해하지 못한 것이 있는 것이다. "스스로 총명하고 지혜가 있음을 믿거나"라는 것은 세속의 일에 대해 총명하고 지혜가 있음을 믿는 것이다. "고귀한 신분이고 나이가 많은"이라는 것은 세력이 있는 고귀한 신분이고 나이가 많은 것이다. "훌륭한 족성과 명망 있는 가문이라는 것을 믿거나"라는 것은 강대한 속성의 가문과 명망이 있는 집안에서 태어나는 것이다. "재주가 많고 복덕이 많은 것"이라는 것은 재주와 복덕이 넉넉한 것을 말한다. "이것으로 인해 교만한 마음을 품고"라는 것은 앞에서 설한 다섯 가지 일[162]에 의해 교만한 마음을 내는 것이다.

"그 법사가" 이하는 교만한 마음을 일으키게 하는 대상을 나타낸 것이다. 율에서 제정하기를 "손상되고 절단된 사람도 법을 선양하는 주인이 될 수 있다."라고 한 것이 여기에서 '보잘것없는 족성이거나 나이가 어려도 묻고 설해 줄 것을 요청해야 한다.'라고 한 것에 해당하니, 그러므로 좇아가서 묻고 받아들여야 하는 것이다. 혹은 보살은 단지 그 도를 귀하게 여기고 그 형세를 귀하게 여기지 않기 때문에 비록 비천하여도 요청하여 설법하게 하는 것일 수도 있으니 제석천이 승냥이(野干)에게서 법을 받은 것[163] 등과 같다.

"신학보살은" 이하는 어긋나서 범함이 성립되는 것이다.

文中始出家未有解者。謂入道日近。於佛法中。未有所解也。自恃聰明有智者。謂恃於世事中。聰明有智也。或高貴年宿者。謂豪勢高貴。年歲長宿。或恃大性[1)]高門者。謂生大族家門高勝。大解大福者。才德豐饒也。以此憍慢者。以上五事。生憍慢也。其法師者下。出所慢境。律制。殘截人作當揚

---

[162] 다섯 가지 일 : 앞에서 "① 스스로 총명하고 지혜가 있음을 믿거나, ② 고귀한 신분이고 나이가 많은 것을 믿거나, ③ 훌륭한 족성과 명망 있는 가문이라는 것을 믿거나, ④ 재주가 많고 복덕이 많은 것을 믿거나, ⑤ 재물과 일곱 가지 보배가 매우 넉넉한 것을 믿거나 하여"라고 한 것을 말한다.

[163] 『未曾有因緣經』 권상(T17, 576c)에서 "부처님께서 전생에 승냥이로 태어났을 때 사자왕에게 먹히지 않으려고 달아나다 우물에 빠졌다. 그곳에서 빠져 나오지 못하여 굶어 죽기에 이르자 목숨을 탐하다가 사자의 밥조차 되지 못하고 죽는 것을 한탄하면서 다음 생에는 성불할 것을 소망하는 게송을 읊었다. 제석천이 그 게송을 듣고 승냥이를 범상치 않게 여기고 설법해 줄 것을 요청하였다. 승냥이가 제석천에게 자신은 우물에 있는데 위에 있으면서 교만한 마음으로 설법해 줄 것을 요청하는 것은 옳지 못하다고 하였다. 제석천은 자신의 잘못을 인정하고 천의天衣를 드리워 승냥이를 끌어올리고 설법해 줄 것을 요청하였다. 승냥이는 설법을 들으려면 높은 자리를 장엄하고 법사를 초청하여 그곳에 올라 설법할 것을 요청해야 한다고 하였다. 제석천과 하늘은 천의를 쌓아 올려 높은 자리를 만들었다. 이에 비로소 승냥이가 설법하였고 그것을 들은 이들이 보리심을 일으켰다."라고 하였다.

法主。此中當是小少諮請。故從諮受。或可菩薩。但貴其道。不在其形故。
雖卑賤。請令說法。如天帝。從野干受法等。而新學下違成犯也。

1) ⓔ '性'은 '姓'인 것 같다.

③ 좋은 마음으로 가르쳐 주어라 : 제23계

세 번째는 좋은 마음으로 가르쳐 주는 계이다.

第三好心教授戒。

경 너희들 불자여, 부처님께서 열반에 드신 뒤에 좋은 마음으로 보살계를 받으려고 할 때 부처님과 보살의 형상 앞에서 스스로 맹세하고 계를 받는데 7일 동안 부처님 앞에서 참회하여 좋은 현상(好相)이 생겨나면 바로 계를 얻을 수 있다. 만약 좋은 현상이 생겨나지 않으면 2·7일이나 3·7일, 1년 동안이라도 좋은 현상이 생겨나기를 기다려야 하니 좋은 현상이 생겨나면 바로 부처님과 보살의 형상 앞에서 계를 받을 수 있다. 만약 좋은 현상이 생겨나지 않으면 비록 부처님의 형상 앞에서 계를 받더라도 계를 얻었다고 할 수 없다.

만약 먼저 보살계를 받은 법사 앞에서 계를 받는다면 좋은 현상이 생겨나기를 기다릴 필요가 없다. 이 법사는 법사에게서 법사에게로 서로 전해 받았기 때문에 좋은 현상을 기다릴 필요가 없다. 그러므로 법사의 앞에서 계를 받으면 바로 계를 얻으니 존중하는 마음을 일으키기 때문에 바로 계를 얻는 것이다. 만약 천 리 안에 계를 줄 만한 법사가 없으면 부처님과 보살의 형상 앞에서 스스로 서원하고 계를 받을 수는 있지만 좋은 현상이 나타나는 것이 필요하다. 만약 법사가 스스로 경과 율과 대승의 학계(學戒)를 안다는 이유로 국왕과 태자와 모든 관리들과는 좋은 벗으로 지내면서 신학보살이 찾아와 경의 뜻과 율의 뜻을 묻는데도 업신여기는 마음이나 나쁜 마음이나 교만한 마음으로 인해 질문에 대해 낱낱이 좋은 마음으로 대답해 주지 않는다면 경구죄를 범하는 것이다.

> 若佛子。佛滅度後。欲以好心。受菩薩戒時。於佛菩薩形像前。自誓受戒。當以七日佛前懺悔。得見好相。便受得戒。若不得好相。應以二七三七乃至一年。要得好相。得好相已。便得佛菩薩形像前受戒。若不得好相。雖佛像前受戒。不名得戒。若先受菩薩戒法師前受戒時。不須要見好相。是法師。師師相授故。不須好相。是以。法師前受戒。卽得戒。以生重心故。便得戒。若千里內。無能授戒師。得佛菩薩形像前。自誓受戒。而要見好相。若法師自倚解經律大乘學戒。與國王太子百官。以爲善友。而新學菩薩來問。若經義律義。以輕心惡心慢心。一一不好答問者。犯輕垢罪。

소 자격을 갖춘 사람이라는 것을 알고도 가르쳐 주지 않으면 가르침의 도에 어긋나기 때문에 제정하였다. 대승과 소승, 출가자와 재가자에 대해 모두 동일하게 제정하였다.

> 見器不授。違敎訓之道。故制也。大小道俗。俱同制也。

본문 가운데 두 가지가 있다. 첫째는 신학보살이 계를 얻는 연을 밝혔고, 둘째는 법사가 잘 가르쳐 주지 않는 것을 밝혔다. 계를 얻는 연에 세 가지가 있다. 첫째는 스스로 서원을 세우고 받는 법을 밝혔고, 둘째는 다른 사람으로부터 받는 법을 밝혔으며, 셋째는 다시 두 가지 형태로 받는 것을 밝히면서 결론을 맺었다. 성문법 가운데 출가한 다섯 부류의 제자는 반드시 다른 사람으로부터 받고 재가자인 두 부류의 제자는 자신으로부터 받는 것과 다른 사람에게서 받는 것이 모두 가능하다. 『유가사지론』 권53에서 그 모양을 자세하게 설한 것[164]과 같다. 보살법 가운데 이 경은 일곱 부류의 제자가 계를 받는 것을 분별하지 않았다. 『점찰경』에 따르면 일곱 부류의 제자가 계를 받는 것은 스스로 받는 것과 다른 사람으로부터 받는 것에 모두 통한다. 그 경의 상권에서 자세하게 분별한 것[165]과 같다. "법사가" 이하는 나쁜 마음으로 설하여 위범을 이루는 것이다. 앞에서 설한 열여섯 번째 계와 다른 것은 그 계는 이양을 위해 전도되게 설하는 것을 제지한 것이고 이 계는 교만한 마음으로 나쁘게 설하는 것을 제지한 것이다. 예외적으로 허용하는 조건은 그 계와 동일하다.[166]

文中有二。一辨新學得戒之緣。二明法師不好教授。得戒緣中有三。一明自誓受法。二明從他受法。三覆結二受。聲聞法中。出家五衆。必從他受。在家二衆。通自他受。如瑜伽論五十三中。廣說其相。菩薩法中。此經不分七衆之受。若准占察。七衆受戒。皆通兩受。如彼上卷。廣分別也。若法師下惡說成犯。與前第十六戒異者。彼制爲利倒說。此制慢心惡說。開緣同彼。

---

[164] 『瑜伽師地論』 권53(T30, 589c)에서 "이 가운데에서 혹은 자신으로부터나 다른 사람으로부터 율의를 받기도 한다. 혹은 다시 어떤 경우는 오직 마음만 일으키면 저절로 받기도 한다. 그러나 비구율의만은 어느 것이나 허용되는 것에서 제외된다. 무엇 때문인가? 비구율의는 황문이 아닐 것 등과 같이 일정한 자격 조건이 요구되는 것으로 모든 중생이 받을 수 있는 것은 아니기 때문이다. 비구율의를 다른 사람으로부터 받지 않아도 된다고 한다면 출가할 수 있는 자격을 갖춘 사람이나 출가할 수 있는 자격을 갖추지 않은 사람이나 단지 출가하려는 마음만 먹으면 바로 누구나 그가 원하는 대로 저절로 출가할 수 있게 된다. 이와 같다면 성스러운 가르침은 바로 규범이 없어진다. 또 잘 설해진 법과 비나야에서는 이를 인정할 만한 내용이 보이지 않는다. 그러므로 비구율의를 서설부 받는 뜻은 있지 않다. (此中或有由他。由自而受律儀。……苾蒭律儀。無有自然受義。)"라고 한 것을 가리키는 것 같다.
[165] 『占察善惡業報經』 권상(T17, 904c)에서 미래세에 출가자와 재가자 모두 계를 받으려고 할 때 덕망과 학식을 갖춘 뛰어난 계사戒師에게 받을 수 있고 그러한 이가 없을 때는 스스로 서원하고 계를 받을 수 있다고 설한 것을 말한다.
[166] 열여섯 번째 계를 설한 것의 끝부분에서 『瑜伽師地論』을 인용하여 위범이 성립되지 않는 경우를 밝힌 것을 말한다.

(2) 다음의 한 가지 계 : 견해를 함께하는 것
― 다른 학문에 마음을 기울이지 마라 : 제24계

네 번째는 다른 학문에 마음을 기울이지 않는 계이다.

第四不專異學戒。

경 너희들 불자여, 부처님의 경과 율이 있어서 대승법과 바른 견해와 바른 본성과 바른 법신을 밝혔는데도 부지런히 배우고 닦아 익히지 않고 일곱 가지 보배를 버리고 도리어 그릇된 견해인 이승二乘과 외도의 가르침을 담은 세속의 서적과 아비담잡론阿毘曇雜論[167]과 서기서기書記[168]를 배워서야 되겠느냐? 이는 불성을 끊는 것이고 불도를 얻는 인연을 장애하는 것이며 보살도를 행하는 것이 아니다. 고의로 이러한 일을 한다면 경구죄를 범하는 것이다.

若佛子。有佛經律。大乘法。正見正性。正法身。而不能勤學修習。而捨七寶。反學邪見。二乘外道。俗典阿毘曇雜論一切書記。是斷佛性。障道因緣。非行菩薩道。若故作者。犯輕垢罪。

소 근본적인 것을 버리고 지말적인 것을 잡아서 대승의 도리를 방해하기 때문에 제정하였다. 대승과 소승이 함께하지 않으니, 배우는 것이 다르기 때문이다. 일곱 부류의 제자에 대해 동일하게 제정하였다. 이것은 곧 여섯 가지 화합하고 공경하는 것 가운데 견해가 같은 것과 일치한다.

---

167 아비담잡론阿毘曇雜論 : 소승의 논서 일체를 가리키는 말이다.
168 서기書記 : 의적의 해석에 따르면 역시 소승과 관련된 법으로 후대의 논사가 쓴 주석서이다.

捨本攀枝。妨大道。故制也。大小不共。所學異故。七衆同也。此卽六和敎[1]中。合見同也。

1) ㉙ '敎'는 '敬'인 것 같다.

본문에서 "부처님의 경과 율이 있어서"라는 것은 부처님의 가르침이 나타나 있는 것을 말한다. 만약 불법이 없는 때라면 또한 외도의 법을 좇아서 받아들이는 것이 허용되니 그 당시 세상에 불법이 모두 소멸하고 없기 때문이다. "대승법"이라는 것은 대승의 교법이고 "바른 견해"라는 것은 대승의 행법 가운데 지혜를 위주로 하기 때문이며, "바른 본성"이라는 것은 대승의 이치이고 "바른 법신"이라는 것은 대승의 과법果法이다.

"(부지런히 닦아 익히지) 않고" 이하는 근본적인 것을 버리고 지말적인 것을 좇는 것이다. "일곱 가지 보배를 버리고"라는 것은 대승은 진귀하게 여길 만한 것이어서 사상事象이 일곱 가지 보배와 같은데 이것을 버리고 익히지 않는 것이다. 본경의 어떤 판본에서는 "일곱 가지 보배를 버리지 않고"라고 하였는데 이 판본을 따른다면 세간의 일곱 가지 보배를 버리지 않는 것으로 풀이해야 한다. 보배와 같은 법을 배우려면 세간의 진귀한 것을 버려야 하는데 버리지 않기 때문에 배울 수 없는 것이다.

文中有佛經律者。謂現有佛敎。若無佛法時。亦許從受外法。時世佛法。皆滅盡故。大乘法者。謂大乘敎法。正見者。謂大乘行法中。慧爲主故。正性者。謂大乘理。正法身者。謂大乘果法。而不能下。捨本逐末。而捨七寶者。大乘可珍。事同七寶。而捨之不習。或經本云而不捨十寶。謂不棄捨世間七寶。欲學法寶。應捨世珍。而不捨故。不能習學。

"도리어 그릇된 견해인 이승과 외도의……배워서야 되겠느냐?"라는 것은 다른 학문을 총괄하여 제시한 것이다. 대승에 어긋나기 때문에 모두

"그릇된 견해"라고 하였다. "세속의 서적"이라는 것은 외도의 법이고, "아비담과 잡론과 서기"라는 것은 이승의 법이다. 후세의 논사가 지은 논論과 기記는 어떤 것은 문장과 이치가 얄팍하고 천박하며 어떤 것은 다른 견해를 어지럽게 늘어놓아 대승의 심오한 도리에 수순하지 않는다. 그러므로 마음을 기울여 익히고 배우는 것을 허락하지 않았다. 대승을 이미 연구하고 나서 다른 견해를 무너뜨리고 대승을 장엄하기 위하여 잠깐 배우는 것은 이치상 막지 않는다.

> 反學邪見二乘外道者。總擧異學。乖大乘故。皆名邪見。俗典者是外道法。阿毘曇雜論書記者。是二乘法。後世論師。所製論記。或文義淺近。或異見紛紜。不順大乘甚深道理。是故。不聽專心習學。若於大乘。已得研究。爲破異見。莊嚴大乘。暫時習學。理所不遮。

(『유가사지론』)「보살지」에 말하였다.

> 菩薩地云。

보살들이 보살장을 아직 정밀하게 연구하지 않고서 모든 보살장을 버리며 성문장을 한결같이 닦고 배운다면 이것을 범함이 있고 위반함이 있는 것이라고 하는데, 이는 염오에 의한 위범은 아니다.【스물여섯 번째 계이다.】 보살들이 현재 부처님의 가르침이 있는데도 부처님의 가르침을 아직 정밀하게 연구하지 않고 다른 도를 설하는 논서와 여러 외도의 논서를 정밀하고 부지런히 닦고 배운다면 이것을 범함이 있고 위반함이 있는 것이라고 하는데 이는 염오에 의한 위범이다. 위범이 성립하지 않는 경우라는 것은 매우 총명하거나 빨리 받아들일 수 있거나 오랜 시간이 지나도 잊어버리지 않을 수 있거나 그 이치를 생각할 수 있고 통달할 수 있거나 부처님의 가르침을 이치대로 관찰하여 흔들리지 않는 깨달음이 동시에 일어남을 성취할 수 있어서, 날마다 항상 두 부분은 부처님의 말씀을 수학하고 한 부분은 외도를 배운다면 위범이 성립하지 않는다.【스물일곱 번째 계이다.】[169]

> 若諸菩薩。於菩薩藏。未精研究。於菩薩藏。一切棄捨。於聲聞藏。一向修學。是名有犯有所違越。非染違犯。【是二十六也。】若諸菩薩。現有佛教。於佛教中。未精研究。於異道論及諸外論。精勤修學。是名有犯有所違越。是染違犯。無違犯者。若上聰敏。若能速受。若經久時。能不忘失。若於其義。能思能達。若於佛教。如理觀察。成就俱行無動覺者。於日日中。常以二分。修學佛語。一分學外。則無違犯。【是二十七也。】

또 그 논의 스물다섯 번째 계에서 말하였다.

> 又彼第二十五戒云。

보살들이 이와 같은 견해를 일으키고 이와 같은 주장을 세워서 "보살은 성문승과 상응하는 법을 설한 가르침을 듣지 말아야 하고 수지하지 말아야 하며 배우지 말아야 한다. 보살이 어찌 성문승과 상응하는 법을 설한 가르침을 듣고 수지하며 부지런히 배울 수 있겠는가?"라고 한다면 이것을 범함이 있고 위반함이 있는 것이라고 하는데 이는 염오에 의한 위범이다. 무엇 때문인가? 보살은 오히려 외도의 논서도 부지런히 연구해야 하는데 하물며 부처님의 말씀은 말할 것도 없다. 위범하지 않는 경우라는 것은 한결같이 소승법을 익히는 사람으로 하여금 그러한 욕구를 버리게

---

[169] 『瑜伽師地論』 권41(T30, 519a).

하려고 이와 같이 말하는 것이다.[170]

> 若諸菩薩。起如是見。立如是論。菩薩不應聽聲聞乘相應法敎。不應受持不應修學。菩薩何用於聲聞乘相應法敎聽聞受持精勤習學。是名有犯有所違越。是染違犯。何以故。菩薩。尙於外道書論精勤硏究。況於佛語。無違犯者。爲令一向習小法者。捨彼欲故。作如是說。

사람들이 한결같이 소승을 거스르고 비방함으로써 보살계를 범할까 봐 그러한 상황에 의탁하여 가르침을 끌어온 것이다.

> 恐人一向非毀小乘。犯菩薩戒。故寄引來。

(3) 다음의 네 가지 계 : 이익을 함께하는 것

① 대중과 삼보에 속한 물건을 잘 다스려라 : 제25계

다섯 번째는 대중과 삼보에 소속된 물건을 잘 다스리는 계이다.

> 第五善御衆物戒。

경 너희들 불자여, 부처님께서 열반에 드신 뒤에 설법주說法主가 되거나 행법주行法主가 되거나 승방주僧房主가 되거나 교화주敎化主가 되거나 좌선주坐禪主가 되거나 행래주行來主가 되거나 하면 자애로운 마음을 내어 다툼을 잘 화해시키고 삼보에 소속된 물건을 잘 지켜서 법도에 어긋나게 사용하지

---

170 『瑜伽師地論』 권41(T30, 519a).

않고 자신의 물건처럼 여겨야 한다. 보살이 도리어 대중을 어지럽게 하여 다투게 만들고 삼보에 속한 물건을 마음대로 사용한다면 경구죄를 범하는 것이다.

> 若佛子。佛滅度後。爲說法主。爲行法主。爲僧房主。敎化主。坐禪主。行來主。應生。¹⁾ 善和鬪訟。善守三寶物。莫無度用。如自己²⁾慈心³⁾有。而⁴⁾反亂衆鬪諍。恣心用三寶物者。⁵⁾ 犯輕垢罪。
>
> 1) ㉖ 저본에 따르면 '生' 뒤에 '慈心'이 누락되었다. 2) ㉖ 저본에 따르면 '已'는 '己'이다. 3) ㉖ 저본에 따르면 '慈心'은 연자이다. 4) ㉖ 의적의 해석에 의거하면 '而' 뒤에 '菩薩'이 누락되었다. 5) ㉖ 저본에 따르면 '者'는 연자이다.

소 이 이하의 네 가지 계는 이익을 함께하는 것을 제정하였다. 대중을 잘 다스려 마음에 근심과 후회가 없게 하고 삼보에 소속된 물건을 잘 수호하여 쓸데없이 소모하는 일이 없게 하는 것이다. 만약 이렇게 할 수 있다면 정법이 끊어지지 않기 때문에 제정하였다. 대승과 소승이 동일하게 제정하였다. 일곱 부류의 제자가 동일하게 배우는 것이니, 재가자인 두 부류의 제자도 대중을 다스리는 뜻을 나누어 가지기 때문이다.

> 此下四戒。制同利也。善御大衆。心無憂悔。善守寶物。令無費損。若能如是。正法不斷。故制爲之。大小同制。七衆同學。在家二衆。分有御衆義故。

본문에서 "부처님께서 열반에 드신 뒤에"라고 한 것은 시절을 나타낸 것이다.

"설법주"라는 것은 강의를 주관하는 소임이다. 혹은 강의를 할 수 있는 단월檀越[171]이 설법주가 될 수도 있다. "행법주"라는 것은 교법을 행하는

---

171 단월檀越 : ⓢ dānapati의 음역어. 시주施主라고 의역하고 음역어와 의역어를 합하여

것을 주관하는 소임이다. "승방주"라는 것은 절의 주지인 마마제摩摩帝[172]를 말한다. "교화주"라는 것은 출가자와 재가자의 교화를 주관하는 소임이다. "좌선주"라는 것은 선정의 습득을 주관하는 소임이다. "행래주"라는 것은 손님(行來)에게 하루 동안 숙식을 제공하는 것과 같은 일을 주관하는 소임이다. 앞의 여섯 가지 일에 대해 각자 통솔하고 다스리는 일을 하기 때문에 모두 '소임'이라 하였다.

앞의 여섯 가지 소임을 담당하면 두 가지 일을 행해야 한다. 첫째는 자비심을 일으켜 다툼을 잘 조화시켜야 하고, 둘째는 삼보에 속한 물건을 잘 수호하고 법대로 수용하여 도둑질하거나 손상시키거나 서로 용도를 바꾸어서 사용해서는 안 된다.[173] 수용하는 법은 『보량경寶梁經』[174]과 여러 율전과 논서에서 설한 것[175]과 같으니 이것에 준하여 행해야 한다. 여기

단주檀主라고도 한다. 승중에 의복과 음식을 공양하거나 법회의 비용을 보시하는 재가신도를 가리킨다.
[172] 마마제摩摩帝 : 『翻譯名義集』권1(T54, 1074c)에서 "마마제는 혹은 비하라사미毘呵羅莎弭라고도 한다. 의역어는 사주寺主이다."라고 하였고 비하라사미는 ⑤ vihārasvāmin의 음역어이다. 그런데 비하라사미에 상응하는 범어에서는 마마제라고 음역할 근거가 보이지 않는다. 따라서 마마제는 다른 범어의 음역어인 것으로 생각된다. 『翻梵語』권3(T54, 1007a)에서 "마마제의 갖춘 음역어는 마마제제타라摩摩帝帝陀羅이고 구역에서 사주寺主라고 의역하였다. 범어의 바른 음역어는 마말지가미타타摩末底㗱彌陀他이다. '마말지'는 사주라고 의역하고 가미타타는 치치라고 의역하니 치사주비구治寺主比丘라고 의역한다."라고 하였다.
[173] 예를 들면 승보에 속한 물건으로 불탑을 수리하는 것이 이 경우에 해당한다.
[174] 『보량경寶梁經』 : 북량北涼의 도공道龔이 한역한 단행본으로 당나라 때 보리유지菩提流志가 편찬한 『大寶積經』 권113~114(大正藏 11, 638c~648a)의 제44 보량회寶梁聚會에 편입되었다. 『大寶積經』 권113(T11, 643b)에서 영사비구營事比丘가 불물佛物·법물法物·승물僧物을 수용하는 법을 상세히 설하였다.
[175] 『摩訶僧祇律』권3(T22, 251c) 「盜戒」에서 "마마제의 소임을 맡은 비구가 불보인 불탑에 속한 재물이 없어서 승보인 중승의 재물을 가져다가 불탑을 수리하면 바라이죄이다. 중승에게 재물이 없어서 불탑에 속한 재물로 중승에게 공양하면 바라이죄이다. 앞과 같은 상황이 생겨날 경우 법대로 해야 한다. 곧 임대한 사실을 기록하고 나서 사용해야 위범이 성립되지 않는다."라고 하여 삼보에 속한 물건을 서로 바꾸어 쓰는 것도 도둑질의 일종이라고 하였다. 『大寶積經』 권113(T11, 643c)에서는 "상주승常住僧

에서는 자세히 서술하지 않는다.

> 文中佛滅度後者。顯時節也。爲說法主者。謂講說之主也。或可講說檀越。
> 爲說法主也。爲行法主者。謂施行敎法之主也。僧房主者。謂寺主摩摩帝。
> 敎化主者。謂敎化道俗之主也。坐禪主者。爲習禪定之主也。行來主者。如
> 施一食處供給行來之主。於上六事。各爲統御。故皆名主。如上六主。應行
> 兩事。一應生慈心。善和鬪訟。二善守三寶物。如法受用。不得盜損及互迴

의 재물과 초제승招提僧의 재물과 불보에 속한 물건은 분명히 구별해야 한다. 영사비구營事比丘(절을 경영하는 소임을 맡은 비구)가 마음대로 서로 용도를 바꾸어서 사용해서는 안 된다. 만약 서로 바꾸어 쓰려면 소유하고 있는 주체의 허락을 받아야 한다. 예컨대 상주승의 재물이 많은데 초제승이 이것을 필요로 할 때에 영사비구는 승중에게 허락을 받아야 하고 또 승보의 재물로 불탑을 수리하려고 할 때에는 승중의 허락을 받아야 한다. 단 불보의 경우는 소유하는 주체가 현존하지 않기 때문에 허락을 받을 수 없으니 그것으로 승중이 필요로 하는 것에 사용하는 것은 허락되지 않는다."라고 하였다. 『摩訶僧祇律』에서 법대로 빌려 쓰는 형식을 취할 경우에는 불물도 승물로 전용할 수 있다고 한 것과는 차이가 있다. 또 『摩訶僧祇律』 권3(T22, 252a)에서 "비구가 승물임을 알았어도 이익이 되는 이와 손해를 끼치는 이 모두에게 주어야 한다. 손해를 끼치는 이라는 것은 절에 들어와서 음식을 찾는 도둑인데 마땅히 주어야 하는 것은 아니지만 주지 않을 경우 절을 태우는 것 등과 같은 일을 저지를 것을 우려하여 주어야 하고, 이익이 되는 이란 중승의 방사를 관리하는 사람·화공·요리사 등이니 이들은 마땅히 주어야 하는 것이다."라고 하여 예외적인 경우를 제시하였다.

『大寶積經』의 '초제승'이란 사방승四方僧(특정 시간이나 공간에 제한되지 않는 전체 교단, 곧 이념으로서의 승가를 일컫는 말)을 가리킨다. 『一切經音義』 권64(T54, 734c)에서 "초제.【의역어는 사방이다. '초'의 의역어는 '사'이고 '제'의 의역어는 '방'이니 사방승을 말한다. 어떤 사람이 '초제'라고 한 것은 잘못된 것이다. 바른 음역어는 자투제사柘鬪提奢(Ⓢ catur-diśa)로 의역어는 사방이다. 역자가 '투'를 버리고 '사'를 버리고 '자'는 다시 잘못하여 '초'라고 썼다. '자'와 '초'는 서로 유사하기 때문에 마침내 이러한 오류가 생겨났다.】(招提.【譯云四方也。招此云四。提此云方。謂四方僧也。一云。招提者訛也。正言柘鬪提奢。此云四方。譯人。去鬪去奢。柘復誤作招。以柘招相似。遂有斯誤也。】)"라고 하였다. '상주승'이란 영원히 상수하는 승가라는 뜻에서 현전승가現前僧伽와 상대하는 의미로 쓰이는 경우가 많다. 이런 의미에서의 상주승은 사방승, 곧 초제승과 같은 뜻이다. 그런데 여기에서는 초제승과 상대하는 의미, 곧 절에서 상주하는 사람들의 승가 혹은 그러한 스님이라는 뜻으로 사용되었다. 곧 현전승가現前僧伽(시간적으로 공간적으로 한정된 형태의 승가. 곧 지금 여기에 성립하고 있는 승가. 최하 4인 이상의 비구·비구니가 모여서 수행생활을 할 때 성립되는 승가)와 같은 의미로 사용되었다.

換。受用法。或如寶梁經及諸律論。應准行之。此不具述。

"보살이"[176] 이하는 위범을 판정하였다. 마음대로 물건을 사용하고 물건을 얻으면 자기의 것으로 만들며 정해진 용도에 맞지 않게 서로 바꾸어서 사용하면 모두 별도로 중죄로 판정한다. 여기에서는 단지 잘 수호하지 않는 것의 허물만 판정하였다.

而菩薩下。而[1)]違之結犯。恣心用物。得物屬已。[2)] 及非處互用。皆別結重罪。此中但結不善守過。

1) ㉥ '而'는 연자인 것 같다. 2) ㉥ 저본에 따르면 '己'는 '己'이다.

② 절에 머무는 스님과 절에 찾아온 스님은 이익을 함께하라 : 제26계

여섯 번째는 절에 머무는 스님과 절에 찾아온 스님이 이익을 함께하는 계이다.

第六主客同利戒。

경 너희들 불자여, 먼저 승방에 머물면서 나중에 손님인 보살비구菩薩比丘[177]가 와서 승방僧房이나 성읍에 있는 일반인의 집이나 국왕이 조성한 집이나 하안거夏安居[178]를 위해 마련된 거처나 큰 법회(大會)가 열리는 곳으로 들어오

---

176 어떤 판본에도 '反' 앞에 '菩薩'이 들어간 것은 없다. 판본의 차이일 수도 있고 앞의 계에서 '菩薩'을 집어넣은 것을 그대로 받아들여 의적 자신이 집어넣은 것일 수도 있다.
177 보살비구菩薩比丘: 대승계에 의지하여 출가한 스님을 성문비구聲聞比丘와 간별하여 일컫는 말이다.
178 하안거夏安居 : [S] vārṣika의 의역어. 안거安居·우기雨期·좌랍坐臘·결제結制 등이라고도 한다. 수행 제도의 하나. 인도에서는 여름에 3개월 동안 집중적으로 비가 쏟

는 것을 보면 먼저 머물고 있던 스님은 오는 이를 맞이하고 가는 이를 배웅하며, 음식을 공양하고 방과 이부자리와 의자와 평상平床을 비롯하여 필요한 것은 모두 공급해 주어야 한다. 만약 물건이 없다면 자신의 몸이나 아들과 딸의 몸을 팔아서라도 공급해 주어야 할 것을 모두 그들에게 주어야 한다.

단월이 찾아와 스님들을 초청하면 손님인 스님(客僧)도 이양을 취할 자격이 있으니 승방주僧房主(절의 주지)는 차례대로 차출하여 손님인 스님도 초청을 받도록 해야 한다. 먼저 머물고 있던 스님들이 독점하여 초청을 받고 손님인 스님을 차출하지 않으면 승방주는 한량없는 죄를 짓는 것이니 짐승과 다르지 않고 사문이 아니며 석가의 종성(부처님의 제자)이 아니다. 만약 고의로 이러한 일을 한다면 경구죄를 범하는 것이다.

若佛子。先在僧房中住。後見客菩薩比丘來。入僧房。舍宅城邑若國王宅舍中乃至夏坐安居處及大會中。先住僧。應迎來送去。飮食供養。房舍臥具。繩床木床。事事給與。若無物。應賣自身及男女身[1] 供給所須。悉以與之。若有檀越。來請衆僧。客僧。有利養分。僧房主。應次第差。客僧受請。而先住僧。獨受請。而不差客[2]者。房[3]主。得無量罪。畜生無異。非沙門非釋種姓。若故作者。犯輕垢罪。

1) ㉭ 의적의 해석에 따르면 '身' 뒤에 '肉'이 누락되었다.　2) ㉳ 을본에 따르면 '客' 뒤에 '僧'이 있다. ㉭ 『大正藏』에 실린 『梵網經』에 따르면 '僧'이 있다.　3) ㉭ 의적의 해석과 『大正藏』에 실린 『梵網經』에 따르면 '房' 앞에 '僧'이 누락되었다.

소 부처님의 제자(釋侶)가 되었으면 법과 이익을 함께해야 한다. 법을

아지는데 이 기간 동안 외출을 금지하고 한곳에 모여 수행에 전념하게 한 제도를 가리킨다. 이는 이 기간에 돌아다니면 땅 위에 있는 벌레나 초목의 싹을 밟아 죽일 가능성이 높기 때문에 제정하였다. 그 시기에 대해서는 다양한 견해가 있는데 우리나라에서는 현재 음력 4월 15일에 시작하여 7월 15일에 마친다. 하안거와 관련된 다양한 견해는 태현이 『梵網經古迹記』 권하(T40, 713a)에서 소개한 것을 참조할 것.

함께하면서 이익을 달리 한다면 세속의 청정하지 않은 삶의 방식과 동일하다. 이는 성문도 허락하지 않는 것이니 하물며 대사는 말할 것도 없다. 그러므로 제정하여 함께하도록 하였다. 대승과 소승이 함께 제정하였고 출가자와 재가자는 함께하지 않는다. 이미 스님의 이익이라고 하였으니 세속의 대중은 포함하지 않는다.

> 預在釋侶。法利應同。若法同利異。則同俗穢。聲聞。尙所不許。況大士也。故制令同。大小俱制。道俗不共。旣言僧利。不兼俗衆。

본문에 두 가지가 있다. 첫째는 승단에 속한 물건과 관련하여 절에 머무는 스님과 손님으로 온 스님이 균등하게 이익을 누려야 하는 것을 밝혔고, 둘째는 단월이 제공한 이익과 관련하여 절에 머무는 스님과 손님인 스님이 균등하게 이익을 누려야 하는 것을 밝혔다.

처음에는 먼저 스님이 머무는 처소에 있는 것을 밝혔고, 두 번째로 "일반인의 집" 이하는 단월의 처소에 있는 것을 밝혔다. "만약 물건이 없다면 자신의 몸이나 아들과 딸의 몸을 팔아서라도"라고 하였으니 이 글의 모양에 의거하면 세속의 대중을 포함해야 한다. 비록 스님의 이익을 함께하지는 않을지라도 손님(客人)을 살펴서 필요한 것을 공급하는 것은 이치상 재가보살에게도 통한다.

> 文中有二。一就僧物。辨應均主客。二約檀越利。辨主客應均。初中。先明在僧住處。二舍宅下。明在檀越處。若無物。應賣自身及男女身肉者。准此文相。應兼俗衆。雖不預僧利。瞻給客人。理通在家菩薩。

"단월이" 이하는 단월과 관련하여 손님인 스님과 먼저 머물던 스님이 이익을 함께하는 것을 밝혔다.

若有檀越下。就檀越。辨客主同利。

승차僧次[179]에 의해 차출하는 것에 대략 여섯 가지가 있다.[180]

첫째는 차출하는 사람이다. 반드시 다섯 가지 법을 성취한 사람이어야 하니 애착하지 않고 분노하지 않으며 두려워하지 않고 어리석지 않으며 차출해야 할 사람과 차출하지 말아야 할 사람을 아는 것이다. 또 계율을 수지하여 청정하며 행법行法에 막힘이 없어야 한다. 그러한 뒤에 소임을 맡는다.

둘째는 차출의 대상이 되는 사람이다. 출가자인 다섯 부류의 제자로 파계하거나 계를 잃어버리거나 하지 않은 사람이고 해탈을 위해 출가한 사람이라야 비로소 공양을 받을 수 있다. 승잔행법僧殘行法을 범하여 백사갈마를 한 사람은 본래의 하랍夏臘[181]의 차례에 의거한다. 학계인學戒人[182]은 비구·비구니 스님의 아래 사미의 위에 앉아서 공양을 받는다. 삼보에 귀의하는 계(三歸戒)와 다섯 가지 계(五戒)를 받은 사미의 경우는 다음과 같다. 어떤 사람은 "역시 승차에 의해 공양을 받을 수 있다. 바로 『열반경』이 그 증거가 된다."라고 하였고 어떤 사람은 "열 가지 계를 받고 나서야 승차에 의해 공양을 받을 수 있다."라고 하였다. 여기에서 『열반경』의 글이라는 것은 대본과 소본이 또한 같지 않기 때문에 증거로 삼을 수 없다.

---

179 승차僧次 : 승중僧衆의 석차席次라는 뜻. 계랍戒臘에 의해 결정하는 것을 원칙으로 한다. 승차에 의해 공양을 접수하는 것을 승차청僧次請이라 한다. 상대어는 별청別請으로 특정인을 지정하는 형태로 공양을 접수하는 것을 말한다.
180 지의는 『菩薩戒義疏』 권하(T40, 577b)에서 "승차에 의해 차출하는 것에 여섯 가지가 있다. 율에서 설한 것과 같다.(差僧次有六種. 如律中說.)"라고 하고, 그 구체적인 내용은 밝히지 않았다.
181 하랍夏臘 : 법랍法臘과 같은 말. 출가한 햇수를 가리키는 말이다.
182 학계인學戒人 : [S] śikṣamāṇā의 의역어. 정학녀正學女·학법녀學法女라고도 한다. 음역어는 식차마나式叉摩那이다. 다섯 부류의 출가제자 중 하나로 출가하여 구족계를 받기 전 2년 동안 비구니의 계행을 배우는 단계에 있는 수행자를 가리킨다.

差僧事.¹⁾ 略有六種。一能差人。必五法成。謂不愛不恚。不怖不癡。知應差
不應差。又持戒淸淨。不滯行法。然後當職。二所差人。謂出家五衆。非破
戒無戒。乃至爲解脫出家者。方得受之。若帶僧殘行法及白四羯磨人。依
本夏次。學戒人。居僧下沙彌上受也。三歸五戒沙彌者。一云。亦得受僧次。
卽以涅槃爲證。一云。受十戒已。得受僧次。中涅槃經文。大小兩本。又不
同故。不可爲證。

---

1) ㉎『菩薩戒義疏』에 따르면 '事'는 '次'인 것 같다.

셋째는 승차에 의해 차출하여 공양을 받는 모임이 열리는 곳이다. 승가
와 세속의 두 곳에 있는 자연계自然界와 작법계作法界[183]에서 모두 승차에
의해 차출하여 공양을 받는 모임을 행할 수 있다. 이전의 학자가 말하기
를 "예로부터 준거로 삼아 온 것이다."라고 하였다.

넷째는 승차에 의해 차출하는 법이다 오직 한 번의 차례가 있을 뿐이
다. 상좌에서부터 하좌에 이르기까지 두루 차출하고 나면 다시 시작한
다. 큰 스님과 사미를 구별하지 않고 모두 차례대로 차출해야 한다. 만약
"상좌부터"라고 말한다면 승차에 의한 것이라고 할 수 있다.[184] "만약 경
으로 인도하는 스님을 승차대로 초청한다."거나 "강의하는 스님을 승차
대로 초청한다."고 말한다면 이는 특정인을 지목하여 초청하는 것의 다
른 이름이니 시방승(모든 스님)을 차례에 넣는 것을 허용하지 않는 것이
다. 또 대승과 소승은 견해를 달리하여 함께 한곳에 머물 수도 없고 함께
한 강물을 마실 수도 없는데 하물며 이익을 함께하겠는가? 소승을 간별

---

183 자연계自然界과 작법계作法界 : 승중이 화합해야 할 주처의 경계를 그 방법에 따라
두 가지로 나눈 것. 자연계는 부작법계不作法界로 법식에 의존하지 않고 자연의 형세
와 지형 등 지리적 조건을 참작하여 결정되는 구역이다. 작법계는 갈마에 의해 일정
한 구역을 지정함으로써 자연계의 부족함을 보충하는 것이다.
184 『四分律刪繁補闕行事鈔』권중(T40, 80a).

하고 대승만 차출하여 승차를 이루어야 한다. 예를 들어 다섯 가지 부파(五部)[185]가 견해를 달리하여 법의 이익을 함께하지 않는 것과 같다. 또 이렇게 해석할 수도 있다. 소승의 주처에서는 대승을 간별할 수 있으니 대승이 불법이라는 것을 믿지 않기 때문이다. 만약 대승의 주처라면 소승을 간별할 수 없으니 대승은 다섯 가지 부파가 모두 불법이라는 것을 믿기 때문이다. 서국西國(인도)에 있는 대승의 주처에서는 열여덟 가지 부파(十八部)[186]의 뜻이 두루 행해진다고 들었다.

다섯째는 소疏(서신書信)가 도착한 시간과 관련된 것이고,[187] 여섯째는 초청을 수용하는 것과 초청을 거절하는 것과 관련된 것이다.[188] 이전의 주

---

[185] 다섯 가지 부파(五部) : 소승의 부파를 전승한 율전의 차이에 의해 다섯 가지로 나눈 것. 첫째는 담무덕부曇無德部이니 법장부法藏部라고 의역한다. 『四分律』을 전하였다. 둘째는 살바다부薩婆多部이니 설일체유부說一切有部라고 의역한다. 『十誦律』을 전하였다. 셋째는 미사새부彌沙塞部이니 화지부化地部라고 의역한다. 『五分律』을 전하였다. 넷째는 가섭유부迦葉遺部이니 음광부飮光部라고 의역한다. 『解脫律』을 전하였다. 다섯째는 마하승기부摩訶僧祇部이니 대중부大衆部라고 의역한다. 『摩訶僧祇律』을 전하였다.
[186] 열여덟 가지 부파(十八部) : 불교가 최초로 분열하였을 때 성립된 상좌부上座部와 대중부大衆部에서 갈라져 나온 부파를 모두 합하여 일컫는 말이다. 상좌부와 대중부는 근본이 되는 것이기 때문에 제외하고 상좌부에서 갈라져 나온 열 가지 부파와 대중부에서 갈라져 나온 여덟 가지 부파를 합쳐서 열여덟 가지 부파가 성립된다.
[187] 『梵網經』 주석서 중 승차청과 관련하여 여섯 가지 측면에서 논한 것은 승장의 『梵網經述記』인데 여섯 가지의 논점은 세운 것은 동일하지만 그 내용이 꼭 같지는 않다. 의적이 자신의 견해를 밝히지 않고 이전의 것을 참조할 것을 권하였으므로 승장의 주석서에 따라 내용을 보충하면 다음과 같다. 『梵網經述記』 권하(X38, 428b)에 "다섯째는 공양을 요청하는 서신이 도착한 시간과 관련된 것이다. 서신이 도착한 시간의 전후에 따라 차례대로 차출한다. 만약 동시에 서신이 지사知事의 소임을 맡은 사람에게 도착하였다면 멀리에서 온 것을 먼저 차출하여 보내고 가까운 곳에서 온 것은 나중에 차출하여 보낸다. 동일하게 가까운 곳이나 동일하게 먼 곳에서 동시에 함께 지사의 소임을 맡은 사람에게 도착하였다면 먼저 나타난 서신의 것을 앞에 배정한다. 서신을 지닌 사람이 비록 앞서 계내에 들어오기는 했지만 아직 지사의 처소에 이르지 않았을 경우가 있는데 이에 대해서는 두 가지 해석이 있다. 하나는 계내에 들어온 순서에 의해 차출하는 것이고, 다른 하나는 먼저 나타난 것에 의해 차출하는 것이다."라고 하였다.
[188] 『梵網經述記』 권하(X38, 428b)에서 먼저 공양을 받은 것을 거절하고 나중의 공양청을 수락할 수 있는지의 여부, 먼저 공양청을 받고 이를 거절하여 계외界外의 사람에

석서에 갖추어서 논하였기 때문에 여기에서는 번거롭게 인용하지 않는다.

三差會處。僧俗二處。自然作法。皆得差次。舊說云。古來可依准。四差次法。唯有一次。從上座至下座。周而復始。不簡大僧及沙彌。皆須次第之。若言上座。得名僧次。若言經導僧次講席僧次等。乃是的請異名。不開十方僧次也。若大小見異。尚不得共住一處。同飲一河。何況同利。別小差大。應成僧次。如五部異見。不共法利。又可小乘住處。得別大乘。不信大乘是佛法故。若大乘住處。不得別於小乘。大乘信五部。皆是佛法故。蓋聞西國大乘住處。通行十八部義。五疏來早晚。六受請捨請。舊疏備論。此不煩引。

"승방주는 한량없는 죄를 짓는 것이니"라는 것은 다른 사람이 얻어야 할 이익을 빼앗았기 때문이다. 비록 물건을 자신이 가진 것은 아니지만 도둑질하고 손상한 죄를 짓는 것이다. 초청을 받은 사람이 알면서도 고의로 독점하여 받으면 이치상 응당 동일하게 범하는 것이다. "짐승과 다르지 않고" 등이라는 것은 그 허물의 중대함을 꾸짖은 것이다. 오직 현재의 이익을 탐하여 훗날의 허물을 보지 못하기 때문에 짐승과 다르지 않은 것이다. 이미 옳지 않은 법을 지었으니 어찌 식악息惡[189]이라 할 수 있겠는가? 부처님의 가르침을 어겼기 때문에 "석가의 종성이 아니다."라고 하였다.

僧房主得無量罪者。由奪他人應得之利故。雖物不屬已[1)]而得盜損之罪。若受請人。知而故受。理應同犯。畜生無異等者。訶其過重。唯貪現利。不見後過。故畜生無異。既作非法。何名息惡。違佛教故。非釋種姓也。

게 줄 수 있는지의 여부, 앞에서 공양을 청한 것을 거절하고 공양을 받을 차례를 배정받지 못한 스님에게 주는 것이 가능한지의 여부 등과 관련된 다양한 견해를 제시하였다.

189 식악息惡 : [S] śramaṇa의 의역어. 음역어는 사문沙門이다. 사문이라는 이름에는 악을 그친다는 뜻이 있는데 악을 행했으니 더 이상 사문이 아니라는 것이다.

1) ㉠ 저본에 따르면 '巳'는 '己'이다.

③ 개별적으로 초청을 받지 마라 : 제27계

일곱 번째는 개별적으로 초청을 받지 않는 계이다.

第七不受別請戒。

경 너희들 불자여, 어떤 경우에도 개별적으로 초청을 받아서 이양을 자신에게 돌아오게 해서는 안 된다. 이 이양은 시방승에 속한 것이니 개별적으로 초청을 받으면 시방승의 물건을 취하여 자기의 것으로 만드는 것이다. 또 여덟 가지 복전 가운데에서 여러 부처님과 성인과 낱낱의 스승(師)[190]과 승중과 어머니와 아버지와 병자의 물건을 자신이 사용하는 것이기 때문에 경구죄를 범하는 것이다.

若佛子。一切不得受別請。利養入己。而此利養。屬十方僧。而別受請。卽取十方僧物入己。及八福田中。諸佛聖人。一一師僧。父母病人物。自己用故。犯輕垢罪

소 시주가 광대한 복을 얻는 것에 어긋나고 모든 스님이 평등하게 이익을 얻는 원칙을 잃는 것이기 때문에 제정하여 받지 않게 하였다. 성문은 두 가지 초청을 모두 허락하지만 보살은 개별적으로 초청을 받는 것은

---

190 낱낱의 스승(師) : 의적의 해석에 따르면 화상과 아사리라고 할 수 있다. 보통 '師僧'은 스승인 스님이라는 뜻으로 다른 스님과 구별하는 의미로 쓰인다. 본문에 대한 의적의 해석에서 '師'와 '僧'을 나누어 보았기 때문에 이것에 의거하여 뒤에 나오는 '僧'과 나누어서 풀이하였다.

한결같이 막는다. 일곱 부류의 제자 가운데 출가자인 다섯 부류의 제자에 대해 제정한 것이다.

> 違施主廣福。失衆僧等利。故制不受。聲聞俱許二請。菩薩一向遮別。七衆 之中。應制出家五衆。

본문에서 "어떤 경우에도 개별적으로 초청을 받아서 이양을 자신에게 돌아오게 해서는 안 된다."라고 한 것은 성문법에서는 두타법頭陀法[191]을 수지하는 이는 개별적으로 초청을 받아서는 안되지만 두타법을 행하지 않는 이는 또한 개별적으로 초청을 받는 것을 허락하였다. 보살법에서는 두타를 행하거나 두타를 행하지 않는 것을 불문하고 어느 때라도 막기 때문에 "어떤 경우에도 개별적으로 초청을 받아서는 안 된다."라고 하였다.
"이 이양은 시방승에 속한 깃이니"라는 것은 보살이 개별적으로 초청을 받지 않으면 이렇게 해서 얻은 이양은 이치상 시방승에 속하는 것이다. 그런데 보살이 개별적으로 초청을 받는 것으로 인하여 바로 멀리 시방승에 속한 것을 덜어서 개별적으로 자신의 것으로 만드는 뜻이 있는 것

---

[191] 두타법頭陀法 : '두타'는 ⓢ dhūta의 음역어로 두다杜多라고도 하고 기제棄除·수치修 治 등으로 의역한다. 의·식·주에 대한 탐착을 버리고 신심身心을 수련하는 엄격한 수행원칙으로 보통 열두 가지를 제시하여 십이두타행이라고 하는데 그 구체적인 내용은 출처에 따라 약간 다르다. 늘 약속된 집에서 걸식하는 것(常期乞食), 마을에 들어가 분별하지 않고 차례대로 걸식하는 것(次第乞食), 한번 앉은 자리에서 한 번만 먹는 것(但一坐食), 단지 삼의三衣만 지니는 것, 아란야阿蘭若(마을에서 멀리 떨어진 고요한 곳)에 머무는 것, 항상 나무 밑에 거주하는 것, 항상 가리운 것이라곤 아무것도 없는 맨땅에 머무는 것 등이다. 『大智度論』 권68(T25, 537b)에서 "열두 가지 두타는 계라고 하지 않으니 행하면 계를 장엄하는 것이지만 행하지 않는다고 하여 계를 범하는 것은 아니다. 비유컨대 보시는 행하면 복을 얻지만 행하지 않는다고 해서 죄가 되는 것은 아닌 것처럼 두타도 이와 같다.(十二頭陀。不名爲戒。能行則戒莊嚴。不能行不犯戒。譬如布施。能行則得福。不能行者無罪。頭陀亦如是。)"라고 하여 계율이 타율적이라면 두타는 자율적인 것임을 밝혔다.

이다. 그러므로 "개별적으로 초청을 받으면 시방승의 물건을 취하여 자기의 것으로 만드는 것이다."라고 하였다.

"여덟 가지 복전의 물건을 자신이 사용하는 것이기 때문에"라는 것은 단지 시방승에 속하는 물건을 취하여 자신의 것으로 만드는 것만이 아니고 또 여덟 가지 복전의 물건을 덜어내어 자신이 수용하는 것이니 보살이 만약 개별적으로 초청을 받지 않았다면 여덟 가지 복전에도 아울러 나누어지는 부분이 있게 되기 때문이다. 그런데 개별적으로 초청을 받는 것에 의해 이익을 자신이 가지게 되는 것이다. "여덟 가지 복전"이라는 것은 첫째는 부처님이고 둘째 성인이며 셋째는 화상和尙이고 넷째는 아사리야阿闍梨耶이며 다섯째는 스님들이고 여섯째는 아버지이며 일곱째는 어머니이고 여덟째는 병든 사람이다. 화상과 아사리를 나타내는 부분을 어떤 경본經本에서는 혹은 "두 분의 스승"이라고 하였고 혹은 "낱낱의 스승"이라고 하였는데 의미상으로는 모두 차이가 없다.

> 文中一切不得受別請利養入己者。聲聞法中。受頭陀法。不受別請。非頭陀者。亦許受之。菩薩法中。不問頭陀非頭陀。一切時遮。故一[1]云一切不得受別。而此利養。屬十方僧者。謂若菩薩。不受別請。此所得利。理屬十方。然由菩薩受別請故。卽有遠損十方。別屬己義。故云而別受請卽取十方僧物入己。八福田物自己用故者。非但取十方物入己。亦復損八福田物自受。菩薩。若不受別請者。於八福田。兼有分故。然由受別。利擁在己。八福田者。一佛二聖人三和尙四阿闍梨耶五僧六父七母八病人。和尙阿闍梨。或經本中。或云二師。或云一一師。義皆無差。

---
1) ㉲ '一'은 연자인 것 같다.

㉵ 『유가사지론』「보살지」에서 "보살들이 다른 사람이 와서 초청하여 거사의 집으로 가거나 다른 절에 가거나 하여 음식과 의복 등의 온갖 생

활용품을 받들어 베풀겠다고 할 경우 교만에 의해 제압당하고 싫어하는 마음을 품고 분노하는 마음을 품어서 그곳에 가지 않고 초청한 것을 받아들이지 않으면 이것을 범함이 있고 위반함이 있는 것이라고 하는데 이는 염오에 의한 위범이다. 만약 나태함과 게으름과 망념과 무기無記의 마음에 의해 그곳에 가지 않고 초청한 것을 받아들이지 않았으면 이것을 범함이 있고 위반함이 있는 것이라고 하는데 이는 염오에 의한 위범은 아니다."192라고 하였다. 이 글은 개별적으로 초청하는 것과 관련하여 받지 않는 것을 막은 것인가, 승차에 의해 초청하는 것과 관련하여 받지 않는 것을 차단한 것인가?

問. 菩薩地云. 若諸菩薩. 他來迎¹⁾請. 或往居家. 或往餘寺. 奉施飲食及衣服等諸資生具. 憍慢所制. 懷嫌恨心. 懷恚惱心. 不至其所. 不受所請. 是名有犯有所違越. 是染違犯. 若由嬾惰懈怠忘念無記之心. 不至其所. 不受所請. 是名有犯有所違越. 非染違犯. 此文. 爲就別請. 遮不受耶. 爲就僧次. 遮不受耶.

1) ㉢『瑜伽師地論』에 따르면 '迎'은 '延'이다.

[답] 어떤 사람은 "그 논의 글은 승차에 의한 초청을 받아들이지 않는 것을 막은 것이다. 개별적으로 초청하는 것은 이미 한결같이 허락하지 않으니 설령 이것을 받지 않는다고 위범함이 성립되지 않는다."라고 하였다. 어떤 사람은 "그것은 개별적으로 초청한 것을 받지 않는 것도 막은 것이다. 교만한 마음과 분노하는 마음을 품어서 개별적으로 초청한 것을 받지 않는 것은 시주施主의 뜻을 거스르는 것이고 자애로운 행위에 어긋나는 것이기 때문이다. 만약 그 시주가 승차에 의해 초청하고 나서 보살을 개

---

192 『瑜伽師地論』 권41(T30, 516b).

별적으로 초청하여 반드시 물건을 보시하고자 한다면 『유가사지론』에서 제정한 것처럼 받지 않을 수 없는 것이다. 오직 예외적으로 허용할 만한 조건(開緣)이 있을 경우는 제외하니 이런 경우는 받지 않아도 위범이 아니다. 그 글에서 '위범이 성립되지 않는 경우라는 것은 병이 들었거나 기력이 없거나 마음이 미친 듯이 혼란한 상태이거나 그 장소가 너무 멀리 떨어진 곳이거나 가는 길에 두려워할 만한 것이 있거나, 방편으로 상대방을 길들이고 상대방을 굴복시켜 착하지 않은 곳에서 벗어나 착한 곳에 편안히 두려는 목적이 있거나 먼저 초청한 사람이 있거나 잇달아 선법을 닦아 선품善品을 보호하여 잠시라도 폐지되는 일이 없도록 하기 위해서이거나, 미증유의 이치를 끌어서 거두어들이기 위해서이거나, 들은 법의 이치에서 물러나지 않기 위해서이거나, 들은 법의 이치에서 물러나지 않고 논의하고 결택하기 위해서이거나 할 경우에도 그러하다는 것을 알아야 한다. 혹은 다시 상대방이 괴롭히려는 마음을 품고 거짓으로 와서 초대하면서 요청하는 것임을 알아서이거나, 다른 사람이 매우 싫어하는 마음을 일으키는 것을 보호하기 위해서이거나, 승가의 규범을 보호하기 위해서이거나 하여 그곳에 가지 않고 초청을 받아들이지 않았다면 모두 위범한 것이 아니다.'[193]라고 한 것과 같다."라고 하였다.

答。有云。彼論文。遮不受僧次。別請。旣是一向不聽。設不受之。亦無所犯。有云。彼亦遮不受別請。懷慢恚。不受別請。違背衆生[1] 乖慈行故。若彼施主。請僧次已。別請菩薩。必欲施物。如論所制。不得不受。唯除開緣。不受不犯。如彼文云。無違犯者。或有疾病。或無氣力。或心狂亂。或處懸遠。或道有怖。或欲方便調彼伏彼。出不善處安立善處。或餘先請。或爲無間修善法。欲護善品。令無暫廢。或爲引攝未曾有義。或爲所聞法義無退。如爲所

---

[193] 『瑜伽師地論』 권41(T30, 516b).

聞法義無退論義決擇。當知亦爾。或復知彼懷損惱心。詐來迎²⁾請。或爲護他多嫌恨心。或護僧制。不至其所。不受所請。皆無違犯。

1) ㉧ '衆生'은 '施主'인 것 같다. ㉡ 문맥상 후자가 더 적합하다. 2) ㉡ 『瑜伽師地論』에 따르면 '迎'은 '延'이다.

④ 스님을 개별적으로 초청하지 마라 : 제28계

여덟 번째는 스님을 개별적으로 초청하지 않는 계이다.

第八不別請僧戒。

경 너희들 불자여, 출가보살과 재가보살 그리고 모든 단월이 복전인 스님을 초청하여 소원을 이루려고 할 때 승방에 들어가 지사知事¹⁹⁴의 소임을 맡은 사람에게 "이제 스님들을 차례대로 초청하고자 합니다."라고 알려야 하고 그러고 나면 바로 시방의 현성승賢聖僧¹⁹⁵을 얻는다.¹⁹⁶ 그러나 세상 사람들이 오백 명의 아라한과 보살승菩薩僧을 개별적으로 초청한다면 이는 승차에 의해 한 명의 범부인 스님을 초청하는 것만 못하니 만약 개별적으로 스님을 초청한다면 이는 외도의 법이다. 일곱 분의 부처님(七佛)¹⁹⁷에게는 개별적으로 초

---

194 지사知事 : 절의 주지를 가리키는 말. 앞에서는 승방주라고 하였다.
195 현성승賢聖僧 : 첫째는 삼현십성三賢十聖의 지위에 도달한 스님을 가리킨다. 삼현이란 보살 수행 52계위 중 제11~40, 곧 십해十解(十住)・십행十行・십회향十迴向의 보살을 일컫는 말이고, 십성이란 제41~50, 곧 십지十地의 보살을 일컫는 말이다. 둘째는 비록 범부인 스님일지라도 대계大戒를 수지하고 현성의 도를 수학하기 때문에 현성승이라고 한다.
196 비록 범부인 스님을 초청하였다고 해도 승차에 의해 초청하였다면 현성승에게 공양한 것과 같은 복을 얻기 때문에 이렇게 말한 것이다.
197 일곱 분의 부처님(七佛) : 보통 과거칠불過去七佛이라 한다. 과거・현재・미래의 세 대겁大劫이 있어 차례대로 장엄겁莊嚴劫・현겁賢劫・성수겁星宿劫으로 부르는데 여기에서의 과거는 단순히 현시점에서 그 이전을 가리키는 것이 아니라 바로 장엄겁을

청하는 법은 없으니 효도에 수순하는 것이 아니다. 만약 고의로 개별적으로 스님을 초청한다면 이는 경구죄를 범하는 것이다.

> 若佛子。有出家菩薩。在家菩薩。及一切檀越。請僧福田。求願之時。應入僧坊中。問知事人。今欲請僧求願知事報言[1]次第請者。卽得十方賢聖僧。而世人。別請五百羅漢菩薩僧。不如僧次一凡夫僧。若別請僧者。是外道法。七佛無別請法。不順孝道。若故別請僧者。犯輕垢罪。
>
> 1) ㉠『大正藏』『梵網經』에는 '請僧求願知事報言'이 없다. 단 그 미주에 송·원·명·궁 등의 판본에는 '欲' 뒤에 '請僧求願知事報言'이 있다고 하였다. 의적의 해석에 따르면 그의 대본에 의거할 때에도 '請僧求願知事報言'은 없기 때문에 연자로 보았다.

소 두루 미치는 것을 버리고 개별적인 것을 따름으로써 그 광대한 복전을 잃기 때문에 제정하여 하지 못하게 하였다. 대승과 소승이 함께하지 않는다. 성문법에서는 개별적으로 초청하는 것도 허용한다. 보살법에서는 일곱 부류의 제자에 대해 동일하게 제정하였다. 보살이 스님을 초청하여 재회齋會를 열 때 어떤 사람은 "한결같이 개별적으로 초청해서는 안되고 모두 차례대로 초청해야 한다. 한 사람을 지목하여 초청하면 바로 이 계를 범한다."라고 하였고 어떤 사람은 "한곳에서 사람의 숫자를 불문하고 승차에 의거하여 한 명의 스님을 초청하면 바로 범하지 않은 것이다. 전혀 승차에 의거하지 않으면 범하는 것이다."라고 하였다. 글의 뜻은 앞에서 해석한 것과 같다.[198]

가리킨다. 과거 장엄겁의 세 분의 부처님과 현재 현겁의 네 분의 『저님을 '일곱 분의 부처님'이라 한다. 장엄겁의 세 분의 부처님은 비바시불毗婆尸佛·시기불尸棄佛·비사부불毘舍浮佛이고, 현겁의 네 부처님은 구류손불拘留孫佛·구나함모니불拘那含牟尼佛·가섭불迦葉佛·석가모니불釋迦牟尼佛이다.

198 "보살이 스님을 초청하여 재회齋會를 열 때……글의 뜻은 앞에서 해석한 것과 같다."라고 한 부분은 지의가 『菩薩戒義疏』 권하(T40, 577c)에서 설한 것과 글자의 차이는 있지만 내용은 동일하다.

去普就別。失彼廣田。故制不得。大小不共。聲聞法中。亦許別請。菩薩法中。七衆同制。有說。菩薩請僧齋會。[1]一向不得別請。悉應次第。的請一人。便犯此戒。有說。一處隨[2]人多少。請一僧次。便不犯。若都無者犯。文意似前釋。

1) ㉵『菩薩戒義疏』에 따르면 '菩薩請僧齋會'는 앞의 '有說' 앞으로 옮겨야 한다.　2) ㉵『菩薩戒義疏』에 따르면 '隨'는 '莫問'이다.

본문에서 "출가보살"이라는 것은 직접적으로 보살이 개별적으로 초청하지 말아야 함을 제정하였고 "그리고 모든 단월"이라는 것은 나머지 사람을 포함하여 제정한 것이니 비록 범할 만한 계는 없지만 광대한 복전을 잃기 때문이다. "복전인 스님을 초청하여……이제 스님들을 차례대로 초청하고자 합니다."라는 것은 승차에 의해 초청하는 것의 궤범을 보인 것이다. 출가보살과 재가보살과 단월이 복전을 초청하여 마음에 원하는 것을 이루려고 하면 마음에 맞는 것과 맞지 않는 것을 가리지 않고 지기는 것(持)과 범하는 것(犯)을 간별하지 않아야 하니 스님은 모두 청정하여 옳지 않은 법을 행함이 없기 때문이다. 오직 저 다섯 가지 법[199]을 성취하여 지사의 소임을 맡은 사람에게 알리기를 "이제 스님들을 차례대로 초청하고자 합니다."라고 해야 하니 마음에 간별함이 없기 때문에 '차례대로'라고 하였다.

"바로 시방의 현성승을 얻는다."라는 것은 복전이 광대하니 시방에 계시는 모든 현성賢聖을 포용하여 그 속에 들이지 않음이 없다. 설령 현성을 얻지 못하고 단지 한 명의 범부를 얻더라도 초청하는 마음에 이미 간별함이 없으니 복덕을 일으키는 것도 그윽하게 시방에 통한다. 그러므로 '바

---

199 앞에서 "반드시 다섯 가지 법을 성취한 사람이어야 하니 애착하지 않고 분노하지 않으며 두려워하지 않고 어리석지 않으며 차출해야 할 사람과 차출하지 말아야 할 사람을 아는 것이다."라고 한 것을 참조할 것.

로 시방의 현성승을 얻는다.'라고 하였다.

> 文中有出家菩薩者。正制菩薩不應別請。及一切檀越者。兼制餘人。雖無戒可犯。而失廣福故。請僧福田乃至今欲次第請者。示請次方軌。謂道俗檀越。欲請福田。求心所願。心無適莫。不簡持犯。僧皆淸淨。無非法故。唯就應彼五法成就知事人。所問。今欲得僧中次第。心無所簡。故云次第。卽得十方賢聖僧者。田廣博。包容十方一切賢聖。莫不人¹⁾中。設不得賢聖。但得一凡夫。請心旣無簡別。興福冥通十方。故云卽得十方賢聖僧也。

---
1) ㉻ 저본에 따르면 '人'은 '入'이다.

㉰ 나머지 시방승은 이미 보시를 받지 않았는데 어떻게 마음으로 헛되이 헤아린 것에 의해 진실한 복을 시방에 일으킬 수 있는 것인가?

㉰ 죄와 복이 일어나는 것은 마음을 주인으로 한다. 마음으로 이미 두루 헤아렸으니 복이 어찌 두루 미치지 않겠는가? 예컨대 악계인惡戒人[200]은 모든 양에 대해 해치려는 의도를 일으켰기 때문에 비록 모든 양을 다 해치지는 않아도 모든 양에 대해 두루 불률의不律儀를 일으킨 것과 같다. 악한 것으로 선한 것의 사례를 삼으면 선도 어찌 그렇지 않겠는가?

> 問。餘十方僧。旣不受施。何得由心空擬。興實福於十方。答。罪福之起。以心爲主。心旣遍擬。福何不普。如惡戒人。於一切羊上。起害意樂故。雖一切羊。非皆被害。而於一切羊。遍起不律儀。以惡例善。善何不然。

㉷ 만약 이와 같다면 불률의인不律儀人은 모든 양에 대해 불률의를 일으

---
200 악계인惡戒人 : 소·양 등을 죽이는 일, 닭·돼지 등을 기르는 일, 물고기·짐승 등을 잡는 일 등을 행하는 사람을 가리킨다.

키지만 그 살해한 양에 대해서만 업도業道를 얻는다. 보시도 그러해야 하니 반드시 간별해야 하는 것인가?

   답 이러한 뜻이 없지 않다. 모든 스님에 대해 두루 보시의 복을 일으키지만 오직 한 번 승차에 의해 초청한 것에 대해서만 보시의 복업을 일으키니 생각을 진술한 것은 오직 보시를 받는 사람에게만 있기 때문이다. 또 사례와 같지 않게 해석하기도 한다. 살생의 업은 생명을 해치는 것을 근본으로 삼기 때문에 해침을 당한 것에 대해 살생의 업을 얻는다. 보시는 사심捨心(버리는 마음)을 주된 것으로 삼기 때문에 모든 것에 대해 보시의 복업을 얻으니 나의 보시하는 마음이 모든 것에 두루하기 때문이다. 만약 수용하는 것에 의해 얻는 복이라면 보시한 사람에게 나중에 별도로 일어난다.²⁰¹

   問。若如是者。不律儀人。於一切羊。起不律儀。於彼殺牛。得業道。施亦應然。須簡別耶。答。不無此義。遍於一切僧。得起施福。唯於一僧次。起施福業。暢思唯在受施人故。又解不例。殺業害生爲本故。於被害。得殺生業。布施捨心爲主故。於一切。得施福業。以我施心。遍一切故。若受用福。於施人。後時別起。

"오백 명의 아라한과 보살승을 개별적으로 초청한다면 이는 승차에 의해 한 명의 범부인 스님을 초청하는 것만 못하니"라는 것은 오백 명의 아라한과 오백 명의 보살을 초청하는 것은 마음에 간별함이 있기 때문에 오직 초청한 것에 대해서만 복이 흥기하고 다른 것에서는 일어나지 않는다. 승차에 의해 한 명의 스님을 초청하면 간별하는 마음이 없기 때문에 모든

---

201 수용하는 것에 의해 얻는 복은 시주한 사람의 마음에 의해 정해지는 것이 아니고 시주를 받는 사람이 수용했는지의 여부에 따라 정해지기 때문이다.

것에 두루 미쳐서 모두 복업을 일으킨다. 경에서 "부처님께서 사자장자(師子長者)가 스님을 개별적으로 초청한 것을 꾸짖어 '비록 오백 명의 아라한을 개별적으로 초청할지라도 한 명의 범부를 승차에 의해 초청하는 것만 못하다.'라고 하였다."²⁰²라고 하였다.

"별도로 스님을 초청한다면 이는 외도의 법이다."라는 것은 모든 부처님의 본래 마음은 평등하고 두루 미치는 것을 주된 것으로 삼기 때문에 본래 개별적으로 초청하는 법은 없다. 설령 율의 가르침에서 개별적으로 초청하는 것을 허락한다고 해도 세속의 정서에 도리에 맞지 않게 수순하여 방편으로 교문(敎門)을 시설한 것이다. 예컨대 불법에서는 육식을 허용하지 않지만²⁰³ 점차적으로 제지하기 위해서 잠깐 세 가지 조건을 갖춘 청정한 고기(三淨)²⁰⁴를 허용한 것처럼 이것도 이와 같다. 그러므로 외도의 법이고 일곱 분의 부처님에게는 없는 것이라고 하였다. 부처님의 본래의 가르침에 어긋나기 때문에 효순하는 도가 아니다.

別請百¹⁾羅漢菩薩僧不如僧次一凡夫僧者。謂請百²⁾羅漢百³⁾菩薩者。以心簡別故。唯於所請處。與⁴⁾福。非所餘邊。請一僧次。無簡別故。遍於一切。皆起福善。⁵⁾ 律⁶⁾中。佛呵師子長者別請僧云。雖五百羅漢。不如一凡夫也。若別請僧。是外道法者。諸佛本懷。等遍爲主。是故。本無別請之法。設律

---

202 『增一阿含經』 권45(T2, 791c).
203 40권본 『涅槃經』 권4(T12, 386a)에서 "오늘부터 비로소 성문제자가 고기를 먹는 것을 허락하지 않는다. 단월이 보시한 것을 받을 때 이 음식을 관찰하여 자식의 살과 같은 것이라는 생각을 내어야 한다.(從今日始。不聽聲聞弟子食肉。若受檀越信施之時。應觀是食。如子肉想。)"라고 한 것을 참조한 것.
204 세 가지~청정한 고기(三淨) : 『四分律』 권42(T22, 872b)에서 "지금 이후로 고의로 나를 위해 죽이는 것을 보았거나, 고의로 나를 위해 죽였다는 말을 들었거나, 고의로 나를 위해서 죽였다고 의심되는 것의 세 가지 조건을 갖춘 것은 청정한 고기가 아니니 먹어서는 안 된다. 나를 위해 죽이는 것을 보지 않았고 나를 위해 죽였다는 말을 듣지 않았으며 나를 위해 죽였다고 의심되지 않는 것의 세 가지 조건을 갖춘 것은 청정한 고기이니 먹어도 좋다."라고 하였다.

敎中。許別請者。曲順世情。權施敎門。如佛法中。不聽食肉。爲欲漸制。且
聽三淨。此亦如是。故云。是外道法。七佛無也。違佛本敎。故不孝順道也。

1) ㉯ '百' 앞에 '五'가 누락되었다. 2) ㉯ '百' 앞에 '五'가 누락되었다. 3) ㉯ '百' 앞에 '五'가 누락되었다. 4) ㉭ '與'는 '興'인 것 같다. 5) ㉯ '善'은 '業'인 것 같다. 6) ㉯ '律'은 '經'인 것 같다.

(4) 나중의 두 계 : 계를 함께하는 것

① 그릇된 직업을 갖지 마라 : 제29계

아홉 번째는 그릇된 직업을 갖지 않는 계이다.

第九不作邪命戒。

경 너희들 불자여, 나쁜 마음으로 이양을 위하여 남색과 여색을 매매하거나, 손수 음식을 만들거나, 스스로 곡식을 갈고 스스로 찧거나, 남자와 여자의 점을 치고 관상을 보거나, 꿈을 풀이하여 길상함과 흉함을 설하고 태아가 아들인지 딸인지 예언하거나, 주문과 환술幻術을 사용하거나, 재주를 부려 물건을 만들거나, 매(鷹)를 길들이는 방법을 사용하거나, 백 가지의 독약과 천 가지의 독약을 화합하여 사독蛇毒[205]과 생금은독生金銀毒[206]을 만들거나, 고독蠱毒[207]을 만들면 전혀 자비로운 마음이 없고 효순하는 마음도 없는 것이

---

205 사독蛇毒 : 『梵網經古迹記』 권하(T40, 713c)에 따르면 5월 5일 독사毒蛇로부터 취한 독을 화합하여 만든 것이다.
206 생금은독生金銀毒 : 『梵網經古迹記』 권하(T40, 713)에서 "가짜 금은을 만들어 이것으로 사람을 속이는 것"이라고 하였고, 『天台菩薩戒本疏』 권중(T40, 595a)에 따르면 "생금은 자체가 독약의 이름이다."라고 하였다.
207 고독蠱毒 : 『天台菩薩戒本疏』 권중(T40, 595a)에서 "온갖 벌레와 뱀을 항아리에 넣어 서로 잡아먹게 하여 마지막에 살아남은 것으로 만든 독"이라고 하였다.

니 고의로 행한다면 경구죄를 범하는 것이다.

若佛子。以惡心故。爲利養。販賣男女色。自手作食。自磨自舂。占相男女。解夢吉凶[1]是男是女。呪術工巧。調醫[2]方法。和合百種毒藥千種毒藥。蛇毒生金銀毒。蠱毒。都無慈心。無孝順心。若故作者。犯輕垢罪。

1) ㉭ 저본에 따르면 '肉'은 '凶'이다. 2) ㉪ 을본에 따르면 '醫'는 '鷹'이다. ㉭ '鷹'이 맞다.

소 이 이하의 두 가지 계는 계를 함께하는 것을 밝혔다. 처음의 계는 그릇된 직업을 막았고, 그다음의 계는 그릇된 업을 막았다. 처음의 계는 청정한 직업에 어긋나기 때문에 제정하였다. 대승과 소승이 동일하게 제정하였고, 일곱 부류의 제자에 대해 모두 방지하였다.

此下二戒。辨戒同也。初戒遮邪命。後戒遮邪業。違淨命故制。大小同制。七衆俱防。

본문에서 "나쁜 마음으로 이양을 위하여"라는 것은 기연機緣을 살펴 중생을 이익 되게 하기 위함이 아닌 것을 말한다. "남색과 여색을 매매하거나" 이하는 열 가지를 나열하였다. 첫째 남색과 여색을 매매하고, 둘째 손수 음식을 만들며, 셋째 스스로 갈고 스스로 찧으며, 넷째 남자와 여자의 점을 치고 관상을 보며, 다섯째 꿈을 풀이하여 길상함과 흉함을 설하고, 여섯째 주문과 환술을 사용하며, 일곱째 재주를 부려 물건을 만들고, 여덟째 매를 길들이는 방법을 사용하며, 아홉째 독을 화합한 약을 만들며, 열째 고독을 만드는 것이다. 이 열 가지 일 중 처음의 한 가지와 마지막의 세 가지는 재가자와 출가자에 대해 모두 금한다. 둘째와 셋째는 출가자에 대해서는 제지하고 재가자에 대해서는 허용한다. 넷째와 다섯째는 어떤 사람은 "재가자와 출가자에 대해 모두 제지한다."라고 하였고 어떤 사람은 "재가자의 경우는 생계를 유지하기 위해서 하는 것이 아니라면 범하지 않는다."라고 하였다. 여섯째와 일곱째는 재가자에 대해서는 제지하지 않았다. 출가보살의 경우 생계를 유지하기 위한 것이 아니고 자신을 보호하기 위해서 하는 것이라면 율전을 준거로 삼을 때 또한 허락해야 한다.[208]

文中以惡心故爲利食[1]者。非爲見機益物也。販賣男女色下凡列十事。一賣男女色。二自手作食。三自磨自舂。四占相男女。五解夢吉凶。六呪術。七工巧。八調鷹方法。九和合毒藥。十蠱毒。此十事中。初一後三。道俗俱禁。第二第三。制道開俗。第四第五。一云。道俗俱制。一云。俗人非爲活命者不犯。第六第七。於俗不制。出家菩薩。若非活命爲護身者。准律亦應許也。

1) ㉑ 을본에서 '食'은 '養'인 것 같다고 하였다. ㉒ '養'이 맞다.

② 그릇된 업을 짓지 마라 : 제30계

열 번째는 그릇된 업을 짓지 않는 계이다.

第十不作邪業戒。

경 너희들 불자여, 나쁜 마음으로 자신은 삼보를 비방하면서 거짓으로 친근히 여기는 모습을 드러내고, 입으로는 바로 공空의 이치를 설하면서 행동은 유有에 집착하는 모습을 보이며,[209] 재가자를 위해 남자와 여인의 뜻을 전하

---

208 『四分律』 권30(T22, 7754c)을 참조할 것.
209 법장이 『梵網經菩薩戒本疏』 권6(T40, p.648b)에서 "입으로 거짓으로 공을 설하여 부처님의 말씀에 수순하는 것처럼 하면서 행동에 있어서는 유에 집착하여 부처님의 말

여 주는 일을 하고, 서로 만나 음란한 색을 나누게 하는 일을 하며, 온갖 형태의 생사의 세계에 속박되게 하는 일을 해서야 되겠느냐? 육재일六齋日[210]과 매해 삼장재월三長齋月[211]에 살생하고 도둑질하여 재계齋戒를 무너뜨리고 계를 범하면 경구죄를 범하는 것이다.

若佛子。以惡心故。自身謗三寶。詐現親附。口便說空。行在有中。爲白衣通致男女。交會婬色。作諸縛著。於六齋日。年三長齋月。作殺生劫盜。破齋犯戒者。犯輕垢罪。

소 바른 업에 어긋나기 때문에 제정하였다. 대승과 소승에서 모두 제정하였고 출가자와 재가자에 대해 모두 방지하였다. 본문에서 다섯 가지 사상事象을 열거하였는데 다섯 번째인 좋은 시기(好時)[212]를 공경하고 두려워하지 않는 것은 반드시 모두 동일하지는 않다. 해당 글이 나올 때 해석하겠다.

違正業故制。大小俱制。道俗同防。然文列五事。第五不敬好時。未必皆同。至文當列。[1)]

1) ㉠ '列'은 '釋'인 것 같다.

씀을 비방하는 것이다.(謂口詐說空。似順佛語。行中執有。謗佛所說)"라고 한 것을 참조할 것.
210 육재일六齋日 : 매달 재가신자들이 만 하루 동안 여덟 가지 계(八戒, 八齋戒)를 수지하는 여섯 날을 일컫는 말. 사세한 것은 뒤에 나오는 의직의 해석을 참조할 것.
211 삼장재월三長齋月 : 재가신자들이 오랜 기간 동안 재齋(정오가 지나면 음식을 먹지 않는 것)를 지키는 세 달을 일컫는 말. 정월·5월·9월의 세 달을 가리키며, 각 달의 1일부터 15일까지 재齋를 지켜서 정오가 지나면 음식을 먹지 않는다.
212 좋은 시기(好時) : 육재일과 삼장재월을 말한다. 이 시기는 귀신이 세력을 얻고 천신이 인간세상을 순례하면서 선악의 행위를 살핀다. 따라서 이 시기에 계를 지키고 복을 지으면 다른 시기보다 그 복이 더욱 뛰어나기 때문에 이를 좋은 시기라고 한 것이다.

본문에서 그릇된 업으로 모두 다섯 가지 사상事象을 나열하였다. 첫째는 자신은 삼보를 비방하면서 거짓으로 친근히 여기는 모습을 드러내는 것이고, 둘째는 입으로는 곧 공의 이치를 설하면서 행동은 유에 집착하는 모습을 보이는 것이며, 셋째는 재가자를 위하여 중매하는 것이고, 넷째는 중매하여 남자와 여인이 교합하게 하는 것이며, 다섯째는 재계를 행해야 할 시기에 악을 행하는 것이다.

文中邪業。凡列五事。一身謗三寶詐現親附。二口便說空行在有中。三爲白衣媒嫁。四媒合男女。五齋時作惡。

다른 것들은 모두 글에 뜻이 나타난다. (다만) 다섯 번째 사상에서 "재계를 무너뜨리고 계를 범하면"이라고 한 것과 같은 것은 사상에 따라 별도로 죄를 판정한다. 지금 여기에서는 좋은 시기를 성외하지 않는다는 측면에서 통합하여 하나의 죄로 판정하였다. 이 한 가지 일은 성문법에서는 반드시 별도의 계로 제정하지는 않았다. 보살법에서는 선법을 중요하게 여기는 마음을 일으키게 하기 위해 계로 제정하였다. 어떤 사람은 "오직 재가자에 대해서만 제정하였다. 출가자는 죽는 날까지 재계를 수지하니 시기를 논하지 않기 때문이다."라고 하였고, 어떤 사람은 "출가자에게도 통하는 것이니 시기를 경외하는 것이기 때문이다."라고 하였다. 비록 상주하는 계(常戒)를 지녔어도 재일齋日이 되면 다시 받아야 한다. 『약사경』에 따르면 출가자인 다섯 부류의 제자도 여덟 가지 계를 받으니[213] 선법을 늘어나게 하기 위해서 그렇게 한 것 같다.

餘皆文顯。第五事中。若破齋犯戒。隨事別結。今不敬好時邊。通結一罪。

---

[213] 『藥師琉璃光如來本願功德經』(T14, 406b).

此一事。於聲聞法。未必制爲別戒。菩薩法中。爲於善法生殷重故。制之爲
戒。一云。唯制在家。出家盡壽持齋。不論時節故。一云。亦通出家。爲敬時
故。雖有常戒。當於齋日。應更受之。准藥師經。出家五衆。亦受八戒。蓋爲
增長善法故也。

"육재일"이라는 것은 흑월黑月[214]과 백월白月[215] 중 각각 세 날이다. 이 날에는 귀신이 세력을 얻기 때문에 사람들을 해친다. 겁초劫初의 성인이 사람들로 하여금 피해를 면하게 하기 위하여 재법을 제정하여 귀신의 피해를 피하게 하였다. 오직 정오 이후에 음식을 먹는 것을 끊는 것을 재齋로 삼았고 아직 계법을 제정하지는 않았다. 부처님께서 세상에 출현하여 이 옛날에 제정한 법을 따르고 다시 여덟 가지 계를 더하였다. 흑월과 백월 각각의 8일과 14일이니 이는 마헤수라摩醯首羅[216]의 날이고, 각각의 15일은 모든 신들의 날이다.[217] 그러므로 매달의 여섯 날에 재법을 수지하는 계를 제정하였다.

六齋日者。黑白各三。於此日中。鬼神得勢力故。傷害人民。劫初聖人。爲
人之免害。以制齋法。避鬼神害。唯斷中後食爲齋。未制戒法。佛出世時。

---

214 흑월黑月 : 한 달을 둘로 나눈 것 중 달이 저무는 기간. 곧 후반의 15일을 가리킨다. 흑분黑分이라고도 한다. 이 흑월의 8일과 14일과 15일이 육재일 중 세 날이다. 곧 23일·29일·30일에 해당한다.
215 백월白月 : 한 달을 둘로 나눈 것 중 달이 차오르는 기간. 곧 전반의 15일을 가리킨다. 백분白分이라고도 한다. 이 백월의 8일과 14일과 15일이 육재일 중 세 날이다.
216 마헤수라摩醯首羅 ; ⓢ Maheśvara의 음역이. 대자재大自在라고 의역한다. 원래 힌두교의 주신인 쉬바(ⓢ Śiva)의 다른 이름이지만 불교에서 색계 제4선의 가장 위에 있는 하늘, 곧 색구경천色究竟天의 최정상에 머물고 있는 하늘로 수용하였다.
217 『大智度論』권13(T25, 160b)에서 "마헤수라신은 신 중에 가장 강력하기 때문에 한 달 중 8일·23일, 14일·29일을 담당하고, 나머지 신은 한 달 중 1일·16일, 2일·17일을 담당하며, 한 달 중 15일과 30일은 모든 신이 함께 담당한다. 따라서 마헤수라신이 담당하는 날과 모든 신이 함께 담당하는 날을 합쳐서 육재일로 삼았다."라고 하였다.

仍此舊法。復加八戒。黑白各第八及十四日。此是摩醯首羅分日。各十五
日。是一切神分日。故月六中。制受齋法。

"매해 삼장재"라는 것은 『제위경提謂經』[218]에서 "정월正月(1월) 1일 재를 지니고 15일에 마치고, 5월 1일 재를 지니고 15일에 마치며, 9월 1일 재를 지니고 15일에 마치는 것을 매해의 삼장재일이라 한다."[219]라고 하였다. 그 인연은 경에서 자세히 설한 것과 같다.[220] 『우바새계경』에서 "망자를 위해 복을 닦는 것에 세 시기가 있다. 봄의 정월[221]이고 여름의 5월이며 가을의 9월이다."[222]라고 하였고, 『십주비바사론』에서 "삼기일三時日에

---

[218] 『제위경提謂經』: 갖춘 이름은 『提謂波利經』이다. 2권으로 북위北魏의 담정曇靖이 지었다. 『提謂五戒經』이라고도 한다. 부처님께서 성도하고 녹야원으로 가는 길에 제위提謂·파리波利 등 5백 명의 상인을 만나 인천법人天法인 다섯 가지 계(五戒)·열 가지 선법(十善法)을 설하여 제도한 내용을 담았다. 현재 일실되어 전하지 않는데 여러 저술에서 자주 인용하고 있어 그 대의를 짐작할 수 있다. 근대에 논황에서 초본抄本이 발견되었는데 삼장재三長齋·팔왕일八王日(立春·春分·立夏·夏至·立秋·秋分·立冬·冬至) 등에 재계하는 것과 관련된 내용을 설하고 있다. 중국의 음양오행사상의 영향이 두드러진 것으로 평가된다.
[219] 『提謂經』은 일실되었으므로 그 출처를 확인할 수 없다.
[220] 『法苑珠林』 권88(T53, 932b)에서 『提謂經』을 인용하여 그 인연을 설하기를 "정월은 소양少陽이 권세를 부리는 달이다. 음陰과 양陽이 정기를 바꾸고 만물의 싹이 난다. 이 달에 재계함으로써 만물을 기른다. 5월은 태양太陽이 권세를 부리는 달이다. 온갖 만물이 망울을 맺기는 하였지만 아직 번성하지는 않았다. 이 달에 재계함으로써 만물을 성장하게 한다. 9월은 소음少陰이 권세를 부리는 달이다. 만물이 쇠락한다. 이 달에 재계함으로써 만물을 편안하게 근본으로 돌아가게 한다."라고 하였다.
[221] 『大正藏』 『優婆塞戒經』에서는 "이월"이라고 하였지만 『法苑珠林』·『諸經要集』 등에서 본경을 인용하면서 모두 "정월正月"이라고 하였다. 이는 삼장재일에 맞추기 위한 것으로 보이고 실제 의적도 이들과 마찬가지 뜻에서 "정월"이라고 했을 수도 있기 때문에 이것을 바른 것으로 보고 풀이하였다.
[222] 『優婆塞戒經』 권5(T24, 1059c). 단 『優婆塞戒經』에서는 삼장재월의 첫 달을 2월이라고 하였는데 이것을 승장은 다음과 같이 회통하였다. 곧 『梵網經述記』 권하(X38, 430b)에서 "'삼장월'이라는 것은 정월의 보름 이후부터 2월의 보름까지를 첫 번째 달로 하고 5월의 보름 이후부터 6월의 보름까지를 중간 달로 하며 9월의 보름 이후부터 10월의 보름까지를 마지막 재월齋月로 한다.(三長月者。從正月後半至二月前半。以爲初月。五月後半至六月前半。以爲中月。九月後半至十月前半。爲後齋月。)"라고 하여, 첫

귀신이 세력을 얻기 때문에 삼기일에 재법을 수지하여 막는다. 동지冬至부터 그 후의 45일 동안을 삼기일이라고 한다."[223]라고 하였다.

年三長齋者。提謂經云。正月本齋十五日。五月本齋日[1]十五日。九月本齋十五日。爲歲三長齋日。因緣如經廣說。優婆塞經云。爲亡者修福。則有三。春正[2]月夏五月秋九月。十住論云。於三氣[3]日。鬼神得勢。故遮三氣[4]持齋法。謂[5]冬至後四十五日爲三氣[6]也。

1) 갑 을본에서 '日'은 연자인 것 같다고 하였다. 영 연자인 것 같다. 2) 영『優婆塞戒經』에 따르면 '正'은 '二'이다. 다만 삼장재월은 '正月'이기 때문에 의적이 의도적으로 '正'으로 바꾼 것일 수도 있다. 따라서 '正'을 취하여 해석하였다. 3) 영『十住毘婆沙論』에 따르면 '氣'는 '忌'이다. 4)『十住毘婆沙論』에 따르면 '氣'는 '忌'이다. 5) 영『十住毘婆沙論』에 따르면 '謂'는 '從'이다. 6) 영『十住毘婆沙論』에 따르면 '氣'는 '忌'이다.

경 이와 같은 열 가지 계를 배우고 공경하는 마음으로 받들어 지녀야 하니「제계품制戒品」[224]에서 자세하게 풀이할 것이다.

如是十戒。應當學。敬心奉持。制戒品中廣解。

소 "이와 같은 열 가지 계" 이하는 총괄적으로 맺으면서 지닐 것을 권하고 자세한 것은 다른 품을 지목하였다.

如是十下。總結勸持。廣指餘品。

번째 날은 정월과 2월에 걸쳐 있는데 양자 중 어느 하나를 지목한 것에서 차이가 생겨난 것일 뿐이라고 하였다.
223 『十住毘婆沙論』 권8(T26, 60a). 간접인용문이므로 내용을 보충하면 일기일一忌日은 15일을 단위로 하고 15일이 세 번 연속되기 때문에 삼기일이라고 하며 총 45일이 된다.
224 「제계품制戒品」: 현행 『梵網經』에는 없고 『大本梵網經』에 속한 것으로 추정되는 품의 이름이다.

4) 두 가지의 아홉 가지 계

이 이하의 두 가지 아홉 가지 계는 중생을 섭수하는 것을 밝혔다.

此下兩九。明攝衆生。

(1) 처음의 아홉 가지 계

처음의 아홉 가지 계는 크게 둘로 나뉜다. 처음의 한 가지 계는 재물로 중생을 거두어들이는 것을 밝혔고, 나중의 여덟 가지 계는 법으로 중생을 거두어들이는 것을 밝혔다.

初九戒中。大分爲二。初一戒明以財攝生。後八戒明以法攝生。

보살계본소 하권의 본

菩薩戒本疏 卷下之本

보살계본소 하권의 말
| 菩薩戒本疏 卷下之末 |

신라 사문 의적 지음
新羅沙門 義寂 述*

---

* ㉠ 찬자의 이름은 새로 집어넣었다.

① **처음의 한 가지 계 : 재물로 중생을 거두어들임**
- 위험과 고통에 처한 중생을 대가를 지불하고 구제하라 : 제31계

첫 번째는 위험과 고통에 처한 중생을 대가를 지불하고 구제하는 계이다.

第一救贖危苦戒。

경 부처님께서 말씀하셨다. "불자여, 부처님께서 열반에 드신 뒤에 악한 세상에서 외도와 모든 악한 사람과 도적들이 부모님과 같은 부처님과 보살의 형상을 팔거나,[1] 경전과 율전을 팔거나, 비구와 비구니를 팔거나, 보리심을 일으키고 보살도를 닦는 사람을 팔아서 관청의 심부름꾼이 되게 하거나 여러 사람에게 주어 노비가 되게 하는 것을 보면, 보살은 이러한 일을 보고서 자비로운 마음을 일으키고 방편으로 구호하되, 곳곳에서 교화하면서 재물을 마련하여 부처님과 보살의 형상, 비구와 비구니, 보리심을 일으킨 보살과 모든 경전과 율전에 대해 대가를 지불하고 구제해야 한다. 만약 대가를 지불하고 구제하지 않는다면 경구죄를 범하는 것이다."

佛言。佛子。佛滅度後。於惡世中。若見外道一切惡人劫賊。賣佛菩薩父母形像。及賣經律。販賣比丘比丘尼。亦賣發菩提心菩薩道人。或爲官使。與一切人。作奴婢者。而菩薩。見是事已。應生慈悲心。方便救護。處處教化取物。贖佛菩薩形像及比丘比丘尼發心菩薩一切經律。若不贖者。犯輕垢罪。

소 경전과 부처님·보살의 형상을 돈을 받고 팔면 훼손하고 욕되게 하는 허물이 있고, 수행하는 사람을 돈을 받고 팔면 그윽하게 핍박하는 허

---
[1] 의적이 뒤에서 제시한 두 가지 해석 중 앞의 것에 의해 풀이하였다.

물이 있다. 대사는 이미 법을 보호하고 고통 받는 중생을 구제할 것을 마음에 품었으니 힘닿는 대로 대가를 지불하고 구제해야 한다. 만약 대가를 지불하지 않고 구제하지 않으면 공경함에 어긋나고 자애로움에 어긋나기 때문에 제정하였다. 『유가사지론』에서 "또 보살들은 사자와 범, 귀신과 도깨비, 왕과 도적, 물과 불 등에 의해 두려움에 빠진 중생들을 모두 구호하여 이와 같은 온갖 두려움이 있는 곳을 여의게 한다."[2]라고 하였다.

대승과 소승이 함께하지 않는다. 성문은 권속이 팔리는 것을 보고도 대가를 지불하고 구제하지 않으면 제7취를 범하는데 경전과 부처님·보살의 형상 그리고 다른 사람에 대해서는 별도로 제정하지 않았다. 보살은 모든 것을 구제하지 않으면 안 되니 오직 능력이 미치지 않는 경우에 한해서 제외할 뿐이다. 일곱 부류의 제자가 동일하게 배우는 것이다.

貨賣經像。有損辱之過。貨賣行人。有幽逼之惱。[1] 大士。旣以護法濟苦爲懷。當應隨力救贖。若不贖不救。違敬違慈。故制爲之。論云。又諸菩薩。於墮種種師子虎狼鬼魅王賊水火等畏。諸有情類。皆能救護。令離如是諸怖畏處。大小不共。聲聞。見眷屬被賣。不贖。犯第七聚。經像及餘人。不見別制。菩薩。一切不得不救。唯除力所不及。七衆同學也。

1) ㉠ '惱'는 '過'인 것 같다.

본문에서 "매불보살부모형상賣佛菩薩父母形像"이라고 한 것을 어떤 사람은 "부처님과 보살은 매우 자애로운 부모님이다. 그러므로 '부모님과 같은 부처님과 보살의 형상'이라고 하였다."[3]라고 하였고, 어떤 사람은 "조각하거나 쇠붙이를 녹여서 부모님의 형상을 만드는 것이다. 예를 들면 정

---

2 『瑜伽師地論』 권40(T30, 511b). 요익유정계의 열한 가지 모양 중 다섯 번째에 해당한다. 자세한 것은 앞에서 인용한 『瑜伽師地論』 해당 글을 참조할 것.
3 지의가 『菩薩戒義疏』 권하(T40, 578a)에서 해석한 것과 의미가 상통한다.

란丁蘭[4]이 한 것과 같다. 그러므로 '부모님의 형상'이라고 하였다."라고 하였다. "비구를 팔고" 이하는 수행인을 대가를 지불하고 구제하는 것을 밝혔다. 본문에서 단지 출가자(道人)만 설한 것은 방해받고 훼손당하는 경우가 많기 때문이다. 다른 사람도 어려운 처지에 떨어지면 이치상 역시 구제해야 한다.

文中賣佛菩薩父母形像者。一云。品[1)]是大慈父母。故云菩[2)]薩父母像。一云。刻鑄作父母形像。如丁蘭之類。故云父母形像。販賣比丘下。明救贖行人。文中但說道人者。妨損多故。餘人墮難。理亦應救。

1) ㉠ 갑본과 을본에 따르면 '品'은 '佛'이다. ㉡ '佛'이 맞는 것 같다. 또 문맥상 뒤에 '菩薩'이 누락되었다. 2) ㉡ 문맥상 '菩' 앞에 '佛'이 누락되었다.

② **나중의 여덟 가지 계 : 법으로 중생을 거두어들임**

a. 행법으로 거두어들임

a) 처음의 두 가지 계 : 허물을 여의는 행을 밝힘

(a) 손해의 허물을 여의는 것
 – 손해를 끼치는 도구를 비축하지 마라 : 제32계
두 번째는 손해를 끼치는 도구를 비축하지 않는 계이다.

第二不畜損害戒。

---

4 정란丁蘭 : 중국 한나라 때의 효자. 어머니가 돌아가시자 목상을 만들어서 어머니처럼 모신 것으로 전해진다.

경 너희들 불자여, 칼과 몽둥이, 활과 화살을 비축하거나, 덜 올라가는 저울이나 덜 담기는 말(斗)을 판매하거나, 관청의 세력을 업고 남의 재물을 빼앗거나, 해치려는 마음에 속박되어 있거나,[5] 공들여 이룬 것을 파괴하거나, 고양이와 살쾡이, 돼지와 개 등을 기르거나 하는 일을 하지 말아야 한다. 만약 고의로 기른다면 이는 경구죄를 범하는 것이다.

若佛子。不得販賣[1]刀杖弓箭。畜[2]輕秤小斗。因官形勢。取人財物。害心繫縛。破壞成功。長養猫狸猪狗。若故養者。犯輕垢罪。

1) ㊂『大正藏』『梵網經』에 따르면 '販賣'는 '畜'이다. 의적의 해석에 의거할 때 그의 대본의 본문은 후자이다. 2) ㊂『大正藏』『梵網經』에 따르면 '畜'은 '販賣'이다. 의적의 해석에 의거할 때 그의 대본의 본문은 후자이다.

소 이 이하의 여덟 가지 계는 법으로 거두어들이는 것인데 여기에 두 가지가 있다. 앞의 일곱 가지는 행법으로 거두어들이는 것이고, 여덟 번째는 교법으로 거두어들이는 것이다. 행법으로 거두어들이는 것에도 두 가지가 있다. 처음의 두 가지 계는 허물을 여의는 행을 밝혔고, 나중의 다섯 가지는 선을 거두어들이는 행을 밝혔다. 허물을 여의는 행 가운데 처음은 손해를 끼치는 허물을 여의는 것이고, 나중은 방일한 허물을 여의는 것이다. 비축하고 기르면서 손해를 끼치는 것은 자애로움에 의해 거두어들이는 행에 어긋나기 때문에 제정하여 끊게 하였다. 대승과 소승이 모두 제정하였고 일곱 부류의 제자에 대해 동일하게 방지하였다.

此下八戒。以法攝中有二。前七以行法攝。第八以教法攝。以行攝中又二。初二戒明離過行。後五戒明攝善行。離過行中。初離損害之過。後離放逸之

---

5 『發隱』 권5(X38, 201a)에서는 중생의 지절을 속박하여 해치는 것이라고 보았고, 이러한 해석이 일반적인 것 같다. 현재 본문은 의적의 해석에 의거하여 풀었다.

過。畜養損害。乖慈攝行。故制令斷。大小俱制。七衆同防。

본문에서 모두 여섯 가지 사상을 나열하였다. 첫째는 칼과 몽둥이, 활과 화살을 비축하지 않는 것이다. 이것은 살해의 허물을 방지한다. 앞의 열 번째 계[6]는 선을 거두는 것(攝善法戒)에 어긋나기 때문에 제정하였다. 지금 이 계는 선을 거두는 것에 어긋나기 때문에 제정하였고 중생을 이롭게 하기 위하여 제정하였다. 둘째는 덜 올라가는 저울이나 덜 담기는 말(斗)을 판매하지 않는 것이다. 이것은 도둑질하고 훼손하는 허물을 방지하는 것이다. 셋째는 관청의 세력을 업고 다른 사람의 재물을 취하는 것이다. 앞의 열일곱 번째 계[7]는 형세에 의지하여 구걸하는 것으로 인하여 제정하였고, 지금 이 계는 관청에 촉탁하는 것으로 인하여 제정하였다. 이것은 또 도둑질하고 훼손하는 것도 방지한다. 넷째는 해치려는 마음에 속박된 것이다. 해치려는 마음은 일으켰지만 아직 반드시 해치는 것에는 이르지 않은 것이다. 다섯째는 공들여 이룬 것을 파괴하는 것이다. 다른 사람이 애써 이룬 것을 파괴하는 것을 말한다. 여섯째는 고양이 등을 기르는 것이다. 멀게 보면 끝내 해치는 일이 있기 때문에 기르지 말아야 한다. 그것이 위험에 처한 것을 보고 대가를 치르고 구제한 것이라면 범한 것이 아니다.

文中具列六事。一不得畜刀杖弓箭。此防殺害之過。前第十戒中。違攝善故制。今此戒中。違攝善故制。令利生故制。二不得販賣輕秤小斗。此防盜損之過。三因官形勢取人財物。前第十十。制因勢乞求。今此戒。制因公囑致。此亦防盜損也。四害心繫縛。謂心欲損惱。未必致害也。五破壞成功。謂破

---

[6] 열 번째 계 : 살생하는 도구를 비축하지 않는 계이다.
[7] 열일곱 번째 계 : 멋대로 줄 것을 요구하지 않는 계이다.

他人用所成。六長養猫等。遠有侵害。故不應畜。見彼臨危拯贖者。不犯。

(b) 방일의 허물을 여의는 것

— 그릇된 것과 방일한 것을 행하지 마라 : 제33계

세 번째는 그릇된 것과 방일한 것을 행하지 않는 계이다.

第三不行邪逸戒。

경 너희들 불자여, 나쁜 마음으로 남자와 여인 등이 싸우는 것과 두 나라의 군대에 속한 병사와 장수, 도둑 등이 싸우는 것을 비롯한 모든 싸움을 구경해서야 되겠느냐? 또 소라(貝)를 불고 북을 치며 나팔(角)[8]을 불고 거문고를 타며 비파琵琶[9]를 튕기고 쟁箏[10]을 타며, 피리를 불고 공후箜篌[11]를 타며 노래하고 춤을 추는 소리를 들어서도 안 된다. 저포樗蒲[12]·바둑(圍棋)·피라새波羅塞 놀이[13]·탄기彈碁[14]·육박六博[15]·공놀이(拍毱)·공기놀이(擲石)·투호投壺[16]·견도牽道[17]·팔도행성八道行成[18]과 같은 놀이를 하거나, 조경爪鏡[19]·시

---

8 나팔(角) : 소뿔로 만든 악기. 군대에서 이것을 불어서 명령의 신호로 사용한다.
9 비파琵琶 : 현악기의 일종. 타원형의 몸통에 곧고 짧은 자루가 달렸다.
10 쟁箏 : 현악기의 일종. 거문고에서 파생한 악기이다.
11 공후箜篌 : 현악기의 일종. 하프와 비슷한 형태이다.
12 저포樗蒲 : 주사위를 던져 그 형상에 따라 말판의 말을 운용하여 승부를 다투는 놀이. 지금의 윷놀이와 비슷하다. 가죽나무(樗)와 부들(蒲)의 열매로 주사위를 만든 데서 유래한 이름이다.
13 파라색波羅塞 놀이 : '파라색'은 ⓈprāsaKa의 음역어로, 병兵이라 의역한다. 두 사람이 각각 20여 개의 작은 옥을 가지고 혹은 상象을 타고 혹은 마馬를 타면서 정해진 길이 있는 곳에서 다투어 중요한 길을 얻으면 이기는 것이다. 장기와 비슷한 놀이이다.
14 탄기彈碁 : 바둑판에 마주 앉아 바둑돌을 튕겨서 상대방의 바둑돌을 맞추어 떨어뜨리는 놀이이다.
15 육박六博 : 쌍륙雙六이라고도 한다. 두 편이 각자의 열다섯 개의 말을 가지고 두 개의 주사위를 굴려 판 위에 있는 말을 써서 먼저 나가면 이기는 놀이이다.
16 투호投壺 : 일정한 거리에 병을 놓아두고 화살을 던져 넣는 것으로 승부를 가리는 놀

초蓍草[20]·버드나무 가지(楊枝)[21]·발우鉢盂[22]·촉루髑髏[23] 등으로 점을 치는 일을 해서는 안 된다. 도적의 심부름꾼이 되어서 그 명령을 전하는 일을 해서도 안 된다. 낱낱이 해서는 안 되는 것이니 만약 고의로 이러한 일을 한다면 경구죄를 범하는 것이다.

若佛子。以惡心故。觀一切男女等鬪。軍陣兵將劫賊等鬪。亦不得聽吹貝鼓角琴瑟箏笛箜篌歌叫。[1] 伎樂之聲。不得摴蒲[2] 圍碁波羅塞戲彈碁六博拍毬擲石投壺牽道八道行成。爪鏡蓍草楊枝鉢盂髑髏而作卜筮。不得作盜賊使命。一一不得作。若故作者。犯輕垢罪。

1) ㉠ 을본에 따르면 '叫'는 '叨'이다. ㉡ '叫'가 맞는 것 같다. 2) ㉠ '摴'는 '蒲'인 것 같다.

소 바른 업에 어긋나기 때문에 제정하였다. 대승과 소승이 동일하게

이이다.
17 견도牽道 : 두 편을 나누고 각각 줄을 당겨서 넘어오게 하는 것으로 승부를 가리는 놀이이다.
18 팔도행성八道行成 : 주석자에 따라 해석이 상이하다. 어떤 사람은 앞의 견도와 팔도행성을 합하여 하나로 삼기도 한다. 곧 『發隱』 권5(X38, 201c)에서는 견도팔도행성이라고 하고 가로와 세로로 여덟 줄의 길을 바둑돌을 사용하여 앞으로 나가는 놀이라고 하였다. 다른 주석서에서는 견도와 팔도행성을 나누기도 하는데 이때 팔도행성에 대한 해석은 『發隱』의 해석과 동일하다.
19 조경爪鏡 : 손톱에 나타난 거울. 약을 손톱에 바르고 주문을 외우면 광명으로 인해 손톱이 거울처럼 환해지면서 여러 가지 일들이 보이는데 이것으로 점을 치는 것이다.
20 시초蓍草 : 점을 치는데 사용하는 풀대. 역점易占을 칠 때 사용하는 것으로 일정한 숫자의 풀대를 일정한 규칙에 따라 운용하여 점을 치는 것이다.
21 버드나무 가지(楊枝) : 버드나무 가지를 깎아 인형을 만들고 주문을 외운 후 신령이 깃들면 길흉을 묻는다. 혹은 시초가 없을 때 버드나무 가지로 대신하는 것이라고 풀이하는 경우도 있다.
22 발우鉢盂 : 점치는 도구인 그릇. 그릇에 물을 채우고 주문을 외워 그곳에 나타난 형상에 의해 길흉을 파악하는 것이다.
23 촉루髑髏 : 점치는 도구인 해골. 해골에 주문을 외우고 제사를 지냄으로써 여러 가지 일을 알아내는 것이다.

제정하였고 일곱 부류의 제자가 함께하지 않는다.

違正業故制。大小同制。七衆不共。

본문에서 사상事象을 나열한 것에 다섯 가지가 있다. 첫째는 모든 싸움을 구경하지 않는 것이다. 만약 그렇게 해야 할 만한 일이 없으면 출가자와 재가자에 대해 모두 제지한다. 둘째는 모든 음악을 듣지 않는 것이다. 만약 스스로의 즐거움을 위한 것이라면 출가자와 재가자에 대해 모두 제지한다. 만약 삼보를 공양하기 위해서라면 출가자와 재가자에 대해 모두 허용한다. 만약 자신이 하는 것이라면 출가자는 제지하고 재가자는 허용한다. 셋째는 모든 놀이를 하지 않는 것이다. 재가자와 출가자에 대해 모두 제지한다. 넷째는 점치는 일을 하지 않는 것이다. 이익을 위한 것이라면 출가자와 재가자에 대해 모두 제지한다. 법에서 지시한 대로 한다면 재가자는 허용한다. 다섯째는 도적의 심부름꾼이 되어 그 명령을 전달하는 일을 하지 않는 것이다. 앞의 열한 번째 계[24]는 공적으로 사신이 되어 명령을 전달하는 것을 제지한 것이고, 이 계는 사적으로 몰래 심부름꾼이 되어서 명령을 전하는 것을 제지한 것이다. 이것도 출가자와 재가자가 모두 끊어야 한다.

文中列事有五。一不得觀諸鬪。若無緣事。道俗俱制。二不得聽諸樂。若爲自娛。道俗俱制。若供養三寶。道俗俱開。若自身作。制道開俗。三不得作諸戱。道俗俱制。四不得作卜筮。爲利道俗俱制。如法指示。俗人開。五不得作盜賊使命。前十一戒。制公通使命。此戒。制私竊使命。此亦道俗俱斷。

---

24 열한 번째 계 : '사신이 되어 나라의 명령을 전달하는 일을 하지 마라'는 계이다.

b) 나중의 다섯 가지 계 : 선을 거두어들이는 행을 밝힘

(a) 다른 乘乘을 생각하지 마라 : 제34계
네 번째는 다른 乘乘을 생각하지 않는 계이다.

第四不念餘乘戒。

경 너희들 불자여, 금계를 보호하여 지니며 걷거나 서거나 앉거나 눕거나 밤과 낮의 여섯 때에 이 계를 소리 내면서 외워 읽기를 金剛금강과 같이 견고하게 해야 하고, 浮囊부낭[25]을 허리에 매고 큰 바다를 건너려고 하는 것과 같이 해야 하며, 草繫比丘초계비구[26]와 같이 해야 한다. 항상 대승에 대한 착한 믿음을 내어 "나는 아직 깨달음을 성취하지 못한 부처님이고, 여러 부처님은 이미 깨달음을 성취한 부처님이시다."라는 것을 스스로 알아 보리를 얻으려는 마음을 일으키고 매 순간 마음에서 떠나지 않게 한다. 만약 한 생각이라도 이승이나 외도의 마음을 일으킨다면 경구죄를 범하는 것이다.

若佛子。護持禁戒。行住坐臥。日夜六時。讀誦是戒。猶如金剛。如帶持浮囊。欲度大海。如草繫比丘。常生大乘善信。自知。我是未成之佛。諸佛是

---

25 浮囊부낭 : 물에 뜨는 것을 돕는 기구를 말한다.
26 草繫比丘초계비구 : 『大莊嚴論經』 권3(T4, p.268c)에서 계율을 굳게 지켜 세인의 스승이 된 사례를 제시하기를 "도적들이 비구들의 옷을 빼앗고 그들이 마을에 가서 이 사실을 알릴 것을 두려워하여 살해하려 하였다. 이때 출가했던 적이 있던 도적이 말하기를 '비구에게는 풀을 나치게 해서는 안 되는 계율이 있다. 그러므로 풀로 묶어 두면 풀을 해칠 것을 두려워하여 끝내 마을로 가서 알릴 수 없을 것이다.'라고 제안하였다. 이에 도적들은 비구들을 풀로 묶어 두고 떠났다. 그리고 비구들은 풀을 해침으로써 계율을 어기게 될 것을 염려하여 온갖 역경 속에서도 감히 벗어나려고 하지 않았다. 그 나라의 왕이 사냥을 나왔다가 비구들이 풀에 묶인 것을 보고 일의 자초지종을 알아본 후 그들을 모두 풀어 주고 불법에 귀의하였다."라고 하였다.

已成之佛。發菩提心。念念不去心。若起一念。二乘外道心者。犯輕垢罪。

소 이 이하의 다섯 가지 계는 선을 거두어들이는 행을 밝혔다. 처음에는 다른 승도乘道를 생각하는 것을 막았고, 다음에는 큰 소원을 일으키지 않는 것을 막았으며, 다음에는 견고한 서원을 일으키지 않는 것을 막았고, 다음에는 집착을 여의는 행을 닦지 않는 것을 막았으며, 다음에는 어른과 아이의 차례를 따르지 않는 것을 막았다.

처음에 다른 승을 생각하지 않는 것은 대승의 행을 훼손할 것을 우려하여 제정하였다. 출가자와 재가자가 동일하게 배우고, 대승과 소승은 함께 하지 않으니 배우는 것이 각각 다르기 때문이다.

此下五戒。明攝善行。初遮念餘乘道。次遮不起大願。次遮不發堅誓。次遮不修離著。次遮不遜長幼。初不念餘乘者。恐虧大行故制。道俗同學。大小不共。以所習各異故。

본문에서 사상을 나열한 것에 세 가지가 있다. 첫째는 계법을 호지하고 염송하는 것이다. "금계를 보호하여 지니며"라는 것은 성계이든 차계이든 모두 보호하여 지니는 것이다. "밤과 낮의 여섯 때에 이 계를 소리 내면서 외워 읽기를"이라는 것은 글과 뜻을 외우고 수지하여 잊지 않는 것이다. "금강과 같이 견고하게 해야 하고"라는 것은 견고한 마음으로 수지하여 인연에 의해서 그만두는 일이 없게 하기 때문이다. "부낭을 허리에 매고 큰 바다를 건너려고 하는 것과 같이 해야 하며"라는 것은 사랑하고 아끼는 마음으로 수호하여 빠뜨리는 일이 없게 하기 때문이다. 이것과 관련된 일이 『열반경』에 나온다.[27] "초계비구와 같이 해야 한다."라는 것은

---

27 36권본 『涅槃經』 권11(T12, 432b4)에 "어떤 사람이 부낭을 허리에 달고 바다를 건너려

삼가하고 경건하게 수지하여 감히 범하지 않기 때문이다. 이것과 관련된 일이 인연을 설한 경에 나온다.[28] 둘째는 대승에 대한 믿음을 내는 것이다. "스스로 '나는 아직 깨달음을 성취하지 않은 부처님이다'라는 것을 안다."라는 것은 비록 불성佛性이라는 인因이 있더라도 아직 닦지 않았기 때문이다. "여러 부처님은 이미 깨달음을 성취한 부처님이시다."라는 것은 이미 묘인妙因을 닦고 뛰어난 과果를 이루었기 때문이다. 셋째 보리를 얻으려는 마음을 일으키는 것이다. "매 순간 마음에서 떠나지 않게 한다."라는 것은 대과大果를 마음에 기약하고 다른 생각은 들어설 틈이 없게 하는 것이다. "만약 한 생각이라도" 이하는 뒤의 구절에서 범하는 것을 나타낸 것이다.

> 文中列事有三。一護誦戒法。護持禁戒者。謂若性若遮皆悉護持。日夜六時讀誦是戒者。若文若義誦持不忘。猶如金剛者。持心堅固。因緣不殂故。帶持浮囊。欲度大海者。愛惜守護。不欲漏故。事出涅槃經。如草繫比丘者。謹愼敬持。不敢犯故。事出因緣經。二生大乘信。自知我是未成佛者。雖有佛性因未修故。諸佛是已成佛者。已修妙因剋勝果故。三發菩提心。念念不去心者。期心大果。餘念不間。若起一念下。就後顯犯。

(b) 큰 소원을 일으키지 않는 것을 막음
– 소원을 일으키고 희구하라 : 제35계

다섯 번째는 소원을 일으키고 희구하는 계이다.

할 때, 나찰이 위협하면서 부낭을 줄 것을 요구하였다. 그가 부낭을 수면 죽을 것이 당연하므로 죽음을 당할지언정 줄 수 없다고 하였다. 마침내 나찰은 티끌만큼만 달라고 했지만, 그 사람은 티끌만큼의 부낭을 주더라도 그곳으로 공기가 새어 나가면 결국 물에 빠져 죽을 것이므로 줄 수 없다고 하였다. 보살이 계율을 수호하고 지키는 것도 이와 같이 해야 한다."라고 하였다.

28 앞의 주 26에서 『大莊嚴經論』을 인용한 것을 참조할 것.

第五發願希求戒。

경 너희들 불자여, 항상 모든 일에 있어서 소원을 일으켜서 "부모님과 스승인 스님에게 효순하고, 훌륭한 스승과 훌륭한 도반(同學)과 선지식을 만날 것을 소원하며, 그분들이 항상 저에게 대승의 경과 율을 가르쳐 주시고, 제가 십발취와 십장양과 십금강과 십지의 지위에 오르며, 저로 하여금 법을 분명하게 알고 법대로 수행하게 하고, 불계(佛戒)를 견고하게 수지하여 차라리 목숨을 버릴지언정 한순간도 마음에서 떠나지 않게 하소서."라고 해야 한다. 만약 모든 보살이 이러한 소원을 일으키지 않는다면 경구죄를 범하는 것이다.

若佛子。常應發一切願。孝順父母師僧三寶。[1] 願得好師同學善知識。常敎我大乘經律。十發趣十長養十金剛十地。使我開解。如法修行。堅持佛戒。寧捨身命。念念不去心。若一切菩薩。不發是願者。犯輕垢罪。

1) ㉠ 의적의 해석에 따르면 '三寶'는 연자이다.

소 소원은 훌륭한 조련사와 같아서 장차 뛰어난 과에 도달하게 한다. 소원을 일으키지 않으면 행이 의지할 것이 없기 때문에 제정하여 일으키게 하였다. 일곱 부류의 제자가 동일하게 배우고 대승과 소승은 함께하지 않으니 추구하는 것이 다르기 때문이다.

願猶善御。將趣勝果。若不發願。行無所籍。故制令發。七衆同學。大小不共。所求異故。

본문에서 "항상 모든 일에 있어서 소원을 일으켜서"라는 것은 일에 따라서 소원을 일으켜서 한순간도 헛되이 지나쳐서는 안 되는 것이니 『화엄경』「정행품(淨行品)」에서 설한 것[29]과 같다. 또 열 가지 큰 소원을 일으키기 때문에 "모든 일에 있어서 소원을 일으켜서"라고 하였다. 열 가지 큰 소원이라는 것은 『발보리심론』에서 설한 것[30]과 같다.

"효순하고" 이하는 모든 소원 가운데 중요한 것을 제시한 것으로 대략 몇 가지만 진술하였다. "부모님과 스승인 스님에게 효순하고"라는 것은 뛰어난 은혜를 어기지 않을 것을 소원한 것이다. 부모님은 낳고 기른 노고가 있고 스승인 스님은 가르쳐 이끈 공이 있다. 모두 뛰어난 은혜가 있기 때문에 효도해야 한다. "훌륭한 스승과 훌륭한 도반과 선지식을 만날 것을 소원하며"라는 것은 뛰어난 인연을 만날 것을 소원한 것이다. "항상 저에게 대승의 경과 율을 가르쳐 주시고"라는 것은 뛰어난 가르침을 배워서 계승할 것을 소원한 것이다. "십발취와……십지의 지위에 오르며"라는 것은 깨달음을 얻어 뛰어난 지위에 들어갈 것을 소원한 것이다. "저로 하여금 법을 분명하게 알고 법대로 수행하게 하고"라는 것은 뛰어난 행을 이룰 것을 소원한 것이다. "불계를 견고하게 수지하여" 등이라는 것은 뛰어난 계를 보호하고 지닐 것을 소원한 것이니, 계는 수행의 기초가 되는 것이기 때문에 별도로 나타내었다.

> 文中常應發一切願者。隨事興願。無一空過。如華嚴中。淨行品說。又十大願。故云應發一切願。十大願者。如發菩提心論說。孝順已下。舉一切願中要者。略陳三五。孝順父母師衆[1]者。不違勝恩願。父母有生養之勞。師衆[2]有訓導之功。俱有勝恩。故應順孝也。願得好師同學善知識者。遭遇勝緣願。常教我大乘經律者。資承勝教願。十發趣乃至十地者。解入勝位願。使

---

29 60권본 『華嚴經』 권6 「淨行品」(T9, 430c)에서 보살이 신업과 구업과 어업을 통해 뛰어난 공덕을 얻기 위해 행해야 할 것을 설하면서 모든 일에 있어서 소원을 세우는 것을 설하였다.
30 『發菩提心經論』 권상(T32, 510b). 자세한 것은 의적이 뒤의 수식에서 별도로 인용한 것을 참조할 것.

我開解如法修行者。集願³⁾行願。堅持佛戒等者。護持勝戒勝。⁴⁾戒爲行基。
故別標之。
___

1) ㉕ '衆'은 '僧'인 것 같다. 2) ㉕ '衆'은 '僧'인 것 같다. 3) ㉕ 저본에 따르면 '願'은 '勝'이다. 4) ㉕ 저본에 따르면 '勝'은 '願'이다.

(c) 견고한 서원을 일으키지 않는 것을 막음

- 서원을 세워 스스로 약속하라 : 제36계

여섯 번째는 서원을 세워 스스로 약속하는 계이다.

第六作誓自要戒。

경 너희들 불자여, 이 열 가지 큰 소원을 일으키고 나서 부처님의 금계禁戒를 지니고 소원을 세워 "차라리 이 몸을 활활 타오르는 사나운 불 속이나 큰 구덩이나 칼산에 던져 넣을지언정 끝내 삼세의 여러 부처님의 경과 율을 어겨 모든 여인과 부정한 행위를 하지 않겠습니다."라고 하라. 또 소원을 세워 "차라리 뜨거운 쇠그물로 온몸을 천 겹으로 감아 묶을지언정 끝내 파계한 몸으로 신심이 있는 단월이 베푸는 모든 옷을 받아 입지 않겠습니다."라고 하라.

또 소원을 세워 "차라리 이 입으로 뜨거운 쇳덩이나 크게 번져 나가는 사나운 불꽃을 머금은 채 백천 겁을 지낼지언정 끝내 파계한 입으로 신심이 있는 단월이 베푸는 온갖 음식을 먹지 않겠습니다."라고 하라. 또 소원을 세워 "차라리 이 몸을 크게 번져 나가는 사나운 불꽃이나 뜨거운 쇠그물을 깔아 놓은 땅 위에 누울지언정 끝내 파계한 몸으로 신심이 있는 단월이 베푸는 여러 가지 침상과 좌구座具를 받지 않겠습니다."라고 하라. 또 소원을 세워 "차라리 이 몸을 삼백 자루의 창에 찔리면서 일 겁이나 이 겁을 지낼지언정 끝내 파계한 몸으로 신심이 있는 단월이 베푸는 여러 가지 의약품을 받지 않겠습니다."라고 하라. 또 소원을 세워 "차라리 이 몸을 뜨거운 쇠솥에 던져 백천 겁을 지낼지언정 끝내 파계한 몸으로 신심이 있는 단월이 베푸는 여러 가지 방(房舍)과 집(屋宅)과 숲(園林)과 토지(田地)를 받지 않겠습니다."라고 하라.

또 소원을 세워 "차라리 쇠망치로 이 몸을 때려 부수어 머리부터 발끝까지 가루처럼 만들지언정 파계한 몸으로 신심이 있는 단월의 공경과 예배를 받지 않겠습니다."라고 하라. 또 소원을 세워 "차라리 백천 자루의 뜨거운 쇠칼과 쇠창으로 그 두 눈을 도려낼지언정 끝내 파계한 마음으로 다른 사람의 아름다운 색色을 보지 않겠습니다."라고 하라. 또 소원을 세워 "차라리 백천 자루의 쇠송곳으로 귀를 잘라 내고 찌르면서 일 겁이나 이 겁을 지낼지언정 끝내 파계한 마음으로 아름다운 음성을 듣지 않겠습니다."라고 하라. 또 소원을 세워 "차라리 백천 자루의 칼날로 그 코를 도려낼지언정 끝내 파계한 마음으로 온갖 향기를 탐내어 맡지 않겠습니다."라고 하라. 또 소원을 세워 "차라리 백천 자루의 칼날로 그 혀를 베어 버릴지언정 끝내 파계한 마음으로 여러 가지 깨끗한 음식을 먹지 않겠습니다."라고 하라. 또 소원을 세워 "차라리 날카로운 도끼로 그 몸을 끊어 부숴 버릴지언정 끝내 파계한 마음으로 좋은 촉감에 탐욕스럽게 집착하지 않겠습니다."라고 하라. 또 소원을 세워 "모든 중생이 다 성불할 것을 원합니다."라고 하라.

만약 보살이 이러한 소원을 일으키지 않는다면 경구죄를 범하는 것이다.

若佛子。發是十大願已。持佛禁戒。作是願言。寧以此身。投熾然猛火大坑刀山。終不毀犯三世諸佛經律。與一切女人。作不淨行。復作是願。寧以熱鐵羅網。千重周匝纏身。終不以破戒之身。受於信心檀越一切衣服。復作是願。寧以此口。吞熱鐵丸及大流猛火經百千劫。終不以破戒之口。食於信心檀越百味飮食。復作是願。寧以此身。臥大流猛火羅網熱鐵地上。終不以破戒之身。受於信心檀越百種床座。復作是願。寧以此身。受三百矛刺。經一劫二劫。終不以破戒之身。受於信心檀越百味醫藥。復作是願。寧以此身。投熱鐵鑊。經百千劫。終不以破戒之身。受於信心檀越千種房舍屋宅園林

田地。復作是願。寧以鐵鎚。打碎此身。從頭至足。令如微塵。終不以破戒
之身。受於信心檀越恭敬禮拜。復作是願。寧以百千熱鐵刀矛。挑其兩目。
終不以破戒之心。視他好色。復作是願。寧以百千鐵錐。劚刺耳根。經一劫
二劫。終不以破戒之心。聽好音聲。復作是願。寧以百千刃刀。割去其鼻。
終不以破戒之心。貪齅¹⁾諸香。復作是願。寧以百千刃刀。割斷其舌。終不以
破戒之心。食人百味淨食。復作是願。寧以利斧。斬破其身。終不以破戒之
心。貪著好觸。復作是願。願一切衆生。悉得成佛。而菩薩。若不發是願者。
犯輕垢罪。

---
1) ㉯ 저본에 따르면 '齅'는 '嗅'이다.

소 마음에 품는 것을 소원이라 하고 입으로 나타내는 것을 서원(誓)이
라고 한다. 상황(緣)에 따라 마음이 흔들릴 것을 염려하여 서원을 세워 스
스로 약속하는 것이다. 대승과 소승이 함께하지 않고 일곱 부류의 제자가
동일하게 배우는 것이다.

在心爲願。形口爲誓。恐隨緣傾動故。立誓自要。大小不共。七衆同學。

본문에서 "열 가지 큰 소원을 일으키고 나서"라는 것은 어떤 판본에서
는 "열세 가지 큰 소원을 일으키고"라고 하였으니 (이것에 따르면) 바로
뒤에서 세운 열세 가지 서원을 말한다. 앞서 마음속으로 일으키고 나서
그렇게 한 후에 입으로 세우기 때문에 "일으키고 나서"라고 하였다.

文中發十大願已者。或有本云發十三大願。卽下所立十三誓也。先心中發
已。然後口立。故云發已。

만약 "열 가지 큰 소원"이라고 한 것이 (맞다면) 별도로 열 가지 소원이

있는 것이니 처음 보리심을 일으킨 보살이 먼저 일으키는 것이다.

若言十大願者。別有十願。初心菩薩之所先發。

『발보리심경』에 설한 것과 같다.

如發菩提心經說。

보살은 어떻게 보리를 일으키고 나아가며, 어떤 업을 행하여 보리심을 성취하는가? 보리심을 일으킨 보살은 건혜지乾慧地[31]에 머물러 먼저 견고하게 바른 소원을 일으키고 모든 한량없는 중생을 거두어들이며 "나는 위없는 보리를 구하여 구제하고 보호하며 제도하여 해탈하게 하여 남아 있는 소의신所依身이 없게 하고 모두 궁극적 경지인 무여열반無餘涅槃[32]을 이루게 할 것이다."라고 해야 한다. 그러므로 처음에 보리심을 일으키고 나서는 크게 슬퍼하는 마음(大悲)을 으뜸으로 삼으니 슬퍼하는 마음(悲心) 때문에 점차 나아가 뛰어난 열 가지 바른 소원을 일으킬 수 있다. 무엇을 열 가지라고 하는가?

첫째, 나는 과거와 현재의 몸으로 심은 선근이 있다. 이 선근을 모든 가없는 중생에게 베풀어 주어 모두 함께 위없는 보리를 얻는 것으로 회향하고, 나의 이 소원이 매 순간 늘어나서 세세생생 태어날 때마다 항상 마음에 묶어 두어 끝내 잊어버리지 않고 다라니陀羅尼[33]에 의해 수호되기를

---

31 건혜지乾慧地 : 삼승三乘이 함께하는 십지十地 중 첫 번째에 해당하는 것. '건혜'란 건조하여 윤기를 머금지 못한 지혜라는 뜻으로 진리를 관찰하는 지혜만 있고 아직 선정은 터득하지 못한 상태임을 나타낸다.
32 무여열반無餘涅槃 : 무여의열반無餘依涅槃이라고도 한다. 일체의 번뇌를 끊고 의지처인 신체마저 모두 소멸한 것을 일컫는 말이다. 상대어는 유여열반有餘涅槃으로 일체의 번뇌를 끊었으나 아직 신체를 유지하고 있는 상태에 있는 것을 말한다.

원한다. 둘째, 나는 대보리를 얻는 것으로 회향한 뒤에는 이 선근으로 태어나는 모든 곳에서 항상 모든 부처님을 공양하며 영원히 반드시 부처님이 계시지 않는 국토에는 태어나지 않기를 원한다. 셋째, 나는 모든 부처님이 계시는 국토에 태어난 뒤에는 항상 친근히 따르며 가까이에서 모시기를 마치 그림자가 형체를 따르는 것처럼 하여 한순간도 모든 부처님을 멀리 여의는 일이 없기를 원한다. 넷째, 나는 부처님을 친근히 한 뒤에는 (부처님께서) 나의 근기에 상응하는 도리를 나를 위해 설법해 주시어 바로 보살의 다섯 가지 신통(五通)[34]을 성취하기를 원한다. 다섯째, 나는 보살의 다섯 가지 신통을 성취한 뒤에는 세제世諦인 가명假名을 통달하여 유포하고 제일의제第一義諦인 여진실성如眞實性을 깨달아 정법지正法智를 얻기를 원한다. 여섯째, 나는 정법지를 얻은 뒤에는 만족할 줄 모르는 마음으로 중생을 위해 설하여 보여 주고 가르치고 이롭게 하고 기쁘게 하여 모두 깨닫게 하기를 원한다. 일곱째, 나는 모든 중생을 깨닫게 한 뒤에는 부처님의 신통력으로 시방세계에 빠짐없이 두루 이르러 부처님을 공양하고 정법을 듣고 수지하여 중생을 널리 거두어들이기를 원한다. 여덟째, 나는 모든 부처님의 처소에서 정법을 받아들인 뒤에는 청정한 법륜을 따라서 굴려 시방세계의 모든 중생으로 나의 법을 듣는 이와 나의 이름을 듣는 이는 바로 모든 번뇌를 버리고 여의어 보리심을 일으키기를 원한다. 아홉째, 나는 모든 중생으로 하여금 보리심을 일으키게 한 뒤에는 항상 따르고 이끌며 보호하고 이익이 없는 것은 제거하고 한량없는 즐거움을 주며 신명과 재물을 버리고 중생을 거두어들이며 정법을 짊어지기를 원

---

33 다라니陀羅尼 : ⓢ dhāraṇī의 음역어. 총지總持·능지能持·능차能遮 등으로 의역한다. 한량없는 불법佛法을 빠짐없이 모두 기억하여 잊어버리지 않는 염혜력念慧力을 가리킨다.
34 다섯 가지 신통(五通) : 사근본정려四根本靜慮에 의해 얻는 다섯 가지의 불가사의하고 자유자재한 능력. 신족통神足通·천안통天眼通·천이통天耳通·타심지통他心智通·숙명통宿命通을 가리킨다.

한다. 열째, 나는 정법을 짊어진 뒤에는 비록 정법을 행하더라도 마음으로는 행하는 것이 없기를 마치 여러 보살이 정법을 행해도 행한 것도 없고 행하지 않는 것도 없이 중생을 교화하기 위해 바른 소원을 버리지 않는 것처럼 하기를 원한다.

이것을 보리심을 일으킨 보살이 세우는 열 가지 크고 바른 소원이라고 한다. 이 열 가지 큰 소원으로 중생계를 두루 다니며 갠지스강의 모래알처럼 많은 소원을 두루 거두어들이며 "중생이 다하면 나의 소원도 다할 것이지만 중생은 진실로 다할 수 없으니 나의 이 큰 소원도 또한 다함이 있지 않을 것이다."라고 한다.[35]

菩薩。云何發趣菩提。以何業行。成就菩提心。發心菩薩。住于[1]慧地。先當堅固。發於正願。攝受一切無量衆生。我求無上菩提。救護度脫。令無有餘。皆令究竟無餘涅槃。是故。初發[2]心。大悲爲首。以悲心故。能發轉勝十大正願。何爲十。謂一者願我先世及以今身。所種善根。以此善根。施與一切無邊衆生。悉共廻向無上菩提。令我此願。念念增長。世世所生。常係在心。終不忘失。爲陀羅尼之所守護。二者願我廻向大菩提已。以此善根。於一切生處。常得供養一切諸佛。永必不生無佛國土。三者願我得生諸佛國已。常得親近隨侍左右。如影隨形。無刹那頃。遠離諸佛。四者願我得親近佛已。隨我所應。爲我說法。則得成就菩薩五通。五者願我成就菩薩五通已。則通達世諦假名流布。解了第一義諦如眞實性。得正法智。六者願我得正法智已。以無厭心。爲衆生說。示教利喜。皆令開解。七者願我能開解諸衆生已。以佛神力。遍至十方無餘世界供養諸佛。聽受正法。廣攝衆生。八者願我於諸佛所受正法已。則能隨轉淸淨法輪。十方世界一切衆生。聽我法者。聞我名者。卽得捨離一切煩惱。發菩提心。九者願我能令一切衆生。發菩提

---

[35] 『發菩提心經論』 권상 「願誓品」(T32, 510b).

心已。常隨將護。除無利益。與無量樂。捨身命財。攝受衆生。荷負正法。十
者願我能荷負正法已。雖行正法。心無所行。如諸菩薩。行於正法。而無所
行。亦無不行。爲化衆生。不捨正願。我[3]是名發心菩薩十大正願。此十大
願。遍衆生界。攝受一切恒河沙諸願。若衆生盡。我願乃盡。而衆生實不可
盡。我此大願。亦無有盡。

1) ㉯『發菩提心經論』에 따르면 '于'는 '乾'이다.   2) ㉯『發菩提心經論』에 따르면 '發' 앞에 '始'가 누락되었다.   3) ㉯『發菩提心經論』에 따르면 '我'는 연자이다.

"부처님의 금계를 지니고 이러한 소원을 세워" 이하는 서원을 세워 스스로 약속하는 것이다.

열세 가지 서원 가운데 앞의 열두 가지는 계를 보호하는 서원을 세웠고, 마지막 한 가지 소원은 불과佛果를 증득하는 서원을 세웠다. 열두 가지 가운데 앞의 일곱 가지는 율의계律儀戒를 보호하고 지니는 것이고, 뒤의 다섯 가지는 다섯 가지 감각기관(눈·귀·코·혀·몸)과 관련된 계(五根戒)를 보호하는 것이다. 일곱 가지 가운데 앞의 한 가지는 대상에 대해 서원을 세웠다. 여인이라는 대상은 물들기 쉬우니 가장 두려워할 만한 것이기 때문에 특히 보호할 것을 서원하였다. 나중의 여섯 가지는 공양에 대해 서원을 세웠다. 『열반경』「성행품聖行品」에서 설한 것[36]과 대의가 동일하다.

> 持佛禁戒。作是願言下。立誓自要。十三誓中前十二作護戒誓。最後一願作
> 證果誓。十二中前七護律儀戒。後五護五根戒。七中前一對境立誓。女境易
> 染。可畏中甚。故偏誓護。後六對供立誓。與涅槃聖行說。大意同也。

---

36 36권본『涅槃經』권11「聖行品」(T12, 433a)에서 보살이 세운 서원을 서술하였다. 다만 열세 가지 서원 중 앞의 열두 가지는 그 내용이 일치하지만 마지막 열세 번째 내용은 나오지 않는다.

(d) 집착을 여의는 행을 닦지 않는 것을 막음

– 때맞추어 두타를 행하라 : 제37계

일곱 번째는 때맞추어 두타를 행하는 계이다.【두타를 행하되 험난한 곳을 피하는 계라고도 한다.】

第七隨時頭陀戒。【亦可名頭陀避難戒。】

경 너희들 불자여, 항상 두 시기(봄과 가을)에는 두타頭陀를 행해야 하고 겨울과 여름에는 좌선을 하며 하안거夏安居를 행해야 한다.

(두타를 행할 때에는) 항상 버드나무 가지(楊枝)[37]와 비누(澡豆)를 사용하라. 세 가지 옷(三衣)[38]·물병·발우·좌구·지팡이(錫杖)·향로·물 거르는 주머니(漉水囊)[39]·수건·작은 칼·부싯돌·족집게·노끈으로 만든 평상(繩牀)·경·율·불상·보살상을 지녀야 한다. 보살은 두타를 행할 때와 사방을 돌아다닐 때에는 백 리나 천 리를 오고 가더라도 이 열여덟 가지 물건을 항상 몸에 지니고 다녀야 한다. 두타는 정월 15일부터 3월 15일까지와 8월 15일부터 10월 15일까지 행하니, 이 두 시기에는 이 열여덟 가지 물건을 마치 새의 두 날개

---

37 버드나무 가지(楊枝) : 칫솔 대용품. 씹으면 입 안의 열을 식히고 향을 내며 광택이 나게 하고 희어지게 한다.
38 세 가지 옷(三衣) : 출가자 개인에게 소유하는 것이 허락된 옷을 통틀어서 일컫는 말. 첫째는 승가리僧伽梨(⑤ saṃghāṭī)이다. 대의大衣·중의重衣·정장의正裝衣 등이라고도 한다. 구조에서 이십오조 체제로 제작되므로 구조의九條衣라고도 한다. 탁발하거나 설법하거나 왕궁에 들어갈 때 착용한다. 둘째는 울다라승鬱多羅僧(⑤ uttarasaṅgha)이다. 상의上衣·중가의中價衣·입중의入衆衣 등이라고도 한다. 칠조 체제로 제작되므로 칠조의七條衣라고도 한다. 예불·청상·보살 등과 같은 승단의 의식을 행할 때 착용한다. 셋째는 안타회安陀會(⑤ anataravāsa)이다. 중의中衣·중숙의中宿衣·내의內衣 등이라고도 한다. 그 제작 체재에 의해 오조의五條衣라고도 한다. 절에서 일상적인 일을 행할 때나 취침할 때 등에 착용한다.
39 물 거르는 주머니(漉水囊) : 물에 들어 있는 벌레를 해치는 것을 방지하기 위해 사용하는 물을 걸러 먹는 주머니.

처럼 항상 그 몸에 지니고 다녀야 한다.

  포살하는 날이면 신학보살은 보름마다 행하는 포살에서 열 가지 중계와 마흔여덟 가지 경계를 소리 내어 외워야 한다. 계를 소리 내어 외울 때 여러 부처님과 보살의 형상 앞에서 외우는데 한 사람이 포살하면 바로 그 한 사람이 소리 내어 외우고 두 사람이나 세 사람 내지 백천 사람이 포살하여도 한 사람이 소리 내어 외운다. 소리 내어 외우는 사람은 높은 자리에 앉고 듣는 사람은 낮은 자리에 앉으며 각각 구조九條가사와 칠조七條가사와 오조五條가사를 입는다.

  하안거를 행할 때에도 낱낱이 법대로 행해야 한다.

  두타를 행할 때에는 험난한 곳에 들어가지 말아야 한다. 국가적 재난이 일어난 곳이나, 악한 왕이 다스리는 곳이나, 지리적 위치가 너무 높거나 낮은 곳이나, 초목이 무성한 곳이나, 사자와 호랑이가 있는 곳이나, 물과 불과 바람에 의한 재난이 있는 곳이나, 도둑이 출현하는 길이나, 독사가 있는 곳과 같은 모든 험난한 곳에는 모두 들어가서는 안 된다. 두타를 행하며 길을 다닐 때와 같이 하안거를 행할 때에도 이 모든 험난한 곳에 들어가서는 안 된다. 만약 고의로 들어간다면 경구죄를 범하는 것이다.

若佛子。常應二時頭陀。冬夏坐禪。結夏安居。常用楊枝澡豆。三衣瓶鉢。坐具錫杖。香爐漉水囊。手巾刀子。火燧鑷子。繩牀經律。佛像菩薩形像。而菩薩。行頭陀時及遊方時。行來百里千里。此十八種物。常隨其身。頭陀者。從正月十五日至三月十五日。八月十五日至十月十五日。是二時中。此十八種物。常隨其身。如鳥二翼。若布薩日。新學菩薩。半月半月布薩薩。[1] 誦十重四十八輕戒。若謂[2]戒時。當於諸佛菩薩形像前誦。一人布薩。卽一人誦。若二人三人乃至百千人。亦一人誦。誦者高座。聽者下座。各各被九條七條五條袈裟。結夏安居時。亦應一一如法。若行頭陀時。莫入難處。若惡國界。若惡國王。土地高下。草木深邃。師子虎狼。水火風難。及以劫賊。道路毒蛇。一切難處。悉不得入。頭陀行道。乃至夏坐安居時。是諸難處。

皆不得入。若故入者。犯輕垢罪。

1) ⓔ 저본에 따르면 '薩'은 연자이다.　2) ⓔ '謂'는 '誦'인 것 같다.

소 "두타頭陀"는 두수抖擻라고 의역한다. 집착하는 마음을 떨어 버리기 때문이다. 마음을 비워 내어 세속의 티끌을 벗어나고 계를 장엄할 수 있기 때문에 응당 따라서 행해야 한다. 행에 있어서 처소를 가리지 않으면 쉽게 요절할 수 있고, 또 아직 욕심을 여의지 않은 이가 험난한 곳에 있으면 마음이 안정되지 않기 때문에 험난한 곳을 피해야 하니 행에 있어서 그것에 적합한 처소를 얻어야 한다.

일곱 부류의 제자에 대해 동일하게 제정하였다. 성문계에서는 험난한 곳을 피하는 것은 동일하게 제정하였지만 두 시기에 항상 행하는 것에 대해서는 반드시 지켜야 할 것으로 제정하지는 않았다.

頭陀。此云抖擻。抖擻著心故。蕭然塵外。能莊嚴戒。故應隨行。行不擇處。容致夭喪。又未離欲者。在難心不得安。故須避難。行得其所。七衆同制。聲聞避難。亦應同制。二時常行。不必制之。

본문에서 "항상 두 시기에는 두타를 행해야 하고"라는 것은 봄과 여름의 두 시기에는 추위와 더위가 적절하고 방해하고 손상시키는 일이 없기 때문에 이 두 시기에 행하도록 제정하였다.

文中常應二時頭陀者。以春秋 時。寒膃¹⁾調適。無妨損故。制在此二時行。

1) ⓔ '膃'은 '溫'인 것 같다.

『유가사지론』에 말하였다.

瑜伽論云。

문 무엇 때문에 두다杜多의 공덕이라 하는 것인가?

답 비유하면 세간에서 털이나 목화를 아직 치대지도 않고 두드리지도 않으며 문드러지게 하지도 않아서 갈라지지 않았으면 그때는 서로 달라 붙고 부드럽지 않으며 가볍지 않아서 마음대로 실을 자아서 양탄자와 깔개를 만들 수 없지만, 치대고 두드리며 문드러지게 하여 갈라지면 흩어지고 부드럽고 가벼워져서 실을 자아서 양탄자와 깔개를 만들 수 있는 것과 같다. 이와 같이 수행하는 사람은 음식에 대한 탐욕에 의해 모든 음식에 대해 마음을 염착시키고 의복에 대한 탐욕에 의해 모든 의복에 대해 마음을 염착시키며, 부구敷具[40]에 대한 탐욕에 의해 모든 부구에 대해 마음을 염착시키는데, 그는 이와 같은 두다의 공덕에 의해 청정하게 닦고 다스려 그것으로 하여금 순수하고 곧으며 부드러우며 가볍게 하여 성스러운 도를 감당할 수 있고 성스러운 도에 수순하고 의지하여 범행梵行을 닦을 수 있다. 그러므로 두다의 공덕이라고 한다.

음식에 있어서 맛난 음식에 대한 탐욕과 많은 음식에 대한 탐욕이 있으면 선을 닦는 것을 장애하니, 맛난 음식에 대한 탐욕을 끊어 없애려고 상기걸식常期乞食[41]하고 차제걸식次第乞食[42]하며, 많은 음식에 대한 탐욕을 끊어 없애려고 단일좌식但一座食[43]하고 선지후식先止後食[44]한다.

---

40 부구敷具 : 이불, 요, 방석 등을 통틀어서 일컫는 말. 좌구坐具·와구臥具 등이라고도 한다. 혹은 가사의 다른 이름으로 쓰이기도 한다.
41 상기걸식常期乞食 : 늘 다니던 집에서 주는 대로 음식을 받는 것이다.
42 차제걸식次第乞食 : 특정 집을 건너뛰거나 하지 않고 차례대로 집을 방문하여 음식을 받는 것이다.
43 단일좌식但一座食 : 한자리에 앉아서 음식을 먹고 그 자리에서 일어나면 다시 먹지 않는 것이다.
44 선지후식先止後食 : 자신에게 가장 적절한 분량을 잘 생각하고 그에 상응하는 만큼만 취하여 음식을 먹는 것이다.

의복에 대해 세 가지 탐욕이 있어 선을 닦는 것을 장애한다. 첫째는 많은 옷에 대한 탐욕이고, 둘째는 부드러운 촉감에 대한 탐욕이며, 셋째는 최상의 미묘한 것에 대한 탐욕이다. 많은 옷에 대한 탐욕을 끊어 없애려고 단지 세 가지 옷만 지니고, 부드러운 촉감에 대한 탐욕을 끊어 없애려고 단지 짐승의 털로 만든 옷(毳衣)만 지니며, 최상의 미묘한 것에 대한 탐욕을 끊어 없애려고 분소의糞掃衣[45]를 지닌다.

모든 부구에 대해 네 가지 탐욕이 있어서 선을 닦는 것을 장애한다. 첫째는 시끄럽고 복잡한 것에 대한 탐욕이고, 둘째는 집에 대한 탐욕이며, 셋째는 즐겨 기대고 즐겨 누우려는 탐욕이고, 넷째는 부구에 대한 탐욕이다. 시끄럽고 복잡한 것에 대한 탐욕을 끊어 없애려고 아련야阿練若[46]에 머물고, 집에 대한 탐욕을 끊어 없애려고 항상 나무 아래나 가리운 것이 없는 곳이나 무덤가에 머물며, 또 음란한 행위에 대한 탐욕을 끊어 없애려고 항상 무덤가에 머물며, 기대고 누우려는 탐욕을 끊어 없애려고 항상 단정하게 앉으려고 하며, 부구에 대한 탐욕을 끊어 없애려고 늘 사용하던 자리를 수리하지 않고 그대로 앉는다.

이것을 두다의 공덕을 성취한 것이라 한다.[47]

問。何故。名爲杜多功德。答。譬如世間。或毛或氎。未鞭未彈。未紛未擘。爾時相著。不耎不輕。不任造作縷綖氎蓐。若鞭若彈。若紛若擘。爾時分散。柔軟輕妙。堪任造作縷綖氎蓐。如是行者。由飮食貪。於諸飮食。令心染著。

---

45 분소의糞掃衣: 길바닥에 쓰레기나 오물 등으로 버려진 낡은 천 조각을 깨끗이 씻은 다음 조각조각 기워서 만든 옷을 가리킨다.
46 아련야阿練若: [S] araṇya의 음역어. 아란야阿蘭若라고도 음사하고, 공한처空閑處·공한림空閑林 등으로 의역한다. 인가人家를 떠난 적정한 곳, 곧 수행자가 선정·송경誦經 등을 행하기에 적합한 곳을 가리킨다. 그 거리에 대해서는 마을에서 1구로사拘盧舍([S] krośa) 떨어진 곳이라는 설 등이 있다.
47 『瑜伽師地論』 권25(T30, 422b).

由衣服貪。於諸衣服。令心染著。由敷具貪。於諸敷具。令心染著。彼由如是杜多功德。能淨修治。令其純直。柔軟輕妙。有所堪任。隨順依止。能修梵行。是故。名爲杜多功德。於飮食中。有美食貪及多食貪。能障修善。爲欲斷除美食貪故。常期乞食次第乞食。爲欲斷除多食貪故。但一坐食先止後食。於衣服中。有三種貪。能障修善。一多衣貪。二耎觸貪。三上妙貪。爲欲斷除多衣貪故。但持三衣。爲欲斷除耎觸貪故。但持毳衣。爲欲斷¹⁾除上妙故。持糞掃衣。於諸敷具。有四種貪。能障修善。一誼雜貪。二屋宇貪。三倚樂臥樂貪。四敷具貪。爲欲斷除誼雜貪故。住阿練若。爲欲斷除屋宇貪故。常居樹下迥露塚間。又爲欲斷除婬佚貪故。常住塚間。爲欲斷除倚臥貪故。常期端座。爲欲斷除敷具貪故。處如常座。是名成就杜多功德。

1) ㉧갑본과 을본에 따르면 '斷'은 '爾'이다. ㉡『瑜伽師地論』에 따르면 '斷'이 맞다.

또 말하기를 "이 가운데 걸식에 차별적 성질이 없는 것에 의거하면 오직 열두 가지만 있고 걸식에 차별적 성질이 있는 것에 의거하면 바로 열세 가지가 있다는 것을 알아야 한다."[48]라고 하였다.[49]

---

48 『瑜伽師地論』권25(T30, 422a).
49 『瑜伽師地論』권25(T30, 422a)에서 ㉥ 무엇을 두다의 공덕을 성취하는 것이라 하는가? ㉦ ① 늘 왕래하던 집에서 걸식하는 것(常期乞食)이고, ② 마을에 들어가 분별하지 않고 차례대로 걸식하는 것(次第乞食)이며, ③ 단지 한번 앉은 자리에서 먹어야 할 음식을 모두 먹고 다시 먹지 않는 것(但一坐食)이고, ④ 먼저 적절한 분량의 음식을 먹을 것이라는 생각을 하고 난 후에 그 만큼만 덜어내어 먹는 것(先止後食)이며, ⑤ 단지 세 가지 옷(三衣)만 지니는 것이고, ⑥ 단지 털옷(毳衣, 새와 짐승의 가는 털로 만든 옷)만 지니는 것이며, ⑦ 분소의를 지니는 것이고, ⑧ 아란야에 머무는 것이며, ⑨ 항상 나무 밑에 거주하는 것이고, ⑩ 항상 가리운 것이라곤 아무것도 없는 맨 땅에 머무는 것이며, ⑪ 항상 무덤가에 머무는 것이고, ⑫ 등을 기대거나 걸터앉거나 하지 않고 항상 단정하게 앉아 있는 것이며, ⑬ 한번 자리를 깔면 수리하지 않고 사용하는 것이다. 걸식을 두 가지로 나눌 수 있으니 첫째는 늘 다니던 집에 가서 얻는 것(隨得乞食, 常期乞食의 다른 이름)이고, 둘째는 차례대로 걸식하는 것이다. 이 가운데 걸식에 차별적인 성품이 없는 것에 의거하면 첫째와 둘째는 하나로 합해지기 때문에 오직 열두 가지가 있고 걸식에 차별적인 성품이 있는 것에 의거하면 첫째와 둘째를 나누어서 열세 가지가

又云。當知。此中若依乞食無差別性。唯有十二。若依乞食有差別性。便有
十三。

"겨울과 여름에는 좌선을 하며"라는 것은 겨울은 너무 춥고 여름은 너무 더우며 또 손상될 것(벌레, 초목의 싹 등)이 많아 돌아다니는 것에 방해가 되기 때문에 정좌靜坐(좌선)할 것을 제정하였다. "하안거를 행해야 한다." 라는 것은 마음을 한곳에 두고 정좌에 연을 맺어 몸과 마음을 의탁한 것을 결심하기 때문에 "안거"라고 하였다. 반드시 위급한 상황(緣)이 없는 한 함부로 돌아다니지 않는다. 자신과 타인에게 이익이 있을 경우라면 상황에 따라 허락한다. 일정한 날을 받아서 계외界外[50]로 나갈 수 있는데 일정한 날을 받는 법은 다섯 부파의 율[51]에서 설하였으니 이것에 따라 행해야 한다.[52]

"항상 버드나무 가지와 비누를 사용하라."라는 것은 버드나무 가지에는 다섯 가지 덕[53]이 있기 때문에 항상 사용하고 비누는 청정함을 위해서

있다."라고 한 것을 참조할 것.
50 계외界外 : 경계의 바깥을 가리키는 말이다. 경계를 짓는 것을 결계結界라고 하는데 이는 교단에 소속된 스님들의 질서를 유지하고 보호하며 과실을 범하지 않고 계율을 유지하게 하기 위해 일정한 지역을 선정하여 금을 그어 경계 짓는 것이다. 이 경계 내의 스님들은 함께 포살布薩·자자自恣 등을 행하는 공동체가 된다.
51 다섯 부파의 율 : 첫째는 살바다부薩婆多部(⑤ Sarvāstivāda, 有部)의 율전인 『十誦律』이고, 둘째는 담무덕부曇無德部(⑤ Dharmaguptaka, 法藏部)의 율전인 『四分律』이며, 셋째는 대중부大衆部(⑤ Mahāsāṃghika)의 율전인 『摩訶僧祇律』이고, 넷째는 미사새부彌沙塞部(⑤ Mahīśāsaka, 化地部)의 율전인 『五分律』이며, 다섯째는 가섭유부迦葉遺部(⑤ Kāśyapīya)의 율전인 『解脫戒經』이다.
52 다섯 부파의 율에서 설한 내용의 일반론을 서술하면 다음과 같다. 부모님이 병에 걸렸거나, 외도의 악견을 제거히기 위해서거나, 삼장三藏의 요청으로 인해 그를 위해 설법해야 잘 때, 7일 혹은 15일에 한정히여 계외로 나가는 것이 허락된다. 허락받는 의식으로는 대수법對首法(한 사람의 비구를 향해 사유를 말하고 그 대상이 된 비구가 이를 허락하는 것)을 행한다.
53 다섯 가지 덕 : 『四分律』 권53(T22, 960c)에서 "버드나무 가지를 씹으면 다섯 가지 이익이 있다. 첫째는 입에서 냄새가 나지 않고, 둘째는 맛을 구별할 수 있으며, 셋째는 열

또한 항상 사용한다. "열여덟 가지 물건"이라는 것은 세 가지의 옷이 (차례대로) 세 가지가 되고, 넷째는 물병이며 다섯째는 발우이고 여섯째는 좌구이며 일곱째는 석장錫杖(지팡이)이고 여덟째는 향로이며 아홉째는 물 거르는 주머니이고 열째는 수건이며 열한째는 작은 칼이고 열두째는 부싯돌이며 열셋째는 족집게이고 열넷째는 노끈으로 만든 평상이며 열다섯째는 경이고 열여섯째는 율전이며 열일곱째는 불상이고 열여덟째는 보살상이다. 앞의 열네 가지는 몸을 돕는 도구이고, 뒤의 네 가지는 세간에서 벗어나기 위한 뛰어난 궤범이 되는 것이기 때문에 계율로 제정하여 항상 가는 곳마다 지니고 여의지 않게 하였다.

"두타는 정월 15일부터" 이하는 시기를 제정한 것이다. 단지 행하는 시기의 적절함만이 아니라 나타내려는 뛰어난 궤범이 있다. 『심왕경』[54]에서 설한 것[55]과 같으니 그에 준하여 알아야 할 것이다.

冬夏坐禪者。冬則大寒。夏則大熱。又損傷多。妨於遊行。故制靜坐。結夏

병열병과 음병癊病이 없어지고, 넷째는 음식이 당기며, 다섯째는 눈이 밝아진다.(嚼楊枝。有五事利益。一口氣不臭。二別味。三熱癊消。四引食。五眼明。)"라고 하였다.

54 『심왕경』: 갖추어서 『佛爲心王菩薩說頭陀經』이라고 한다. 중국에서 찬술된 위경으로 695년 당나라 명전明佺 등이 편찬한 『大週刊定衆經目錄』에 최초로 제목이 나타나고 여기에서 위경으로 판명하였다. 그 후 일실되어 전해지지 않다가 근래에 돈황에서 발굴되었다. CBETA전자불전의 장외불교문헌藏外佛敎文獻에 수록되어 있다.

55 『心王經』(ZW1, 275a)에서 "그 두타는 정월 15일에서 3월 15일과 8월 15일에서 10월 15일까지 행한다. 두 시기에 두타를 행하는 것은 삼세의 모든 부처님께서 항상 이 법을 행하였고 대중 가운데 중근기와 상근기라야 행할 수 있다.【두 시기'란 봄과 가을이 이것이다. 처음 도리를 알았을 때는 마치 봄볕에 온갖 풀이 다투어 생겨나는 것과 같고, 법안이 열리고 밝아지는 것도 다시 이와 같다. 가을은 열매가 익는다. 도심道心이 순숙해져서 번뇌를 거두어들이고 무진장無盡藏에 들어가니, 무진장이란 공정심空靜心이 이것이다. 그러므로 '두 시기'라고 하였다.】(其頭陀者。從正月十五日至三月十五日。從八月十五日至十月十五日。二時頭陀。三世諸佛。常行此法。衆行中上。【二時春秋是。初悟心時。猶如春日。百草發生。法眼開明。亦復如是。秋者熟也。道心淳熟。收斂煩惱。入無盡藏。無盡藏者。空靜心是。故曰二時。】)"라고 한 것을 참조할 것.

安居者。期心一處。靜緣栖託。故云安居。必無急緣。不妄遊行。若於自他有利益處。隨緣開許。受日出界。受日之法。於五部中。隨應用之。常用揚[1]枝澡豆者。楊枝有五德故常用。澡豆爲淸淨故亦常用。十八物者。三衣爲三。四瓶。五鉢。六坐具。七錫杖。八香爐。九漉水囊。十手巾。十一刀子。十二火燧。十三鑷子。十四繩床。十五經。十六律。十七佛像。十八菩薩形。前十四資身道具。後四出世勝軌故。制令常隨不得離也。頭陀者。從正月下。制時節也。非但行時調適。亦有所標勝軌。如心王經所說。應知。

1) ㉔ '揚'은 '楊'이다.

"포살하는 날이면" 이하는 포살법을 제정하였다. 법은 경의 처음에 서문에서 설한 것과 같다. 예전 학자가 지은 소에서는 "성문은 마음이 허약하여 반드시 네 명 이상[56]이 있어야 비로소 광송廣誦(계율의 조문을 빠짐없이 모두 소리 내어 읽는 것)을 할 수 있다. 대사는 행이 뛰어나니 한 사람이어도 광송廣誦을 허락한다."라고 하였다. 나의 견해를 제시하겠다. 광송은 성문도 허락하지만 단지 백갈마白羯磨[57]는 행할 수 없다. 보살법에서도 이치가 이와 같아서 비록 광송을 하더라도 백갈마는 행할 수 없다.[58]

"소리 내어 외우는 사람은 높은 자리에 앉고 듣는 사람은 낮은 자리에 앉으며"라는 것은 법을 공경하기 위한 것이다. 율에서도 아래에 있으면

---

56 네 명 이상 : 현전승가를 구성할 수 있는 최소 인원이라는 의미가 있다.
57 백갈마白羯磨 : 갈마羯磨(승단의 전체회의)를 그 방식에 따라 여러 가지로 분류한 것 중 하나. 단백갈마單白羯磨·단백법單白法 등이라고도 한다. '백'은 회의의 안건을 고지하는 짓이다. 백갈마는 선제회의에서 스님들에게 안건을 한 번만 고지하는 것(一白)으로 비교적 경미한 안건 혹은 이미 임격한 규정이 있어서 이의를 제기할 여지가 없는 안건 등을 다룰 때 행하는 갈마법이다. 예를 들면 자자일自恣日에 자자를 행함을 알리는 것과 같은 것이 그것이다.
58 여기에서는 포살을 행할 때 선출된 한 명의 대표가 계율의 조문을 소리 내어 외우고 참석자에게 그 계율을 어긴 적이 있는지를 묻는데 한 사람일 경우는 이치상으로 이러한 절차가 불가능함을 말하는 것 같다.

서 높은 곳에 있는 사람을 위해 설법하는 것을 허락하지 않았다.[59] "각각 구조가사와 칠조가사와 오조가사를 입는다."라는 것은 어떤 사람은 "이 문장으로 세 가지 옷은 모두 대중의 의식에 참여할 때 사용할 수 있음을 증명할 수 있다."라고 하였고, 어떤 사람은 "이것은 합쳐서 입어야 하는 옷이다. 『삼천위의경』에서 '니원승泥洹僧[60]을 입지 않고는 오조를 입을 수 없고 오조를 입지 않고는 칠조를 입을 수 없으며 칠조를 입지 않고는 구조를 입을 수 없다.'[61]라고 하였다. 그러므로 합쳐서 입어야 하는 것을 알 수 있다."라고 하였다.【다시 그 글을 꼼꼼히 검토해 볼 것.】

若布薩日下。制布薩法。法如經初序說。舊疏云。聲聞心弱。必假四人已上。方得廣誦。大士行勝。一人亦許廣說。[1] 今謂廣誦聲聞亦許。但不得作白羯磨也。菩薩法中。理應如此。雖復廣誦。不得作白。誦者高座。聽者下坐者。爲恭敬法故。律亦不聽在下爲高說。各各被九條七條五條袈裟者。一云。以此文證。三衣皆得入衆用。一云。此是幷著被衣。如三千威儀云。不箸泥洹僧不得被五條。不著五條不得被七條。不著七條不得被九條。故知幷著也。
【更詳彼文。】

---

1) ㉠ '說'은 '誦'인 것 같다.

"하안거를 행할 때에도 낱낱이 법대로 행해야 한다."라는 것은 결제結制

---

59 『四分僧戒本』(T22, 1029c)에서 백 가지 중학법衆學法을 설하는 가운데 제89에서 "다른 사람은 높은 자리에 있고 자신은 낮은 자리에 있는데 그를 위해 설법해서는 안 되니 병이 있는 경우를 제외하고는 응당학이다.(人在高座。己在下座。不得爲說法。除病應當學。)"라고 하였다. '중학법'은 응당학법應當學法이라고도 한다. 이를 어기면 가장 가벼운 죄에 속하는 돌길라죄를 범한다. 그 숫자는 율에 따라 동일하지 않은데 『四分律』에서는 백 가지로 총괄하였기 때문에 백 가지 중학법이라고 한다.
60 니원승泥洹僧 : Ⓢ nivāsana의 음역어. 열반승涅槃僧이라고도 하고, 군裙·하군下裙 등으로 의역한다. 허리에 둘러서 입는 치마 모양의 속옷이다.
61 『三千威儀經』 권상(T24, 916c).

할 때 의지하는 처소, 일정한 날을 허락받아 계외로 나가는 것, 자자自恣[62]를 행하여 죄를 거론하고 참회하게 하는 것을 모두 율에 준하여 행하는 것이다.

"두타를 행할 때는 험난한 곳에 들어가지 말아야 한다." 이하는 두타와 하안거를 행할 때 처소를 가려서 험난한 곳을 피하는 것을 밝혔다. 여기에서 제정한 것은 시작하는 날부터 끝나는 날까지이다. 어떤 사람은 "출가자와 재가자가 모두 동일하다."라고 하였고, 어떤 사람은 "돌아다니거나 머물면서 교화할 때 험난한 곳에 가서는 안 된다. 이것은 바로 출가자와 재가자에 대해 통틀어서 제정한 것이다. 안거법과 포살과 포살할 때 자리에 앉게 하는 것과 같은 것은 단지 출가자인 다섯 부류의 제자에 대해서만 제정하였다."라고 하였다. 『우바새계경』에서 "우바새는 승가리僧伽梨 옷과 발우와 지팡이를 비축해야 한다."[63]라고 하였는데 열여덟 가지 물건을 모두 갖추어야 하는지의 여부는 아직 알 수 없다.

보살승니菩薩僧尼는 보름이 되면 양쪽에서 포살을 행하여 대승과 소승의 두 가지 계본戒本을 소리 내어 외워야 하니 그렇지 않으면 경구죄를 범하는 것이다.【다시 본문을 꼼꼼히 살펴볼 것】. 재가보살은 집안에 깨끗한 방이 있으면 보름에 스스로 소리 내어 외워야 하고 깨끗한 방이 없다면 유순由旬[64] 안에 있는 절에서 보살계에 의거한 포살을 지으면 가서 들어야 한다. 두 가지를 전혀 행하지 않으면 경구죄를 범하는 것이다. 만약 자신의 집이 시끄럽고 궁색하며 유순 내의 거리에 보살계를 위한 법회가 없다면 범

---

62 자자自恣 : ⓢ pravāraṇā의 의역어. 하안거의 마지막 날, 곧 7월 15일에 행하는 참회의 식. 하안거 중에 잘못된 행위를 보인 것, 그런 행위를 한 것으로 소문이 난 것, 그런 행위를 한 것으로 의심을 받은 것에 대해 모든 스님으로 하여금 자유롭게 지적하게 하고 지적받은 비구는 자신의 잘못된 일이 있을 경우 참회하게 하는 것이다.

63 『優婆塞戒經』권3(T24, 1050a).

64 유순由旬 : ⓢ yojana의 음역어. 의역어는 일정一程·역驛 등이다. 인도에서 거리를 재는 데 사용하던 단위이다. 소가 멍에를 걸고 하루 동안 갈 수 있는 거리 혹은 왕이 하루 동안 행군行軍할 수 있는 거리를 가리킨다.

하는 것이 아니다.

結夏安居。一一如法者。結時依處。受日出界。自恣擧懺。皆准律行之。若頭陀時。莫入難處下。辨行頭陀及夏安居。擇處避難。此中所制。從始至末。一云。道俗悉同。一云。遊止敎化。不得冒難。此則通制道俗。若安居法布薩令坐。但制出家五衆。優婆塞經云。優婆塞。應畜僧伽梨衣鉢錫杖。未知十八物盡須備不。菩薩僧尼。至半月。應兩邊布薩。誦大小二本。不者輕垢【更詳本文】。在家菩薩。若家內有淨室。半月應自誦。若無者。由旬內寺舍。作菩薩布薩。則應往聽。都不者。輕垢。若自家誼迫。及由旬內無菩薩會集者。不犯也。

(e) 어른과 아이의 차례를 따르지 않는 것을 막음
 - 신분의 높고 낮음에 따라 차례를 시켜라 : 제38계
여덟 번째는 신분의 높고 낮음에 따라 차례를 지키는 계이다.

第八尊卑次第戒。

경 불자여, 법대로 차례대로 앉아야 한다. 먼저 계를 받은 사람이 앞에 앉고 나중에 계를 받은 사람은 뒤에 앉는다. 나이든 사람과 어린 사람을 불문하고 비구와 비구니, 귀족과 국왕과 왕자, 황문黃門과 노비에 이르기까지 모두 먼저 계를 받은 사람이 앞에 앉고 나중에 계를 받은 사람이 차례대로 앉아야 한다. 외도나 어리석은 사람이 늙은 사람이건 젊은 사람이건 앞에 앉게 하는 일도 없고 뒤에 앉게 하는 일도 없게 하는 것처럼 하지 마라. 차례가 없이 앉는 것은 병졸이나 노예의 법과 같은 것이니 나의 불법에서는 먼저 계를 받은 사람이 먼저 앉고 나중에 계를 받은 사람은 뒤에 앉는다. 보살로서 차례대로 앉지 않는다면 이는 경구죄를 범하는 것이다.

若佛子。應如法次第坐。先受戒者在前坐。後受戒者在後坐。不問老少。比丘比丘尼貴人國王王子乃至黃門奴婢。皆應先受戒者在前坐。後受戒者次第而坐。莫如外道癡人。若老若少。無前無後。坐無次第。如兵奴之法。我佛法中。先者先坐。後者後坐。而菩薩。不次第坐者。犯輕垢罪。

소 교만을 여의고 교법에 수순하게 하기 위해 제정하였다. 대승과 소승이 모두 제정하였고 출자자와 재가자가 동일하게 배운다.

爲離憍慢隨順敎法故制。大小俱制。道俗同學。

『사분율』에서 말하였다.

律中。

세존께서 비구 스님을 모이게 하고 말씀하셨다. "너희들은 누가 첫 번째 자리와 첫 번째 물과 첫 번째 음식을 받고 일어나 맞이하고 보내는 것과 예배하고 공경하는 것과 좋은 말로 안부를 묻는 일을 해야 한다고 생각하느냐?" 어떤 사람은 뛰어난 종성(大姓) 출신의 출가자라고 하고, 어떤 사람은 얼굴이 단정한 사람이라고 하며, 어떤 사람은 아란야阿蘭若에 머무는 사람이라고 하고, 어떤 사람은 걸식하는 사람이라고 하며, 어떤 사람은 분소의糞掃衣를 입은 사람이라고 하였다. 이와 같이 말하고 【중략】 어떤 사람은 범패梵唄에 능한 사람이라고 하고, 어떤 사람은 부처님의 말씀을 많이 들은 사람(多聞)이라고 하며, 어떤 사람은 법사인 사람이라고 하고, 어떤 사람은 율을 수지하는 사람이라고 하며, 어떤 사람은 좌선을 행하는 사람이라고 하였다.

부처님께서 비구들에게 과거에 코끼리와 원숭이와 탈조鵽鳥[65]가 서로 공경하게 된 인연을 인용하고[66] 말씀하셨다. "너희들은 나의 법과 율 가운데 출가하였으니 서로 공경해야 한다. 이와 같이 하면 불법이 널리 퍼질 수 있다. 지금부터 어른과 아이의 차례에 따라 공경하고 예배하며 상좌上座에게 맞이하고 보내는 것과 좋은 말로 안부를 묻는 것을 행하게 하라."

또 말씀하셨다. "재가자(白衣)에게 예배하지 말아야 하고 모든 여인에게 예배하지 말아야 한다. 먼저 대계大戒(비구계)를 받은 사람은 나중에 대계를 받은 사람에게 예배하지 말아야 한다. 열세 가지 무거운 장애(十三難)에 해당되거나 세 가지의 거죄갈마(三擧)[67]를 당하였거나 두 가지 멸빈滅擯(二滅)[68]을 당하였거나 모든 법답지 않은 말을 한 사람에게도 예배하지 말아

---

[65] 탈조鵽鳥 : 새의 이름. 크기는 비둘기와 같고 모양은 꿩과 같으며 사막에 산다.
[66] 본서에서는 이 인연을 축약하였다. 『四分律』 권50(T22, 940a)에 수록된 내용을 부연설명하면 다음과 같다. "코끼리와 원숭이와 탈조가 모두 한 니구율수尼拘律樹에 깃들어 살고 있었다. 어느 날 그들은 서로 공경하지 않고 교만을 부릴 것이 아니라 나이에 따라 차례를 정하고 나이가 많은 이를 공경하며 지내기로 하였다. 그리고 서로의 나이를 헤아린 후 가장 어린 코끼리가 원숭이를 머리에 얹고 원숭이는 가장 어른인 탈조를 어깨에 얹었다. 이렇게 하고 세간을 돌아다니며 어른을 공경할 것을 설하였고, 사람들은 모두 그 말에 순종하였다." 『大智度論』 권12(T25, 146c)에도 동일한 내용이 나온다. 다만 탈조를 가빈사라조迦頻闍羅鳥라고 하였는데 『一切經音義』 권26(T54, 479b)에서 "가빈사라는 탈조이다."라고 하였다.
[67] 세 가지의 거죄갈마擧罪羯磨(三擧) : '거죄'는 비구가 율에 규정된 죄를 위범하였을 때 그 잘못을 공개하여 거론하는 것이고, '갈마'는 이러한 죄를 처벌하기 위해 제정한 의식상의 작법을 가리킨다. 세 가지라는 것은 첫째는 불견죄不見罪(죄를 지어 자백하고 참회할 것을 권유하였는데도 자신의 죄를 인정하지 않는 것)이고, 둘째는 불참거죄不懺擧罪(죄를 짓고도 참회하지 않는 것)이며, 셋째는 불사악견죄不捨惡見罪(악견을 버리지 않는 것)이다. 이러한 죄에 대하여 상응하는 갈마를 차례대로 불견죄거죄갈마不見罪擧罪羯磨와 불참죄거죄갈마不懺罪擧罪羯磨와 불사악견거죄갈마不捨惡見擧罪羯磨라고 한다. 예를 들어 불견죄거죄갈마는 부처님께서 출가하실 때 그 말을 몰았던 천타 비구闡陀比丘가 죄를 지어 다른 비구들이 아무리 충고하여도 인정하지 않고 오히려 자신은 부처님을 출가시킨 주인공으로 자신이 아니면 부처님도 없었을 것이기 때문에 자신에 대해서는 누구도 충고할 자격이 없다고 주장하므로 이를 다스리기 위해 행하였다.
[68] 두 가지 멸빈滅擯(二滅) : 『四分律』에서는 "멸빈이나 응멸빈(若滅擯若應滅擯)"이라고

야 한다. 어떤 사람에게 예배해야 하는가? 어린 사미니는 어른 사미니와 사미와 식차마나와 비구니와 비구에게 예배해야 하고, 이와 같은 사람의 탑에도 모두 예배해야 한다. 어린 사미와 어른 사미니와 식차마나 내지 비구에게 예배해야 하고 탑에도 모두 예배해야 한다. 어린 식차마나는 어른 식차마나와 비구니와 비구에게 예배해야 하고 탑에도 모두 예배해야 한다. 어린 비구니는 어른 비구니와 비구에게 예배해야 하고 탑에도 예배해야 한다. 어린 비구는 어른 비구에게 예배해야 하고 어른 비구의 탑에도 예배해야 한다.[69]

世尊集比丘僧告言. 汝等謂誰應受第一坐. 第一水第一食. 起迎送禮拜恭敬. 善言問訊. 或有言大姓家出[1]者. 或言顏貌端政[2]者. 或有言阿蘭若者[3] 或有言乞食者. 或有言糞掃衣者. 如是乃至或有言能唄者. 或有言多聞者. 或有言法師者. 或有言持律者. 或有言坐禪者. 佛告諸比丘. 乃引過去象狸[4]鷄鳥. 相敬因緣. 汝等於我法律中出家. 應更相恭敬. 如是佛法可得流布. 自今己[5]去. 聽隨長幼恭敬禮拜. 上坐迎送問訊. 又云. 不應禮白衣. 一切女人不應禮. 前受大戒者[6] 後受大戒者. 十三難三擧二滅一切非法語者不應禮. 何等人應禮. 小沙彌尼. 應禮大沙彌尼沙彌式刃[7]摩那比丘尼比丘. 如是等人塔. 一切應禮. 若年少[8]沙彌. 應禮大沙彌尼式刃[9]摩那乃至比丘. 及

하였다. 멸빈(ⓢ nāśanīya)은 축출하다, 제거하다의 뜻이 있다. 비구에 대한 일곱 가지 치벌법 중 하나이다. 승적僧籍을 박탈하기 때문에 삭적削籍이라고도 한다. 중죄를 짓고도 참회하는 마음이 없으면 승적을 박탈하여 승단에서 쫓아내는 것이다. 응멸빈應滅擯은 응빈應擯과 관련되어 있지만 약간 차이가 있다. 『四分律刪繁補闕行事鈔』 권상(T40, 8c)에서 "멸빈은 빈빈을 위한 갈마, 곧 빈출갈마가 이미 행해진 것이고 응멸빈은 중죄를 범하고 이미 그것을 공개직으로 서론하였지만 장애(難)가 있어서 아직 빈출갈마를 행하지 않는 것을 말한다. 『四分律』에서 '바라이를 설한 것 가운데 들어가는 것(入波羅夷說中)'이라고 한 것과 같다."라고 하였다.

69 『四分律』 권50(T22, 939c). 중간에 생략한 부분도 있고 취의 요약한 부분도 있으며 서술체로 설명한 부분도 있다. 생략된 부분 중 전후 문맥상 설명이 필요한 부분은 각주에서 보충하였다.

塔一切應禮。小式刃[10]摩那。應禮大式刃[11]摩那比丘尼比丘。及塔應禮。年小[12]比丘尼。應禮大比丘尼比丘。及塔亦應禮。小比丘。應禮大比丘。大比丘塔。亦應禮。

---

1) ㉣『四分律』에 따르면 '家出'은 '出家'이다. 2) ㉣『四分律』에 따르면 '政'은 '正'이다. 3) ㉠ 을본에 따르면 '耆'는 '有'이다. ㉣『四分律』에 따르면 '耆'이다. 4) ㉣『四分律』에 따르면 '狸'는 '獼猴'이다. 5) ㉠ 저본에 따르면 '己'는 '已'이다. 6) ㉣『四分律』에 따르면 '耆' 뒤에 '不應禮'가 누락되었다. 7) ㉠ 갑본과 을본에 따르면 '刃'은 '叉'이다. '叉'가 맞는 것 같다. 8) ㉣『四分律』에 따르면 '年少'는 '少年'인데 문맥상 전자가 맞는 것 같다. 9) ㉠ 갑본과 을본에 따르면 '刃'은 '叉'이다. ㉣ '叉'가 맞는 것 같다. 10) ㉠ 갑본과 을본에 따르면 '刃'은 '叉'이다. ㉣ '叉'가 맞는 것 같다. 11) ㉠ 갑본과 을본에 따르면 '刃'은 '叉'이다. ㉣ '叉'가 맞는 것 같다. 12) 『四分律』에 따르면 '小'는 '少'이다.

석가법釋迦法 가운데 이미 "별도의 보살승菩薩僧은 없다."[70]라고 하였다. 그러므로 앞의 율에 준하여 행하면 이치에 어긋남이 없다.

釋迦法中旣云。無別菩薩僧。故准上律行。於理無爽。

본문에서 "법대로 차례대로 앉아야 한다."라는 것은 윗사람과 아랫사람이 차례대로 앉아서 부처님께서 제정한 것을 어기지 않는 것을 말한다. 이 가운데 행법行法은 여러 학자의 견해가 같지 않다.

文中應如法次第坐者。謂上下次第。不違佛制。此中行法。諸師不同。

첫 번째 설은 다음과 같다. "단지 보살계를 받은 것을 차례로 삼는다. (계랍이) 100세인 비구가 나중에 보살계를 받았고 (계랍이) 1세인 비구가 먼저 보살계를 받았으면 1세인 비구가 앞자리에 앉고 100세의 비구는

---

70 『大智度論』 권34(T25, 311c).

뒷자리에 앉는다. 남자와 여인, 노예와 일반인이 존비가 유별한 것과 같으니 비록 먼저 계를 받았더라도 서로 섞일 수는 없다. 만약 사내종(奴)이 먼저 계를 받고 주인(郎)이 나중에 계를 받았다면 노예가 윗자리에 앉고 주인은 아랫자리에 앉는다. 이미 계법에 들어갔으면 본래의 지위를 따르지 않기 때문이다."

一說。悉¹⁾以受菩薩戒爲次第。百歲比丘後受菩薩戒。一歲比丘前受菩薩戒。則一歲比丘在前座。百歲比丘在後坐。男女黑白。尊卑類別。雖前受戒。不得交雜。若奴前受郎後受者。則奴上郎下。已入戒法中。不隨本位故。

1) ⓨ『梵網經古迹記』(T40, 715c)에 따르면 '悉'은 '但'인 것 같다.

두 번째 설은 다음과 같다. "본래 아직 보살계를 받지 않은 사람이면 모두 먼저 보살계를 받은 사람의 아랫자리에 앉는다. (성문계를 받은 사람이) 만약 나중에 보살계를 받았으면 다시 본래의 차례대로 앉는다.[71] 예를 들어 (계랍이) 100세인 비구가 아직 보살계를 받지 않았고 1세인 비구가 이미 보살계를 받았으면 이미 보살계를 받은 이가 윗자리에 앉고 아직 보살계를 받지 않은 사람은 아랫자리에 앉지만, 만약 100세인 비구가 나중에 보살계를 받으면 다시 윗자리에 앉는 것과 같다. 노예와 주인도 또한 그러하여 노예가 먼저 계를 받고 주인이 아직 계를 받지 않았으면 노예가 윗자리에 앉고 주인은 아랫자리에 앉는다. 주인이 만약 나중에 계를 받으면 다시 노예의 윗자리에 앉는다. 이미 동일하게 계를 받은 지위에 있으면 본래의 지위를 따라야 한다. 예를 들어 비구가 나중에 계를 받으면 (다시) 100세인 비구니의 윗자리에 앉는 것과 같다."[72]

---

71 예를 들어 성문계의 계랍이 10년인 A와 계랍이 3년인 B가 있는데 둘 다 보살계를 받지 않았으면 A가 앞에 앉고, 만약 B가 보살계를 받으면 그가 앞에 앉으며, 나중에 A가 보살계를 받는다면 다시 성문계의 계랍에 의거하여 A가 앞에 앉는다는 말이다.

二說。若本未受菩薩戒者。皆在前受菩薩戒下。若進[1]受戒。則還本次。如百歲比丘未受。一歲比丘已受。已受者爲上。未受者爲下。若百歲者進[2]受。則還在上。奴郞亦爾。若奴先受郞未受者。則奴上郞下。郞若進[3]受。還在奴上。旣同在戒。應隨本位。如沙彌[4]進[5]受。則在百歲尼上。

1) ㉠『梵網經古迹記』에 따르면 '進'은 '後'인 것 같다. 2) ㉠『梵網經古迹記』에 따르면 '進'은 '後'인 것 같다. 3) ㉠『梵網經古迹記』에 따르면 '進'은 '後'인 것 같다. 4) ㉠『梵網經古迹記』에 따르면 '沙彌'는 '比丘'인 것 같다. 5) ㉠『梵網經古迹記』에 따르면 '進'은 '後'인 것 같다.

세 번째 설은 다음과 같다. "위의威儀에 맞게 앉는 차례는 모두 성문법에서 설한 것을 차례로 삼는다. 성문계와 보살계를 가리지 않고 단지 먼저 계를 받은 사람이 윗자리에 앉는다. 성문비구가 10세이고 보살비구는 9세이면 10세인 사람이 윗자리에 앉아야 한다. 『대지도론』에서 '모든 부처님께서는 대체로 성문을 승가로 삼았고 별도의 보살승가는 없었다. 예를 들어 미륵보살과 문수사리보살 등은 석가모니불에게는 별도의 보살승가가 없었기 때문에 성문승가에 들어가 차례대로 앉은 것과 같다.'[73]라고 하였고, 이 경의 본문에서 단지 '먼저 계를 받은 사람이 앞에 앉고 나중에 계를 받은 사람이 뒤에 앉는다.'라고만 하고 성문계인지 보살계인지 간별하지 않았기 때문이다. 재가보살은 이미 출가한 햇수가 없으니 모두 보살계를 받는 것을 차례로 삼는다."

三說。威儀坐次。皆以聲聞法爲次序。莫問聲聞菩薩。但先受者爲上。若聲聞比丘十歲。菩薩比丘九歲。猶十歲者爲上。智度論云。諸佛多。以聲聞爲

---

72 비구가 보살계를 받지 않았을 때는 먼저 보살계를 받은 비구니가 앞에 앉지만, 나중에라도 비구가 보살계를 받으면 다시 성문법의 원칙에 따라서 비구가 앞에 앉는다는 말이다.
73 『大智度論』 권34(T25, 311c9).

僧。無別菩薩僧。如彌勒菩薩文殊師利菩薩等。以釋迦牟尼佛無別菩薩僧
故。入聲聞僧中次第坐。此文但言先受者在前坐。後受者在後坐。不簡聲聞
菩薩戒故。在家菩薩。旣無歲數。悉以菩薩戒爲次。

나의 해석을 제시하겠다. 재가보살 가운데에서도 계를 받은 것을 우선으로 삼으니 성문법의 다섯 가지 계(聲聞五戒)를 받거나 보살법의 다섯 가지 계(菩薩五戒)를 받았으면 단지 먼저 받은 사람이 윗자리에 앉는 것을 말한다. 만약 노예가 먼저 계를 받고 주인이 나중에 받았으면 계를 받은 것을 차례로 삼지 않으니 노예와 주인은 지위가 달라 본래 섞이지 않기 때문이다. 가령 노예 신분에서 풀려나서 평민이 되었으면 계를 받은 차례를 따라야 한다.

세간에서 일을 행할 때에는 대체로 뒤(세 번째)의 설에 의지한다.

今謂在家中。亦應以受戒爲先。若受聲聞五戒。若受菩薩五戒。但先受者爲
上。若奴先受郎後受者。不得以受爲次。奴郎位別。本不雜故。設放奴爲郎。
應隨受次。世中行事。多依後說。

"나이든 사람과 어린 사람을 불문하고"라는 것은 태어난 나이의 많고 적음을 따르지 않는 것이다. 『사분율』에서는 "사미는 태어난 나이를 차례로 삼고 태어난 나이가 같으면 계를 받은 것을 차례로 삼는다."[74]라고 하였다. 이 경의 본문에서 이미 "나이든 사람과 어린 사람을 불문하고"라고 하였으니 그 태어난 나이에 의한 차례를 따르지 않는다. "비구와 비구니"라는 것은 두 부류의 대중은 모두 각각의 내중 속에서 계를 받은 것을 차례로 삼는다. 먼저 계를 받은 비구니라고 하여 나중에 계를 받은 비구의

---

[74] 『四分律』 권50(T22, 940b).

윗자리에 앉아도 된다고 말하는 것은 아니다. 남자와 여인은 존비가 있어서 본래 섞일 수 없는 것이기 때문이다. 세속에서의 귀천은 앞에서 분별한 것과 같다. "차례가 없이 앉는 것은 병졸이나 노예의 법과 같은 것이니"라는 것은 병졸과 노예는 강한 사람을 우선으로 하고 어른과 아이를 차례의 기준으로 삼지 않는다. 불법은 도를 존귀하게 여기니 그들이 하는 것처럼 해서는 안 된다.

不問老少者。不隨生年之老少。律中。沙彌生年爲次。生年等者。受戒爲次。此文旣云不問老少。以不隨其生年次第。比丘比丘尼者謂二衆皆各受戒爲次。非謂先受尼在後受比丘上。男女尊卑本不雜故。俗中貴賤。如前分別。坐無次第兵奴之法者。兵奴强者爲先。不以長幼次第。佛法道尊。不應如彼。

b. 교법으로 거두어들임
- 복덕과 지혜에 의해 사람들을 거두어들여라 : 제39계
아홉 번째는 복덕과 지혜로 사람들을 거두는 계이다.

第九福慧攝人戒。

경 너희들 불자여, 항상 모든 중생을 교화해야 한다. 승방과 산림山林과 동산(園, 과수원)과 밭(田)을 건립하고 불탑을 세우며 겨울과 여름에 안거를 행할 때 좌선할 곳을 비롯하여 모든 불도를 수행하는 곳을 모두 건립해야 한다.[75]

---

75 "항상 모든……건립해야 한다."라고 한 것은 주석자에 따라 본문을 끊는 것에 차이가 있다. 의적은 주석에서 자신의 입장을 밝히지 않았다. 지의는 『菩薩戒義疏』권하(T40, 579a)에서 "본문에서 대략 일곱 가지 일을 서술하였다. 첫째는 승방이고, 둘째는 산림

보살은 모든 중생을 위해 대승의 경과 율을 강설해야 한다. 질병이 창궐하거나 국가에 의한 재난이 일어나거나, 도적에 의한 재난이 있거나 부모님과 형제와 화상과 아사리가 돌아가신 날에는 3·7일이나 4·7일, 5·7일에 이르기까지 혹은 7·7일에 이르기까지 또한 대승의 경과 율을 소리 내어 외우고 강설하고 모든 재회齋會를 열어 복을 구해야 한다. 길을 오가며 살아갈 방도를 마련하려고 하거나, 큰불에 의해 태워지거나 큰물에 의해 떠내려가거나 먼지를 품은 회오리바람이 휘몰아치거나, 배를 타고 강이나 큰 바다를 지나면서 나찰羅刹을 만나는 재난을 당할 때에도 이 경과 율을 소리 내어 외우고 강설해야 한다. 혹은 모든 죄의 과보에 시달려서 세 가지 과보(三報)[76]를 받고 일곱 가지 역죄의 과보를 받으며 여덟 가지 재난(八難)의 과보를 받고 수갑과 가쇄枷鎖[77]가 그 몸을 속박할 때나, 음란함과 분노와 어리석음이 치성하거나, 잦은 질병에 시달릴 때에도 모두 이 경과 율을 소리 내어 외우고 강설해야 한다.

신학보살이 이와 같이 하지 않는다면 경구죄를 범하는 것이다.

若佛子。常應教化一切衆生。建立僧坊。山林園田。立作佛塔。冬夏安居坐

이며, 셋째는 동산이고, 넷째는 밭이며, 다섯째는 탑이고, 여섯째는 겨울과 여름에 좌선하면서 안거할 곳이며, 일곱째는 모든 불도를 수행하는 곳이다.(文中略序七事。一增坊。二山林。三園。四田。五塔。六冬夏坐禪安居處。七一切行道處。)"라고 하였고, 승장은 『梵網經述記』 권하(X38, 433c)에서 "다음에 복덕을 밝힌 것 가운데 또 네 가지가 있다. 첫째는 승방을 건립하는 것이고, 둘째는 동산과 산림에 불탑을 세우는 것이며, 셋째는 안거할 때 좌선할 곳을 세우는 것이고, 넷째는 불도를 수행하는 곳을 세우는 것이다.(次明福德之中。復有四種。一者 建立僧房。二者園林中立作佛塔。三者建立安居坐禪處。四者立行道處。)"라고 하였다. 역자는 지의의 주석에 의거하여 본문을 풀이하였다.

76 세 가지 과보(三報) : 법장의 『梵網經菩薩戒本疏』 권6(T40, 652a)에서 "'세 가지 과보'라는 것은 첫째는 현보現報(현세에 지은 선업과 악업에 대하여 현재의 몸으로 선보와 악보를 받는 것)이고, 둘째는 생보生報(현생에 지은 선업과 악업에 대하여 내생에 그에 상응하는 과보를 받는 것)이며, 셋째는 후보後報(현생에 지은 선업과 악업에 대하여 몇 생의 미래를 지나서 과보를 받는 것)이다.(三報者。一現報二生報三後報。)"라고 하였다.
77 가쇄枷鎖 : 죄인의 목에 씌우는 칼과 발에 채우는 쇠사슬을 가리킨다.

禪處所。一切行道處。皆應立之。而菩薩。應爲一切衆生。講說大乘經律。若疾病。國難賊難。父母兄弟和上阿闍梨亡滅之日。及三七日四五七日。乃至七七日。亦應讀誦講說大乘經律。一切齋會求福。行[1]來治生。大火所燒。大水所漂。黑風所吹。船舫江河大海羅刹之難。亦讀誦講說此經律。乃至一切罪報。三惡[2]七逆八難。枷械枷鎖。繫縛其身。多婬多瞋多愚癡。多疾病。皆應讀誦講說此經律。而新學菩薩。若不爾者。犯輕垢罪。

1) ㉠ 의적의 해석에 따르면 그의 대본에는 '行'을 '往'이라 하였다. 2) ㉠ 의적의 해석에 따르면 '惡'은 '報'이다. 두 글자는 판본에 따라 달리 쓰인 것이다.

소 복덕과 지혜의 두 가지 선은 일의 양상이 수레의 바퀴나 새의 날개와 같아서 하나가 결여되면 뛰어난 과를 이루기 어렵기 때문에 제정하여 닦게 하였다. 대승과 소승이 함께하지 않고 일곱 부류의 제자가 동일하게 배우는 깃이다.

慧福[1]兩善。事猶輪翼。隨闕一種。勝果難辨。故制令修。大小不共。七衆同學。

1) ㉠ 저본에 따르면 '慧福'은 '福慧'이다.

본문에 두 가지가 있다. 첫째는 교화하여 복덕의 업을 닦게 하는 것이고, 둘째는 강설하여 지혜의 업을 닦게 하는 것이다.

처음에 "항상 모든 중생을 교화해야 한다.……모든 불도를 수행하는 곳을 모두 건립해야 한다."라는 것은 복덕의 업을 닦는 것에 비록 여러 가지 문이 있더라도 그 중요한 것을 들어서 우선 불도를 수행하는 곳을 건립하는 것이라고 말한 것이다. 능력에 따라 다른 사람을 교화하고 스스로 지으면서 기필코 능력을 다하여도 아무도 쳐다보지 않으면 비록 결여된 것이 있더라도 범하지 않는다. 닦아서 지혜를 일으키게 하는 것 가운데 "모든 중생을 위해 대승의 경과 율을 강설해야 한다."라는 것은 스스로 이해하는 지혜가 있는 사람이 그 능력에 따라 다른 사람을 위해 강설하는 것이다.

"질병이 생기거나" 이하는 별도로 재난이 있는 상황과 은혜를 갚아야 할 상황에도 강설해야 하는 것을 밝혔다. 또 열 가지를 열거하였다. 첫째는 질병에 의한 재난이니 국토에 질병이 창궐할 때를 말한다. 둘째는 국가에 의한 재난이니 악한 왕이 세간을 다스릴 때를 말한다. 셋째는 도적에 의한 재난이니 악한 사람이 침공하여 포악하게 굴 때를 말한다. 넷째는 존경하는 분이 돌아가셨을 때이며, 다섯째는 길을 오가며 살아갈 방도를 마련하려고 할 때(往來治生)이다. 어떤 경본에서는 "길을 오가며 살아갈 방도를 마련하려고 할 때(行來治生)"라고 하였다. 여섯째는 물과 불과 바람에 의한 재난이 일어났을 때이다. 일곱째는 나찰에 의한 재난이 있을 때이다. 여덟째는 모든 죄의 과보에 시달릴 때이니 세 가지 과보를 받고 여덟 가지 재난 내지 그 몸이 속박되는 것을 말한다. 아홉째는 번뇌가 치성할 때이다. 열째는 잦은 질병에 시달릴 때이니 자신의 몸에 질병이 있는 것이다. 열 가지 일을 위해서 경과 율을 강설하여 온갖 재난을 모면하고 벗어나며 온갖 업의 장애를 변화시키며 신명神明을 연마하고 다스리며 지혜가 늘어나게 해야 한다. 이와 같이 하지 않으면 위반하여 범하는 것이 된다.

文中有二。一敎化令修福業。二講說令修智業。初中常應敎化一切衆生乃至一切行道處。皆應立之者。謂修福業。雖有多門。就其要者。且說建立行道處也。隨力隨能。化他自作。必力所不贍。雖闕而不犯。令修起智中。應爲一切衆生講說大乘經律者。謂自有解智者。謂¹⁾其力能爲他講說。若疾病下別明爲有難報恩之處。亦爲講說。且列十種。一病難。謂國土多疾之時。二國難。謂惡王御世時。三賊難。謂惡人侵暴時。四所尊終亡時。五往來治生時。有經本云行末將²⁾生。六水火風難。七羅刹難。八一切罪報。謂三報八

難乃至繫縛其身。九多煩惱。十多疾病。謂自身中。有疾病也。凡爲十事。應
講經律。使免離諸難轉諸業障。硏飾神明智慧增長。若不爾者。違而成犯也。

1) ㉠ '謂'는 '隨'인 것 같다. 2) ㉮ 갑본과 을본에서 '末將'은 '來治'인 것 같다고 하였
다. ㉠ 후자가 맞는 것 같다.

경 이와 같은 아홉 가지 계를 배우고 공경하는 마음으로 받들고 수지해
야 한다. 자세한 것은 「범단품梵壇品」[78]에서 설명할 것이다.

如是九戒。應當學。敬心奉持。梵壇品中當說。

소 "이와 같은 아홉 가지" 이하는 총괄적으로 맺으면서 다른 품을 가
리킨 것이다.

如是九已下。總結指餘。

(2) 나중의 아홉 가지 계

두 번째 아홉 가지 계 중 처음의 다섯 가지 계는 모두 계법戒法으로 거
두어들이는 것이고, 뒤의 네 가지 계는 모두 슬퍼하는 마음(悲心)으로 교
화하는 것이다.

第二九戒中。初五戒幷以戒法攝受。後四戒幷以悲心教化。

① 처음의 다섯 가지 계 : 계법으로 거두어들임

---

78 「범단품梵壇品」: 현행 『梵網經』에는 없고 『大本梵網經』에 속한 것으로 추정되는 품의
이름이다.

앞에서 처음의 세 가지 계는 계법을 다른 사람에게 주는 것을 밝혔고, 뒤의 두 가지 계는 계법을 스스로 거두는 것을 밝혔다. 보살은 스스로 거두고 다른 사람으로 하여금 따라 배우게 하기 때문에 비록 스스로 거둔다고 해도 그것이 바로 다른 사람을 이롭게 하는 것이다.

前中初三明戒法授人。後二明戒法自攝。菩薩自攝令他隨學故。雖自攝則是利他。

a. 처음의 세 가지 계 : 계법을 다른 사람에게 주는 것을 밝힘

처음의 세 가지 가운데 첫 번째는 자격이 있는 사람이면 선별하지 않고 바로 주는 것을 밝혔고, 두 번째는 장애가 있는 사람은 가르쳐서 참회하여 제거하게 하는 것을 밝혔으며, 세 번째는 아직 계를 받지 않은 사람에게 멋대로 그를 위해서 계를 설해서는 안 되는 것을 밝혔다.

初三中。第一明有器者。不擇便授。第二明有障者。教令懺除。第三明未受者。不輒爲說。

a) 자격이 있는 사람이면 선별하지 않고 바로 주는 것
- 계를 받을 수 있는 사람이면 선별하지 마라 : 제40계
첫째는 계를 받을 수 있는 사람이면 선별하지 않는 계이다.

第一不擇堪受戒。

경 부처님께서 말씀하셨다.
"불자여, 사람들에게 계를 줄 때 선별해서는 안 된다. 국왕과 왕자, 대신大臣과 관리들, 비구와 비구니, 남자신자와 여자신자, 음란한 남자와 음란한

여자, 십팔범천十八梵天과 육욕천六欲天, 남근男根이든 여근女根이든 모두 없는 사람과 남근과 여근을 모두 지닌 사람, 황문黃門과 노비와 모든 귀신은 다 계를 받을 수 있다.

몸에 입는 가사는 모두 색을 무너뜨려서(壞色) 도道에 상응하게 해야 하니 모두 청색과 황색과 적색과 흑색과 자색紫色으로 물들인다. 모든 옷을 물들여야 하고 내지 와구까지 다 색을 무너뜨려야 한다. 몸에 입는 옷은 모두 염색해야 한다. 모든 나라에서 그 나라 사람들이 입는 옷이 있다면 비구는 모두 그 나라의 세속인이 입는 옷과 다르게 입어야 한다.

어떤 사람이 계를 받으려고 할 때 법사는 질문하기를 "너는 현재의 몸으로 일곱 가지 역죄를 짓지 않았는가?"라고 해야 한다. 보살법사는 일곱 가지 역죄를 지은 사람이 현재의 몸으로 계를 받게 해서는 안 된다. 일곱 가지 역죄라는 것은 부처님의 몸에 피를 내는 것과 아버지를 살해하는 것과 어머니를 살해하는 것과 화상을 살해하는 것과 아사리를 살해하는 것과 갈마승羯磨僧과 전법륜승轉法輪僧을 파괴하는 것과 성인을 살해하는 것이다. 일곱 가지 차죄遮罪[79]를 갖추었으면 현재의 몸으로는 계를 받을 수 없고 나머지 모든 사람들은 다 계를 받을 수 있다.

출가한 사람의 법은 국왕에게 예배하지 않고 부모에게 예배하지 않으며, 여섯 부류의 친족에게 경배하지 않고 귀신에게 예배하지 않는다. 단지 법사의 말을 이해하는 능력만 있다면, 백 리나 천 리에서 찾아와 법을 구하는 이가 있는데 보살법사가 나쁜 마음과 분노하는 마음을 품어 모든 중생이 받아야 할 계(一切衆生戒)[80]를 주지 않으면 경구죄를 범하는 것이다."

---

79 일곱 가지 차죄遮罪 : 일곱 가지 역죄의 다른 이름. 계를 받는 것을 장애하는 원인이 된다는 것을 나타낸 것이다.
80 모든 중생이~할 계(一切衆生戒) : 법장이 『梵網經菩薩戒本疏』 권6(T40, 652b)에서 "보살계를 설명한 것으로 모든 중생이 얻어야 할 계임을 나타낸 것이다."라고 한 것에 의거하여 풀이하였다.

佛言。佛子。與人受戒時。不得簡擇。一切國王王子。大臣百官。比丘比丘尼。信男信女。婬男婬女。十八梵六欲天子。無根二根。黃門奴婢。一切鬼神。盡得受戒。應教身所著袈裟。皆使壞色。與道相應。皆染使青黃赤黑紫色。一切染衣。乃至臥具。盡以壞色。身所著衣。一切染色。若一切國土中。國人所著衣服。比丘。皆應與其俗服有異。若欲受戒時。師應問言。汝現身不作七逆罪不。菩薩法師。不得與七逆人現身受戒。七逆者。出佛身血。殺父殺母。殺和上殺阿闍梨。破羯磨轉法輪僧。殺聖人。若具七遮。即現身不得戒。餘一切人。盡得受戒。出家人法。不向國王禮拜。不向父母禮拜。六親不敬。鬼神不禮。但解法師語。有百里千里來求法者。而菩薩法師。以惡心瞋心。而不卽與授一切衆生戒者。犯輕垢罪。

소 받을 수 있는 자격이 있으면 모두 주어야 한다. 만약 분노하고 싫어하는 마음에 의거하여 선별하면 바로 권장하고 인도하는 뜻에 어긋나기 때문에 제정하여 간별하지 않게 하였다. 보살은 계를 받을 것을 원하는 사람이 있으면 어느 경우든 어길 수 없으니 본래의 서원이 중생을 함께 구제하는 것에 있기 때문이다. 성문은 허락하고 나서 중간에 후회하면 위범이고 본래부터 허락하지 않았으면 위범이 아니다. 일곱 부류의 제자가 동일하게 배우는 것이니 『보살영락본업경』에서 "부부가 서로 스승이 되는 것을 허락한다."[81]라고 하였기 때문이다.

有器堪受。皆應爲授。若以瞋嫌簡擇。便乖弊[1]導之義。故制令不簡。菩薩。有求受者。悉不得乖。以本誓兼濟故。聲聞。許而中悔。是犯。若本不許。不犯。七衆同學。經許夫婦互爲師故。

1) ㉝ 저본에 따르면 '弊'은 '獎'이다.

---

81 『菩薩瓔珞本業經』 권하(T24, 1021b).

본문에서 "사람들에게 계를 줄 때 선별해서는 안 된다.······다 계를 받을 수 있다."라는 것은 열일곱 부류를 제시하여 모두 계를 받는 것을 허락한 것이다. 본문에서 재가계와 출가계, 사미계와 구족계를 선별하지 않고 오직 계를 받을 수 있는 것만 말하였다. 만약 뒤의 글에서 옷을 세속과 다르게 입을 것을 가르친 것에 의거하면 출가자에게만 통용되는 것이어야 한다.

그런데 계를 받는 법에는 두 가지가 있다. 율법에 의거하면 백사갈마白四羯磨에 의해 계를 받을 경우는 남근과 여근이 모두 없는 사람 등의 부류는 간별해야 한다.[82] 삼귀계三歸戒에 의거하여 계를 받을 경우[83]는 세 가지 계(三聚淨戒)를 모두 받을 수 있다. 본문에서 이미 "선별해서는 안 된다."라고 하였으니 이치상 모두 받아야 한다. 반택가半擇迦(황문) 등은 다섯 가지 계(五戒)를 받는 것은 허락하지만 근사성近事性을 막은 것에 준하면, 여기에서도 구족계를 받는 것은 허락하시만 비구성此丘性을 막은 것으로 볼 수 있다. 본문에서 별도로 간별하지 않으니 이치에 의거하면 타당하다. 지혜로운 사람들이 가르침을 새롭게 생각해 보아야 한다.

> 文中與人受戒時不得簡擇乃至盡得受戒者。擧十七類。悉許受戒。文中不簡在家出家沙彌具足。唯言得受。若准下文。敎服異俗。應通[1)]出家。然受法有二。若准律法。自[2)]四受者。應須簡擇無根等類。若依三歸。三聚總受。文旣不簡。理應通受。准半擇等。許受五戒。而遮近事性。此中亦應許受具足。而遮比丘等性。文無別簡。以義准的。諸有智者。當更尋敎。

---

82 백사갈마에 의해 계를 받는 것은 가장 완성된 형태의 수계의식이다. 이때 출가에 장애가 되는 요소가 있는지 여부를 확인하는 질문을 하는데 이 과정에서 선별이 이루어지는 것을 말하는 것으로 보인다.
83 삼귀의를 세 번 소리 내어 말하는 방식으로 계를 받는 것을 삼귀득三歸得이라고 한다. "부처님께 귀의합니다. 법에 귀의합니다. 승가에 귀의합니다."라고 하고 두 번 거듭해서 동일하게 말하는 것이다.

1) ㉥ 을본에서 '應通'은 '箇'인 것 같다고 하였다. ㉓ 전후 문맥상 전자가 맞는 것 같다. 2) ㉓ '自'는 '白'인 것 같다.

"몸에 입는 가사는……해야 한다." 이하는 세속에서 선호하는 것을 훼손하여 도에 상응하는 옷으로 만드는 것을 밝혔다. "색을 무너뜨려서"라는 것은 그 대색大色[84]을 무너뜨려서 부정색不正色[85]을 이루는 것이다. "도에 상응하게 해야 하니"라는 것은 세속에서 선호하는 것을 훼손하기 때문에 도에 상응하는 옷으로 만드는 것이다. "모두 청색과 황색과 적색과 흑색과 자색으로 물들인다."라는 것은 소승은 다섯 부파(五部)[86]가 견해가 달라 각각 한 가지 색을 입는다.[87] 보살은 다섯 가지에 대해 치우치고 집착하는 것이 없기 때문에 다섯 가지 색을 모두 입는다. 여기에서 "청색 등의 다섯 가지"라고 한 것은 모두 무너뜨려서 청색 등을 이룬 것을 취하였으니 대색大色으로서의 청색 등을 말하는 것은 아니다. "내지 와구까지 다 색을 무너뜨려야 한다."라는 것은 단지 세 가지 옷만 색을 무너뜨리는 것이 아니라 모든 옷에서 와구에 이르기까지 또한 세 가지 옷과 동일하게 모두 색을 무너뜨리게 하는 것이다.

"몸에 입는 옷은……그 나라" 이하는 의복의 색을 다르게 하는 것이니 색을 세속과 다르게 만드는 것이다. "세속인이 입는 옷과 다르게 입어야 한다."라는 것은 짓는 방법도 세속과 다르게 하는 것이다. 이미 "비구"라고 하였으니 세속인에게는 통하지 않는다. 예전에 해석하기를 "출가자와

---

84 대색大色 : 기본색이라는 뜻으로 청靑·황黃·적赤·백白·흑黑 등의 다섯 가지 색을 가리킨다. 이 다섯 가지 색을 오대색五大色·오정색五正色 등이라고 한다.
85 부정색不正色 : 정색을 무너뜨려서 얻은 색을 가리킨다. 괴색壞色이라고도 하는데 그 구체적인 색깔에 대해서는 율장에 따라 일정하지 않다.
86 다섯 부파(五部) : 소승의 다섯 부파를 가리킨다. 앞의 각주 51을 참조할 것.
87 『舍利弗問經』(T24, 900c)에 따르면 마하승기부는 황색의黃色衣, 담무덕부는 적색의赤色衣, 살바다부는 조색의皂色衣, 가섭유부는 목란색의木蘭色衣, 미사새부는 청색의靑色衣를 입는다. 단 출처에 따라서 차이가 있다.

재가자가 모두 색을 무너뜨려야 한다."라고 한 것은 옳지 않다.

> 應教身所著袈裟下。明毀俗好。以應道服。言壞色者。壞彼大色。成不正色。與道相應者。毀俗好故。應道服也。皆染使青黃赤黑紫色者。小乘五部異見故。服各一色。菩薩於五無所偏執故通服五色。此言青等五者。皆取壞成青等。非是大色青等。乃至臥具。盡以壞色者。非但三衣壞色。一切衣服。乃至臥具。亦同三衣。皆使壞色。身所著衣。乃至與其國土下。衣服色異者。令色異俗也。與俗服有異者。作之方法。亦令異俗。既言比丘。不應通俗。舊說。道俗皆須壞色者。非也。

"어떤 사람이 계를 받으려고 할 때" 이하는 무거운 장애(重障)가 있는 이를 가려서 제외하고 청정하여 자격이 있는 사람(淨器)을 고르는 것이다.

"일곱 가지 역죄"라는 것은 상애가 무거운 것이다. 만약 현재의 몸으로 이것을 지었다면 계를 받을 자격이 없으니 설령 작법에 의해 계를 받더라도 끝내 얻을 수는 없기 때문에 간별해야 한다. 열세 가지 무거운 장애(十三難)[88] 가운데 다섯 가지 역죄(五逆)[89]를 취하고 스승을 해치는 것[90]을 합하여 일곱 가지 역죄가 된다. 그 "일곱 가지 역죄"라는 것은 첫째는 부처님의 몸에 피를 내는 것이고, 둘째는 아버지를 살해하는 것이며, 셋째는 어머니를 살해하는 것이고, 넷째는 화상을 살해하는 것이며, 다섯째는 아사리를 살해하는 것이고, 여섯째는 갈마승羯磨僧과 전법륜승轉法輪僧을 파

---

[88] 열세 가지 무거운 장애(十三難) : 출가자의 출가를 장애하는 열세 가지 죄를 가리킨다. 자세한 것은 상권 각주 49를 참조할 것.
[89] 다섯 가지 역죄(五逆) : 열세 가지 무거운 장애 중 여섯 번째와 일곱 번째와 여덟 번째와 아홉 번째와 열 번째를 가리킨다. 자세한 것은 상권 각주 49를 참조할 것.
[90] 스승을 해치는 것 : 두 가지, 곧 화상을 살해하는 것과 아사리를 살해하는 것을 합하여 하나로 묶은 것이다. 사실상 두 가지이기 때문에 앞의 다섯 가지와 합하여 일곱 가지 역죄가 성립된다.

괴하는 것이며, 일곱째는 성인을 살해하는 것이다.

"갈마승과 전법륜승을 파괴하는 것(破羯磨法輪僧)"이라는 것은 어떤 사람은 해석하기를 "오직 법륜승을 파괴하는 것만이 역죄이고 갈마승을 파괴하는 것은 역죄가 아니다. 갈마승을 파괴할 때에는 다투어 다른 견해를 일으키려고 하지 않기 때문이다. 그러나 법륜승을 파괴할 때에는 갈마승이 파괴되기 때문에 '갈마승과 전법륜승을 파괴하는 것'이라고 하였다." 라고 하였다.

어떤 사람의 해석에 대해 논해 보겠다. 법륜승을 파괴하는 것은 한결같이 역죄이다. 갈마승을 파괴하는 것과 같은 경우는 분별해야 한다. 진리라고 생각하면서 파괴하였다면 이것은 역죄가 아니고, 진리가 아니라고 생각하면서 파괴하였다면 성문법에서는 역죄가 아니고 보살법에서는 역죄이다. 예를 들어 (화상과 아사리의) 두 스승과 유학有學의 성자[91]를 해치면 성문법에서는 역죄가 아니고 보살법에서는 역죄인 것처럼 이 경우도 그러해야 한다. "성인을 살해하는 것"이라는 것은 유학과 무학無學(阿羅漢)을 모두 취한 것이다. 다섯 가지 역죄 가운데 오직 무학을 해치는 것만 취한 것과는 같지 않다.

若欲受戒時下。簡除重障以成淨器。七逆者。障之重也。若現身作。則不能成納戒之器。設作法受。終無剋獲。故須簡別。十三難中簡取五逆。幷加害師爲七逆也。其七名[1]者。一出佛身血。二殺父。三殺母。四殺和上。五殺阿闍梨。六破羯磨轉法輪僧。七殺聖人。破羯磨法輪僧者。一解。唯破法輪僧是逆。若破羯磨僧非逆。破羯磨僧時。不欲諍作起異見故。然破法輪時。羯磨壞。故云。破羯磨轉法輪僧。論一解。破法輪僧一向是逆。若破羯磨應當

---

91 유학有學의 성자 : 성문승의 수행계위인 사향사과四向四果 중 궁극적 지위인 제8에 해당하는 아리한과阿羅漢果(無學果)를 얻은 성자를 제외한 나머지 일곱 성자를 일컫는 말이다.

分別。若起法想破是則非逆。若以非法想破。於聲聞非逆。於菩薩是逆。如害二師及有學聖。於聲聞非逆。於菩薩爲逆。此亦應爾。殺聖人者。通取學無學。不同五逆中唯取害無學。

1) ㉣ '名'은 '逆'인 것 같다.

보살과 성문을 상대하여 분별하면 무거운 장애(難)가 되는 것과 무거운 장애가 되지 않는 것(非難)에 네 구절을 지어야 한다. 첫째는 성문법에서는 무거운 장애이고 보살법에서는 그렇지 않은 것이니 열세 가지 무거운 장애 가운데 다섯 가지 역죄를 제외한 나머지 여덟 가지이다. 둘째는 보살법에서는 무거운 장애이고 성문법에서는 그렇지 않은 것이니 일곱 가지 역죄 가운데 유학의 성인을 살해하는 것과 갈마승을 파괴하는 것이다. 두 스승을 해치는 것은 보살법에서는 무거운 장애이고 역죄는 아니니 변죄邊罪(바라이죄)를 범하는 것이기 때문이다. 저 성문법에서도 무거운 장애에 포함된다. 유학의 성인을 살해하는 것은 일찍이 계를 받은 적이 있는 사람이라면 변죄난邊罪難을 범한 것이고 아직 계를 받은 적이 없는 사람이라면 무거운 장애가 아니다. 셋째는 두 가지 법 모두에서 무거운 장애인 것이니 다섯 가지 역죄이다. 넷째는 두 가지 법 모두에서 무거운 장애가 아닌 것이니 앞의 일을 제외한 나머지이다.

菩薩聲聞。相對分別。是難非難。應作四句。一於聲聞是難非菩薩者。謂十三中。除五逆餘八。二於菩薩是難非聲聞者。謂七逆中。殺學聖人破羯磨僧。若害二師。難非是逆。八[1]邊罪故。於彼聲聞。亦是難攝。殺學聖人者。曾受戒者。八[2]邊罪難。未曾受者。則非難也。三於二俱是難者。謂五逆也。俱[3]非難者。除上事也。

1) ㉣ '八'은 '犯'인 것 같다. 2) ㉣ '八'은 '犯'인 것 같다. 3) ㉣ '俱' 앞에 '四於'가 누락된 것 같다.

"일곱 가지 차죄를 갖추었으면(具) 현재의 몸으로는 계를 받게 해서는 안 된다."라는 것은 앞에서 설한 일곱 가지 역죄가 계를 받는 것을 막기 때문에 (이를) '차죄'라고 한 것이다.

"갖추었으면(具)"에는 두 가지 뜻이 있다. 첫째는 연을 갖추어서 업을 이루는 것을 '갖추었으면'이라고 한 것이니 저 연을 결여하여 갖추지 못한 역죄와 간별한 것이다. 둘째는 한 몸에 일곱 가지 역죄를 모두 지니고 있는 것이니 일찍이 구족계를 받은 대비구大比丘일 경우는 한 몸에 일곱 가지 역죄를 모두 지닐 수 있기 때문이다. 만약 아직 계를 받은 적이 없다면 두 스승을 해치는 것과 갈마승과 법륜승을 파괴하는 것과 같은 역죄는 (지을 수 없으니) 제외된다.

若具七遮卽¹⁾身不得戒者。則上七逆能遮戒故名之爲遮。具有兩義。一具緣成業。故名爲具。簡彼闕緣不具之逆。二於一身中。容具七逆。謂曾受具大比丘者。於一身中。容具七故。若未曾受。除害二師及破僧逆。

1) ㊛ '卽' 뒤에 '現'이 누락된 것 같다.

㊄ 만약 뒤의 뜻을 따른다면 일곱 가지 역죄를 모두 갖춘 것이 아니라면 또한 계를 받을 수 있어야 하는 것인가?

㊊ 그렇지 않다. "갖추었으면"이라고 한 것은 가장 많은 것을 좇아서 말한 것이다. 일곱 가지 차죄를 모두 갖추었으면 현재의 몸으로는 계를 얻을 수 없다는 것이고, 낱낱의 역죄를 범하였을 경우에는 차죄의 장애가 성립되지 않는다고 말하는 것은 아니다. 만약 그렇지 않다면 부처님께서 열반에 드시 후에는 다시 질문하기를 "승단을 파괴한 적은 없는가? 부처님의 몸에 피를 낸 적은 없는가?"라고 할 필요가 없을 것이기 때문이다.

問。若就後義。不具七逆。亦應得受。答。不也。具就極多說。具七遮。現不得戒。非謂犯一一逆。不成遮障。若不爾者。佛滅度後。不須更問。言無破僧出佛血故。

"출가한 사람의 법은 국왕에게 예배하지 않고……귀신에게 예배하지 않는다."라는 것은 그 도가 존귀함을 보인 것이다. "출가"라는 것은 저 재가자와 간별한 것이다. 재가보살은 이미 세속의 의례를 따르니 비록 존중해야 할 대상에게 예배하여도 위범하는 것이 아니다. "귀신"이라는 것은 복을 구하기 위해 세간의 귀신에게 예배하는 것을 말한다. 계를 받은 사람이라면 비록 세속에 머무는 보살이라고 해도 허락하지 않는다. 만약 그가 방편으로 나타난 귀신이라는 것을 분명히 알았다면 세속에 머무는 보살의 경우 예배하여도 위범하는 것이 아니다. "단지 법사의 말을 이해하는 능력만 있다면" 이하는 어긋나서 위범을 이루는 것을 함께 나타내었다.

出家人法不向國王禮拜乃至鬼神不禮者。示彼道尊。言出家者。簡彼在家。在家菩薩。旣隨俗儀。雖禮所尊。亦無所犯。鬼神者。爲求福故。禮世間鬼。若受戒人。雖俗不聽。若審知彼權現鬼神。在俗菩薩。禮亦無犯。但解師語下。幷違之成犯。

b) 장애가 있는 사람을 가르쳐서 참회하여 제거하게 하는 것을 밝힘
- 덕을 갖추어 스승이 되어라 : 제41계
두 번째는 덕을 갖추어서 스승이 되는 계이다.

第二具德作師戒。

경 너희들 불자여, 다른 사람을 교화하여 믿는 마음을 일으키게 하였을 때, 보살은 다른 사람에게 계를 가르쳐 주는 법사가 되어서, 계를 받고자 하

는 사람을 보면 두 분의 스승에게 화상과 아사리가 되어 줄 것을 요청하도록 가르쳐야 한다. 그리고 이 두 분의 스승은 "그대는 일곱 가지 차죄를 지은 적이 있는가?"라고 질문해야 한다. 만약 현재의 몸으로 일곱 가지 차죄를 지은 적이 있다면 스승은 계를 주지 말아야 하고 일곱 가지 차죄를 지은 적이 없다면 계를 줄 수 있다.

만약 열 가지 중계를 범한 사람이 있다면 참회하도록 가르쳐서, 부처님과 보살의 형상 앞에서 날마다 여섯 때에 열 가지 중계와 마흔여덟 가지 경계를 소리 내어 외우고, 과거와 현재와 미래의 천 분의 부처님께 간절하게 예배드려서 좋은 현상을 볼 수 있게 해야 한다. 1·7일이나 2·7일, 3·7일에서 1년까지라도 좋은 현상을 보기를 원해야 한다. 좋은 현상이라는 것은 부처님께서 오셔서 정수리를 만져 주거나, 광명이나 꽃 등과 같은 여러 가지 기이한 현상을 보는 것이니, 이렇게 되면 바로 죄를 소멸시킬 수 있다. 이러한 좋은 현상을 보지 못하면 비록 참회하여도 이익이 없으니 이러한 사람은 현재의 몸으로는 역시 계를 얻을 수 없지만 다시 계를 받을 수는 있다. 만약 마흔여덟 가지 경계를 범한 적이 있다면 대수참對手懺[92]을 행하면 죄가 바로 소멸되니 일곱 가지 차죄와는 같지 않다.

계를 가르쳐 주는 스승은 이러한 법을 낱낱이 잘 알아야 한다. 대승의 경과 율에 있어서 경죄와 중죄, 옳은 것과 그릇된 것의 내용을 알지 못하고 제일의제第一義諦를 알지 못하며 습종성習種性과 장양성長養性과 불가괴성不可壞性과 도성道性과 정성正性을 알지 못하고 그[93] 가운데에 있는 몇 가지의 관행觀行과 열 가지 선지(十禪支)를 들고 나는 것을 비롯한 모든 행법行法에 대해서

---

92 대수참對手懺 : 의적의 해석을 따라서 '首'를 '手'로 적었는데 뜻은 동일하다. '懺'은 '悔'라고도 한다. 다른 보살승을 청하여 참회주懺悔主로 삼고 자신이 지은 죄를 고백하면서 참회하는 것. 참회주에게 두 손을 모아서 참회하면서 인사하기 때문에 대수참對手懺이라고 하고, 참회주를 마주하고 죄를 진술하기 때문에 대수참對首懺이라고도 한다.
93 그 : 습종성 등의 다섯 가지 지위를 가리킨다.

낱낱이 이 법의 정확한 뜻을 알지 못하면서도 보살이 이양을 위하여 명예를 위하여 이치에 맞지 않게 추구하고(惡求) 만족할 줄 모르고 추구하며(多求) 이익이 되는 제자를 탐하여서 모든 경과 율을 아는 것처럼 보이게 만든다면 이는 스스로를 속이는 것이고 또한 다른 사람을 속이는 것이다. 그러므로 다른 사람에게 계를 주면 경구죄를 범하는 것이다.

若佛子。教化人起信心時。菩薩與他人作教戒法師者。見欲受戒人。應教請二師和上阿闍梨。二師應問言。汝有七遮罪不。若現身有七遮罪者。師不應與受戒。若無七遮者。得與受戒。若有犯十戒者。應教懺悔。在佛菩薩形像前。日夜六時。誦十重四十八輕戒。苦到禮三世千佛。得見好相。若一七日。二三七日。乃至一年。要見好相。好相者。佛來摩頂。見光華種種異相。便得滅罪。若無好相。雖懺無益。是人現身。亦不得戒。而得增受戒。若犯四十八輕戒者。對首[1]懺悔。罪便得滅。不同七遮。而教誡師。於是法中。一一好解。若不解大乘經律。若輕若重。是非之相。不解第一義諦。習種性。長養性。不可壞性。道種性。正法性。其中多少觀行。出入十禪支。一切行法。一一不得此法中意。而菩薩。爲利養故。爲名聞故。惡求多求貪利弟子。而詐現解一切經律。是自欺詐。亦欺詐他人。故與人授戒者。犯輕垢罪。

1) ㉑ 의적의 해석에 따르면 그의 대본에는 '首'가 '手'로 되어 있다.

소 내적으로 깊은 이해가 없으면서 이양을 위해 멋대로 계를 주면 사람을 잘못 이끄는 허물이 있기 때문에 제정하였다. 대승과 소승이 모두 제정하였다. 일곱 부류의 제자 가운데 직접적으로는 출가자에게 해당되고 재가자에 있어서도 아울러 통하니 재가자도 서로 스승이 될 수 있기 때문이다.

內無深解。爲利輒授。有誤人之過。故制之。大小俱制。七衆之中。正在出家。兼通在家。在家。亦有互作師故。

　본문에서 "다른 사람을 교화하여 믿는 마음을 일으키게 하였을 때"라는 것은 다른 사람을 교화하여 보살계를 받으려는 믿음을 일으키게 한 것이다. "보살은 다른 사람에게 계를 가르쳐 주는 법사가 되어서"라는 것은 다른 사람에게 계를 주는 스승이 되는 것을 말한다. 바로 화상에 대해 제정한 것이니 처음부터 끝까지 친히 가르치는 이가 바로 화상이기 때문이다.[94] "계를 받고자 하는 사람을 보면 두 분의 스승에게 화상과 아사리가 되어 줄 것을 요청하도록 가르쳐야 한다."라는 것은 자신이 아직 요청을 받지 않았기 때문에 (자신에게) 화상이 되어 줄 것을 요청하도록 가르치는 것이다. 또 한 사람은 갈마羯磨를 진행하는 스승이 되어야 하기 때문에 다시 한 사람에게 아사리가 되어 줄 것을 요청하도록 가르치는 것이니 곧 이 사람이 갈마아사리이다. 이치상으로 성문과 사미가 계를 받는 법과 동일하고 법에 있어서 다섯 부류의 제자에게 통하니 계를 받음에 간별함이 없기 때문이다.

> 文中教化人起信心時者。謂教化人。令起欲受菩薩戒信。菩薩與他人作教戒法師者。謂與他人。作受戒師。應正制和上。始終親教。是和上故。見欲受戒人應教而請二師者。自未被請故。教令請爲和上也。又須一人。作羯磨師故。更教令請一人爲阿闍梨。卽是羯磨阿闍梨也。義同聲聞沙彌受法。而法仍通五衆。受戒無簡別故。

94　비구가 구족계를 받을 때 반드시 구속해야 할 계사戒師를 삼사칠증三師七證이라 한다. '삼사'란 수계의식에 있어서 중심 역할을 하는 세 분의 스님을 가리키는 말로 전계화상傳戒和尙·갈마아사리羯磨阿闍梨·교수아사리教授阿闍梨를 가리키며 그 자격 요건은 계랍(戒臘)이 5년 이상 된 스님이어야 한다. '칠증'이란 수계受戒를 증명하는 역할을 하는 일곱 분의 스님을 가리킨다. 여기에서 화상이라고 한 것은 바로 전계화상을 가리키며 계화상戒和尙·친교사親教師 등이라고도 한다.

문 『유가사지론』「보살지」의 계를 받는 법을 밝힌 글에서는 두 분의 스승에게 요청한다고 하지 않았다. 글은 서로 비슷하지만 오직 갈마를 진행하는 스승만을 요청하였고 화상을 요청하는 글은 없다.[95] 무엇 때문에 저 곳(『유가사지론』)과 이곳(『범망경』)에서 설명한 것이 같지 않은 것인가?

답 이치상 두 분의 스승에게 모두 요청해야 하지만 저 글에서는 화상을 요청하지 않은 것은 당시 미리 친교사親教師가 되어 줄 것을 요청하였기 때문에 계를 받을 때가 되어서 비로소 요청할 필요가 없는 것이다. 혹은 바로 한 사람이 두 가지 일을 모두 겸하는 것일 수도 있다. 곧 화상이

---

[95] 『瑜伽師地論』 권40(T30, 514b)에서 "보살들이 이와 같은 보살이 배워야 할 세 가지 계장(三種戒藏 : 三聚淨戒)을 부지런히 닦고 배우려고 한다면 재가자이든 출가자이든 먼저 위없는 바르고 평등한 보리에 대해 큰 서원을 일으키고 나서 마땅히 함께 대승법을 따르는 보살로서 이미 큰 서원을 발하였고, 계를 잘 아는 지혜가 있고 계를 잘 설하는 능력이 있으며, 언어에 의지하여 나타낸 이치를 사람들에게 잘 전해 줄 수 있고 그것을 잘 이해하게 할 수 있는 조건을 갖추고 있는 사람인지의 여부를 자세히 알아보고 찾아가서 계를 줄 것을 요청해야 한다. 이와 같은 공덕을 갖춘 뛰어난 보살이 있는 곳에 가서 먼저 두 발에 예를 올리고, 이와 같이 요청한다. '저는 이제 선남자가 있는 곳에서 혹은 장로가 계시는 곳에서 혹은 대덕이 계시는 곳에서 모든 보살의 청정한 계를 받기를 원합니다. 오직 바라오니 잠깐만이라도 피곤함을 사양하지 마시고 불쌍히 여기는 마음으로 계를 주실 것을 허락하소서.' 이와 같이 하여 전도됨이 없이 바르게 요청하고 나면 오른쪽 어깨를 드러내고 시방에 계시는 삼세의 모든 불세존과 이미 대지大地에 들어가서 큰 지혜를 얻고 큰 신통력을 얻은 여러 보살들을 공경하고 공양하며 그분들 앞에서 오로지 그분들의 온갖 공덕을 생각하여, 그분들이 지닌 공능의 원인이 되는 힘(因力)을 따라 크게 청정한 마음을 내거나 혹은 적게라도 청정한 마음을 낸다. 계를 잘 아는 지혜를 갖추었고 계를 잘 설할 수 있는 능력을 갖춘 뛰어난 보살이 계신 곳에서 겸손한 마음으로 자신을 낮추고 공경하는 마음으로 무릎을 꿇어 땅에 붙이거나 혹은 엉덩이를 고이고 무릎을 꿇어앉거나 하여 불상 앞에서 이와 같이 요청한다. '대덕이시여, 혹은 장로이시여, 혹은 선남자여, 불쌍히 여기는 마음으로 저에게 보살의 청정한 계를 주소서.' 이렇게 요청하고 나서 오로지 하나의 경계만 생각하여 청정한 마음을 기르되, '나는 이제 오래지 않아 다함이 없고 한량없으며 위없는 큰 공덕의 곳간을 얻을 것이다.'라는 것을 경계로 삼아 바로 이와 같은 일의 이치를 생각하면서 조용히 머문다.(若諸菩薩。欲於如是菩薩所學三種戒藏。勤修學者。或是在家。或是出家。先於無上正等菩提。發弘願已。當審訪求同法菩薩。已發大願。有智有力。於語表義。能授能開。……如是請已。專念一境。長養淨心。我今不久。當得無盡無量無上大功德藏。即隨思惟。如是事義。默然而住)"라고 한 것을 가리키는 것 같다.

되고 아사리도 되는 것이다. 그러므로 저 글에서는 별도로 요청하지 않은 것이다.[96]

問。菩薩地。受戒文中。不云請二師。文相似。唯請羯磨師。無請和上文。何故。彼此說不同耶。答。理應具請二師。而彼文中不請和上者。當是預請爲親敎師。是故。不須臨受方請。或卽一人。具兼兩事。謂作和上及阿闍梨。是故。彼文不別請也。

"두 분의 스승은……질문해야 한다." 이하는 계를 받으려고 할 때 그 가벼운 장애(遮)를 묻는 법을 밝혔다.
⟨問⟩ 두 분의 스승이 모두 질문해야 하는가, 한 사람만 질문해야 하는가, 한 사람만 질문해야 한다면 누가 질문해야 하는가?
⟨答⟩ 두 사람에게 요청하였으면 아사리가 질문해야 하니 바로 갈마를 행하는 사람이기 때문이다. 만약 한 사람이 두 분의 스승의 역할을 하도록 요청한 것이라면 문제될 것이 없다.

질문의 대상이 되는 죄에는 세 가지가 있다. 첫째는 일곱 가지 역죄이니 한결같이 계를 받을 수 없다. 둘째는 열 가지 중계이니 참회하여 좋은 현상을 얻으면 계를 받을 수 있고 좋은 현상을 얻지 못하면 계를 받을 수 없다. 나의 견해를 제시하겠다. 만약 열 가지 중계를 지었을 경우는 참회하여 좋은 현상을 얻으면 계를 받는 법을 짓지 않고도 바로 본계本戒(열 가지 중계를 범함으로써 잃었던 과거에 받은 계)를 얻고 참회하였으나 (좋은 현상을

---

[96] 승장 역시 이러한 문제를 제기했는데 그의 입장은 의적과 다른 것 같다. 『梵網經述記』 권상(X38, 403a)에서 앞의 주석에서 밝힌 『瑜伽師地論』의 본문을 인용하고 두 경의 차이에 대한 의문을 제기한 후에 "해석한다. 만약 법사가 있는 곳이라면 두 분을 모셔야 하지만 법사가 없는 곳일 경우는 반드시 두 분을 모시지 않아도 된다.(解云。若有師處。應具請二。若無師處。未必具二。)"라고 하였기 때문이다.

얻지 못하여) 죄를 제거하지 못하였으면 다시 계를 받아야 한다는 것이다. 셋째는 마흔여덟 가지 경계이니 오직 대수참을 행하면 되고 다시 계를 받을 필요는 없다.

"좋은 현상을 보지 못하면 비록 참회하여도 이익이 없으니"라는 것은 죄를 소멸하여 계를 얻는 이익이 없음을 말하는 것이다. "이러한 사람은 현재의 몸으로는 역시 계를 얻을 수 없지만"이라는 것은 예전의 학설에서는 "단지 본계를 얻을 수 없을 뿐만 아니라 또한 거듭하여 계를 얻을 수도 없다."라고 하였다. 나의 견해를 제시하겠다. 참회에 의해 (좋은 현상을 얻지 못하였는데 본계를) 얻는 것을 막았고 계를 (다시) 받는 것에 의해 얻는 것은 막지 않은 것이다.

二師應問言下。明欲將受問其遮法。問爲二師並問。爲一人問。一人。誰應問。答。若請二人。阿闍梨應問。正作羯磨人故。若請一人爲二師。則無所妨也。所問罪有三種。一七逆。一向不得受。二十重。若懺得相。得受。不得相。不得戒。今謂十重。若懺得相。不作受法。便得本戒。若不懺除。應更增受。三四十八。唯須對悔。不須更受。若無好相。雖懺無益者。謂無罪滅得戒之益。是[1]現身亦不得戒者。舊說。非但不得本戒。亦復不得更增戒也。今謂遮其由懺得。不遮由受得。

1) ㉘『梵網經』본문에 의거하면 '是' 뒤에 '人'이 누락되었다.

"다시 계를 받을 수는 있다."라는 것에 대해 예전의 학자들은 세 가지로 해석하였다. 첫 번째 해석은 "얻을 수 없는 상황인데 억지로 계를 받는 것이다. 다시 계를 받는 것은 죄이니 가르침에 어긋나기 때문이다."라고 하였고, 두 번째 해석은 "비록 계를 얻지는 못하더라도 계를 다시 받은 복은 얻을 수 있다."라고 하였으며, 세 번째 해석은 "바로 경계하고 무릎을 꿇어도 계를 얻지는 못한다는 말일 뿐이다."라고 하였다.

나의 견해를 제시하겠다. "다시 계를 받을 수는 있다."라는 것은 다시 계를 받는 것을 허락하는 말이다. 열 가지 중계를 범했을 경우 참회하여도 좋은 현상을 얻지 못하면 비록 현재의 몸으로는 본계를 얻을 수 없지만 다시 새로운 계(新戒)를 받을 수는 있는 것이다. 그러한 줄 아는 이유는 『영락경』에서 "열 가지 중계는 범하였으면 참회하여 제거할 수는 없지만 거듭하여 계를 받게 할 수는 있다. 팔만 가지의 위의계를 모두 경계라고 하니 이를 범하였으면 허물을 참회하게 할 수 있으니 대수회對手悔를 행함으로써 소멸된다."[97]라고 하였고, (『유가사지론』)「보살지」에서 "보살들이 이러한 훼범에 의해 보살의 청정한 계율의를 버리면 현재의 세상(現法)에서 다시 받을 수 있으니, 마치 비구가 별해탈계에 머물러 타승처법을 범하면 현재의 세상에서는 다시 받을 수 없는 것처럼 받을 수 없는 것은 아니다."[98]라고 하였으며, (『유가사지론』)「결택분」(「보살지」)에서 "이러한 인연에 의해 보살의 율의를 버리게 되는 것을 알아야 한다. 만약 다시 청정하게 계를 받으려는 마음이 있으면 다시 계를 받을 수 있게 해야 한다."[99]라고 하였기 때문이다. 이러한 여러 가지 글들로 말미암아 보살계는 비록 중계를 범하여 사계捨戒하였더라도 다시 받을 수 있음을 알 수 있다.

而得增受戒者。舊作三解。一云。不得而強受。更增受戒罪。以違教故。二云。雖不得戒而得增受戒之福。三云。直是驚跪不得之辭耳。今謂而得增受戒者。是許重受之言。謂犯十重。懺不得相。雖現身中。不得本戒。而得更增重受新戒。所以得知。瓔珞經云。十重有犯無悔。得使重受戒。八萬威儀戒盡名輕。有犯。得使悔過。對手悔滅。菩薩地云。若諸菩薩。由此毀犯。棄捨

---

[97] 『菩薩瓔珞本業經』 권하(T24, 1021b).
[98] 『瑜伽師地論』 권40(T30, 515c).
[99] 『瑜伽師地論』 권75(T30, 711c).

菩薩淨戒律儀。於現法中。堪任更受。非不堪任。如苾芻。住別解脫戒。犯他勝處法。於現法中。不任更受。決擇分云。由此因緣。當知。棄捨菩薩律儀。若有還得淸淨受心。復應還受。由此諸文知。菩薩戒。雖犯重捨。而得更受。

"만약 마흔여덟 가지 경계를 범한 적이 있다면 대수참을 행하면 죄가 소멸되니"라는 것은 한 사람을 마주하고 상대방에게 손을 모아 인사하며 참회하면 죄가 소멸하여 다시 청정함을 얻는 것이다. '대수對手'라는 것은 또한 대수對首라고도 한다. 한 사람을 마주하고 손을 모아 인사하며 참회하면서 용서를 구하기 때문에 대수對手라고 한다. 얼굴을 마주하고 죄를 진술하면서 참회하면 죄가 소멸되기 때문에 대수對首라고 한다.

(『유가사지론』)「보살지」에서 "또 이러한 보살의 모든 종류의 위범은 다 악작惡作에 거두어지는 것임을 알아야 한다. 능력(力)이 있고 말로 표현된 뜻을 알 수 있고 받아들일 수 있는 소승과 대승의 보특가라를 향하여 말을 하고 참회하여 소멸시켜야 한다."[100]라고 하였다. 이 글에 따르면 성문도 보살의 참회를 받을 수 있다.

若犯四十八輕者對手懺罪滅者。謂對一人。對手懺滅。還得淸淨。手者。亦名對首。謂對一人。合手懺謝。故云對手。面首相對。陳罪悔滅。故云對首。菩薩地云。又此菩薩。一切違犯。當知。皆是惡作所攝。應向有力。於語表義。能學[1)]能受小乘大乘補特伽羅。發露悔滅。若准此文。聲聞。亦得受菩薩懺。

1) ㉔『瑜伽師地論』에 따르면 '學'은 '覺'이다.

또 (『유가사지론』)에서 말하였다.

---
[100] 『瑜伽師地論』 권41(T30, 521a).

又云。

　보살들이 상품의 번뇌에 의해 앞에서 말한 것과 같은 타승처법을 위범하면 계율의 戒律儀를 잃게 되니 다시 계를 받아야 한다.
　중품의 번뇌에 의해 앞에서 말한 것과 같은 타승처법을 위범하면 세 명의 보특가라 혹은 그보다 많은 수의 보특가라를 마주하고 자신이 지은 죄를 그대로 드러내어 말하여 악작 惡作을 제거하는 법을 실행한다. 먼저 자신이 범한 일과 이름을 진술하고 이렇게 말해야 한다. "장로여, 잘 들어 주소서." 혹은 '대덕이여'라고 해도 된다. "나는 이러한 이름을 가진 사람으로 보살의 비나야법을 위반하였습니다. 드러난 일과 같이 악작죄를 범했습니다." 다른 경우에도 비구가 자신이 지은 죄를 드러내어 말하여 참회하고 죄를 소멸하는 악작죄법을 행하는 것처럼 이와 같이 말해야 한다.
　하품의 번뇌에 의해 앞에서와 같은 타승처법을 위범하였거나 나머지를 위범했으면 한 명의 보특가라를 마주하고 죄를 드러내어 말하고 참회하는 법을 행해야 하니 그 행법은 앞에서 설한 것과 같음을 알아야 한다. 만약 수순할 만한 보특가라, 곧 마주하여 죄를 드러내어 말하고 계를 범한 것을 참회하여 죄를 제거하게 할 만한 보특가라가 없다면, 이때 보살은 깨끗한 의지(意樂)로 스스로 서원하는 마음을 일으켜 "나는 결정적으로 막고 지켜 앞으로는 끝내 다시 계를 범하지 않겠습니다."라고 한다. 이와 같이 하면 계를 범한 것에서 다시 벗어나 다시 청정해진다.[101]

若諸菩薩。以上品纏。違犯如上他勝處法。失戒律儀。應當更受。若[1)]中品纏。違犯如上他勝處法。失戒律儀。應當更受。若中品纏。違犯如上他勝處

---

[101] 『瑜伽師地論』 권41(T30, 521a).

法。應對於三補特伽羅。或過是數。應如發露。除惡作法。先當稱述所犯事名。應作是說。長老專志。或云大德。我如是名。違越菩薩毘那耶法。如所稱事。犯惡作罪。餘如苾芻。發露悔滅。惡作罪法。應如是說。若下品纏。違犯如上他勝處法。及餘違犯。應對於一補特伽羅。發露悔法。當知如前。若無隨順補特伽羅。可對發露。悔除所犯。爾時菩薩。以淨意樂。起自誓心。我當決定防護。當來。終不重犯。如是。於犯還出還淨。

1) ㉰ 을본에서 '若中……更受'의 스무 글자는 없어야 할 것 같다고 하였다. ㉱ 『瑜伽師地論』에 따르면 스무 글자는 연자이다.

"일곱 가지 차죄와는 같지 않다."라는 것은 열 가지 중계는 참회하면 다시 계를 받을 수 있고, 마흔여덟 가지 경계는 단지 참회하기만 하면 청정해질 수 있다. 그러므로 일곱 가지 차죄가 한결같이 현재의 몸으로 계를 받을 수 없는 것과는 같지 않은 것이다. "계를 가르쳐 주는 스승은" 이하는 그 가르침을 주는 법사로 하여금 법을 잘 이해되게 하기 위해 제정한 것이다.

"대승의 경과 율에 있어서 경죄와 중죄, 옳은 것과 그릇된 것의 내용을 알지 못하고"라는 것은 교법을 알지 못하는 것이다. 율에 있어서 그 경죄와 중죄를 알지 못하고 경에 있어서 그 옳음과 그릇됨을 알지 못하는 것이다. 말하자면 열 가지 계를 중계라고 하고 마흔여덟 가지 계를 경계라고 하며, 또 염오에 의한 위범을 중죄라고 하고 염오가 아닌 것을 경죄라고 하며, 또 고의로 지었으면 중죄라고 하고 오류로 지었으면 경죄라고 하니, 이것을 경죄와 중죄의 내용이라고 한다. 이치에 수순하는 것을 옳은 것이라고 하고 이치에 어긋나는 것을 그릇된 것이라 하며, 또 대승을 옳은 것이라고 하고 소승을 그릇된 것이라 하며, 끊어야 할 것을 그릇된 것이라고 하고 닦아야 할 것을 옳은 것이라 하니, 이것을 옳은 것과 그릇된 것의 내용이라고 한다.

"제일의제를 알지 못하며"라는 것은 이법理法을 알지 못하는 것이다. 『유가사지론』에서 설한 네 가지 진실(四種眞實)[102] 등을 제일의라고 한다.

不同七遮者。十重悔得更受。四十八輕但悔得淸。是故。不同七遮一向不得現受。而敎戒師下。制其敎師。令好解法。不解大乘經律若輕若重是非之相者。謂不解敎法。於律知其輕重。於經知其是非。謂十戒爲重。四十八爲輕。又染犯爲重。不染爲輕。又故作爲重。誤作爲輕。是謂輕重之相。順理爲是。違理爲非。又大乘爲是。小乘爲非。所斷爲非。所修爲是。是爲是非之相。不解第一義諦者。謂不解理法。地論所說。四種眞實等。名第一義。

"습종성" 이하는 행법行法을 알지 못하는 것이다. "습종성"이라는 것은 십발취이고, "장양성"이라는 것은 십장양이며, "불가괴성"이라는 것은 십금강이다. 이 세 가지는 곧 지전地前의 삼현위三賢位[103]이다. "도성"이라는 것은 십지이고, "정성"이라는 것은 불지佛地이다. 『본업경』에서 모두 여섯 종성을 설하였으니 습종성·성종성·도종성·성종성·등각성·묘각성이다.[104] "도성"에 등각을 합하여 거두었기 때문에 여기에서는 오직 다섯 가지만 설하였다. 또 "도성"은 『본업경』의 도종성에 들어가고, "정성"은 『본업경』의 십지(성종성)·등각·묘각을 포함하는 것으로 볼 수도 있다. "불가

---

102 네 가지 진실(四種眞實) : 한결같아서 허망하지 않은 네 가지 진실. 첫째는 널리 공유하는 언어적 관습을 통해 이해되는 진실(世間所成眞實)이다. 둘째는 정확한 논증에 의해 형성된 것으로서의 진실(道理所成眞實)이다. 셋째는 번뇌장을 청정히게 하는 인식에 의해 형성된 것으로서의 진실(煩惱障淨智所行眞實)이다. 넷째는 소지장을 청정히게 하는 인식에 의해 형성된 것으로서의 진실(所知障淨智所行眞實)이다.
103 삼현위三賢位 : 보살 수행계위를 40단계로 분류한 것 중 십지 이전의 30단계를 일컫는 말. 곧 십해十解·십행十行·십회향十迴向을 가리킨다. 차례대로 십발취→십장양→십금강에 배대되고, 습종성→성종성→도종성에 배대된다. 자세한 것은 본서의 앞부분에 나오는 의적의 해석과 주석을 참조할 것.
104 『本業經』 권상(T24, 1012b).

괴성" 이외에 별도로 "도성"을 세운 것은 십회향의 뒤에 다시 난위煖位(煗位·燸位) 등의 사선근四善根[105]을 닦으니 성도聖道에 들어가는 근방편近方便[106]이기 때문에 별도로 이것을 세웠다.

> 若習種下。謂不解行法。習種姓謂十發趣。長養姓者謂十長養。不可壞姓者謂十金剛。此三卽是地前三賢。道姓者謂十地。正性謂佛地。本業經中。幷六種姓。謂習種姓。性種姓。道種姓。聖種姓。等覺姓。妙覺姓。道性之中。幷攝等覺故。此唯五。又道性。入彼道種姓中。正性攝彼十地等覺及妙覺性。不可壞性外。別立道性者。十迴向後。更修煗等四善根。是入聖道之近方便。故別立之。

"그 가운데에 있는 몇 가지의 관행觀行과 열 가지 선지를 들고 나는 것을 비롯한 모든 행법行法에 대해서 낱낱이 이 법의 정확한 뜻을 알지 못

---

105 사선근四善根 : 유식종에서 수행의 계위를 다섯 가지로 나눈 것 중 두 번째인 가행위加行位를 가리킨다. 전단계인 자량위資糧位의 최후, 곧 십회향의 만위滿位에서 생기하는 것이다. 첫째는 난위煖位(煗位)이다. 명등정明得定을 닦으면서 인식 대상의 본질에 대해 심구尋求·사찰思察하여 그것의 이름(名)·대상(義, 소전所詮인 대상)·자성自性(법체의 자상自相)·차별差別(무상無常·고苦 등의 차별) 등이 공한 것을 관찰한다. 둘째는 정위頂位이다. 명증정明增定을 닦으면서 한층 진전된 관지觀智를 닦는다. 심구·사찰하는 단계의 끝이기 때문에 '정위'라고 한다. 셋째는 인위忍位이다. 인순정印順定을 닦고 하품의 여실지如實智를 일으켜서 인식 대상이 비실재임을 결정적으로 인가하고 인식의 주체도 비실재임을 수순하여 즐겁게 인가한다. 이전의 것을 인가하고 이후의 것에 수순하기 때문에 '인순정'이라 한다. 인식 대상도 인식 주체도 공임을 인정하기 때문에 '인위'라고 한다. 넷째는 세제일법위世第一法位이다. 무간정無間定을 닦으면서 상품의 여실지를 일으켜서, 인식되는 대상과 인식 주체가 모두 공한 도리를 확정적으로 인지한다. 상품의 인위에서 인식 주체가 공한 것만 인가한 것에 비해 이 단계에서는 두 가지 공을 모두 인가한다. 여기에서 다음 찰나에 반드시 견도見道에 들어가기 때문에 '무간정'이라 하였다.
106 근방편近方便 : 자량위 다음 단계인 견도위見道位(通達位)에 가까워진 방편위라는 뜻이다. 상대어는 원방편遠方便으로 자량위를 가리킨다. 아직 견도에서 멀리 떨어져 있는 방편위라는 뜻이다.

하면서도"라는 것은 정문定門에 대해 뜻을 얻지 못한 것이다. "열 가지 선지"라는 것은 『범망경』 권상에서 "열 가지 마음 중 아홉 번째 마음은 항상 온갖 삼매와 십선지에 들어가는 것이다."107라고 하고 개별적인 이름은 말하지 않았으니 무엇을 말하는지 상세히 알 수는 없다.

예전의 학자는 "십팔선지十八禪支108 가운데 동일한 것을 제거하고 다른 것만 취하여 십지十支를 이룬 것이다. 곧 초선初禪에 다섯 가지가 있으니 각覺109·관觀110·희喜(기쁨)·낙樂(즐거움)·일심一心111이다. 이선二禪에는 네 가지112가 있는 가운데 오직 내정內淨113만을 취하여 앞의 것에 보태면 여섯 가지가 된다. 나머지 세 가지(희·낙·일심)는 초선과 같기 때문에 취하지 않는다. 삼선三禪에는 다섯 가지114가 있는 가운데 오직 사捨115·염念116·안혜安慧117만을 취하여 앞의 것에 보태면 아홉 가지가 된다. 나머지 두

---

107 『梵網經』 권상(T24, 999b). 십장양 중 아홉 번째인 정심定心을 설명한 내용이다.
108 십팔선지十八禪支 : 색계의 선정에 수반되는 심리작용을 총괄한 것. 색계의 사선四禪 중 초선初禪에 다섯 가지, 곧 각覺·관觀·희喜·낙樂·일심一心이 있고, 제2선에 네 가지, 곧 내정內淨·희·낙·일심이 있으며, 제3선에 다섯 가지, 곧 사捨·염念·안혜安慧·낙·일심이 있고, 제4선에 네 가지, 곧 불고불락不苦不樂·사捨·염念·일심이 있어서 이를 통틀어서 십팔선지라고 한다. 그리고 사선에 공통된 심리작용을 제외하고 남은 것만 묶으면 모두 열 가지가 되는데 이를 십선지十禪支라고도 한다.
109 각覺 : 심심尋이라고도 한다. 거친 마음 활동, 곧 추론하는 것을 말한다.
110 관觀 : 사伺라고도 한다. 미세한 마음 활동, 곧 관찰하는 것을 말한다.
111 일심一心 : 심일경성心一境性이라고도 한다. 곧 삼마지三摩地를 가리킨다. 마음을 하나의 대상에 집중하여 산란하지 않게 하는 것에 의해 나타난 심리 상태를 가리키는 말이다.
112 네 가지 : 희·낙·일심·내정을 말한다.
113 내정內淨 : 내등정內等淨이라고도 한다. 각·관이 사라지고 내적으로 청정한 마음이 지속되는 것이다.
114 다섯 가지 : 낙·일심·사捨·염念·안혜安慧를 말한다.
115 사捨 : 행사行捨라고도 한다. 기쁨을 바라는 마음을 떠나 아무것도 구하는 것이 없어서 마음이 온전히 평정한 상태를 가리킨다.
116 염念 : 정념正念이라고도 한다. 모든 법의 본질과 모양을 여실하게 억념하여 잃어버리지 않는 것이다.
117 안혜安慧 : 정혜正慧·정지正知·정지正智 등이라고도 한다. 바르게 아는 것이다.

가지(낙·일심)는 앞의 것과 같기 때문에 취하지 않는다. 사선四禪에는 네 가지[118]가 있는 가운데 오직 불고불락不苦不樂[119]만을 취하여 앞의 것에 보태면 열 가지가 된다. 나머지 세 가지(사·염·일심)는 앞의 것과 같기 때문에 취하지 않는다."[120]라고 하였다.

其中多少觀行出入十禪支一切行法一一不得此法中意者。謂於定門。不得意趣。十禪支者。上卷經中云。十心第十[1)]心。云[2)]八[3)]百三昧十禪支。而不列[4)]名。未詳是何。舊云。十八禪支中。除同取異。故成十支。謂初禪有五。覺觀喜樂一心。二禪四中。唯取內淨。增前爲六。餘三同初。故不取之。三禪五中。唯取捨念安慧。增前爲九。餘二同前。故不取之。四禪四支。唯取不苦不樂。增前爲十。餘三同前。故不取之。

---
1) ㊟『梵網經』에 따르면 '十'은 '九'이다.   2) ㊟『梵網經』에 따르면 '云'은 '常'이다.
3) ㊟『梵網經』에 따르면 '八'은 '入'이다.   4) ㊟ 저본에 따르면 '列'은 '別'이다.

"보살이" 이하는 덕을 갖추지 않고 스승이 되어서 범하고 어긋남을 이루는 것을 밝혔다.

㉲ 열여덟 번째 계[121]와 어떤 구별이 있는 것인가?

㉰ 어떤 사람은 "앞의 것은 처음으로 계를 받는 사람을 위해 제정하였으니 반드시 아는 것이 있어야 하고, 이것은 거듭하여 받는 사람을 위해 제정한 것이니 반드시 모두 알아야 한다."라고 하였고, 어떤 사람은 "앞의 것은 아는 것이 없으면서 멋대로 계를 주는 사람을 위해 제정하였으니

---
118 네 가지 : 사·염·일심·불고불락 등을 말한다.
119 불고불락不苦不樂 : 괴롭지도 않고 즐겁지도 않은 것. 곧 괴로움과 즐거움의 심리작용을 모두 떠난 상태를 말한다.
120 승장이『梵網經述記』권하(X38, 436c)에서 제시한 것과 내용이 동일하다. 단 문장이나 용어는 차이가 있다. 예를 들어 승장은 각覺·관觀을 심尋·사伺, 일심一心을 심일경성心一境性, 내정內淨을 내등정내等淨, 안혜安慧를 정지正知라고 하였다.
121 열여덟 번째 계 : '남을 속이면서 스승이 되지 마라'는 계를 가리킨다.

대체로 아부하는 사람이 행하는 것이다. 이것은 이양을 위하여 제멋대로 계를 주는 사람을 위해 제정하였으니 대체로 부끄러움이 없는 사람이 행하는 것이다."¹²²라고 하였다.

나의 견해를 제시하면 앞의 것은 섭선문攝善門 속에서 제정한 것이고, 지금 이것은 이생문利生門 속에서 제정한 것이라고 할 수 있다.

而菩薩下。辨無德作師成犯違也。與十八戒有何別者。一云。前制爲新受者。必須有解。此制爲重者。必須具解。一云。前制無解輒授。多是掘尾者所行。此制爲利妄授。多是無羞者所爲。今謂前於攝善門中制。今於利生門中制。

c) 아직 계를 받지 않은 사람에게 멋대로 그를 위해서 계를 설해서는 안 되는 것을 밝힘
- 사람을 가려서 계를 설하라 : 제42계

세 번째는 사람을 가려서 계를 설하는 계이다.

第三說戒簡人戒。

경 너희들 불자여, 이양을 위하여 아직 보살계를 받지 않은 사람 앞이나 외도인 악한 사람 앞에서 이러한 천 분의 부처님의 대계大戒를 설해서는 안 되고 그릇된 견해를 지닌 사람 앞에서도 설해서는 안 된다. 국왕을 제외하고 나머지 모든 사람들에게 설해서는 안 된다. 이 악한 사람들은 불계佛戒를 받아들이지 않으므로 축생이라 한다. 태어날 때마다 삼보를 친견하지 못하고 나무나 돌과 같이 마음이 없으므로 외도라고 하고 그릇된 견해를 지닌 사람

---

122 승장이 『梵網經述記』 권하(X38, 437a)에서 제시한 것과 내용이 같다.

들이라고 하니 나무토막과 다를 것이 없다. 보살이 이러한 악한 사람 앞에서
일곱 분의 부처님께서 가르친 계를 설하면 경구죄를 범하는 것이다.

> 若佛子。不得爲利養故。於未受菩薩戒者前。若外道惡人前。說此千佛大
> 戒。邪見人前。亦不得說。除國王餘一切人。不得說。是惡人輩。不受佛戒。
> 名爲畜生。生生之處。不見三寶。如木石無心。名爲外道邪見人輩。木頭無
> 異。而菩薩。於是惡人前。說七佛敎戒者。犯輕垢罪。

소 계법은 존엄하고 귀중한 것이니 이치상 자격을 가진 사람을 가려
내야 한다. 자격을 갖추지 못한 사람인데 멋대로 설해 주면 도리어 죄와
허물을 일으키기 때문에 제정하여 끊게 하였다. 대승과 소승에 대해서
모두 제정하였고, 일곱 부류의 제자에 대해서도 동일하게 제정하였다.
「보살지」에서 "또 보살들이 다른 사람에게서 받은 보살계의 율의법을 비
록 이미 구족하고 수지하여 구경에 이르렀더라도 보살장을 비방하고 훼
손하는 사람인 믿음이 없는 중생에게는 끝내 경솔하게 베풀어 보이고 이
해시키려고 해서는 안 된다. 그 이유는 무엇인가? 그가 듣고 나서 믿고
이해하지 못하고 큰 무지無知의 장애에 가리고 덮여서 바로 비방을 일으
키니, 비방에 의해 마치 보살의 청정한 계율의戒律儀에 머물면 한량없이
큰 공덕을 쌓는 일을 성취하는 것처럼 저 비방하는 사람도 한량없이 큰
죄업을 쌓는 일이 따라오고 더 나아가 모든 나쁜 말과 나쁜 견해와 및 나
쁜 생각을 영원히 버리지 못하고 끝내 멀리 여의지 못한다."[123]라고 하였
다.

> 戒法尊重。理須簡器。非器輒說。反生罪過。故制斷也。大小俱制。七衆亦

---

[123] 『瑜伽師地論』 권40(T30, 515b).

同。菩薩地云。又諸菩薩。於受菩薩戒律儀法。雖已具足。受持究竟。而於 誹毀菩薩藏者無信有情。終不率爾宣示開悟。所以者何。爲其聞已。不能信 解。大無知障之所覆蔽。便生誹謗。由誹謗故。如住菩薩淨戒律儀。成就無 量大功德藏。彼誹謗者。亦爲無量大罪業藏之所隨遂。[1] 乃至一切惡言惡見 及惡思惟。未永棄捨。終不遠離。

1) ㉠『瑜伽師地論』에 따르면 '遂'는 '逐'이다.

본문에서 "이양을 위하여 아직 보살계를 받지 않은 사람 앞이나……그 릇된 견해를 지닌 사람 앞에서도 설해서는 안 된다."라는 것은 이양을 위 해서가 아니라 장차 계를 주고자 하여 계상戒相을 알려 주기 위한 것이라 면 비록 설하더라도 범하지 않는다. 그러므로『유가사지론』에서 "또 보살 들이 보살에게 보살계를 주려고 할 때, 먼저 보살법장菩薩法藏과 마달리가 摩怛履迦[124]와 보살학처菩薩學處(보살계) 및 위범의 모양(犯處相)을 설하여 그 로 하여금 들어서 받아들이고 지혜로서 자신의 의지를 관찰하여 보살계 를 받을지를 사택思擇(깊이 생각하여 바른 도리를 간택하는 것)할 수 있게 해야 하고, 다른 사람의 권유에 의해 받게 해서도 안 되고 다른 사람보다 뛰어 나려고 하는 마음에서 받게 해서도 안 되니, 이를 견고보살堅固菩薩이라고 한다는 것을 알아야 한다. 보살의 청정한 계율의를 받을 만한 사람이면 계를 주는 법에 의거하여 상응하는 것에 따라 바르게 계를 준다."[125]라고 하였다.

그러므로 믿음을 일으키게 하기 위해서라면 장차 계를 받고자 하는 사 람에게는 비록 아직 계를 받지 않았을 때일지라도 미리 설할 수 있으니

---

124 마달리가摩怛履迦 : Ⓢ mātṛkā의 음역어. 논모論母·본모本母 등으로 의역한다. 부처 님께서 제법의 성상性相을 분별하여 반복해서 그 뜻을 풀이한 것을 가리킨다. 논장論 藏의 다른 이름으로 근본인 지혜를 낳는 어머니라는 뜻이다.
125 『瑜伽師地論』권40(T30, 515b).

성문계에서 계를 받은 후에 비로소 설해야 하는 것과는 같지 않다는 것을 알 수 있다.

"아직 보살계를 받지 않은 사람"이라는 것은 비록 다른 견해를 갖지는 않았지만 아직 계를 받지 않았기 때문에 그를 위해 설할 수 없는 것이다. 성문의 구족계(비구계·비구니계)를 이미 받았지만 아직 대승보살계를 받지 않았으면 이치상 또한 함부로 그를 위해 설해서는 안 된다.

"외도인 악한 사람"이라는 것은 다른 견해를 가진 사람을 말한다. "크게 그릇된 견해를 지닌 사람"이라는 것은 훼방하는 사람을 말한다. 오직 국왕을 제외하는 것은 왕은 자유자재한 힘을 가졌으니 일이 이루어지고 망치는 것이 그에 의해 결정되기 때문이다. 또 법을 알고 그 마음을 청정하게 만들어 주기 위해서 그를 위해 설할 수 있다.

> 文中不得爲利養於未受菩薩戒者前乃至大[1]邪見人前亦不得說者. 若不爲利. 欲爲將受知戒相故. 雖說無犯故. 地論云. 又諸菩薩. 欲授菩薩[2]菩薩戒時. 先應爲說. 菩薩法藏. 摩怛履迦. 菩薩學處. 及犯處相. 令其聽受. 以慧觀察自所意樂. 堪能思擇受菩薩戒. 非唯他勸. 非爲勝他. 當知. 是名堅固菩薩. 堪受菩薩淨戒律儀. 以受戒法. 如應正授. 故知. 爲信將欲受者. 雖未受時. 亦得預說. 非如聲聞受後方說. 未受菩薩戒者. 設無異見. 由未受故. 不得爲說. 聲聞具戒. 旣未受大. 理亦不得輒爲彼說. 外道惡人者. 謂異見人也. 大邪見[3]者. 謂毀謗人. 唯除國王者. 王得自在. 成敗由彼. 又令知法淸其心故. 得爲說也.

1) ㉠『梵網經』에 따르면 '大'는 연자이다. 2) ㉴ 갑본과 을본에 따르면 '菩薩'이 없다. ㉠『瑜伽師地論』에 따르면 있는 것이 맞다. 3) ㉠ '見' 뒤에 '人'이 누락된 것 같다.

"이 악한 사람들은" 이하는 계를 받아들이지 않는 사람을 꾸짖는 것이다. "보살" 이하는 함부로 설함으로써 위범이 이루어지는 것을 밝혔다.

마음으로 받아들이지 않는 이를 모두 "악한 사람"이라고 한다. 『보살선계경』에서 "만약 비구가 죄가 되는 허물에서 구원받기 위하여 보살계를 들으려고 할 때, 가르침을 믿고 받아들이지 않는 사람이나, 우바새계를 성취하지 않은 사람이나 사미계를 성취하지 않은 사람이나, 바라제목차계를 성취하지 않은 사람이라면 보살계를 들을 수 없으니 만약 듣는다면 죄를 짓는 것이다. 만약 비구가 바야제波夜提(波逸提)를 범하고 부끄러워하지 않고 참회하지도 않으면서 보살계를 듣는다면 투란차를 짓는 것이다. 만약 투란차를 범하고 부끄러워하지 않고 참회하지도 않으면서 보살계를 듣는다면 승잔죄를 짓는 것이다. 만약 승잔죄를 범하고 부끄러워하지 않고 참회하지도 않으면서 보살계를 듣는다면 바라이죄를 짓는 것이니 제8중법[126]을 말한다. 만약 설하는 사람이 있다면 승잔죄를 짓는 것이다. 그러므로 경에서 이와 같이 말하였다. '믿지 않는 사람에게는 듣게 하지 말아야 하고 믿지 않는 사람에게는 설하지 말아야 한다.'"[127]라고 하였다.

是惡人輩下。呵不受人。而菩薩下。輒說成犯。無心受者皆名惡人。善戒經云。若比丘。爲求罪過。聽菩薩戒。不信受敎者。及不成就優婆塞戒。不成就沙彌戒。不成就波羅提木叉戒者。不得聽菩薩戒。聽者得罪。若比丘。犯波羅1)提。不愧不悔。聽菩薩戒。2) 得偸蘭遮。若犯偸蘭。不愧不悔。聽菩薩

---

[126] 『菩薩善戒經』에서 설한 여덟 가지 중법 중 여덟 번째, 곧 『菩薩善戒經』(T30, 1015a)에서 "보살이 동일한 스승에게 동일한 법을 배우면서 보살의 방등법장(대승법장)을 비방하고 유사하지만 법이 아닌 것을 배우고 받드는 사람이 있으면 함께 머물지 말아야 한다. 만약 확실하게 이러한 사실을 알면 그 사람을 향하여 방등법장을 찬탄할 수 없으니 이것을 보살의 여덟 번째 중법이라고 한다.(菩薩。若有同師同學。誹謗菩薩方等法藏。受學頂戴相似非法者。不應共住。若定知已。不得向人讚歎其德。是名菩薩第八重法。)"라고 한 것을 말한다.
[127] 『菩薩善戒經』(T30, 1015b).

戒。得僧殘罪。若犯僧殘。不愧不悔。聽菩薩戒。得波羅夷罪。謂十[3)]八重。若有說者。得僧殘罪。是故。經中。作如是言。不信者不應聽。不信者不應說。

1) 옙『菩薩善戒經』에 따르면 '羅'는 '夜'이다. 2) 옙『菩薩善戒經』에 따르면 '戒' 뒤에 '者'가 누락되었다. 3) 옙『菩薩善戒經』에 따르면 '十'은 '第'이다.

b. 뒤의 두 가지 계 : 계법을 스스로 거두어들이는 것을 밝힘

a) 계행戒行을 거두어들이는 것을 밝힘
- 고의로 훼손하고 범하지 마라 : 제43계
네 번째는 고의로 훼손하고 범하지 않는 계이다.

第四不故毀犯戒。

경 너희들 불자여, 믿는 마음으로 출가하여 부처님의 바른 계를 받고도 고의로 마음을 일으켜 성스러운 계를 훼손하고 범하는 사람은 모든 단월의 공양을 받을 수 없고 국왕이 다스리는 땅으로 걸어 다닐 수도 없으며 국왕의 국토에 있는 물을 마실 수도 없다. 오천의 거대한 귀신이 항상 그 앞을 가로막고 귀신이 "큰 도둑놈이다."라고 말하고 방사房舍나 성읍이나 사택舍宅에 들어가면 귀신이 다시 항상 그가 지나간 발자국을 쓸어버린다. 모든 세상 사람들이 욕하면서 "불법 안에 있는 도둑놈이다."라고 하고 모든 중생이 눈으로 보려고 하지도 않을 것이니 계를 범한 사람은 축생과 다름이 없고 나무토막과 다름이 없기 때문이다. 만약 고의로 바른 계를 훼손한다면 경구죄를 범하는 것이다.

若佛子。信心出家。受佛正戒。故起心毀犯聖戒者。不得受一切檀越供養。亦不得國王地上行。不得飲國王水。五千大鬼。常遮其前。鬼言。大賊。若入坊舍城邑宅中。鬼復常掃其脚跡。一切世人。咸皆罵言。佛法中賊。一切衆生。眼不欲見。犯戒之人。畜生無異。木頭無異。若故毀正戒者。犯輕垢罪。

소 이 이하의 두 가지 계는 스스로 계를 거두어들이는 것을 밝혔다. 이 가운데 처음의 계는 계행戒行을 거두어들이는 것을 밝혔고, 나중의 계는 계교戒敎를 거두어들이는 것을 밝혔다. 청정한 계를 훼손하고 범하고도 신자의 보시를 아랑곳하지 않고 받아들이면 자신에게는 죄를 더하는 것이고 다른 사람에게는 복을 훼손하는 것이기 때문에 제정하여 끊게 하였다. 대승과 소승이 모두 제정하였다. 그러나 성문계에서는 아직 별도로 계를 훼손하고도 보시를 받는 것에 대해 죄를 제정한 것은 보이지 않는다. 대승계에서는 중생을 이롭게 하는 행을 훼손하는 것이기 때문에 별도로 죄라고 판정하였다. 직접적으로는 다섯 부류의 제자에게 해당하는 것이니 본문에서 "믿는 마음으로 출가하여"라고 하였기 때문이다. 말하자면 범한 내용에 따라 해당되는 죄를 판정하고 나서 다시 훼손하고 범하고도 보시를 받는 죄를 더한 것이다. 범한 것에 해당하는 죄는 경계와 중계에 통하는데 오직 상품의 전纏에 의해 계를 잃은 경우는 제외한다.

此下兩戒辨自攝戒。於中初戒辨攝戒行。後戒辨攝戒敎。毀犯淨戒。冒當信施。於自增罪。於他損福。故制斷也。大小乘俱制。而聲聞中。未見別結毀戒受施之罪。大士。損利生行故。別結罪。正在五衆。文言信心出家故。謂隨所犯。結本罪已。更增毀犯受施之罪。所犯本罪。通於輕重。唯除上纏失戒者也。

본문 가운데 "믿는 마음으로 출가하여 부처님의 바른 계를 받고도"라는 것은 출가하여 계를 받는 것에 의해 복전福田이 될 수 있기 때문에 특히 "출가"라고만 하였다. "고의로 마음을 일으켜 성스러운 계를 훼손하고 범하는 사람"이라는 것은 부처님께서 제정하신 계를 모두 "성스러운 계"라고 하고, 알면서 고의로 어기는 것을 "고의로 마음을 일으켜"라고 하며, 계를 받음으로써 생겨난 계체戒體를 망가뜨리기 때문에 "훼손하고 범하는 사람"이라고 하였다. "모든 단월의 공양을 받을 수 없고" 등이라는 것은 계율에 의거하여 얻은 복전의 능력이 이미 훼손되어 공양을 받을 수 없는 것이다. "오천의 거대한 귀신이 항상 그 앞을 가로막고"라는 것은 자신의 몫이 아닌 것을 개의치 않고 받기 때문에 그윽하게 비인非人의 꾸짖음을 당하는 것이다. "모든 세상 사람들이 욕하면서" 이하는 믿음에 의한 보시를 헛되게 만들고 훼손하기 때문에 드러나게 세상 사람들의 꾸짖음을 받는 것이다.

文中信心出家受佛正戒者。由出家受戒。當任福田故。偏言出家。故起心毀犯聖戒者。佛所制戒。皆名聖戒。知而故違。名故起心。虧損受體。故云毀犯。不得受一切檀越供養等者。戒田旣毀。不當受供。五千大鬼。常遮其前者。以非分冒受故。幽被非人之呵。一切世人。罵詈下。以虛損信施故。顯受世人之罵。

b) 계교戒教를 거두어들이는 것을 밝힘
−경전을 공양하라 : 제44계
다섯 번째는 경전을 공양하는 계이다.

第五供養經典戒。

경 너희들 불자여, 항상 한마음으로 대승의 경과 율을 수지하고 소리 내어 읽고 외우며, 피부를 벗겨 종이로 삼고 피를 뽑아 먹으로 삼고 골수를 벼룻물로 삼고 뼈를 쪼개어 붓으로 삼아 불계佛戒를 베껴 쓰며, 나무껍질과 닥

종이(穀紙)와 흰 명주천과 죽간竹簡(대나무 조각)과 비단에도 모두 써서 지니고 다니며, 항상 일곱 가지 보배와 값을 매길 수 없을 만큼 뛰어난 향과 꽃과 온 갖 보배로 상자나 주머니를 만들어 경전과 율전을 담아야 한다. 만약 법대로 공양하지 않는다면 경구죄를 범하는 것이다.

若佛子。常應一心。受持讀誦大乘經律。剝皮爲紙。刺血爲墨。以髓爲水。折骨爲筆。書寫佛戒。木皮穀紙。絹素竹帛。亦悉書持。常以七寶無價香華一切雜寶爲箱囊。盛經律卷。若不如法供養者。犯輕垢罪。

소 법은 깨달음을 얻게 하는 모범이 되는 것이니 특히 존중하고 공경해야 한다. 법대로 반드시 보호하지 않으면 행에 있어서 훼손함이 많기 때문에 이 계를 제정하여 공경하게 하였다. 일곱 부류의 제자가 동일하게 배우고, 대승과 소승이 함께하지 않는다.

法爲開神之摸。特須尊敬。若不如法故護。則於行多虧。故制之令敬。七衆同學。大小不共。

본문에서 다섯 가지를 열거하였다. 첫째는 수지하는 것이고, 둘째는 소리 내어 읽는 것이며, 셋째는 외우는 것이고, 넷째는 베껴 쓰는 것이며, 다섯째는 공양하는 것이다. 네 번째에서 "피부를 벗겨 종이로 삼고" 등이라는 것은 마음을 굳건하게 하여 흔들림이 없는 경지를 얻은 사람이라면 행해야 하시만 그렇지 않다면 반드시 행해야 하는 것은 아니고 단지 마음으로 서원해야 한다. "나무껍질과 닥종이와 흰 명주천" 등과 관련된 것은 능력이 닿는 대로 반드시 행해야 한다.

文中凡列五種。一受持。二讀。三誦。四書寫。五供養。第四中。剝皮爲紙等者。若得堅心無動者則應行之。不爾。未必須行。但應作心願。爲木皮角¹⁾紙絹等。隨力必須爲之。

1) ㉔ '角'은 '殼'인 것 같다.

(『유가사지론』)「보살지」에서는 삼보三寶에 대해 모두 제정하였다. 그러므로 그 본문에서 말하였다.

菩薩地中。於三通制。故彼文云。

보살들이 보살의 청정한 계율의에 안주하여 날마다 여래에게, 혹은 여래를 위해 지은 제다制多¹²⁸가 있는 곳에, 정법에 혹은 정법을 위해 지은 경전이 있는 곳, 말하자면 모든 보살의 소달람장素怛攬藏(경장)과 마달리가摩怛理迦(논장)에, 또 승가僧伽, 말하자면 시방세계에 두루 계시는 이미 대지大地에 들어간 모든 보살들에게, 적든 많든 온갖 공양물로 공양을 하거나 적어도 몸으로 한 번이라도 절을 하면서 예배드리고 공경하는 마음을 가지며, 적어도 말에 의해 한 수의 네 구절로 이루어진 게송으로라도 부처님과 법과 스님의 진실한 공덕을 찬양하며, 적어도 마음에 한 줄기 청정한 믿음이라도 일으켜 삼보의 진실한 공덕을 따라서 생각하는 일을 하지 않고 헛되이 낮과 밤을 보낸다면, 이것을 범함이 있고 위반함이 있는 것이라고 한다. 만약 나태함과 게으름에 의해 공경하지 않음으로써 위범한 것이라면 염오에 의한 위범이다. 만약 실수로 잊어버려서 위범한 것

---

128 제다制多: ⓢ caitya의 음역어. 지제支提라고도 음역하고, 취상聚相이라고 의역한다. 쌓아서 모은 것이라는 뜻이다. 부처님께서 열반에 드신 후 다비할 때 향내 나는 섶을 쌓아 산더미처럼 만든 것에서 유래한 이름이라고도 한다. 탑묘塔廟·영묘靈廟 등을 모두 지제라고 한다. 또 석굴을 파서 만든 구조물도 지제라고 한다. 탑塔(ⓢ stūpa)과 지제를 사리가 있는 것은 탑이고 사리가 없는 것은 지제라고 하여 구별하는 경우도 있지만 후세에는 혼용하여 사용하여 확연히 구별되지 않는다.

이라면 염오에 의한 위범은 아니다. 위범이 성립되지 않는 것은 마음이 미친 듯이 혼란한 상태였을 경우이다. 이미 정의요지淨意樂地[129]를 증득하였다면 언제나 위범이 성립되지 않는다. 청정한 의지(意樂)를 얻은 보살이기 때문이니, 비유컨대 이미 청정함을 증득한 비구는 항상 저절로 부처님·법보·승보에 대해 뛰어난 공양구로 받들고 섬기며 공양하는 것과 같다.[130]

若諸菩薩淨戒律儀。於日日中。若於如來。或爲如來造制多所。若於正法。或爲正法造經卷所。謂諸菩薩素[1)]怛攬藏摩怛理迦。若於僧伽。謂十方界。已入大地諸菩薩衆。若不以其或小或多諸供養具而爲供養。下至以身一拜禮敬。下至以語一四句。頌讚佛法僧眞實功德。下至以心一[2)]淸淨心。[3)]隨念三寶眞實功德。空度日夜。是名有犯有所違越。若不恭敬嬾墮懈怠而違犯者。是染違犯。若誤失念而違犯者。非染違犯。無違犯者。謂心狂亂。若已證入淨意樂地。常無違犯。由得淸淨意樂菩薩。譬如已得證淨苾芻。恒時法爾。於佛法僧。以勝供具。承事供養。

1) ㉓『瑜伽師地論』에 따르면 '索'은 '素'이다. 2) ㉺ 을본에 따르면 '心一'은 '信'이

---

129 정의요지淨意樂地 : 보살이 인위因位로부터 과위果位에 이르기까지 수행하여 얻는 지위를 일곱 가지로 분류한 것 중 세 번째에 해당하는 것. 갖추어서 정승의요지淨勝意樂地라고 한다. 일곱 가지는 다음과 같다. 첫째는 종성지種姓地이니 불도佛道의 원인인 종성을 성취하여 무너지지 않는 것이다. 둘째는 승해행지勝解行地이니 방편행을 닦아 출세도出世道에 대해 행해行解를 얻는 것이다. 셋째는 정승의요지淨勝意樂地이니 지극한 환희에 머무는 것이다. 넷째는 행정행지行正行地이니 증상계增上戒·증상심增上心·증상혜增上慧에 머물고 가행加行이 있고 공능공용功用이 있으며 무상無相에 머무는 것이다. 다섯째는 결정지決定地이니 가행도 없고 공용도 없으며 무상에 머무는 것이다. 여섯째는 결정행지決定行地이니 무애해無礙解에 머무는 것이다. 일곱째는 도구경지到究竟地이니 최상의 지위에 도달한 보살과 여래가 머무는 것이다. 이를 보살의 십지에 배대하면 제1종성지는 십해十解, 제2승해행지는 십행과 십회향, 제3정승의요지는 십지 중 제1환희지, 제4행정행지는 제2지~제7지, 제5결정지는 제8지, 제6결정행지는 제9지, 제7도구경지는 제10지와 여래지에 해당한다.
130 『瑜伽師地論』 권41(T30, 516a).

다. ㉠『瑜伽師地論』에 따르면 전자가 맞다.   3) ㉠『瑜伽師地論』에 따르면 '心'은 '信'이다.

『선생경』에서 "만약 스스로 의복과 발우를 지었으면 먼저 부처님께 바치고 부모와 스승과 웃어른께도 바쳐서 먼저 한 차례 수용하게 한 후에 자신이 사용한다. 부처님께 바칠 경우에는 향과 꽃으로 그것을 대신해야 한다."[131]라고 하였다.

善生經云。若作[1)]衣服鉢器。先奉上佛。幷令父母師長。先一受用。然後自服。若上佛者。當以香花贖之。

1) ㉠『優婆塞戒經』에 따르면 '作' 앞에 '自造'가 누락되었다.

② 나중의 네 가지 계 : 슬퍼하는 마음(悲心)으로 교화함

a. 처음의 두 가지 계 : 슬퍼하는 마음으로 중생을 거두어들이는 것을 밝힘

a) 가르침을 설하여 인도함으로써 교화하는 것을 밝힘
- 슬퍼하는 마음으로 가르침을 설하여 인도하라 : 제45계
여섯 번째는 슬퍼하는 마음으로 가르침을 설하여 인도하는 계이다.

第六悲心唱導戒。

경 너희들 불자여, 항상 크게 슬퍼하는 마음을 일으켜, 만약 모든 성읍과 사택에 들어가 모든 중생을 보게 되면 가르침을 설하여 "너희 중생들은 모

---

131 『優婆塞戒經』 권5(T24, 1061a).

두 삼보에 귀의하는 계(三歸)와 열 가지 계를 받아야 한다."라고 해야 하고, 만약 소와 말과 돼지와 양을 비롯한 모든 축생을 보면 마음으로 생각하고 입으로 말하기를 "너희들은 축생이지만 보리심을 일으켜라."라고 해야 한다. 보살은 모든 산과 냇가와 숲과 들판에 들어갈 때에는 모두 모든 중생으로 하여금 보리심을 일으키게 해야 한다. 보살이면서 중생을 교화하려는 마음을 일으키지 않는다면 경구죄를 범하는 것이다.

> 若佛子。常起大悲心。若入一切城邑舍宅。見一切衆生。應當唱言。汝等衆生。盡應受三歸十戒。若見牛馬猪羊一切畜生。應心念口言。汝是畜生。發菩提心。而菩薩。入一切處山川林野。皆使一切衆生。發菩提心。是菩薩。若不發敎化衆生心者。犯輕垢罪。

소 이 이하의 네 가지 계는 슬퍼하는 마음으로 교화하는 것이다. 이 가운데 처음의 두 가지는 슬퍼하는 마음으로 중생을 거두어들이는 것을 밝혔고, 나중의 두 가지는 정법을 공경하고 보호하는 것을 밝혔는데 법이 머물면 사람에게 이익이 되기 때문에 비록 법을 보호한다고 해도 그것이 바로 사람을 교화하는 것이다. 처음의 두 가지 가운데 첫 번째 계는 가르침을 설하여 인도함으로써 교화하는 것을 밝혔고, 그다음의 계는 법을 설하여 교화하는 것을 밝혔다.

중생을 보고도 교화하지 않으면 두루 거두어들이는 행에 어긋나기 때문에 제정하였다. 재가자와 출가자가 동일하게 배우고, 대승과 소승이 함께하지 않으니 성문은 본래 다인을 함께 구제할 것을 추구하지 않기 때문이다.[132]

---

132 성문승은 자리이타自利利他를 추구하지 않는 것을 말한다.

此下四戒。以悲敎化。於中。初二明悲攝衆生。後二辨以敬護正法。法住人
益故。雖護法卽是化人。初二中初戒明唱導敎化。次戒辨說法敎化。見生不
化乖普攝行故制之。道俗同學。大小不失。¹⁾ 以聲聞本不兼濟故。

1) ㉘ '失'은 '共'인 것 같다.

본문에서 "항상 크게 슬퍼하는 마음을 일으켜"라는 것은 그들이 장구한 세월 동안 고통의 바다에 빠져 떠돌아다니는 것을 불쌍히 여기고 항상 거기에서 뽑아내어 벗어나게 하려고 하는 것이다. "만약……들어가" 이하는 속마음으로 슬픔을 일으키고 입으로 내어 가르침을 설하여 인도하는 것이다. "열 가지 계"라는 것은 혹은 열 가지 선업도善業道의 계¹³³라고도 하고 혹은 보살의 열 가지 무진계(十無盡戒, 十重戒)라고도 한다. "축생을 보면 보리심을 일으키게 해야 한다."라는 것은 축생 가운데 혹은 영민한 지혜가 있어 깨달을 수 있는 것이 있고 혹은 비록 당시에는 깨달을 수 없을지라도 법을 설하는 음성에서 흘러나온 광명이 털구멍으로 들어가 먼 훗날에 증득할 보리의 인연을 짓기 때문이다.

文中常起大悲心者。愍彼長沒苦海。常欲拔之令出。若入已下。內心起悲發
言唱導。十戒者。或是十善業道之戒。或是菩薩十無盡戒。見畜令發菩薩¹⁾
心者。畜生之中。或有點慧。得領解者。或雖當時。無能領解。法聲光明。入
毛孔中。遠作菩提之因緣故。

1) ㉘ 『梵網經』 본문에 의거하면 '薩'은 '提'이다.

---

133 열 가지 선업도善業道의 계 : 인간과 하늘 등의 선도善道에 태어나게 하는 원인이 되는 업을 짓도록 하는 계. 보통 십선계十善戒라고 한다. 불살생不殺生·불투도不偸盜·불사음不邪淫·불망어不妄語·불양설不兩舌·불악구不惡口·불기어不綺語·불탐不貪·부진不瞋·불사견不邪見을 가리킨다. 앞의 세 가지는 신업身業에 속하고, 다음의 네 가지는 구업口業에 속하며, 마지막 세 가지는 의업意業에 속하는데 이를 신삼身三·구사口四·의삼意三이라고 한다.

b) 법을 설하여 교화하는 것을 밝힘

— 공경하는 마음을 지닌 사람에게 법을 설하라 : 제46계

일곱 번째는 공경하는 마음을 지닌 사람에게 법을 설하는 계이다.

第七敬心說法戒。

경 너희들 불자여, 항상 교화를 행하며 크게 슬퍼하는 마음을 일으켜야 한다. 만약 단월인 귀인의 집에 들어간다면 모든 대중 가운데 선 채로 속인(白衣)을 위해 법을 설하지 마라. 속인인 대중의 앞에 있어야 하고 높은 자리에 앉아야 한다. 법사인 비구는 땅에 선 채로 네 부류의 제자(四衆)를 위해 법을 설해서는 안 된다. 법을 설할 때 법사가 앉은 높은 자리를 향과 꽃으로 공양하고 네 부류의 제자로 법을 듣는 이들은 아랫자리에 앉아서 마치 부모님에게 효순하고 스승의 가르침에 공경하며 수순하는 것처럼 하고 사화외도事火外道¹³⁴인 바라문婆羅門이 불을 공경하는 것처럼 하라. 법을 설하는 이가 법대로 설하지 않는다면 경구죄를 범하는 것이다.

若佛子。常行敎化。起大悲心。若入檀越貴人家。一切衆中。不得立爲白衣說法。應在白衣衆前高座上坐。法師比丘。不得地立爲四衆說法。若說法時。法師高座。香華供養。四衆聽者下坐。如孝順父母敬順師敎。如事火婆羅門。其說法者。若不如法說者。犯輕垢罪。

---

134 사화외도事火外道 : 부처님 재세 시 인도에서 성행하던 외도 중 하나. 화천火天(⑤ Agni)에게 공양하고 제사 지내는 의식을 실천함으로써 미래세에 하늘에 태어날 수 있다고 주장하였다. 불은 여러 하늘의 입이기 때문에 곡물·소유酥油 등과 같은 공물을 불 속에 집어넣어 공양하면 여러 하늘이 이를 통해 음식을 먹고 그로 인해 복을 내려 준다고 주장하였다.

소 길에서 듣고 길에서 말하면 법을 업신여기는 허물이 있기 때문에 제정하여 끊게 하였다. 일곱 부류의 제자가 동일하게 배우는 것이다. 본문에서 "비구"라고 한 것은 재가자는 스승이 될 만한 본보기가 되는 뜻이 적기 때문이다. 대승과 소승이 함께 제정하였다.

道聽途說。有慢法之過。故制斷之。七衆同學。文言比丘者。在家爲師範義小故。大小共制。

본문에서 "항상 교화를 행하며 크게 슬퍼하는 마음을 일으켜야 한다."라는 것은 슬퍼하는 마음으로 교화하는 것은 일이 중생을 이익 되게 하는 것에 있는 것이다. 이치상 마땅히 엄숙하고 공경하는 마음으로 임하여 선은 낮아야 하고 경박하게 그릇된 것을 일으켜서는 안 된다. "모든 대중 가운데" 이하는 바로 설법의 의식을 밝혔다. 그 가운데 두 가지가 있다. 첫째는 속인을 위해 설법하는 의식을 밝혔고, 둘째는 네 부류의 제자를 위해 설법하는 의식을 밝혔다. 율에 의거하면 상대방은 누워 있는데 자신은 앉아 있을 경우[135] 혹은 상대방이 머리를 가렸을 경우[136]나 상대방이 지팡이를 잡고 있을 경우[137] 등과 같은 상황에 대해서도 모두 동일하게 제정한 것으로 보아야 한다. "마치 부모님에게 효순하는 것처럼"이라

---

[135] 『四分律』 권21(T22, 712c)에서 백중학百衆學(百尸叉罽賴尼) 제87을 설하면서 "상대방은 누워 있는데 자기는 앉아 있는 상태에서 상대방을 위해 법을 설해서는 안 된다. 병든 경우를 제외하고는 시차계뢰니이다.(人臥已坐。不得爲說法。除病。尸叉罽賴尼。)"라고 하였다.

[136] 『四分律』 권21(T22, 710a)에서 백중학 제54를 설하면서 "머리를 가린 사람을 위해서는 법을 설해서는 안 된다. 병든 경우를 제외하고는 시차계뢰니이다.(不得爲覆頭者說法。除病。尸叉罽賴尼。)"라고 하였다.

[137] 『四分律』 권21(T22, 713c)에서 백중학 제96을 설하면서 "상대방이 지팡이를 잡고 공경하지 않는 태도를 보이면 그를 위해 법을 설해서는 안 된다. 병든 경우를 제외하고는 시차계뢰니이다.(人持杖。不恭敬。不應爲說法。除病。尸叉罽賴尼。)"라고 하였다.

는 것은 사람을 존중하는 것이고, "마치 사화외도인 바라문이 불을 공경하는 것처럼"이라는 것은 법을 존중하는 것이다.

文中常行敎化大¹⁾悲心者。悲心敎化。事在益物。理宜嚴敬生善。不應輕薄起非。一切衆中已下。正明說法儀式。於中有二。一明爲白衣說法儀。二辨爲四衆說法儀。准律。人臥已²⁾坐。或爲覆頭投³⁾杖等。悉應同制。如孝順父母者。尊人也。如事火婆羅門者。重法也。

1) ㉠『梵網經』에 따르면 '大' 앞에 '起'가 누락되었다.   2) ㉠『四分律』에 따르면 '已'는 '己'이다.   3) ㉠『四分律』에 따르면 '投'는 '持' 혹은 '捉'인 것 같다.

b. 나중의 두 가지 계 : 정법을 공경하고 보호하는 것을 밝힘

a) 나쁜 통제법을 막는 것

- 나쁜 통제법을 제정하지 마라 : 제47계

여덟 번째는 나쁜 통제법을 제정하지 않는 계이다.

第八不立惡制戒。

경 너희들 불자여, 모두 믿는 마음으로 불계를 받은 사람이면서, 국왕과 태자와 온갖 관리와 네 부류의 제자(四部弟子)[138]가 스스로 고귀함을 믿고

---

138 네 부류의 제자(四部弟子) : 네 부류의 제자는 일반석으로 사승(四衆)이라고 하고, 그 구체적인 대상은 비구·비구니·우바새·우바이라고 정의하는 경우가 많다. 그런데 의적은 본서에서 "나의 견해를 제시하겠다. 앞에서 설한 다른 사람의 죄와 허물을 말하는 것을 금한 계에서는 별도로 네 부류의 제자(四衆)를 나타냈지만 여기에서는 총괄하여 '다른 사람을 비방하며'라고 하고 별도로 특정 대상을 나타내지 않았으니 율에 준하여 간별해야 한다.(今謂前說過戒。別標四衆。此毀他戒。總云毀他。不別標擧。准律簡別)"라고 하고, 본경 열 가지 중계의 여섯 번째 계인 다른 사람의 죄와 허물을 말하는 것을 금한 계에서 "불자여, 스스로 출가보살과 재가보살, 비구와 비구니의 죄와

서 불법과 계율을 파괴하고 드러내 놓고 통제하는 법을 만들어서 나의 네 부류의 제자가 출가하여 도를 닦는 것을 허락하지 않고 또 형상과 불탑과 경과 율을 조성하는 것을 허락하지 않으며, 통솔하는 관리를 두어 승중僧衆을 통제하고 호적戶籍을 만들어 스님의 이름을 기록하게 하며, 보살과 비구는 땅에 서고 속인은 높은 자리에 앉게 하고 널리 법에 어긋나는 일을 행하며 마치 병사와 노예가 주인을 섬기는 것처럼 하게 해서야 되겠느냐? 보살은 바로 모든 사람들의 공양을 받아야 하는데 도리어 관리에 의해 부림을 당하게 한다면 이는 법에도 어긋나고 율에도 어긋난다. 국왕과 온갖 관리로서 좋은 마음으로 불계를 받은 사람이라면 이러한 삼보를 파괴하는 죄[139]를 짓지 말아야 한다. 만약 고의로 법을 파괴하는 일을 행하면 경구죄를 범하는 것이다.

若佛子。皆以信心受佛戒者。若國王太子百官四部弟子。自恃高貴。破滅佛法戒律。明作制法。以我四部弟子。不聽出家行道。亦復不聽造立形像佛塔經律。立統官制衆。使安籍記僧。菩薩比丘地立。白衣高座。廣行非法。如兵奴事主。而菩薩。正應受一切人供養。而反爲官走使。非法非律。若國王百官。好心受佛戒者。莫作是破三寶之罪。若故作破法者。犯輕垢罪。

허물을 말하고"라고 한 것에 의거하면, 출가보살과 재가보살과 비구와 비구니를 사중이라고 해석하였음을 알 수 있다. 다만 현재 대상이 되는 본문의 용어에 대한 의적의 해석은 없기 때문에 이를 확정할 수는 없다. 이를 직접적으로 해석한 주석서를 참조하면 크게 두 가지 해석이 있다. 첫째는 비구와 비구니와 우바새와 우바이라고 하는 것이고, 둘째는 거사와 거사의 부인과 사내아이(童男)와 여자아이(童女)라고 하는 것이다.

139 지의가 『菩薩戒經義疏』 권하(X38, 26a)에서 "출가를 허락하지 않는 것은 승보를 끊는 것이다. 네 부류의 제자의 출가를 허락하지 않는 것은 거사와 거사의 부인과 사내아이와 여자아이를 말한다. 형상을 조성하는 것을 허락하지 않는 것은 불보를 끊는 것이다. 경과 율을 서사하는 것을 허락하지 않는 것은 법보를 끊는 것이다.(不聽出家。斷僧寶也。不聽四部出家者。謂居士居士婦童男童女。不聽造立形像。斷佛寶也。不聽書寫經律。斷法寶也。)"라고 한 것을 참조할 것.

소 이 이하의 두 가지 계는 정법을 공경하고 보호하는 것이다. 처음의 계는 나쁜 통제법을 막는 것이고, 나중의 계는 바른 가르침을 보호하는 것이다. 처음 가운데 부처님의 가르침을 어기고 통제법을 제정하는 것은 불법을 파괴하는 인연이 되기 때문에 제정하여 끊게 하였다.『화엄경』에서 "먼저 제정한 것을 그릇된 것이라고 하지 않고 다시 만들어 세우는 일을 하지 않는다."[140]라고 한 것은 이것을 말하는 것이다. 대승과 소승이 모두 제정하였고, 일곱 부류의 제자에 대해 동일하게 방지하였다.

> 此下兩戒。敬護正法。初戒遮其惡制。後戒護其正敎。初中違佛立制。是破法因緣。故制令斷。華嚴云。不非先制。不更造立。此之謂也。大小俱制。七衆同防。

본문에서 "모두 믿는 마음으로 불계를 받은 사람이면서"라는 것은 본래 계를 받을 때 모두 믿는 마음을 일으킨 것이다. "국왕과" 이하는 변하여 그릇된 견해와 교만함을 지니고 불법을 파멸시키는 것이다. 두 가지 인연에 의해 불법을 파멸시킨다. 첫째는 그릇된 법을 만들어 통제하는 것이고, 둘째는 출가하여 도를 닦는 것 등의 일을 허락하지 않는 것이다. "삼보를 파괴하는 죄"라는 것은 법이 올바름을 잃으면 사람도 꺾어지니 삼보가 모두 무너지는 것이다. "고의로 법을 파괴하는 일을 행하면"이라는 것은 그릇된 법에 의해 통제하면 법이 바로 끊어지는 것이다.

> 文中皆以信心受戒者。謂本受戒時。皆用信心也。若國土卜。謂變持邪慢。滅破佛法。由二因緣。滅破佛法。一立非法制。二不聽出家行道等事。破三寶之罪者。法擬人摧。三寶俱破也。故作破法者。由非制[1]而制。是制[2]便斷也。

---

[140] 『華嚴經』권12(T9, 475b).

1) ㉮ '制'는 '法'인 것 같다. 2) ㉯ '制'는 '法'인 것 같다.

b) 바른 가르침을 보호하는 것
- 바른 법을 좋아하고 보호하라 : 제48계
아홉 번째는 바른 법을 좋아하고 보호하는 계이다.

第九愛護正法戒。

경 너희들 불자여, 좋은 마음으로 출가하였으면서 명예와 이양을 위하여 국왕과 온갖 관리의 앞에서 불계를 설하여 (그들로 하여금) 도리에 어긋나게 비구와 비구니와 보살계를 받은 제자의 일에 개입하면서 속박하기를 죄수를 가두는 법처럼 하거나 병졸과 노예를 다루는 법처럼 하게 해서야 되겠느냐? 이는 사자의 몸속에 있는 벌레가 스스로 사자의 고기를 먹을 뿐이고 다른 외부의 벌레가 먹는 것은 아닌 것과 같다. 이와 같이 불자가 스스로 불법을 파괴하는 것이지 외도나 천마天魔가 파괴할 수 있는 것이 아니다. 불계를 받은 사람이라면 불계를 보호하기를 마치 외아들을 생각하듯이 하고, 부모를 섬기듯이 하여 훼손하고 파괴해서는 안 된다.

보살은 외도의 악한 사람이 나쁜 말로 불계를 비방하는 소리를 들으면 삼백 자루의 창으로 심장이 찔리고 천 자루의 칼과 만 자루의 몽둥이로 그 몸을 맞은 것과 다름이 없는 것으로 여겨서, 차라리 스스로 지옥에 들어가 백 겁을 지낼지언정 악한 사람이 나쁜 말로 불계를 비방하고 파괴하는 소리를 한마디라도 듣지 않도록 해야 하는데, 하물며 스스로 불계를 파괴하고 다른 사람으로 하여금 불법을 파괴하는 인연을 짓게 하며 또 효순하는 마음이 없어지게 해서야 되겠느냐? 만약 고의로 이러한 일을 한다면 경구죄를 범하는 것이다.

若佛子。以好心出家。而爲名聞利養。於國王百官前說佛戒者。橫與比丘比丘尼菩薩戒弟子。作繫縛事。如獄囚法。如兵奴之法。如師子身中蟲。自食師子肉。非餘外蟲。如是佛子。自破佛法。非外道天魔能破。若受佛戒者。應護佛戒。如念一子。如事父母。不可毀破。而菩薩。聞外道惡人。以惡言謗破佛戒之聲。如三百鉾刺心。千刀萬杖打拍其身。等無有異。寧自入地獄。經於百劫。而不一聞惡人。以惡言謗破佛戒之聲。而況自破佛戒。教人破法因緣。亦無孝順之心。若故作者。犯輕垢罪。

소 계법은 비밀스러운 것이니 속인에게 의당 들려주어야 하는 것은 아니다. 이치상 자신의 자식과 어버이와 동일하게 좋아하고 보호해야 한다. 아직 믿음이 없는 속인 앞에서 제멋대로 불계의 비밀스러운 요지를 설하여 도리어 불도를 행하는 사람을 속박하고 다시 정법이 고난을 당하는 일을 일으키니 법이 쇠퇴하고 사람이 무너짐이 이것에 의해 이루어지지 않음이 없기 때문에 제정하여 공경하고 보호하게 하였다. 대승과 소승이 모두 제정하였고, 일곱 부류의 제자가 동일하게 배우는 것이다.

戒法祕密。非俗宜聞。理應愛護。同自子親。而於未信俗前。妄說佛戒祕要。反爲行人繫縛。更起正法棘刺。法衰人墜。莫不由此。故制令敬護。大小俱制。七衆同學。

본문에서 "좋은 마음으로 출가하였으면서"라는 것은 본래 출가할 때 법을 좋아하는 좋은 마음을 지니고 있었던 것을 말한다.

"명예와" 이하는 본래의 좋은 마음을 어기고 도리어 명예와 이양을 좇는 것이다. "국왕과 온갖 관리의 앞에서 불계를 설하여"라는 것은 마음이 고약한 냄새를 풍기는 먹이로 치달아 성인의 말씀을 바치는 것이다. "도리에 어긋나게 비구 등의 일에 개입하면서 속박하기를"이라는 것은 속인이 불계를 들은 것에 의해 이치에 맞지 않게 단속하고 조사하기 때문에

'도리에 어긋나게 속박하는 일을 한다.'라고 하였다.

"마치 사자의 몸속에 있는 벌레가" 이하는 비유를 들어 거듭해서 꾸짖은 것이다. 법을 파괴하는 것은 불자에 의해서이고 외도나 천마에 의해서 그렇게 되는 것은 아니라는 말이다. "불계를 받은 사람이라면" 이하는 권하여 공경하고 보호하게 하였다. "하물며 스스로 파괴하고" 이하는 어긋나서 위범을 이루는 것이다.

文中以出家好心[1]者。謂本出家時。有愛法好心也。而爲名聞下。乖[2]本好心。反從名利。於國王百官前說佛戒者。馳心臭餌。贈以聖言也。橫與比丘等繫縛者。由俗聞佛戒。非理撿挍。故橫作繫縛也。如師子身中蟲下。引喩重嘖[3]。破法由自佛子。不由外道天魔也。若受佛戒者下。勸令敬護。而何[4]況自破下。違成犯也。

1) ㉷ 『梵網經』 본문에 따르면 '出家好心'은 '好心出家'이다. 2) ㉻ 을본에 따르면 '乖'는 '乘'이다. ㉷ 문맥상 전자가 맞다. 3) ㉷ '嘖'은 '責'인 것 같다. 4) ㉷ 『梵網經』 본문에 따르면 '何'는 연자이다.

[경] 이와 같은 아홉 가지 계를 배우고 공경하는 마음으로 받들어 지녀야 한다.

如是九戒。應當學。敬心奉持。

[소] "이와 같은 아홉 가지 계를……지녀야 한다." 이하는 총괄적으로 맺으면서 공경하는 마음으로 받들어 지닐 것을 권한 것이다.

如是八[1]戒應當下。總結敬持。

1) ㉷ 『梵網經』 본문에 따르면 '八'은 '九'이다.

3. 총괄적으로 경구죄를 맺고 권하여 수지하게 함

경 불자들이여, 이 마흔여덟 가지 경계를 너희들은 받아 지녀라. 과거의 모든 보살이 이미 외웠고 미래의 모든 보살이 외울 것이며 현재의 모든 보살이 지금 외우고 있는 것이다.

諸佛子。是四十八輕戒。汝等受持。過去諸菩薩。已誦。未來諸菩薩。當誦。現在諸菩薩。今誦。

소 "불자들이여" 이하는 크게 단락을 나눈 것에서 세 번째로 총괄적으로 경구죄를 맺고 권하여 수지하게 한 것이다.

諸佛子下。大段第三總結輕垢勸令受持。

제3장 유통할 것을 설한 부분

경 "불자들이여, 잘 들어라. 이 열 가지 중계와 마흔여덟 가지 경계는 삼세의 모든 부처님께서 이미 외우셨고 미래에도 외우실 것이며 지금도 외우고 계시며 나도 지금 이와 같이 외우는 것이다.

너희 모든 대중들과 국왕과 왕자와 온갖 관리, 비구와 비구니, 남자신도와 여자신도로서 보살계를 받아 지닌 사람들은 불성 가운데 항상 머물고 있는 계(佛性常住戒)를 설한 책(戒卷)을 받아 지니고 소리 내어 읽고 외우며 해설하고 베껴 써서 삼세의 모든 중생에게 유통시키고 언제나 교화하여 끊어지지 않게 하라. 그렇게 하면 천 분의 부처님을 친견하고 그 천 분의 부처님마다 구원의 손길을 내어 주어 태어날 때마다 악도에 태어나는 것을 비롯한 여덟 가지 재난(八難)에 떨어지지 않고 항상 사람 세상이나 하늘에 태어나게 할 것이다. 내가 지금 이 나무 아래에서 일곱 분의 부처님의 법계法戒를 간략하게 설하였으니 너희 대중들은 한마음으로 바라제목차를 배우고 기쁜 마음으로 받들어 행하라.「무상천왕품無相天王品」[141]의 배움을 권하는 내용에서 낱낱이 자세하게 밝힌 것과 같다."

삼천계三千界의 배우는 사람[142]으로서 당시 회좌에 참여하여 들은 사람들은 부처님께서 스스로 외우는 것을 듣고 마음에 새기고 머리에 이고 기뻐하며 받아 지녔다.

諸佛子。諦聽。此十重四十八輕戒。三世諸佛。已誦當誦今誦。我今亦如是誦。汝等一切大衆。若國王王子百官比丘比丘尼信男信女。受持菩薩戒者。應受持讀誦解說書寫。佛性常作戒卷。流通三世一切衆生。化化不絶。得見千佛。佛佛授手。世世不墮惡道八難。常生人道天中。我今在此樹下。略開七佛法戒。汝等大衆。當一心學波羅提木叉。歡喜奉行。如無相天王品。勸學中。一一廣明。三千學士。時坐聽者。聞佛自誦。心心頂戴。歡喜受持。

소 "불자들이여, 잘 들어라." 이하는 유통분이다. 이 가운데 두 가지가 있다. 첫째는 법을 부촉하여 받아 지니게 하는 것이고, 둘째는 맺으면서 다른 부처님의 교화도 통틀어서 밝혔다.

佛[1]子。諦聽下。是流通分。於中有二。一付法令持。二結通餘化。

1) ㉢『梵網經』본문에 따르면 '佛' 앞에 '諸'가 누락되었다.

---

141 「무상천왕품無相天王品」: 현행『梵網經』에는 없고『大本梵網經』에 속한 것으로 추정되는 품의 이름이다.
142 삼천계三千界의 배우는 사람 : 명광明曠이『天台菩薩戒疏』권하(T40, 601a)에서 "'삼천의 배우는 사람'이라는 것은 삼천계三千界의 배우는 이를 말한다.(言三千學者, 謂三千界所學之者)"라고 한 것을 참조할 것. '士'는 판본에 따라 '者'인 경우도 있다.

1. 법을 부촉하여 받아 지니게 함

처음에 세 가지가 있다. 첫째는 대중에게 명령하였으니 바로 "불자들이여, 잘 들어라."라고 한 것이고, 둘째는 바로 부촉하였으며, 셋째는 "삼천계의 배우는 사람" 이하에 해당하는 것으로 당시의 대중이 마음에 새기고 머리에 얹었다. 바로 부촉한 것에 두 가지가 있다. 첫째는 계경을 받아 지니게 하였고, 둘째인 "내가 이제 이 나무" 이하는 계법을 부촉하여 받들어 행하게 하였다.

初中有三。一命衆。卽佛子諦聽也。二正以付囑。三三千學下。時衆頂戴。正付中有二。一戒經令受持。二我在今樹下。囑戒法令奉行。

2. 맺으면서 다른 부처님의 교화도 통틀어서 밝힘

경 그때 석가모니불께서 앞의 연화대장세계에 계시는 노사나불께서 말씀하신 십지법문품心地法門品 가운데 열 가지 무진계법품無盡戒法品을 설하기를 마쳤다. 천백억의 석가모니불도 이와 같이 설하였다. 마혜수라천의 왕궁에서부터 이 도수道樹(보리수) 아래에 이르기까지의 열 가지 주처에서 법품法品을 설하고 모든 보살과 불가설의 대중들을 위하여 받아 지니고 소리 내어 읽고 외우며 그 뜻을 해설하게 한 것도 이와 같았다. 천백억세계(화신이 설법하는 세계)와 연화장세계蓮華藏世界(노사나불이 설법하는 세계)의 먼지처럼 많은 세계에서 모든 부처님의 심장心藏이고 지장地藏이며 계장戒藏이고 한량없는 행원行願의 장藏(無量行願藏)이며 인과의 이법과 불성이 상주하는 것을 담은 장藏(因果佛性常住藏)인 것을, 여여如如한 모든 부처님께서 이렇게 한량없는 모든 법장을 설하기를 마치니, 천백억세계의 모든 중생들이 받아 지니고 기쁜 마음으로 받들어 행하였다. 십지心地의 다양한 모습을 자세히 열은 것은 「불화광왕칠행품佛

華光王七行品」[143]에서 설한 것과 같다.

爾時。釋迦牟尼佛。說上蓮華臺藏世界。盧舍那佛所說。心地法門品中。十無盡戒法品竟。千百億釋迦。亦如是說。從摩醯首羅天王宮。至此道樹下。十住處。說法品。爲一切菩薩。不可說大衆。受持讀誦。解說其義。亦如是。千百億世界。蓮華藏世界。微塵世界。一切佛。心藏地藏。戒藏無量行願藏。因果佛性常住藏。如如一切佛。說無量一切法藏竟。千百億世界中。一切衆生。受持。歡喜奉行。若廣開心地相相。如佛華光王七行品中說。

밝게 아는 사람은 안인安忍과 지혜(慧)[144]가 굳건하여
이와 같은 법을 받아 지닐 수 있으니
아직 불도를 이루지 못했을 때에도
평안하게 다섯 가지 이익을 얻는다.

明人忍慧强。能持如是法。
未成佛道間。安獲五種利。

첫째는 시방세계의 부처님께서
불쌍히 여겨 항상 지켜 주시고
둘째는 목숨이 다할 때

---

143 「불화광왕칠행품佛華光王七行品」: 현행 『梵網經』에는 없고 『大本梵網經』에 속한 것으로 추정되는 품의 이름이다.

144 안인安忍과 지혜(慧) : 『梵網經心地品菩薩戒義疏發隱』 권5(X38, p.219c)에서 '안인'은 마음을 잘 조절하는 것이고, '지혜'는 마음이 영통靈通한 것이다. '안인'이 굳건하면 영원히 흔들림 없이 수지할 수 있고, '지혜'가 굳건하면 잘 수지하여 어느 것에도 걸림이 없게 되는 것이라고 하였다.(忍者。心之操守。其忍至堅。曰忍强。慧者。心之靈通。其慧至利曰。慧强。忍强則能永持。而終始不移。慧强則能善持。而圓融不滯。)

바른 견해를 내어 즐거운 마음을 가지며
셋째는 태어나는 곳마다
청정한 보살의 벗이 되고
넷째는 공덕을 산처럼 쌓아
계바라밀을 모두 성취하며
다섯째는 현세와 후세에
성계性戒를 지녀 복덕과 지혜가 원만해진다.

一者十方佛。愍念常守護。
二者命終時。正見心歡喜。
三者生生處。爲淨菩薩友。
四者功德聚。戒度悉成就。
五者今後世。性戒福慧滿。

이것이 바로 부처님께서 수행하신 바로 그것이니
지혜로운 이라면 잘 생각하라.
아我를 계탁하고 모양(相)에 집착하는 사람은
이 법을 믿을 수 없다.
멸진滅盡[145]에 의해 깨달음을 얻으려는 사람[146]도
종자를 심을 수 있는 곳이 아니다.

---

145 멸진滅盡 : 회신멸지灰身滅智와 같은 말. 성문승聲聞乘과 연각승緣覺乘이 추구하는 궁극적 경지. 몸과 마음이 모두 공적무위空寂無爲의 상태로 돌아간 열반계涅槃界를 가리킨다.
146 멸진滅盡에 의해~얻으려는 사람 : 성문승聲聞乘을 가리키는 말. 멸진滅盡이란 성문승이 추구하는 궁극적 경지인 회신멸지灰身滅智와 같은 말로, 신심身心이 모두 공적무위空寂無爲로 돌아간 열반계涅槃界를 가리킨다.

此是佛行處。智者善思量。
計我著相者。不能信是法。
滅盡取證者。亦非下種處。

　　보리의 싹을 길러
　　광명이 세간을 비추게 하려면
　　고요히 관찰하라.
　　제법의 진실한 모습은
　　생겨나지도 않고 소멸하지도 않으며
　　영원하지도 않고 단멸하지도 않으며
　　동일하지도 않고 다르지도 않으며
　　오지도 않고 가지도 않는다는 것을.

不[1]長菩提苗。光明照世間。
應當靜觀察。諸法眞實相。
不生亦不滅。不常復不斷。
不一亦不異。不來亦不去。

---

1) ㉠ 저본에 따르면 '不'은 '欲'이다.

　　이와 같이 한마음 속에서
　　방편으로 부지런히 장엄하여
　　보살이 해야 할 것을
　　차례대로 배워야 할 것이니,
　　유학有學이라거나 무학無學이라는 것에 대해
　　분별하는 생각을 내지 마라.

如是一心中。方便勤莊嚴。

菩薩所應作。應當次第學。

於學於無學。勿生分別想。

이것을 가장 뛰어난 도라 하고
마하연摩訶衍[147]이라 한다.
모든 희론들이
이것에 의해 사라지고,
모든 부처님의 살바야薩婆若[148]가
이것에 의해 생겨난다.

是名第一道。亦名摩訶衍。

一切戲論惡。悉由是處滅。

諸佛薩婆若。悉由是處出。

그러므로 불자들이여,
큰 용맹심을 내어
부처님의 청정한 계를
밝은 구슬처럼 보호할지어다.

---

147 마하연摩訶衍: ⑤ mahāyāna의 음역어. 의역어는 대승大乘이다. 기원후 1세기경 나타난 것으로 추정되는 불교 사상의 한 흐름을 가리키는 말이다. 기존의 출가자 중심의 자기 구원의 불교가 가진 한계를 극복하기 위해 발생한 것으로 재가자를 포함한 자리이타의 불교를 추구한 것을 주요 특성으로 한다. 이렇게 타인의 구제에 중점을 둔다는 것을 강조하는 의미에서 새로운 사상적 흐름을 대승이라고 하고 기존의 자기 구원의 불교를 소승小乘이라고 폄칭하였다.

148 살바야薩婆若: ⑤ sarvajña의 음역어. 모든 것을 빠짐없이 아는 지혜. 곧 불지佛智를 일컫는 말. 일체지一切智·일체종지一切種智 등으로 의역한다.

是故諸佛子。宜發大勇猛。
於諸佛淨戒。護持如明珠。

과거의 여러 보살들도
이미 이것을 배웠고
미래의 보살들도 배울 것이며
현재의 보살들이 지금 배우고 있다.

過去諸菩薩。已於是中學。
未來者當學。現在者今學。

이 것이 바로 부처님께서 수행하신 그것이니
성주聖主(부처님)께서 칭찬하신 것이고
내가 이미 수순하여 설하였다.

此是佛行處。聖主所稱歎。
我已隨順說。

복덕의 한량없는 무더기를
회향하여 중생에게 베풀어
함께 일체지를 향하도록 할 것이니
원하건대 이 법을 듣는 이는
속히 불도를 성취할지어다.

福德無量聚。廻以施衆生。
共向一切智。願聞是法者。

疾得成佛道。

『보살계경』을 마침
菩薩戒經終。

『보살계본소』하권
菩薩戒本疏。卷下。

발문

나는 일찍이 스승께서 "세상에 『범망경』의 소와 초는 많지만 의적 스님이 지은 것이 가장 빼어난 글이다."라고 말씀하시는 것을 들었다. 이때부터 이 책을 구하기 위해 보각존자寶覺尊者[1]가 『수능엄경』을 구했던 것처럼[2] 힘썼지만 시간만 흘러갔다. 근래에 성城의 북쪽에 있는 밀엄암密嚴菴에 묵었는데 마침 책방을 운영하는 아무개(某氏)가 한 권의 고서古書를 들고 찾아와 "이것은 의적 법사의 『범망경소』이다."라고 하였다. 나는 놀라고 감탄하여 머리에 이고 경의를 나타내며 받아서 향을 태워 예배하고 열람하였다. 전해 내려오면서 베껴 쓰기를 되풀이하여 비슷한 글자를 잘못 적어 놓은 것이 적다고 할 수 없었다. 좁은 식견이지만 능력이 닿는 대로 삼가 교열하여 바로잡고 마침내 아무개에게 일러 간행함으로써 세상에 유행하게 되었다. 스스로 이익을 얻고 다른 사람에게도 널리 전해져 이익을 얻게 되길 바란다.

---

1 보각존자寶覺尊者 : 후주後周 세종世宗(재위 954~958)이 천태종 지자대사智者大師(智顗)에게 내린 시호이다.
2 『林間錄』 권하(X87, 264a)에서 "지의가 인도 출신의 스님에게 용승보살龍勝菩薩이 『大佛頂首楞嚴經』 10권을 송출한 것이 인도에 유포되고 있는데 일찍이 들어보지 못한 이치가 담겨 있다는 말을 듣고 밤낮으로 서쪽을 향해 예배하며 중국에 유입될 것을 소원하였지만 끝내 그 소원을 이루지 못하고 입적하였다. 당나라 신룡神龍 초 이 경이 비로소 이르러서 광주에서 번역하였다."라고 하였다.

그런데 이 소에서 앞에 제시한 경[3]은 유포되는 경과 종종 다른 부분이 있다. 동액東掖[4]이 지의의 『보살계의소』를 해석하면서 "대장경 목록을 서술한 책(藏錄) 가운데 궐본闕本(예전의 대장경 목록에는 그 명칭이 실려 있지만 현재는 전해지지 않는 책)의 목록에 실려 있다."[5]라고 하였는데 아마도 이것을 가리키는 것 같다.[6] 그러므로 천태 지의의 주석서에 실린 경본을 가지고 의적의 소에 잘못 들어간 것을 살펴서 일치하게 하였다. 또한 옆에 화자和字(일본어)를 집어넣은 것은 이제 막 배우기 시작한 사람들이 쉽게 이해할 수 있게 하기 위한 것이다. 아직 교정하지 못한 것은 다시 후대의 현명한 이가 살펴서 바로잡기를 기다릴 뿐이다.

정향貞享 원년元年(1684) 용집龍集[7] 갑자년 승단에서 자자自恣를 행하는 날[8]에 만학비구晚學比丘 묘변妙辨이 삼가 적다.

跋

余曾聞之師。世多梵網疏鈔。而義寂師所述。最爲妙詮也。爾來求之。髣髴乎寶覺尊者之於首楞嚴者。有稔于期矣。頃寓城北密嚴菴。偶書林某氏。携

---

3 앞에 제시한 경 : 현재 본서에서 의적의 해석 앞에 해당 『梵網經』 본문을 집어넣은 것을 가리킨다.
4 동액東掖 : 남송南宋 때 스님 여함與咸(?~1163)을 가리키는 것 같다. 천태 지의의 『菩薩戒義疏』에 대한 주석서인 『梵網經菩薩戒經疏註』 3권(X38, No.678)을 찬술하였다.
5 『梵網經菩薩戒經疏註』 권상(X38, 52b)에서 "수나라 인수仁壽(601~604) 연간에 편찬된 목록(언종彦琮이 중심이 되어 편찬한 『衆經目錄』을 가리킴)에서 『梵網經』 2권이 있는데 구마라집 법사가 번역한 것이라고 하고 또 『菩薩戒本』 1권이 있는데 역시 구마라집이 번역한 것이라고 하였는데 이는 『仁壽目錄』에서 궐본의 목록에 실려 있다.(隋仁壽目錄。有梵網經二卷。什師所譯。又有菩薩戒本一卷。亦云什譯。在闕本目中。)"라고 하였다. 『衆經目錄』 권5 『闕本』(T55, 177a)을 참조할 것.
6 의적의 『菩薩戒本疏』에 회편된 경본이 『인수목록』에서 말한 구마라집이 별도로 번역한 『菩薩戒本』일 수도 있다는 의미로 보인다.
7 용집龍集 : 세차歲次라고도 한다. 간지干支를 따라서 정한 해의 순서를 가리키는 말이다.
8 자자自恣를 행하는 날 : 하안거夏安居의 기한이 만료되어 해제하는 날에 자자를 행하니, 곧 음력 7월 15일이다.

來一古書曰。此是寂法師之梵網疏也。余驚歎。頂受而燒薌拜閱。傳寫展轉。誤魯魚者。不爲不多。管識之所及。謹校隨正。遂諗某氏。繡梓行世。庶幾。自利延及他焉。然此疏所牒。與流布經。往往有異。東掖註疏。言藏中有闕本。蓋指之乎。是故。且執天台經本。駁入疏中。以便合稽。又旁添和字者。欲令婴學易解也。其猶未正者。更俟後賢之參訂而已。
峕貞享元年。龍集甲子。僧自恣之日。晚學比丘。妙辨。謹書焉。

찾아보기

가명보살假名菩薩 / 351
각覺 / 485
갈마승羯磨僧과 전법륜승轉法輪僧을 파괴하는 것 / 59
갈마羯磨아사리 / 287
갈치나羯恥那 / 104
감로甘露 / 138
감임지堪任持 / 54
갱미주粳米酒 / 296
건혜지乾慧地 / 435
견고보살堅固菩薩 / 489
견도牽道 / 424
결택決擇 / 318
경가經家 / 146
계를 받을 수 있는 선 / 52
계를 받을 수 있는 조건(得) / 52
계를 장애하는 악 / 57
계戒와 견해(見)와 이익(利)을 함께하는 것 / 370
계외界外 / 445
계율의戒律儀 / 70
고독蠱毒 / 408
고제苦諦 / 154
공후箜篌 / 424
관觀 / 485
광송廣誦 / 447
굉원 법사宏源法師 / 44
교만한 마음(憍心) / 282

교수教授아사리 / 287
교화주教化主 / 386, 388
구韭(부추) / 303
구경보살지究竟菩薩地 / 145
구빈驅擯 / 307
구조가사 / 448
구족계具足戒 / 80
구지俱胝 / 128
궤범軌範 / 287
그릇된 부분(非支) / 195
그릇된 시기(非時) / 195
그릇된 장소(非處) / 195
극심剋心 / 173
근방편近方便 / 484
근본根本 / 175
근본성죄根本性罪 / 62
근본중죄根本重罪 / 266
근사계近事戒 / 66
근사남近事男 / 158
근사녀계近事女戒 / 276
금강좌金剛座 / 135
긍거로殑渠盧 / 304
기궐씨剞劂氏 / 44
깨달음의 종자(覺種) / 49
끓는 똥물로 가득 찬 지옥(沸屎地獄) / 295

나락가那落迦 / 177

나머지 여섯 가지 중죄 / 63
나사장자那舍長者 / 370
나팔(角) / 424
낙樂(즐거움) / 485
남자의 이처二處 / 195
내정內淨 / 485
네 가지 마구니(四魔) / 75
네 가지 수번뇌隨煩惱 / 57
네 개의 세상(四天下) / 129
네 부류의 제자(四部弟子) / 503
니원승泥洹僧 / 448

대승계大乘戒(보살계) / 73
대지보살大地菩薩 / 77
대천大千 / 134
도가道家 / 260
도성道性 / 473, 483
도융道融 / 120
도종성道種姓 / 152
동액東掖 / 519
두 가지 멸빈滅擯(二滅) / 452
두타頭陀 / 441
두타법頭陀法 / 398
뛰어난 현상(相) / 63

다라니陀羅尼 / 435
다섯 가지 계(五戒) / 80
다섯 가지 법(五法) / 313, 404
다섯 가지 부파(五部) / 395
다섯 가지 역죄(五逆罪) / 60, 468
다섯 부파(五部) / 467
다섯 부파의 율 / 445
다시 출가를 막는 가벼운 장애와 무거운 장애
　(遮難) / 67
단덕斷德(번뇌의 소멸)을 갖춘 법신 / 143
단월檀越 / 387
단일좌식但一座食 / 442
대맥주大麥酒 / 296
대보리지大菩提持 / 55
『대본범망경大本梵網經』 / 120
대색大色 / 467
대수對手 / 480
대수對首 / 480
대수참對手懺 / 473

마달리가摩怛履迦 / 71, 489
마마제摩摩帝 / 388
마하연摩訶衍 / 515
마혜수라摩醯首羅 / 413
만심漫心 / 173
말타末陀 / 209
망념忘念 / 289
멸진滅盡 / 513
명광明曠 / 43
명자보살名字菩薩 / 351
모든 중생이 받아야 할 계(一切衆生戒) / 464
목련目連 / 369
목주木酒 / 296
묘변妙辯 / 519
무간업無間業 / 177
무기심無記心 / 177
무상천無想天 / 156
「무상천왕품無相天王品」 / 510

무색계無色界 / 65
무생인無生忍 / 237
『무성섭론無性攝論』 / 128
무여열반無餘涅槃 / 435
무종성無種姓 / 53
문혜聞慧 / 110
물 거르는 주머니(漉水囊) / 439
미려야迷麗耶 / 209
미세한 죄 / 105

바라이죄波羅夷罪 / 161
바라제목차波羅提木叉 / 49
바야제波夜提 / 491
반택가半擇迦 / 157, 466
발우鉢盂 / 425
방편方便 / 175
방편죄方便罪 / 172
백갈마白羯磨 / 447
백법白法 / 57
백사갈마白四羯磨 / 81
백월白月 / 413
버드나무 가지(楊枝) / 425
번뇌장煩惱障 / 57
「범단품梵壇品」 / 462
범부인 보살(凡夫菩薩) / 321
범왕梵王 / 120
법장法藏 / 43
법제法弟 / 88
변죄邊罪 / 470
변죄난邊罪難 / 470
별해탈계別解脫戒 / 148

보각존자寶覺尊者 / 518
보리살타菩提薩埵 / 137
보살비구菩薩比丘 / 390
보살종성菩薩種姓 / 52
보장報障 / 57, 310
보특가라補特伽羅 / 53
본론을 설한 부분(正說分) / 125
본성本性과 습성習成의 두 가지 종성 / 55
부구敷具 / 442
부낭浮囊 / 427
부부가 서로 스승이 되는 것 / 94
부정색不正色 / 467
부처님의 계(佛戒) / 138
북주北洲 / 64
분소의糞掃衣 / 443
불가괴성不可壞性 / 473, 483
불계佛戒 / 73
불고불락不苦不樂 / 486
불남不男 / 195
불률의不律儀 / 405
불성 가운데 항상 머물고 있는 계(佛性常住戒) / 509
비구니의 여덟 가지 일(八事) / 224
비니毘尼 / 317
비도非道 / 193, 200
비시장非時漿 / 315
비타라毘陀羅 / 181
비파琵琶 / 424

사捨 / 485
사독蛇毒 / 408

찾아보기 • 523

사선四禪 / 486
사선근四善根 / 484
사택思擇 / 489
사혜思慧 / 110
사화외도事火外道 / 501
삭발剃髮아사리 / 287
살바야薩婆若 / 515
삼계三界 / 65
삼선三禪 / 485
삼아승기겁三阿僧祇劫 / 56, 322
삼장재월三長齋月 / 411
삼천대천三千大千 / 134
삼현三賢의 지위 / 129
상기걸식常期乞食 / 442
상인법上人法 / 204
상품上品의 번뇌(纏) / 95
생금은독生金銀毒 / 408
서기書記 / 382
서론을 설한 부분(序說分) / 125
서른다섯 가지 허물 / 208
선림사禪林寺 / 44
선심善心 / 177
선예왕仙譽王 / 178
선지후식先止後食 / 442
설법주說法主 / 386, 387
설산대사雪山大士 / 315
섭률의계攝律儀戒 / 79, 272
섭생계攝生戒 / 78
섭선계攝善戒 / 78
섭선법계攝善法戒 / 272, 276
섭중생계攝衆生戒 / 272
성문계와 공통되지 않는 계(不共戒) / 83
성종성性種姓 / 152, 153
성중계性重戒 / 116

세 가지 계(三聚戒) / 73
세 가지 계장戒藏 / 85
세 가지 과보(三報) / 459
세 가지 몸(三身) / 127
세 가지 업과 관련된 열 가지 계(十支戒) / 114
세 가지 옷(三衣) / 439
세 가지의 거듭해서 서술된 몸(身) / 127
세 가지의 거죄갈마 / 452
세 가지 조건을 갖춘 청정한 고기(三淨) / 407
세 가지 종성(三姓) / 92
세 가지 품에 해당하는 대상(三品境) / 175
소달람장素怛攬藏 / 71
소승계小乘戒(성문계) / 73
소천小千 / 134
손감損減 / 253
손님인 스님(客僧) / 391
솔도파窣堵波 / 188
솔라야窣羅若 / 209
수계의 조건(緣) / 88
수세교계受世教戒 / 81
수소성선修所成善 / 110
수순사종타소승법隨順四種他所勝法 / 96
수순하는 인연에 의해 계를 받는 것 / 52
수체受體 / 51, 165
수행隨行 / 51, 102, 165
수행隨行의 내용(隨相) / 79, 103
수혜修慧 / 110
술지게미로 가득 찬 지옥(醖糟地獄) / 295
스물네 가지 계(二十四戒) / 117
스물여덟 가지 경계(二十八輕) / 80
습종성習種姓 / 151, 473, 483
승방주僧房主 / 386, 388, 391
승잔죄僧殘罪 / 216
승잔행법僧殘行法 / 393

승차僧次 / 393
승통僧統 / 286
승해勝解 / 106
시각장애인 / 323
시초蓍草 / 424
식악息惡 / 396
식차마나式叉摩那 / 82
신상보살信想菩薩 / 351
신업과 구업과 의업을 함께하는 것 / 370
신자身子 / 300
신학보살新學菩薩 / 129
실의죄失意罪 / 285
심방深防 / 330
십육대국十六大國 / 146
십주十住 / 151
십지十支 / 485
십팔범천十八梵天 / 146
십팔선지十八禪支 / 485
십해十解 / 151
십행十行 / 152
십회향十迴向 / 152

이뇩다라산막삼보리阿耨多羅三藐三菩提 / 348
아련야阿練若 / 443
아비담잡론阿毘曇雜論 / 382
아사리阿闍梨 / 59
아사세왕阿闍世王 / 163
아차리야阿遮梨耶 / 287
아홉 가지 하늘 / 155
악계인惡戒人 / 405

안복按腹 / 181
안인安忍과 지혜(慧) / 512
안혜安慧 / 485
엄변 율사嚴辨律師 / 44
업신여기는 마음(慢心) / 282
업장業障 / 57, 58
여덟 가지 계(八戒) / 305
여덟 가지 모양(八相) / 128
여덟 가지 무거운 장애(八難) / 306
여덟 가지 복전福田 / 326
여덟 가지 재난(八難) / 309, 459
여덟 가지 중계 / 309
여섯 가지 가축(六畜) / 336
여섯 가지의 청정함을 가리는 나쁜 마음(六蔽) / 72
여섯 가지 중계(六重) / 80
여섯 때(六時) / 359
여섯 부류의 외도(六師) / 324
여섯 부류의 친족(六親) / 76
여인(母邑) / 199
여인의 삼도三道 / 195
열 가지 계(十戒) / 306
열 가지 무진계(十無盡戒, 十重戒) / 75, 500
열 가지 선(十善) / 60
열 가지 선지(十禪支) / 473, 485
열 가지 악업도惡業道 / 166
열 가지 중죄 / 62
열 가지 허물 / 208
열 명의 스님(十衆) / 81
열세 가지 무거운 장애(十三難) / 310
열여덟 가지 물건 / 446
열여덟 가지 부파(十八部) / 395
염念 / 485
염부제閻浮提 / 135

영락瓔珞 / 50
영혼을 지닌 존재(含靈) / 163
예외적으로 허락하는 것(開) / 176
예외적으로 허용할 만한 조건(開緣) / 401
『오신경五辛經』 / 304
오전五錢 / 186
오정거천五淨居天 / 156
오조가사 / 448
오파니살담분鄔波尼殺曇分 / 91
오파다야鄔波陀耶 / 287
왜구倭韮(일본 부추) / 304
외명外命 / 185
외적 재물(外財) / 315
요익유정계饒益有情戒 / 278
용화회龍華會 / 45
운대芸臺(유채) / 304
원림주園林主 / 189
원인과 결과의 뛰어난 법 / 266
위범違犯 / 230
유가儒家 / 260
유리琉璃 / 334
유순由旬 / 449
유통할 것을 설한 부분(流通分) / 125
유학有學의 성자 / 469
육박六博 / 424
육욕천자六欲天子 / 146
「육육품六六品」 / 331
육재일六齋日 / 411
은덕恩德을 갖춘 화신 / 143
의발倚撥 / 180
의지(意樂) / 91
의지依止아사리 / 287
이생계利生戒 / 272
이선二禪 / 485

이형二形 / 101
인다라因陀羅 / 120
인등기심因等起心 / 182
일곱 가지(七支) / 114
일곱 가지 견해와 여섯 가지 집착(七見六著) / 74
일곱 가지 역죄逆罪(七逆) / 59
일곱 가지 차죄遮罪(七遮) / 58, 464
일곱 부류의 제자(七衆) / 43
일곱 분의 부처님(七佛) / 402
일관되게 금지하는 것(遮) / 176
일심一心 / 485
일체계一切戒 / 275

자연계自然界 / 394
자자自恣 / 449
작법계作法界 / 394
작유정이익계作有情利益戒 / 109
장양성長養性 / 473, 483
재가계在家戒 / 94
재계齋戒 / 196
쟁箏 / 424
저포樗蒲 / 424
전다라旃茶羅 / 104
정란丁蘭 / 420
정법계正法戒 / 74
정성正性 / 473, 483
정심지淨心地 / 145
정의요지淨意樂地 / 497
제2지의 보살(二地菩薩) / 130
제3편第三篇 / 212, 216

제5편第五篇 / 217
제7취第七聚 / 314, 420
제8중법第八重法 / 491
「제계품制戒品」 / 415
제다制多 / 496
『제위경提謂經』 / 414
제지制止 / 50
조경爪鏡 / 424
종성지種姓地 / 144
좋은 시기(好時) / 411
좌선주坐禪主 / 386, 388
중생이 아닌 이 / 240, 246
중주衆主 / 189
중천中千 / 134
증상增上의 생生 / 266
증상품增上品의 번뇌(纏) / 95
증익增益 / 253
지관止觀 / 277
지덕智德(보리)을 갖춘 응신 / 143
지사知事 / 402
지전地前의 삼현위三賢位 / 483
진실로 존재하는 대상(實有義) / 251
집법사什法師 / 69
『집법열경集法悅經』 / 60
『집법열사고다라니集法悅捨苦陀羅尼』 / 60
집제集諦 / 154

차제걸식次第乞食 / 442
차타타遮他陀 / 60
창령唱令 / 104
천 개의 삼천계三千界 / 131

천태天台 / 43
초계비구草繫比丘 / 427
초선初禪 / 485
촉루髑髏 / 425
총葱(파) / 303
출가出家아사리 / 287
출가 오중出家五衆의 계 / 94
친교親敎 / 287
칠조가사 / 448

타불여의처墮不如意處 / 183
타승처他勝處 / 183
타승처법他勝處法 / 95
타태墮胎 / 181
탄기彈棊 / 424
탈조鵜鳥 / 452
태현太賢 / 43
투란차偸蘭遮 / 224
투호投壺 / 424

까사색波羅塞 놀이 / 424
팔도행성八道行成 / 424
「팔만위의품八萬威儀品」 / 268
포살布薩 / 45
표表와 무표無表를 포함한 세 가지 업 / 114
피안彼岸(열반) / 49
필정보살畢定菩薩 / 168

필추계苾芻戒 / 276

하랍夏臘 / 393
하안거夏安居 / 390
하품의 그릇된 견해 / 320
학계인學戒人 / 393
함식含識(중생) / 49
해薤(염교) / 303
해행지解行地 / 144
행가행지行加行持 / 54
행래주行來主 / 386, 388
행법주行法主 / 386, 387

허용한 것(開) / 293
현성승賢聖僧 / 402
혜사慧捨 / 234
화상和上 / 59
화합된 승가를 파괴하는 것 / 208
화합승가를 파괴하는 다섯 가지 잘못된 법
   / 262
효순孝順 / 50
흑월黑月 / 413
희喜(기쁨) / 485

58계 / 122
250계 / 122

한글본 한국불교전서

신·라·출·간·본

신라 1 인왕경소
원측 | 백진순 옮김 | 신국판 | 800쪽 | 35,000원

신라 2 범망경술기
승장 | 한명숙 옮김 | 신국판 | 620쪽 | 28,000원

신라 3 대승기신론내의약탐기
태현 | 박인석 옮김 | 신국판 | 248쪽 | 15,000원

신라 4 해심밀경소 제1 서품
원측 | 백진순 옮김 | 신국판 | 448쪽 | 24,000원

신라 5 해심밀경소 제2 승의제상품
원측 | 백진순 옮김 | 신국판 | 508쪽 | 26,000원

신라 6 해심밀경소 제3 심의식상품 제4 일체법상품
원측 | 백진순 옮김 | 신국판 | 332쪽 | 20,000원

신라 7 해심밀경소 제5 무자성상품
원측 | 백진순 옮김 | 신국판 | 536쪽 | 27,000원

신라 12 무량수경연의술문찬
경흥 | 한명숙 옮김 | 신국판 | 800쪽 | 35,000원

신라 13 범망경보살계본사기 상권
원효 | 한명숙 옮김 | 신국판 | 272쪽 | 17,000원

신라 14 회엄일승성불묘의
견등 | 김천학 옮김 | 신국판 | 264쪽 | 15,000원

신라 15 범망경고적기
태현 | 한명숙 옮김 | 신국판 | 612쪽 | 28,000원

신라 16 금강삼매경론
원효 | 김호귀 옮김 | 신국판 | 606쪽 | 32,000원

신라 17 대승기신론소기회본
원효 | 은정희 옮김 | 신국판 | 536쪽 | 27,000원

신라 18 미륵상생경종요 외
원효 | 성재헌 외 옮김 | 신국판 | 420쪽 | 22,000원

신라 19 대혜도경종요 외
원효 | 성재헌 외 옮김 | 신국판 | 256쪽 | 15,000원

신라 20 열반종요
원효 | 이평래 옮김 | 신국판 | 272쪽 | 16,000원

신라 21 이장의
원효 | 안성두 옮김 | 신국판 | 256쪽 | 15,000원

신라 22 본업경소 하권 외
원효 | 최원섭·이정희 옮김 | 신국판 | 368쪽 | 22,000원

신라 23 중변분별론소 제3권 외
원효 | 박인성 외 옮김 | 신국판 | 288쪽 | 17,000원

신라 24 지범요기조람집
원효·진원 | 한명숙 옮김 | 신국판 | 310쪽 | 19,000원

신라 25 집일 금광명경소
원효 | 한명숙 옮김 | 신국판 | 636쪽 | 31,000원

신라 26 복원본 무량수경술의기
의적 | 한명숙 옮김 | 신국판 | 500쪽 | 25,000원

고·려·출·간·본

고려 1 일승법계도원통기
균여 | 최연식 옮김 | 신국판 | 210쪽 | 12,000원

고려 2 원감국사집
충지 | 이상현 옮김 | 신국판 | 480쪽 | 25,000원

고려 3 자비도량참법집해
조구 | 성재헌 옮김 | 신국판 | 696쪽 | 30,000원

고려 4 천태사교의
제관 | 최기표 옮김 | 4X6배 | 168쪽 | 10,000원

고려 5 대각국사집
의천 | 이상현 옮김 | 신국판 | 752쪽 | 32,000원

고려6 법계도기종수록
저자 미상 | 해주 옮김 | 신국판 | 628쪽 | 30,000원

고려7 보제존자삼종가
고봉 법장 | 하혜정 옮김 | 4X6판 | 216쪽 | 12,000원

고려8 석가여래행적송·천태말학운묵화상경책
운묵 무기 | 김성옥·박인석 옮김 | 신국판 | 424쪽 | 24,000원

고려9 법화영험전
요원 | 오지연 옮김 | 신국판 | 264쪽 | 17,000원

고려10 남명천화상송증도가사실
□련 | 성재헌 옮김 | 신국판 | 418쪽 | 23,000원

고려11 백운화상어록
백운 경한 | 조영미 옮김 | 신국판 | 348쪽 | 21,000원

고려12 선문염송 염송설화 회본 1
혜심·각운 | 김영욱 옮김 | 신국판 | 724쪽 | 33,000원

고려13 선문염송 염송설화 회본 2
혜심·각운 | 김영욱 옮김 | 신국판 | 670쪽 | 32,000원

조·선·출·간·본

조선1 작법귀감
백파 긍선 | 김두재 옮김 | 신국판 | 336쪽 | 18,000원

조선2 정토보서
백암 성총 | 김종진 옮김 | 4X6판 | 224쪽 | 12,000원

조선3 백암정토찬
백암 성총 | 김종진 옮김 | 4X6판 | 156쪽 | 9,000원

조선4 일본표해록
풍계 현정 | 김상현 옮김 | 4X6판 | 180쪽 | 10,000원

조선5 기암집
기암 법견 | 이상현 옮김 | 신국판 | 320쪽 | 18,000원

조선6 운봉선사심성론
운봉 대지 | 이종수 옮김 | 4X6판 | 200쪽 | 12,000원

조선7 추파집·추파수간
추파 홍유 | 하혜정 옮김 | 신국판 | 340쪽 | 20,000원

조선8 침굉집
침굉 현변 | 이상현 옮김 | 신국판 | 300쪽 | 17,000원

조선9 염불보권문
명연 | 정우영·김종진 옮김 | 신국판 | 224쪽 | 13,000원

조선10 천지명양수륙재의범음산보집
해동사문 지환 | 김두째 옮김 | 신국판 | 636쪽 | 28,000원

조선11 삼봉집
화악 지탁 | 김재희 옮김 | 신국판 | 260쪽 | 15,000원

조선12 선문수경
백파 긍선 | 신규탁 옮김 | 신국판 | 180쪽 | 12,000원

조선13 선문사변만어
초의 의순 | 김영욱 옮김 | 4X6판 | 192쪽 | 11,000원

조선14 부휴당대사집
부휴 선수 | 이상현 옮김 | 신국판 | 376쪽 | 22,000원

조선15 무경집
무경 자수 | 김재희 옮김 | 신국판 | 516쪽 | 26,000원

조선16 무경실중어록
무경 자수 | 성재헌 옮김 | 신국판 | 340쪽 | 20,000원

조선17 불조진심선격초
무경 자수 | 성재헌 옮김 | 신국판 | 168쪽 | 11,000원

조선18 선학입문
김대현 | 성재헌 옮김 | 신국판 | 240쪽 | 14,000원

조선19 사명당대사집
사명 유정 | 이상현 옮김 | 신국판 | 508쪽 | 26,000원

조선20 송운대사분충서난록
신유한 엮음 | 이상현 옮김 | 신국판 | 324쪽 | 20,000원

조선21 의룡집
의룡 체훈 | 김석군 옮김 | 신국판 | 296쪽 | 17,000원

조선22 응운공여대사유망록
응운 공여 | 이대형 옮김 | 신국판 | 350쪽 | 20,000원

| 조선23 | 사경지험기
백암 성총 | 성재헌 옮김 | 신국판 | 248쪽 | 15,000원

| 조선24 | 무용당유고
무용 수연 | 이상현 옮김 | 신국판 | 292쪽 | 17,000원

| 조선25 | 설담집
설담 자우 | 윤찬호 옮김 | 신국판 | 200쪽 | 13,000원

| 조선26 | 동사열전
범해 각안 | 김두재 옮김 | 신국판 | 652쪽 | 30,000원

| 조선27 | 청허당집
청허 휴정 | 이상현 옮김 | 신국판 | 964쪽 | 47,000원

| 조선28 | 대각등계집
백곡 처능 | 임재완 옮김 | 신국판 | 408쪽 | 23,000원

| 조선29 | 반야바라밀다심경략소연주기회편
석실 명안 엮음 | 강찬국 옮김 | 신국판 | 296쪽 | 17,000원

| 조선30 | 허정집
허정 법종 | 성재헌 옮김 | 신국판 | 488쪽 | 25,000원

| 조선31 | 호은집
호은 유기 | 김종진 옮김 | 신국판 | 264쪽 | 16,000원

| 조선32 | 월성집
월성 비은 | 이대형 옮김 | 4X6판 | 172쪽 | 11,000원

| 조선33 | 아암유집
아암 혜장 | 김두재 옮김 | 신국판 | 208쪽 | 13,000원

| 조선34 | 경허집
경허 성우 | 이상하 옮김 | 신국판 | 572쪽 | 28,000원

| 조선35 | 송계대선사문집·상월대사시집
송계 나식·상월 새봉 | 김종진·박재금 옮김 | 신국판 | 440쪽 | 24,000원

| 조선36 | 선문오종강요·환성시집
환성 지안 | 성재헌 옮김 | 신국판 | 296쪽 | 17,000원

| 조선37 | 역산집
영허 선영 | 공근식 옮김 | 신국판 | 368쪽 | 22,000원

| 조선38 | 함허당득통화상어록
득통 기화 | 박해당 옮김 | 신국판 | 300쪽 | 18,000원

| 조선39 | 가산고
월하 계오 | 성재헌 옮김 | 신국판 | 446쪽 | 24,000원

| 조선40 | 선원제전집도서과평
설암 추붕 | 이정희 옮김 | 신국판 | 338쪽 | 20,000원

| 조선41 | 함홍당집
함홍 치능 | 성재헌 옮김 | 신국판 | 348쪽 | 21,000원

| 조선42 | 백암집
백암 성총 | 유호선 옮김 | 신국판 | 544쪽 | 27,000원

| 조선43 | 동계집
동계 경일 | 김승호 옮김 | 신국판 | 380쪽 | 22,000원

| 조선44 | 용암당유고·괄허집
용암 체조·괄허 취여 | 김종진 옮김 | 신국판 | 404쪽 | 23,000원

| 조선45 | 운곡집·허백집
운곡 충휘·허백 명조 | 김재희·김두재 옮김 | 신국판 | 514쪽 | 26,000원

| 조선46 | 용담집·극암집
용담 조관·극암 사성 | 성재헌·이대형 옮김 | 신국판 | 520쪽 | 26,000원

| 조선47 | 경암집
경암 응윤 | 김재희 옮김 | 신국판 | 300쪽 | 18,000원

| 조선48 | 석문상의초 외
벽암 각성 외 | 김두재 옮김 | 신국판 | 338쪽 | 20,000원

| 조선49 | 월파집·해붕집
월파 태율·해붕 전령 | 이상현·김두재 옮김 | 신국판 | 562쪽 | 28,000원

| 조선50 | 몽암대사문집
몽암 기연 | 이상현 옮김 | 신국판 | 348쪽 | 21,000원

| 조선51 | 징월대사시집
징월 정훈 | 김재희 옮김 | 신국판 | 272쪽 | 16,000원

| 조선52 | 통록촬요
엮은이 미상 | 성재헌 옮김 | 신국판 | 508쪽 | 26,000원

| 조선53 | 충허대사유집
충허 지책 | 성재헌 옮김 | 신국판 | 296쪽 | 18,000원

| 조선54 | 백열록
금명 보정 | 김종진 옮김 | 신국판 | 364쪽 | 22,000원

조선55 조계고승전
금명 보정 | 김용태·김호귀 옮김 | 신국판 | 384쪽 | 22,000원

조선56 범해선사시집
범해 각안 | 김재희 옮김 | 신국판 | 402쪽 | 23,000원

조선57 범해선사문집
범해 각안 | 김재희 옮김 | 신국판 | 208쪽 | 13,000원

조선58 연담대사임하록
연담 유일 | 하혜정 옮김 | 신국판 | 772쪽 | 34,000원

조선59 풍계집
풍계 명찰 | 김두재 옮김 | 신국판 | 438쪽 | 24,000원

조선60 혼원집·초엄유고
혼원 세환·초엄 복초 | 윤찬호 옮김 | 신국판 | 332쪽 | 20,000원

조선61 청주집
환공 치조 | 성재헌 옮김 | 신국판 | 416쪽 | 23,000원

조선62 대동영선
금명 보정 | 이상하 옮김 | 신국판 | 556쪽 | 28,000원

조선63 현정론·유석질의론
득통 기화·지은이 미상 | 박해당 옮김 | 신국판 | 288쪽 | 17,000원

조선64 월봉집
월봉 책헌 | 이종수 옮김 | 신국판 | 232쪽 | 14,000원

조선65 정토감주
허주 덕진 | 김석군 옮김 | 신국판 | 382쪽 | 22,000원

조선66 다송문고
금명 보정 | 이대형 옮김 | 신국판 | 874쪽 | 41,000원

조선67 소요당집·취미대사시집
소요 태능·취미 수초 | 이상현 옮김 | 신국판 | 500쪽 | 25,000원

조선68 선원소류·선문재정록
설두 유형·진하 축원 | 주영미 옮김 | 신고민 | 284쪽 | 17,000원

조선69 치문경훈주 상권
백암 성총 | 선암 옮김 | 신국판 | 348쪽 | 21,000원

조선70 치문경훈주 중권
백암 성총 | 선암 옮김 | 신국판 | 304쪽 | 19,000원

조선71 치문경훈주 하권
백암 성총 | 선암 옮김 | 신국판 | 322쪽 | 20,000원

※ 한글본 한국불교전서는 계속 출간됩니다.

의적義寂
(생몰연대 미상, 7세기경)

의적에 대한 독립된 전기는 전해지지 않는다. 따라서 생몰연대 및 자세한 행적에 대해서는 알 수 없다. 법상종 소속이었다가 의상義相(625~702)을 만나서 화엄종으로 전환했다는 기존의 관점에 따르면 그 활동 시기는 690년경으로 추정할 수 있다. 의적이 의상을 만난 것은 사실이지만 그것은 대등한 차원에서의 만남이고 학자적 입장을 교환하는 데 그쳤으며, 신라를 대표하는 법상종 학자로서 지속적으로 법상종을 연구하였다는 관점에 따르면, 그 활동 시기는 664년 이전으로 소급될 수 있다. 의적의 저술로 알려진 것은 현재 총 20여 종이 있다. 그 목록에 의거할 때 『반야경』, 『법화경』, 『열반경』 및 정토계 경전과 유식계 논서가 중심이 되고 화엄계의 경향은 희박하다. 이는 의적에게 법상종 학자의 지위를 부여하는 근거로 작용할 수 있다. 또 의적이 이렇게 여러 경에 두루 관심을 보인 것은 당시 신라불교에서 불교의 여러 분야를 두루 학습하던 경향성과 무관하지 않다. 현재 의적의 저술 가운데 온전한 형태로 전해지는 것은 『보살계본소菩薩戒本疏』·『법화경집험기法華經集驗記』·『법화경론술기法華經論述記』의 세 권이고, 『무량수경술의기』는 여러 문헌에서 인용된 것을 묶은 복원본의 형태로 전해진다.

옮긴이 한명숙

고려대학교 철학과를 졸업하고 동대학원에서 「길장吉藏의 삼론사상연구三論思想硏究 : 무득無得의 전오방식轉悟方式을 중심으로」라는 논문으로 박사학위를 받았다. 현재 동국대학교 불교학술원 조교수로 재직 중이다. 논문으로 「길장吉藏의 관법觀法이 갖는 수행론적 의미에 대한 고찰」·「의적의 『무량수경술의기』와 경흥의 『무량수경연의술문찬』 찬술의 선후문제에 대한 연구(1), (2)」·「元曉 『金光明經疏』 輯逸의 현황과 그에 대한 비판적 검토 (1), (2)」·「淨土敎의 종지는 불교의 근본사상과 공존이 가능한 것인가?」 등이 있고, 역주서로 『범망경고적기』·『지범요기조람집』·『범망경술기』·『법구경』 등이 있으며, 공저로 『인물로 보는 한국의 불교사상』·『자료와 해설 한국의 철학사상』·『동서철학 심신관계론의 기치론적 조명』·『동서철학 심신수양론』·『동서철학 심신가치론과 현대사회』 등이 있다.

증의
은정희(전 서울교대 교수)